Marcel Brüntrup
Zwischen Arbeitseinsatz und Rassenpolitik

Marcel Brüntrup

Zwischen Arbeitseinsatz und Rassenpolitik

Die Kinder
osteuropäischer Zwangsarbeiterinnen
und die Praxis der Zwangsabtreibungen
im Nationalsozialismus

Wallstein Verlag

Gedruckt aus Mitteln der Deutschen Forschungsgemeinschaft.

Bibliografische Information der Deutschen Nationalbibliothek
Die Deutsche Nationalbibliothek verzeichnet diese Publikation in der
Deutschen Nationalbibliografie; detaillierte bibliografische Daten
sind im Internet über http://dnb.d-nb.de abrufbar.

© Wallstein Verlag, Göttingen 2024
www.wallstein-verlag.de
Vom Verlag gesetzt aus der Garamond Premier und der Futura PT
Umschlaggestaltung: Marion Wiebel, Wallstein Verlag
Umschlagbild: Bundesarchiv, Bild 146-1994-040-15A / Fotograf(in): o. Ang.
Druck und Verarbeitung: bookSolutions Vertriebs GmbH, Göttingen
ISBN 978-3-8353-3140-2

Inhalt

Einleitung 9
Forschungsstand und Begriffe 12
Fragestellung, Aufbau und Quellen 21

1 Arbeitseinsatz, Fürsorge und »Volkstumskampf« 27
1.1 Polnische Kinder im Altreich 27
   1.1.1 Erfahrungen aus der »kommunalen Praxis« 33
   1.1.2 Entbindung im Reichsgebiet oder Rücktransport in die Heimat ... 39
   1.1.3 Kritik an der Fürsorge für »fremdvölkische« Kinder und ihre Mütter 43
1.2 Bevölkerungspolitik und »Volkstumskampf« im Osten 46
   1.2.1 Jugendwohlfahrt für polnische Kinder im Warthegau 49
   1.2.2 Abtreibungen bei »fremdvölkischen« Frauen 53
   1.2.3 »Eindeutschung« »gutrassiger« Kinder 61
   1.2.4 Abschiebung schwangerer Polinnen in die Ostgebiete 70
1.3 Wandel der »Arbeitseinsatzlage« 77
   1.3.1 Auswirkungen des »Ostarbeitereinsatzes« 77
   1.3.2 Initiative im Gau Oberdonau 82
   1.3.3 Stopp des Rücktransports 86
Zwischenfazit 88

2 »Fremdvölkische« Kinder und Familien im Altreich 93
2.1 Reichsweite Planungen und Erlasse 93
   2.1.1 Richtlinien der Arbeitsverwaltung 94
   2.1.2 Genehmigung von Abtreibungen bei »Ostarbeiterinnen« und Polinnen 100
   2.1.3 Erlass Himmlers zur rassischen Selektion der im Reich geborenen Kinder 111
   2.1.4 Richtlinien des Reichsinnenministeriums zu unehelichen ausländischen Kindern 114

2.1.5 Uneheliche Kinder ausländischer Arbeiterinnen
in der Landwirtschaft 122
2.1.6 Westarbeiterinnen, »Protektoratsangehörige« und Kroatinnen . . . 133
2.2 Zwangsarbeiterfamilien 139
2.2.1 Unerwünschte Eheschließungen 142
2.2.2 Polnische Landarbeiterfamilien und »Ostarbeiterfamilien« 147
2.2.3 »Evakuierte« Familien aus den Räumungsgebieten der Wehrmacht . . 152
2.3 »Versorgung und Betreuung der nicht einsatzfähigen Ausländer« 158
2.3.1 Neuordnung der Einsatzbedingungen für »Ostarbeiter:innen« . . . 158
2.3.2 Planung von »Sonderpflegestätten« 162
Zwischenfazit 170

3 Entbindungsanstalten und »Ausländerkinder-Pflegestätten« 175
3.1 In den Lagern der Arbeitsverwaltung 176
3.2 In Krankenanstalten 194
3.3 In den Lagern der Industriebetriebe 211
3.4 In der Landwirtschaft 222
Zwischenfazit 231

4 Mitwirkung staatlicher, parteiamtlicher und öffentlicher Institutionen 235
4.1 Kommunalverwaltung 235
4.2 Wohlfahrtspflege 243
4.2.1 Öffentliche Wohlfahrtspflege 243
4.2.2 Freie Wohlfahrtspflege 248
4.2.3 NS-Volkswohlfahrt 252
4.3 Gesundheitswesen 258
4.3.1 Gesundheitsämter 259
4.3.2 Ärztekammern und KVD 267
4.3.3 NSDAP-Ämter für Volksgesundheit 271
4.3.4 Krankenkassen 272
4.3.5 Hebammenwesen 277
4.4 Lokale Parteigliederungen der NSDAP 281

4.5	Die Rasseexperten der SS	282
Zwischenfazit		297

5 Das Leben der Zwangsarbeiterinnen und ihrer Kinder .. 301

5.1	Der »Ausländereinsatz« als »volkstumspolitische Gefahr«	301
5.2	Mütter und ihre Kinder	309
5.2.1	Liebesbeziehungen und sexuelle Gewalt	309
5.2.2	Schwangerschaft	315
5.2.3	Abtreibung	318
5.2.4	Entbindung und Wochenbett	333
5.2.5	Taufen	337
5.2.6	Unterbringung	340
5.3	Leben und Sterben in den »Ausländerkinder-Pflegestätten«	348
5.3.1	Ausstattung	348
5.3.2	Personal	354
5.3.3	Ernährung	361
5.3.4	Todesursachen	376
5.3.6	Sterblichkeit	385
5.3.7	Töten und Sterbenlassen	389
5.3.8	Bestattungspraxis	396
5.3.9	Die Zahl der »Ausländerkinder-Pflegestätten« und ihrer Opfer	401
Zwischenfazit		407

6 Kindersuche und Nachkriegsjustiz 409

6.1	»Displaced Children«	409
6.1.1	Auflösung der »Ausländerkinder-Pflegestätten«	409
6.1.2	Die Kindersuche der UNRRA	411
6.1.3	Die Kinder aus Herrnstadt	416
6.2	Nachkriegsermittlungen und Kriegsverbrecherprozesse	418
6.3	Britische Nachkriegsprozesse zu »Ausländerkinder-Pflegestätten«	422
6.3.1	»Velpke Childrens' Home Case« – 20. März 1946 bis 3. April 1946	426
6.3.2	»Rühen Baby Farm Case« – 20. Mai 1946 bis 24. Juni 1946	445
6.3.3	»Lefitz Childrens' Home Case« – 18. März 1948 bis 1. April 1948	468

6.4 Die »Ausländerkinder-Pflegestätten« in Velpke, Rühen und Lefitz **477**
Zwischenfazit **484**

Schlussbetrachtungen **489**

Abkürzungen **503**

Quellen und Literatur **505**
Gedruckte Quellen 505
Ungedruckte Quellen 507
Literatur 509

Dank **527**

Einleitung

Marie Chomiszáková war knapp zwanzig Jahre alt, als sie im Jahr 1941 aus Polen zur Zwangsarbeit in den Reichsgau Sudetenland deportiert wurde. Während ihrer Arbeit auf einem deutschen Bauernhof lernte sie ihren späteren Mann kennen, der als Kriegsgefangener in einem Nachbarort arbeitete. Weil sie Anfang des Jahres 1944 ein Kind erwartete, ließ das Arbeitsamt sie zur Entbindung in ein Sammellager nach Dittersdorf (cs. Dětřichov u Moravské Třebové) bringen:

Das Lager in Dittersdorf war mit Stacheldraht umzäunt, am Lagereingang standen SS-Männer, die grundlos anfingen, uns mit Stöcken zu schlagen. Das ganze Lager bestand aus etwa fünf Holzbaracken. Im Lager waren meist schwangere oder kranke Frauen, Kriegsgefangene und viele Kinder bis fünf Jahre. Die Kinder waren in einem erbärmlichen Zustand, sie konnten weder Laufen noch Sprechen und es war schrecklich, sie anzuschauen. Niemand versorgte sie und zum Essen bekamen sie nur fettarme Milch und es herrschte dort eine hohe Sterblichkeit unter den Kindern und den Erwachsenen. Ich kann mich nicht erinnern, wie viele von den Kindern dort täglich starben, aber von den Neugeborenen starben täglich durchschnittlich 6 bis 8. Auch unter den Erwachsenen war die Sterblichkeit hoch. Alle Opfer wurden in einem nahen Wäldchen beim Lager begraben. Im Lager waren hauptsächlich Menschen russischer, ukrainischer, weißrussischer und polnischer Nationalität. Nach meiner Ankunft im Lager arbeitete ich bei den Kindern und das ganze Grauen habe ich mit den eigenen Augen gesehen. Ich war in einem gemeinsamen Schlafsaal mit insgesamt 9 Frauen untergebracht. Es gab dort dreistöckige Betten. Hygiene gab es fast keine, dafür aber Kälte und Hunger. Unter diesen Bedingungen brachten die Mütter ihre Kinder zur Welt. Von Seiten der Ärzte gab es bei der Geburt keine Hilfe. Wir mussten uns gegenseitig helfen. Ich habe am 30. Januar 1944 meinen Sohn Michal zur Welt gebracht. Ich hatte für ihn keine Wäsche, überhaupt nichts. Wir zerrissen Wäschestücke, Lumpen, in die wir unsere Kinder wickelten. Am nächsten Tag nach der Geburt kam der Lagerleiter mit den Ärzten in den Schlafsaal und zählte, wie viele Kinder in der Nacht auf die Welt gekommen waren. In dieser Nacht waren es insgesamt fünf Kinder. Sofort nach der Geburt haben uns die Ärzte zu verschiedenen Arbeiten eingeteilt. Ich musste Wasser schleppen, obwohl ich weiter geblutet habe. Als Folge dessen bin ich dann ernsthaft erkrankt und lag etwa eine Woche bewusstlos im Bett. Nach meiner teilweisen Genesung bin ich aus dem Lager entlassen worden und ich konnte meinen Sohn mitnehmen. Das war ein Verdienst meines Mannes, der eine Familie in Ober-Paulo-

Einleitung

witz gefunden hat, die sich verpflichtet hat, mich zur Arbeit auch mit einem Kind aufzunehmen.[1]

Auch die Polin Stanisława Świtalska musste erfahren, was es bedeutete, als Zwangsarbeiterin im Deutschen Reich ein Kind zu bekommen. Sie hatte sich im Mai 1941 mit 17 Jahren zum Arbeitseinsatz gemeldet, nachdem ihr die Deutschen versprochen hatten, ihre Eltern dürften dann in ihrer Heimatstadt Pabianice (bei Łódź) verbleiben. Sie wurde einem Landwirt in der Nähe des heutigen Wolfsburg zugeteilt, wo sie ihren späteren Ehemann kennenlernte. Im März 1944 kam das gemeinsame Kind der beiden in einem Entbindungsheim für ausländische Zwangsarbeiterinnen in Braunschweig zur Welt. Die Mutter durfte den Jungen, den die Eltern Joseph getauft hatten, zunächst mit zu sich auf den Hof ihres Arbeitgebers nehmen und ihn dort selbst versorgen. Ende April erhielt sie jedoch eine Anweisung des Bürgermeisters, sie müsse Joseph in einem Heim für ausländische Kinder im knapp zehn Kilometer entfernten Ort Velpke abgeben:

> Ich bat um Erlaubnis, ihn behalten zu dürfen, aber das wurde mir nicht gewährt und mir wurde gesagt, dass ich arbeiten müsse. Am 1. Mai 1944 brachten mein Mann und ich Joseph ins Heim und übergaben ihn an Frau Bilien. Zu diesem Zeitpunkt war er bei bester Gesundheit, ich besuchte ihn jeden Sonntag. An den ersten beiden Sonntagen durfte ich mein Kind nicht haben, aber ich durfte es durch das Fenster sehen, und ich sah, dass es in einem kleinen Holzbett lag. Am zweiten Sonntag sah ich, dass er sehr krank zu sein schien, aber ich durfte ihn ein paar Minuten lang halten und sah, dass er sehr schmutzig war und in eine schmutzige Decke gewickelt war. Etwa 4 Wochen später, nachdem ich ihn ins Heim gegeben hatte, erfuhr ich von einem anderen Mädchen, dass mein Baby gestorben war.[2]

Diese beiden Berichte stehen stellvertretend für die Schicksale Zehntausender Zwangsarbeiterinnen, die während ihres Arbeitseinsatzes in Deutschland schwanger wurden. Seit 1943 mussten schwangere Ausländerinnen, deren Nachwuchs im Deutschen Reich grundsätzlich unerwünscht war, ihre Kinder oftmals unter wid-

---

1 Aussage von Marie Chomiszáková vor dem tschechoslowakischen Sicherheitsdienst, 2. September 1971, ABS (Archiv bezpečnostních složek), 325-25-1. Ich danke Herrn Dr. Alfons Adam vielmals für die Bereitstellung dieses Dokuments. Die auszugsweise Übersetzung des Vernehmungsprotokolls ist auf der Website der Ausstellung »Verlorenes Gedächtnis? Orte der NS-Zwangsarbeit in der Tschechischen Republik« zu finden: http://www.ztracena-pamet.cz/export/sites/ztracena-pamet/sys/galerie-download/materialy/PL_detrichov_DE.pdf [Stand: 12. Juli 2022].

2 Aussage von Stanisława Świtalska vor Ermittlern der britischen War Crimes Group, 21. August 1945, TNA (The National Archives), WO 309/100 [Aus dem Englischen von M. B.].

rigen Umständen in Sammellagern oder speziellen Entbindungsheimen für Ausländerinnen zur Welt bringen. Während es Marie Chomiszáková glücklicherweise gelang, ihr Kind bei sich zu behalten, wurden die meisten Frauen wie Stanisława Świtalska gezwungen, ihre Neugeborenen in primitiven Sammelunterkünften für ausländische Kinder abzugeben. Die dortigen Zustände waren in der Regel katastrophal, die Sterberaten enorm hoch. Aufgrund von unzureichender Ernährung, Pflege und Hygiene erkrankten zahlreiche der in diesen Heimen untergebrachten Säuglinge, viele von ihnen starben bereits nach wenigen Tagen oder Wochen. Andere Frauen wurden nach Bekanntwerden ihrer Schwangerschaft überredet, gedrängt und gezwungen, eine Abtreibung vornehmen zu lassen. Während derartige Eingriffe bei deutschen Frauen unter strenger Strafe standen, wurden sie bei Frauen aus Polen und der Sowjetunion forciert. War das zu erwartende Kind in den Augen nationalsozialistischer Rasseexperten jedoch erwünscht, etwa weil der Vater ein Deutscher war, sollte es unbedingt ausgetragen und nach der Geburt zwangsweise germanisiert werden.

Die Behandlung schwangerer ausländischer Arbeiterinnen, ausländischer Mütter und ihrer im Deutschen Reich geborenen Kinder verweist auf einen neuralgischen Punkt zwischen nationalsozialistischer Rassenideologie und dem Einsatz ausländischer Arbeitskräfte in der deutschen Kriegswirtschaft. Im August 1944 befanden sich etwa 5,7 Millionen ausländische Zwangsarbeiter:innen[3] im Reich, ein Drittel von ihnen waren Frauen.[4] Fast 90 Prozent dieser Frauen waren aus den besetzten Gebieten Polens, der Sowjetunion und anderen osteuropäischen Ländern nach Deutschland deportiert worden. In den ersten Kriegsjahren kam eine wachsende Zahl ausländischer Arbeiterinnen entweder bereits schwanger nach Deutschland oder wurde während ihres Arbeitseinsatzes schwanger. Für die Nationalsozialisten stellten diese Schwangerschaften sowohl aus wirtschaftlicher als auch aus rassenideologischer Sicht ein besonderes Problem dar. Schwangerschaftsbedingte Fehlzeiten, Entbindungen in deutschen Krankenhäusern und Fürsorgemaßnahmen für ausländische Kinder beeinträchtigten auf der einen Seite den Produktionsablauf, verursachten zusätzliche Kosten und standen der maximalen Ausbeutung der weiblichen Arbeitskräfte im Weg. Auf der anderen Seite befürchteten führende NS-Rassenideologen, insbesondere aus Heinrich Himmlers Reichssicherheitshauptamt der SS (RSHA), im Reich geborene ausländische Kinder würden die »fremdvölkische Unterwanderung« des deutschen Volkes vor-

---

3 Da vor dem Hintergrund des behandelten Themas dem Geschlecht der betroffenen Zwangsarbeitenden eine entscheidende Rolle zukommt, eine durchgehende Doppelnennung beider Geschlechter jedoch sehr sperrig wäre, wird in diesem Buch zur Erleichterung der Lesbarkeit mit Doppelpunkt gegendert.
4 Ulrich Herbert, Fremdarbeiter. Politik und Praxis des »Ausländer-Einsatzes« in der Kriegswirtschaft des Dritten Reiches, Bonn 1999, S. 315 f.

Einleitung

antreiben. Aus diesem Grund wurde versucht, Schwangerschaften ausländischer Arbeiterinnen durch Gesundheitsuntersuchungen vor der Deportation nach Deutschland, Heiratsbeschränkungen und -verbote, Straffreiheit von Abtreibungen und die Verteilung von Verhütungsmitteln in den Lagern zu verhindern. Bis Ende 1942 wurden Zwangsarbeiterinnen, die dennoch ein Kind erwarteten, in der Regel vor der Entbindung in ihre Heimatländer zurückgebracht. Obwohl keine absoluten Zahlen bekannt sind, nahmen Schwangerschaften einen immer größeren Anteil an den Rückführungen weiblicher Arbeitskräfte ein – einzelne Arbeitsämter verzeichneten Zahlen von 30 bis zu 60 Prozent.[5]

Ende des Jahres 1942 ließ der Generalbevollmächtigte für den Arbeitseinsatz (GBA), der thüringische NSDAP-Gauleiter Fritz Sauckel, die Rückführungen schwangerer Ausländerinnen aus arbeitseinsatzpolitischen Gründen einstellen. Zukünftig sollten die Frauen bis kurz vor dem errechneten Geburtstermin weiterarbeiten, ihre Kinder in abgetrennten Entbindungsstationen zur Welt bringen und dann so schnell wie möglich an ihre Arbeitsplätze zurückkehren. Ihre Neugeborenen sollten in improvisierten Säuglingsheimen untergebracht werden, die im nationalsozialistischen Behördenjargon euphemistisch als »Ausländerkinder-Pflegestätten« bezeichnet wurden. Gleichzeitig versuchte Himmler Zugriff auf diejenigen Kinder zu erlangen, die seinen rassistischen Maßstäben zufolge »wertvolles Blut« in sich trugen. Zu diesem Zweck etablierte er ein Verfahren zur rassischen Überprüfung und »Germanisierung« der im Altreich von ausländischen Zwangsarbeiterinnen geborenen Kinder. Parallel zu diesen Maßnahmen genehmigte Reichsgesundheitsführer Leonardo Conti Abtreibungen bei schwangeren Zwangsarbeiterinnen aus Polen und der Sowjetunion – sofern der zu erwartende Nachwuchs nicht als »rassisch wertvoll« galt.

Forschungsstand und Begriffe

Die Geschichte der Zwangsarbeit im Nationalsozialismus hat in den letzten Jahrzehnten sowohl in der deutschen Öffentlichkeit als auch in der historischen Forschung enorme Aufmerksamkeit erfahren und wurde in einer kaum überschaubaren Zahl historischer Abhandlungen intensiv aufgearbeitet. Den Anfang machte Mitte der 1980er Jahre die herausragende Untersuchung Ulrich Herberts,[6] die wie

---

5 Dies sind die Ergebnisse einer Dissertation aus dem Jahr 1943, deren Verfasserin als hauptamtliche Ärztin beim Arbeitsamt Wien beschäftigt war; Therese Schranner, Ärztliche Erfahrungen beim Einsatz fremdländischer Arbeitskräfte, Wien 1943.
6 Herbert, Fremdarbeiter (Erstausgabe 1985). Siehe auch Ulrich Herbert, Geschichte der Ausländerbeschäftigung in Deutschland 1880 bis 1980. Saisonarbeiter, Zwangsarbeiter, Gastarbeiter, Berlin (West); Bonn 1986.

Mark Spoerers[7] Studie bis heute ein unverzichtbares Standardwerk darstellt. Seitdem sind unzählige lokal- und regionalhistorische sowie firmengeschichtliche Studien erschienen, die eine wichtige Forschungsgrundlage für weiterführende historische Fragestellungen und spezialisierte Themenfelder lieferten.[8] Zu den auch heute noch wenig erforschten Dimensionen zählt hingegen beispielsweise die Zwangsarbeit in den von Deutschland besetzten Gebieten.[9]

Weil der prägnante Begriff »Zwangsarbeit« sich seit den 1990er Jahren zwar sowohl im öffentlichen wie auch im wissenschaftlichen Diskurs durchgesetzt hat, laut Spoerer jedoch den »Nachteil unzulässiger Verallgemeinerung«[10] mit sich bringt, ist eine kurze begriffliche Klärung notwendig. Der Hauptkritikpunkt Spoerers bezieht sich auf die Tatsache, dass ein Teil der ausländischen Arbeitskräfte sich zunächst »freiwillig« zum Arbeitseinsatz im Deutschen Reich gemeldet hatte. Dabei dürfe allerdings nicht der mitunter erhebliche Druck ausgeblendet werden, den die deutschen Behörden auf die Bevölkerung der besetzten Gebiete ausübten. Der bei Herbert titelgebende Begriff »Fremdarbeiter« greift wiederum zu kurz, da er zwar die ausländischen Zivilarbeiter:innen erfasst, nicht aber die Kriegsgefangenen, Militärinternierten und Konzentrationslagerhäftlinge. Zudem handelt es sich um einen negativ konnotierten Begriff aus der NS-Zeit, obgleich er in den Quellen nur selten Verwendung findet. Die in der angloamerikanischen Forschung gebräuchliche Unterscheidung zwischen »slave labor« (Sklavenarbeit) für jüdische Zwangsarbeiter:innen und Konzentrationslagerhäftlinge auf der einen sowie »forced labor« (Zwangsarbeit) für Zivilarbeiter:innen und Kriegsgefangene auf der anderen Seite zieht eine irreführende Grenze, die sich insbesondere mit Blick auf die Behandlung der osteuropäischen Zivilarbeiter:in-

---

7 Mark Spoerer, Zwangsarbeit unter dem Hakenkreuz. Ausländische Zivilarbeiter, Kriegsgefangene und Häftlinge im Deutschen Reich und im besetzten Europa 1939–1945, Stuttgart 2001. Siehe auch Mark Spoerer, Zwangsarbeit im Dritten Reich. Verantwortung und Entschädigung, in: Geschichte in Wissenschaft und Unterricht 51, 2000, S. 508–527; Mark Spoerer; Jochen Fleischhacker, Forced Laborers in Nazi Germany. Categories, Numbers, and Survivors, in: Journal of Interdisciplinary History 33, 2002, S. 169–204.

8 Ausführlicher zu den Grundlinien der Zwangsarbeitsforschung siehe Andreas Heusler, Zwangsarbeit in der NS-Kriegswirtschaft. Zur Genese eines Forschungsgenres, in: Zwangsarbeit im Nationalsozialismus. Begleitband zur Ausstellung, hg. von Stefan Hördler, Volkhard Knigge, Rikola-Gunnar Lüttgenau und Jens-Christian Wagner, Göttingen 2016, S. 204–211.

9 Dieter Ziegler (Hg.), Zwangsarbeit im Nationalsozialismus in den besetzten Gebieten, Berlin 2004; Klaus Tenfelde (Hg.), Arbeitseinsatz und Zwangsarbeit im besetzten Europa, Göttingen 2005; Karsten Linne (Hg.), Arbeitskräfte als Kriegsbeute. Der Fall Ost- und Südosteuropa 1939–1945, Berlin 2011; Dieter Pohl; Tanja Sebta (Hg.), Zwangsarbeit in Hitlers Europa. Besatzung, Arbeit, Folgen, Berlin 2013.

10 Mark Spoerer, Zwangsarbeit im Dritten Reich und Entschädigung: ein Überblick, in: Zwangsarbeit in der Kirche. Entschädigung, Versöhnung und historische Aufarbeitung, hg. von Klaus Barwig, Stuttgart 2001, S. 15–46, hier S. 17.

nen nur schwer rechtfertigen lässt.[11] Diese Probleme könnten durch den Sammelbegriff der »unfreien Arbeit«, den Herbert in Anlehnung an die alte marxistische Definition der »Arbeitsaufnahme unter >außerökonomischem Zwang<«[12] ins Spiel brachte, zwar umgangen werden. Doch trotz einer gewissen Unschärfe des Begriffs »Zwangsarbeiter:innen« kann dieser gleichermaßen für unfreiwillig nach Deutschland deportierte wie für freiwillig angeworbene Ausländer:innen verwendet werden, da sich auch letztere spätestens mit Ankunft an ihrem Einsatzort in einem unfreien Arbeitsverhältnis wiederfanden, das in keinster Weise den zu Anwerbungszwecken gemachten Versprechungen der deutschen Behörden entsprach.

Die Millionen Menschen, die unter dem NS-Regime zur Arbeit gezwungen wurden, ordnet Spoerer in die drei Kategorien der ausländischen Zivilarbeiter:innen, Kriegsgefangenen und Häftlinge ein.[13] Herbert differenziert mit Blick auf die Zwangsarbeit in den besetzten Gebieten etwas genauer in 1. ausländische Zivilarbeiter:innen, 2. ausländische Kriegsgefangene, 3. Konzentrationslagerhäftlinge im Reichsgebiet, 4. europäische Juden, 5. Menschen, die in ihren Herkunftsländern (Zwangs-)Arbeit für die Deutschen verrichten mussten, sowie 6. ausländische Zivilarbeiter:innen und Kriegsgefangene, die in Drittstaaten eingesetzt wurden.[14] Für die vorliegende Studie ist die jeweils erste Kategorie von Bedeutung, die mit rund 5,7 Millionen Menschen weitaus größte Gruppe der in Deutschland eingesetzten ausländischen Zivilarbeiter:innen. Im Folgenden bezieht sich der Begriff »Zwangsarbeiter:innen« auf alle in unfreier Arbeit befindlichen, ausländischen Zivilarbeiter:innen, sofern keine genauere Abgrenzung vonnöten ist.

Die obengenannten Kategorien, die sich in der Praxis teilweise überschnitten und im Detail sicherlich weiter ausdifferenzieren ließen, hatten wesentlichen Einfluss auf die jeweiligen Lebens- und Arbeitsbedingungen der betroffenen Menschen.[15] Darüber hinaus hing das Ausmaß der Ausbeutung, Diskriminie-

---

11 Ulrich Herbert, Zwangsarbeit im 20. Jahrhundert. Begriffe, Entwicklung, Definitionen, in: Zwangsarbeit in Hitlers Europa. Besatzung, Arbeit, Folgen, hg. von Dieter Pohl und Tanja Sebta, Berlin 2013, S. 23–36, hier S. 24; Isabel Heinemann, Ökonomie der Ungleichheit. Unfreie Arbeit und Rasseideologie in der ethnischen Neuordnung Europas, 1939–1945, in: Geschichte in Wissenschaft und Unterricht 66, 2015, S. 302–322, hier S. 305.
12 Herbert, Zwangsarbeit im 20. Jahrhundert, S. 27.
13 Spoerer, Zwangsarbeit im Dritten Reich und Entschädigung: ein Überblick, S. 18.
14 Herbert, Zwangsarbeit im 20. Jahrhundert, S. 31–33.
15 Dabei konnten sich Status und damit die Existenzbedingungen der Zwangsarbeiter:innen mitunter ändern, beispielsweise im Fall der italienischen Militärinternierten, die im Juli 1944 aus dem Zuständigkeitsbereich der Wehrmacht in den Zivilarbeiterstatus überführt wurden; siehe dazu Gabriele Hammermann, Zwangsarbeit für den »Verbündeten«. Die Arbeits- und Lebensbedingungen der italienischen Militärinternierten in Deutschland 1943–1945, Tübingen 2002.

rung und Gewalt von der im nationalsozialistischen Zwangsarbeitssystem angelegten Hierarchisierung innerhalb der verschiedenen Arbeitskräftegruppen ab. Entscheidende Kriterien waren hier beispielsweise Alter, Geschlecht und Einsatzbereich, maßgeblich war vor allem aber die von den Nationalsozialisten als »Rasse« konstruierte Ethnie, Nationalität und Herkunft. In dieser Hierarchie rangierten als »germanisch« geltende Arbeitskräfte wie Fläm:innen und Dän:innen an oberster Stelle, danach westeuropäische Arbeiter:innen, gefolgt von Arbeitskräften aus Süd- und Südosteuropa. Weiter unten standen Tschech:innen und Slowak:innen, dann polnische Arbeiter:innen, gefolgt von den als »Ostarbeiterinnen« und »Ostarbeiter«[16] bezeichneten Arbeitskräften aus den besetzten Gebieten der Sowjetunion und schließlich auf der untersten Stufe Juden und Jüdinnen.[17]

Wie oben bereits angemerkt, stammte der überwiegende Teil der weiblichen Zwangsarbeiterinnen aus den besetzten Gebieten Polens und der Sowjetunion und anderen osteuropäischen Ländern.[18] Dementsprechend bezogen sich die Planungen und Maßnahmen zur Behandlung schwangerer Ausländerinnen und ihrer Kinder sowohl mit Hinblick auf ihre zahlenmäßige Bedeutung als auch aufgrund ihres niedrigen Rangs auf der NS-Rassenskala in erster Linie auf Polinnen und »Ostarbeiterinnen«. Zwar handelte es sich bei diesen Bezeichnungen um unscharfe und in vielen Fällen unzutreffende Zuschreibungen durch die deutschen Behörden, doch spielte diese Kategorisierung sowohl für die Planer in der Regimeführung als auch bei der Umsetzung der Maßnahmen auf regionaler und lokaler Ebene eine wichtige Rolle und wirkte sich maßgeblich auf die Behandlung der betroffenen Frauen und ihrer Kinder aus. Die in den Quellen stets eingehaltene Unterscheidung zwischen Polinnen und »Ostarbeiterinnen« wird daher im

---

16 In den sogenannten Ostarbeitererlassen definierte Himmler die »Arbeitskräfte aus dem altsowjetrussischen Gebiet« als »diejenigen Arbeitskräfte, die aus dem ehemals sowjet-russischen Gebiet – mit Ausnahme der ehemaligen Staaten Litauen, Lettland, Estland, des Bezirks Bialystok und des Distrikts Lemberg – zum zivilen Arbeitseinsatz ins Reich hereingebracht sind oder werden.« Erlass des RFSS betr. »Allgemeine Bestimmungen über Anwerbung und Einsatz von Arbeitskräften aus dem Osten«, 20. Februar 1942, Allgemeine Erlass-Sammlung des Chefs der Sicherheitspolizei und des SD, 2 A III f, S. 24–35. Die »Verordnung über die Einsatzbedingungen der Ostarbeiter« vom 30. Juni 1942 grenzte den Begriff »Ostarbeiter« folgendermaßen ein: »Ostarbeiter sind diejenigen Arbeitskräfte nichtdeutscher Volkszugehörigkeit, die im Reichskommissariat Ukraine, im Generalkommissariat Weißruthenien oder in Gebieten, die östlich an diese Gebiete und an die früheren Freistaaten Lettland und Estland angrenzen, erfaßt und nach der Besetzung durch die deutsche Wehrmacht in das Deutsche Reich einschließlich des Protektorats Böhmen und Mähren gebracht und hier eingesetzt werden.« Reichsgesetzblatt I 1942, S. 419–421, hier S. 419.
17 Herbert, Zwangsarbeit im 20. Jahrhundert, S. 25.
18 Herbert, Fremdarbeiter, S. 315 f.

Einleitung

Folgenden übernommen, wobei es sich im letzteren Fall um einen reinen Quellenbegriff handelt, der dementsprechend in Anführungszeichen gesetzt wird.[19] Die rassistische Hierarchisierung hatte enorme Auswirkungen auf die Existenzbedingungen der jeweiligen Arbeitskräfte und stand in engem Zusammenhang mit ihrer wirtschaftlichen Ausbeutung. Dabei lässt sich, anders als in der älteren Forschung angenommen, nicht allein ein fortwährender Widerspruch zwischen ökonomischen und rassenideologischen Motiven konstatieren.[20] Der kriegswirtschaftliche Arbeitseinsatz und die nationalsozialistische Rassenideologie gingen vielmehr eine, wie Isabel Heinemann im Kontext der Besatzungs- und Umsiedlungspolitik in Osteuropa zeigen konnte, »ausgesprochen fruchtbare Verbindung« ein, indem die rassenpolitische Zergliederung der Menschen ihre wirtschaftliche Ausbeutung intensivierte und propagandistisch legitimierte.[21] Jens-Christian Wagner beschreibt das Verhältnis zwischen »Rassismus und Utilitarismus« treffend als ein »sich dem Kriegsverlauf anpassendes Spannungsfeld, in dem die Zwangsarbeit organisiert und wesentlich durch die Prinzipien der Segregation und Selektion gestaltet wurde«.[22] Den betroffenen Menschen habe dabei stets die Vernichtung gedroht, sei es aus rassen- oder arbeitseinsatzpolitischen Gründen. Hier verweist Wagner unter anderem auf die Behandlung schwangerer polnischer und sowjetischer Zwangsarbeiter:innen und ihrer neugeborenen Kinder, ein bislang nur ansatzweise erforschtes Themenfeld im Bereich der Zwangsarbeitsforschung.

Zwar ist das Forschungsinteresse an Kindheiten im Zweiten Weltkrieg seit der Jahrtausendwende stetig angewachsen. Beim überwiegenden Teil der Veröffentlichungen handelt es sich jedoch um autobiografische Erzählungen oder um Überblicksdarstellungen, welche die Kindheit im nationalsozialistischen Deutschland

---

19 In eine Studie über den Nationalsozialismus finden zwangsläufig zahlreiche Begriffe aus dem nationalsozialistischen Vokabular Eingang, bei denen eine grundsätzliche Distanzierung vonnöten ist. Aus Gründen der besseren Lesbarkeit werden allerdings nicht sämtliche Quellenbegriffe entsprechend markiert, zumal eine klare Grenzziehung nicht immer möglich ist. Daher werden in dieser Arbeit insbesondere diejenigen Begriffe, die eine Zuschreibung darstellen und sich in diskriminierender Weise auf Individuen beziehen, mit distanzierenden Anführungszeichen versehen. Gleiches gilt für euphemistische Begriffe wie »Ausländerkinder-Pflegestätte« oder vom Wortsinn her inkorrekte Begriffe wie »Schwangerschaftsunterbrechung«.

20 Siehe beispielsweise Ulrich Herbert, Arbeit und Vernichtung. Ökonomisches Interesse und Primat der »Weltanschauung« im Nationalsozialismus, in: Europa und der »Reichseinsatz«. Ausländische Zivilarbeiter, Kriegsgefangene und KZ-Häftlinge in Deutschland 1938–1945, hg. von Ulrich Herbert, Essen 1991, S. 384–426.

21 Heinemann, Ökonomie der Ungleichheit, S. 304.

22 Jens-Christian Wagner, Arbeit und Vernichtung im Nationalsozialismus. Ökonomische Sachzwänge und das ideologische Projekt des Massenmords, in: Einsicht 12, 2014, S. 20–27, hier S. 27.

thematisieren.²³ Jüngere Studien zur Kindheit im Holocaust richten den Fokus meist in erster Linie auf die Erfahrungen der Frauen und Mütter.²⁴ Besonderes Interesse hat in den letzten Jahren das Schicksal unbegleiteter Kinder nach dem Ende des Zweiten Weltkriegs in der Forschung erfahren.²⁵ Obwohl nach aktuellen Schätzungen etwa anderthalb Millionen polnische und sowjetische Kinder zur Zwangsarbeit im Deutschen Reich und in den von der Wehrmacht besetzten Gebieten Osteuropas eingesetzt wurden, ist dieses Thema neben der grundlegenden Studie von Johannes-Dieter Steinert bislang kaum aufgearbeitet worden.²⁶ Über

23 Vera Schwers, Kindheit im Nationalsozialismus aus biographischer Sicht, Münster 2002; Nicholas Stargardt, Witnesses of war. Children's lives under the Nazis, London 2005; Klaus Kienesberger, Geraubte Kindheit. Kinder und Jugendliche im Nationalsozialismus, Wien 2010; Gertraud Schlesinger-Kipp, Kindheit im Krieg und Nationalsozialismus. PsychoanalytikerInnen erinnern sich, Gießen 2012; Heidi Rosenbaum, »Und trotzdem war's 'ne schöne Zeit«. Kinderalltag im Nationalsozialismus, Frankfurt a. M. 2014; Ann-Kristin Kolwes, Die Frauen und Kinder deutscher Kriegsgefangener. Integriert, ignoriert und instrumentalisiert, 1941–1956, Bielefeld 2021.

24 Barbara Distel, Kinder und Jugendliche im nationalsozialistischen Verfolgungssystem, in: Kinder und Jugendliche als Opfer des Holocaust. Dokumentation einer internationalen Tagung in der Gedenkstätte Haus der Wannseekonferenz, 12. bis 14. Dezember 1994, hg. von Edgar Bamberger und Annegret Ehmann, Heidelberg 1995, S. 53–67; Barbara Distel (Hg.), »Wir konnten die Kinder doch nicht im Stich lassen!« Frauen im Holocaust, Köln 2004; Boaz Cohen, The Children's Voice: Postwar Collection of Testimonies from Child Survivors of the Holocaust, in: Holocaust and Genocide Studies 21, 2007, S. 73–95; Beate Klarsfeld; Serge Klarsfeld, Endstation Auschwitz. Die Deportation deutscher und österreichischer jüdischer Kinder aus Frankreich; ein Erinnerungsbuch, Köln 2008; Irith Dublon-Knebel (Hg.), A Holocaust crossroads. Jewish women and children in Ravensbrück, London 2010; Verena Buser, Überleben von Kindern und Jugendlichen in den Konzentrationslagern Sachsenhausen, Auschwitz und Bergen-Belsen, Berlin 2011; Patricia Heberer, Children during the Holocaust, Lanham, Md. 2011.

25 Sharon Kangisser Cohen; Dalia Ofer (Hg.), Starting anew. The rehabilitation of child survivors of the Holocaust in the early postwar years, Jerusalem 2019; Henning Borggräfe; Akim Jah; Nina Ritz; Steffen Jost (Hg.), Freilegungen. Rebuilding lives – child survivors and DP children in the aftermath of the Holocaust and forced labor, Göttingen 2017; Iris Helbing, Polens verlorene Kinder. Die Suche und Repatriierung verschleppter polnischer Kinder nach 1945, Frankfurt (Oder) 2017; Lynne Taylor, In the children's best interests. Unaccompanied children in American-occupied Germany 1945–1952, Toronto 2017; Susanne Urban, Unaccompanied Children and the Allied Child Search. »The Right ... a Child Has to His Own Heritage«, in: The Young Victims of the Nazi Regime. Migration, the Holocaust, and Postwar Displacement, hg. von Simone Gigliotti und Monica Tempian, London 2016, S. 128–131; Tara Zahra, The Lost Children. Reconstructing Europe's Families after World War II, Cambridge 2011.

26 Johannes-Dieter Steinert, Deportation und Zwangsarbeit. Polnische und sowjetische Kinder im nationalsozialistischen Deutschland und im besetzten Osteuropa 1939–1945, Essen 2013; siehe auch Krzysztof Ruchniewicz; Jürgen Zinnecker (Hg.), Zwischen Zwangsarbeit, Holo-

diejenigen Kinder in den eingegliederten und besetzten Ostgebieten, die ihren Familien zum Zweck der »Eindeutschung« entrissen und zwangsadoptiert wurden oder als Besatzungskinder ins Visier der nationalsozialistischen Rassenpolitik gerieten, liegen ebenfalls nur wenige Studien vor.[27] Aufgrund mangelnder Statistiken und fehlender Forschungsarbeiten kann daher noch immer nicht eindeutig bestimmt werden, wie viele Kinder von diesem Maßnahmen betroffen waren. Das Schicksal schwangerer Zwangsarbeiterinnen und ihrer im Altreich geborenen Kinder ist bislang ebenfalls unzureichend erforscht. Obwohl die Trennung dieser Kinder von ihren Müttern und ihre Absonderung in »Ausländerkinder-Pflegestätten« im achten und zehnten Nürnberger Prozess vor dem Internationalen Militärgerichtshof (Prozess Rasse- und Siedlungshauptamt der SS sowie Krupp-Prozess)[28] behandelt wurden und darüber hinaus die Grundlage für drei britische Kriegsverbrecherprozesse (Braunschweig 1946, Helmstedt 1946, Hamburg 1948)[29] bildeten, blieb die Behandlung schwangerer polnischer, russischer,

---

caust und Vertreibung. Polnische, jüdische und deutsche Kindheiten im besetzten Polen, Weinheim 2007; zur Zwangsarbeit jüdischer Kinder siehe Johannes-Dieter Steinert, Holocaust und Zwangsarbeit. Erinnerungen jüdischer Kinder 1938–1945, Essen 2018.

27 Isabel Heinemann, »Rasse, Siedlung, deutsches Blut«. Das Rasse- und Siedlungshauptamt der SS und die rassenpolitische Neuordnung Europas, Göttingen 2003, S. 499–530, 601–602; Isabel Heinemann, »Until the Last Drop of Good Blood«. The Kidnapping of »Racially Valuable« children and Nazi Racial Policy in the Occupied Eastern Europe, in: Genocide and settler society. Frontier violence and stolen indigenous children in Australian history, hg. von Anthony Dirk Moses, New York; Oxford 2004, S. 244–266; Regina Mühlhäuser, Between Extermination and Germanization. Children of German Men in the »Occupied Eastern Territories«, 1942–1945, in: Children of World War II. The hidden enemy legacy, hg. von Kjersti Ericsson und Eva Simonsen, Oxford; New York 2005, S. 167–189; Michal Šimůnek, Race, Heredity and Nationality: Children in Bohemia and Moravia, 1939–1945, in: Children of World War II. The hidden enemy legacy, hg. von Kjersti Ericsson und Eva Simonsen, Oxford; New York 2005, S. 190–209; Ines Hopfer, Geraubte Identität. Die gewaltsame »Eindeutschung« von polnischen Kindern in der NS-Zeit, Wien 2010; Maren Röger, Besatzungskinder in Polen. Nationalsozialistische Politik und Erfahrungen in der Volksrepublik, in: Vierteljahrshefte für Zeitgeschichte 65, 2017, S. 26–51; Ewelina Karpinska-Morek; Agnieszka Was-Turecka; Monika Sieradzka; Artur Wróblewski; Tomasz Majta; Michał Drzonek, Als wäre ich allein auf der Welt. Der nationalsozialistische Kinderraub in Polen, München 2020. Einen breiten Überblick über unterschiedliche Kriegskindheiten in ganz Europa liefert der Sammelband von Francesca Weil; André Postert; Alfons Kenkmann (Hg.), Kindheiten im Zweiten Weltkrieg, Halle (Saale) 2018.

28 Trials of War Criminals before the Nuernberg Military Tribunals under Control Council Law, No. 10. Bd. IV, Washington 1950; Trials of War Criminals before the Nuernberg Military Tribunals under Control Council Law No. 10. Bd. IX, Washington 1950.

29 Das Protokoll des sogenannten Velpke Baby Home Trial in Braunschweig wurde Anfang der 1950er Jahre veröffentlicht in George Brand (Hg.), Trial of Heinrich Gerike, Gustav Claus, Georg Hessling, Richard Demmerich, Werner Noth, Fritz Flint, Hermann Müller, Valentina

weißrussischer und ukrainischer Zwangsarbeiterinnen und ihrer Kinder lange Zeit unerforscht. Die Ursache dafür liegt vor allem in der schwierigen Quellenlage, da kurz vor Kriegsende zahlreiche Dokumente von den deutschen Behörden vorsätzlich vernichtet wurden oder in den Kriegswirren verloren gingen. Da zudem nicht eine einzelne zentrale Institution die Behandlung der Säuglinge und ihrer Mütter koordinierte, sondern eine Vielzahl von Behörden an der Planung, Einrichtung und dem Betrieb von Entbindungsstationen und »Ausländerkinder-Pflegestätten« sowie der Durchführung von Rassenuntersuchungen und Schwangerschaftsabbrüchen beteiligt war, ergibt sich kein direkter institutioneller Zugang zu diesem Themenkomplex. Diese Dezentralität hat zudem zur Folge, dass viele überlieferte Quellen insbesondere zur lokalen Umsetzung der Maßnahmen über regionale Archive in ganz Deutschland verstreut sind. Ab den 1980er Jahren leisteten erste lokalhistorische Studien, die sich auf einzelne Kinderheime konzentrierten, in dieser Hinsicht wichtige Vorarbeiten.[30] Regionale Forschungen zu Einrichtungen in Braunschweig, Westfalen und Niedersachsen erweiterten den Fokus, legten essenzielle Grundlagen für die weitere Forschung und sind bis heute aktuell.[31] Seitdem untersuchte eine ganze Reihe weiterer Arbeiten diese Einrichtungen auf lokaler und regionaler Ebene.[32]

Bilien. The Velpke Baby Home Trial, London; Edinburgh; Glasgow 1950. Einer der führenden Rechtsberater während der britischen Kriegsverbrecherprozesse, Lord Russell of Liverpool, beschrieb 1954 die Verhandlungen über die »Ausländerkinder-Pflegestätten« in Velpke und Rühen in seinem Buch The Scourge of the Swastika. A Short History of Nazi War Crimes, London 1954.

30 Roman Hrabar; Zofia Tokarz; Jacek E. Wilczur, Kinder im Krieg – Krieg gegen Kinder. Die Geschichte der polnischen Kinder 1939–1945, Reinbek bei Hamburg 1981; Gerd E. Haida; Michael S. Koziol; Alfred Schmidt, Gantenwald. Eine »Ausländerkinder-Pflegestätte«, in: Faschismus in Deutschland. Ursachen und Folgen, Verfolgung und Widerstand, Ausländerfeindlichkeit und neonazistische Gefahren, hg. von Helga Zoller, Köln 1985, S. 194–229; Susanne Hohlmann, Pfaffenwald. Sterbe- und Geburtenlager 1942–1945, Kassel 1988; Hans Holzhaider, Die Kinderbaracke von Indersdorf, in: Frauen. Verfolgung und Widerstand, hg. von Wolfgang Benz und Barbara Distel, München 1993, S. 116–124; Anne-Kathrin Race, Die »Kinderpflegestätte« Brunshausen 1944–1945. Ein Beitrag zur Gandersheimer Regionalgeschichte, Bad Gandersheim 1990; Anna Elisabeth Rosmus, Wintergrün. Verdrängte Morde, Konstanz 1994.

31 Bernhild Vögel, »Entbindungsheim für Ostarbeiterinnen«. Braunschweig, Broitzemer Straße 200, Hamburg 1989; Raimond Reiter, Tötungsstätten für ausländische Kinder im Zweiten Weltkrieg. Zum Spannungsverhältnis von kriegswirtschaftlichem Arbeitseinsatz und nationalsozialistischer Rassenpolitik in Niedersachsen, Hannover 1993; Gisela Schwarze, Kinder, die nicht zählten. Ostarbeiterinnen und ihre Kinder im Zweiten Weltkrieg, Essen 1997.

32 Gabriella Hauch, Ostarbeiterinnen. Vergessene Frauen und ihre Kinder, in: Nationalsozialismus in Linz, hg. von Fritz Mayrhofer und Walter Schuster, Linz 2001, S. 1271–1310; Sebastian Lehmann, »... stärkste Befürchtungen, dass das Kind doch der Allgemeinheit zur Last fällt«. Schwangerschaft und Zwangsarbeit in Schleswig-Holstein, in: »Wir empfehlen Rückver-

Einleitung

In engem Zusammenhang mit diesem Thema steht die Praxis der (Zwangs-) Abtreibungen bei ausländischen Zivilarbeiterinnen. Auch hier basiert der aktuelle Forschungsstand auf regionalen Studien, die nur punktuelle Einblicke in diese weit verbreitete Praxis geben.[33] Darüber hinaus enthalten viele der seit den 1980er

schickung, da sich der Arbeitseinsatz nicht lohnt«. Zwangsarbeit und Krankheit in Schleswig-Holstein 1939–1945, hg. von Uwe Danker, Anette Grewe, Nils Köhler und Sebastian Lehmann, Bielefeld 2001, S. 193–221; Kerstin Kersandt, Polnische und sowjetische Zwangsarbeiterinnen und ihre Kinder, in: Zwangsarbeit in Wiesbaden. Der Einsatz von Zwangsarbeitskräften in der Wiesbadener Kriegswirtschaft 1939–1945, hg. von Hedwig Brüchert, Wiesbaden 2003, S. 187–236; Cordula Tollmien, Slawko, Stanislav und France-Marie. Das Mütter- und Kinderlager bei der Großwäscherei Schneeweiß in Göttingen 1944/45, in: Medizin und Zwangsarbeit im Nationalsozialismus. Einsatz und Behandlung von »Ausländern« im Gesundheitswesen, hg. von Andreas Frewer und Günther Siedbürger, Frankfurt a. M. 2004, S. 363–388; Evelyn Zegenhagen, Facilities for Pregnant Forced Laborers and Their Infants in Germany (1943–1945), in: Children and the Holocaust: symposium presentations, hg. vom Center for Advanced Holocaust Studies, USHMM, Washington, D. C. 2004, S. 65–76; Martin Kranzl-Greinecker, Die Kinder von Etzelsdorf. Notizen über das »Fremdvölkische Kinderheim« im Schloss Etzelsdorf, Pichl bei Wels (1944–1946), Linz 2005; Janet Anschütz; Stephanus Fischer; Irmtraud Heike; Cordula Wächtler (Hg.), Gräber ohne Namen. Die toten Kinder Hannoverscher Zwangsarbeiterinnen, Hamburg 2006; Marc Czichy, Tötung der Kinder von Zwangsarbeitenden. Die »Ausländerkinderpflegestätten« in Brunshausen und Einbeck, in: Zwangsarbeit und Gesundheitswesen im Zweiten Weltkrieg. Einsatz und Versorgung in Norddeutschland, hg. von Günther Siedbürger und Andreas Frewer, Hildesheim 2006, S. 161–178; Annika Dube-Wnęk, Strukturelle Gewalt im nationalsozialistischen Gesellschaftssystem am Beispiel der Ausländerkinder-Pflegestätten und der Forschungsergebnisse für das »Entbindungslager Kiesgrube« in Dresden, Dresden 2011; Lauren Elizabeth Fedewa, Between Extermination and Child-Rearing. The Foreign Child-Care Facilities of Volkswagen and Velpke, University of Vermont 2018; Marcel Brüntrup, Verbrechen und Erinnerung. Das »Ausländerkinderpflegeheim« des Volkswagenwerks, Göttingen 2019; Margot Löhr, Die vergessenen Kinder von Zwangsarbeiterinnen in Hamburg. Ermordet durch Vernachlässigung und Unterernährung, Hamburg 2020.

33 Michaela Garn, Zwangsabtreibung und Abtreibungsverbot. Zur Gutachterstelle der Hamburger Ärztekammer, in: Heilen und Vernichten im Mustergau Hamburg. Bevölkerungs- und Gesundheitspolitik im Dritten Reich, hg. von Angelika Ebbinghaus, Heidrun Kaupen-Haas und Karl Heinz Roth, Hamburg 1984, S. 37–40; Gisela Bock, Zwangssterilisation im Nationalsozialismus. Studien zur Rassenpolitik und Geschlechterpolitik, Opladen 1986 (Neudruck Münster 2010), S. 435–456; Raimond Reiter, Unerwünschter Nachwuchs. Schwangerschaftsabbrüche bei »fremdvölkischen« Frauen im NSDAP-Gau Ost-Hannover, in: Medizin im NS-Staat. Täter, Opfer, Handlanger, hg. von Wolfgang Benz und Barbara Distel, München 1993, S. 225–236; Peter Engelbrecht, »Rassisch minderwertiger Nachwuchs«. Abtreibungen an Zwangsarbeiterinnen in Oberfranken 1943–1945, in: Geschichte Quer 11, 2003, S. 36–38; Wolfgang Frobenius, Abtreibungen bei »Ostarbeiterinnen« in Erlangen. Hochschulmediziner als Helfershelfer des NS-Regimes, in: Zwangsarbeit und Gesundheitswesen im Zweiten Weltkrieg. Einsatz und Versorgung in Norddeutschland, hg. von Günther Siedbürger und Andreas Frewer, Hildesheim 2006, S. 283–307; Gabriele Czarnowski, Russenfeten. Abtreibung

Jahren veröffentlichten Lokal- und Regionalstudien zur Zwangsarbeit mehr oder weniger ausführliche Darstellungen zum Schicksal schwangerer Zwangsarbeiterinnen und ihrer Kinder.[34] Was bislang fehlt, ist eine umfassende Überblicksstudie, welche die diskriminierende Behandlung schwangerer Zwangsarbeiterinnen, die Praxis der rassischen Selektion, der Zwangsabtreibungen sowie die Isolierung »rassisch unerwünschter« Kinder in primitiven »Ausländerkinder-Pflegestätten« als zentrale Bestandteile der nationalsozialistischen Vernichtungspolitik im Spannungsfeld zwischen Kriegswirtschaft und NS-Rassenideologie untersucht.

Fragestellung, Aufbau und Quellen

Anknüpfend an dieses Forschungsdesiderat verfolgt die vorliegende Studie das Ziel, eine Gesamtgeschichte der sogenannten Ausländerkinder-Pflegestätten und der damit zusammenhängenden Maßnahmen im Deutschen Reich mit besonderem Fokus auf der normativ-rechtlichen Genese sowie der regionalen und lokalen Umsetzung dieser rassistischen Praxis zu schreiben. Im Blickpunkt stehen dabei zunächst die Entscheidungs- und Aushandlungsprozesse zwischen ökonomischen Interessen und tatsächlichen oder vermeintlichen kriegswirtschaftlichen Sachzwängen auf der einen sowie rassenideologischen und volkstumspolitischen Zielsetzungen auf der anderen Seite. Wie entwickelte sich der Umgang mit schwangeren Zwangsarbeiterinnen und ihren Kindern zwischen Rassenideologie und Kriegswirtschaft und welchen Einfluss hatte der Kriegsverlauf auf diesen Vorgang? Welche Planungen, Politiken, Konflikte und Erfahrungen lagen den Entscheidungen zur Einrichtung von »Ausländerkinder-Pflegestätten«, zur Durchführung von (Zwangs-)Abtreibungen bei Polinnen und »Ostarbeiterinnen« und der rassi-

und Forschung an schwangeren Zwangsarbeiterinnen in der Universitätsfrauenklinik Graz 1943–1945, in: Virus: Beiträge zur Sozialgeschichte der Medizin 7, 2008, S. 53–67; Wiebke Lisner, Geburtshilfe und Abtreibungen bei Zwangsarbeiterinnen. Hebammen im Spannungsfeld von Diskriminierung und Hilfe am Beispiel des Landes Lippe, in: Der »Ausländereinsatz« im Gesundheitswesen (1939–1945). Historische und ethische Probleme der NS-Medizin, hg. von Andreas Frewer, Bernhard Bremberger und Günther Siedbürger, Stuttgart 2009, S. 97–116.

34 Siehe zum Beispiel Klaus-Jörg Siegfried, Das Leben der Zwangsarbeiter im Volkswagenwerk 1939–1945, Frankfurt a. M. 1988; Florian Speer, Ausländer im »Arbeitseinsatz« in Wuppertal. Zivile Arbeitskräfte, Zwangsarbeiter und Kriegsgefangene im Zweiten Weltkrieg, Wuppertal 2003; Annette Schäfer, Durchgangs- und Krankensammellager im Zweiten Weltkrieg. Schnittstellen zwischen »Arbeit« und »Vernichtung« beim Zwangsarbeitereinsatz, in: Medizin und Zwangsarbeit im Nationalsozialismus. Einsatz und Behandlung von »Ausländern« im Gesundheitswesen, hg. von Andreas Frewer und Günther Siedbürger, Frankfurt a. M. 2004, S. 203–230; Joachim Woock, Zwangsarbeit ausländischer Arbeitskräfte im Regionalbereich Verden/Aller (1939–1945). Arbeits- und Lebenssituationen im Spiegel von Archivalien und Erinnerungsberichten ausländischer Zeitzeugen, Hannover 2004.

schen Selektion ihrer Kinder zugrunde? Weiterführend wird nach dem Verhältnis zwischen zentralen Planungen und lokalen Praktiken gefragt, wobei die verschiedenen nationalen und regionalen Akteursebenen in den Blick geraten. Inwiefern waren die rassistischen Maßnahmen von oben vorgegeben und welche Rolle spielten Kritik, Anregungen und Initiativen aus der lokalen Praxis des Arbeitseinsatzes? Ein exemplarischer Einblick in die subjektiven Lebenswirklichkeit(en) der Zwangsarbeiterinnen aus Polen und der Sowjetunion in Bezug auf Schwangerschaft, Geburt und Abtreibung soll die konkreten Auswirkungen der oben erläuterten Maßnahmen veranschaulichen und es ermöglichen, nach den Handlungsspielräumen und Resilienzstrategien der betroffenen Frauen zu fragen. Konnten sie sich gegen unerwünschte Abtreibungen und die Wegnahme ihrer Kinder wehren? Welche Möglichkeiten standen ihnen offen, sich und ihre Familie vor dem Zugriff des Regimes zu schützen und ihren Kindern das Überleben zu sichern? Fallbeispiele einzelner »Ausländerkinder-Pflegestätten« sollen schließlich einen plastischen Eindruck von der Einrichtung und dem Betrieb derartiger Heime sowie der Rolle lokaler Akteur:innen liefern.

Die ersten beiden Kapitel sind chronologisch aufgebaut und analysieren in erster Linie die politischen und ökonomischen Entscheidungsprozesse, die zur Einrichtung der »Ausländerkinder-Pflegestätten« und zur Freigabe des Schwangerschaftsabbruchs bei Polinnen und »Ostarbeiterinnen« führten. Damit bilden sie sozusagen das Fundament dieser Arbeit, welches den normativen Rahmen dieser Maßnahmen absteckt und deren Genese nachvollzieht. Zunächst werden dazu die Entwicklungen bis zum Ende des Jahres 1942 betrachtet. Obwohl die Arbeitsverwaltung schwangere ausländische Arbeiterinnen bis dahin meist vor der Entbindung in ihre Herkunftsländer zurückschickte, problematisierten lokale Fürsorgebehörden wie auch andere staatliche und parteiamtliche Dienststellen in den ersten Kriegsjahren die wachsende Zahl »fremdvölkischer« Geburten im Reichsgebiet. Neben anderen Beständen aus dem Bundesarchiv in Berlin liefern insbesondere die Akten des Deutschen Gemeindetags (DGT) wertvolle Einblicke in die Ansichten und Forderungen der mittleren Verwaltungsebene an das Reichsministerium des Innern (RMdI), das für die fürsorgerechtlichen Aspekte verantwortlich zeichnete. Das Innenministerium verwies indes auf laufende Verhandlungen in den eingegliederten Gebieten Polens und insbesondere im Reichsgau Wartheland, wo die in der kommunalen Praxis bezüglich polnischer Kinder aufgeworfenen Fragen vor dem Hintergrund der nationalsozialistischen Volkstumspolitik zu dieser Zeit intensiv thematisiert wurden. Die entsprechenden Akten des Reichsstatthalters im Warthegau aus dem Archiwum Państwowe in Poznań zur planvollen fürsorgerechtlichen Diskriminierung polnischer Kinder offenbaren den engen Zusammenhang dieser Maßnahmen mit anderen bevölkerungspolitischen Instrumenten, die sich später auf die Behandlung schwangerer Zwangsarbeiterinnen und ihrer Kinder im Altreich auswirken sollten. Während es sich anfangs also hauptsächlich um einen fürsorgerechtlichen Fragenkomplex handelte, forderten regionale Behörden und Wirtschaftsunternehmen unter dem Eindruck des massenhaften Einsatzes von »Ostarbeiterinnen« in der Rüstungsindustrie ab der zweiten Hälfte des Jahres 1942 ein generelles Ende der Abschiebung schwangerer Arbeiterinnen. Nach langwierigen Verhandlungen zwischen Vertretern der Arbeitsverwaltung, des Reichsführers SS (RFSS), der Partei-Kanzlei und des Reichsinnenministeriums ließ der Generalbevollmächtigte für den Arbeitseinsatz die Rückführungen Ende des Jahres 1942 schließlich einstellen.

Im zweiten Kapitel werden die Planungen und Verhandlungen auf Reichsebene analysiert, die nach dieser Grundsatzentscheidung in Gang kamen und in denen über die Behandlung schwangerer ausländischer Zwangsarbeiterinnen und ihrer im Reich geborenen Kinder entlang den Interessen der jeweiligen Arbeitsbereiche entschieden wurde. Die Quellengrundlage dafür bilden in erster Linie die im Bundesarchiv verwahrten Unterlagen der beteiligten Stellen der Regimeführung, insbesondere der Arbeitsverwaltung, des Reichsführers SS, des Reichssicherheitshauptamts, des Rasse- und Siedlungshauptamts der SS (RuSHA), des Reichsinnenministeriums sowie des Reichsnährstands. Diese verabschiedeten in den Jahren 1943 und 1944 jeweils eigene Erlasse und Anordnungen, welche die Einrichtung spezieller Entbindungsheime für schwangere Ausländerinnen, die Trennung der Neugeborenen von ihren Müttern und ihre Unterbringung in »Ausländerkinder-Pflegestätten«, die Freigabe des Schwangerschaftsabbruchs bei Polinnen und »Ostarbeiterinnen« sowie die rassische Untersuchung der ausländischen Eltern und ihrer Kinder vorsahen. Die untersuchten Erlasse, Schriftwechsel und Sitzungsprotokolle spiegeln die Ansichten und Zielvorstellungen der verschiedenen Akteursgruppen auf Reichsebene wider. Diese legen nicht nur Widersprüche, Konflikte und Kompromisse offen, sondern auch einen durch den Kriegsverlauf bedingten Wandel der Prioritäten. Dies betrifft zum einen den Umgang mit unerwünschten Familiengründungen nicht-deutscher Arbeitskräfte im Altreich sowie mit ausländischen Familien, die zum Arbeitseinsatz nach Deutschland gebracht wurden. Zum anderen die noch kurz vor Kriegsende anvisierte Neuregelung der Versorgung und Betreuung arbeitsunfähiger Ausländerinnen und Kinder, die eine weitere Radikalisierung im Umgang mit denjenigen Menschen versprach, die aus rassenideologischer Perspektive unerwünscht und für die Kriegswirtschaft nicht länger von Nutzen waren.

Das komplexe Geflecht aus Planungen, Erlassen und Anordnungen innerhalb der jeweiligen Arbeitsbereiche führte zu uneinheitlichen und allgemein gehaltenen Richtlinien, mit deren Umsetzung sich verschiedene Stellen auf regionaler und lokaler Ebene auseinandersetzen mussten. Wie gestaltete sich die Verwirklichung der in Berlin geplanten Maßnahmen, und welche Behörden und Dienststellen waren daran beteiligt? Welche Unterschiede existierten zwischen den verschiedenen Bereichen und Regionen, wie etwa zwischen städtisch-industriellen

Einleitung

Ballungsräumen und landwirtschaftlich geprägten Gebieten? In welchem Zeitraum wurden die verlangten Entbindungsheime und »Ausländerkinder-Pflegestätten« geschaffen, und welche Probleme traten dabei auf? Um einen Einblick in die regionale Praxis zu erhalten, geben die Kapitel drei und vier eine Übersicht über die verschiedenen Institutionen und Behörden, die auf regionaler und lokaler Ebene an der Umsetzung des großangelegten Projekts der »Ausländerkinder-Pflegestätten« beteiligt waren. Zunächst werden dafür die konkreten Orte in den Blick genommen, an denen laut den Anweisungen aus Berlin Entbindungen und Abtreibungen durchgeführt und ausländische Kinder untergebracht werden sollten. Dazu zählen die von der Arbeitsverwaltung betriebenen Durchgangs- und Krankensammellager, öffentliche Krankenanstalten, Universitätskliniken und Hebammenlehranstalten, die Zwangsarbeiter:innenlager industrieller Großbetriebe sowie improvisierte Entbindungs- und Säuglingsheime für ausländische Zwangsarbeiterinnen und ihre Kinder in der Landwirtschaft.

Anschließend werden Institutionen untersucht, die nur in seltenen Fällen eigene Entbindungs- und Kinderheime für schwangere Ausländerinnen und ihre Kinder betrieben, wohl aber an der Planung, Finanzierung, Ausstattung und Überwachung dieser Einrichtungen beteiligt waren. Das betrifft vor allem die Kommunalverwaltungen, die Träger und Einrichtungen der Wohlfahrtspflege sowie verschiedene Institutionen des NS-Gesundheitswesens. Eine besondere Rolle spielen die Rasseexperten der SS, die für die rassische Untersuchung ausländischer Eltern und ihrer Kinder zuständig waren. Neben Unterlagen aus dem Bundesarchiv Berlin sowie einzelnen Akten aus den Landesarchiven in Niedersachsen, Hessen und Sachsen-Anhalt wird in diesen Kapiteln vor allem auf die umfangreiche Forschungsliteratur zu einzelnen Kindereinrichtungen und Institutionen zurückgegriffen. Diese bildet eine unerlässliche Grundlage für die Zusammenstellung konkreter Beispiele aus der regionalen Praxis und erlaubt einen vergleichenden Überblick über die beteiligten Stellen und die Ausgestaltung der Maßnahmen. Um zudem einen exemplarischen Einblick in die Arbeit der SS-Rasseprüfer zu erhalten, werden die Akten des SS-Führers im RuS-Wesen (RuS-Führer) beim Höheren SS- und Polizeiführer (HSSPF) Rhein-Westmark aus den Beständen des Hessischen Hauptstaatsarchivs Wiesbaden herangezogen. Dieser Bestand liefert zum einen Aufschluss über die Zusammenarbeit und Konflikte der Dienststelle mit anderen Behörden, zum anderen einen Blick in die internen Schreiben und Dienstpläne der SS-Rasseprüfer.

Das fünfte Kapitel leitet ein kontextualisierender Überblick über bestimmte rechtliche Rahmenbedingungen des Einsatzes weiblicher Zwangsarbeiterinnen, der Reglementierung unerwünschter sexueller Kontakte und der Einrichtung spezieller Bordelle für ausländische Arbeitskräfte ein. Anschließend soll die »Top-Down«-Perspektive zeitweise zugunsten eines Blicks auf die subjektiven Lebenswelten der Zwangsarbeiterinnen aus Polen und der Sowjetunion verlassen werden, um nach den konkreten Auswirkungen der beschlossenen Maßnahmen sowie nach Handlungsspielräumen und Resilienzstrategien der betroffenen Frauen zu fragen. Wie erlebten sie Liebesbeziehungen und Schwangerschaft während ihres Einsatzes in Deutschland? Welche Möglichkeiten existierten, gegen einen ungewollten Schwangerschaftsabbruch vorzugehen? Konnte eine Mutter die erzwungene Wegnahme ihres neugeborenen Kindes und dessen Einweisung in eine »Ausländerkinder-Pflegestätte« verhindern oder zumindest seine Überlebenschancen steigern? Der Einblick in spezifisch weibliche Erfahrungs- und Handlungsräume ausländischer Zwangsarbeiterinnen bezüglich Schwangerschaft, Geburt und Abtreibung beruht in erster Linie auf Zeitzeuginnenberichten, zusammengestellt aus verschiedenen Quellensammlungen und der Sekundärliteratur. In Bezug auf Abtreibungen bei Polinnen und »Ostarbeiterinnen« wird zudem auf Basis der wenigen überlieferten Zahlen eine grobe Einschätzung über das Ausmaß dieser Praxis gegeben. Anschließend werden die Lebensbedingungen in den »Ausländerkinder-Pflegestätten« samt Ausstattung, Personal und Ernährung der Kinder näher analysiert. An dieser Stelle ermöglicht ein begrenzter Rückgriff auf die Erlassebene den Blick auf das Zusammenspiel und die Variationsbreite zwischen behördlichen Normen und der Praxis vor Ort. Den Abschluss des Kapitels bildet die Frage nach den Ursachen der oftmals sehr hohen Sterblichkeit der in diesen Einrichtungen untergebrachten Kinder sowie eine grobe Einschätzung der Zahl der »Ausländerkinder-Pflegestätten« und der darin verstorbenen Kleinkinder und Säuglinge.

Das letzte Kapitel fragt zunächst danach, was nach dem Ende des Kriegs mit den »Ausländerkinder-Pflegestätten« und den dort untergebrachten Kindern geschah. Konnten die Überlebenden mit ihren Eltern wiedervereint werden? Wer befasste sich mit denjenigen Kindern, deren Eltern verstorben waren, das Land verlassen hatten oder aus sonstigen Gründen nicht aufgefunden werden konnten? Zunächst werden auf Grundlage der Sekundärliteratur die Zeit unmittelbar nach Kriegsende und die Suche der United Nations Relief and Rehabilitation Administration (UNRRA) nach unbegleiteten und zwangsgermanisierten Kindern behandelt. Ermittlungsakten des Instytut Pamięci Narodowej in Poznań veranschaulichen zudem exemplarisch den Umgang örtlicher polnischer Behörden mit den überlebenden Kindern einer »Ausländerkinder-Pflegestätte« in Niederschlesien. Dort kommen sowohl die Adoptiveltern überlebender Kinder zu Wort als auch einzelne Überlebende selbst, die Jahrzehnte später nach ihren Erinnerungen an ihre Zeit in der »Pflegestätte« befragt wurden. Dieser außergewöhnliche Bestand ermöglicht somit einen Einblick in die unmittelbaren wie auch die langfristigen physischen und psychischen Folgen für die Überlebenden einer solchen Einrichtung. Anschließend werden, nach einem Überblick über Ermittlungen zu »Ausländerkinder-Pflegestätten« in der Nachkriegszeit, drei britische Kriegsverbrecherprozesse zu Kindereinrichtungen in Velpke, Rühen und Lefitz analysiert. Die

Einleitung

sehr detaillierten Protokolle und Beweismittel dieser Prozesse aus den National Archives in Kew stellen eine enorm wertvolle Quelle dar, die sowohl Aufschluss über die juristische Aufarbeitung der dortigen Verbrechen als auch einen seltenen Einblick in Einrichtung und Betrieb einzelner »Ausländerkinder-Pflegestätten«, die Funktion lokaler Akteur:innen sowie die Handlungsmöglichkeiten betroffener Zwangsarbeiterinnen geben.

Mit einer Gesamtgeschichte der »Ausländerkinder-Pflegestätten« ist der Anspruch verbunden, auf Grundlage einer breiten Quellenbasis und unter Bündelung der Ergebnisse zahlreicher bisher erschienener Regionalstudien einen umfassenden Überblick über diesen Themenkomplex sowie die damit verknüpften Problemfelder zu liefern und deren Entwicklungslinien dezidiert herauszustellen. Dabei verspricht die historische Analyse der »Ausländerkinder-Pflegestätten« sowie der dazugehörigen Praktiken der (Zwangs-)Abtreibungen und der rassischen Selektion ausländischer Kinder neue Erkenntnisse über das Verhältnis und die Verschränkungen zwischen der nationalsozialistischen Rassen- und Bevölkerungspolitik sowie dem kriegswirtschaftlichen Arbeitseinsatz ausländischer Zwangsarbeiterinnen. Darüber hinaus öffnet sie den Blick für die komplexen Interessenlagen und Funktionen diverser Institutionen und Akteur:innen auf verschiedenen Herrschafts- und Verwaltungsebenen des NS-Regimes bei der Planung und praktischen Umsetzung dieser ausbeuterischen und rassistischen Praktiken – von den Ministerien in Berlin bis hin zu lokalen Funktionsträger:innen. Damit nimmt die vorliegende Studie konkrete Institutionen, Orte, Opfer und Täter:innen in den Blick, die bislang nicht im Fokus umfassender Forschungen standen, und leistet zudem einen wichtigen Forschungsbeitrag zur Kontrolle von Reproduktionsentscheidungen sowie zur Agency intersektional diskriminierter Frauen im Nationalsozialismus.

1 Arbeitseinsatz, Fürsorge und »Volkstumskampf«

Wie einleitend erläutert, werden in diesem Kapitel die Entwicklungen in den Blick genommen, die Ende des Jahres 1942 zum Stopp der Rückführungen schwangerer Zwangsarbeiterinnen und zum Befehl zur Einrichtung der »Ausländerkinder-Pflegestätten« führten. Zunächst geht es dabei vor allem um Anregungen und Kritik aus der »kommunalen Praxis«, die fürsorgerechtliche Fragen bezüglich der Betreuung »fremdvölkischer« Frauen und ihrer Kinder im Altreich thematisierten. Vor dem Hintergrund der rassenideologischen Ausrichtung des nationalsozialistischen Fürsorgewesens zeigen sich Verbindungslinien zu bevölkerungspolitischen Planungen in den eingegliederten Ostgebieten, die aufgrund ihrer Bedeutung für die spätere Entwicklung im Altreich eingehend behandelt werden. Schließlich wird der Wandel der »Arbeitseinsatzlage« untersucht, der ursächlich für das Ende der Abschiebepraxis war.

1.1 Polnische Kinder im Altreich

Seit Beginn des Einsatzes ausländischer Arbeitskräfte auf dem Gebiet des »Altreichs« setzten sich diverse deutsche Behörden mit der Frage auseinander, wie mit Schwangerschaften und Geburten »fremdvölkischer«, zunächst vor allem polnischer Zivilarbeiterinnen zu verfahren sei. Für den Arbeitseinsatz vorgesehene ausländische Arbeitskräfte wurden bereits in ihren Heimatländern auf ihre gesundheitliche und körperliche Verfassung hin untersucht, um »Arbeitsunfähige« vor dem Transport nach Deutschland auszusortieren.[1] Als zumindest vorübergehend »nicht einsatzfähig« galten dabei auch Frauen, bei denen eine Schwangerschaft festgestellt wurde. Die Voruntersuchungen in den Herkunftsländern konnten jedoch, wie Reichsführer-SS Heinrich Himmler im März 1940 dem Reichsarbeitsminister mitteilte, »nur in großen Zügen«[2] durchgeführt werden. Aus diesem Grund gelangten immer wieder auch bereits schwangere Polinnen zum Arbeitseinsatz ins Altreich. Das Kreisfürsorgeamt Helmstedt beispielsweise beschwerte sich im Dezember 1940 beim braunschweigischen Innenministerium über die Zu-

---

1 Erlass des RAM betr. »Kosten der Rückbeförderung bei Erkrankung usw., Krankenhauskosten und Überführungskosten bei Todesfällen«, 22. Oktober 1940, Reichsarbeitsblatt I 1940, S. 528.
2 Schreiben des RFSS an den Reichsarbeitsminister betr. »Behandlung der im Reich eingesetzten Zivilarbeiter und -arbeiterinnen polnischen Volkstums«, 8. März 1940, BArch (Bundesarchiv) Berlin, R 187/216.

weisung sechs polnischer Arbeiterinnen, die zur Zeit ihrer Einreise bereits schwanger gewesen seien:

> Soweit ich vom hiesigen Arbeitsamt unterrichtet worden bin, besteht die strikte Anweisung, daß nur gesunde und arbeitsfähige Kräfte sowie Frauen, die nicht schwanger sind, hereingeholt werden dürfen. Angeblich werden alle Personen vorher ärztlich untersucht, bevor sie von Polen aus in Marsch gesetzt werden. Diese Untersuchung scheint aber nicht in allen Fällen mit der nötigen Sorgfalt durchgeführt worden zu sein.[3]

Da der Aufenthalt »nicht einsatzfähiger« polnischer Arbeiter:innen im Altreich grundsätzlich unerwünscht war, hatte der Reichsinnenminister bereits im März 1940 verlangt,

> den Abtransport der Kranken, Geistesschwachen oder aus sonstigen Gründen für den Arbeitseinsatz für längere Zeit unbrauchbaren Arbeitskräfte polnischen Volkstums und auch von schwangeren Arbeiterinnen, deren Arbeitsunfähigkeit etwa im sechsten Monat der Schwangerschaft anzunehmen sein wird, zu erwirken.[4]

Im Oktober erhielten die Arbeitseinsatzbehörden vom Reichsarbeitsminister den Befehl, schwangere polnische Arbeiterinnen unverzüglich nach Bekanntwerden der Schwangerschaft auf Kosten des Reichsstocks für Arbeitseinsatz in ihre Heimat zurückzuschicken.[5] Nach der Entbindung sollten die Frauen grundsätzlich ohne Kind in ihr Arbeitsverhältnis zurückkehren.

Trotz dieser Regelung brachten polnische Arbeiterinnen während ihres Arbeitseinsatzes im Reich Kinder zur Welt, was zunächst vor allem vonseiten kommunaler Verwaltungsbehörden problematisiert wurde. Ab Herbst 1940 meldeten sich immer mehr Kommunen beim Deutschen Gemeindetag[6] (DGT), um fürsorge-

---

3 Zitiert nach Vögel, »Entbindungsheim für Ostarbeiterinnen«, S. 7.
4 Zitiert nach Garn, Zwangsabtreibung und Abtreibungsverbot, S. 39.
5 Rundschreiben des Reichsarbeitsministers betr. »Ärztliche Untersuchung der für das Reichsgebiet angeworbenen polnischen Arbeitskräfte«, 15. März 1941, NLA HA (Niedersächsisches Landesarchiv, Abteilung Hannover), Hann. 180 Lüneburg Acc. 3/005 Nr. 120 I, mit Hinweis auf den Runderlass 834/40 des RAM vom 18. Oktober 1940.
6 Der dem Reichsinnenministerium unterstellte Deutsche Gemeindetag fungierte ab 1933 als Selbstverwaltungsorgan der deutschen Städte und Gemeinden und löste damit die bestehenden kommunalen Spitzenverbände ab. Er beriet die Kommunalverwaltungen, half beim Erfahrungsaustausch zwischen den Städten und Gemeinden und unterstützte die Ministerien bei Gesetzesvorhaben mit Gutachten aus der kommunalen Praxis. Der DGT war damit ein wichtiges Bindeglied zwischen NS-Führung und Kommunalpolitik und spielte eine wesentliche Rolle bei der

und vormundschaftsrechtliche Fragen in Bezug auf Kinder unehelicher polnischer Arbeiterinnen zu klären. Eine erste derartige Anfrage erreichte die Zentrale des DGT in Berlin am 21. September 1940 mit einem Schreiben aus Nürnberg, wo Anfang des Jahres erstmals in größerem Umfang Zivilarbeiterinnen aus Polen eingetroffen waren.[7] Laut Auskunft des Gesundheits-, Jugend- und Wohlfahrtsreferats der Stadt sei ein polnisches Kind bereits zur Welt gekommen, weitere Polinnen stünden kurz vor der Entbindung. In einem Fall sei der Vater ein deutscher Soldat, ansonsten hätten polnische Landarbeiter die Kinder gezeugt. Der Amtsvormund habe Anweisung erhalten, für sämtliche unehelichen Kinder die Vormundschaft zu übernehmen. Mit Hinblick darauf, dass mit ähnlichen Fällen auch in anderen Bezirken des Reichs zu rechnen sei, empfahl die Behörde eine einheitliche Regelung der Fürsorge, »schon deshalb, weil die polnischen Arbeiterinnen nach meiner Erfahrung fast durchwegs den Wunsch haben, dauernd im Reich zu bleiben«.[8]

Die in Nürnberg vorläufig getroffene Regelung richtete sich nach für deutsche Kinder geltendem Recht, basierend auf dem Reichsjugendwohlfahrtsgesetz (RJWG) von 1922, welches bei der Geburt eines unehelichen Kindes die Übernahme der Vormundschaft durch das Jugendamt vorschrieb. Den Müttern wurde demnach die gesetzliche Vertretung ihrer Kinder grundsätzlich vorenthalten. Der Umgang mit unehelichen Kindern und unverheirateten Müttern stellte ein spezifisches Problemfeld der NS-Familienpolitik dar, über das bis 1942 extensive Rechtsdebatten geführt wurden.[9] Im Zentrum dieser Diskussionen stand die Frage, ob uneheliche Mutterschaft gefördert werden solle oder nicht. Auf der einen Seite stellten uneheliche Kinder im Angesicht des Geburtenrückgangs der 1930er Jahre einen »erwünschten Bevölkerungszuwachs« dar – zumindest solange mit »rassisch wertvollem« und »erbgesundem« Nachwuchs zu rechnen war. Gesellschaftliche Ressentiments gegenüber unverheirateten Müttern erschie-

---

Ausgestaltung der nationalsozialistischen (Wohlfahrts-)Politik auf kommunaler Ebene. Zum Verhältnis zwischen DGT und öffentlicher Wohlfahrt siehe Wolf Gruner, Öffentliche Wohlfahrt und Judenverfolgung. Wechselwirkungen lokaler und zentraler Politik im NS-Staat (1933–1942), München 2009, S. 36–41; Paul Schoen, Armenfürsorge im Nationalsozialismus. Die Wohlfahrtspflege in Preußen zwischen 1933 und 1939 am Beispiel der Wirtschaftsfürsorge, Weinheim 1985, S. 88–92.

7 Schreiben des Gesundheits-, Jugend- und Wohlfahrtsreferats Nürnberg an den DGT, 21. September 1940, BArch, R 36/1444.

8 Schreiben des Gesundheits-, Jugend- und Wohlfahrtsreferats Nürnberg an den DGT, 21. September 1940, BArch, R 36/1444.

9 Siehe Georg Lilienthal, The illegitimacy question in Germany, 1900–1945: Areas of tension in social and population policy, in: Continuity and Change 5, 1990, S. 249–281, hier S. 269–276; Sybille Buske, Fräulein Mutter und ihr Bastard. Eine Geschichte der Unehelichkeit in Deutschland 1900 bis 1970, Göttingen 2004, S. 148–162.

nen aus dieser Perspektive als Hemmschuh für die Wehrhaftmachung des Volkes und die weitreichenden bevölkerungspolitischen Pläne des Regimes, dem mit Propaganda für das uneheliche Kind entgegengewirkt werden sollte.[10] Auf der anderen Seite widersprach die Auslebung weiblicher Sexualität außerhalb der Ehe bürgerlichen Moralvorstellungen, galt als sozial unangepasst und stellte ledige Mütter unter den Generalverdacht der »Triebhaftigkeit«, »Minderwertigkeit« und »Asozialität«.[11] Den »Richtlinien für die Beurteilung der Erbgesundheit« von 1940 zufolge seien »weibliche Personen, die uneheliche Kinder von verschiedenen Erzeugern haben, [...] als haltlos und damit erbbiologisch unerwünscht«[12] zu beurteilen, sofern nicht bestimmte Umstände für sie sprächen.

Langjährige nationalsozialistische Reformbestrebungen hatten das Ziel, die rechtliche Behandlung der Kinder lediger Mütter nach rassenideologischen Gesichtspunkten auszurichten, die den Prinzipien einer »differenzierten Fürsorge«[13] entsprachen. Im Entwurf des »Zweiten Familienrechts-Änderungsgesetzes« vom Juli 1940 betonten die Autoren, einem Kind stehe ungeachtet seiner ehelichen oder nichtehelichen Herkunft Wertschätzung als Teil der Volksgemeinschaft zu. Denjenigen Kindern aber, »die wegen ihrer artfremden oder erbbiologisch nicht einwandfreien Abstammung für die Volksgemeinschaft unerwünscht« seien, müsse »eine gegenüber den rassisch und erbbiologisch einwandfreien Kindern mindere Rechtsstellung«[14] zuteilwerden. Für das Urteil über den »Wert« eines Kindes waren die Vormundschaftsgerichte und Gesundheitsämter vorgesehen, die in Zusammenarbeit mit den Jugendämtern den Nachwuchs in Deutschland möglichst frühzeitig erfassen, kontrollieren und somit als »zentrale Einrichtungen der ›Rassenpflege‹«[15] fungieren sollten. Kindern, die »nicht deutschen oder

---

10 Birthe Kundrus, Kriegerfrauen. Familienpolitik und Geschlechterverhältnisse im Ersten und Zweiten Weltkrieg, Göttingen 1995, S. 357.

11 Esther Lehnert, Die Beteiligung von Fürsorgerinnen an der Bildung und Umsetzung der Kategorie »minderwertig« im Nationalsozialismus, Frankfurt a. M. 2003, S. 224; Kundrus, Kriegerfrauen, S. 357.

12 Zitiert nach Kundrus, Kriegerfrauen, S. 357.

13 Ausführlich zur NS-Wohlfahrtspolitik siehe Eckhard Hansen, Wohlfahrtpolitik im NS-Staat. Motivationen, Konflikte und Machtstrukturen im »Sozialismus der Tat« des Dritten Reiches, Augsburg 1991; Peter Hammerschmidt, Die Wohlfahrtsverbände im NS-Staat. Die NSV und die konfessionellen Verbände Caritas und Innere Mission im Gefüge der Wohlfahrtspflege des Nationalsozialismus, Wiesbaden 1999; ferner Ernst Berger (Hg.), Verfolgte Kindheit. Kinder und Jugendliche als Opfer der NS-Sozialverwaltung, Köln; Wien 2007.

14 »Entwurf eines Gesetzes zur Änderung familien- und erbrechtlicher Vorschriften (Zweites Familienrechts-Änderungsgesetz) vom Juli 1940«, abgedruckt in Werner Schubert, Das Familien- und Erbrecht unter dem Nationalsozialismus. Ausgewählte Quellen zu den wichtigsten Gesetzen und Projekten aus den Ministerialakten, München; Paderborn 1993, S. 509–540, Zitat auf S. 528.

15 Buske, Fräulein Mutter und ihr Bastard, S. 159.

artverwandten Blutes« seien oder für deren Eltern ein Eheverbot bestand, hafte ein »schwerwiegender Mangel rassischer oder erbbiologischer Art«[16] an. Ihre Eltern sollten durch Entzug des Mitbestimmungsrechts, der elterlichen Gewalt sowie der Vormundschaft entrechtet werden, um ihren Einfluss »auf das Schicksal des Kindes weitgehend einzuschränken oder ganz auszuschalten«.[17] Obwohl der Entwurf letztendlich nicht durchgesetzt wurde,[18] hatten die umfangreichen Rechtsdebatten, wie Sybille Buske konstatiert, im Kontext bevölkerungspolitischer Maßnahmen und der Rechtspraxis wesentlich dazu beigetragen, die »Stoßrichtung der Politik im Umgang mit unehelichen wie mit ehelichen Kindern, mit ledigen und verheirateten Müttern zu klären«.[19]

Vor diesem Hintergrund stellten die Geburten polnischer unehelicher Kinder auf dem Gebiet des »Altreichs« nicht eine rein rechtliche, sondern vor allem auch eine ideologische Herausforderung für die lokalen Dienststellen der Innenverwaltung dar, deren Anfragen und Erfahrungsberichte über den DGT an das Reichsministerium des Innern herangetragen wurden. Dem Gesundheits-, Jugend- und Wohlfahrtsreferat der Stadt Nürnberg teilte der DGT mit, die aufgeworfene Frage werde aktuell im RMdI zusammen »mit anderen Fragen der fürsorgerechtlichen Behandlung von Zugewanderten aus den besetzten Gebieten«[20] behandelt. Die in Nürnberg getroffene Regelung (Übernahme der Vormundschaft durch den Amtsvormund) »dürfte in der Linie der künftigen Entwicklung liegen«.[21]

Neben der rechtlichen Regelung der Vormundschaft zeichneten sich jedoch weitere Schwierigkeiten ab. So schnitt der Bezirksfürsorgeverband des Kreises Oberbarnim in einem Schreiben an den Gemeindetag vom 5. März 1941 die Frage der Unterbringung polnischer Kinder an. Da immer mehr polnische Arbeiterinnen entbinden würden, diese Frauen aber »nach der Entbindung wieder zum Einsatz kommen sollen, können sie ihre Kinder nicht bei sich behalten, so daß sie vom Bezirksfürsorgeverband in Pflegestellen untergebracht werden müssen«.[22] Auch aus anderen Berichten an den DGT geht hervor, dass die meist ledigen pol-

---

16 Schubert, Das Familien- und Erbrecht unter dem Nationalsozialismus, S. 528.
17 Schubert, Das Familien- und Erbrecht unter dem Nationalsozialismus, S. 537.
18 Obwohl Hitler eine Reform des Unehelichenrechts grundsätzlich befürwortete und als wichtig erachtete, scheiterte die Umsetzung des Gesetzentwurfs unerwartet an seinem Einspruch. Die Gründe hierfür sind aufgrund der schmalen Quellenlage schwer zu benennen, vgl. Buske, Fräulein Mutter und ihr Bastard, S. 159–162.
19 Buske, Fräulein Mutter und ihr Bastard, S. 162.
20 Schreiben des DGT an das Gesundheits-, Jugend- und Wohlfahrtsreferat Nürnberg, 13. November 1940, BArch, R 36/1444.
21 Schreiben des DGT an das Gesundheits-, Jugend- und Wohlfahrtsreferat Nürnberg, 13. November 1940, BArch, R 36/1444.
22 Schreiben des Bezirksfürsorgeverbands des Kreises Oberbarnim an den DGT, 5. März 1941, BArch, R 36/1444.

nischen Mütter nach der Entbindung an ihre Arbeitsplätze zurückkehren mussten, während ihre neugeborenen Kinder in den Zuständigkeitsbereich der öffentlichen Fürsorge fielen. Diese versuchte die Kinder teilweise, wie für deutsche Kinder üblich, in Kinderheimen oder Pflegestellen unterzubringen. Allerdings waren die in Frage kommenden Pflegeeltern, wie aus Oberbarnim weiter berichtet wurde, in Anbetracht »behördlicher Warnungen vor dem Verkehr mit Polen«[23] oftmals verunsichert, ob sie sich durch die Aufnahme polnischer Kinder strafbar machen würden. Diese Sorge war durchaus berechtigt, wie ein Schreiben der Gestapo an den Landrat vom 24. desselben Monats beweist. Aufmerksam geworden durch einen entsprechenden Bericht an den Regierungspräsidenten in Potsdam, drohte die dortige Staatspolizeistelle unverhohlen:

> Es widerspricht den Anordnungen des Reichsführer-SS, daß uneheliche Kinder der Zivilpolinnen und auch eheliche Kinder polnischen Volkstums bei Reichsdeutschen untergebracht werden. Etwa bestehende Fälle sind sofort abzustellen. Reichsdeutsche, die sich in irgendeiner Weise unberufen für Zivilpolen einsetzen, werden von hier aus zur Rechenschaft gezogen.[24]

Polinnen seien grundsätzlich mit Beginn des sechsten Schwangerschaftsmonats in die ehemaligen polnischen Gebiete abzuschieben, das Nachholen »untätiger« Familienangehöriger sei streng verboten. Vonseiten des DGT hingegen blieb die Frage, ob die unehelichen polnischen Kinder in Pflege genommen werden dürften oder wo sie sonst unterzubringen seien, zunächst mit Verweis auf die laufenden Verhandlungen im RMdI ungeklärt.[25] Die zitierten Schreiben des Bezirksfürsorgeverbands Oberbarnim und der Staatspolizeistelle Potsdam könnten den Eindruck erwecken, den Bemühungen der staatlichen Fürsorge stünden die rassenpolitischen Vorgaben des NS-Sicherheitsapparats entgegen. Tatsächlich waren es aber die auf die nationalsozialistische »Erb- und Rassenpflege« ausgerichteten Fürsorgebehören, die in Bezug auf uneheliche »fremdvölkische« Kinder zunehmend auf einheitliche Regelungen entlang rassistischer Leitsätze drängten. Mit zunehmender Dauer des »Fremdarbeitereinsatzes« häuften sich beim DGT Erfahrungsberichte aus der regionalen Praxis, wobei verschiedene Akteur:innen der unteren Verwaltungsebenen entsprechende Forderungen stellten.

---

23 Schreiben des Bezirksfürsorgeverbands des Kreises Oberbarnim an den DGT, 5. März 1941, BArch, R 36/1444.
24 Schreiben der Staatspolizeistelle Potsdam an den Landrat des Kreises Oberbarnim, 24. März 1941, BArch, R 36/1444.
25 Schreiben des DGT an den Bezirksfürsorgeverband des Kreises Oberbarnim, 18. März 1941, BArch, R 36/1444.

1.1.1 Erfahrungen aus der »kommunalen Praxis«

Die Bedeutung dieser Akteur:innen nicht nur auf lokaler Ebene, sondern auch für die weitere Behandlung des Themenkomplexes durch Entscheidungsträger im RMdI lässt sich exemplarisch an einem Schriftwechsel verdeutlichen, der 1941 vom Landesjugendamt Schleswig-Holstein an den DGT weitergeleitet wurde. Seinen Ausgang nahm der Vorgang am 24. April 1941 mit einem Schreiben der im Staatlichen Gesundheitsamt des Landkreises Eutin als Gesundheitspflegerin angestellten Frau von Bode an das örtliche Jugendamt bezüglich der Unterbringung polnischer Kinder bei deutschen Pflegefamilien.[26] Von Bode hatte bei der Überprüfung einer potenziellen Pflegemutter erfahren, dass diese beabsichtige, ein polnisches Pflegekind bei sich aufzunehmen.[27] Normalerweise wurden polnische Zivilarbeiterinnen vom Arbeitsamt dem Gesundheitsamt überstellt, dort auf Schwangerschaft untersucht und bei positivem Befund in die Heimat zurückgeschickt. Das örtliche Arbeitsamt teilte von Bode jedoch mit, auf den Rücktransport der Frauen sei verzichtet worden, sofern »die Arbeitgeber mit den Mädchen zufrieden seien«. In diesen Fällen habe sich anstelle des Jugendamts bisher die katholische Kirche eingeschaltet und die Kinder in eigenen Einrichtungen untergebracht. Die Gesundheitspflegerin bat das Jugendamt wegen dieses Sachverhalts um Klarstellung, ob es Deutschen erlaubt werden könne, »Polenkinder« in Pflege zu nehmen, ob dem deutschen Staat dadurch Unterhaltskosten entstehen würden und ob diese Kinder genauso wie »unsere deutschen Kinder« vom Jugendamt überwacht werden müssten. Aufgrund des Mangels an Pflegestellen gab von Bode zu bedenken: »Können wir es uns leisten, dass unsere Pflegestellen von nicht-deutschen Kindern teils beansprucht werden?« Das Jugendamt Eutin leitete den Bericht wenige Tage später an die Kreisamtsleitung der Nationalsozia-

---

26 Schreiben des staatlichen Gesundheitsamtes Eutin an das Jugendamt Eutin, 24. April 1941, BArch, R 36/1444. Als Angestellte des Gesundheitsamts war von Bode Teil des in den Dienst der nationalsozialistischen Rassen- und Bevölkerungspolitik gestellten NS-Gesundheitssystems. Auf regionaler Ebene arbeiteten die Gesundheitsämter dabei mit den örtlichen Behörden zusammen, namentlich den Bürgermeistern und Landräten, den Jugend-, Wohlfahrts- und Standesämtern, den Gemeindeschwestern, der Polizei, den Gerichten sowie den Einrichtungen der NSV. Ausführlich zur Rolle der Gesundheitsämter im Nationalsozialismus siehe Rüdiger Fleiter, Das Städtische Gesundheitsamt Hannover und die Umsetzung der nationalsozialistischen Erb- und Rassengesetzgebung, in: Stadtverwaltung im Nationalsozialismus. Systemstabilisierende Dimensionen kommunaler Herrschaft, hg. von Sabine Mecking und Andreas Wirsching, Paderborn 2005, S. 325–339; Johannes Vossen, Gesundheitsämter im Nationalsozialismus. Rassenhygiene und offene Gesundheitsfürsorge in Westfalen 1900–1950, Essen 2001.

27 Hier und im Folgenden Schreiben des staatlichen Gesundheitsamtes Eutin an das Jugendamt Eutin, 24. April 1941, BArch, R 36/1444.

listischen Volkswohlfahrt (NSV) weiter und sprach sich dabei entschieden gegen die Aufnahme polnischer Kinder in deutschen Pflegestellen aus:

> M. E. kann es auf keinen Fall angehen, dass deutsche Familien Kinder der zu Arbeiten ins Reich entsandten Polen in Pflege nehmen, es sei denn es handelt sich um deutschblütige Polen. [...] Auch geht es nicht an, dass deutsche Familien, welche bereits ein Pflegekind bei sich aufgenommen haben, ein Polenkind in Pflege nehmen und es zusammen mit dem deutschen Kind aufwachsen lassen.[28]

Die Kreisamtsleitung Eutin leitete das Schreiben umgehend an die NSV-Gauamtsleitung weiter, wobei sie mit einem weiteren Beispiel aus dem Kreis Eutin die Relevanz der aufgeworfenen Fragen unterstrich.[29] Demnach habe sich eine Polin, die während ihrer Schwangerschaft in die Heimat zurückbefördert worden war, später heimlich mit ihrem Kind einem Arbeitstransport nach Schleswig-Holstein angeschlossen. Nachdem sich ihr vorheriger Arbeitgeber geweigert habe, sie weiterzubeschäftigen, sei sie vom Arbeitsamt aufgefordert worden, das Kind dem katholischen Antoniusheim in Kiel zu übergeben. Es würde sich nun die Frage stellen, ob das Antoniusheim überhaupt zur Aufnahme dieser Kinder berechtigt sei und ob auch die noch im Kreis Eutin verbliebenen polnischen Kinder dort untergebracht werden könnten. Schließlich könne es

> einem Bauern nicht zugemutet werden, einen Säugling oder ein Kleinkind mit aufzunehmen, da er dann auf der einen Seite wohl entlastet würde, andererseits aber durch die Pflege und Beaufsichtigung des Kindes wieder mehr Arbeit hätte.[30]

Der Vorschlag der NSV-Kreisamtsleitung, alle polnischen Kinder des Kreises in einem konfessionellen Heim unterzubringen, ist vor dem Hintergrund des angespannten Verhältnisses zwischen parteiamtlicher und konfessioneller Wohlfahrtspflege zu betrachten. Auf der einen Seite versuchte die NSV, sich bei ihrer Wohlfahrtsarbeit ausschließlich eine »gutrassige« und »erbgesunde« Klientel zu sichern, die »erbkranken«, »asozialen« und »artfremden« Kinder und Ju-

---

28 Schreiben des Jugendamts Eutin an die Kreisamtsleitung der NSV, 28. April 1941, BArch, R 36/1444.
29 Offenbar wunderte man sich dort jedoch, warum der Landrat als Träger des Jugendamts sich zur »Klärung grundsätzl. Fragen des Pflegekinderwesens« ausgerechnet an die NSV wende, wie aus einer handschriftlichen Notiz auf dem Schreiben hervorgeht; Schreiben der NSV-Kreisamtsleitung Eutin an die Gauamtsleitung der NSV, 29. April 1941, BArch, R 36/1444.
30 Schreiben der NSV-Kreisamtsleitung Eutin an die Gauamtsleitung der NSV, 29. April 1941, BArch, R 36/1444.

gendlichen hingegen der Betreuung konfessioneller Verbände zu überlassen. Die Jugendämter sollten dabei durch die exklusive Zusammenarbeit mit der NSV als eine Art »eugenischer Filter«[31] genutzt werden. Auf der anderen Seite lief dieser Vorschlag der seit den frühen 1930er Jahren von der NSV angestrebten Entkonfessionalisierung der Fürsorgeeinrichtungen zuwider.[32] So hatte gerade die Einführung der »Erb- und Rassenpflege« in die Fürsorge die Betreuung der »unerwünschten« Klientel durch konfessionelle Einrichtungen zur Folge, die durch diese »Nischenfunktion«[33] weiter existieren konnten.

Der gesamte Vorgang wurde von der Gauamtsleitung der NSV an das Landesjugendamt Schleswig-Holstein weitergeleitet, dessen Sachbearbeiterin Dr. Godbersen am 8. Juli 1941 eine Besprechung einberief, um den Sachverhalt der zuständigen Referentin Wolff aus der Berliner Zentrale des Deutschen Gemeindetags vorzutragen.[34] Godbersen betonte die ihrer Meinung nach weitreichende Bedeutung der geschilderten Einzelfälle, da »infolge des zahlenmässig beträchtlichen Einsatzes ausländischer Arbeiterinnen damit zu rechnen sei, dass sich gleiche und ähnliche Fälle in nicht geringer Masse wiederholen« würden. Darüber hinaus verstärke die Unterbringung ausländischer Kinder »bei deutschen Volksgenossen in Pflegestellen« den Mangel solcher Stellen für deutsche Kinder. Um dieser Entwicklung »im Interesse der deutschen Kinder« entgegenzuwirken, müssten die Jugendämter die Pflegestellenerlaubnis für ausländische Kinder grundsätzlich verweigern. Außerdem müsse der Reichsarbeitsminister

mit allen Mitteln [zu] verhindern, dass von ausländischen Arbeiterinnen und den Ehefrauen ausländischer Arbeiter in Deutschland Kinder geboren werden, die nicht in den eigenen Familien aufwachsen können.

Dazu müssten Schwangere und Mütter mit Kindern aus dem Einsatz in Deutschland entlassen und zurück in ihre Heimat transportiert werden. Dass eine entsprechende Anweisung den Arbeitsämtern längst vorlag, erfuhr Godbersen in einer weiteren Besprechung beim Landesarbeitsamt Hamburg am 10. Juli 1941. Die dortige Sachbearbeiterin für den »Fraueneinsatz«, Friebe, sowie Regierungsrat Dr.

---

31 Hansen, Wohlfahrtspolitik im NS-Staat, S. 248.
32 Ausführlich zu den Konflikten zwischen der parteiamtlichen, der öffentlichen und der konfessionellen Wohlfahrtspflege siehe Hammerschmidt, Die Wohlfahrtsverbände im NS-Staat; Hansen, Wohlfahrtspolitik im NS-Staat.
33 Markus Köster, Zwischen Anpassung, Ausschaltung und Selbstbehauptung. Die provinzialwestfälische Jugendhilfeverwaltung im »Dritten Reich«, in: Zwischen Disziplinierung und Integration. Das Landesjugendamt als Träger öffentlicher Jugendhilfe in Westfalen und Lippe (1924–1999), hg. von Markus Köster, Paderborn 1999, S. 17–29, hier S. 18.
34 Hier und im Folgenden Niederschrift über die Besprechungen vom 8. und 10. Juli 1941, gez. Dr. Godbersen, 22. Juli 1941, BArch, R 36/1444.

Nachtigall erklärten jedoch, der Rücktransport könne nicht immer durchgeführt werden, da manche »Arbeitgeber eine bemerkte Schwangerschaft aus Furcht vor dem längere Zeit dauernden Verlust der Arbeitskraft« nicht melden würden. Außerdem käme es vor, dass ausländische Arbeiterinnen

trotz strenger Überwachung beim Abtransport und des ausdrücklichen Verbots, Kinder mitzunehmen, sie doch durchschmuggelten und sie dann in Deutschland irgendwie mit durchschleppten.

Daneben wurde auf beiden Besprechungen die besondere »sittliche Gefährdung« der zumeist jugendlichen ausländischen Arbeiterinnen thematisiert, ein Problem, über das sich laut Godbersen besonders die Gesundheitsämter beklagt hätten. Die Frauen würden demnach »durch die Verbreitung von Geschlechtskrankheiten usw.« auch für deutsche »Volksgenossen« eine Gefahr darstellen. Zur besseren Überwachung der ausländischen Arbeiterinnen schlug die Sachbearbeiterin vom Landesarbeitsamt die Beteiligung des Überwachungsdienstes der NS-Frauenschaft vor. So könnten die Vertrauensfrauen vor Ort eine Schwangerschaft oder auch »Anhaltspunkte für das Drohen oder Vorhandensein einer sittlichen Verwahrlosung« feststellen. Mit dieser vermeintlichen Gefahr wurde ein weiterer Aspekt angesprochen, dem bei der Behandlung polnischer Zwangsarbeiterinnen eine wichtige Rolle zukam. Gemäß der patriarchalen Doppelmoral standen im Fürsorgewesen traditionell sexuelle Auffälligkeiten bei weiblichen Jugendlichen und jungen Frauen als Anzeichen einer möglichen »Verwahrlosung« im Vordergrund.[35] Die sogenannte sittliche Gefährdung und damit das drohende »Abgleiten« bezogen sich ausschließlich auf das Gebiet der weiblichen Sexualität. In engem Zusammenhang damit stand die Gefahr der Verbreitung von Geschlechtskrankheiten, für die ebenfalls in erster Linie sexuelles Fehlverhalten von Frauen verantwortlich gemacht wurde. Geschlechtskranke Frauen und Mädchen galten als »Infektionsherde« und trugen damit angeblich die Hauptschuld an der befürchteten »Schwächung des Volkskörpers«.[36] Vor dem Hintergrund der rassenhygienischen Ausrichtung des Fürsorgewesens unter dem Nationalsozialismus wurde eine solche »Gefährdung« in Zusammenhang gesetzt mit der vermeintlichen erbbiologischen »Minderwertigkeit« der betroffenen Frauen.[37]

---

35 Markus Köster, Die Fürsorgeerziehung, in: Zwischen Disziplinierung und Integration. Das Landesjugendamt als Träger öffentlicher Jugendhilfe in Westfalen und Lippe (1924–1999), hg. von Markus Köster, Paderborn 1999, S. 155–169, hier S. 158.

36 Lehnert, Die Beteiligung von Fürsorgerinnen an der Bildung und Umsetzung der Kategorie »minderwertig« im Nationalsozialismus, S. 278.

37 Lehnert, Die Beteiligung von Fürsorgerinnen an der Bildung und Umsetzung der Kategorie »minderwertig« im Nationalsozialismus, S. 108–120.

Die meist jungen und unverheirateten ausländischen Arbeiterinnen waren somit nicht nur aus rassenideologischen Gründen »unerwünscht«, sondern galten auch aufgrund ihrer vermeintlichen Verstöße gegen die gesellschaftliche sexuelle Moral als »minderwertig« und als Gefahr für deutsche »Volksgenossen«.[38] Der Vorschlag der Sachbearbeiterin des Landesjugendamts Schleswig-Holstein, ausländische Arbeiterinnen unter 16 oder 18 Jahren generell nicht mehr in Deutschland einzusetzen, da diese aufgrund ihrer Jugendlichkeit besonders gefährdet seien, scheiterte an den Ansprüchen des Arbeitseinsatzes. So lehnten die Vertreter des Landesarbeitsamts die Forderung Godbersens aufgrund des großen ungedeckten Bedarfs an Arbeitskräften kategorisch ab.[39]

Wie in diesem Schriftwechsel aus Schleswig-Holstein exemplarisch deutlich wird, waren verschiedene Akteur:innen auf regionaler Verwaltungsebene daran beteiligt, die unehelich im Altreich geborenen polnischen Kinder vor dem Hintergrund einer »differenzierten Fürsorge« als Problem zu identifizieren und eine allgemeine Regelung im Einklang mit rassenideologischen Prinzipien herbeizuführen. Auffällig ist an diesem Beispiel, dass auf jeder Verwaltungsebene bis hin zum DGT Frauen eine wesentliche Rolle spielten. Wie schon Esther Lehnert und Wiebke Lisner in ihren Untersuchungen zur Bedeutung von Fürsorgerinnen respektive Hebammen für die Umsetzung nationalsozialistischer Bevölkerungspolitik erforscht haben, wurde es Frauen im Nationalsozialismus insbesondere in sozialen Berufsfeldern möglich, ihre Aufgabenbereiche zu erweitern, vorhandene Kompetenzen auszubauen und neue Machtpositionen einzufordern.[40] Die rassen-, gesundheits- und bevölkerungspolitischen Pläne des Regimes verstärkten das staatliche wie gesellschaftliche Interesse an sozialen Berufen und werteten damit traditionell weiblich besetzte Aufgabenfelder auf. Dies wurde von den betroffenen Frauen nicht einfach nur hingenommen, sondern aktiv genutzt und damit ideologischen Zielsetzungen Vorschub geleistet. Im Rahmen dieser Studie kann dies nur exemplarisch dargestellt werden, doch zeigt sich bei den Verhandlungen zum Umgang mit den unehelichen Kindern polnischer Zwangsarbeiterinnen die herrschaftsstabilisierende Funktion weiblicher Akteurinnen. Dazu zählte zum einen die Kontrolle der deutschen Bevölkerung (wie z. B. potenzieller Pflege-

---

38 Vgl. Annegret Hansch-Singh, Rassismus und Fremdarbeitereinsatz im Zweiten Weltkrieg, Berlin 1991, S. 148–155. Gleichermaßen machte die Wehrmachtsführung »minderwertige« Frauen in den besetzten Gebieten für die Übertragung von Geschlechtskrankheiten innerhalb der deutschen Truppe verantwortlich; Kundrus, Kriegerfrauen, S. 376 f.

39 Niederschrift über die Besprechungen vom 8. und 10. Juli 1941, gez. Dr. Godbersen, 22. Juli 1941, BArch, R 36/1444.

40 Lehnert, Die Beteiligung von Fürsorgerinnen an der Bildung und Umsetzung der Kategorie »minderwertig« im Nationalsozialismus; und Wiebke Lisner, »Hüterinnen der Nation«. Hebammen im Nationalsozialismus, Frankfurt a. M. 2006. Zur Arbeit von Hebammen mit Zwangsarbeiterinnen siehe Lisner, Geburtshilfe und Abtreibungen bei Zwangsarbeiterinnen.

mütter/-familien) sowie der ausländischen Arbeiterinnen und ihrer Kinder. Hier sei an den Vorschlag der Sachbearbeiterin für den »Fraueneinsatz« im Landesarbeitsamt Schleswig-Holstein erinnert, zu diesem Zweck den Überwachungsdienst der NS-Frauenschaft einzuschalten, dessen primäre Funktion die soziale Kontrolle deutscher Familien war. Zum anderen gingen von in der Verwaltung tätigen deutschen Frauen Anregungen und Forderungen zu neuen gesetzlichen Regelungen auf reichsweiter Ebene aus. So machten diese Frauen, in der Regel selbst unverheiratet und kinderlos, ihren Einfluss auf die Behandlung schwangerer Ausländerinnen und ihrer Kinder geltend.

Der Schriftwechsel aus Schleswig-Holstein, den Provinzialoberverwaltungsrat Dr. Jürgensen Ende Juli 1941 an die Zentrale des Deutschen Gemeindetags in Berlin weitergeleitet hatte,[41] diente im August zusammen mit diversen anderen Berichten »aus der kommunalen Praxis« als Grundlage einer offiziellen Anfrage an den Reichsminister des Innern.[42] Darin wurde gefordert, die Jugendämter zur grundsätzlichen Ablehnung der Pflegestellenerlaubnis für ausländische Kinder anzuweisen. Begründet wurde dies mit dem Mangel an Pflegestellen für deutsche Kinder, mit den Fürsorgekosten, die durch die Unterbringung »fremdvölkischer Pflegekinder« entstehen würden, sowie mit der bislang ungeklärten Frage, ob diese Praxis überhaupt mit »den behördlichen Warnungen vor dem Verkehr mit Polen vereinbar« sei. Insbesondere sei es »unhaltbar«, wenn deutsche und polnische Pflegekinder »nebeneinander aufwachsen und miteinander erzogen« würden. Darüber hinaus werfe die derzeitige »Höchstanspannung der deutschen Fürsorgekräfte« die Frage auf, ob deren Einsatz für Kinder ausländischer Arbeitskräfte überhaupt zu verantworten sei. Die Fürsorgetätigkeit der katholischen Kirche indes wurde vonseiten des DGT nicht als adäquate Entlastung der Jugendhilfeeinrichtungen gesehen, da sie der angestrebten Entkonfessionalisierung dieser Behörden zuwiderliefe. Insgesamt würden die kommunal gemachten Erfahrungen nahelegen, dass vor allem die Arbeitsämter den Einsatz von Schwangeren und Müttern mit Kindern in Deutschland effektiver verhindern und ansonsten schwangere Frauen rechtzeitig vor ihrer Entbindung in die Heimat zurücktransportieren müssten.

---

41 Schreiben des Provinzialoberverwaltungsrats Dr. Jürgensen an den DGT, 28. Juli 1941, BArch, R 36/1444.

42 Hier und im Folgenden Schreiben des DGT an das RMdI betr. »Fremdvölkische Pflegekinder«, 19. August 1941, BArch, R 36/1444.

1.1.2 Entbindung im Reichsgebiet oder Rücktransport in die Heimat

Die Regelungen zur Rücksendung schwangerer Arbeiterinnen ließen den Arbeitsämtern zunächst vergleichsweise großen Ermessensspielraum. Vor dem Hintergrund der verstärkten Anwerbung polnischer Arbeitskräfte im Frühjahr 1941 informierte der Reichsarbeitsminister die Landesarbeitsämter zwar, schwangere polnische Arbeiterinnen seien wie auch im Vorjahr weiterhin unmittelbar nach Bekanntwerden der Schwangerschaft auf Kosten des Reichsstocks für Arbeitseinsatz in ihre Heimat abzuschieben.[43] Verheiratete Polinnen, die zusammen mit ihrem Ehemann eingesetzt waren, konnten allerdings im Falle einer Schwangerschaft im Reich belassen werden. Gleichfalls konnte von der Rücksendung abgesehen werden, sofern »die Betriebsführer auf die Erhaltung der Arbeitskraft besonderen Wert legen und gegen das Verbleiben der Polin mit Kind nichts einzuwenden haben«. Die Entscheidung »in solchen und ähnlichen Fällen« überließ der RAM den Landesarbeitsämtern.

Wie die Beschwerden des DGT beim Innenministerium deutlich machen, genügte diese Handhabung offenbar nicht aus, um Geburten ausländischer Kinder in einem für die Kommunen zufriedenstellenden Maße zu verhindern. Das Reichsarbeitsministerium musste im Sommer 1941 feststellen, dass schwangere ausländische Arbeitskräfte und insbesondere Polinnen in vielen Fällen »nicht mehr rechtzeitig vor ihrer Entbindung in die Heimat zurückbefördert werden können, weil das Arbeitsamt zu spät von der bestehenden Schwangerschaft Kenntnis erhielt«. Es sah sich daher genötigt, am 13. August 1941 einen Erlass an die Arbeitsämter und Landesarbeitsämter auszugeben, der die »Übernahme von Entbindungs-, Krankenhaus- und Pflegekosten bei Entbindungen ausländischer Arbeiterinnen im Reichsgebiet« regelte.[44] Diese Kosten gingen größtenteils zulasten des Reichsstocks, da bei den meisten Arbeiterinnen die für die Krankenversicherung vorgeschriebene Vorversicherungszeit von zehn Monaten noch nicht erfüllt war und sie selbst nicht genug Geld hatten. Aus diesem Grund zielte der Erlass vorrangig darauf ab, solche Entbindungen durch eine Verschärfung der Abschiebungspraxis einzudämmen. Zu diesem Zweck wurden die Betriebe verpflichtet, »das Arbeitsamt unverzüglich zu unterrichten, sobald sie von der Schwangerschaft eines ihrer weiblichen ausländischen Gefolgschaftsmitglieder Kenntnis erhalten«. Falls der Rücktransport nicht mehr rechtzeitig veranlasst

---

43 Rundschreiben des Reichsarbeitsministers betr. »Ärztliche Untersuchung der für das Reichsgebiet angeworbenen polnischen Arbeitskräfte«, 15. März 1941, NLA HA, Hann. 180 Lüneburg Acc. 3/005 Nr. 120 I.
44 Erlass des RAM betr. »Übernahme von Entbindungs-, Krankenhaus- und Pflegekosten bei Entbindungen ausländischer Arbeiterinnen im Reichsgebiet«, 13. August 1941, Reichsarbeitsblatt I 1941, S. 364.

werden konnte, sollte die betreffende Arbeiterin möglichst bald nach der Entbindung zurückgeschickt werden. Den »Betriebsführern« wurde zwar weiterhin die Möglichkeit eingeräumt, schwangere Arbeitskräfte auf ausdrücklichen Wunsch zu behalten, sie hatten sich von nun an allerdings schriftlich zu verpflichten, für die Unterbringung der Mutter und ihres Kindes zu sorgen und die entstehenden Kosten zu tragen. Verheiratete Frauen fanden in dem Erlass keine Erwähnung mehr, für sie galt demnach im Falle der Schwangerschaft die gleiche Regelung wie für unverheiratete Ausländerinnen. Den Forderungen des DGT kam der Erlass insofern entgegen, als die Übernahme der Entbindungs-, Krankenhaus- und Heimpflegekosten durch die Fürsorgeverbände explizit ausgeschlossen wurde.

Eine Dissertation an der Universität Wien über »Ärztliche Erfahrungen beim Einsatz fremdländischer Arbeitskräfte« aus dem Jahre 1943 ermöglicht einen Einblick in das Ausmaß der Rücktransporte schwangerer Arbeiterinnen in ihre Heimat, wenn auch die genaue Datengrundlage der Arbeit nicht bestimmt werden kann.[45] Die Verfasserin Therese Schranner, hauptamtliche Ärztin beim Arbeitsamt Wien, verwies auf »umfangreiches Material, das aus Nachuntersuchungen an der Reichsgrenze vor dem Einsatz der Ausländer und aus Untersuchungen nach ihrem Einsatz stammt«[46] und mit Erlaubnis des Präsidenten des Gauarbeitsamts Wien verwendet worden sei. Demnach besitzt die Arbeit zumindest für den Reichsgau Wien Aussagekraft. Anhand dieser Daten untersuchte Schranner, aus welchen medizinischen Gründen und zu welchem Prozentsatz ausländische Arbeitskräfte in ihre Heimat zurücktransportiert worden waren, wobei sie allerdings keine absoluten Zahlen angibt.[47] Der Untersuchungszeitraum erstreckt sich bei den polnischen Arbeitskräften von Februar 1940 bis Februar 1943, unterteilt in drei jeweils einjährige Abschnitte. Bei polnischen männlichen Arbeitskräften bewegt sich der Prozentsatz der Rücktransporte in dieser Zeit zwischen sieben und acht Prozent, während er bei polnischen Frauen zunächst ebenfalls etwa sieben Prozent beträgt und im Zeitraum von 1941 bis 1943 auf durchschnittlich etwa 13 Prozent ansteigt. Dieser Anstieg lässt sich in erster Linie auf den großen Anteil an Schwangerschaften zurückführen. So wurde zwischen Februar 1940 und Februar 1941 bei etwa einem Drittel der Rücktransporte von Polinnen eine Schwangerschaft als Grund angegeben, zwischen Anfang 1941 bis Anfang 1943 waren es im Schnitt knapp 60 Prozent.[48] Aufgrund dieser Zahlen lassen sich zwei Vermu-

45 Schranner, Ärztliche Erfahrungen beim Einsatz fremdländischer Arbeitskräfte; vgl. Lehmann, »... stärkste Befürchtungen, dass das Kind doch der Allgemeinheit zur Last fällt«, S. 194 f.
46 Schranner, Ärztliche Erfahrungen beim Einsatz fremdländischer Arbeitskräfte, S. 8 f.
47 Schranner, Ärztliche Erfahrungen beim Einsatz fremdländischer Arbeitskräfte, S. 10–24.
48 Im letzten Betrachtungszeitraum von Februar 1942 bis Februar 1943 sinkt der Prozentsatz nur um etwa 2 Prozent im Vergleich zum vorherigen Abschnitt, obwohl ab Ende 1942 Schwangere offiziell nicht mehr in ihre Heimat zurückbefördert werden sollten. Daraus zieht Lehmann den Schluss, die Zahl der Schwangerschaften sei in dieser Zeit noch weiter angestiegen. Frag-

tungen anstellen: Erstens wurden die meisten Polinnen nicht bereits schwanger zum Arbeitseinsatz ins Altreich transportiert, sondern zeugten erst im Laufe ihres dortigen Aufenthalts ein Kind. Zweitens könnten die Zahlen für eine tatsächliche Verschärfung der Abschiebepraxis ab 1941 sprechen, möglicherweise als Konsequenz des RAM-Erlasses vom 13. August 1941.

Die ersten Massentransporte sowjetischer Arbeitskräfte trafen erst im Frühjahr 1942 in Deutschland ein,[49] weshalb die Zahlen Schranners für die Rücktransporte von »Ostarbeiter:innen« im Betrachtungszeitraum, hier nennt sie das Jahr 1942, nur bedingte Aussagekraft besitzen. Von den Männern wurden demnach 2,9 Prozent und von den Frauen 2,37 Prozent in ihre Heimat zurücktransportiert, wobei bei den Arbeiterinnen in 35,3 Prozent der Fälle eine Schwangerschaft als Grund angegeben wurde. Zumindest der Anteil an Schwangerschaften bei »Ostarbeiterinnen« entspricht damit ungefähr dem Zeitraum von 1940 bis 1941 bei Polinnen; eine ähnliche Entwicklung in den folgenden Jahren ist denkbar und würde die These bestätigen, dass die meisten Frauen erst während ihres Einsatzes in Deutschland schwanger wurden.

Ähnliche Nachforschungen stellte die Kreisbeauftragte für völkische Schutzarbeit des Volksbundes für das Deutschtum im Ausland, Marie Lüdeking, Anfang 1942 für Lippe an.[50] Demnach waren im Jahr 1941 fast 30 Prozent der insgesamt 453 dort eingesetzten polnischen Landarbeiterinnen schwanger. 70 von ihnen waren daraufhin in ihre Heimat zurückgeschickt worden, 23 verblieben mit Erlaubnis ihrer Arbeitgeber:innen zusammen mit ihren Kindern in Lippe. Die übrigen 38 Frauen waren bereits verheiratet und befanden sich gemeinsam mit ihren Familien im Arbeitseinsatz.[51]

Mit dem Erlass des RAM vom 13. August 1941 wurde zwar auf die Hauptsorge der Kommunen und Städte, die Fürsorgekosten für »fremdvölkische« Kinder, eingegangen, grundlegende rechtliche und auch ideologische Fragen im Zuständigkeitsbereich des RMdI blieben jedoch weiterhin ungelöst. Beispielsweise erging nicht die vom DGT ausdrücklich geforderte Anweisung an die Jugendämter, die Pflegestellenerlaubnis für ausländische Kinder grundsätzlich zu unterbinden. Stattdessen beauftragte das Reichsministerium des Innern im Herbst 1941 den Reichsausschuß für Volksgesundheitsdienst[52] mit der Erfassung der Geburten

---

lich ist allerdings, ob der Erlass des GBA vom 15. Dezember 1942 umgehend und ausnahmslos umgesetzt wurde, während zentrale Fragen seiner Durchführung noch ungeklärt waren. Vgl. Lehmann, »... stärkste Befürchtungen, dass das Kind doch der Allgemeinheit zur Last fällt«, S. 195.

49 Herbert, Fremdarbeiter, S. 187.
50 Gabriele Freitag, Zwangsarbeiter im Lipper Land. Der Einsatz von Arbeitskräften aus Osteuropa in der Landwirtschaft Lippes 1939–1945, Bochum 1996, S. 66.
51 Zum Einsatz polnischer Landarbeiterfamilien im Reich siehe Kapitel 2.2.2 in diesem Buch.
52 Die Quellenlage zum Reichsausschuß für Volksgesundheitsdienst, der 1933 aus dem Reichs-

unehelicher Kinder mit »fremdvölkischem« Elternteil, um zunächst »über den Umfang dieser Geburten einen Überblick zu erhalten«.[53] Per Erlass wurden die Jugendämter aufgefordert, den Ausschuss laufend über alle unehelichen Geburten zu informieren, »bei denen feststeht, daß der Vater oder die Mutter des Kindes volksfremd sind oder Anhaltspunkte für diese Annahme gegeben sind«. Darüber hinaus sollten die Jugendämter rückwirkend alle entsprechenden Geburten seit dem 1. Januar 1938 erfassen und bis Ende des Jahres 1941 ebenfalls dem Reichsausschuß für Volksgesundheitsdienst melden. Dem Erlass war ein für diese Meldungen vorgesehenes Formblatt beigefügt, in dem persönliche Informationen über das Kind und seine Eltern vermerkt werden sollten. Dazu zählten etwa »Anzeichen fremden Volkstums«, »Erbkrankheiten«, »körperliche Mißbildungen« oder »sonstige körperliche, geistige oder soziale Auffälligkeiten«. Erste Ergebnisse der Untersuchung des Reichsausschusses wurden im Sommer 1942 vom Reichspropagandaministerium als Propagandaparole unter dem Titel »Erbbiologische Auswirkungen des Einsatzes fremdvölkischer Arbeiter im Reichsgebiet« an die Gauleiter, Gaupropagandaleiter und Leiter der Reichspropagandaämter geschickt:

> Der ständige Einsatz fremdvölkischer Arbeitskräfte in Deutschland bedroht das deutsche Volk mit der Gefahr des Eindringens fremden Blutes. Um eine Vorstellung von dem Umfange dieser Gefahr zu gewinnen, sind durch den Reichsausschuß für Volksgesundheitsdienst über die Jugendämter zahlenmäßige Erhebungen, in welchem Ausmaß es zur Fortpflanzung solcher fremdvölkischen Kräfte im deutschen Volk gekommen ist, vorgenommen worden.[54]

Diesen Erhebungen zufolge wurden im Deutschen Reich im Zeitraum von 1919 bis Ende 1941 insgesamt 7.711 uneheliche Kinder »durch Fremdvölkische gezeugt oder geboren«, davon 7.150 allein in den Jahren von 1938 bis 1941. Die Zah-

---

ausschuß für hygienische Volksbildung hervorgegangen war, ist dürftig, und es finden sich nur wenige Hinweise auf seine Tätigkeit. Dem Reichsministerium des Innern angeschlossen, diente der Ausschuß als Propagandainstrument der dort von Arthur Gütt geleiteten Abteilung »Volksgesundheit«. Die Zusammenarbeit des Ausschusses mit parteiamtlichen Institutionen intensivierte sich ab August 1939 im Zuge der Ernennung Leonardo Contis zum Reichsgesundheitsführer, der damit sowohl die Leitung der Abteilung »Volksgesundheit« als auch das Amt des »Reichsärzteführers« übernahm. Siehe Anahid S. Rickmann, »Rassenpflege im völkischen Staat«. Vom Verhältnis der Rassenhygiene zur nationalsozialistischen Politik, Bonn 2002, S. 65.

53 Erlass des RMdI betr. »Unehelich geborene Kinder mit fremdvölkischem Vater oder fremdvölkischer Mutter«, 7. Oktober 1941, BArch, R 1501/212827.

54 Hier und im Folgenden Propagandaparole Nr. 36 des Reichspropagandaministeriums betr. »Erbbiologische Auswirkungen des Einsatzes fremdvölkischer Arbeiter im Reichsgebiet«, 26. Juni 1942, BArch, NS 18/1137.

len wurden dabei nach »fremdvölkischen« und »deutschen« Elternteilen aufgeschlüsselt. Demnach müsse die »Zahl der unehelichen Kinder, bei denen zur Hälfte deutsches Blut vorhanden ist [...] mit 5.565 angesetzt werden«. Auf dieser Datengrundlage schloss das Reichspropagandaministerium – unter »Berücksichtigung aller Fehlerquellen, die sich aus den Unvollkommenheiten eines im Kriege eingeführten und ein so heikles Gebiet betreffenden Meldesystems ergeben« – großzügig auf eine Gesamtzahl von 11.500 bis 12.500 unehelich von »Fremdvölkischen« gezeugten oder geborenen Kindern.[55] Noch im Januar 1942 hatte der Sicherheitsdienst des RFSS (SD) behauptet, es müsse »allein die Zahl der von Fremdvölkischen mit deutschen Frauen gezeugten unehelichen Kinder auf mindestens 20.000« geschätzt werden; die »Gefahren der blutlichen Unterwanderung« würden stetig anwachsen.[56] Zwar wuchsen die Zahlen seit Beginn des »Ausländereinsatzes« tatsächlich beständig an, blieben aber um ein Vielfaches hinter vorherigen Schätzungen zurück, die teilweise von mehr als 80.000 unehelichen »fremdvölkischen« Kindern im Reichsgebiet ausgegangen waren. Dennoch wurde in der Propagandaparole ausdrücklich davor gewarnt, die »rassenpolitische Bedeutung des fremdvölkischen Arbeitseinsatzes« zu unterschätzen, da die Zahl der ausländischen Arbeiter seit der Untersuchung erheblich angewachsen sei und auch weiterhin anwachsen werde. Seit dem Erlass des RAM vom 13. August 1941 würden schwangere ausländische Arbeiterinnen zwar öfter zurücktransportiert, womit die »erbbiologischen Auswirkungen auf den Blutstrom des deutschen Volkes« vermindert würden, die »rassenpolitische Seite des Problems« – gemeint waren die unerwünschten Kontakte zwischen Deutschen und »Fremdvölkischen« – sei jedoch nach wie vor von »einschneidender Bedeutung«.[57]

1.1.3 Kritik an der Fürsorge für »fremdvölkische« Kinder und ihre Mütter

Die Zahl der unehelichen »fremdvölkischen« Kinder im Altreich schien demnach trotz großzügiger Hochrechnungen hinter den Befürchtungen zurückzubleiben. Zudem attestierte das Reichspropagandaministerium dem RAM-Erlass, tatsächlich zu einer strikteren Durchführung der Rücktransporte geführt zu ha-

---

55 Zum Vergleich sei hier angeführt, dass in den alten Reichsgrenzen im Jahr 1941 insgesamt knapp 740.000 Pflegekinder unter Aufsicht der Jugendämter standen. Dabei handelte es sich um 455.447 uneheliche Kinder, die bei ihrer Mutter lebten, und 283.748 bei Pflegeeltern untergebrachte Kinder, von denen 86,4 Prozent unehelich waren. Damit wurden 1941 knapp 44.000 Pflegekinder mehr gezählt als 1930; Hansen, Wohlfahrtspolitik im NS-Staat, S. 245.
56 »Meldungen aus dem Reich«, 22. Januar 1942, BArch, R 58/168, Bl. 154–161.
57 Propagandaparole Nr. 36 des Reichspropagandaministeriums betr. »Erbbiologische Auswirkungen des Einsatzes fremdvölkischer Arbeiter im Reichsgebiet«, 26. Juni 1942, BArch, NS 18/1137.

ben. Die Beschwerden beim DGT über noch immer ungeklärte vormundschafts- und fürsorgerechtliche Fragen jedoch rissen nicht ab, wobei immer wieder auch rassenideologische Argumente vorgebracht wurden. Unabhängig davon, wer nun für die Kosten aufkomme, wurde der Einsatz deutscher Fürsorgeeinrichtungen für »fremdvölkische« Kinder prinzipiell kritisiert, da er bevölkerungspolitischen Grundsätzen zuwiderlaufe. Die solcher Kritik zugrundeliegenden Argumente verdeutlicht ein Schreiben des Amtsgerichtsrats Dr. Armbröster an den Amtsvormund Masannek beim Kreisjugendamt Sensburg (Ostpreußen) vom 25. November 1941.[58] Demnach habe Armbröster einen Gerichtstermin aufgehoben, bei dem Masannek das uneheliche Kind polnischer Eltern rechtlich hätte vertreten sollen. Seiner Meinung nach solle ein polnisches uneheliches Kind grundsätzlich weder durch einen deutschen Amtsvormund vertreten werden, noch solle einem solchen Kind durch ein deutsches Jugendamt überhaupt irgendeine Fürsorge zukommen:

> Die Deutschen Jugendwohlfahrtseinrichtungen sind nach meinem Empfinden ausschließlich im Interesse der Deutschen Kinder und zur Erhaltung des Deutschen Volkstums berufen. An der Erhaltung des polnischen Volkstums, insbesondere an dem Wohlergehen der polnischen Kinder hat das Deutsche Volk kein Interesse.[59]

Darüber hinaus beschwor der Amtsgerichtsrat die vermeintliche Bedrohung durch einen gezielt geführten »Volkstumskampf« der Polen gegen die Deutschen herauf. Mit der Fürsorge für polnische Kinder würden deutsche Wohlfahrtseinrichtungen die letzte den Polen verbleibende »Waffe« gegen das deutsche Volk stärken:

> Die Polen sehen ein, daß sie nach dem Krieg uns Deutschen zunächst gegenüber ohnmächtig sind. Als einzige Waffe gegen uns haben sie die natürliche Fruchtbarkeit ihres Volkes erkannt und beabsichtigen sie gegen uns einzusetzen. Sie üben einen Druck auf ihre Frauen und Töchter aus, daß diese so zahlreich als irgend möglich Kinder gebären. Auch deshalb haben wir keinen Grund diese von den Polen im Volkstumskampf eingesetzte Waffe zu pflegen.

Mit Hilfe dieses propagandistischen Schreckgespenstes wurde nicht nur gegen Fürsorgemaßnahmen für polnische Kinder argumentiert, sondern auch jegliche staatliche Unterstützung schwangerer Polinnen verurteilt. Der SD wies in diesem

---

58 Schreiben des Amtsgerichtsrats Dr. Armbröster an das Kreisjugendamt Sensburg, Amtsvormund Masannek, 25. November 1941, BArch, R 36/1444.
59 Schreiben des Amtsgerichtsrats Dr. Armbröster an das Kreisjugendamt Sensburg, Amtsvormund Masannek, 25. November 1941, BArch, R 36/1444.

Polnische Kinder im Altreich

Zusammenhang auf »außerordentlich heftige Kritik« aus »weiten Kreisen der Bevölkerung« hin.[60] Die Bevölkerung nehme es vom »arbeitsmäßigen Standpunkt« zwar hin, wenn schwangere ausländische Arbeiterinnen zusätzliche Lebensmittel erhielten, dies gelte jedoch nicht für Polinnen, da hier der »volks- und rassepolitische Standpunkt« entscheiden müsse:

> Von diesem Blickpunkt aus sei aber der polnische Nachwuchs äusserst unerwünscht, sodass auch jede nur indirekte Förderung, wie sie z. B. durch die Gewährung von Zusatzlebensmitteln an schwangere Polinnen erfolge, konsequent unterbunden werden müsste.[61]

Der Leiter des Reichsbunds »Deutsche Familie«, Dr. Robert Kaiser, richtete am 21. März 1942 ein Schreiben an die Reichsleitung des Rassenpolitischen Amts der NSDAP (RPA) bezüglich der »Unterstützung schwangerer Polinnen aus Mitteln des Reiches«.[62] Darin schilderte er den Fall seiner ehemaligen polnischen Hausangestellten, die »wie alle Polinnen« schwanger geworden sei:

> Die Golek erhielt vom Wirtschaftsamt einen Bezugsschein für ein Umstandskleid und einen Bezugsschein für ein Paar neue Schuhe, weil der polnische Normalfuß, kurz polnisches Standartbein genannt, angeblich nicht mehr in die Schuhe hineinpasst. Ferner erhielt die Golek vom Wirtschaftsamt die Bezugscheine für täglich 1/2 l Milch, zusätzliche Butter und Nährmittel, wie sie einer deutschen Mutter zustehen.[63]

In Anbetracht der allgemeinen Lebensmittelknappheit in Deutschland hielt es Kaiser für »sehr gefährlich«, würde der Öffentlichkeit bekannt, »daß die schwangere Polin sich durch zusätzliche Milch, Butter und Nährmittel in Deutschland mästen kann«.[64] Die Beschwerde Kaisers wurde durch den Verbindungsmann, Walter Tießler, vom Reichspropagandaministerium zur Partei-Kanzlei weitergeleitet, wo man auf laufende Verhandlungen zwischen dem Reichsarbeitsministerium und dem Innenministerium verwies.[65] Diese hätten ohnehin das Ziel, die Kassenleistungen

---

60 »Meldungen aus dem Reich« Nr. 227, 9. Oktober 1941, BArch, R 58/152.
61 »Meldungen aus dem Reich« Nr. 227, 9. Oktober 1941, BArch, R 58/152.
62 Schreiben des Reichsbundleiters »Deutsche Familie« an die Reichsleitung des RPA, 21. März 1942, BArch, NS 18/527.
63 Schreiben des Reichsbundleiters »Deutsche Familie« an die Reichsleitung des RPA, 21. März 1942, BArch, NS 18/527.
64 Schreiben des Reichsbundleiters »Deutsche Familie« an die Reichsleitung des RPA, 21. März 1942, BArch, NS 18/527.
65 Schreiben der Partei-Kanzlei an Walter Tießler betr. »Unterstützung schwangerer Polinnen aus Mitteln des Reiches«, gez. Bühler, 29. April 1942, BArch, NS 18/527.

Arbeitseinsatz, Fürsorge und »Volkstumskampf«

für Polen in den besetzten Ostgebieten durch eine geringere Unterstützung zu ersetzen. Sobald eine Regelung vorläge, werde ein entsprechender Erlass für die polnischen Arbeitskräfte im Reich folgen. In diesen und anderen Fragen bezüglich der Fürsorge für polnische Kinder wartete man demnach zunächst Richtlinien für die Behandlung der polnischen Bevölkerung in den eingegliederten Ostgebieten ab, bevor über Lösungen für das Altreich entschieden wurde. So verwies der DGT in der Antwort auf eine entsprechende Anfrage des Landrats des Kreises Calbe auf eine vom RMdI für Ende Oktober 1941 anberaumte Tagung, von der »gewisse Richtlinien auch für die Behandlung polnischer Kinder im Altreich« zu erwarten seien.[66]

1.2 Bevölkerungspolitik und »Volkstumskampf« im Osten

Während in den Regionen des »Altreichs« die Behandlung polnischer Kinder vor dem Hintergrund des Arbeitseinsatzes problematisiert wurde, herrschte in den eingegliederten Ostgebieten ein allgemeineres Interesse an der Klärung rechtlicher Fragen – mit dem Ziel einer Angleichung der Rechtspraxis an die NS-Volkstums- und Bevölkerungspolitik. In den Jahren zuvor hatten nationalsozialistische Volkstumsexperten eine Reihe von langfristigen »Entwürfen« zur bevölkerungspolitischen Neuordnung Ost- und Mitteleuropas mit den Mitteln rassischer Selektionen«[67] erdacht, die im sogenannten Generalplan Ost zusammengefasst wurden.[68] In diesem Rahmen planten sie weitreichende Maßnahmen zur Geburtenbeschränkung innerhalb der »rassisch unerwünschten« polnischen Bevölkerung und zur Rassenauslese in den besetzten Ostgebieten, die sich später auf die Behandlung schwangerer polnischer Zivilarbeiterinnen und »Ostarbeiterinnen« sowie ihrer im Reich geborenen Kinder auswirken sollten. Die bevölkerungspolitischen Bestrebungen in den Ostgebieten fungieren im Folgenden daher als Vergleichsfolie für später im Altreich eingeführte Maßnahmen.

Konkrete Vorschläge zur »Behandlung der Bevölkerung der ehemaligen polnischen Gebiete nach rassenpolitischen Gesichtspunkten« finden sich unter an-

---

66 Schreiben des DGT an den Landrat des Kreises Calbe, gez. Schmiljan und Wolff, 20. Oktober 1941, BArch, R 36/1444.
67 Heinemann, »Rasse, Siedlung, deutsches Blut«, S. 361.
68 Zum »Generalplan Ost« siehe Isabel Heinemann, »Germanisierung«, Umsiedlung, Massenmord. Der »Generalplan Ost« und die Konzepte zur ethnischen Neuordnung Osteuropas im Zweiten Weltkrieg, in: Social Engineering. Zwischen totalitärer Utopie und »Peacemeal-Pragmatismus«, hg. von Piotr Madajczyk und Pawel Popeliński, Warschau 2014, S. 161–176; Czesław Madajczyk (Hg.), Vom Generalplan Ost zum Generalsiedlungsplan. Dokumente, München 1994; Mechtild Rössler; Sabine Schleiermacher (Hg.), Der »Generalplan Ost«. Hauptlinien der nationalsozialistischen Planungs- und Vernichtungspolitik, Berlin 1993; Helmut Heiber, Der Generalplan Ost, in: Vierteljahrshefte für Zeitgeschichte 6, 1958, S. 281–325.

derem in einer Denkschrift des Rassenpolitischen Amts der NSDAP vom 25. November 1939:

Alle Massnahmen, die der Geburtenbeschränkung dienen, sind zu dulden oder zu fördern. Die Abtreibung muss im Restgebiet straffrei sein. Abtreibungs- und Schutzmittel dürfen in jeder Form öffentlich angeboten werden, ohne dass irgendwelche polizeilichen Massnahmen zu erfolgen haben. Die homosexuelle Betätigung ist straffrei zu erklären. Gegen Institute und Personen, die gewerbsmässig abtreiben, ist polizeilicherseits nichts zu veranlassen. Rassenhygienische Massnahmen sind in keiner Weise zu fördern.[69]

Für den »russischen Raum«, den »Kaukasusraum« und die Ukraine empfahl Erhard Wetzel, Mitarbeiter des RPA und Beauftragter für Rassenpolitik im Reichsministerium für die besetzten Ostgebiete (RMO), im April 1942 eine parallele Vorgehensweise:

Das Ziel einer deutschen Bevölkerungspolitik im russischen Raum wird sein müssen, die Geburtenziffern auf ein Maß zu bringen, das unter der deutschen Geburtenziffer liegt. [...] Wir müssen in den betreffenden Gebieten eine bewußt negative Bevölkerungspolitik treiben. Durch Propagandamaßnahmen, insbesondere durch Presse, Rundfunk, Kino, Handzettel, kurze Broschüren, Aufklärungsvorträge und dergleichen muß der Bevölkerung immer wieder der Gedanke eingeredet werden, wie schädlich es ist, sich viele Kinder anzuschaffen. [...] Neben dieser Propaganda muß eine großzügige Propaganda für Verhütungsmittel ins Land gehen. Eine Industrie für derartige Mittel muß eigens geschaffen werden. Strafbar darf weder das Anpreisen und Verbreiten von Verhütungsmitteln noch die Abtreibung sein. Man sollte die Einrichtung von Abtreibungsinstituten durchaus fördern. Man kann z. B. Hebammen oder Feldscherinnen zu Abtreiberinnen ausbilden. [...] Die Säuglingssterblichkeit darf nicht bekämpft werden. Auch Aufklärung der Mütter über Säuglingsfürsorge und Kinderkrankheiten darf nicht erfolgen. Es muß versucht werden, die Ausbildung der russischen Ärzte auf diesen Gebieten so gering wie möglich erfolgen zu lassen. Kinderheime und dgl. dürfen nicht gefördert werden.[70]

---

69 Denkschrift des Rassenpolitischen Amtes der NSDAP über »Die Frage der Behandlung der Bevölkerung der ehemaligen polnischen Gebiete nach rassenpolitischen Gesichtspunkten«, 25. November 1939, BArch, NS 2/56, Bl. 243–257.
70 Erhard Wetzel, »Stellungnahme und Gedanken zum Generalplan Ost des Reichsführers-SS«, 27. April 1942, abgedruckt in Heiber, Der Generalplan Ost, S. 317 f.

Einer der ersten praktisch durchgeführten Schritte zur Senkung der polnischen Geburtenzahlen in den eingegliederten Ostgebieten war die Beschränkung des Rechts auf Eheschließung.[71] Im Warthegau ließ Reichsstatthalter Greiser bereits im November 1939 vorläufig Eheschließungen von Polen und Polinnen untereinander, von Jüdinnen und Juden untereinander sowie von Polen, Polinnen, Juden und Jüdinnen mit Deutschen verbieten. Zumindest polnische Eheschließungen wurden später zwar wieder zugelassen, das Mindestheiratsalter jedoch am 10. September 1941 auf 28 Jahre für Polen und auf 25 Jahre für Polinnen heraufgesetzt (nach polnischem Recht 21 Jahre). Im Reichsinnenministerium entschloss man sich auf einer Besprechung am 21. Januar 1943 dazu, die von Greiser eigenmächtig erlassene Regelung nachträglich zu legalisieren und sie zur Vereinheitlichung des Rechts auf die übrigen eingegliederten Ostgebiete zu übertragen.[72] Am 4. Mai 1943 wurde auch im Altreich das Heiratsalter für Polen und Polinnen auf Grundlage der »Ersten Verordnung über die Schutzangehörigkeit des Deutschen Reichs«[73] vom 25. April 1943 in Übereinstimmung mit Himmler und der Partei-Kanzlei zunächst auf 25 und 22 Jahre festgelegt, am 10. Januar 1944 wie im Warthegau auf 28 und 25 Jahre angehoben.[74]

---

71 Hier und im Folgenden Diemut Majer, »Fremdvölkische« im Dritten Reich. Ein Beitrag zur nationalsozialistischen Rechtssetzung und Rechtspraxis in Verwaltung und Justiz unter besonderer Berücksichtigung der eingegliederten Ostgebiete und des Generalgouvernements, Boppard am Rhein 1981, S. 431–435.
72 Bislang hatten die Gauverwaltungen ohne rechtliche Grundlage jeweils eigene Regelungen herausgegeben. So waren im Regierungsbezirk Zichenau bis 1942 sämtliche Eheschließungen verboten; Majer, »Fremdvölkische« im Dritten Reich, S. 432.
73 Reichsgesetzblatt I 1943, S. 271.
74 Runderlasse des RMdI betr. »Eheschliessung von Schutzangehörigen polnischen Volkstums«, 4. Mai 1943 und 10. Januar 1944, als Microfiches unter der Regestnummer 16882 enthalten in: Akten der Partei-Kanzlei der NSDAP. Rekonstruktion eines verloren gegangenen Bestandes. Sammlung der in anderen Provenienzen überlieferten Korrespondenzen, Niederschriften von Besprechungen usw. mit dem Stellvertreter des Führers und seinem Stab bzw. der Partei-Kanzlei, ihren Ämtern, Referaten und Unterabteilungen sowie mit Heß und Bormann persönlich, hg. vom Institut für Zeitgeschichte, Teil 1: Regesten-Bde. 1–2, bearb. von Helmut Heiber unter Mitwirkung von Hildegard von Kotze, Gerhard Weiher, Ino Arndt und Carla Mojto, sowie das Register zu den Bänden 1–2, bearb. von Helmut Heiber unter Mitwirkung von Volker Dahm, Hildegard von Kotze, Gerhard Weiher und Reinhilde Staude, München; Wien 1983–1985 (mit 2 Bdn Microfiches); Teil 2: Regesten-Bde. 3–4, bearb. von Peter Longerich, sowie das Register zu den Bänden 3–4, bearb. von Peter Longerich, München; London; New York; Paris 1992 (mit 2 Bänden Microfiches).

1.2.1 Jugendwohlfahrt für polnische Kinder im Warthegau

Der bevölkerungspolitische Nutzen von Heiratsbeschränkungen und -verboten war jedoch höchst umstritten. Vielfach wurden Bedenken geäußert, ob diese nicht schlicht zu einem höheren Anteil unehelicher Geburten innerhalb der polnischen Bevölkerung führen würden.[75] Wie ein SD-Bericht aus dem Frühjahr 1943 rückblickend feststellte, traf diese Einschätzung durchaus zu. Demnach seien die Geburtenzahlen in den eingegliederten Gebieten nur unwesentlich zurückgegangen, während der Anteil außerhalb der Ehe geborener Kinder deutlich zugenommen habe. Insbesondere im 1939 neu geschaffenen, der Provinz Ostpreußen angegliederten Regierungsbezirk Zichenau, wo sämtliche polnische Eheschließungen bereits seit anderthalb Jahren verboten seien, sei die Zahl der »wilden Ehen« und der unehelichen Geburten stark angewachsen:

> Zusammenfassend kann daher gesagt werden, daß das Eheverbot für Polen im Regierungsbezirk Zichenau nicht nur die erhoffte bevölkerungspolitische Minderung des Polentums nicht bewirkt, sondern vielmehr eine wesentlich stärkere bevölkerungspolitische Aktivität unter der polnischen Bevölkerung dieses Gebietes hervorgerufen hat.[76]

Der rechtlichen Behandlung unehelicher polnischer Kinder wurde aus bevölkerungspolitischer Sicht eine große Bedeutung beigemessen. Weil das Reichsjugendwohlfahrtsgesetz in den eingegliederten Ostgebieten zunächst nicht offiziell eingeführt worden war, schuf der Reichsstatthalter des Reichsgaus Wartheland, Arthur Greiser, am 19. Juli 1941 mit einem eigenen Erlass über die »Rechtsstellung der Kinder von Schutzangehörigen, insbesondere der unehelichen Kinder« Fakten.[77] Demnach wurden die in den Ostgebieten bislang meist sinngemäß angewandten Bestimmungen des RJWG für polnische Kinder stark eingeschränkt und die rechtliche Behandlung dieser Kinder volkstumspolitischen Zielen untergeordnet. Eine wesentliche Rolle spielten hierbei die Bestimmungen zur Vaterschaftsfeststellung sowie zum Unterhaltsbeitrag, wonach das Verfahren unter Umgehung der Justiz allein den Landräten bzw. Oberbürgermeistern über-

---

75 Niederschrift über die kommissarische Beratung am 27. Mai 1941 über die Frage der Heiraten polnischer Volkszugehöriger früherer polnischer Staatszugehörigkeit, 26. Juni 1941, Heiber/Longerich: Akten der Partei-Kanzlei, Regestnummer 25493.
76 »Meldungen aus dem Reich« Nr. 368, 18. Mai 1943, BArch, R 58/181.
77 Erlass des Reichsstatthalters im Warthegau betr. »Jugendwohlfahrt (Jugendhilfe), hier Rechtsstellung der Kinder von Schutzangehörigen, insbesondere der unehelichen Kinder«, 19. Juli 1941, APP (Archiwum Państwowe w Poznaniu), 53/299/0/2.1/1888, Bl. 504–510. Ab einer späteren Fassung des Erlasses vom 26. Mai 1942 wurde der Begriff »Schutzangehörige« durch »Angehörige polnischen Volkstums« ersetzt, siehe BArch, R 36/1444.

tragen wurde. Rechtliche Hürden wie die Mehrverkehrseinrede sowie der Nachweis offenbarer Unmöglichkeit der Empfängnis wurden explizit ausgeschlossen, sofern es sich bei den möglichen Erzeugern um Polen handelte. Darüber hinaus sollte der Beitrag des Vaters nicht mehr dem einzelnen polnischen Kind zugutekommen, sondern an den Stadt- oder Landkreis gezahlt werden, der ihn wiederum zur Deckung der durch »hilfsbedürftige uneheliche Kinder von Schutzangehörigen« entstehenden Kosten einsetzen konnte. Der Rest stand für »sonstige Zwecke der öffentlichen Fürsorge und Jugendwohlfahrt«, also in erster Linie für die Sorge um (volks-)deutsche Kinder und Jugendliche zur Verfügung.

Etwa drei Monate nach Erlass der Verordnungen fand in Kalisch (pl. Kalisz) am 22. und 23. Oktober 1941 eine vom Reichsinnenministerium anberaumte Ministerialkommission über öffentliche Fürsorge und Jugendwohlfahrt in den eingegliederten Gebieten statt.[78] Unter Vorsitz des Ministerialrats Ruppert und des Stadtrats Dr. Muthesius, Abteilung Wohlfahrtspflege in der Gesundheitsabteilung des RMdI, sowie jeweils eines Vertreters des Reichsarbeitsministeriums und des Jugendführers des Deutschen Reiches fanden sich Regierungsvertreter aus dem Warthegau und den anderen eingegliederten Ostgebieten sowie Vertreter der Jugend-, Gesundheits- und Volkspflegeämter ein, um über grundlegende rechtliche Fragen der Jugendhilfe im Osten zu beraten. Ein wesentliches Ziel der Tagung bestand in der Erarbeitung einer gemeinsamen Richtung bezüglich der Behandlung außerehelich geborener polnischer Kinder unter Berücksichtigung des Erlasses vom 19. Juli 1941. Dabei waren die Teilnehmer sich darüber einig, dass es sich bei dieser Frage um ein volkstumspolitisches Problem mit weitreichender Bedeutung für die gesamte zukünftige Ostraumpolitik handele.

So ließ der Landrat in Posen, Dr. Gehrels, keinen Zweifel daran, dass die Zunahme polnischer Geburten ein »bewußtes Kampfmittel im Kampf des polnischen Volkstums gegen die Eindeutschung der Ostgebiete« sei, welches massiv die deutsche »Aufbauarbeit und Eindeutschungsarbeit« gefährde.[79] Wie Regierungsrat Sander beim Regierungspräsidenten in Posen darlegte, habe die von der polnischen Intelligenz und der polnischen katholischen Kirche betriebene »Propaganda zur Geburtenhebung« bereits zu einem erheblichen Anstieg unehelicher Geburten geführt.[80] Während der steigenden Zahl der Eheschließungen und damit der ehelichen Geburten bereits durch die Heraufsetzung des Heiratsalters entgegengewirkt werde, müsse gleichzeitig die Zahl der unehelichen Geburten herab-

---

78 Niederschrift über die Besprechungen einer Ministerialkommission über öffentliche Fürsorge und Jugendwohlfahrt in Kalisch, 22. und 23. Oktober 1941, APP, 53/299/0/2.6/2236.
79 Niederschrift über die Besprechungen einer Ministerialkommission über öffentliche Fürsorge und Jugendwohlfahrt in Kalisch, 22. und 23. Oktober 1941, APP, 53/299/0/2.6/2236, Bl. 47.
80 Niederschrift über die Besprechungen einer Ministerialkommission über öffentliche Fürsorge und Jugendwohlfahrt in Kalisch, 22. und 23. Oktober 1941, APP, 53/299/0/2.6/2236, Bl. 40.

gedrückt werden, indem eine solche künftig sowohl für den Vater als auch für die Mutter eine starke wirtschaftliche Belastung darstelle. Wie die meisten Teilnehmer der Tagung sah Sander im Erlass des Reichsstatthalters einen ersten Schritt in die richtige Richtung, der jedoch deutlich verschärft werden müsse. Gemäß seiner Überzeugung, den Kampf gegen die polnische »Unterwanderung« »mit härtesten Mitteln und ohne Sentimentalität« führen zu wollen, schlug er vor,

> die unehelichen polnischen Kinder alsbald nach ihrer Geburt von der Mutter wegzunehmen, um sie in Heimen unterzubringen. Es ist zweifellos, daß auch die uneheliche Mutter ihr Kind gerne bei sich behält und nur in Ausnahmefällen sich dazu entschliesst, das Kind in fremde Hände zu geben. Wenn eine Frau jedoch von vornherein weiss, dass, wenn sie ein Kind zur Welt bringt, ihr dieses sofort entzogen wird, und sie es auch niemals wiedersehen wird, dann wird bei ihr der Wille zum Kinde ganz erheblich geschwächt.[81]

Die Kindswegnahme würde darüber hinaus den »polnischen Einfluss« auf ein potenziell »eindeutschungsfähiges« Kind von vornherein beseitigen und somit eine spätere »Eindeutschung« erleichtern. Während einige Teilnehmer diesen Vorschlag unterstützten, hielten die meisten ein solches Unterfangen in Anbetracht der damit verbundenen Kosten und der herrschenden Raumnot für nicht umsetzbar. Der Erlass des Reichsstatthalters hingegen fand trotz einzelner Verbesserungsvorschläge insgesamt Zustimmung. Dabei schien es niemanden zu stören, dass die Verordnung »weniger eine jugendfürsorgerische als eine volkstumspolitische Maßnahme« sei, wie Obermedizinalrat Dr. Grohmann vom Gesundheitsamt in Litzmannstadt feststellte.[82] Im Gegenteil begrüßten die Teilnehmer die Einführung »geeigneter vom bisherigen deutschen Recht völlig abweichender Vorschriften« als wirksames Mittel gegen »volkstumspolitische Gefahren«.[83] Der Landrat von Schieratz schlug vor, eine entsprechende Neuregelung auch im Altreich anzuregen, und verwies auf den Willen des Gauleiters, den Warthegau zum »Exerzierplatz des Reiches« zu machen.[84] Auch der Vertreter des Reichsstatthalters in Danzig merkte an, »die hier im Osten ergriffenen Maßnahmen müßten zwangsläufig halbe Maßnahmen bleiben, wenn sie nicht auch im Altreich zur Durchführung kommen

---

81 Niederschrift über die Besprechungen einer Ministerialkommission über öffentliche Fürsorge und Jugendwohlfahrt in Kalisch, 22. und 23. Oktober 1941, APP, 53/299/0/2.6/2236, Bl. 40 f.
82 Niederschrift über die Besprechungen einer Ministerialkommission über öffentliche Fürsorge und Jugendwohlfahrt in Kalisch, 22. und 23. Oktober 1941, APP, 53/299/0/2.6/2236, Bl. 10.
83 Niederschrift über die Besprechungen einer Ministerialkommission über öffentliche Fürsorge und Jugendwohlfahrt in Kalisch, 22. und 23. Oktober 1941, APP, 53/299/0/2.6/2236, Bl. 47.
84 Niederschrift über die Besprechungen einer Ministerialkommission über öffentliche Fürsorge und Jugendwohlfahrt in Kalisch, 22. und 23. Oktober 1941, APP, 53/299/0/2.6/2236, Bl. 7.

könnten«.⁸⁵ Diese Ansicht wurde offenbar auch im RMdI geteilt. So zog Muthesius am Ende der Besprechungen das Fazit, der Erlass des Reichsstatthalters vom 19. Juli 1941 könne nicht auf den Warthegau beschränkt bleiben, sondern müsse vielmehr in eine auch im Altreich durchsetzbare Rechtsverordnung übersetzt werden. Doch die Ausarbeitung einer solchen reichseinheitlichen Verordnung erschien den Behörden des »Altreichs« zu einer Zeit, in der schwangere ausländische Arbeiterinnen grundsätzlich in ihre Heimat zurückbefördert werden sollten, noch nicht sehr dringlich. Zudem war der Erlass des Reichsstatthalters erst wenige Monate in Kraft, weshalb noch diverse Unklarheiten bezüglich der Durchführung bestanden und praktische Ergebnisse zu seiner Effektivität fehlten. Außer in der Stadt Posen seien in den wenigsten Kreisen bisher Erfahrungen gesammelt worden, hieß es bei einer Tagung der Sachbearbeiter der Volkspflegeämter, die am 12. November 1941 in Posen abgehalten wurde.⁸⁶ Zum Auftakt dieser Tagung wurde die Besonderheit der Volkspflegearbeit im Osten in Abgrenzung zu den Gauen des Reichs unterstrichen: Im Osten überwiege das »Polentum« noch bei Weitem das »deutsche Element«, weshalb ein »unerbitterlicher Volkstumskampf durchkämpft werden« müsse.⁸⁷ Entsprechend dieser Grundüberzeugung wurde im Laufe des Jahres 1942 der Erlass des Reichsstatthalters zunächst im Warthegau erprobt, erste Erfahrungen zwischen den Regierungsbezirken ausgetauscht und die Durchführungsvorschriften überarbeitet.⁸⁸

Die Regelung fand zunehmend auch in den anderen Ostgebieten mit überwiegend polnischer Bevölkerung Beachtung, wie beispielsweise im Regierungsbezirk Zichenau. So verfasste der dortige Regierungspräsident Paul Dargel im Juli 1942 einen an die Anordnung Greisers⁸⁹ angelehnten Erlassentwurf, den er Ende des Monats an den Oberpräsidenten der Provinz sandte, um diesen »von dort aus« in seinem Regierungsbezirk einführen zu lassen.⁹⁰ Dargel habe die

---

85 Niederschrift über die Besprechungen einer Ministerialkommission über öffentliche Fürsorge und Jugendwohlfahrt in Kalisch, 22. und 23. Oktober 1941, APP, 53/299/0/2.6/2236, Bl. 10 f. [Unterstreichung im Original].
86 Niederschrift über die Tagung der Sachbearbeiter der Volkspflegeämter am 12. November 1941 im Regierungsgebäude zu Posen, APP, 53/299/0/2.1/1888, Bl. 565–575.
87 Niederschrift über die Tagung der Sachbearbeiter der Volkspflegeämter am 12. November 1941 im Regierungsgebäude zu Posen, APP, 53/299/0/2.1/1888, Bl. 565–575 [Unterstreichung im Original].
88 Siehe »Zusammenfassung der Ergebnisse der Arbeitstagung der Sachbearbeiter der Volkspflegeangelegenheiten« in den Regierungsbezirken Hohensalza (16. März 1943), Posen (18. März 1943) und Litzmannstadt (20. März 1942), 24. März 1942, APP, 53/299/0/2.1/1888, Bl. 544–588.
89 Diese lag mittlerweile in einer überarbeiteten Fassung vom 26. Mai 1942 vor, siehe BArch, R 36/1444.
90 Hier und im Folgenden Schreiben des Regierungspräsidenten in Zichenau an den Oberpräsidenten der Provinz Ostpreußens, 31. Juli 1942, BArch, R 36/1444.

Landräte in seinem Bezirk bereits am 13. März 1942 angewiesen, für jedes unehelich geborene polnische Kind den Vater ausfindig zu machen und ihn zur Zahlung einer monatlichen Rente zu zwingen, was sich jedoch aufgrund der Mehrarbeit für die Gerichte als schwierig herausgestellt habe. Obwohl die Regelungen Greisers »in völliger Abweichung von den Bestimmungen des Bürgerlichen Gesetzbuches und Reichsjugend-Wohlfahrtgesetzes« stünden, erschienen sie Dargel indes als »zweckmässig«:

> Der Grundgedanke jeder Regelung des polnischen Unehelichenrechtes muss m. E. der sein, die Geburtenzahlen möglichst herabzudrücken und den ungehemmten Fortpflanzungstrieb der Polen dadurch einzuschränken, dass den unehelichen Vätern erhebliche Nachteile auferlegt werden.

Wie im Warthegau sollte die Justiz bewusst umgangen und das Verfahren bevölkerungs- und volkstumspolitischen Bedürfnissen angepasst werden. Trotz der zweifelhaften Rechtsgrundlage habe ihm der Reichsstatthalter im Warthegau versichert, der Erlass sei dem Reichsinnenminister bekannt und von ihm »nicht beanstandet worden«. Die Eigeninitiative Greisers wurde vom RMdI gebilligt und sollte in der Folge auch außerhalb der eingegliederten Ostgebiete Beachtung finden. In Ermangelung einer zentralen Regelung wurde er in verschiedenen Regionen des »Altreichs« als mögliche Handhabe in der Frage der Behandlung unehelicher Kinder »fremdvölkischer« Arbeiterinnen angesehen.

1.2.2 Abtreibungen bei »fremdvölkischen« Frauen

Eine weitere für die eingegliederten Ostgebiete konzipierte bevölkerungspolitische Maßnahme, die sich auf das Altreich auswirken sollte, war die Erleichterung von Schwangerschaftsabbrüchen bei polnischen Frauen. Dabei ist bereits die verwendete Terminologie aussagekräftig: Auf der einen Seite wurden die bei »gutrassigen« Frauen streng verbotenen Eingriffe als »Abtreibungen« bezeichnet, verbunden mit Warnungen vor einer die »Volksgesundheit« bedrohenden »Abtreibungsseuche«. Auf der anderen Seite verharmloste man bevölkerungspolitisch erwünschte Abbrüche mit dem irreführenden Begriff »Schwangerschaftsunterbrechung«.[91] Ende Mai 1941 fand in Berlin eine Besprechung über Maßnahmen zur »Abwendung des biologischen Drucks« infolge stark voneinander abweichender deutscher und polnischer Geburtenzahlen statt, zu der sich Vertreter der Reichs- und Partei-Kanzlei, des Arbeits-, Justiz- und Finanz-

---

91 Vgl. Gunther Link, Schwangerschaftsabbrüche im Dritten Reich. Legale Grundlagen und gesetzliche Regelungen, in: Zentralblatt für Gynäkologie 122, 2000, S. 457–471, hier S. 470.

ministeriums, des RSHA, des Reichspropagandaministeriums sowie der Regierungen der eingegliederten Ostgebiete im Reichsinnenministerium einfanden.[92] Der Verhandlungsleiter, Reichsgesundheitsführer Conti, forderte, »alle deutscherseits betriebenen positiven bevölkerungspolitischen Maßnahmen den Polen gegenüber in negative abzuwandeln«, und sprach sich in diesem Sinne insbesondere für die rechtliche Freigabe der Abtreibung bei Polinnen aus. Zustimmung erhielt er dabei unter anderem vom Vertreter der Partei-Kanzlei, der eine »Verkoppelung der fürsorgerischen und steuertechnischen Fragen mit der Schwangerschaftsunterbrechung« als »zweckdienlichstes Mittel« erachtete. Die Besprechungsteilnehmer berieten in diesem Zusammenhang über die Einführung des »Gesetzes zur Verhütung erbkranken Nachwuchses«[93] sowie des Ehegesundheitsgesetzes[94] in den Ostgebieten, die allerdings über eine Ministerialverordnung erfolgen müsse. Zudem wurde die Frage massenhafter Sterilisationen in der polnischen Bevölkerung angeschnitten, vom Reichsgesundheitsführer jedoch verworfen, da Unfruchtbarmachungen im »anzustrebenden Ausmaße« nicht praktikabel seien.

Mit Unterstützung des Leiters der Partei-Kanzlei, Martin Bormann,[95] begannen Conti und Himmler ab Mitte des Jahres 1941 zunehmend Druck auf die Justiz auszuüben, um ein Ende der Strafverfolgung in Abtreibungsfällen bei Polinnen zu erwirken.[96] Bereits Anfang des Jahres hatte das Reichsjustizministerium (RJM) die Generalstaatsanwälte angewiesen, bei der Strafzumessung gegen

---

92 Niederschrift über die kommissarische Beratung am 27. Mai 1941 über die Frage der Heiraten polnischer Volkszugehöriger früherer polnischer Staatszugehörigkeit, 26. Juni 1941, Heiber/Longerich: Akten der Partei-Kanzlei, Regestnummer 25493.
93 Reichsgesetzblatt I 1933, S. 529 ff. Siehe dazu Udo Benzenhöfer, Zur Genese des Gesetzes zur Verhütung erbkranken Nachwuchses, Münster 2006; Bock, Zwangssterilisation im Nationalsozialismus.
94 »Gesetz zum Schutze der Erbgesundheit des deutschen Volkes«, Reichsgesetzblatt I 1935, S. 1246.
95 Zur Rolle Bormanns im nationalsozialistischen Herrschaftssystem siehe Peter Longerich, Hitlers Stellvertreter. Führung der Partei und Kontrolle des Staatsapparates durch den Stab Heß und die Partei-Kanzlei Bormann, Berlin 1992.
96 Dies ist vor dem Hintergrund der von führenden Nationalsozialisten inszenierten »Justizkrise« in den Jahren 1941 und 1942 zu betrachten, als deren Hauptinitiator Himmler fungierte. Der Reichsführer SS und Chef der deutschen Polizei beabsichtigte durch unablässige Kritik an der angeblich »volksfremden« Justiz, vornehmlich veröffentlicht in der SS-Zeitung »Das Schwarze Korps«, die Krisendebatte anzuheizen, um die Überführung von Zuständigkeiten in den eigenen Machtbereich zu rechtfertigen; hierzu ausführlich Sarah Schädler, »Justizkrise« und »Justizreform« im Nationalsozialismus. Das Reichsjustizministerium unter Reichsjustizminister Thierack (1942–1945), Tübingen 2009. Zum Versuch von Polizei und SS, ein polizeiliches Sonderstrafrecht für »Fremdvölkische« durchzusetzen, siehe Majer, »Fremdvölkische« im Dritten Reich, S. 793–826.

Polen zu beachten, ob die Tat sich gegen das deutsche oder das polnische Volk richte. So werde das deutsche »Volkstum« nicht gefährdet, »wenn eine Polin ihre Leibesfrucht abtreibt oder sich einer Kindestötung schuldig macht, oder wenn Polen untereinander gleichgeschlechtliche Unzucht treiben«.[97] In solchen Fällen müsse die Staatsanwaltschaft mildere Strafen fordern, als sie bei gleichliegenden Straftaten »gegen das deutsche Volkstum« üblich seien. Doch eine milde Bestrafung dieser Fälle durch deutsche Gerichte reichte dem Reichsführer SS nicht aus. Knapp einen Monat nach der oben erwähnten Besprechung im RMdI legte Himmler dem derzeitigen kommissarischen Reichsminister der Justiz, Franz Schlegelberger, in einem persönlichen Gespräch am 22. Juni 1941 dar, die strafrechtliche Verfolgung von Polen und Polinnen aufgrund von Abtreibungen an polnischen Frauen widerspreche unmittelbar den bevölkerungspolitischen Zielen Hitlers.[98] Schlegelberger ließ sich zwar nicht zur Herausgabe einer allgemeinen Anweisung überreden, laut der eine Strafverfolgung in diesen Fällen generell zu unterlassen sei, musste sich dem Druck aber doch teilweise beugen. So ergänzte er nur sechs Tage später die unter seinem Vorgänger verfasste Rundverfügung vom 22. Januar 1941 und rief die Generalstaatsanwälte dazu auf, bei entsprechenden Strafverfahren regelmäßig auf Einstellung hinzuwirken, sofern die »Belange des deutschen Volkes« durch die Tat nicht berührt würden.[99]

Doch die Kritik an der vermeintlich falschen Spruchpraxis der Gerichte riss nicht ab. So beklagte sich der Reichsgesundheitsführer im Oktober 1941 bei der Partei-Kanzlei über »abschreckende Urteile« gegen polnische Hebammen, die Abtreibungen an Polinnen durchgeführt hatten. Diese Urteile seien wegen der »im Osten bestehenden volkpolitischen Gefahren [...] in hohem Masse gefährlich«.[100] Die Ermittlungsbehörden dürften solche Fälle gar nicht erst bearbeiten, andererseits müssten Abtreibungen an Volksdeutschen mit »schärfsten Strafen«

---

97 Rundverfügung des RJM an die Generalstaatsanwälte betr. »Strafverfahren gegen Polen«, 22. Januar 1941, i. V. Dr. Freisler, BArch, R 3001/20849, Bl. 10. Diese Rundverfügung galt nicht nur für die eingegliederten Ostgebiete, sondern für das gesamte Reich.
98 Vermerk über die Unterredung des Reichsjustizministers mit dem RFSS am 22. Juni 1941, gez. Dr. Schlegelberger, BArch, R 3001/20849, Bl. 98. Zum Treffen Himmlers mit Schlegelberger und den anderen dort besprochenen Themen siehe Peter Witte; Michael Wildt; Martina Voigt; Dieter Pohl; Peter Klein; Christian Gerlach; Christoph Dieckmann; Andrej Angrick (Hg.), Der Dienstkalender Heinrich Himmlers. 1941/42, Hamburg 1999, S. 178, FN 39. Anders als hier dargestellt wollte Himmler Abtreibungen bei Polinnen eben nicht verbieten lassen.
99 Rundverfügung des RJM an die Generalstaatsanwälte betr. »Strafverfahren wegen Abtreibung an Polinnen«, 28. Juni 1941, BArch, R 3001/20849, Bl. 32.
100 Schreiben des Reichsgesundheitsführers an die Partei-Kanzlei betr. »Strafverfahren gegen Polen wegen Abtreibung«, 2. Oktober 1941, BArch, R 1501/3806.

geahndet werden. Die zweifelhafte Rechtsgrundlage für eine derartige Ungleichbehandlung lieferte die Polenstrafrechtsverordnung vom 4. Dezember 1941,[101] mit deren Einführung ein fast beliebig auslegbares Sonderstrafrecht für polnische und jüdische Menschen in den eingegliederten Ostgebieten geschaffen wurde.[102] Laut dieser Verordnung sollten die Staatsanwaltschaften Straftaten polnischer und jüdischer Personen nur dann verfolgen, wenn deren Ahndung im öffentlichen Interesse liege.[103] Die Arbeit der Strafverfolgungsbehörden wurde somit in den Dienst volkstums- und bevölkerungspolitischer Ziele gestellt.

Dessen ungeachtet leitete Himmler im Frühjahr 1942 in der Abtreibungsfrage Schritte ein, um die Kompetenzen der deutschen Justiz zugunsten polizeilicher Dienststellen zu beschneiden. Am 11. März 1942 wies der Reichsführer SS und Chef der deutschen Polizei per Runderlass alle Polizeibehörden an, Anzeigen und Ermittlungen bezüglich Abtreibungen und Sittlichkeitsdelikten, sofern es sich bei den beteiligten Personen um Polen oder Polinnen handele, nicht den Staatsanwaltschaften, sondern der Kriminalpolizei zu übergeben.[104] Diese wiederum wurde am 21. März vom Chef der Sicherheitspolizei und des SD, Reinhard Heydrich, instruiert, in welchen Fällen sie eine Straftat zu verfolgen und ein Strafverfahren einzuleiten habe.[105] Demnach seien der Beischlaf zwischen Verwandten, sexueller Missbrauch minderjähriger Schutzbefohlener, Unzucht mit Tieren, Selbstabtreibung und Kindstötung unter Polen und Polinnen nicht zu verfolgen, da diese Taten nicht das deutsche Volkstum gefährden würden. Sexuelle Handlungen zwischen »fremdvölkischen« Männern und die Tätigkeit polnischer »Lohnabtreiber« hingegen würden wegen etwaiger »Übergriffsmöglichkeiten« auf Deutsche zwar eine Gefahr darstellen und müssten daher verfolgt werden, anstelle eines Strafverfahrens seien die Täter:innen jedoch aus dem Reichsgebiet inklusive der eingegliederten Ostgebiete zu entfernen. Mitte April 1942 informierte der Generalstaatsanwalt in Posen, Karl Drendel, den Justizminister über diesen »neuen Einbruch in den Zuständigkeitsbereich der Staatsanwalt-

---

101 »Verordnung über die Strafrechtspflege gegen Polen und Juden in den eingegliederten Ostgebieten«, Reichsgesetzblatt I 1941, S. 759 ff.
102 Dazu Majer, »Fremdvölkische« im Dritten Reich, S. 606–608.
103 Schreiben des RJM an den Leiter der Partei-Kanzlei betr. »Strafverfolgung von Abtreibungs- und Sittlichkeitsdelikten in den eingegliederten Ostgebieten«, 30. Juni 1942, BArch, R 3001/20849, Bl. 469 f.
104 Übersendung des Runderlasses des RFSS betr. »Bearbeitung von Abtreibungs- und Sittlichkeitsdelikten unter Polen« vom 11. März 1942 durch den RJM an die Generalstaatsanwälte, 29. September 1942, BArch, R 3001/20849, Bl. 474.
105 Erlass des Chefs der SiPo und des SD betr. »Verfolgung von Abtreibungs- und Sittlichkeitsdelikten unter Polen«, gez. Heydrich, 21. März 1942, 5.1/82330874–82330876/ITS Digital Archive, Bad Arolsen.

schaft«.[106] Offiziell wurde das Reichsjustizministerium erst Ende Juni von Martin Bormann über die von Heydrich »beabsichtigten«, tatsächlich aber schon erlassenen Richtlinien über die »Strafverfolgung von Abtreibungs- und Sittlichkeitsdelikten in den eingegliederten Ostgebieten« in Kenntnis gesetzt, begleitet von Kritik an der bisherigen Spruchpraxis der Gerichte:

> Hier müssen die deutschen Gerichte wie andere Stellen in ihren Entscheidungen darauf bedacht sein, das fremde – besonders das polnische Volkstum – in seiner biologischen Kraft nicht noch zu fördern, zumal es nach wie vor seine Vitalität in stärkerem Maße unter Beweis stellt als das Deutschtum in den Ostgebieten. [...] Nach hier vorliegenden Berichten soll jedoch die Spruchpraxis insbesondere der Litzmannstädter Gerichte nicht immer haben erkennen lassen, daß die Richter sich des grundsätzlichen Unterschiedes, ob bei einer Deutschen oder bei einer Polin eine Abtreibung vorgenommen worden ist, bewußt gewesen sind.[107]

Schlegelberger wies in seiner Antwort auf die obengenannte Polenstrafrechtsverordnung hin, laut der Straftaten ohnehin nur in Abhängigkeit von den »Notwendigkeiten der Volkstumspolitik« verfolgt würden.[108] Wie auch aus den Rundverfügungen des RJM vom 22. Januar und 28. Juni 1941 hervorgehe, entsprächen die von Bormann gebilligten Richtlinien des Chefs der Sicherheitspolizei und des SD der Haltung des Justizministeriums. Den Staatsanwälten stehe weiterhin das alleinige Recht zur Entscheidung über die Strafverfolgung zu, zur Abstimmung der Arbeit von Polizei und Staatsanwaltschaft habe das RJM den Reichsminister des Innern um Stellungnahme gebeten.[109]

Als kommissarischer Minister konnte Schlegelberger diese Haltung allerdings nicht gegen den Einfluss der zentralen Parteiführung und des Reichsführers SS durchsetzen. Am 20. August 1942 wurde Otto Georg Thierack, in dem Himmler

---

106 Schreiben des Generalstaatsanwalts in Posen an den RJM betr. »Bearbeitung von Abtreibungs- und Sittlichkeitsdelikten unter Polen«, gez. Drendel, 13. April 1942, BArch, R 3001/20849, Bl. 461.
107 Schreiben des Leiters der Partei-Kanzlei an den RJM betr. »Strafverfolgung von Abtreibungs- und Sittlichkeitsdelikten in den eingegliederten Ostgebieten«, gez. M. Bormann, 3. Juni 1942, BArch, R 3001/20849, Bl. 464–468.
108 Schreiben des RJM an den Leiter der Partei-Kanzlei betr. »Strafverfolgung von Abtreibungs- und Sittlichkeitsdelikten in den eingegliederten Ostgebieten«, 30. Juni 1942, BArch, R 3001/20849, Bl. 469f.
109 In seiner Anfrage an den RMdI bat Schlegelberger zudem um einen Abdruck des vom RFSS am 11. März ausgegebenen Erlasses; Schreiben des RJM an den RMdI betr. »Strafverfolgung von Abtreibungs- und Sittlichkeitsdelikten in den eingegliederten Ostgebieten«, 30. Juni 1942, BArch, R 3001/20849, Bl. 470.

einen Unterstützer seiner Politik sah, als Reichsjustizminister eingesetzt.[110] Dieser informierte Ende September die Staatsanwaltschaften über den Erlass des RFSS und forderte sie auf, alle bezüglich Abtreibungen und Sittlichkeitsverbrechen eingehenden Anzeigen und laufende Ermittlungsvorgänge an die Kriminalpolizei abzugeben.[111] Mittels der Polizeierlasse war es Himmler somit in dieser Frage gelungen, durch Aushöhlung der Polenstrafrechtsverordnung den eigenen Machtbereich auf Kosten der Justiz auszuweiten und somit einen weiteren Schritt in Richtung eines polizeilichen Sonderstrafrechts für »Fremdvölkische« zurückzulegen.[112] Abtreibungen waren damit zwar rechtlich nicht freigegeben, blieben jedoch straffrei beziehungsweise wurden von Staatsanwaltschaft und Polizei gar nicht erst verfolgt, sofern sie volkstumspolitisch erwünscht waren.[113] Wie schon die Polenstrafrechtsverordnung waren diese Erlasse zwar vor dem Hintergrund des »Volkstumskampfs« in den eingegliederten Ostgebieten konzipiert worden, galten im Wesentlichen aber ebenso für Polen und Polinnen im Altreich.

110 Zum neuen Reichsjustizminister Dr. Georg (Otto) Thierack siehe Schädler, »Justizkrise« und »Justizreform« im Nationalsozialismus, S. 69–99.
111 Übersendung des Runderlasses des RFSS betr. »Bearbeitung von Abtreibungs- und Sittlichkeitsdelikten unter Polen« vom 11. März 1942 durch den RJM an die Generalstaatsanwälte, 29. September 1942, BArch, R 3001/20849, Bl. 474.
112 Majer, »Fremdvölkische« im Dritten Reich, S. 793–826.
113 Die Umwandererzentralstelle in Posen hatte radikalere Pläne und schlug vor, durch gezielte Zwangsverpflichtung schwangerer polnischer Frauen »auf biologischem Wege eine Verminderung der Slawen« herbeizuführen. Zu diesem Zweck sei »gleich ob im Altreich oder Warthegau, jede polnische schwangere Person bis zum achteinhalbten Monat zum vollen Arbeitseinsatz heranzuziehen. Die daraus möglicherweise entstehende Schwangerschaftsunterbrechung und Störung sind nicht nur gewollt, sondern werden auch erwartet und bringen neben der erzieherischen Auswirkung auch eine Erleichterung für kommende Aufgaben mit sich. Die härteste Beeinflussung eines Geschehens ist nach den ehernen Gesetzen der Natur immer die humanste. In diesem Falle ist die unauffälligste und wirkungsvollste Niederhaltung des polnischen Volkstums die Nachwuchsbeschränkung.« Lagebericht der Umwandererzentralstelle in Posen für die Zeit vom 6. Mai bis zum 30. Juni 1942, zitiert nach Bock, Zwangssterilisation im Nationalsozialismus, S. 445. Der Regierungspräsident in Zichenau, Paul Dargel, war generell gegen eine Bestrafung polnischer Hebammen wegen Abtreibung bei Polinnen, nutzte entsprechende Fälle aber, um den Hebammen die Berufsausübung zu verbieten und so die Geburtenhäufigkeit zu senken: »Wenn ich also die Abtreibung zum Anlaß nehme, der polnischen Hebamme ihre Berufsausübung als Hebamme zu verbieten, so ist das für mich nur ein billiger Vorwand für meine politischen Zwecke. Wenn sich diese ehemalige Hebamme dann weiterhin als weise Frau betätigt und dabei gegen den § 218 des RStGB. verstößt, so habe ich dagegen keine politischen Bedenken, solange sie ihre Kunst nicht etwa bei deutschen Frauen versucht.« Schreiben des Regierungspräsidenten in Zichenau an Generalstaatsanwalt Dr. Vollmer, 15. Juli 1942, BArch, R 3001/20849, Bl. 463.

Auch in den besetzten Gebieten im Osten sollten Schwangerschaftsabbrüche bei »fremdvölkischen« Frauen gefördert werden. So beschwerte sich Conti im Frühjahr 1942 bei Himmler über die polnischen Gerichte im Generalgouvernement, die Abtreibungen bei Polinnen »bewusst aus völkischer Absicht heraus« mit Höchststrafen belegen würden, und forderte, diese Fälle der polnischen Justiz zu entziehen.[114] Der RFSS beauftragte den HSSPF Ost in Krakau, dem die dortige Gerichtsbarkeit unterlag, in diesem Sinne mit dem Generalgouverneur zu sprechen, da grundsätzlich kein Interesse am Schutz der »Weitergabe des polnischen Blutes« bestehe.[115]

Für die übrigen besetzten Gebiete lagen seitens des zuständigen Ostministeriums bis Frühjahr 1944 keine einheitlichen Weisungen vor. Im Mai 1944 erkundigte sich der Reichsminister für die besetzten Ostgebiete bei den Reichskommissaren für die Ukraine, das Ostland und Weißruthenien, ob und wie die deutschen und landeseigenen Gerichte Abtreibungen bei der nicht-deutschen Bevölkerung bestrafen und ob gegebenenfalls eine »Einflussnahme« von deutscher Seite nötig erscheine.[116] Die Besatzungsverwaltung im Reichskommissariat Ukraine hatte bereits im April 1942 die Staatsanwaltschaften bei den deutschen Gerichten angewiesen, bei Abtreibungsfällen dann von einer Strafverfolgung abzusehen, wenn die betroffene Frau dem »nichtdeutschen Teil der einheimischen Bevölkerung angehört«.[117] »Gewerbsmäßige Abtreiber und Abtreiberinnen« sollten ebenfalls nicht strafrechtlich verfolgt werden, sondern als »asoziale und arbeitsscheue Elemente« in Zwangsarbeiter:innenlagern einer »produktiven Beschäftigung zugeführt werden«.[118] Aus Minsk wurde zurückgemeldet, deutsche Gerichte würden Abtreibungsfällen an Landeseinwohnern nicht nachgehen, gewerbsmäßige Abtreibung und Kindstötung hingegen »mit Rücksicht auf die Gefahr ihrer Ausdehnung

---

114 Schreiben des Reichsgesundheitsführers an den RFSS betr. »Abtreibung bei Polinnen«, 9. März 1942, BArch, R 1501/3806.
115 Schreiben des RFSS an den HSSPF Ost betr. »Straffreiheit für Abtreibungen bei Polinnen«, 21. März 1942, BArch, NS 19/3438, Bl. 2 sowie Antwort des RFSS an den Reichsgesundheitsführer betr. »Abtreibung bei Polinnen«, 21. März 1942, BArch, R 1501/3806.
116 Schreiben des RMO an die Reichskommissare für die Ukraine, Weißruthenien und das Ostland betr. »Bestrafung der Abtreibung«, i. A. Dr. Wilhelmi, 18. Mai 1944, BArch, R 6/398, Bl. 2 f. Durch »Feindeinwirkung« waren die betreffenden Unterlagen im RMO verloren gegangen.
117 Erlass des Reichskommissars für die Ukraine an die Generalkommissare betr. »Zulässigkeit der Abtreibung«, i. V. Dargel, 23. April 1942, BArch, R 6/398, Bl. 1; Schreiben des Reichskommissars für die Ukraine an die Staatsanwaltschaften bei den deutschen Gerichten in Brest-Litowsk, Kiew, Shitomir, Nikolajew, Dnjepropetrowsk betr. »Zulässigkeit der Abtreibung«, i. V. Dr. Vollmer, 25. April 1942, BArch, R 6/398, Bl. 1.
118 Schreiben des Reichskommissars für die Ukraine an den Staatsanwalt beim deutschen Gericht in Nikolajew, i. V. Dr. Vollmer, 3. Juli 1942, BArch, R 6/398, Bl. 1.

auf Deutsche« bestrafen.[119] Weil die deutschen Strafverfolgungsbehörden weder entsprechende Anzeigen weiterleiten noch Anklage erheben würden, würden die meisten Abtreibungsfälle den einheimischen Gerichten gar nicht erst bekannt.[120] Für die Generalbezirke Estland, Lettland und Litauen entschied man sich im RMO dafür, »die einschlägige Gesetzgebung der landeseigenen Verwaltung zu überlassen«.[121] Abtreibungen an deutschen Frauen blieben selbstverständlich in jedem Fall strafbar. Dabei bezog sich der Chef des Führungsstabes Politik explizit auf eine private Mitteilung Bormanns an den Reichsminister für die besetzten Ostgebiete aus dem Sommer 1942, laut der »es nicht dem Willen des Führers« entspreche, »angesichts des großen Geburtenüberschusses der slawischen Völker dort die Abtreibung unter Einheimischen irgendwie unter Strafe zu stellen«.[122]

Neben der Erleichterung des Schwangerschaftsabbruchs bei »fremdvölkischen« Frauen hatte sich Hitler außerdem für einen »schwungvollen Handel mit Verhütungsmitteln« ausgesprochen.[123] Reichsleiter Bormann, der Reichsgesundheitsführer sowie der RFSS planten daher ab Herbst 1942 den massenhaften Einsatz solcher Mittel »zur Verminderung des bevölkerungspolitischen Überdrucks aus dem Osten«.[124] Das seit Anfang 1941 geltende generelle Herstellungsverbot[125] für Empfängnisverhütungsmittel sollte gelockert und ein ausschließlich

119 Schreiben des Generalkommissars in Minsk an den RMO betr. »Bestrafung der Abtreibung«, 8. Juni 1944, BArch, R 6/398, Bl. 6.
120 Es ließe sich jedoch nicht vermeiden, dass einzelne Fälle von den einheimischen Polizeidienststellen direkt an die einheimischen Gerichte weitergeleitet und von diesen geahndet würden. In der Übersetzung des Reichsstrafgesetzbuchs sei allerdings die alte, mildere Fassung des § 218 aufgenommen worden, nicht seine Verschärfung aufgrund der »Verordnung zum Schutz von Ehe, Familie und Mutterschaft« vom 9. März 1943 (Reichsgesetzblatt I 1943, S. 140 f.).
121 Schreiben des Chefs des Führungsstabes Politik im RMO an die Abteilung II 5, 20. Juni 1944, BArch, R 6/398, Bl. 5.
122 Schreiben des Chefs des Führungsstabes Politik im RMO an die Abteilung II 5, 20. Juni 1944, BArch, R 6/398, Bl. 5.
123 »Bei dem Kinderreichtum der einheimischen Bevölkerung könne es uns nur recht sein, wenn so viel wie möglich abgetrieben würde. Man müsse daher einen schwungvollen Handel mit Verhütungsmitteln nicht nur zulassen, sondern geradezu fördern«; zitiert nach Henry Picker, Hitlers Tischgespräche im Führerhauptquartier, Stuttgart 1976, S. 247.
124 Schreiben Contis an den RFSS, 9. November 1942, BArch, NS 19/1886, Bl. 1-3; Schreiben Contis an den RFSS, 15. Dezember 1942, BArch, NS 19/1886, Bl. 2; das Zitat befindet sich im Schreiben Walter Tießlers an Pg. Anger (beide Partei-Kanzlei) betr. »Chemische Mittel zur Verhütung von Schwangerschaften«, 7. Januar 1943, BArch, NS 18/653, Bl. 1. Tießler erkundigte sich im Auftrag des Propagandaministeriums bei der Partei-Kanzlei, da Goebbels nun auch Interesse daran bekundet hatte, die Ausfuhr chemischer Empfängnisverhütungsmittel zuzulassen.
125 »Polizeiverordnung über Verfahren, Mittel und Gegenstände zur Unterbrechung und Verhütung von Schwangerschaften«, 21. Januar 1941, Reichsgesetzblatt I 1941, S. 63.

für den Einsatz in den besetzten Ostgebieten vorgesehenes chemisches Präparat entwickelt werden – Kondome kamen aufgrund begrenzter Gummivorräte nicht in Frage. Zwei Verordnungsentwürfe Himmlers, laut dem die empfängnisverhütenden Mittel Patentex und Semori wieder zur Ausfuhr zugelassen werden sollten, scheiterten zunächst offenbar jedoch am Einspruch des Reichsinnenministeriums.[126] Ob später chemische Empfängnisverhütungsmittel massenhaft für den Einsatz im Osten exportiert wurden, ist nicht bekannt.

1.2.3 »Eindeutschung« »gutrassiger« Kinder

Das Gegenstück der in den Ostgebieten erprobten volkstumspolitischen Maßnahmen zur Verminderung »rassisch unerwünschter« polnischer Geburten stellten die Bestrebungen der deutschen Besatzer dar, »gutrassige« Kinder in polnischen Waisenhäusern, Kinderheimen und Familien aufzuspüren und mit dem Ziel ihrer »Eindeutschung« zu entführen. Bereits im Herbst 1939 wurden im RPA mit Bezug auf die Umsiedlungspläne im Osten Überlegungen zur »Sonderbehandlung rassisch wertvoller Kinder« angestellt:

> Hier aber muss versucht werden, rassisch wertvolle Kinder von der Umsiedlung auszunehmen und sie im Altreich in geeigneten Erziehungsanstalten etwa nach Art des früheren Potsdamer Militärwaisenhauses oder in deutscher Familienpflege zu erziehen.[127]

Hierfür sollten lediglich Kinder unter zehn Jahren in Betracht kommen, da nur bei diesen eine »echte Umvolkung« und »endgültige Eindeutschung« möglich sei. Der Kontakt zu ihren polnischen Angehörigen müsse vollständig unterbunden werden, sie sollten deutsche Namen und einen entsprechenden Abstammungsnachweis erhalten. In seiner Denkschrift »Einige Gedanken über die Behandlung der Fremdvölkischen im Osten« vom 28. Mai 1940 beschrieb Himmler seine Vorstellung einer jährlich durchzuführenden »Sichtung und Siebung« aller sechs- bis zehnjährigen Kinder im Generalgouvernement auf der Su-

---

126 Die Partei-Kanzlei beabsichtigte Anfang 1943, erneut Erkundigungen über den aktuellen Stand der Verhandlungen in dieser Frage beim RFSS und RMdI einzuholen; Schreiben Walter Tießlers (Partei-Kanzlei) an die Abteilung Pro VS im Reichsministerium für Volksaufklärung und Propaganda betr. »Chemische Mittel zur Verhütung von Schwangerschaften«, 9. Januar 1943, BArch, NS 18/653, Bl. 2.
127 Denkschrift des Rassenpolitischen Amtes der NSDAP über »Die Frage der Behandlung der Bevölkerung der ehemaligen polnischen Gebiete nach rassenpolitischen Gesichtspunkten«, 25. November 1939, BArch, NS 2/56, Bl. 243–257.

che nach »blutlich Wertvollen und Nichtwertvollen«.[128] Geeignete Kinder seien nach Deutschland zu verbringen und dort zu erziehen. Weigerten sich die Eltern, mitzukommen und »loyale Staatsbürger« zu werden, müsse man ihnen die Kinder zwangsweise abnehmen:

> Sie werden dann wahrscheinlich keine Kinder mehr zeugen, sodass die Gefahr, dass dieses Untermenschenvolk des Ostens durch solche Menschen guten Blutes eine für uns gefährliche da ebenbürtige Führerschicht erhält, erlischt.[129]

Während des Krieges wurden Zehntausende Kinder nicht nur aus dem besetzten Polen, sondern auch aus Böhmen und Mähren, Weißrussland, der Ukraine und Slowenien sowie, wenn auch in geringerem Umfang, aus dem besetzten Westeuropa entführt und zwangsweise germanisiert.[130]

Die Jagd nach Kindern mit »wertvollem Blut« nahm ihren Ausgang im Warthegau. Die Initiative ging dabei zunächst nicht von Himmler in seiner Funktion als Reichskommissar für die Festigung deutschen Volkstums (RKF) und den entsprechenden Stellen der SS aus, sondern von Beamt:innen vor Ort, die sich nach der Eingliederung der polnischen Gebiete mit Fragen der zukünftigen polnischen Fürsorge beschäftigten. In Litzmannstadt wurden die ersten Erfahrungen mit der rassischen Überprüfung polnischer Jungen und Mädchen bereits im Jahr 1940 gesammelt.[131] Nach Beseitigung der zuständigen polnischen Dienststellen fand die deutsche Fürsorge in den fünfzehn Kinderheimen in Litzmannstadt insgesamt 1.131 Kinder vor, wovon wider Erwarten der deutschen Verwaltung nur 105 deutscher Abstammung waren.[132] Von deutscher Seite wurde nun behauptet, dass deutschstämmige Kinder von der polnischen Fürsorge grundsätzlich »zum Zwecke der Polonisierung«[133] in polnischen Heimen und Pflegefamilien untergebracht worden seien. Laut der Fürsorgerin Genz aus Litzmannstadt sei die polnische Bevölkerung

> nun eifrig bemüht, die in Heimen untergebrachten Kinder bei den Eltern, Verwandten und Bekannten usw. unterzubringen, um sie dem »deutschen Einfluss und Germanisierung« zu entziehen. Es liegt natürlich nahe, dass man die

128 Denkschrift des RFSS: »Einige Gedanken über die Behandlung der Fremdvölkischen im Osten«, 28. Mai 1940, BArch, NS 48/29.
129 Denkschrift des RFSS: »Einige Gedanken über die Behandlung der Fremdvölkischen im Osten«, 28. Mai 1940, BArch, NS 48/29.
130 Heinemann, »Until the Last Drop of Good Blood«.
131 Zum »Pilotprojekt« in Litzmannstadt siehe Hopfer, Geraubte Identität, S. 78–86.
132 Hopfer, Geraubte Identität, S. 79.
133 Schreiben des Oberbürgermeisters Litzmannstadt an Regierungsrat Coulon, 11. Juni 1941, APP, 53/299/0/1.28/1137, Bl. 19 f.

rassisch wertvollen und erbgesunden Kinder auf diese Weise unter polnischen Einfluss behält, während man uns die kränklichen und asozialen Geschöpfe überlässt.[134]

Da laufend Kinder aus den Heimen verschwinden würden, empfahl Genz die möglichst baldige Untersuchung aller Waisenkinder auf »Erbgesundheit und Rassewert« sowie die Unterbringung der »wertvollen« Kinder in einem besonderen Heim zur anschließenden Vermittlung in deutsche Pflegefamilien. Für ein solches Vorgehen setzte sich insbesondere Obermedizinalrat Dr. Herbert Grohmann,[135] Leiter der Abteilung Erb- und Rassenpflege des Gesundheitsamts Litzmannstadt, ein. Noch bevor dazu offizielle Anweisungen vorlagen, unterzog er im Herbst 1940 mit Unterstützung der Stadtverwaltung alle städtischen Pflegekinder einer ersten »Grobauslese«.[136] Die Untersuchungsergebnisse schienen die Befürchtungen der deutschen Rassenideologen zu bestätigen: Das von den polnischen Behörden in polnische Familienpflege vermittelte »Kindermaterial« sei »in rassischer Hinsicht bedeutend besser als das in deutscher Familienpflege befindliche«. So seien von den 292 bisher untersuchten Pflegekindern 110 zur »versuchsweisen Eindeutschung« empfohlen, 35 Kinder dagegen nach nochmaliger eingehender Überprüfung« als judenverdächtig dem Judenältesten von Litzmannstadt« übergeben worden. Außerdem habe man

Kinder aus deutscher Familienpflege, die aufgrund ihres Erscheinungsbildes als ausgesprochen minderwertig und somit als nicht eindeutschungswürdig anzusehen waren, [...] aus den deutschen Pflegestellen herausgenommen und in polnische Pflege gegeben.

Nachdem die Pflegekinder in Litzmannstadt vom Gesundheitsamt gemäß ihrem Aussehen bewertet, aus ihren Pflegefamilien herausgenommen und neu verteilt worden waren, sei dem Jugendamt nahegelegt worden, Kinder künftig von vornherein »nach rassischen Gesichtspunkten« entweder deutschen oder »fremdvölkischen« Pflegestellen zuzuweisen.

Grohmann und Stadtrat Lindner von der Stadtverwaltung Litzmannstadt stellten im September 1940 das zu diesem Zeitpunkt bereits in Einzelfällen erprobte

---

134 Fürsorgerin Genz betr. »Pflegekinderwesen«, 5. Mai 1940, APP, 53/299/0/1.28/1137, Bl. 2–4.
135 Der Erbbiologe Grohmann war seit 1937 Mitarbeiter im Rasse- und Siedlungshauptamt der SS und trat im September 1939 seinen Dienst im Litzmannstädter Gesundheitsamt an. Drei Jahre später erreichte er in der SS den Rang des Sturmbannführers; Ernst Klee, Das Personenlexikon zum Dritten Reich. Wer war was vor und nach 1945, Frankfurt a. M. 2003, S. 202.
136 Hier und im Folgenden Verwaltungsbericht der »Abteilung Erb- und Rassenpflege« für September 1939 bis September 1941, 15. Dezember 1941, BArch, NS 48/29. Bl. 163 f.

Verfahren auf einer Besprechung über die Jugendwohlfahrt im Warthegau vor.[137] Aufgrund des Ausbleibens offizieller Weisungen hätten sie in dieser Frage »auf eigene Verantwortung nach pflichtgemässem Ermessen handeln« müssen. Regierungsrat Dr. Karl-Albert Coulon, Leiter des Gauvolkstumsamtes beim Reichsstatthalter in Posen, sprach sich deutlich gegen dieses eigenmächtige Vorgehen aus und betonte die endgültige Weisungsbefugnis des RFSS. Grohmann zeigte sich davon jedoch wenig beeindruckt und sandte im Oktober einen Bericht an die Reichsstatthalterei in Posen, in dem er ausführlich seine Vorstellungen einer künftigen polnischen Jugendfürsorge schilderte.[138] Da »in weit grösserem Maße deutsches Blut in das polnische Volk eingeströmt« sei, »als wir es uns bisher vorgestellt haben«, müsse sich die Jugendfürsorge unbedingt an »rassenpolitischen Gesichtspunkten« orientieren und den unter ihrer Aufsicht stehenden »rassisch wertvollen Teil der polnischen Jugend« möglichst bald eindeutschen. Grundsätzlich seien gesunde und »rassisch wertvolle« polnische Kleinkinder nur noch in deutschen Heimen oder Pflegefamilien unterzubringen. Dies sei praktisch gut umzusetzen, da es in der deutschen Bevölkerung eine große ungedeckte Nachfrage nach Pflegekindern gebe und besonders junge Kinder leicht einzudeutschen seien.

Tatsächlich begannen immer mehr Ehepaare aus dem Altreich, die bislang vergeblich auf ein Pflegekind gewartet hatten, sich direkt an verschiedene Dienststellen im Warthegau zu wenden, um schneller ein Kind zu erhalten.[139] Eine offizielle Regelung in dieser Frage blieb jedoch zunächst aus, die Regierungsstellen in Posen warteten weiterhin auf entsprechende Weisungen aus Berlin. Noch im Juni 1941 wandte sich der Oberbürgermeister Litzmannstadts an den Volkstumsreferenten Coulon mit der dringenden Bitte um eine persönliche Stellungnahme, da trotz wiederholter Vorträge und Berichte Grohmanns sowie des Fürsorge- und Jugendamtes Litzmannstadt bislang keine »grundsätzliche Stellungnahme der massgebenden Stellen zu dieser doch recht wichtigen Frage« ergangen sei.[140] Dabei könne die Einrichtung einer »geschlossenen Anstalt für polnische rückdeutschungsfähige Kinder« zeitnah realisiert werden.

Just eine knappe Woche zuvor hatte Himmler für einige Tage den Warthegau besucht und sich dem Reichsstatthalter Greiser gegenüber für die probeweise Errichtung eben solcher Heime ausgesprochen:

---

137 Niederschrift über die Besprechung über vorläufige Handhabung der öffentlichen Jugendwohlfahrt im Reichsgau Wartheland, 6. September 1940, APP, 53/299/0/1.28/1137, Bl. 7–10.
138 Bericht Grohmanns betr. »Rassenpolitische Bemerkungen zur Frage einer polnischen Jugendfürsorge«, 15. Oktober 1940, APP, 53/299/0/1.28/1137, Bl. 12–16.
139 Hopfer, Geraubte Identität, S. 83 f.
140 Schreiben des Oberbürgermeisters Litzmannstadt an Regierungsrat Coulon, 11. Juni 1941, APP, 53/299/0/1.28/1137, Bl. 19 f.

Ich darf die Anregung, die ich kürzlich mündlich gegeben habe, schriftlich wiederholen. [...] Ich halte es für richtig, wenn besonders gutrassige kleine Kinder polnischer Familien zusammengeholt und von uns in besonderen, nicht zu großen Kinderhorten und Kinderheimen erzogen würden. Das Wegholen der Kinder müßte mit gesundheitlicher Gefährdung begründet werden.[141]

Während »Kinder, die nicht einschlagen«, ihren Eltern zurückzugeben seien, müssten die übrigen nach einem Jahr zur weiteren Erziehung in »kinderlose gutrassige Familien« gegeben werden. Greiser solle zunächst »zwei oder drei« solcher Heime einrichten, »um Erfahrungen zu sammeln«. Auch wenn diese »Anregung« Himmlers noch nicht die erwartete einheitliche Regelung darstellte, gab sie dennoch den Startschuss zur »Eindeutschung« polnischer Waisenkinder im Warthegau. Bereits im August 1941 betreute die Gauselbstverwaltung in Posen rund dreihundert »eindeutschungsfähige« Kinder.[142] Demgemäß wurde das Verfahren bei der rechtlichen Behandlung unehelicher polnischer Kinder einkalkuliert. Schon im Erlass Greisers zur »Rechtsstellung der Kinder von Schutzangehörigen, insbesondere der unehelichen Kinder« vom 19. Juli 1941 ermöglichte eine entsprechende Klausel, »eindeutschungsfähige« Kinder von der im Erlass festgeschriebenen Schlechterstellung auszunehmen. So konnten die Landräte und Oberbürgermeister im Einzelfall die Anwendung des RJWG auf polnische Kinder anordnen, sofern »die rassisch biologische Zweckmässigkeit von Maßnahmen der öffentlichen Jugendhilfe durch eine Unbedenklichkeitsbescheinigung des Gesundheitsamtes bestätigt wird«.[143] In diesen Fällen sah der Erlass die Unterbringung der Kinder in deutschen Familien im Altreich vor. Eine einheitliche Regelung aus Berlin war jetzt nur noch eine Frage der Zeit.

In den folgenden Monaten wurde das weitere Vorgehen zwischen Vertretern des RKF, des Reichsstatthalters sowie des RMdI ausgehandelt. Involviert waren auch Obermedizinalrat Grohmann und Stadtrat Lindner, an deren Erfahrungen aus Litzmannstadt man offenbar vor allem im RMdI interessiert war. Während einer Besprechung im Innenministerium am 18. November 1941 einigte man sich auf einen dreistufigen Plan:[144] So sollten zunächst nur die in den städtischen Kin-

141 Schreiben des RFSS an den Reichsstatthalter im Warthegau, 18. Juni 1941, BArch, NS 19/2621, Bl. 42; siehe auch Witte; Wildt; Voigt; Pohl; Klein; Gerlach; Dieckmann; Angrick, Der Dienstkalender Heinrich Himmlers, S. 166.
142 Hopfer, Geraubte Identität, S. 85.
143 Erlass des Reichsstatthalters im Warthegau betr. »Jugendwohlfahrt (Jugendhilfe), hier Rechtsstellung der Kinder von Schutzangehörigen, insbesondere der unehelichen Kinder«, 19. Juli 1941, APP, 53/299/0/2.1/1888, Bl. 504–510.
144 Dienstreisebericht über die vom RMdI. auf 18. November 1941 im Reichsministerium des Innern angesetzte Besprechung über Eindeutschung polnischer Waisenkinder, 21. November 1941, APP, 53/299/0/1.28/1137, Bl. 60–62.

derheimen in Posen und Litzmannstadt sowie die in Familienpflege untergebrachten polnischen Kinder »eingedeutscht« werden. Danach sollte das Verfahren auf Kinder mit »eindeutschungsfähigen« Eltern bzw. Elternteilen ausgeweitet werden, bei denen sich die Mutter beispielsweise »wegen Arbeitsleistung« nicht um sie kümmern könne. In einem letzten Schritt sollten »rassisch gute« Kinder auch »nicht eindeutschungsfähigen« Familien abgenommen werden – zunächst jedoch nur »versuchsweise in Einzelfällen«. Zur Überprüfung der Kinder sei die Gauselbstverwaltung mit der Einrichtung von Sammelheimen zu beauftragen. Anhand dieser Grundsätze planten die Vertreter des RMdI, allgemeine Richtlinien auszuarbeiten und dem Reichsstatthalter einen entsprechenden Entwurf zukommen zu lassen. Greiser jedoch hielt offenbar wenig von der Zusammenarbeit mit dem RMdI. So vermerkte er handschriftlich am Ende des Protokolls: »Sehr interessant, aber nichts Neues, absolut bekannte Richtlinien, geht ausserdem RMdI nichts an, schade um Arbeitszeit, Aufwand u. Reisekosten.«[145] Der RFSS wiederum machte bei einer weiteren Besprechung, zu der er Mitte Dezember Vertreter des RMdI, des RuSHA, der NSV, der Gauselbstverwaltung, der Inspektion der Heimschulen sowie des Lebensborn e. V.[146] geladen hatte, dem Reichsinnenministerium gegenüber seinen Anspruch auf die »Federführung in der Angelegenheit« geltend.[147]

Am 19. Februar 1942 schließlich erließ das Stabshauptamt des RKF die lang erwartete einheitliche Anordnung zur »Eindeutschung« polnischer Kinder.[148] Begründet wurde die Aktion damit, dass angeblich »die Polen ehedem systematisch alle Waisenkinder, die von volksdeutschen Eltern stammen, als ›Findelkinder‹ in polnische Waisenhäuser oder in polnische Pflegeelternstellen gebracht haben«. Da die Kinder polnische Namen bekommen hätten und keine Unterlagen zu ihrer Abstammung vorhanden seien, müsse man sie einem »rassischen und psychologischen Ausleseverfahren« unterziehen, damit »wertvolle Bluts-

---

145 Dienstreisebericht über die vom RMdI. auf 18. November 1941 im Reichsministerium des Innern angesetzte Besprechung über Eindeutschung polnischer Waisenkinder, 21. November 1941, APP, 53/299/0/1.28/1137, Bl. 62.
146 Zur SS-Organisation Lebensborn e. V. siehe Georg Lilienthal, Der »Lebensborn e. V.«. Ein Instrument nationalsozialistischer Rassenpolitik, Stuttgart 1985; Volker Koop, »Dem Führer ein Kind schenken«. Die SS-Organisation Lebensborn e.V., Köln 2007.
147 Aktenvermerk des Referats II/D beim Reichsstatthalter im Warthegau betr. »Eindeutschung polnischer Waisenkinder«, 19. Januar 1942, APP, 53/299/0/1.28/1137, Bl. 64; siehe auch Schreiben des Chefs des Rasse- und Siedlungshauptamtes der SS, SS-Gruppenführer Hoffmann, an den Persönlichen Stab RFSS, SS-Obersturmbannführer Dr. Brandt, betr. »Betreuung der minderjährigen eindeutschungsfähigen Polen«, 14. April 1942, BArch, NS 2/58, Bl. 95.
148 Hier und im Folgenden Erlass des RKF betr. »Eindeutschung von Kindern aus polnischen Familien und aus ehedem polnischen Waisenhäusern«, gez. Greifelt, 19. Februar 1942, BArch, NS 48/29.

träger« identifiziert und »dem Deutschtum wieder zugeführt werden können«. Der Ablauf gestaltete sich folgendermaßen: Zunächst sollten die Waisenkinder von den Jugendämtern erfasst, über die Reichsstatthalterei der Außenstelle des RuSHA in Litzmannstadt zur rassischen Überprüfung gemeldet und die dort als »eindeutschungsfähig« erklärten Kinder von den staatlichen Gesundheitsämtern gesundheitlich untersucht werden. Der Reichsstatthalter konnte daraufhin die Überweisung der in Frage kommenden Kinder in das Gaukinderheim in Brockau zur sechswöchigen psychologischen und charakterlichen Beurteilung veranlassen. Die gesamten Untersuchungsergebnisse mussten dann dem Beauftragten des RKF in Posen übermittelt werden, nach dessen Zustimmung die Kinder im Alter von zwei bis sechs Jahren in Heimen des »Lebensborn e. V.« untergebracht und von dort »in kinderlose Familien von SS-Angehörigen mit dem Ziele einer späteren Adoption« vermittelt werden sollten. Für ältere Kinder bis zwölf Jahren waren die Erziehung in speziellen Heimschulen und bei »positivem Ergebnis« die Unterbringung in »ländlichen Pflegestellen des Altreiches« vorgesehen.

Zunächst sollten alle Kinder in polnischen Waisenhäusern auf diese Weise »durchschleust und untergebracht« werden, anschließend Kinder polnischer Pflegeeltern. Um diese nicht zu beunruhigen, sei ihnen gegenüber »tunlichst zum Ausdruck zu bringen, dass die Kinder auf Schulfreiplätzen, bezw. in Erholungsheimen untergebracht würden«. Auf der anderen Seite wurde betont, die Pflegekinder »eindeutschungsfähiger« Familien dürften diesen nicht weggenommen werden. Ein entsprechender Erlass des RMdI an die Jugend- und Gesundheitsämter erging am 11. März 1942.[149] Damit war die »Eindeutschung« polnischer Kinder endgültig vom RKF beschlossen und geregelt worden, Himmler hatte seine Vertreter als wesentliche Entscheidungsinstanzen in das Verfahren eingeschaltet. Die Gesundheitsämter, die insbesondere in Litzmannstadt bisher weitreichende Vorarbeit geleistet und auf eigene Initiative »rassische Überprüfungen« durchgeführt hatten, waren nunmehr lediglich für die Untersuchung der Jungen und Mädchen im Hinblick auf »erbgesundheitliche oder gesundheitliche Bedenken« zuständig.

Das Verfahren der systematischen Überprüfung, Wegnahme und zwangsweisen »Eindeutschung« vermeintlich »gutrassischer« Kinder wurde nicht nur in den eingegliederten Gebieten Westpolens, sondern ebenso im Generalgouvernement, im Protektorat Böhmen und Mähren, den besetzten Gebieten der Sowjetunion und Südosteuropas sowie, wenn auch in geringerem Umfang, in Westeuropa umgesetzt. Im September 1942 legte der Reichsführer SS in einer richtungsweisenden Rede vor SS- und Polizeiführern in der besetzten Ukraine das grundlegende Ziel dieser Politik dar:

---

149 Erlass des RMdI betr. »Eindeutschung von Kindern aus polnischen Familien und aus früher polnischen Waisenhäusern«, gez. Cropp, 11. März 1942, APP, 53/299/0/1.28/1137, Bl. 67 f.

»Bei all den Völkern, die wir vor uns haben, da wird alles, was in diesem Mischmasch, ob Pole, Ukrainer, Weißrusse usw.-, an gutem Blut in diesem Riesenorganismus, wenn ich das Volk als Gesamtorganismus nehme, jeder herausdestillierte reine Blutstropfen herübergenommen oder, wenn er sich nicht mehr herübernehmen lässt, ausgelöscht.«[150]

Einen Monat zuvor hatte Himmler den vormaligen Geschäftsführer des »Lebensborn e. V.«, Guntram Pflaum, beauftragt, sich um die »blutlich guten und unvermischten volksdeutschen Kinder«[151] im sowjetischen Raum zu kümmern. Dieser richtete in Bobruisk unter dem HSSPF Russland-Mitte ein Kinderheim ein, das als Pilotprojekt der SS für die »Auslese« und »Eindeutschung« deutscher und sowjetischer, insbesondere weißrussischer Kinder genutzt wurde.[152]

Besonderes Augenmerk richteten die Nationalsozialisten zudem auf die von den deutschen Besatzern in den Ostgebieten gezeugten Kinder.[153] In Russland etwa wurde die Zahl der Besatzungskinder auf Grundlage simpler Hochrechnungen auf bis zu anderthalb Millionen jährlich geschätzt. Die »rassisch wertvollen« von ihnen sollten dem Willen Himmlers zufolge ihren Müttern abgenommen und nach Deutschland gebracht, die »schlechtrassigen« indes zurückgelassen werden.[154] Im Oktober des Jahres 1943 erging ein entsprechender Führererlass »über die Betreuung der unehelichen Kinder von Deutschen in den besetzten Ostgebieten«.[155] Damit wurde die Erfassung der Kinder auf dem Land den Gebietskommissaren, in der Stadt den SS- und Polizeiführern und im Gebiet der Militärverwaltung der Wehrmacht und SS übertragen. Die genaue Zahl der von Deutschen im Osten gezeugten Kinder ist nicht bekannt, die offiziellen Registrierungen blieben allerdings weit hinter den Erwartungen zurück.[156] Nicht nur in Osteuropa, sondern auch in nord- und westeuropäischen Ländern interessierten sich die Nationalsozialisten für die von Deutschen gezeugten Kinder, wobei hier aus rassen-

---

150 Rede des RFSS vor den Teilnehmern einer SS- und Polizeiführertagung in der Feldkommandostelle »Hegewald«, Rußland-Süd, 16. September 1942, BArch, NS 19/4009, Bl. 128–178, S. 12 f.
151 Zitiert nach Christian Gerlach, Kalkulierte Morde. Die deutsche Wirtschafts- und Vernichtungspolitik in Weißrußland 1941 bis 1944, Hamburg 1999, S. 1082.
152 Gerlach, Kalkulierte Morde, S. 1082.
153 Röger, Besatzungskinder in Polen; Regina Mühlhäuser, Eroberungen. Sexuelle Gewalttaten und intime Beziehungen deutscher Soldaten in der Sowjetunion, 1941–1945, Hamburg 2010, S. 309–365; Mühlhäuser, Between Extermination and Germanization.
154 Rede des RFSS vor den Teilnehmern einer SS- und Polizeiführertagung in der Feldkommandostelle »Hegewald«, Rußland-Süd, 16. September 1942, BArch, NS 19/4009, Bl. 128–178, S. 10 f.
155 »Erlaß des Führers über die Betreuung der unehelichen Kinder von Deutschen in den besetzten Ostgebieten«, 11. Oktober 1943, BArch, R 3001/20485, Bl. 861.
156 Mühlhäuser, Between Extermination and Germanization.

ideologischen Gründen weniger die strenge »Auslese«, sondern vielmehr die Fürsorge und Betreuung »rassisch wertvoller« Mütter und ihrer Kinder durch NSV und »Lebensborn« im Vordergrund standen.[157]

Eine weitere Gruppe, die mit dem Ziel der Zwangseindeutschung einer rassischen Überprüfung unterzogen wurde, waren vermeintliche »Partisanenkinder«. Am bekanntesten ist das Beispiel der Kinder von Lidice, deren Eltern im Juni 1942 aus Rache für das Attentat auf den Reichsprotektor Reinhard Heydrich unmittelbar erschossen oder in das Konzentrationslager Ravensbrück deportiert worden waren.[158] Von den insgesamt 98 Kindern wurden 17 als »eindeutschungsfähig« eingestuft, die übrigen 81 Kinder im Vernichtungslager Chełmno ermordet. Auch Kinder von vermeintlichen »Banditen und Aufständischen« aus Oberkrain und Untersteiermark im heutigen Slowenien, die von den Deutschen inhaftiert oder ermordet worden waren, wurden einer rassischen Überprüfung unterzogen und gegebenenfalls zur »Eindeutschung« ins Altreich verschleppt.[159] Im Zuge der gewaltsamen »Germanisierung« des Kreises Zamość im Generalgouvernement wurden zudem »gutrassische« Kinder nach Deutschland gebracht, deren Eltern zwangsausgesiedelt, ermordet oder ins Konzentrationslager Majdanek deportiert worden waren.[160]

Die systematische Verschleppung »eindeutschungsfähiger« Kinder wurde im achten Nürnberger Nachfolgeprozess, dem sogenannten »RuSHA Case«, unter dem Anklagepunkt »Kidnapping of children of foreign Nationality« behandelt.[161] Der genaue Umfang dieses Programms war und ist allerdings unmöglich

---

157 Siehe beispielsweise Monika Diederichs, »Moffenkinder«: Kinder der Besatzung in den Niederlanden, in: Historical Social Research / Historische Sozialforschung 34, 2009, S. 304–320; Kåre Olsen, Vater: Deutscher. Das Schicksal der norwegischen Lebensbornkinder und ihrer Mütter von 1940 bis heute, Frankfurt a. M.; New York 2002. Für einen umfassenden Überblick über das Forschungsfeld der Besatzungskinder siehe Sabine Lee; Heide Glaesmer; Barbara Stelzl-Marx (Hg.), Children born of war. Past, present and future, London; New York 2021; Ingvill C. Mochmann; Sabine Lee; Barbara Stelzl-Marx, The Children of the Occupations Born During the Second World War and Beyond. An Overview, in: Historical Social Research 34, 2009, S. 263–282.
158 Heinemann, »Rasse, Siedlung, deutsches Blut«, S. 515 f.
159 Schreiben des RuS-Führers im Wehrkreis XVIII (Salzburg) an die VoMi betr. »Überführung der Kinder von Banditen aus Oberkrain und Untersteiermark ins Altreich«, 14. September 1942, BArch, R 59/487; siehe auch Heinemann, »Rasse, Siedlung, deutsches Blut«, S. 518–521.
160 Dabei handelte es sich laut Czesław Madajczyk um mindestens 4.500 Kinder; Czesław Madajczyk (Hg.), Zamojszczyzna, Sonderlaboratorium SS. Zbiór dokumentów polskich i niemieckich z okresu okupacji hitlerowskiej, Warszawa 1977, S. 14 f. Siehe auch Agnieszka Jaczyńska (Hg.), Sonderlaboratorium SS. Zamojszczyzna »pierwszy obszar osiedleńczy w Generalnym Gubernatorstwie«, Lublin 2012.
161 Trials of War Criminals before the Nuernberg Military Tribunals under Control Council Law No. 10, Bd. IV, Washington 1950.

zu bestimmen. Grobe Schätzungen rechnen mit etwa 20.000 Kindern aus Polen, 20.000 aus der Sowjetunion sowie 10.000 aus West- und Südosteuropa, insgesamt also mit etwa 50.000 Kindern, die mit dem Ziel der Zwangseindeutschung ins Altreich gebracht wurden.[162]

1.2.4 Abschiebung schwangerer Polinnen in die Ostgebiete

Vor dem Hintergrund der weitreichenden Bemühungen zur »Eindeutschung« des eingegliederten Westpolen kritisierten die dortigen Behörden die Abschiebung schwangerer polnischer Arbeiterinnen aus dem Altreich in eben jene Gebiete. Bei der Besprechung der Ministerialkommission in Kalisch im Oktober 1941 hatte Regierungsrat Sander angesichts der Fürsorgekosten, die den Kreisen durch die wegen Krankheit oder Schwangerschaft in den Warthegau zurückgeschickten polnischen Arbeiter:innen entstehen würden, gefordert, bei den betreffenden Stellen in Berlin zu intervenieren und »derartige Abschiebungen« zu stoppen.[163] Dass zurückkehrende schwangere Polinnen nach der Ankunft in ihrer Heimat überhaupt von der öffentlichen Fürsorge betreut werden mussten, war wiederum ein im Zuge der deutschen Siedlungspolitik selbst kreiertes Problem. So meldete das Landesarbeitsamt Posen, die meisten dieser Frauen seien vollkommen mittellos und hätten »hier durch die fortlaufende Aussiedlung keine Angehörigen mehr, sodass die Möglichkeit der Entbindung bei Verwandten nicht besteht. Sie sind regelrecht obdachlos.«[164] Selbst verheiratete Frauen, die gemeinsam mit ihrem Ehemann im selben Betrieb beschäftigt seien, würden zur Entbindung in die Heimat geschickt. Der entsprechende Erlass des RAM vom 13. August 1941 befreie die Fürsorgeverbände zwar von Entbindungs- und Krankenhauskosten, gelte nach Auffassung des Landesarbeitsamts aber nur für das Altreich. Ebenso war man im RMdI der Ansicht, die Fürsorgekosten für ausländische Arbeitskräfte dürften nur dann vom Reichsstock für den Arbeitseinsatz gedeckt werden, sofern sie noch nicht zurückbefördert worden seien. Während also die öffentliche Fürsorge im Altreich von der Kostenübernahme befreit blieb, sollten die Fürsorgeverbände im Osten auf jeden Fall für zurückkehrende Polen und Polinnen zahlen.[165] Ähnliche Probleme wie im Warthegau wurden auch aus den übrigen Ostgebieten

---

162 Heinemann, »Rasse, Siedlung, deutsches Blut«, S. 508 f.
163 Niederschrift über die Besprechungen einer Ministerialkommission über öffentliche Fürsorge und Jugendwohlfahrt in Kalisch, 22. und 23. Oktober 1941, APP, 53/299/0/2.6/2236, Bl. 52.
164 Schreiben des Landesarbeitsamts Posen an die Abteilung II D betr. »Übernahme von Entbindungskosten für aus dem Altreich zurückgeführte schwangere Polinnen«, 15. Februar 1942, APP, 53/299/0/2.5/2198, Bl. 3 f.
165 Schreiben des RMdI an den RAM betr. »Kosten der Anstalts- und Krankenhausbehandlung

gemeldet, Lösungsvorschläge von den Behörden in Berlin jedoch zurückgewiesen. So machte das RMdI in einem Schreiben an den Reichsarbeitsminister vom 9. April 1942 deutlich, der Vorschlag des Reichsstatthalters in Danzig-Westpreußen, »zum Arbeitseinsatz hereingeholte Arbeiterinnen bei Schwangerschaft im übrigen Reichsgebiet zu belassen«, sei »nicht erwünscht« und würde darüber hinaus dem Grundsatz widersprechen, die Fürsorgeverbände des »Altreichs« nicht mit solchen Kosten belasten zu wollen.[166] Die Forderungen, von der Rückverschickung abzusehen, brachen jedoch nicht ab. Auf einer Landrätekonferenz in Litzmannstadt bat Regierungspräsident Uebelhoer Anfang Juli 1942

> den Reichsstatthalter nachdrücklichst persönlich bei den Berliner zuständigen Stellen dafür einzutreten, daß im Altreich beschäftigte und dort erkrankte Polen und ebenso im Altreich beschäftigte schwangere Polinnen unter keinen Umständen weiterhin in die Ostgebiete verschickt werden; vielmehr müßten diese Arbeitskräfte des Altreichs dort verbleiben und dort auf Kosten der Krankenversicherung, der sie ja angehören, oder evtl. der öffentlichen Fürsorge behandelt werden.[167]

Ende des Monats reiste ein Vertreter des Reichsstatthalters nach Berlin, um diese Forderung im RAM und im RMdI vorzubringen.[168] Neben volkstumspolitischen Gründen führte er die Überfüllung der Krankenhäuser und Entbindungsheime sowie die übermäßige Belastung der Eisenbahn an. Kranke und Schwangere müssten oft in Anstalten untergebracht werden, da infolge der »Evakuierungen« sowie der »Verarmung und Zusammendrängung« der übrigen Bevölkerung eine Unterbringung bei Verwandten oder einer anderen polnischen Familie meist nicht möglich sei. Das bisherige Vorgehen sei für Ausländer gedacht, die ihre Heimat im Ausland haben, nicht aber für »Schutzangehörige, die innerhalb des Reichsgebietes verschoben werden«.[169]

Das Reichsarbeitsministerium schloss sich dieser Ansicht weitgehend an. Besonders bei den schwangeren Polinnen habe die Arbeitsverwaltung ein »entschiedenes Interesse am Verbleiben im Altreich«, weshalb Entbindungen »an Ort und

---

usw. für aus den eingegliederten Ostgebieten herangeholte Arbeitskräfte polnischer Volkszugehörigkeit«, 31. März 1942, APP, 53/299/0/2.5/2198, Bl. 15 f.

166 Schreiben des RMdI an den RAM betr. »Aufwand für Entbindungen ausländischer Arbeiterinnen«, 9. April 1942, APP, 53/299/0/2.5/2198, Bl. 96.

167 Dienstreisebericht über die Besprechungen in Litzmannstadt am 8. und 9. Juli 1942, 10 Juli 1942, APP, 53/299/0/2.5/2198, Bl. 31–35.

168 Dienstreisebericht über die Besprechungen im Reichsarbeitsministerium und Reichsministerium des Innern, 31. Juli 1942, APP, 53/299/0/2.5/2198, Bl. 42–47.

169 Dienstreisebericht über die Besprechungen im Reichsarbeitsministerium und Reichsministerium des Innern, 31. Juli 1942, APP, 53/299/0/2.5/2198, Bl. 42–47.

Stelle«, finanziert durch die Arbeitgeber:innen oder die öffentliche Fürsorge, ermöglicht werden müssten.[170] Der Verlust der Arbeitskraft war aus Sicht der mit dem Arbeitseinsatz befassten Behörden nicht der einzige Grund, der gegen das bisherige Vorgehen sprach. Die zunehmende Zahl der Schwangerschaften unter den ausländischen Arbeiterinnen wurde vielerorts misstrauisch beäugt und den Frauen Absicht unterstellt. Dabei wurde nicht nur die bekannte rassistische Propaganda vom »Geburtenkampf« gegen das deutsche Volk bemüht, sondern eine Schwangerschaft auch als Mittel der Frauen erkannt, sich dem Arbeitseinsatz im Reich zu entziehen. Dem Vertreter des RAM zufolge fördere der Rücktransport den »Willen zur Schwangerschaft [...] insofern als durch die Tatsache der Schwangerschaft die Frauen und Mädchen die teilweise erwünschte Rückkehr in die frühere Heimat erreichen«.[171] Dies sei anhand abgefangener Briefe in Erfahrung gebracht worden. Im Oktober 1942 verfasste der SD einen Bericht über »Arbeitssabotage«, demzufolge zahlreiche Arbeiter:innen aus dem Osten versuchen würden, durch Vortäuschen von Krankheiten oder Selbstverstümmelung wieder in ihre Heimat zu gelangen. In vielen Fällen seien zu diesem Zweck auch Schwangerschaften vorgetäuscht worden. Als Beispiel wurde ein Arbeitslager in Kiel angeführt, in dem innerhalb von zwei Monaten 120 von insgesamt 1.187 polnischen Arbeiterinnen wegen einer Schwangerschaft zurück ins Generalgouvernement geschickt worden seien:

> Da diese Entwicklung mit Bedenken und Argwohn verfolgt wurde, wurden weitere Untersuchungen angeordnet, in deren Verlauf bei 26 angeblich schwangeren Polinnen nur ein Fall von wirklicher Schwangerschaft festgestellt werden konnte. Wie sich herausgestellt hat, hatten die Polinnen es verstanden, die sie zuerst untersuchenden Betriebsärzte dadurch zu täuschen, <u>daß sie durch Einnehmen von Schwarzbrot mit Kohlensäurepräparaten Aufblähungen des Körpers hervorriefen</u>, die bei einer oberflächlichen Untersuchung <u>als Schwangerschaftserscheinung</u> diagnostiziert wurden. Auf diese Weise sind bereits viele Polinnen wegen angeblicher Schwangerschaft in das Generalgouvernement zurücktransportiert worden.[172]

Nachdem der Standpunkt des Reichsstatthalters im RAM am 31. Juli 1942 Zustimmung gefunden hatte, fand noch am Nachmittag desselben Tages eine Be-

---

170 Dienstreisebericht über die Besprechungen im Reichsarbeitsministerium und Reichsministerium des Innern, 31. Juli 1942, APP, 53/299/0/2.5/2198, Bl. 42–47.
171 Dienstreisebericht über die Besprechungen im Reichsarbeitsministerium und Reichsministerium des Innern, 31. Juli 1942, APP, 53/299/0/2.5/2198, Bl. 42–47.
172 Meldungen aus dem Reich, Nr. 330, 29. Oktober 1942, BArch, R 58/176 [Hervorhebungen im Original].

sprechung im RMdI statt.[173] Dort hatte der Regierungsvertreter aus Posen jedoch einen weitaus schwereren Stand. Vor allem eine mögliche Kostenübernahme durch die Fürsorgeträger im Altreich war dem RMdI weiterhin ein Dorn im Auge. Darüber hinaus handele es sich bei den Arbeitskräften aus dem Warthegau nur um etwa 250.000 Personen, eine Zahl, die infolge der zunehmenden Deportationen aus den besetzten Ostgebieten nicht wesentlich anwachsen werde. Nachdem das Problem jedoch »nach allen Richtungen in fürsorgerechtlicher und sozialversicherungsrechtlicher Hinsicht als auch nach der ostpolitischen, volkstumspolitischen und bevölkerungspolitischen Seite hin«[174] behandelt worden war, sprach sich Ministerialrat Ruppert vom RMdI für eine Ressortbesprechung unter Beteiligung der Reichsstatthalter der Ostgebiete, des Regierungspräsidenten von Kattowitz sowie der zuständigen Referenten des RAM und des RMdI aus. Zudem müssten der RKF, das Rassenpolitische Amt sowie die Partei-Kanzlei zu Rate gezogen werden.

Drei Wochen später lud der GBA in Übereinstimmung mit dem Reichsminister des Innern zu einer Besprechung am 17. September ein.[175] Unter dem Vorsitz des Oberregierungsrats Dr. Cossmann vom RAM fanden sich wie geplant Vertreter des RMdI, des RKF, der Partei-Kanzlei, des Rassenpolitischen Amts der NSDAP, des Reichsstatthalters in Danzig-Westpreußen sowie des Reichsstatthalters im Warthegau im Reichsarbeitsministerium ein, um über »fürsorgerechtliche Beziehungen zwischen den eingegliederten Ostgebieten und dem übrigen Reichsgebiet« zu verhandeln. Die von den Behörden des Warthegaus vorgebrachte Kritik an der bisherigen Vorgehensweise hatte somit die zentralen Stellen des Regimes in Berlin erreicht. Die Behandlung polnischer schwangerer Arbeitskräfte bildete in dieser Sitzung den zentralen Streitpunkt zwischen den maßgeblichen Institutionen des Arbeitseinsatzes, der Partei sowie der Innenverwaltung. Zur Eröffnung fasste der Vorsitzende zunächst die grundlegenden Fragen und Probleme aus Sicht der Arbeitseinsatzverwaltung zusammen.[176] Demnach bemühe sich das RAM, »beim Arbeitseinsatz alles zu vermeiden, was geeignet sei, den biologischen Stand des deutschen Volkes zu schädigen und die sog. Unterwanderung zu fördern«. Mittlerweile habe sich jedoch herausgestellt, dass die Rückführung schwangerer

---

173 Dienstreisebericht über die Besprechungen im Reichsarbeitsministerium und Reichsministerium des Innern, 31. Juli 1942, APP, 53/299/0/2.5/2198, Bl. 42–47.
174 Dienstreisebericht über die Besprechungen im Reichsarbeitsministerium und Reichsministerium des Innern, 31. Juli 1942, APP, 53/299/0/2.5/2198, Bl. 42–47.
175 Einladung des GBA betr. »Krankenhaus- usw. Kosten für ausländische Arbeitskräfte; hier: fürsorgerechtliche Beziehungen zwischen den eingegliederten Ostgebieten und dem übrigen Reichsgebiet«, gez. Hetzell, 21. August 1942, APP, 53/299/0/2.5/2198, Bl. 49 f.
176 Hier und im Folgenden: Dienstreisebericht über die Besprechungen im Reichsarbeits- und Reichsinnenministerium am 17. und 18. September 1942, 23. September 1942, APP, 53/299/0/2.5/2198, Bl. 51–62.

Arbeiterinnen »den arbeitseinsatzmäßigen Erfordernissen des Reiches« widerspreche und zudem »bei den Polinnen geradezu einen Anreiz gebildet habe, sich schwängern zu lassen«. Es müsse daher in Erwägung gezogen werden, zumindest verheiratete Polinnen vom Rücktransport auszunehmen, da bei gemeinsam im Altreich eingesetzten Familien ansonsten auch die übrigen Angehörigen die Arbeit beenden würden und somit die Arbeitskraft der gesamten Familie verloren ginge.

Im Anschluss an diese Ausführungen stellten die Vertreter des Reichsstatthalters eindrücklich die Situation im Warthegau dar. Demnach seien im Zuge der deutschen Siedlungspolitik im Osten »sämtliche polnische arbeitsfähige Kleinbauern von ihren Besitzungen verdrängt« und »mit samt ihren Familien ins Altreich überführt worden; die Nichtarbeitseinsatzfähigen seien s. Zt. ins Generalgouvernement abgeschoben worden.« Nun seien allein in den Monaten Juli und August 1942 über 500 schwangere Frauen zurückbefördert worden, darunter sowohl »ledige Mädchen, deren Eltern mit samt der Familie im Altreich zur Arbeit eingesetzt worden seien«, als auch Ehefrauen. Da sie vor Ort nun »praktisch heimatlos« seien, würden sie der Fürsorge zur Last fallen und in den überfüllten Krankenhäusern Deutschen den Platz wegnehmen. Wiederholt seien Frauen sogar »in den Räumen der Arbeitsämter« entbunden worden. Nach der Entbindung seien die Frauen oftmals gezwungen worden, ihre Kinder zurückzulassen und zur Arbeit ins Altreich zurückzukehren. Vor dem Hintergrund der geplanten Eindeutschung der Ostgebiete müsse Rücksicht auf die »besondere volkstumspolitische Gefährdung« des Warthegaus genommen werden, die schwerer wiege als die »Gefahr der Unterwanderung« im Altreich. Insgesamt würden durch die bisherige Praxis »volkstumspolitisch, arbeitseinsatzmäßig und fürsorgerechtlich völlig untragbare Verhältnisse geschaffen«.

Einem Verbleib ausländischer schwangerer Arbeiterinnen im Altreich, seien es auch nur Polinnen aus den eingegliederten Ostgebieten, trat insbesondere der Vertreter der Partei-Kanzlei entschieden entgegen. Allein die bisherige Ausnahmeregelung, nach der in der Landwirtschaft beschäftigte Frauen auf Kosten der Arbeitgeber:innen vor Ort entbinden dürften, habe bereits zur »Unterwanderung« geführt. »Fremdstämmige« Kinder bekämen deutsche Vornamen und würden zusammen mit deutschen Kindern aufwachsen. Für die Probleme im Warthegau müsse eine andere Lösung gefunden werden, beispielsweise durch die Einrichtung von Entbindungslagern. Diesen Vorschlag begrüßten auch die Vertreter des RMdI. So könnten im Altreich oder im Warthegau, am besten aber im Generalgouvernement zentrale Lager für Polinnen aus den eingegliederten Ostgebieten geschaffen werden, in denen die Frauen entbinden und danach sofort ins Altreich zurückkehren müssten. Das würde fürsorgerechtlichen Problemen vorbeugen und zudem den »Willen zur Schwangerschaft« einschränken. Wie auch der Vertreter des RKF favorisierte der Vertreter der Partei-Kanzlei im Fall der Einrichtung solcher Lager das Generalgouvernement:

Für eine lagermäßige Entbindung der Schwangeren aus den Ostgebieten sei nur das Generalgouvernement geeignet, weil dort von vornherein die Voraussetzungen für eine primitive Regelung gegeben seien, während dies im Altreich kaum möglich sei.[177]

Um die Implikationen dieses Vorschlags zu verstehen, sei nicht nur auf die brutale Unterdrückung und Ausbeutung der polnischen Bevölkerung im Generalgouvernement verwiesen,[178] sondern insbesondere auch auf die sogenannte »Aktion Reinhardt«, mit der im Sommer 1942 die systematische Ermordung aller Juden und Jüdinnen des Generalgouvernements in den drei Vernichtungslagern Bełżec, Sobibór und Treblinka anlief.[179] Bei den Anwesenden konnte kein Zweifel daran bestehen, was in diesem Zusammenhang mit einer »primitiven Regelung« angedeutet wurde. Unverblümte Vorschläge zur Ermordung der Kinder ausländischer Arbeiter:innen waren von anderer Stelle bereits vorgebracht worden.[180] Ministerialrat Ruppert vom RMdI erklärte sich jedenfalls bereit, entsprechende

---

[177] »Dienstreisebericht über die Besprechungen im Reichsarbeits- und Reichsinnenministerium am 17. und 18. September 1942«, 23. September 1942, APP, 53/299/0/2.5/2198, Bl. 51–62 [Hervorhebung im Original].

[178] Piotr Majewski, Nationalsozialistische Unterdrückungsmassnahmen im Generalgouvernement während der Besatzung, in: Polen unter deutscher und sowjetischer Besatzung 1939–1945, hg. von Jacek Andrzej Młynarczyk, Osnabrück 2009, S. 173–195; Ingo Haar, Bevölkerungspolitik im Generalgouvernement. Nationalitäten-, Juden- und Siedlungspolitik im Spannungsfeld regionaler und zentraler Initiativen, in: Polen unter deutscher und sowjetischer Besatzung 1939–1945, hg. von Jacek Andrzej Młynarczyk, Osnabrück 2009, S. 281–306; Sonja Schwaneberg, Die wirtschaftliche Ausbeutung des Generalgouvernements durch das Deutsche Reich 1939–1945, in: Polen unter deutscher und sowjetischer Besatzung 1939–1945, hg. von Jacek Andrzej Młynarczyk, Osnabrück 2009, S. 103–130.

[179] Stephan Lehnstaedt, Der Kern des Holocaust. Bełżec, Sobibór, Treblinka und die Aktion Reinhardt, München 2017; Bogdan Musiał (Hg.), »Aktion Reinhardt«. Der Völkermord an den Juden im Generalgouvernement 1941–1944, Osnabrück 2004.

[180] So riet die Umwandererzentralstelle in Posen unter dem Eindruck der aus Deutschland in den Reichsgau Wartheland zurückkehrenden schwangeren Polinnen zu einem radikalen Vorgehen: »Unter den aus dem Reich Zurückgekehrten befindet sich eine erhebliche Menge von schwangeren Frauen, die, da sie ihrer baldigen Niederkunft entgegensehen, aus dem Arbeitsverhältnis im Reich in ihre frühere Heimat entlassen wurden. Die Häufigkeit der Fälle lässt darauf schliessen, dass dieser Zustand ein gewollter ist. Es wäre zu erwägen, ob nicht diese Kinder den Müttern unter gewissen Voraussetzungen nach einer bestimmten Zeit abgenommen werden sollten. Die Kinder guten Blutes könnten im Heime untergebracht werden, während die anderen einer Sonderbehandlung zugeführt werden müssten. M. E. würde dadurch mit einem Schlage die Kinderfreudigkeit bei diesen Polinnen nachlassen.« Jahresabschlussbericht der Umwandererzentralstelle in Posen für das Jahr 1942, auszugsweise abgedruckt in Czesław Łuczak (Hg.), Położenie polskich robotników przymusowych w Rzeszy 1939–1945, Poznań 1975, 200 f.

Sonderverhandlungen mit dem Generalgouverneur zu führen. Eventuell könne bei diesen Verhandlungen eine ähnliche Lösung für die im Altreich erkrankten Arbeitskräfte aus den Ostgebieten gefunden werden.[181]

Die Vertreter der eingegliederten Ostgebiete konnten somit zwar keinen sofortigen Stopp der Abschiebungen durchsetzen, hatten das Problem aber zumindest den entscheidenden Stellen des Regimes vorgetragen und dafür gesorgt, dass Verhandlungen mit dem Generalgouverneur über die Schaffung zentraler Entbindungslager für Polinnen in Aussicht gestellt wurden. Darüber hinaus konnten sie einige kleine Zugeständnisse für sich verbuchen: So wurde entgegen dem Erlass vom 13. August 1941 festgelegt, ledige schwangere Ausländerinnen müssten nicht sofort, sondern erst sechs Wochen vor der Entbindung in die Heimat zurückgeschickt werden. Kranke Arbeiter:innen aus den Ostgebieten sollten nicht wie bisher nach dreiwöchiger, sondern erst nach mindestens sechswöchiger Krankheit abgeschoben werden. Darüber hinaus sprachen sich die Vertreter des RMdI für eine Ausnahmeregelung für verheiratete schwangere Ausländerinnen aus, die für die Dauer des Krieges im Altreich bleiben dürften, sofern sie sich nicht »im Reich einnisten« würden. Die Vertreter der Partei-Kanzlei und des RPA behielten sich eine Stellungnahme in dieser Frage zunächst vor.

Wie aus einem späteren Schreiben des Leiters der Gestapo, SS-Gruppenführer Heinrich Müller, hervorgeht, ließ auch Himmler sich Ende September auf den letztgenannten Kompromiss ein.[182] Laut diesem Schreiben habe Müller nach Rücksprache mit dem GBA und anderen beteiligten Dienststellen dem RFSS Vorschläge über die Behandlung der schwangeren Ausländerinnen unterbreitet. Dieser habe am 30. September 1942 entschieden, vorerst auf die Abschiebung bereits verheirateter ausländischer Arbeiterinnen verzichten zu können.[183] Schwangere Polinnen und »Ostarbeiterinnen« sollten jedoch grundsätzlich durch das Rasse- und Siedlungshauptamt überprüft und die »als gutrassisch festgestellten Kinder« der NSV übergeben werden. Die Mütter könnten selbst entscheiden, ob sie in ihre Heimat zurückkehren oder im Reich verbleiben wollten. Doch die im September gemachten Zugeständnisse genügten Sauckel offenbar nicht. Nachdem Müller die Entscheidung Himmlers dem GBA mitgeteilt hatte, habe Sauckel sich wiederum »entgegen seiner bisherigen Stellungnahme [...] für eine ausnahmslose Belassung der ausländischen Arbeiterinnen im Falle der Schwangerschaft im

---

181 Dienstreisebericht über die Besprechungen im Reichsarbeits- und Reichsinnenministerium am 17. und 18. September 1942, 23. September 1942, APP, 53/299/0/2.5/2198, Bl. 51–62.
182 Hier und im Folgenden Schreiben des SS-Gruppenführers Müller an den RFSS betr. »Behandlung schwangerer Ausländerinnen«, 23. Dezember 1942, BArch, NS 19/940.
183 Mitte Oktober 1942 weisen die Arbeitsämter die Betriebsführer und Ortsbauernführer an, verheiratete, gemeinsam mit ihrem Mann eingesetzte »Ostarbeiterinnen« im Fall der Schwangerschaft nicht mehr in ihre Heimat zurückzuschicken; Freitag, Zwangsarbeiter im Lipper Land, S. 66.

Reich« ausgesprochen und dies in »längeren Ausführungen über die Arbeitseinsatzlage« begründet.

1.3 Wandel der »Arbeitseinsatzlage«

1.3.1 Auswirkungen des »Ostarbeitereinsatzes«

Warum beharrte der GBA weiterhin auf einem kompletten Stopp des Rücktransports, obwohl diese Forderung auf so deutlichen Widerstand der Partei-Kanzlei und des RMdI getroffen war? Die seit Ende des Jahres 1941 immer lauter werdende Kritik aus dem Warthegau an der Abschiebung schwangerer und erkrankter ausländischer Arbeitskräfte bezog sich ausschließlich auf die sogenannten Schutzangehörigen aus den eingegliederten Ostgebieten. Diese waren, wie auch die meisten anderen Zivilarbeiter:innen, während der ersten beiden Kriegsjahre zum größten Teil in der Landwirtschaft eingesetzt worden. Im Laufe des Jahres 1942 allerdings wurde die bisherige Abschiebepraxis zunehmend auch vonseiten der deutschen Rüstungsindustrie kritisiert, deren wachsender Arbeitskräftebedarf insbesondere von »Ostarbeiter:innen« gedeckt wurde. Der ab Herbst 1941 ins Stocken geratene Vorstoß der Wehrmacht auf Moskau sowie die Anfang Dezember anlaufende sowjetische Gegenoffensive hatten die deutschen Hoffnungen auf einen schnellen Sieg im Osten zunichte gemacht. Während die Einberufungszahlen bei den Industriebetrieben massiv in die Höhe schnellten, konnte die deutsche Kriegswirtschaft nicht mehr mit der baldigen Rückkehr der dringend benötigten deutschen Arbeitskräfte rechnen.[184]

Dieses Arbeitskräftedefizit sollte nun durch den Einsatz sowjetischer Kriegsgefangener[185] sowie die massenhafte »Anwerbung« sowjetischer Zivilarbeiter:innen ausgeglichen werden, was in den Jahren zuvor noch aus sicherheitspolitischen und rassenideologischen Gründen ausgeschlossen worden war. Zu diesem Zweck wurde die gewaltsame Verschleppung von Millionen von Menschen aus den besetzten Gebieten Osteuropas unter dem im März 1942 zum Generalbevollmächtigten für den Arbeitseinsatz ernannten Fritz Sauckel systematisiert.[186]

---

184 Herbert, Geschichte der Ausländerbeschäftigung in Deutschland 1880 bis 1980, S. 135.
185 Vor der offiziellen Erlaubnis zum Einsatz sowjetischer Kriegsgefangener im Altreich hatte sich die deutsche Militärführung kaum um deren Verpflegung und Transport gekümmert, so dass bis Anfang des Jahres 1942 fast 60 Prozent der mehr als 3,3 Millionen Gefangenen an Hunger, Kälte und Krankheiten starben. Ausführlich dazu siehe Christian Streit, Keine Kameraden. Die Wehrmacht und die sowjetischen Kriegsgefangenen 1941–1945, Bonn 1991.
186 Zur Einsetzung und Politik des GBA siehe Ute Vergin, Die nationalsozialistische Arbeitseinsatzverwaltung und ihre Funktionen beim Fremdarbeiter(innen)einsatz während des Zweiten Weltkriegs, Osnabrück 2008, S. 106–108; Herbert, Fremdarbeiter, S. 195–203.

Zwar unterstand der GBA dem Beauftragten für den Vierjahresplan, Hermann Göring, war politisch aber auch direkt Hitler unterstellt. Dies verlieh ihm die nötige Durchsetzungskraft gegen andere Dienststellen von Staat und Partei und positionierte ihn neben Himmler und dem RSHA als einen der einflussreichsten Entscheidungsträger im Bereich des Arbeitseinsatzes.[187] Unter seiner Leitung verdoppelte sich die Zahl der im Reich eingesetzten Ausländer:innen bis zum Jahresende 1942: Bereits im November befanden sich neben den 1,3 Millionen polnischen Arbeitskräften rund 1,6 Millionen »Ostarbeiter:innen« im Reich, womit die Gesamtzahl der »Westarbeiter:innen« bei Weitem übertroffen wurde.[188] Bei mehr als der Hälfte der meist in der Industrie eingesetzten sowjetischen Arbeitskräfte handelte es sich um Frauen und Mädchen, weshalb der Frage nach der Behandlung schwangerer Ausländerinnen in diesem Bereich schon rein zahlenmäßig eine immer größere Bedeutung zukam.

Impulse zu einer Neuregelung gingen daher vor allem von den Industriebetrieben sowie denjenigen Behörden aus, die regional unmittelbar am Einsatz dieser Arbeitskräfte beteiligt waren. Aufschlussreich ist in dieser Hinsicht ein Exposé des Arbeitsamts Karlsruhe bezüglich der »Betreuung des Nachwuchses ausländischer Arbeitskräfte«, in welchem die grundlegenden Veränderungen der »Arbeitseinsatzlage« im Laufe des Jahres 1942, die nach Ansicht der lokalen Dienststellen einen Kurswechsel unumgänglich machen würden, zusammengefasst werden.[189] Beteiligt an der Ausarbeitung dieses Exposés waren Vertreter aller am »Ausländereinsatz« beteiligten Behörden in Karlsruhe: Deutsche Arbeitsfront (DAF), NSV, Stadtverwaltung, Polizei, Gestapo, Gewerbeaufsichts-, Gesundheits-, Jugend- und Ernährungsämter sowie eine Arbeitsgemeinschaft derjenigen Betriebe in Karlsruhe, die Ausländer:innen beschäftigten. Unter den Ende 1942 im Arbeitsamtsbezirk Karlsruhe rund 14.000 eingesetzten ausländischen Arbeitskräften und Kriegsgefangenen war dem Bericht zufolge fast ein Drittel (4.450) weiblich, zum größten Teil (3.320) handelte es sich dabei um »Ostarbeiterinnen«. Von diesen Frauen seien 40 schwanger, fünf Kinder seien bereits entbunden worden. Diese Zahlen seien jedoch wahrscheinlich zu niedrig angesetzt,

weil sich die Schwangerschaft bei dem kräftigen Körperbau der Ostarbeiterinnen lange Zeit der äusseren Wahrnehmung entzieht und weil auch keine Stelle

187 Herbert, Fremdarbeiter, S. 178.
188 Herbert, Fremdarbeiter, S. 210.
189 Hier und im Folgenden Exposé des Arbeitsamts Karlsruhe betr. »Betreuung des Nachwuchses ausländischer Arbeitskräfte«, 30. Dezember 1942, BArch, R 36/1444. Die Ausarbeitung beruht auf einer Besprechung vom 18. Dezember 1942. Dem Arbeitsamt Karlsruhe war zu diesem Zeitpunkt offenbar noch nicht bekannt, dass der GBA den Präsidenten der Landesarbeitsämter bereits den Stopp des Rücktransports schwangerer Arbeiterinnen mitgeteilt hatte.

sich bisher mit Feststellungen in dieser Hinsicht befasst hat. Bekannt ist, dass auch andere Ausländerinnen im Bezirk Karlsruhe schon niedergekommen sind, jedoch konnten genaue Zahlen nicht festgestellt werden.

Die Tatsache, dass im Bezirk Karlsruhe im Vergleich zu anderen Bezirken noch vergleichsweise wenige Ausländer:innen eingesetzt würden, verdeutliche, »welch schwieriges Problem hier allmählich entsteht«. Der Erlass des Reicharbeitsministers vom 13. August 1941 (Rückbeförderung schwangerer ausländischer Arbeiterinnen, es sei denn der Betriebsführer verpflichtet sich zur Übernahme der Unterbringungskosten) adressiere zwar einige Fragen bezüglich schwangerer ausländischer Arbeitskräfte, sei mittlerweile aber von der Praxis überholt worden:

> Seit dem Tag, an dem der oben im Auszug wiedergegebene Erlass erschien, ist die Zahl der ausländischen Arbeiterinnen, vor allem aber die der Ostarbeiterinnen, die von jedem [sic!] Erlass nicht erfasst werden, wesentlich gestiegen. Während anfänglich die weiblichen ausländischen Arbeitskräfte überwiegend in der Landwirtschaft eingesetzt waren, sind sie heute in weit grösserer Zahl in der gewerblichen Wirtschaft beschäftigt. In der Rüstungsindustrie mussten die Kräfte aber zunächst unter Aufwendung nicht unerheblicher Kosten angelernt werden. Sie haben nun Fertigkeiten erworben, die einen aus der heutigen Rüstungswirtschaft nicht mehr wegzudenkenden Faktor darstellen. Der Betriebsführer, der Ausländerinnen beschäftigt, kann diese nicht kurzerhand nach der Heimat zurückschicken, weil seine Fertigung auf diese Kräfte eingestellt ist und er Ersatz vom Arbeitsamt überhaupt nicht bekommt, bestimmt aber keinen Ersatz bekommen kann, der sofort die gleiche Leistung erzielht [sic!] wie die abzugebende Kraft und weil er durch strenge Terminbindungen zum Durchhalten seiner Fertigung, in der Regel sogar zu einer stetigen Steigerung der Fertigung verpflichtet ist. Er hat also praktisch garnicht wie in dem Runderlass 783/41 vorgesehen die Wahl, die Arbeiterinnen zurückzuschicken oder zu behalten, sondern er <u>muss</u> sie behalten.[190]

Der dem Runderlass vom 13. August 1941 zugrundeliegende Gedanke, die Ausländerinnen müssten mit dem Ziel der Kostenreduktion abgeschoben werden, sei aufgrund dieser Sachlage nicht mehr gültig. Stattdessen müssten schwangere Ausländerinnen und insbesondere »Ostarbeiterinnen« um jeden Preis in Deutschland gehalten werden. Bei den bislang meist in der Landwirtschaft eingesetzten Frauen hätten die Kinder in vielen Fällen mit im Betrieb bleiben können. Aufgrund des beträchtlich angewachsenen Einsatzes von Ausländerinnen in der Rüs-

---

190 Exposé des Arbeitsamts Karlsruhe betr. »Betreuung des Nachwuchses ausländischer Arbeitskräfte«, 30. Dezember 1942, BArch, R 36/1444 [Hervorhebung im Original].

tungswirtschaft sei dies jedoch kaum mehr möglich. Großbetriebe sollten daher eigene, mittelgroße und kleine Betriebe gemeinschaftliche »Ausländer-Kindergärten« einrichten. Denkbar sei auch eine Angliederung an bestehende deutsche Jugendfürsorgeeinrichtungen – selbstverständlich mit entsprechender räumlicher Trennung. Die Kosten solcher »ausländischen Kinderverwahranstalten« könnten durch die Eltern der Kinder, gegebenenfalls bezuschusst durch die Betriebe, übernommen werden. »Ostarbeiterinnen« sei aufgrund ihres geringen Lohns lediglich ein kleiner Betrag aus »erzieherischen Gründen« aufzuerlegen. Die restlichen Kosten könnten aus der sogenannten Ostarbeiterabgabe[191] finanziert werden, immerhin läge die Einrichtung der Heime im »öffentlichen Interesse«.

Das Arbeitsamt bat die an der Ausarbeitung beteiligten Behörden, das Exposé durch eigene Stellungnahmen zu ergänzen und den ihnen übergeordneten Dienststellen zu übermitteln, »um auf diese Weise die Herausgabe von allgemein gültigen Richtlinien anzuregen«. Das Karlsruher Jugendamt beispielsweise schloss sich den Forderungen des Arbeitsamts an, denn die »Frage nach der Unterbringung von Kindern von Polinnen, Ukrainern und sonst[igen] Ostarbeiterinnen« trete mittlerweile »gebieterisch an das Jugendamt heran«. Das städtische Kinderheim sei bereits überfüllt und müsse deutschen Kindern zur Verfügung stehen, zumal andere Unterbringungsmöglichkeiten durch »Feindeinwirkung« nicht verfügbar seien. Grundsätzlich sei das Jugendamt weder gesetzlich zur Betreuung ausländischer Kinder verpflichtet noch finanziell oder personell dazu in der Lage. Den betrieblichen Unterkünften für ausländische Arbeitskräfte müssten daher entsprechende Räumlichkeiten für Kinder angeschlossen und diese von der Deutschen Arbeitsfront betreut werden.

Ein weiteres Resultat der Ausweitung des Arbeitseinsatzes war die stetig anwachsende Zahl arbeitsunfähiger »Ostarbeiter:innen«, die in ihre Heimat zurücktransportiert werden sollten. Alte, Kranke, Verstümmelte und Schwangere wurden zu Tausenden unter erbärmlichen Bedingungen in die sowjetischen Gebiete zurückgebracht – insgesamt betraf dies etwa 150.000 bis 200.000 Menschen.[192] Diese sogenannten Rückkehrertransporte wurden nicht selten fehlgeleitet, zwischen verschiedenen Stationen und Lagern hin- und hergefahren und an beliebigen Orten ausgeladen, wo man sie den örtlichen Behörden oder schlicht ihrem Schicksal überließ. Zusammengepfercht in »Rückkehrersammellagern«

---

191 Die »Ostarbeiterabgabe« wurde mit der »Verordnung über die Einsatzbedingungen der Ostarbeiter« vom 30. Juni 1942 eingeführt; Reichsgesetzblatt I 1942, S. 419–421. Es handelte sich um eine spezielle Steuer, die Betriebe für die Beschäftigung sowjetischer Arbeitskräfte leisten mussten. Auf diese Weise sollte verhindert werden, dass deutsche Arbeitskräfte zugunsten billigerer »Ostarbeiter:innen« entlassen werden. Für eine Tabelle über die Löhne der »Ostarbeiter:innen« und die jeweils fällige »Ostarbeiterabgabe« siehe Herbert, Fremdarbeiter, S. 201.
192 Gerlach, Kalkulierte Morde, S. 478 f.

wurden diese ausgehungerten und geschwächten Menschen unzureichend untergebracht und versorgt, da die Arbeitsverwaltung sie mitunter als nutzlosen »Abschaum der russischen Bevölkerung«[193] abqualifizierte. Viele von ihnen bekamen ihre Heimat nicht mehr zu Gesicht, da sie im Güterwagen oder auf einer der Zwischenstationen verhungerten, erfroren oder einer unbehandelten Krankheit erlagen. Das Reichsministerium für die besetzten Ostgebiete berichtete im September 1942 von der Begegnung eines solchen Transports mit einem Zug neu angeworbener Arbeitskräfte aus dem Osten, was

> angesichts der Toten in dem Rückkehrerzug zu einer Katastrophe hätte führen können. Wie in diesem Zuge Frauen Kinder geboren haben, die während der Fahrt aus dem Fenster geworfen wurden, während in dem gleichen Wagenraum tuberkulöse und geschlechtskranke Personen mitfuhren, wie hier Sterbende in Güterwagen ohne Stroh lagen und schließlich einer der Toten auf der Bahnböschung landete, so dürfte es auch mit den anderen Rücktransporten bestellt gewesen sein.[194]

Diejenigen Rückkehrer, die ihr Ziel dennoch erreichten, dienten in ihrer Heimat als lebendiges Zeugnis der unmenschlichen Behandlung, unter denen die polnischen und sowjetischen Zwangsarbeiter:innen in Deutschland litten. Der Anblick dieser Menschen, die beispielsweise wie in Witebsk »halb verhungert in der Stadt herumlungerten und Greuelmärchen über ihre mangelhafte Ernährung und konzentrationslagerähnliche Kasernierung in Deutschland erzählten«,[195] stärkte in der Bevölkerung vor Ort den Widerstandswillen gegen die als verlogen empfundenen Anwerbungskampagnen der Deutschen und gefährdete somit den dringend benötigten Nachschub von Arbeitskräften aus diesen Gebieten.[196]

Der massenhafte Einsatz von »Ostarbeiter:innen« und die damit verbundenen Probleme machten somit aus Sicht der kriegswichtigen Rüstungsindustrie und allen sich mit dem »Ausländereinsatz« befassenden Behörden eine neue Herangehensweise an das Problem der ausländischen Schwangerschaften

---

193 Tätigkeitsbericht Arbeitsamt Brest 1941–1944, 24. August 1944, BArch R 93/13, zitiert nach Gerlach, Kalkulierte Morde, S. 479.

194 Bericht des Reichsministeriums für die besetzten Ostgebiete, September 1942, zitiert nach Matthias Hamann, Die Morde an polnischen und sowjetischen Zwangsarbeitern in deutschen Anstalten, in: Aussonderung und Tod. Die klinische Hinrichtung der Unbrauchbaren, hg. von Götz Aly, Angelika Ebbinghaus, Matthias Hamann, Friedemann Pfäfflin und Gerd Preissler, Berlin (West) 1985, S. 121–187, hier S. 128.

195 Bericht der Agentin V. S. Chorushaja, 3. Oktober 1942, zitiert nach Gerlach, Kalkulierte Morde, S. 479, FN 175.

196 Hamann, Die Morde an polnischen und sowjetischen Zwangsarbeitern in deutschen Anstalten, S. 128 f.; Herbert, Fremdarbeiter, S. 190 f.

erforderlich. So wurde von Behörden und Betrieben auf regionaler Ebene gefordert, auf die Abschiebung schwangerer ausländischer Arbeiterinnen zu verzichten und stattdessen Voraussetzungen zur Entbindung und Unterbringung der Kinder im Altreich, bestenfalls in separaten Heimen für ausländische Kinder, zu schaffen. Grundlegendes Ziel war dabei die möglichst effiziente Ausnutzung der Arbeitskraft der betroffenen Frauen, wobei im paternalistischen Stil »erzieherische Maßnahmen« mit eingeplant wurden. Durch Kritik, Anregungen und Eigeninitiativen aus der regionalen Praxis in Deutschland wuchs so der Druck auf die Arbeitseinsatzverwaltung, in Berlin eine zentrale Neuregelung durchzusetzen.

1.3.2 Initiative im Gau Oberdonau

Der früheste bekannte Vorschlag zur Einrichtung spezieller Heime für Kinder ausländischer Arbeiterinnen im Altreich stammt von August Eigruber, NSDAP-Gauleiter und Reichsstatthalter im Reichsgau Oberdonau.[197] Zu einem Zeitpunkt, an dem die großangelegten Deportationen von »Ostarbeiter:innen« aus den besetzten Gebieten der Sowjetunion zum Arbeitseinsatz in der Rüstungsindustrie des Gaus gerade anliefen,[198] schilderte er am 15. Juli 1942 dem RFSS folgendes Problem:

> Ich habe im Gau Oberdonau Tausende von Ausländerinnen in der Landwirtschaft, Industrie und im Handwerk, sowie in Haushaltungen beschäftigt. Ich mache nun die Feststellung, daß diese ausländischen Arbeiterinnen – allerdings nur in beschränktem Umfange – schwanger werden und Kinder in die Welt setzen. Die Väter sind zum Teil wieder ausländische Arbeiter, zum kleinsten Teil aber auch Deutsche. Ich suche nun nach einer Regelung für die Unterbringung dieser meist ledigen Kinder der Ausländerinnen. Auf der einen Seite möchte ich die Arbeitskräfte nicht verlieren, auf der anderen Seite ist es jedoch untragbar, dass diese Kinder in einem deutschen Haushalt oder im Lager aufgezogen werden.[199]

Um weiterhin die Arbeitskraft der ausländischen Arbeiterinnen ausnutzen und gleichzeitig die Isolation ihrer Kinder von Deutschen sicherstellen zu können, sollten nach Ansicht Eigrubers die Bezirksfürsorgeverbände angewiesen werden,

---

197 Zum Einsatz von »Ostarbeiterinnen« in Oberdonau siehe Gabriella Hauch, Zwangsarbeiterinnen und ihre Kinder. Zum Geschlecht der Zwangsarbeit, in: NS-Zwangsarbeit. Der Standort Linz der Reichswerke Hermann-Göring-AG Berlin, 1938–1945, hg. von Oliver Rathkolb, Wien 2001, S. 355–448.
198 Hauch, Zwangsarbeiterinnen und ihre Kinder, S. 414.
199 Hier und im Folgenden Schreiben des Gauleiters Eigruber an den RFSS, 15. Juli 1942, BArch, NS 19/3596.

den »Polinnen, Ukrainerinnen, Sloweninnen, Bulgarinnen und Tschechinnen« ihre Kinder abzunehmen und auf Kosten der Mütter in geschlossenen Heimen unterzubringen. Kinder mit einem deutschen Vater sollten durch eine ärztliche und rassische Untersuchung auf ihre »Eindeutschungsfähigkeit« untersucht werden. Auch deutschen Müttern, die von »Polen, Franzosen, Tschechen, Russen, Ukrainern, Slowenen, Bulgaren, usw.« Kinder bekämen, sollten diese nach der Geburt abgenommen, in Heime gebracht und – sofern sie »eindeutschungsfähig« seien – in diesen »deutsch erzogen« werden. Für die Behandlung derjenigen Kinder mit deutscher Mutter, die für das deutsche »Volkstum unbrauchbar« seien, hatte Eigruber noch keine Lösung parat: Es »müsste dann gelegentlich eine Entscheidung getroffen werden«. Der Gauleiter beabsichtigte die vorläufige Einrichtung zweier solcher Heime im Reichsgau Oberdonau und bat Himmler um eine Stellungnahme zu seinen Vorschlägen.

Eine Antwort Himmlers, der zu diesem Zeitpunkt zu einem solchen Zugeständnis offenbar noch nicht bereit war, ließ jedoch fast drei Monate auf sich warten. Allerdings lud der Chef der Sicherheitspolizei und des SD zwei Tage nach Eigrubers Schreiben zu einer Sitzung des »Arbeitskreises zur Erörterung sicherheitspolizeilicher Fragen des Ausländereinsatzes« am 23. Juli 1942, wobei die »Behandlung schwangerer ausländischer Arbeitskräfte« einen der drei vorgesehenen Diskussionspunkte bildete.[200] Beteiligt an diesem Arbeitskreis[201] waren die Partei-Kanzlei, das Reichsarbeitsministerium, das Amt Ausland/Abwehr des Oberkommandos der Wehrmacht, die Deutsche Arbeitsfront, das Auswärtige Amt, der Reichskommissar für die Festigung deutschen Volkstums, das Hauptamt Ordnungspolizei sowie die Abt. I im Reichsministerium des Innern, ferner das Reichsministerium für Volksaufklärung und Propaganda, der Reichsnährstand, das Reichswirtschaftsministerium, das Reichsministerium für die besetzten Ostgebiete, der Reichsminister für Bewaffnung und Munition sowie der Reichsgesundheitsführer Dr. Leonardo Conti. Ob die Agenda dieser Sitzung in direktem Zusammenhang mit Eigrubers Vorschlägen stand, lässt sich nicht mit Sicherheit bestätigen, da ein Protokoll nicht überliefert ist.

Die Bemühungen des RAM, in der Frage der Behandlung schwangerer ausländischer Arbeiterinnen einen neuen Weg zu gehen, trafen zu dieser Zeit jedenfalls noch auf den ideologischen Widerstand des NS-Sicherheitsapparats. Den Vorschlag etwa, schwangere »Ostarbeiterinnen« zur Entbindung aus der Industrie

---

200 Übersendung der Einladung zur Sitzung des »Arbeitskreises zur Erörterung sicherheitspolizeilicher Fragen des Ausländereinsatzes« durch den Chef der SiPo, 17. Juli 1942, Heiber/Longerich: Akten der Partei-Kanzlei, Regestnummer 15968.
201 Der Arbeitskreis war Ende des Jahres 1941 vom RSHA als Koordinationsstelle zwischen den an den sicherheitspolitischen Fragen des Arbeitseinsatzes beteiligten Behörden und Dienststellen geschaffen worden; siehe Herbert, Fremdarbeiter, S. 179.

in die Landwirtschaft zu versetzen, lehnte der Chef der Sicherheitspolizei und des SD mit Hinblick auf »volkstumspolitische Gefahren« und in Übereinstimmung mit der Volksdeutschen Mittelstelle (VoMi) kategorisch ab: »Schwangere Arbeitskräfte aus dem altsowjetischen Gebiet sind umgehend nach Bekanntwerden bzw. Feststellung der Schwangerschaft in ihre Heimat abzuschieben.«[202] Erste Zugeständnisse wurden, wie oben geschildert, erst im Laufe zäher Verhandlungen mit den Regierungsvertretern der eingegliederten Ostgebiete errungen. Nachdem Himmler am 30. September 1942 zunächst dem Verbleib verheirateter ausländischer Arbeiterinnen im Altreich zugestimmt hatte, antwortete er am 9. Oktober schließlich auf die Vorschläge Eigrubers. Fast drei Monate nach dem Schreiben des Gauleiters stimmte Himmler jetzt der versuchsweisen Einrichtung von Heimen für die Kinder ausländischer Arbeiterinnen im Reichsgau Oberdonau zu:

> Für die Kinder, die Ausländerinnen von Ausländern erhalten, halte ich die von Ihnen vorgeschlagene Lösung, ein Kinderheim zu gründen, sodass die Kinder dort abgegeben werden können und die Mutter als Arbeitskraft für Deutschland erhalten bleibt, für richtig.[203]

Von entscheidender Bedeutung war für Himmler dabei die rassische Bewertung des zu erwartenden Nachwuchses: In den seltenen Fällen, in denen SS-Rasseprüfer einem ausländischen Kind »wirklich hervorragend gutes Blut« attestieren würden, sollten Mutter und Kind nach Möglichkeit langfristig in Deutschland verbleiben. Insbesondere wenn der Vater ein Deutscher sei, müssten Mutter und Kind gemeinsam erfasst und beide, sofern sie »rassisch wertvoll« seien, in Deutschland gehalten werden. Hierfür hatte Himmler die Einrichtung spezieller Heime für »eindeutschungsfähige« Kinder im Sinn. Nur für den Fall, in dem eine deutsche Frau gemeinsam mit einem Ausländer ein Kind zeuge, wich Himmler von Eigrubers Vorschlägen ab. Wahrscheinlich fürchtete Himmler negative Reaktionen aus der Bevölkerung, wenn deutschen Müttern ihre Kinder zwangsweise abgenommen würden. Sofern also die Mutter nicht »absolut verkommen« sei, solle das Kind von ihr selbst oder ihren Eltern erzogen werden. Stamme das Kind jedoch von einem »besonders minderwertigen« Vater, erachtete Himmler den Schwangerschaftsabbruch als die beste Lösung. Der RFSS habe dazu von Hitler eine Vollmacht erhalten, von der er in einer »nicht unerheblichen Anzahl von Fällen« bereits Gebrauch gemacht habe.

---

202 Schreiben des Chefs der Sicherheitspolizei und des SD an die Volksdeutsche Mittelstelle betr. »Behandlung schwangerer ausländischer Arbeitskräfte«, gez. Baatz, 5. August 1942, BArch, R 59/48.
203 Hier und im Folgenden Schreiben des RFSS an Gauleiter Eigruber, 9. Oktober 1942, BArch NS 19/3596.

Wandel der »Arbeitseinsatzlage«

Himmler übermittelte den Schriftwechsel mit Eigruber an den Oberbefehlsleiter der NSV, Erich Hilgenfeldt, und bat ihn, in Oberdonau zwei Heime für die Kinder ausländischer Arbeiterinnen zu errichten, um »die Dinge einmal gleich in der Praxis durchführen und Erfahrungen sammeln« zu können.[204] Hilgenfeldt setzte sich daraufhin mit Eigruber in Verbindung, um die »technischen Einzelheiten« zu klären.[205] Über den Schriftwechsel mit dem Gauleiter und Reichsstatthalter in Oberdonau und die Entscheidung des RFSS in der Sache wurden darüber hinaus die SS-Gruppenführer Hofmann, Kaltenbrunner, Greifelt und Berger, die SS-Obergruppenführer Pohl und Wolff, der SS-Brigadeführer Cassel, das RSHA sowie alle Höheren SS- und Polizeiführer (HSSPF) informiert.[206]

Nachdem Eigruber damit die erhoffte Zusage zur Einrichtung zweier Heime erhalten hatte, hielt er Ende November 1942 vor allen im Reichsgau Oberdonau führenden Vertretern von Partei und Staat eine Rede, in der er die Behandlung und Überwachung der ausländischen Arbeitskräfte in Abgrenzung zum polizeilichen Sicherheitsapparat als seine eigene Aufgabe charakterisierte, wie es in einem Bericht der Sicherheitspolizei festgehalten wurde. In dieser Rede kam er auch auf das aus seiner Sicht bislang unsachgemäße Vorgehen in Bezug auf schwangere ausländische Arbeiterinnen zu sprechen und präsentierte seine Zukunftsvorstellungen:

> Zur Frage der schwangeren Ausländerinnen äusserte der Gauleiter, dass es vom Standpunkt des Arbeitseinsatzes unsinnig sei, schwangere Frauen nach Hause zu schicken; denn sonst würden in einigen Jahren überhaupt keine ausländischen Frauen mehr im Reich arbeiten. Schwangere Ostarbeiterinnen würden in Zukunft im Gau selbst entbinden können. Die Kinder würden den Frauen abgenommen, soweit sie deutsche Väter haben, würden sie gegebenenfalls einer Eindeutschung zugeführt. Auch bei den übrigen Kindern werde eine rassische Ausmusterung vorgenommen. Auf alle Fälle sollten sie zu brauchbaren Arbeitern erzogen werden.[207]

---

204 Schreiben des RFSS an Oberbefehlsleiter Hilgenfeldt, 9. Oktober 1942, BArch, 19/3596. Erst Ende März 1943 wurde in Spital am Pyhrn unter Aufsicht der NSV ein dort so genanntes »Fremdvölkisches Säuglingsheim« eingerichtet. Bis Kriegsende betrieb die NSV mindestens zwölf »Ausländerkinder-Pflegestätten« im Gau Oberdonau; siehe Hauch, Ostarbeiterinnen.
205 Schreiben des Oberbefehlsleiters Hilgenfeldt an den RFSS, 17. Oktober 1942, BArch, NS 19/3596.
206 Schreiben des Persönlichen Stabs des RFSS betr. »Schriftwechsel zwischen Gauleiter Eigruber und Reichsführer-SS«, 19. Oktober 1942, BArch, 19/3596.
207 Schreiben des Chefs der Sicherheitspolizei und des SD an den RFSS betr. »Rede des Gauleiters Eigruber, Linz, am 25. 11. 42«, gez. Dr. Malz, 31. Dezember 1942, Heiber/Longerich: Akten der Partei-Kanzlei, Regestnummer 16475 [Hervorhebung im Original].

1.3.3 Stopp des Rücktransports

Dieser von Eigruber für seinen Gau angekündigte Kurswechsel in der Abschiebepraxis wurde Ende des Jahres 1942 schließlich vom GBA reichsweit durchgesetzt. Per Runderlass vom 15. Dezember 1942 wies Sauckel die Landesarbeitsämter an, »von einer Rückführung aller schwangeren, sonst aber einsatzfähigen Ostarbeiterinnen [...] grundsätzlich abzusehen«; zwischen verheirateten und unverheirateten Frauen werde »einstweilen kein Unterschied gemacht«.[208] Bei allen anderen ausländischen Arbeiterinnen, also auch bei Polinnen, sei der Rücktransport »nur ganz ausnahmsweise auf eigenen Wunsch der Schwangeren« möglich, sofern dem keine »einsatzmässige[n] Erwägungen« entgegenstünden. Sauckel verhandele in dieser Frage schon seit Längerem mit den zuständigen Behörden, um eine einheitliche Regelung zu finden, wobei für ihn »die im Kriege besonders vordringlichen Gesichtspunkte des Arbeitseinsatzes an erster Stelle« stünden. Bisher sei zwar noch keine endgültige Einigung erreicht worden, doch würden die »ungünstigen Verkehrs- und Transportverhältnisse und die besonderen Schwierigkeiten, die der Winter einer Rückführung schwangerer Arbeiterinnen entgegensetzt«, diese vorerst bis zum 31. März 1943 befristete Regelung notwendig machen.

Aus diesem Grund wies er zunächst die Landesarbeitsämter an, »in Zusammenarbeit mit den Gesundheitsdienststellen der Partei, des Staates und mit den Betrieben« für die Schaffung der »unbedingt notwendigen Entbindungsmöglichkeiten« zu sorgen. Die Entbindungen seien in »einfachster aber in hygienisch einwandfreier Form« in den »Ausländer-Krankenbaracken« der öffentlichen Krankenhäuser, Durchgangslager oder Betriebe durchzuführen. »In verständnisvoller Zusammenarbeit mit den Betrieben« müssten zudem »Stilleinrichtungen und Kleinkinderbetreuungseinrichtungen einfachster Art« geschaffen werden. Die Kinder dürften »unter keinen Umständen [...] durch deutsche Einrichtungen betreut werden, in Kinderheimen deutschen Kindern Platz wegnehmen oder sonst mit diesen gemeinsam erzogen werden«. Parallel zu den Vorgaben der »Polenerlasse« und der »Ostarbeitererlasse« bildete die Isolation auch im Umgang mit den »rassisch unerwünschten« Kindern das zentrale Element zur Abwehr der befürchteten »volkstumspolitischen Gefahren«. Der GBA sah es dementsprechend als »zweckmäßig« an, die Betreuung der Kinder »weiblichen Angehörigen des entsprechenden Volkstums« zu überlassen. Selbstverständlich galten diese Regelungen nicht für die Kinder von Arbeiterinnen »germanischer Abstammung«, die in deutschen Kinderheimen untergebracht werden sollten. Die Kinder »gutrassiger« Polinnen dagegen seien in die »Sondereinrichtungen

---

208 Hier und im Folgenden Weiterleitung des GBA-Erlasses betr. »Rückführung schwangerer ausländischer Arbeitskräfte« vom 15. Dezember 1942 durch die DAF, Amt für Arbeitseinsatz, 12. Januar 1943, BArch, NS 5-I/264.

der NSV für gutrassige Kinder aus dem Osten« einzuweisen. Die vom RFSS geplanten rassischen Untersuchungen würden durch die Einrichtung der Heime nicht beeinträchtigt, im Gegenteil die Erfassung der Kinder auf diese Weise sogar noch erleichtert.

Aufgrund des Schriftwechsels zwischen Eigruber und Himmler und vor dem Hintergrund der vorausgegangenen Verhandlungen des RSHA mit dem GBA war auch Heinrich Müller zu dem Schluss gekommen, »dass RFSS geneigt ist, bei allen schwangeren Ausländerinnen bis auf weiteres auf eine Abschiebung zu verzichten«.[209] Gemeinsam mit Amt III des RSHA (Deutsche Lebensgebiete – SD-Inland) und dem Rasse- und Siedlungshauptamt der SS hatte der Gestapo-Chef daraufhin einen Maßnahmenkatalog zur »Behandlung schwangerer Ausländerinnen« entworfen, den er dem RFSS am 23. Dezember zur Entscheidung übersandte. Die Vorschläge richteten sich im Wesentlichen nach den bereits zuvor formulierten Grundsätzen: Stopp des Rücktransports der schwangeren Ausländerinnen, rassische Überprüfung beider Elternteile, sofern der Vater deutsch oder Angehöriger »germanischen« Volkstums sei, Heime für »gutrassische« Kinder, »die als deutsche erzogen werden sollen«, sowie »Kindersammelstätten« für »schlecht-rassische« Kinder, »um ein gemeinsames Aufwachsen deutscher und fremdvölkischer Kinder zu unterbinden und die Mutter für den Arbeitseinsatz frei zu machen«. Derartige Heime »liessen sich nahezu in jedem Dorf und ausnahmslos in jedem Ausländerlager errichten«. Dies müsse in erster Linie vom GBA vorangetrieben werden.

Entgegen Himmlers Vorschlag sprach sich Müller jedoch gegen eine rassische Musterung aus, wenn sowohl Mutter als auch Vater des zu erwartenden Kindes »fremdvölkisch« seien. Die »ganz wenigen Ausnahmefälle, in denen wirklich hervorragendes gutes Blut vorhanden« sei, könnten nicht die »ungeheure Arbeit« rechtfertigen, die die rassische Überprüfung aller derartiger Fälle erfordere. Dennoch müssten sämtliche Kinder exakt erfasst werden, also auch diejenigen mit ausschließlich »fremdvölkischen« Eltern. Diese Kinder könnten dann zusammen mit ihren Müttern abgeschoben werden, sobald »es arbeitsmässig leichter zu vertreten ist«. Die Unterbringung der Kinder in »Sammelstätten« sollte demnach lediglich eine Übergangslösung darstellen. In Bezug auf die Behandlung der Kinder mit deutscher Mutter und »fremdvölkischem« Vater verwies Müller auf eine noch zu ergehende »besondere Vorlage«.

Himmler erklärte sich am 31. Dezember 1942 mit den Vorschlägen Müllers einverstanden und wünschte die Einführung einer »hochtrabenden Bezeichnung« für die geplanten »Sammelstätten der fremdvölkischen Kinder«.[210] In den meis-

---

209 Hier und im Folgenden Schreiben des SS-Gruppenführers Müller an den RFSS betr. »Behandlung schwangerer Ausländerinnen«, 23. Dezember 1942, BArch, NS 19/940.
210 Schreiben des SS-Obersturmführers Meine (persönlicher Stab des RFSS) an SS-Gruppen-

Arbeitseinsatz, Fürsorge und »Volkstumskampf«

ten Erlassen und Anordnungen wurde daraufhin der Begriff »Ausländerkinder-Pflegestätte« verwendet. Im Behördenschriftverkehr war unter anderem auch von »Fremdvolk-Kinderheimen«[211] oder »Aufzuchtsräumen für Bastarde«[212] die Rede, im Gau Oberdonau wurden die von der NSV betriebenen Heime als »Fremdvölkische Kinderheime« bezeichnet.[213]

In der zweiten Hälfte des Jahres 1942 wurde somit zwischen führenden Vertretern der Arbeitseinsatzbehörden und des NS-Sicherheitsapparats ein grundlegender Kurswechsel in der Behandlung der schwangeren ausländischen Arbeiterinnen und ihrer Kinder ausgehandelt. Im Dezember fiel schließlich die Grundsatzentscheidung, von der Abschiebung der Frauen vorerst gänzlich abzusehen, die Kinder in »Sammelstätten« unterzubringen und sie gegebenenfalls durch Rasseprüfer des RuSHA auf ihre »Eindeutschungsfähigkeit« überprüfen zu lassen. Obwohl der GBA im Erlass vom 15. Dezember noch saisonale Transportschwierigkeiten als Grund für eine zeitlich bis März 1943 befristete Ausnahmeregelung angab, war eine dauerhafte Verlängerung zu diesem Zeitpunkt bereits absehbar. Nicht zuletzt unter dem Eindruck der Entwicklungen an der Ostfront im Winter 1942/43 erschien dies im Zuge der zunehmend auf Effizienzsteigerung ausgelegten Ostarbeiterpolitik und des fortdauernd hohen Arbeitskräftebedarfs der deutschen Rüstungsindustrie aus Sicht der Arbeitsverwaltung zunächst als sinnvoll, nach der Niederlage von Stalingrad und dem damit drohenden Versiegen des Arbeitskräftereservoirs im Osten schließlich als alternativlos.

Zwischenfazit

Trotz ärztlicher Untersuchungen vor der Deportation sowie der Regelung der Arbeitsverwaltung, schwangere Arbeiterinnen vor der Entbindung in ihre Heimatgebiete abzuschieben, kamen in den ersten Jahren des Arbeitseinsatzes vermehrt ausländische, insbesondere polnische Kinder im Altreich zur Welt. Zwar blieb die tatsächliche Zahl dieser Kinder weit hinter den Befürchtungen des SD und anderer Stellen zurück, wie Erhebungen des Reichsausschusses für Volksgesundheitsdienst über die Jugendämter ergaben. Dennoch befeuerten diese Geburten nicht nur Sorgen um eine vermeintliche »blutliche Unterwanderung« des deutschen

führer Müller betr. »Behandlung schwangerer Ausländerinnen«, 31. Dezember 1942, BArch, NS 19/940.
211 Denkschrift von Prof. Karl Schöpke (Amt IV der Volksdeutschen Mittelstelle) betr. »Sofortige Reichsmaßnahmen zur Verminderung der Unterwanderungsgefahren infolge der zahlreichen fremdvölkischen Geburten auf dem Lande«, 18. Mai 1944, BArch, R 59/48.
212 Besprechungsnotiz der NSDAP-Gaustabsamtsleitung Baden, 8. März 1944, 2.2.0.1/82388973–82388975/ITS Digital Archive, Bad Arolsen.
213 Hauch, Ostarbeiterinnen.

Volkes, sondern riefen zudem scharfe Kritik an Fürsorgemaßnahmen für »fremdvölkische« Kinder und deren Mütter hervor. Ausländische Kinder, aufgrund von Heiratsbeschränkungen und des jungen Alters der Arbeiter:innen zumeist außerhalb der Ehe gezeugt, wurden entsprechend des Reichsjugendwohlfahrtsgesetzes von den Jugendämtern betreut und in deutsche Kinderheime oder Pflegestellen vermittelt. Kommunale Behörden – insbesondere die Jugend- und Gesundheitsämter, die NSV sowie die Fürsorgeverbände – kritisierten diese Vorgehensweise unter anderem mit Verweis auf den Mangel geeigneter Pflegestellen für deutsche Kinder, die Überlastung des Fürsorgewesens sowie auf »behördliche Warnungen vor dem Verkehr mit Polen«. In zahlreichen Berichten aus der »kommunalen Praxis«, die über den Deutschen Gemeindetag an das Reichsinnenministerium herangetragen wurden, forderten sie neben der strengen Rückführung schwangerer Ausländerinnen eine fürsorge- sowie vormundschaftsrechtliche Sonderbehandlung der im Reich geborenen »fremdvölkischen« Kinder gemäß den Grundsätzen einer rassenhygienisch ausgerichteten, »differenzierten Fürsorge«.

Im Fall der im Altreich eingesetzten polnischen Arbeiterinnen wurden rassistische Argumentationsmuster verbunden mit traditionellen Vorurteilen gegen unverheiratete Mütter, denen »sittliche Gefährdung«, »Verwahrlosung« sowie die Verbreitung von Geschlechtskrankheiten unterstellt wurde. Die meist jungen und unverheirateten Frauen waren somit nicht nur aus rassenideologischen Gründen »unerwünscht«, sondern galten auch aufgrund ihrer vermeintlichen Verstöße gegen die gesellschaftliche sexuelle Moral als »minderwertig« und Gefahr für die deutsche »Volksgesundheit« – ein weiteres Merkmal ihrer intersektionalen Diskriminierung. Auffällig ist bei diesen Vorgängen die Beteiligung weiblicher Akteurinnen: Von der Gesundheitspflegerin im Gesundheitsamt über die Sachbearbeiterin im Landesjugendamt bis zur zuständigen Referentin im Deutschen Gemeindetag problematisierten deutsche Frauen bis in die mittlere Verwaltungsebene die Behandlung der ausländischen Kinder sowie ihrer Mütter und forderten Lösungen im Einklang mit den rassen-, bevölkerungs- und gesundheitspolitischen Zielen des Regimes. Die Arbeitsverwaltung reagierte auf diese Forderungen mit einer Verschärfung der Abschiebepraxis, während das Reichsinnenministerium zunächst auf laufende Verhandlungen mit den Regierungen der eingegliederten Ostgebiete über ein Sonderrecht für die polnische Jugendfürsorge verwies.

Vor dem Hintergrund des »Volkstumskampfes« im Osten wurden bevölkerungspolitische Maßnahmen entwickelt und erprobt, welche die Behandlung schwangerer ausländischer Arbeiterinnen und ihrer im Altreich geborenen Kinder maßgeblich mitbeeinflussen sollten. Von besonderer Bedeutung waren in dieser Hinsicht die Bestrebungen im Warthegau sowie den anderen eingegliederten Ostgebieten, das Vormundschaftsrecht sowie die Fürsorge vor allem für uneheliche polnische Kinder von volkstumspolitischen Zielen abhängig zu machen. Durch die systematische Schlechterstellung des unehelichen polnischen Kindes sowie finanzieller Nachteile für den Vater sollte die Geburtenrate der polnischen Bevölkerung herabgedrückt werden. Richtungsweisend war der Erlass des Reichsstatthalters im Reichsgau Wartheland, der im Juli 1941 die Behandlung unehelicher polnischer Kinder eigenmächtig neu geregelt und die Maßnahmen der öffentlichen Fürsorge von ihrer »rassisch biologische[n] Zweckmässigkeit«[214] abhängig gemacht hatte. Dieser Erlass fand nicht nur in den Ostgebieten Anerkennung, sondern wurde auch in Anfragen an den Deutschen Gemeindetag wiederholt als Vorbild für eine mögliche Neuregelung im Altreich angeführt. Auch das Innenministerium zog trotz der zweifelhaften Rechtsgrundlage die Übernahme der Regelungen in eine reichsweit gültige Rechtsverordnung in Erwägung.

Die bevölkerungspolitischen Maßnahmen im Bereich des Fürsorge- und Vormundschaftsrechts sollten nach dem Willen der Partei-Kanzlei, des Reichsgesundheitsführers und des Reichsführers SS mit der Erleichterung von Schwangerschaftsabbrüchen bei Polinnen verknüpft werden. Mittels Polizeiverordnungen setzte Himmler durch, dass die Strafverfolgungsbehörden Abtreibungsfällen nur dann nachgehen sollten, wenn die Strafverfolgung aus volkstumspolitischen Gründen angezeigt war. Die Angleichung der Rechtspraxis an die nationalsozialistische Volkstumspolitik ging deshalb mit der Ausweitung des polizeilichen Kompetenzbereichs einher. Zudem gelang es Himmler, seinen Machtbereich durch die einheitliche Regelung des Verfahrens zur rassischen Überprüfung und Zwangseindeutschung polnischer Kinder maßgeblich zu erweitern. Die Suche nach »rassisch wertvollen« Kindern war bereits im Herbst 1940 von Mitarbeiter:innen des deutschen Gesundheits- und Fürsorgewesens initiiert worden und hatte ihren Ausgang in Waisenhäusern und Kinderheimen im besetzten Westpolen genommen. Unter Federführung des RKF und des RuSHA wurde diese Suche systematisiert und auf die besetzten Gebiete der Sowjetunion und Südosteuropas sowie in geringerem Umfang auf Nord- und Westeuropa ausgeweitet.

Im Laufe des Jahres 1942 regte sich aus dem Osten zunehmend Kritik an der Rückführung schwangerer Polinnen aus dem Altreich, wobei Regierungsvertreter des Warthegaus und der übrigen Ostgebiete in Berlin zum einen fürsorgerechtliche Einwände vorbrachten, zum anderen auf die »volkstumspolitische Gefährdung« der eingegliederten Gebiete verwiesen. Rückendeckung erhielten sie dabei vom Reichsarbeitsministerium, welches den Rückführungen aufgrund arbeitseinsatzpolitischer Erwägungen kritisch gegenüberstand. Im Laufe zäher Verhandlungen konnten der Partei-Kanzlei und dem RKF einzelne Kompromisse abgerungen werden, vor allem aber sollte das Problem durch die Einrichtung primitiver Entbindungslager im Generalgouvernement umgangen werden.

---

214 Erlass des Reichsstatthalters im Warthegau betr. »Jugendwohlfahrt (Jugendhilfe), hier Rechtsstellung der Kinder von Schutzangehörigen, insbesondere der unehelichen Kinder«, 19. Juli 1941, APP, 53/299/0/2.1/1888, Bl. 504–510.

Zwischenfazit

In den eingegliederten Ostgebieten und insbesondere im Warthegau, den Reichsstatthalter Greiser zum »Exerzierplatz des Reiches« machen wollte, wurden somit die Grundlagen gelegt für diejenigen Maßnahmen, die die Behandlung schwangerer Zwangsarbeiterinnen und ihrer Kinder im Altreich in den folgenden Jahren bestimmen sollten: (Zwangs-)Abtreibungen bei Polinnen und »Ostarbeiterinnen«, gezielte Schlechterbehandlung »rassisch unerwünschter« Kinder sowie Zwangseindeutschung »gutrassiger Kinder«. Der Stopp der Rückführungen ging jedoch weniger auf die Kritik aus den Ostgebieten zurück als vielmehr auf den grundlegenden Wandel der »Arbeitseinsatzlage« durch den massenhaften Einsatz von »Ostarbeiterinnen« in der Rüstungsindustrie. Ab der zweiten Hälfte des Jahres 1942 forderten Wirtschaftsunternehmen und regionale Behörden, die sich mit dem »Ausländereinsatz« befassten, ein Ende der Abschiebungen schwangerer Ausländerinnen und die Einrichtung von Betreuungsmöglichkeiten für die von Zwangsarbeiterinnen im Reich geborenen Kinder.

Ein erster und bedeutender Vorstoß in diese Richtung kam zudem aus dem Reichsgau Oberdonau. Der Reichsstatthalter und Gauleiter Eigruber schlug dem Reichsführer SS im Juli 1942 die versuchsweise Einrichtung von Heimen für ausländische Kinder, verbunden mit einer rassischen Überprüfung ihrer Eltern, vor. Das lange Ausbleiben einer Antwort Himmlers, der sich erst im Oktober mit dem Vorschlag einverstanden erklärte, verweist auf die zu dieser Zeit noch laufenden Verhandlungen zwischen der Arbeitsverwaltung und dem RSHA. Diese waren auch Mitte Dezember, als der GBA die Rückführungen zunächst befristet bis zum März 1943 einstellen ließ, nicht vollständig abgeschlossen, eine endgültige Entscheidung Himmlers stand zu diesem Zeitpunkt offenbar noch aus. Am 31. Dezember 1942 stimmte der RFSS schließlich einem vom RSHA und RuSHA ausgearbeiteten Maßnahmenkatalog zur Behandlung schwangerer Ausländerinnen, der rassischen Auslese ihrer im Reich geborenen Kinder sowie der Einrichtung von »Kindersammelstätten« zu.

2 »Fremdvölkische« Kinder und Familien im Altreich

Nach der Grundsatzentscheidung des Generalbevollmächtigten für den Arbeitseinsatz, die Rückführung schwangerer Ausländerinnen einstellen und »Kleinkinderbetreuungseinrichtungen« einrichten zu lassen, begannen die verschiedenen Ministerien auf Reichsebene, sich eingehend mit der Behandlung schwangerer ausländischer Zwangsarbeiterinnen und ihrer im Reich geborenen Kinder zu befassen. Im Folgenden sollen diese Planungen und Erlasse zunächst anhand der jeweiligen Problem- und Arbeitsbereiche nachvollzogen werden. Anschließend wird auf den Umgang der Behörden mit unerwünschten Ehen und Familiengründungen ausländischer Zwangsarbeiter:innen im Altreich sowie mit »fremdvölkischen« Familien, die zum Arbeitseinsatz ins Reich gebracht wurden, eingegangen. Damit zusammenhängend werden abschließend die Planungen zur Versorgung und Betreuung arbeitsunfähiger Menschen untersucht, die häufig als Angehörige von Zwangsarbeiterfamilien nach Deutschland deportiert worden waren.

2.1 Reichsweite Planungen und Erlasse

Mit dem Erlass des GBA wurde zur Jahreswende 1942/43 ein plötzlicher Kurswechsel in der Behandlung schwangerer Zwangsarbeiter:innen und ihrer Kinder eingeschlagen, ohne zuvor den nachgeordneten Behörden entsprechende Richtlinien an die Hand zu geben oder Übergangsfristen einzuräumen. Am 6. Februar 1943 berief Himmler diesbezüglich eine Besprechung ein, an der die wichtigsten der in den folgenden Jahren mit der Frage befassten Ressorts vertreten waren: der GBA, die Reichsleitung der NSDAP, die DAF, der Reichsgesundheitsführer, das Reichsinnenministerium sowie der Reichsnährstand.[1] Die verschiedenen Institutionen auf Reichsebene, die nun begannen, jeweils eigene Richtlinien auszuarbeiten, lassen sich grob folgenden Arbeitsbereichen zuordnen: erstens die Arbeitsverwaltung, die gemeinsam mit Vertretern der Unternehmen die Intensivierung und Effektivierung des Arbeitseinsatzes anstrebte und auf deren Betreiben der Stopp des Rücktransports in erster Linie zurückzuführen ist. Für diesen Geschäftsbereich waren mit dem Schreiben des GBA vom 15. Dezember 1942 an die Präsidenten der Landesarbeitsämter die ersten Weisungen ergangen, eine

---

1 Memorandum des Reichslandwirtschaftsrats Dr. Hatesaul an das Reichsamt für das Landvolk, Dr. Rechenbach, 12. März 1943, 2.2.0.1/82388960–82388962/ITS Digital Archive, Bad Arolsen.

Präzisierung folgte im Frühjahr 1943. Zweitens der von Himmler als Reichsführer SS und Chef der Deutschen Polizei sowie als Reichskommissar für die Festigung deutschen Volkstums gelenkte staatliche Polizei- und Sicherheitsapparat: Die SS-Ämter RSHA, RuSHA und VoMi legten ihr Hauptaugenmerk zum einen auf Maßnahmen zur Verhütung der befürchteten »Unterwanderungsgefahren«, zum anderen auf die Erfassung, rassische Überprüfung und gegebenenfalls »Eindeutschung« vermeintlich »gutrassischen Nachwuchses«. Der zentrale Erlass des Reichsführers SS über Behandlung und »Auslese« schwangerer Ausländerinnen und ihrer Kinder erging Ende Juli 1943. Zudem wurde die Freigabe der Abtreibung für »Ostarbeiterinnen« und Polinnen, die Reichsgesundheitsführer Conti in Übereinstimmung mit Himmler im März beziehungsweise Juni 1943 anordnete, ebenfalls mit Rassenuntersuchungen durch Experten aus dem RuSHA verbunden. Drittens galt es im Reichsinnenministerium einheitliche Richtlinien für die innere Verwaltung, die Gemeinden und Städte, die Jugendämter, Gesundheitsämter und Fürsorgeverbände zu finden. Innerhalb der von Staatssekretär Conti geleiteten Gesundheitsabteilung fiel dies in erster Linie in den Aufgabenbereich des Wohlfahrts- sowie des Jugendpflegereferats unter Leitung von Fritz Ruppert und dessen Stellvertreter Hans Muthesius.[2] Dass ein entsprechender Erlass bis Juni 1944 auf sich warten ließ, bereitete den Verwaltungsbehörden zunehmend Probleme, wie aus den Berichten der kommunalen Verwaltungen an den DGT hervorgeht. Dieser Mangel an Weisung durch das RMdI sowie die in erster Linie auf die Industrie zugeschnittenen Richtlinien des GBA hatten zur Folge, dass das Reichsamt für das Landvolk, das Reichsministerium für Ernährung und Landwirtschaft (RMEL) sowie der Reichsnährstand (RNSt) ab Ende 1943 selbstständig nach Lösungen für den Bereich der Landwirtschaft suchten. Mit Erlass des Reichsbauernführers (RBF) vom März 1944 sollte die Frage der Unterbringung und Versorgung der »fremdvölkischen« Kinder in der Landwirtschaft gemäß rassenideologischen Maßstäben gelöst werden. Im Folgenden werden die aufgeführten Arbeitsbereiche sowie ihre spezifischen Problemfelder und Lösungsansätze im Einzelnen näher beleuchtet.

2.1.1 Richtlinien der Arbeitsverwaltung

Die Entscheidung zum Stopp des Rücktransports schwangerer ausländischer Arbeiterinnen teilte der GBA Ende des Jahres 1942 zunächst per unveröffentlichtem Runderlass den Präsidenten der Landesarbeitsämter mit, weitere Regelungen für die Arbeitsämter und die DAF folgten in der ersten Jahreshälfte 1943. Denn neben der grundsätzlichen Anweisung an die Landesarbeitsämter, die Abschie-

---

2 Gruner, Öffentliche Wohlfahrt und Judenverfolgung, S. 235.

bungen auszusetzen und in »verständnisvolle[r] Zusammenarbeit«[3] mit den Betrieben und den Verwaltungsorganen von Staat und Partei Entbindungs- und Unterbringungsmöglichkeiten »einfachster Art« bereitzustellen, hatte Sauckel zunächst eine ganze Reihe praktischer Fragen offengelassen. Das Amt für Arbeitseinsatz brachte den GBA-Erlass Mitte Januar 1943 per DAF-Verteiler in Umlauf und gab am 22. Januar einige ergänzende Hinweise aus, betonte vor allem aber die Eigenverantwortung der Betriebe bei der Betreuung der ausländischen Kinder und verwies auf den »Weg der Selbsthilfe«, sollten noch keine spezifischen staatlichen Regelungen vorliegen.[4] Während es in diesem Schreiben noch hieß, schwangeren »Ostarbeiterinnen« stünden die gleichen Lebensmittelzulagen wie anderen schwangeren Frauen zu, wurde diese Bestimmung durch das Reichsernährungsministerium nach kurzer Zeit wieder zurückgezogen.[5]

Am 20. März 1943 verlängerte Sauckel den zunächst bis Ende März befristeten Stopp des Rücktransports »aller schwangeren, sonst aber einsatzfähigen Ostarbeiterinnen« bis zum Kriegsende, andere schwangere Ausländerinnen sollten weiterhin nur in Ausnahmefällen in ihre Heimat zurückgeführt werden.[6] Infolge vermehrter Rückfragen gab er den Arbeitsämtern zudem eine Reihe weiterer Richtlinien an die Hand. Demnach seien Entbindungen möglichst in den Krankenbaracken der Betriebe durchzuführen, in der Landwirtschaft ließe sich dies vor Ort »mit Hilfe der Dorfgemeinschaft (Ortsbauernführer)« realisieren. Nötigenfalls müssten Großbetriebe zudem die bei kleineren Betrieben in der Umgebung eingesetzten schwangeren Frauen »in Gemeinschaftshilfe« aufnehmen. Ansonsten kämen für Entbindungen die »Ausländer-Krankenbaracken« der öffentlichen Krankenhäuser oder der Durchgangslager in Frage, darüber hinaus könnten die Frauen als »Hausschwangere«, das heißt zu Ausbildungszwecken, in Krankenhäusern und Hebammenlehranstalten aufgenommen werden. Sei dennoch die Schaffung besonderer Entbindungseinrichtungen notwendig, könne dies aus den »Mitteln des Reichsstocks für den Arbeitseinsatz« mitfinanziert werden, sofern das Geld nicht anders aufzubringen sei. Zu den Entbindungskosten, sollten diese nicht von der Krankenversicherung gedeckt sein, könne der »Reichsstock« pauschal 40 RM beisteuern. Für die Kosten der Unterbringung der Frauen käme im Allgemeinen die Krankenversicherung für die Zeit der Arbeitsunfähigkeit von bis

---

3 Weiterleitung des GBA-Erlasses betr. »Rückführung schwangerer ausländischer Arbeitskräfte« vom 15. Dezember 1942 durch die DAF, Amt für Arbeitseinsatz, 12. Januar 1943, BArch, NS 5-I/264.

4 Rundschreiben der DAF, Amt für Arbeitseinsatz, betr. »Ostarbeiter-Einsatz; hier: schwangere Ostarbeiterinnen und deren Kinder«, 22. Januar 1943, BArch, NS 5-I/264.

5 Rundschreiben der DAF, Amt für Arbeitseinsatz, betr. »Verpflegung der Ostarbeiter«, 12. Februar 1943, BArch, NS 5-I/264.

6 Hier und im Folgenden Runderlass des GBA an die Präsidenten der Landesarbeitsämter betr. »Behandlung schwangerer ausländischer Arbeitskräfte«, 20. März 1943, BArch, NS 5-I/271.

zu zehn Tagen nach der Entbindung auf. Betrieben, die Entbindungen im eigenen Lager durchführten, könne für die »Zeit der absoluten Arbeitsunfähigkeit, längstens jedoch für einen Zeitraum von 4 Wochen, [...] die Kosten der Unterbringung und Verpflegung mit 1,50 RM täglich erstattet werden«.

Die Unterbringung der Kinder in den Betrieben plante der GBA über die »Ostarbeiterabgabe« zu finanzieren. Demnach konnten die Betriebe für jedes in ihrem Lager untergebrachte »Ostarbeiterkind« täglich bis zu 0,75 RM dieser Abgabe einbehalten. Dieser Betrag war jedoch für die Kosten zur Ernährung und Pflege der Säuglinge sowie den laufenden Betrieb einer »Ausländerkinder-Pflegestätte« äußerst knapp bemessen. So beschwerten sich die Reichswerke Hermann Göring in Linz nach der Einrichtung einer »Kinderkrippe« in einem ihrer Lager, dieser Betrag stehe »zu den wirklichen Kosten in keinem Vergleich«.[7] In der Praxis wurde daher oftmals versucht, die Kosten auf die Eltern der Kinder zu übertragen, was bei dem geringen Verdienst der »Ostarbeiter:innen« allerdings ebenfalls problematisch war. Die Betriebe gerieten somit ökonomisch unter Druck, die Pflege, Unterbringung und Versorgung der Schwangeren, Wöchnerinnen und vor allem ihrer Kinder möglichst kostengünstig zu gestalten.

Während der ersten Kriegsjahre war infolge des wachsenden Arbeitskräftemangels die industrielle Frauenerwerbsquote stark angestiegen und aus diesem Grund das deutsche »Gesetz zum Schutze der erwerbstätigen Mutter« (Mutterschutzgesetz) Mitte des Jahres 1942 deutlich erweitert worden.[8] Das Gesetz enthielt zahlreiche Hilfestellungen zur Unterstützung der »im Erwerbsleben stehende[n] Mutter, die trotz erschwerter Lebensbedingungen dem Vaterlande Kinder schenkt«.[9] Die dadurch entstehenden Mehrkosten wurden von den Krankenkassen getragen. Auf diese Weise sollten die weibliche Arbeitskraft in der Kriegswirtschaft mobilisiert und zugleich negative Auswirkungen auf die Geburtenrate sowie die Säuglingssterblichkeit abgefedert werden.[10] Zur Anwendung des Mutterschutzgesetzes auf Ausländerinnen verfügte der GBA im Erlass vom 20. März, Arbeiterinnen aus Bulgarien, Italien, Kroatien, der Slowakei, Spanien und Ungarn seien arbeitsschutzrechtlich den deutschen Arbeiterinnen gleichgestellt und hät-

---

7 Schreiben der Reichswerke Hermann Göring an die Ortskrankenkasse Linz betr. »Leistungen der Krankenkasse für Ostarbeiterinnen«, gez. Wolkerstorfer, 22. Dezember 1943, BArch, R 12-I/342. Die Reichswerke bemühten sich daher – erfolglos – um Kostenerstattung durch das Arbeitsamt, die NSV und die Krankenkasse. Siehe Hauch, Zwangsarbeiterinnen und ihre Kinder, S. 439 f.
8 Reichsgesetzblatt I 1942, S. 321–328; Carola Sachse, Das nationalsozialistische Mutterschutzgesetz. Eine Strategie zur Rationalisierung des weiblichen Arbeitsvermögens im Zweiten Weltkrieg, in: Rationale Beziehungen? Geschlechterverhältnisse im Rationalisierungsprozeß, hg. von Dagmar Reese, Frankfurt a. M. 1993, S. 270–294.
9 Reichsgesetzblatt I 1942, S. 321.
10 Vgl. F. H. Schmidt, Der Mutterschutz im Kriege, in: Reichsarbeitsblatt V 1941, S. 473.

ten damit »Anspruch auf denselben Schutz wie die deutschen werdenden Mütter«.[11] Im April wurde der Mutterschutz zudem auf Frauen aus Dänemark, den Niederlanden, Norwegen, Rumänien, Schweden und der Schweiz ausgedehnt.[12]
»Ostarbeiterinnen« hingegen wurde lediglich der bereits für Polinnen geltende Mindestschutz von zwei Wochen vor und sechs Wochen nach der Geburt zugestanden. Das Amt für Arbeitseinsatz der DAF sah »gerade bei Ausländern« die Gefahr, sie würden diese Zeit mit »Nichtstun verbummeln« und »der deutschen Ernährungswirtschaft« nutzlos zur Last fallen.[13] Vor allem die unter den Mindestschutz fallenden Arbeiterinnen sollten daher auch während der gesetzlich festgelegten Schonzeiten »mit vollwertiger, wenn auch vielleicht leichterer Arbeit«[14] betraut werden. So wurden bestimmte Arbeiten in der geschützten Zeit als »statthaft« erachtet, wie es im Erlass des GBA hieß.[15] Die schwangeren Polinnen und »Ostarbeiterinnen« seien in den Entbindungsstätten und -lagern »so lange irgend möglich und sobald wieder möglich mit Hausarbeit oder gegebenenfalls Heimarbeit im Lager« zu beschäftigen. Die Arbeitsleistung dieser Frauen sollte möglichst wenig von einer Schwangerschaft beeinträchtigt werden, während ihrem gesundheitlichen Wohl und dem ihrer Kinder wenig Beachtung geschenkt wurde.

Darüber hinaus sollte für schwangere Polinnen, »Ostarbeiterinnen« und deren Kinder nur ein Mindestmaß an Ressourcen aufgewandt werden. Auf Antrag des GBA hatte der Reichswirtschaftsminister entsprechende Regelungen festgelegt und per Runderlass vom 22. Januar den Landeswirtschaftsämtern mitgeteilt.[16] Demnach durfte »Ostarbeiterinnen« sowie Polinnen bei fortgeschrittener Schwangerschaft gerade nur so viel Stoff zugebilligt werden, wie zur Änderung ihrer vorhandenen Kleidung »unbedingt erforderlich« sei. Von der »Bewilligung bequemeren Schuhwerks« könne bei den »Ostvölkern« abgesehen werden, »da gesundheitlich ungünstiges Schuhwerk eine Zivilisationserscheinung« sei. Lediglich ökonomische Überlegungen vermochten diese rassistische Schlechterbehandlung zu begrenzen, so dass die Arbeiterinnen ausnahmsweise

---

11   Runderlass des GBA an die Präsidenten der Landesarbeitsämter betr. »Behandlung schwangerer ausländischer Arbeitskräfte«, 20. März 1943, BArch, NS 5-I/271.
12   Erlass des GBA betr. »Anwendung des Mutterschutzgesetzes auf Ausländerinnen«, 30. April 1943, Reichsarbeitsblatt I 1943, S. 291.
13   Handreichung der DAF, Amt für Arbeitseinsatz, betr. »Die Behandlung schwangerer ausländischer Arbeitskräfte«, 8. April 1943, BArch, R 89/10888, S. 12.
14   Handreichung der DAF, Amt für Arbeitseinsatz, betr. »Die Behandlung schwangerer ausländischer Arbeitskräfte«, 8. April 1943, BArch, R 89/10888, S. 13.
15   Runderlass des GBA an die Präsidenten der Landesarbeitsämter betr. »Behandlung schwangerer ausländischer Arbeitskräfte«, 20. März 1943, BArch, NS 5-I/271.
16   Runderlass des GBA an die Präsidenten der Landesarbeitsämter betr. »Behandlung schwangerer ausländischer Arbeitskräfte«, 20. März 1943, BArch, NS 5-I/271.

einen Bezugsschein für bequemere Schuhe erhalten konnten, wenn ansonsten mit einer »Beeinträchtigung des Arbeitseinsatzes« zu rechnen sei. Die Säuglinge wiederum konnten »bei dringender Notwendigkeit« maximal die Hälfte der den deutschen Kindern zustehenden Bekleidungsstücke erhalten.

Bei der Behandlung der Kinder griffen ebenfalls ökonomische und rassistische Gesichtspunkte ineinander. So bedürfe diese Frage laut einer internen Mitteilung der DAF »besonderer Aufmerksamkeit, denn die wieder im Arbeitseinsatz befindliche Mutter darf durch das Kind möglichst nicht von ihrer Tätigkeit abgelenkt oder in ihrer Arbeitsleistung beeinträchtigt werden«.[17] Die Unterbringung der Kinder richtete sich wie zuvor geplant nach ihrem »rassischen Wert«: Kinder »germanischer Abstammung« seien in Einrichtungen für deutsche Kinder, Kinder »gutrassiger« Polinnen in die »Sondereinrichtungen der NSV für gutrassige Kinder aus dem Osten« einzuweisen. Für die übrigen Kinder waren die noch zu schaffenden »Kleinkinderbetreuungseinrichtungen einfachster Art« vorgesehen.[18]

Die schwerwiegendsten Folgen zeitigte die rassistische Diskriminierung bei den Ernährungsrichtlinien. Auch hier waren bestimmte ausländische Arbeiterinnen den deutschen gleichgestellt und erhielten während Schwangerschaft und Stillzeit die gleichen Ernährungszulagen. Polinnen und »Ostarbeiterinnen« waren jedoch, trotz ihrer ohnehin unzureichenden Nahrungsrationen, grundsätzlich von diesen Zulagen ausgeschlossen. Besonders die Bestimmungen des GBA zur Ernährung der Kinder, basierend auf einem Runderlass des Reichsministeriums für Ernährung und Landwirtschaft vom 6. Oktober 1942, sollten sich als verhängnisvoll erweisen:

> Die Säuglinge der ausländischen Arbeiterinnen erhalten die gleiche Ernährung wie deutsche Kleinstkinder. Die Säuglinge von Ostarbeiterinnen und Polinnen erhalten bis zu 3 Jahren ½ Liter Vollmilch (vgl. Runderlass 1305/42).[19]

Bei der Bemessung dieser knappen Rationen wurde als gegeben vorausgesetzt, dass die Mütter ihre Säuglinge stillen würden, um Zeit und Aufwand für die Pflege der Kinder einzusparen. Da dies in der Praxis oftmals nicht der Fall war, führten die Ernährungsrichtlinien des RMEL in den folgenden Jahren für unzählige Kinder zu Hunger, Krankheit und Tod.[20]

---

17 Handreichung der DAF, Amt für Arbeitseinsatz, betr. »Die Behandlung schwangerer ausländischer Arbeitskräfte«, 8. April 1943, BArch, R 89/10888, S. 38.
18 Runderlass des GBA an die Präsidenten der Landesarbeitsämter betr. »Behandlung schwangerer ausländischer Arbeitskräfte«, 20. März 1943, BArch, NS 5-I/271.
19 Runderlass des GBA an die Präsidenten der Landesarbeitsämter betr. »Behandlung schwangerer ausländischer Arbeitskräfte«, 20. März 1943, BArch, NS 5-I/271.
20 Siehe Kapitel 5.3.3 in diesem Buch.

Obwohl Vertreter der eingegliederten Ostgebiete in Berlin schon seit Längerem auf die Einstellung der Rücktransporte schwangerer Polinnen hingewirkt hatten und bei dieser Forderung vom RAM unterstützt worden waren, bezogen sich die Erlasse Sauckels in erster Linie auf »Ostarbeiterinnen«. Dies unterstreicht die Bedeutung des »Ostarbeitereinsatzes« in der Industrie für diesen Kurswechsel. Zunächst galt für schwangere Polinnen ebenso wie für andere Ausländerinnen, dass sie nur in Ausnahmefällen abgeschoben werden dürften. In einem Erlass des Reichsarbeitsministeriums vom 5. Mai 1943 wurde dann allerdings explizit darauf hingewiesen, entgegen den Anweisungen des GBA vom 20. März seien nun auch schwangere polnische Arbeitskräfte »grundsätzlich nicht zurückzuführen«.[21] Dessen ungeachtet wurden laut Zahlen des Gauarbeitsamts Wartheland im Laufe des Jahres 1943 über eintausend schwangere Polinnen von den Arbeitsämtern oder direkt von ihren Arbeitgebern aus dem Altreich in den Gau zurückgeschickt.[22] Damit stieg die Zahl der Rückführungen im Vergleich zum Jahr 1942 sogar um etwa acht Prozent an.

Nach langwierigen Verhandlungen mit Regierungsvertretern aus Posen, die sich bei der Arbeitsverwaltung über die anhaltenden Abschiebungen schwangerer Arbeiterinnen sowie angeblich nur scheinbar erkrankter, aber noch einsatzfähiger Arbeitskräfte beschwerten, ergänzte der GBA im September 1944 die Regelungen zur »Heimbeförderung nicht einsatzfähiger Kräfte« aus den eingegliederten Gebieten im Osten.[23] Dabei betonte er abermals, schwangere polnische Arbeiterinnen seien bis auf Weiteres im Altreich zu belassen. Vom Rücktransport dauerhaft nicht einsatzfähiger Arbeitskräfte könne ebenso abgesehen werden, sofern sie »innerhalb des Altreichsgebiets im Familienverbande leben« und dort auf Kosten der Angehörigen mitversorgt werden könnten. Dieses Beispiel aus dem Warthegau zeigt, dass trotz des offiziellen Rücktransportstopps weiterhin schwangere ausländische Arbeiterinnen in ihre Heimatgebiete abgeschoben wurden. Dabei setzten sich nicht nur einzelne Arbeitsämter über die Regelungen des GBA und des RAM hinweg, sondern auch die Arbeitgeber:innen konnten ihre Arbeitskräfte eigenmächtig zurückschicken. Für »Ostarbeiterinnen« wird dies allerdings in kleinerem Umfang geschehen sein, da ein Transport in die eingegliederten Ostgebiete wesentlich leichter zu bewerkstelligen war als in die besetzten Gebiete der Sowjetunion, zumal sich diese in vielen Fällen bereits wieder in Feindeshand befanden.

21 Runderlass des RAM betr. »Arbeitseinsatz polnischer Arbeitskräfte; hier: Rückführung nicht einsatzfähiger Kräfte«, 5. Mai 1943, APP, 53/299/0/2.5/2198.
22 Aktenvermerkt betr. »Rückkehr einsatzfähiger Polen aus dem Altreich in die Ostgebiete«, 19. Februar 1944, APP, 53/299/0/2.5/2198.
23 Erlass des GBA betr. »Arbeitseinsatz polnischer Arbeitskräfte aus den eingegliederten Ostgebieten; Hier: Heimbeförderung nicht einsatzfähiger Kräfte«, 11. September 1944, APP, 53/299/0/2.5/2198.

2.1.2 Genehmigung von Abtreibungen bei »Ostarbeiterinnen« und Polinnen

Während Abtreibungen bei Polinnen seit den Polizeiverordnungen von 1942 straffrei bleiben beziehungsweise von den Ermittlungsbehörden überhaupt nicht verfolgt werden sollten, stellte sich alsbald die Frage, wie in dieser Hinsicht mit »Ostarbeiterinnen« zu verfahren sei. Wohl liegt für das Jahr 1942 eine Dienstanweisung der DAF vor, laut der in den Lagern »[g]egen Versuche von Ostarbeiterinnen, eine bei ihnen eingetretene Schwangerschaft zu unterbinden, [...] nicht eingeschritten«[24] werden solle. Rechtlich gesehen bestand jedoch weiterhin, wie auch bei Polinnen, das generelle Verbot des Schwangerschaftsabbruchs. Im Stabshauptamt des Reichskommissars für die Festigung deutschen Volkstums fand im Dezember 1942 eine Sitzung der Hauptabteilungsleiter über Abtreibungen bei »Ostarbeiterinnen« statt.[25] Der Leiter der Dienststelle, Ulrich Greifelt, erklärte sich in dieser Frage zwar für nicht zuständig, verwies jedoch auf vorausgegangene Verhandlungen über die Abtreibung bei Polinnen. Dabei hatte das Stabshauptamt des RKF die Haltung vertreten, die »Interessen der Festigung deutschen Volkstums« würden keinen »strafrechtlichen Schutz der Schwangerschaft bei Polinnen im Gebiet des Altreichs« verlangen. SS-Oberführer Rudolf Creutz, Leiter der Amtsgruppe A im Stabshauptamt, sprach sich dennoch gegen eine Ausnahmebestimmung für »Ostarbeiterinnen« aus, da ihre Kinder auch nach dem Krieg noch als Arbeitskräfte benötigt würden. Zudem würden die meisten dieser Kinder von deutschen Vätern stammen. Darüber hinaus befürchtete er, eine Ausnahmeregelung zum Abtreibungsparagraphen würde »dann doch eines Tages dem deutschen Volke bekannt werden [...] und die Achtung vor diesem Gesetz zweifelsohne mindern«.[26] Ebenso sprach sich Gestapochef Heinrich Müller in seinen Vorschlägen zur »Behandlung schwangerer Ausländerinnen« nach dem Rücktransport-Stopp zunächst gegen die Freigabe der Abtreibung aus.[27] Dessen ungeachtet traf der RKF gemeinsam mit dem Reichsgesundheitsführer im Frühjahr 1943 schließlich die Grundsatzentscheidung, Abbrüche zunächst bei »Ostarbeiterinnen« zu erlauben.

---

24 Muster einer Dienstanweisung über die Behandlung der in Lagern untergebrachten Ostarbeiterinnen, 1942, BArch NS 5-I/269, zitiert nach Bock, Zwangssterilisation im Nationalsozialismus, S. 442. Im Gau Oberdonau scheint der Gestapo-Chef von Linz diese Anweisung Ende September 1942 ausgegeben zu haben; siehe Hauch, Ostarbeiterinnen, S. 1282.
25 Aktenvermerk von Dr. Stein für den Abteilungsleiter betr. »Unterbrechung der Schwangerschaft bei Ostarbeiterinnen«, 7. Dezember 1942, BArch, R 49/2769, Bl. 3 f.
26 Aktenvermerk von Dr. Stein für den Abteilungsleiter betr. »Unterbrechung der Schwangerschaft bei Ostarbeiterinnen«, 7. Dezember 1942, BArch, R 49/2769, Bl. 3 f.
27 Schreiben des SS-Gruppenführers Müller an den RFSS betr. »Behandlung schwangerer Ausländerinnen«, 23. Dezember 1942, BArch, NS 19/940.

Mit der vom Ministerrat für die Reichsverteidigung erlassenen »Verordnung über Schutz von Ehe, Familie und Mutterschaft«[28] wurden am 9. März 1943 die Strafen für Abtreibungen drastisch verschärft. So konnte sogar die Todesstrafe verhängt werden, sofern der Täter oder die Täterin »die Lebenskraft des deutschen Volkes fortgesetzt beeinträchtigt« habe. § 8 der Verordnung räumte dem Reichsjustizminister allerdings das Recht ein, »Personen, die nicht deutsche Staatsangehörige deutscher Volkszugehörigkeit sind«, von den neuen Bestimmungen auszunehmen. Im Reichssicherheitshauptamt machte man sich in der Folge Gedanken, wie eine solche Ausnahmeregelung ausgestaltet werden könne. So dürfe die Freigabe des Schwangerschaftsabbruchs keinesfalls auf »Völker deutschen und stammesgleichen Blutes« zutreffen. Bei den übrigen Völkern seien Abtreibungen freizugeben, allerdings dürften diese nur von Ärzten und Hebammen vorgenommen werden. Dabei hatte man keineswegs das Wohl der betroffenen Frauen im Sinn: »Diese Einschränkung ist nicht im Hinblick auf eine sachgemässe Durchführung der Eingriffe, sondern im Hinblick darauf erforderlich, dass andernfalls die Gefahr des Übergreifens auf Deutsche zu gross wäre.«[29] Knapp zwei Wochen später nahmen Vertreter des RSHA an einer Besprechung im RMdI teil, bei der entschieden wurde, den Erlass Heydrichs vom 21. März 1942 über die Verfolgung von Abtreibungs- und Sittlichkeitsdelikten in der polnischen Bevölkerung der eingegliederten Ostgebiete zwar nicht direkt zu übernehmen, jedoch als Vorlage für eine entsprechende Ausnahmeregelung zu verwenden. Einstimmig sei die Ansicht vertreten worden, nur der RKF dürfe bestimmen, wann eine strafrechtliche Verfolgung angezeigt sei. Die Dienststellen Himmlers sollten daher »in jedem Falle freie Hand« haben, um »nach den jeweils gegebenen volkstumspolitischen Erfordernissen« zu verfahren.[30] Die in den eingegliederten Ostgebieten erfolgte Ausdehnung des Machtbereichs der Sicherheitspolizei und SS sollte somit ins Altreich übernommen werden. Eine auf diesen Vorschlägen basierende Ausnahmebestimmung des RJM ist allerdings nicht überliefert, vielmehr wurde die Frage des Schwangerschaftsabbruchs bei »fremdvölkischen« Arbeiterinnen im Reich unter Umgehung der Justiz auf anderem Wege gelöst.

In den zwei Wochen zwischen Verkündung und Inkrafttreten der »Verordnung über Schutz von Ehe, Familie und Mutterschaft« veröffentlichte der Reichsgesundheitsführer mit Zustimmung Himmlers eine Anordnung, mit der Schwangerschaftsabbrüche zunächst bei »Ostarbeiterinnen« offiziell genehmigt wurden:

---

28 Reichsgesetzblatt I 1943, S. 140 f.

29 Besprechungsvermerk des RSHA betr. »Ausführungsbestimmung zu § 8 der Verordnung zum Schutz von Ehe, Familie und Mutterschaft vom 9.3.43«, 25. März 1943, BArch, R 58/3519, Bl. 72 f.

30 Besprechungsvermerk des RSHA über die Sitzung im RMdI, 6. April 1943, BArch, R 58/3519, Bl. 73 f.

Im Einvernehmen mit dem Reichskommissar für die Festigung deutschen Volkstums ordne ich unter Bezugnahme auf das mir vom Generalbevollmächtigten für den Arbeitseinsatz unter dem 21. Mai 1942 übertragene Weisungsrecht an, daß bei Ostarbeiterinnen abweichend von den ›Richtlinien für Schwangerschaftsunterbrechung und Unfruchtbarmachung aus gesundheitlichen Gründen‹ [...] verfahren werden und auf Wunsch der Schwangeren die Schwangerschaft unterbrochen werden kann.[31]

Hierzu musste ein von der Schwangeren unterzeichneter Antrag bei der zuständigen Gutachterstelle für Schwangerschaftsunterbrechung eingereicht werden. Die Gutachterstelle wiederum musste zunächst die Zustimmung des jeweiligen Höheren SS- und Polizeiführers – in seiner Funktion als Beauftragter des Reichskommissars für die Festigung deutschen Volkstums – einholen, bevor über den Antrag entschieden und ein Arzt mit der Durchführung beauftragt werden durfte. Die Eingriffe sollten bevorzugt in den Krankenbaracken für Ausländer vorgenommen werden, die auch für Entbindungen vorgesehen waren. Anfang April wurden die Präsidenten der Landesarbeitsämter und Leiter der Arbeitsämter vom GBA über die Möglichkeit der Abtreibung bei »Ostarbeiterinnen« informiert, im August wies Sauckel die örtlich zuständigen Arbeitsämter an, die Kosten für die Eingriffe zu übernehmen.[32] Bedenken, man benötige die Kinder der »Ostarbeiterinnen« zukünftig als Arbeitskräfte, räumte Conti unter Hinweis auf den akuten Arbeitskräftebedarf der Rüstungsindustrie aus:

Im Hinblick auf die Schwangerschaftsunterbrechungen bei Ostarbeiterinnen taucht immer wieder die Ansicht auf, dass ein Interesse an dem Geborenwerden zukünftiger Ostarbeiterhilfskräfte bestehe. Hierzu muss betont werden, dass diese Ansicht völlig abwegig ist. Es besteht ein Kriegsinteresse daran, dass die Ostarbeiterinnen jetzt in der Rüstungsproduktion arbeiten. Sich um die Zahl zukünftiger Ostarbeiter oder -arbeiterinnen Gedanken zu machen, besteht angesichts der bevölkerungspolitischen Lage nicht die mindeste Veranlassung. Eine solche Meinung lässt eine völlige Unkenntnis der Sachlage und mangelndes Verständnis für die bevölkerungspolitischen Fragen erkennen.[33]

---

31 Anordnung Nr. 4/43 des Reichsgesundheitsführers betr. »Schwangerschaftsunterbrechung bei Ostarbeiterinnen«, 11. März 1943, BArch, R 187/216.

32 Schreiben des GBA an die Präsidenten der Landesarbeitsämter und Leiter der Arbeitsämter betr. »Ostarbeiterinnen; hier: Schwangerschaftsunterbrechungen«, 5. April 1943, 2.2.0.2/82385610–82385611/ITS Digital Archive, Bad Arolsen; Schreiben des GBA an die Präsidenten der Landesarbeitsämter und Leiter der Arbeitsämter betr. »Ostarbeiterinnen; hier: Kosten f. Schwangerschaftsunterbrechungen«, 5. April 1943, 2.2.0.2/82385614/ITS Digital Archive, Bad Arolsen.

33 Informationsdienst des Hauptamts für Volksgesundheit der NSDAP, Nr. 1-3/1944, Febru-

Die Freigabe der Abtreibung für »Ostarbeiterinnen« hatte in erster Linie das Ziel, die Arbeitskraft der Frauen möglichst schnell wieder für die kriegswichtige Rüstungsindustrie ausbeuten zu können sowie die kostenintensive Unterbringung und Versorgung ihrer Kinder bei den Betrieben zu vermeiden. Zugleich war die Geburt dieser als »schlechtrassig« geltenden Kinder aus bevölkerungspolitischen Gründen unerwünscht. Auf diese Weise griffen rassen- und arbeitseinsatzpolitische Motive ineinander.

Die endgültige Entscheidung über die Zulässigkeit einer Abtreibung lag bei den Dienststellen Himmlers, der das Genehmigungsverfahren mittels einer Durchführungsanweisung vom 9. Juni 1943 für die Höheren SS- und Polizeiführer (HSSPF), die Sicherheitspolizei und den SD konkretisierte.[34] Demnach erteilte er in seiner Funktion als Reichskommissar für die Festigung deutschen Volkstums von vornherein die Zustimmung zum Schwangerschaftsabbruch bei »Ostarbeiterinnen« in den Fällen, in denen es sich beim Erzeuger des Kindes um einen »fremdvölkischen« Mann handele. Die Wahrscheinlichkeit, dass in diesen Fällen »gutes Blut« verloren ging, hielt er augenscheinlich für vernachlässigbar. Die Gutachterstelle war nur dann an das Urteil des HSSPF gebunden, wenn es Grund zu der Annahme gab, dass der Vater ein Deutscher oder Angehöriger »eines stammesgleichen (germanischen) Volkstums« sein könnte. In diesen Fällen wurde eine rassische Überprüfung sowohl der Schwangeren als auch des Vaters eingeleitet:

Lässt das Ergebnis der rassischen Überprüfung erkennen, dass mit einem <u>rassisch</u> wertvollen Kind zu rechnen ist, so ist die Zustimmung zur Schwangerschaftsunterbrechung zu versagen. Ist auf Grund der rassischen Überprüfung nicht mit rassisch wertvollem Nachwuchs zu rechnen, ist die Zustimmung zur Schwangerschaftsunterbrechung zu erteilen.[35]

Zwei Wochen später fügte der Reichsgesundheitsführer dieser Durchführungsbestimmung den Zusatz hinzu, das für »Ostarbeiterinnen« geltende Verfahren sei »sinngemäss auch auf Polinnen anzuwenden, sofern von diesen ein An-

ar 1944, zitiert nach Bernhild Vögel, Säuglingslager – »ein Massenexperiment allergrößten Stiles«?, in: Medizin und Zwangsarbeit im Nationalsozialismus. Einsatz und Behandlung von »Ausländern« im Gesundheitswesen, hg. von Andreas Frewer und Günther Siedbürger, Frankfurt a. M. 2004, S. 309–337, hier S. 313.

34 Schnellbrief des Reichssicherheitshauptamts an die Höheren SS- und Polizeiführer betr. »Schwangerschaftsunterbrechung bei Ostarbeiterinnen«, gez. Kaltenbrunner, 9. Juni 1943, BArch, R 187/216.

35 Schnellbrief des Reichssicherheitshauptamts an die Höheren SS- und Polizeiführer betr. »Schwangerschaftsunterbrechung bei Ostarbeiterinnen«, gez. Kaltenbrunner, 9. Juni 1943, BArch, R 187/216 [Hervorhebung im Original].

trag auf Unterbrechung der Schwangerschaft gestellt wird«.³⁶ Gänzlich wollte Himmler die polnischen Frauen in dieser Frage jedoch nicht den »Ostarbeiterinnen« gleichstellen. Wenig später bestimmte er daher, eine rassische Überprüfung sei bei Polinnen unabhängig von der »Volkstumszugehörigkeit« des Erzeugers auch dann notwendig, wenn die Polin »nach der Ansicht der Gutachterstelle einen rassisch guten Eindruck macht«.³⁷ Lehnte der zuständige SS-Rassenprüfer einen Antrag ab, da er mit einem »rassisch wertvollen Kind« rechnete, leitete er die Unterlagen inklusive Lichtbilder und Anschriften der Familienangehörigen an das Rasse- und Siedlungshauptamt der SS weiter, wo die Aufnahme der betroffenen Personen in das »Wiedereindeutschungsverfahren« geprüft wurde.³⁸

Wenige Monate nach dem ursprünglichen Erlass regte sich aus kirchlichen Kreisen Protest. Die Anordnung Contis war dem Münsteraner Bischof Clemens August Graf von Galen bekannt geworden, der sich mit einem Schreiben an den Reichsminister für die Kirchlichen Angelegenheiten, Hermann Muhs, wandte.³⁹ Darin argumentierte von Galen, Contis Anordnung stehe unmittelbar im Widerspruch zu der am 30. März 1943 in Kraft getretenen Ministerratsverordnung »zum Schutz von Ehe, Familie und Mutterschaft«. Die vom Reichsgesundheitsführer angeordneten Schwangerschaftsabbrüche würden demnach eine Gesetzesübertretung darstellen. Er habe bereits von mehreren derartigen Eingriffen bei »Ostarbeiterinnen« Kenntnis erhalten, im katholischen St. Franziskushospital in Ahlen habe die Gestapo sogar einen Arzt zur Durchführung einer Abtreibung gezwungen:

> Ich weise darauf hin, daß dieser Vorgang in den christlichen Kreisen, in denen er bekannt geworden ist, starke Beunruhigung und Unwillen hervorgerufen hat, weil sie in jeder willkürlichen Abtreibung ein Verbrechen gegen das Leben eines unschuldigen Kindes sehen, das nicht nur durch staatliches sondern auch durch göttliches Gesetz verboten ist.⁴⁰

---

36 Schreiben des Reichsgesundheitsführers betr. »Schwangerschaftsunterbrechung bei Ostarbeiterinnen (hier: Zusammenarbeit mit dem Reichskommissar für die Festigung deutschen Volkstums)«, 22. Juni 1943, BArch, R 187/216.

37 Schreiben des Reichssicherheitshauptamts an die Höheren SS- und Polizeiführer betr. »Schwangerschaftsunterbrechung bei Ostarbeiterinnen und Polinnen«, gez. Kaltenbrunner, 1. August 1943, BArch, R 187/216.

38 Schreiben des Chefs des RuSHA an Verteiler III betr. »Schwangerschaftsunterbrechung bei Polinnen«, gez. Hildebrandt, 13. August 1943, BArch, R 187/216.

39 Schreiben des Bischofs von Münster an den Reichsminister für die Kirchlichen Angelegenheiten, 30. Juli 1943, BArch, R 5101/23166, Bl. 91.

40 Schreiben des Bischofs von Münster an den Reichsminister für die Kirchlichen Angelegenheiten, 30. Juli 1943, BArch, R 5101/23166, Bl. 91.

Der Vorsitzende der Fuldaer Bischofskonferenz, Erzbischof Adolf Bertram, richtete im September 1943 – eine Antwort auf die Eingabe von Gahlens lag zu diesem Zeitpunkt noch nicht vor – ebenfalls eine Beschwerde an Muhs.[41] Die Plenarkonferenz der Bischöfe der Diözesen Deutschlands unterstütze »aufs eindringlichste« das Ersuchen von Galens, das Reichskirchenministerium möge auf die Einhaltung der Ministerratsverordnung hinwirken. Insbesondere konfessionellen Krankenanstalten könne die Befolgung der Anordnung Contis nicht zugemutet werden. Nach einem längeren Schriftwechsel mit dem Reichsgesundheitsführer leitete das Reichskirchenministerium dessen Antwort am 18. Oktober 1943 an den Münsteraner Bischof weiter.[42] Eine Gesetzesübertretung liege demnach nicht vor, da § 8 der Ministerratsverordnung ausdrücklich Ausnahmen für nicht-deutsche Personen ermögliche. Überdies bestehe

kein Grund, Angehörigen anderer Völker die deutschen Anschauungen über den Wert keimenden Lebens aufzudrängen. Die genannte Anordnung öffnet also nicht einer willkürlichen Schwangerschaftsunterbrechung Tür und Tor, sondern ermächtigt lediglich die Gutachterstellen bei den Ärztekammern, den besonderen Verhältnissen, die nun einmal bei den Ostarbeiterinnen vorliegen, Rechnung zu tragen. Die Gutachterstellen entscheiden ohne jede Anweisung allein auf Grund ihrer ärztlichen Überzeugung. Wenn der eigene Wunsch der Schwangeren hierbei maßgeblich berücksichtigt wird, so entspricht dies den Auffassungen in den bisherigen Verhältnissen dieser Ostarbeiterinnen selber.[43]

Der Reichsgesundheitsführer habe ausdrücklich untersagt, Ärzt:innen unter Druck zu setzen oder gar zu zwingen, gegen ihr ärztliches Gewissen Abbrüche vorzunehmen. Aufgrund eines weiteren Vorfalls, bei dem ein katholischer Arzt von der Ärztekammer unter Strafandrohung zu einem solchen Eingriff gedrängt worden war, schrieb Bertram Anfang Februar 1944 ein weiteres Mal an den

---

41 Schreiben des Vorsitzenden der Fuldaer Bischofskonferenzen an den Reichsminister für die Kirchlichen Angelegenheiten, 24. September 1943, BArch, R 5101/23166, Bl. 100 f.

42 Conti hatte bereits im August seine Stellungnahme zu dem Schreiben von Galens an das Reichskirchenministerium übermittelt, Schreiben von Dienststellen des Staates und der Partei durften allerdings nicht wörtlich an kirchliche Stellen weitergegeben werden. Entwürfe des Antwortschreibens sowie Vermerk über den Einspruch des Staatssekretärs in BArch, R 5101/23166, Bl. 94–98.

43 Schreiben des Reichsministers für die Kirchlichen Angelegenheiten an den Bischof von Münster vom 18. Oktober 1943, zitiert nach dem Schreiben des Vorsitzenden der Fuldaer Bischofskonferenzen an den Reichsminister für die Kirchlichen Angelegenheiten, 3. Februar 1944, BArch, R 5101/23166, Bl. 110.

Reichskirchenminister.⁴⁴ Der Reichsgesundheitsführer verwies wiederum auf ein Rundschreiben vom 12. Juli 1943, mit dem die Leiter der Ämter für Volksgesundheit ausdrücklich darauf hingewiesen worden seien, einen anderen Mediziner zu beauftragen, sollte ein Arzt die Durchführung einer Abtreibung ablehnen.⁴⁵ Darüber hinaus hatte Conti bereits am 13. November 1943 die Leiter der Ärztekammern angewiesen, Abtreibungen grundsätzlich nicht mehr in deutschen Kliniken und Krankenhäusern, sondern in den Lagern durch russische oder polnische Ärzt:innen vornehmen zu lassen.⁴⁶ Dies betonte auch die Partei-Kanzlei in den »Vertraulichen Informationen« vom 10. März 1944 und machte zudem deutlich, unter keinen Umständen dürften Schwangerschaftsabbrüche in konfessionellen Krankenhäusern vorgenommen werden, um »konfessionell gebundene Ärzte und Schwestern nicht in Gewissenskonflikte zu bringen«.⁴⁷ Damit hatten kleinere Krankenhäuser, die über keine separaten Ausländer-Krankenbaracken verfügten, und insbesondere kirchliche Einrichtungen offiziell die Möglichkeit, die Eingriffe abzulehnen. Ob Mediziner sich tatsächlich weigerten und wie erfolgreich sie damit waren, war von verschiedenen Faktoren abhängig. Dazu zählten die Haltung des zuständigen Arbeitsamts, der Ärztekammer, des Gesundheitsamts, des NSDAP-Amts für Volksgesundheit, der Polizei und örtlicher Regierungsvertreter sowie eventuell bestehende Alternativen wie andere Krankenanstalten oder Ausländerlager, in denen Abtreibungen durchgeführt werden konnten.⁴⁸

Neben den kirchlichen Protesten erwies sich für die zuständigen Behörden vor allem das schmale Zeitfenster zwischen Feststellung einer Schwangerschaft und dem Zeitpunkt, ab dem keine Abtreibung mehr vorgenommen werden durfte oder konnte, als problematisch. Dabei lagen zunächst keinerlei zentrale Weisungen zum letzten zulässigen Abtreibungszeitpunkt bei »Ostarbeiterinnen« vor.⁴⁹ Dies führte, wie aus einem Bericht des SD aus Bayreuth hervorgeht, zu Kritik aus der

44 Schreiben des Vorsitzenden der Fuldaer Bischofskonferenzen an den Reichsminister für die Kirchlichen Angelegenheiten, 3. Februar 1944, BArch, R 5101/23166, Bl. 110.
45 Schreiben des Reichsgesundheitsführers an den Reichsminister für die Kirchlichen Angelegenheiten betr. »Schreiben des Vorsitzenden der Bischofskonferenzen«, 25. März 1944, BArch, R 5101/23166, Bl. 112; Schreiben des Reichsministers für die Kirchlichen Angelegenheiten an den Vorsitzenden der Fuldaer Bischofskonferenzen, 18. April 1944, BArch, R 5101/23166, Bl. 113.
46 Rundschreiben des Reichsgesundheitsführers an die Leiter der Ärztekammern betr. »Schwangerschaftsunterbrechung bei Ostarbeiterinnen und Polinnen«, 27. Dezember 1943, BArch, R 49/3433.
47 Vertrauliche Informationen der Partei-Kanzlei betr. »Schwangerschaftsunterbrechung bei Ostarbeiterinnen und Polinnen«, 10. März 1944, BArch, R 6/97.
48 Siehe Kapitel 3 in diesem Buch.
49 Laut dem »Gesetz zur Verhütung erbkranken Nachwuchses« in seiner Fassung vom 26. Juni 1935 durfte eine Schwangerschaft bis zum Ende des 6. Schwangerschaftsmonats unterbrochen

Ärzteschaft an dem Verfahren – stellenweise wurde der Vorwurf des Kindermords erhoben.[50] Die jeweiligen Ärztekammern legten daher im Laufe der Jahre 1943 und 1944 eigenständig Grenzen fest. Im Gau Franken, aus dem der SD-Bericht stammte, durften nach Weisung des Leiters der Ärztekammer und des Gauamts für Volksgesundheit Abtreibungen bei »Ostarbeiterinnen« bis in die 20. Schwangerschaftswoche vorgenommen werden.[51] Wie eng sich die zuständigen Ärzt:innen an diese Regelungen hielten, war regional unterschiedlich und lässt sich nicht mit Sicherheit bestimmen. Für die Frauenklinik Erlangen in Franken konnte nachgewiesen werden, dass bei mindestens 30 ausländischen Frauen Schwangerschaften abgebrochen worden waren, obwohl sie bereits die 20. Woche überschritten hatten.[52] Auch weitaus spätere Abtreibungen waren nicht unüblich. So wurden in der Frauenklinik Linz im Gau Oberdonau die Eingriffe nicht selten noch im sechsten Monat vorgenommen.[53] Für die Durchgangs- und Krankensammellager der Arbeitseinsatzverwaltung, in denen zwangsverpflichtete russische und polnische Ärzt:innen unter Aufsicht des ärztlichen Dienstes des Arbeitsamts Abtreibungen durchführen mussten, sind Eingriffe bis in den sechsten und siebten, mitunter sogar noch im achten Schwangerschaftsmonat nachweisbar.[54] Eine Begrenzung bestand hier nur insofern, als dass eine solche Operation in gewissen Phasen der Schwangerschaft äußerst schwierig und anfällig für Komplikationen war.

Um die gewünschten Eingriffe rechtzeitig durchführen zu können, wurde das verfügbare Zeitfenster – sofern die zuständigen Mediziner, Krankenanstalten und Ärztekammern kooperierten – durch Spätabtreibungen nach hinten ausgeweitet. Auf der anderen Seite stand der Versuch, Schwangerschaften bei »Ostarbeiterinnen« und Polinnen durch amtsärztliche Untersuchungen möglichst früh zu entdecken, um das Verfahren zeitnah in die Wege leiten zu können. Immer wieder wiesen die beteiligten Stellen darauf hin, schwangere ausländische Arbeiterinnen müssten von ihren Arbeitgebern schnellstmöglich der Arbeitsverwaltung gemel-

   werden; Reichsgesetzblatt I 1935, S. 773; vgl. Link, Schwangerschaftsabbrüche im Dritten Reich.
50 Bericht des SD an das Gauamt für Volksgesundheit Bayreuth, 25. Oktober 1943, Nürnberger Dokument 1753-PS.
51 Bericht des SD an das Gauamt für Volksgesundheit Bayreuth, 25. Oktober 1943, Nürnberger Dokument 1753-PS; vgl. Schreiben des Gauamts für das Landvolk Franken an die Ortsamtsleiter betr. »Schutz des deutschen Blutes; hier Schwangerschaftsunterbrechung bei fremdvölkischen Arbeitskräften auf dem Lande«, gez. Hergenröder, 4. September 1944, BArch, R 187/216.
52 Frobenius, Abtreibungen bei »Ostarbeiterinnen« in Erlangen, S. 294.
53 Hauch, Ostarbeiterinnen, S. 1286.
54 Hohlmann, Pfaffenwald, S. 92 f.; Christine Sämann, Das Durchgangslager in Bietigheim. Zwangsarbeit im Nationalsozialismus – Bedeutung und Funktionen des Durchgangslagers für »ausländische Arbeitskräfte« in Bietigheim mit seinen Krankensammellagern in Pleidelsheim und Großsachsenheim, Bietigheim-Bissingen 2018, S. 147–148, 202.

det werden.⁵⁵ Eine weitere Möglichkeit bestand in der Beschleunigung des eigentlichen Genehmigungsverfahrens, wofür sich unter anderen der Regierungspräsident in Lüneburg im Dezember 1943 beim Reichsinnenministerium einsetzte. Aufgrund der stetig anwachsenden Zahl von Entbindungen bei Polinnen und »Ostarbeiterinnen« in seinem Regierungsbezirk beklagte er sich über die seiner Meinung nach nicht in ausreichendem Maße wahrgenommene Möglichkeit des Schwangerschaftsabbruchs.⁵⁶ Insbesondere der »lange[n] Weg über die Gutachterstelle der Reichsärztekammer und die Einschaltung des Reichskommissars für die Festigung deutschen Volkstums« erschwere die Durchführung der Maßnahme und gefährde somit ihren praktischen Erfolg:

> Da die Gefahr besteht, dass bei der bekannten starken Fruchtbarkeit der Ostarbeiterinnen und Polinnen im Laufe der nächsten Jahre die Zahl der heranwachsenden Kinder aus diesen an sich unerwünschten Verbindungen weiter zunehmen wird, die ihrer rassischen Einstellung nach kaum in das Deutschtum eingegliedert werden können, halte ich es für erforderlich, dass ein weiteres Anwachsen der Kinderzahl schon frühzeitig durch die erweiterte Möglichkeit der Schwangerschaftsunterbrechung unterbunden wird.⁵⁷

Zur Vereinfachung und Beschleunigung des Verfahrens unterbreitete der Regierungspräsident dem RMdI den Vorschlag, die Entscheidung über die Anträge den Gesundheitsämtern zu überlassen. Diese könnten sich außerdem um Erfassung und Aufklärung der Schwangeren kümmern, da weder die Arbeiterinnen noch die Ärzt:innen und Hebammen in ausreichendem Maße über die Möglichkeit der Abtreibung informiert seien.

Die Beschwerde aus Lüneburg blieb nicht die einzige. Tatsächlich führte das bisherige Verfahren immer wieder zu »Schwierigkeiten, die zum Teil unnötige Verzögerungen, zum Teil sogar die Unmöglichkeit der Durchführung im Einzelfalle infolge Zeitverlust zur Folge haben«, wie es der Reichsgesundheitsfüh-

---

55 So beispielsweise in den Dienstlichen Mitteilungen der Landesbauernschaft Kärnten betr. »Behandlung schwangerer fremdvölkischer Frauen«, 10. August 1944, 2.2.0.1/82423381/ ITS Digital Archive, Bad Arolsen. Vgl. Hamann, Die Morde an polnischen und sowjetischen Zwangsarbeitern in deutschen Anstalten, S. 131 f.; Reiter, Unerwünschter Nachwuchs, S. 228 f.; Vögel, »Entbindungsheim für Ostarbeiterinnen«, S. 42–44.
56 Schreiben des Regierungspräsidenten in Lüneburg an den Reichsminister des Innern betr. »Schwangerschaftsunterbrechung bei Polinnen und Ostarbeiterinnen«, 5. Dezember 1943, NLA HA, Hann. 180 Lüneburg Acc. 3/005 Nr. 120 I. Zu Abtreibungen bei Zwangsarbeiterinnen im Gau Ost-Hannover siehe Reiter, Unerwünschter Nachwuchs.
57 Schreiben des Regierungspräsidenten in Lüneburg an den Reichsminister des Innern betr. »Schwangerschaftsunterbrechung bei Polinnen und Ostarbeiterinnen«, 5. Dezember 1943, NLA HA, Hann. 180 Lüneburg Acc. 3/005 Nr. 120 I.

rer Ende Dezember 1943 in einem Rundschreiben an die Leiter der Ärztekammern formulierte.[58] Den Einwand mangelnder Information ließ Conti jedoch nicht gelten, da er bereits Ende März angeordnet habe, »alle in Frage kommenden Arztgruppen«, die Leiterinnen der Gauhebammenschaften sowie die »Ostpflegekräfte« über die Möglichkeit der Abtreibung zu unterrichten. Die Gesundheitsämter maßgeblich in das Verfahren einzuschalten konnte außerdem nicht im Sinne des RKF sein, der in dieser volkstumspolitisch bedeutenden Frage die alleinige Entscheidungsgewalt für sich beansprucht hatte. Conti forderte die Ärztekammern daher zur genauen Beachtung der bisher ergangenen Durchführungsbestimmungen auf, wonach das langwierige Genehmigungsverfahren über den HSSPF ohnehin nur für die wenigen Fälle in Frage käme, in denen der Erzeuger des Kindes ein Deutscher oder »artverwandten (germanischen) Volkstums« sei. Um das Verfahren dennoch zu beschleunigen, ordnete Conti die Gutachterstellen an, einzelne »weltanschaulich gefestigt[e]« Ärzte zu Gutachtern für »Schwangerschaftsunterbrechungen« zu ernennen.

Ende Mai 1944 teilte Conti dem Reichsminister für Bewaffnung und Munition, Albert Speer, mit, Schwierigkeiten bei der Durchführung der Abtreibungen – »konfessioneller Art und teils raumnotbedingte« – seien größtenteils beseitigt worden.[59] Doch wie effizient das Verfahren vonstattenging, war weiterhin maßgeblich abhängig von regionalen Gegebenheiten. So meldete das Grenzpolizeikommissariat Kleve der Stapoleitstelle Düsseldorf Mitte des Jahres 1944, es sei in den »hiesigen Landkreisen« bisher nicht möglich gewesen, überhaupt Schwangerschaftsabbrüche durchzuführen, da sich die »Ostarbeiterinnen« meist erst im 4. bis 6. Monat melden würden.[60] Selbst wenn die amtsärztliche Untersuchung zur Schwangerschaftsfeststellung im 3. Monat vorgenommen werde, gehe die Genehmigung erst im 5. oder 6. Monat ein. Eine Abtreibung sei zu diesem Zeitpunkt zwar noch möglich, es fände sich dann aber kein aufnahmebereites Krankenhaus mehr. Die Ärzt:innen vor Ort seien meist »konfessionell stark gebunden«, und die Krankenhäuser würden alle von Ordensschwestern geleitet. Zwar kam es immer wieder zu Problemen mit dem Ablauf des Verfahrens, doch darf dies nicht

---

58 Rundschreiben des Reichsgesundheitsführers an die Leiter der Ärztekammern betr. »Schwangerschaftsunterbrechung bei Ostarbeiterinnen und Polinnen«, 27. Dezember 1943, BArch, R 49/3433.
59 Schreiben des Reichsgesundheitsführers an den Reichsminister Prof. Speer, 30. Mai 1944, Akten der Partei-Kanzlei, Regestnummer 17702; Conti beschwerte sich bei Speer über den leitenden Arzt der Organisation Todt, weil dieser keine Abtreibungen mehr hatte vornehmen lassen, um die Arbeitskraft der »Ostarbeiterinnen« zu stärken.
60 Schreiben des Grenzpolizeikommissariats Kleve an die Stapoleitstelle Düsseldorf betr. »Schwangerschaftsunterbrechung bei Ostarbeiterinnen und Polinnen«, 11. Juli 1944, 5.1/82330892/ITS Digital Archive, Bad Arolsen.

darüber hinwegtäuschen, dass die Anweisungen Contis vielerorts reibungs- und widerspruchslos umgesetzt wurden, wie unten genauer beschrieben wird.[61]

In den letzten Monaten des Krieges sollte neben »Ostarbeiterinnen« und Polinnen die Abtreibung für einen weiteren Personenkreis ermöglicht werden. Noch im Januar 1945 berieten Vertreter des RMdI, des Ostministeriums sowie der »Dienststelle Hauptbannführer Nickel«, die für die sogenannte HEU-Aktion[62] verantwortlich zeichnete, über die Zulassung von Schwangerschaftsabbrüchen bei »Luftwaffenkampfhelferinnen«.[63] Die »Dienststelle Nickel«, geleitet von und benannt nach dem HJ-Funktionär Siegfried Nickel, hatte laut einem Bericht vom Oktober 1944 nicht weniger als 18.917 Jungen und 2.500 Mädchen aus Russland, Weißrussland, der Ukraine und dem Baltikum der Luftwaffe zur Verfügung gestellt, wo sie in erster Linie bei der Flakartillerie aushelfen mussten.[64] Eine Schwangerschaft verhinderte nicht nur den Einsatz der betroffenen Mädchen in der »Reichsverteidigung«, sondern war wegen des möglichen Kontakts mit deutschen Soldaten auch »rassenpolitisch« unerwünscht. Wieder verbanden sich rassenideologische Motive mit »einsatzmäßigen«, auch wenn es diesmal nicht um den Einsatz in der Rüstungsindustrie oder der Landwirtschaft, sondern bei Kampfhandlungen zur »Reichsverteidigung« ging. Der Vertreter des RMdI sicherte auf Antrag der »Dienststelle Nickel« zu, beim RJM eine Freigabe der Abtreibung für alle Luftwaffenhelferinnen zu erwirken, die nicht »germanischen [oder] gleichgestellten Volkstums (Esten, Letten, Wallonen)« seien. Dabei sollte aber explizit nicht der für »Ostarbeiterinnen« geltende Erlass angewandt werden, da eine Vermengung der Begriffe »Ostarbeiterin« und »Luftwaffenhelferin« aus politischen Gründen unerwünscht sei. Ob ein entsprechender Erlass des RJM noch umgesetzt und Schwangerschaftsabbrüche bei Luftwaffenhelferinnen durchgeführt wurden, ist nicht bekannt.

61 Siehe Kapitel 3 in diesem Buch.
62 Als »HEU-Aktion« wurde die systematische Deportation Kinder und Jugendlicher aus den besetzten Ostgebieten zur Zwangsarbeit in der deutschen Rüstungsindustrie bezeichnet. Der Deckname bezieht sich auf die Worte »heimatlos«, »elternlos« und »unterkunftslos« und bezeichnete damit die angebliche Zielgruppe der Aktion, realiter entrissen die beteiligten Wehrmachtseinheiten jedoch viele Kinder ihren Eltern. Insgesamt wurden etwa 5.500 Jungen und 1.200 Mädchen infolge der »HEU-Aktion« ins Reich verschleppt. Siehe Johannes-Dieter Steinert, Die Heeresgruppe Mitte. Ihre Rolle bei der Deportation weißrussischer Kinder nach Deutschland im Frühjahr 1944, in: S: I.M.O.N. – Shoah: Intervention. Methods. Documentation 1, 2016, S. 54–63; Michael Buddrus, Totale Erziehung für den totalen Krieg. Hitlerjugend und nationalsozialistische Jugendpolitik, München 2003, S. 842–851; Gerlach, Kalkulierte Morde, S. 1077–1092; Herbert, Fremdarbeiter, S. 256 f.
63 Besprechungsnotiz betr. »Schwangerschaftsunterbrechung bei LW.-K. H.'innen«, 17. Januar 1945, BArch, R 6/97, Bl. 87.
64 Buddrus, Totale Erziehung für den totalen Krieg, S. 848.

2.1.3 Erlass Himmlers zur rassischen Selektion der im Reich geborenen Kinder

Wie der Generalbevollmächtigte für den Arbeitseinsatz im Runderlass vom 20. März 1943 anmerkte, wurden im Frühjahr 1943 noch Verhandlungen zwischen Himmler und »den anderen beteiligten Stellen« bezüglich der »rassischen Überprüfung der Mütter und der Unterbringung der Kinder germanischer Abstammung und der übrigen fremdvölkischen Kinder« geführt.[65] Das Ergebnis dieser Verhandlungen, einen Erlass über die »Behandlung schwangerer ausländischer Arbeiterinnen und der im Reich von ausländischen Arbeiterinnen geborenen Kinder«, übermittelte der RFSS am 27. Juli 1943 den Dienststellen des NS-Sicherheitsapparats.[66] Darin fasste er zunächst die durch »dringende arbeitseinsatzmäßige Erfordernisse« bedingten Weisungen des GBA (Stopp des Rücktransports, Entbindungen in den Lagern, Einrichtung von »Ausländerkinder-Pflegestätten«) zusammen, um sodann ausführlich auf die von ihm geplanten »rassischen Überprüfungen« einzugehen:

Die Notwendigkeit, den Verlust deutschen Blutes an fremde Volkskörper zu verhindern, wird durch die Blutsopfer des Krieges verstärkt. Es gilt daher, die Kinder von Ausländerinnen, die Träger zum Teil deutschen und stammesgleichen Blutes sind und als wertvoll angesehen werden können, nicht [...] den »Ausländerkinder-Pflegestätten« zuzuweisen, sondern nach Möglichkeit dem Deutschtum zu erhalten und sie daher als deutsche Kinder zu erziehen.

Zu diesem Zweck müssten die Betriebe zunächst jede Schwangerschaft über das jeweilige Arbeitsamt dem örtlich zuständigen Jugendamt melden. Dessen Aufgabe sei es, den Vater des Kindes zu ermitteln, sofern »behauptet wird oder es wahrscheinlich ist, daß es sich bei dem Erzeuger um einen Deutschen oder Angehörigen eines artverwandten, stammesgleichen (germanischen) Volkstums handelt«. Weigere sich die Mutter, über den Erzeuger Auskunft zu geben, könne das Jugendamt die Gestapo zwecks Vernehmung einschalten. Nach der Vaterschaftsermittlung habe das Jugendamt die entsprechenden Fälle dem Höheren SS- und Polizeiführer (HSSPF) zu melden, der dann das Verfahren zur »rassischen Überprüfung« einleite. Die »gesundheitliche, erbgesundheitliche und rassische

---

65 Runderlass des GBA an die Präsidenten der Landesarbeitsämter betr. »Behandlung schwangerer ausländischer Arbeitskräfte«, 20. März 1943, BArch, NS 5-I/271. Himmler übermittelte auch dem Reichsnährstand den Entwurf eines entsprechenden Erlasses, siehe 2.2.0.1/82388965–82388966/ITS Digital Archive, Bad Arolsen.

66 Hier und im Folgenden Erlass des RFSS an die HSSPF, die Sicherheitspolizei und den SD betr. »Behandlung schwangerer ausländischer Arbeiterinnen und der im Reich von ausländischen Arbeiterinnen geborenen Kinder«, i. V. Kaltenbrunner, 27. Juli 1943, BArch, NS 47/61.

Untersuchung« der Mutter und des Vaters sei zwar durch Ärzt:innen der Gesundheitsämter durchzuführen, der zuständige »SS-Führer im Rasse- und Siedlungswesen«, kurz »RuS-Führer«,[67] solle jedoch eine »Vorauslese« treffen und während der Überprüfung durch das Gesundheitsamt sein eigenes Urteil »nach den Richtlinien des Reichsführers SS« fällen. Nach Ausstellung des gesundheitsamtlichen Gutachtens oblag dem »RuS-Führer« schließlich die endgültige Entscheidung über die Behandlung der Schwangeren und ihrer Kinder.

Im Falle eines »negativen« Befundes sah der Erlass des RFSS – wie bei allen Kindern mit »fremdvölkischem Erzeuger« – die Einweisung des Kindes in eine »Ausländerkinder-Pflegestätte« vor. Könne aufgrund der Untersuchungen hingegen mit »einem gut-rassischen Nachwuchs« gerechnet werden, sei dieser in einem der NSV-Heime für »gut-rassische Ausländerkinder« oder einer deutschen Pflegefamilie unterzubringen. »Besonders wertvolle werdende Mütter« könnten darüber hinaus in den Mütterheimen des SS-Vereins Lebensborn e. V. aufgenommen werden. Die Betreuung eines »gut-rassischen« Kindes durch NSV oder Lebensborn e. V. ziehe meist die Trennung von seiner Mutter nach sich. Diese sei von einer Rückkehr mit Kind in die Heimat möglichst durch Dienstverpflichtung abzuhalten und »unter Darlegung der Vorteile, nicht aber des Zieles dieser Betreuung« zu überzeugen, ihre Zustimmung zu erteilen. Bei »Ostarbeiterinnen« und Polinnen könne unter Umständen vom Einverständnis abgesehen, ihnen die als »gut-rassisch« erachteten Kinder also zwangsweise abgenommen werden. Eine Trennung von der Mutter solle jedoch auch bei erteilter Zustimmung nicht zu früh erfolgen, weshalb in Einzelfällen selbst ein »gut-rassisches« Kind noch für einige Zeit in einer »Ausländerkinder-Pflegestätte« verbleiben müsse. Zunächst scheint Himmler zwar an der »rassischen Auslese« aller ausländischen Kinder im Zugriffsbereich der deutschen Behörden interessiert gewesen zu sein, die Einrichtung der Heime für »rassisch unerwünschte Kinder« im Reich insgesamt jedoch lediglich für eine temporäre, durch die »Arbeitseinsatzlage« notwendig gewordene Übergangslösung gehalten zu haben. So verlangte er, sobald es »arbeitseinsatzmäßig leichter zu vertreten« sei, die ausländischen Mütter und ihre Kinder zeitnah abzuschieben, da der »Aufenthalt nicht-arbeitseinsatzfähiger Fremdvölkischer alle Dienststellen stark belastet und volkspolitische Gefahren des Ausländereinsatzes erhöht«.[68]

Durch den Erlass des RFSS wurden den Jugend- und Gesundheitsämtern Ende Juli 1943 die ersten Anweisungen zur Behandlung schwangerer Ausländerinnen

---

67 Zu den »RuS-Führern« siehe Heinemann, »Rasse, Siedlung, deutsches Blut«, insbesondere S. 116–119 und die Tabelle im Anhang auf S. 689–691.
68 Erlass des RFSS an die HSSPF, die Sicherheitspolizei und den SD betr. »Behandlung schwangerer ausländischer Arbeiterinnen und der im Reich von ausländischen Arbeiterinnen geborenen Kinder«, i. V. Kaltenbrunner, 27. Juli 1943, BArch, NS 47/61.

und ihrer Kinder an die Hand gegeben, eine zu diesem Zeitpunkt noch ausstehende Regelung durch das RMdI somit vorweggenommen. Dies geschah nach vorherigen Verhandlungen Himmlers mit dem Innenministerium, wie aus den Durchführungsbestimmungen des Chefs des RuSHA, Richard Hildebrandt, hervorgeht.[69] Demnach sei die Einbeziehung der Gesundheitsämter bei der »rassischen Überprüfung« – beim »Eindeutschungsverfahren« waren diese üblicherweise nur für die gesundheitliche und »erbgesundheitliche« Untersuchung zuständig – lediglich ein taktisches Zugeständnis dem Innenministerium gegenüber: »Entscheidend für die Beurteilung ist selbstverständlich das Urteil des SS-Führers im Rasse- und Siedlungswesen.« Darüber hinaus habe das Innenministerium gefordert, zur »Wahrung des neutralen Charakters der Gesundheitsämter« solle die Untersuchung durch den RuS-Führer nicht in Uniform, sondern »in Zivil – gegebenenfalls in weissem Mantel« durchgeführt werden.[70] Damit sollte offenbar die Tatsache verschleiert werden, dass es sich bei den staatlichen Gesundheitsämtern nicht nur um Instrumente der nationalsozialistischen Bevölkerungspolitik handelte, sondern diese nunmehr zu ausführenden Organen der Maßnahmen Himmlers geworden waren. Die Jugendämter, die schon seit Oktober 1941 mit der Erfassung aller »fremdvölkischen« Geburten beauftragt waren,[71] wurden mit der Vaterschaftsermittlung, der Übermittlung in Frage kommender Fälle an den HSSPF sowie der Vormundschaftsbestellung für »gutrassige Ausländerkinder« in das Verfahren eingebunden. Der geheime Erlass erging indes lediglich an das RSHA und das RuSHA, die HSSPF sowie die Dienststellen der Sicherheitspolizei und des SD, wurde ansonsten aber nicht veröffentlicht. Die regionalen Dienststellen der Inneren Verwaltung mussten daher noch über zehn Monate auf eine entsprechende Anweisung aus dem RMdI warten, sofern sie nicht über andere Kanäle von den Richtlinien Himmlers erfuhren.

---

69 Schreiben des Chefs des Rasse- und Siedlungshauptamt-SS an Verteiler III betr. »Behandlung schwangerer ausländischer Arbeiterinnen und der im Reich von ausländischen Arbeiterinnen geborenen Kinder«, gez. Hildebrandt, 23. August 1943, BArch, NS 47/61.
70 Tatsächlich hatte Himmler schon Mitte 1942 von den Eignungsprüfern verlangt, bei den Rassenuntersuchungen, »soweit es die Verhältnisse möglich machen, mit einer gewissen Tarnung zu arbeiten (weißer Übermantel)«; zitiert nach Matthias Hamann, »Erwünscht und unerwünscht«. Die rassenpsychologische Selektion der Ausländer, in: Herrenmensch und Arbeitsvölker. Ausländische Arbeiter und Deutsche 1939–1945, hg. von Jochen August, Berlin (West) 1989, S. 143–180, hier S. 149.
71 Erlass des RMdI betr. »Unehelich geborene Kinder mit fremdvölkischem Vater oder fremdvölkischer Mutter«, 7. Oktober 1941, BArch, R 1501/212827.

2.1.4 Richtlinien des Reichsinnenministeriums zu unehelichen ausländischen Kindern

Nachdem Ende des Jahres 1942 der Rücktransport schwangerer ausländischer Arbeiterinnen vom GBA bis auf Weiteres ausgesetzt worden war, blieb für die Behörden der Innenverwaltung zunächst unklar, wie sie in Anbetracht dieser neuen Sachlage zu verfahren hatten. Im Februar 1943 informierte Ministerialrat Ruppert bei einer Sitzung im Innenministerium die Vertreter der Landesjugendämter über die »auf Drängen der Arbeitgeber hin« ergangene Anweisung, schwangere »Ostarbeiterinnen« nicht länger abzuschieben, sondern stattdessen in »primitiver Form für Entbindung und erste Versorgung der Kinder« zu sorgen.[72] Dazu seien allerdings, wenn überhaupt, nur große Unternehmen in der Lage, nicht aber beispielsweise landwirtschaftliche Kleinbetriebe. Die Landesarbeitsämter indes »können und wollen diese Frage organisatorisch nicht in die Hand nehmen«, weshalb es notwendig sei, »zentrale Versorgungsstellen zu schaffen«. In der Provinz Hannover beispielsweise könnten »für einige Hundert Mütter unter primitivsten Verhältnissen Entbindungsmöglichkeiten geschaffen und für die Unterbringung der Kinder gesorgt werden«. Neben einzelnen Vorschlägen, wie etwa der Schaffung zentraler Säuglingslager,[73] waren sich die Vertreter der Landesjugendämter einig, welche wesentlichen Punkte einer künftigen Regelung zugrunde liegen müssten.[74] Vor allem dürften die Kinder der »Ostarbeiterinnen« keinesfalls gemeinsam mit »deutschblütigen« Kindern aufgezogen werden. Der »bäuerlichen Bevölkerung« könne »die Lösung dieser Frage nicht überlassen bleiben, weil sie in rassischen Fragen instinktlos« sei. Entsprechend dürften für die Betreuung der Kinder ausschließlich »fremdvölkische« Arbeitskräfte unter deutscher Aufsicht eingesetzt werden. Wie auch immer die Unterbringung dieser

72 Aufzeichnungen über die Sitzung der Landesjugendämter im RMdI am 9./10.2.1943 (Auszug), BArch, R 36/1444.

73 Oberregierungsrat Gaum aus München verwies in diesem Zusammenhang beispielsweise auf das Ende 1942 in Łódź eröffnete »Polenjugendverwahrlager Litzmannstadt«, ein Konzentrationslager für vermeintlich »kriminelle« und »verwahrloste« polnische Kinder und Jugendliche. Wie er selbst anmerkte, konnten Kinder dort jedoch erst ab 8 Jahren aufgenommen werden. Der perfide Hinweis verdeutlicht dennoch, wie schon die früheren Pläne für zentrale Entbindungslager im Generalgouvernement, mit welcher Grundhaltung die Vertreter der Jugendämter an das Problem der »unerwünschten« Kinder herantraten. Beate Kosmala, Das Polenjugendverwahrlager der Sicherheitspolizei in Litzmannstadt/Łódź, in: Arbeitserziehungslager, Ghettos, Jugendschutzlager, Polizeihaftlager, Sonderlager, Zigeunerlager, Zwangsarbeiterlager, hg. von Wolfgang Benz, Barbara Distel und Angelika Königseder, München 2009, S. 115–124; siehe auch Józef Witkowski, Hitlerowski obóz koncentracyjny dla małoletnich w Łodzi, Wrocław u. a. 1975, mit zahlreichen Interviews Überlebender.

74 Aufzeichnungen über die Sitzung der Landesjugendämter im RMdI am 9./10.2.1943 (Auszug), BArch, R 36/1444.

Kinder letztlich aussähe, für die Kosten müssten die Arbeitgeber:innen oder der Reichsstock herangezogen werden, auf keinen Fall aber die Gemeinden und Gemeindeverbände. Aufgabe der bereits überlasteten Jugendämter könne es allenfalls sein, zu verhindern, dass »Kinder fremden Volkstums völlig unkontrolliert umherlaufen« und die »deutsche Umgebung« gefährden. Für darüber hinausgehende Fragen sei eine zentrale Regelung durch den GBA und den RKF vonnöten.

Rechtsverhältnisse der polnischen Kinder

Damit wurde die konkrete Behandlung der ausländischen Frauen und Kinder zunächst den Weisungen Sauckels und Himmlers überlassen, während das RMdI erneut den Fragenkomplex der polnischen Jugendfürsorge aufgriff. Denn die angestrebte Vereinheitlichung der Rechtsstellung unehelicher polnischer Kinder nach dem Vorbild der Warthegau-Regelung, also die gezielte rechtliche Schlechterstellung dieser Kinder auch im Altreich, gewann aufgrund des Rücktransport-Stopps besondere Dringlichkeit. Dabei gelang es den Dienststellen des RKF auch in dieser Frage, ihren Kompetenzbereich deutlich auszuweiten. So fand am 10. März 1943 eine Besprechung im Reichsjustizministerium über die »Behandlung von Unterhaltsklagen unehelicher Kinder polnischen Volkstums gegen ihre polnischen Erzeuger« statt, an der Oberregierungsrat Dr. Friedrich Hoffmann aus der Gesetzgebungsabteilung des RMdI sowie Vertreter der Partei-Kanzlei, der Volksdeutschen Mittelstelle (VoMi), des RuSHA sowie der Oberlandesgerichtspräsidenten Posen, Danzig, Kattowitz und Königsberg teilnahmen.[75]

Im Laufe der Sitzung wurden die Zuständigkeiten des Justiz- und des Innenministeriums voneinander abgegrenzt. Damit im Falle einer Unterhaltsklage die Jugendämter nicht mehr die Interessen polnischer Kinder und ihrer Mütter vertreten müssten, seien die Gerichte nur in den Fällen einzuschalten, in denen »ein deutsches Interesse an der gerichtlichen Klärung vor allem der Abstammungsverhältnisse« bestehe. Die Einzelfallentscheidung, ob ein derartiges Interesse vorliege, solle vom zuständigen Höheren SS- und Polizeiführer getroffen werden. Wie im Sitzungsprotokoll des RuSHA zufrieden festgestellt wurde, fiel damit die Entscheidung für »eine massgebliche Einschaltung des Reichskommissars für die Festigung deutschen Volkstums« und insbesondere des RuSHA in das Verfahren, während die Justiz »aus der Federführung ausgeschaltet« worden sei.

Die Vormundschaft über diejenigen Kinder, an denen ein »deutsches Inter-

---

75 Hier und im Folgenden Übersendung eines Berichts über die Besprechung im RJM betr. »Behandlung von Unterhaltsklagen unehelicher Kinder polnischen Volkstums gegen ihre polnischen Erzeuger« am 10. März 1943 vom Rassenamt des RuSHA an den RuS-Führer im SS-Oberabschnitt Weichsel, SS-Sturmbannführer Vietz, 15. März 1943, BArch, NS 47/34 [Hervorhebungen im Original].

esse« bestehe, sollte nach Ansicht des RuSHA dem Lebensborn e.V. übertragen werden. Zugleich müsse die Zahl der »unerwünschten« Kinder möglichst herabgesenkt werden. Unverheirateten Müttern dürfe daher lediglich ein durch die Unterhaltszahlungen der Väter finanziertes »Existenzminimum« zugestanden werden, um der »Verwahrlosung« ihrer Kinder vorzubeugen, ohne auch nur einen »Pfennig deutschen Geldes zum Zwecke einer polnischen Fürsorge« auszugeben:

> Durch diese Massnahme der ausdrücklichen Schlechtstellung des unehelichen rassisch unerwünschten polnischen Kindes ist erreicht, dass, wenn auch ein Herabsinken der Zahl der unehelichen Kinder durch diese Massnahmen allgemein nicht zu erreichen sein wird, so doch keiner Förderung der Zahl der unehelichen Kinder Vorschub geleistet wird. Vom Rasse- und Siedlungshauptamt-SS wurde angeregt, den unehelichen Vater zu besonders hohen Leistungen heranzuziehen, das Geld jedoch einem allgemeinen Fond zufließen zu lassen, aus dem dann die jeweiligen Gelder zur Auszahlung gelangen. Bei Mehrverkehr sind alle Väter in gleicher Weise zur Zahlung heranzuziehen. Durch diese Massnahme wird ebenfalls die Freude am unehelichen Kinde nicht gerade gefördert, die überschüssigen Gelder könnten der deutschen Jugendfürsorge zufliessen.[76]

Eine Besprechung im Innenministerium Ende April 1943 hatte das Ziel, eine entsprechende Verordnung möglichst zeitnah auf den Weg zu bringen.[77] Zu diesem Zweck versammelten sich unter Vorsitz des Ministerialdirektors Ehrensberger Vertreter des RJM, der Partei-Kanzlei, des RKF-Stabshauptamts, des RuSHA sowie der Regierungen in Posen, Zichenau, Danzig-Westpreußen und Oberschlesien. Gleich zu Beginn stellte der Vertreter des Reichsstatthalters in Posen, Oberregierungsrat Dr. Hess, die im Warthegau aus »volkstumspolitischen Gründen« eingeführte »Sonderlösung« vor, nach der polnische Kinder weder der deutschen Amtsvormundschaft unterstellt noch Unterhaltsklagen dieser Kinder vor deutschen Gerichten zugelassen werden könnten. Damit dem polnischen Erzeuger des Kindes dadurch kein Vorteil entstehe, sei ein »rein verwaltungsmäßig durchzusetzender öffentlich-rechtlicher Unterhaltsanspruch der Stadt- und Landkreise gegen den Erzeuger geschaffen« worden. Bei der Beteiligung eines Deutschen hingegen gelte das übliche Justizverfahren. Entsprechend sei man im

---

76 Übersendung eines Berichts über die Besprechung im RJM betr. »Behandlung von Unterhaltsklagen unehelicher Kinder polnischen Volkstums gegen ihre polnischen Erzeuger« am 10. März 1943 vom Rassenamt des RuSHA an den RuS-Führer im SS-Oberabschnitt Weichsel, SS-Sturmbannführer Vietz, 15. März 1943, BArch, NS 47/34 [Hervorhebung im Original].

77 Hier und im Folgenden »Niederschrift über die Besprechung vom 29. April 1943«, APP, 53/299/0/2.6/2239, Bl. 48–55.

Warthegau mit der vorgeschlagenen reichseinheitlichen Lösung, die das reguläre Justizverfahren von einem »deutschen Interesse« abhängig mache, einverstanden. Auch die Vertreter der übrigen eingegliederten Ostgebiete sahen in der vorgeschlagenen Lösung ein geeignetes Instrument, »die Vermehrung des polnischen Volkstums tunlichst zu unterbinden und die der deutschen Verwaltung erwachsenen Fürsorgelasten zu mindern«. Einzelne Bedenken wurden lediglich gegen einheitlich festgesetzte Unterhaltsbeiträge vorgebracht, die für den Vater oft nicht bezahlbar seien. Ehrensberger und Oberregierungsrat Kap von der Partei-Kanzlei hingegen legten gerade auf die »abschreckende Wirkung« eines hohen Beitrags besonderen Wert. Darüber, wer bei der Feststellung eines »deutschen Interesses« die entscheidende Rolle spielen würde, herrschte unter den Anwesenden indes Einigkeit:

> Der Grundsatz, daß bei polnischen Kindern stets das Jugendamt auf Grund einer Entscheidung der für die rassische Beurteilung zuständigen Dienststellen des RFSS festzustellen habe, ob ein deutsches Interesse an der gerichtlichen Verfolgung des Falles vorliege oder nicht, fand allgemeine Zustimmung.

Oberlandesgerichtsrat Anz, persönlicher Referent des Reichsjustizministers, sowie die Vertreter des Regierungspräsidenten Zichenau und des Reichsstatthalters in Danzig-Westpreußen sprachen sich jedoch dagegen aus, auch diejenigen gerichtlichen Verfahren von einer rassischen Überprüfung abhängig zu machen, an denen ein Deutscher beteiligt sei. Dieser habe schließlich das Recht auf eine gerichtliche Feststellung seiner Vaterschaft. Deutliche Worte fanden dagegen sowohl Kap und Ehrensberger als auch die Vertreter des RKF und des Warthegaus. Habe die Mutter beispielsweise »mongoloiden Einschlag« oder sei der Vater schizophren, sei das Kind »rassisch untragbar« und ein gerichtliches Unterhaltsklageverfahren sinnlos. Rechtsstaatliche Überlegungen müssten hinter den »politischen Interessen« zurücktreten, entscheidend sei die »Eignung des Kindes für das deutsche Volk«. Zum Ende der Sitzung wies Ehrensberger erneut auf die Dringlichkeit einer reichseinheitlichen Regelung hin, zumal »nach den neuesten Abmachungen die im Reich geborenen Kinder fremdvölkischer Arbeitskräfte nicht mehr abgeschoben« würden.[78]

Den ersten Entwurf einer »Verordnung über die Regelung der Rechtsverhältnisse der schutzangehörigen und staatenlosen unehelichen Kinder polnischen Volkstums« übersandte das Reichsinnenministerium am 23. Juli 1943 dem Leiter der Partei-Kanzlei, dem Reichsminister der Justiz, dem Stabshauptamt des RKF, der VoMi, dem Chef der Sicherheitspolizei und des SD sowie dem RuSHA mit

---

78 Niederschrift über die Besprechung vom 29. April 1943, APP, 53/299/0/2.6/2239, Bl. 48–55.

Bitte um Stellungnahme bis spätestens zum 30. Juli 1943.[79] In diesen Entwurf wurden auch die zahlreichen als staatenlos geltenden Kinder einbezogen, deren Mütter aus dem Generalgouvernement stammten. Bedenken aufgrund der »etwas zweifelshaften Rechtsgrundlage« seien wegen der Dringlichkeit der Verordnung möglichst zurückzustellen, ansonsten bliebe nur der zeitintensive Weg über eine Ministerratsverordnung. Doch trotz aller Bemühungen wurde die geplante Verordnung immer weiter aufgeschoben. So war der Entwurf bereits durch alle Referate gelaufen und abgezeichnet worden und auf dem Weg zum Staatssekretär, als er bei einem Luftangriff auf Berlin am 23. November 1943 »aus dem brennenden Fahrstuhl in etwas derangierter Form gerettet« und daher umgeschrieben werden musste.[80] Sodann erreichte ein Schreiben der Regierung des Generalgouvernements mit einer ganzen Reihe von Rückfragen das RMdI, zu deren Klärung im Januar 1944 eine weitere Besprechung anberaumt wurde.[81] Die dort überarbeitete Fassung der Verordnung sollte zeitgleich mit der offiziellen Einführung des RJWG in den eingegliederten Ostgebieten veröffentlicht werden, was von der Partei-Kanzlei wiederum für einige Zeit zurückgestellt wurde.[82] Noch im September 1944 wurde in den Akten des Reichsstatthalters in Posen vermerkt, der Entwurf sei vom Innenministerium »neuerlich aufgegriffen« worden.[83] Die rechtliche Sonderbehandlung und gezielte Schlechterstellung der polnischen unehelichen Kinder, wie sie im Erlass des Reichsstatthalters im Jahr 1941 festgelegt worden war, war als eine wirkungsvolle Waffe im »Volkstumskampf« konzipiert worden. Obwohl die beteiligten Stellen dem Problem große Bedeutung beimaßen, zumal die Kinder der »fremdvölkischen« Zwangsarbeiterinnen nunmehr im Altreich geboren wurden, gelang die Einführung einer reichsweit geltenden, einheitlichen Verordnung offenbar nicht mehr.

Die Kinder von »Ostarbeiterinnen« spielten in diesem Zusammenhang im Jahr 1943 noch eine untergeordnete Rolle. Erst die in der Endphase des Kriegs zunehmende Zahl »fremdvölkischer« Familien aus Russland, Weißrussland und

---

79 Schreiben des RMdI betr. »Rechtsverhältnisse der schutzangehörigen und staatenlosen unehelichen Kinder polnischen Volkstums«, gez. Stuckart, 23. Juli 1943, APP, 53/299/0/2.6/2239, Bl. 46 f.

80 Dienstreisebericht über die Besprechungen im Reichsministerium des Innern am 14. Januar 1944, 18. Januar 1944, APP, 53/299/0/2.6/2239, Bl. 167–174.

81 Schreiben der Regierung des Generalgouvernements an den Reichsinnenminister betr. »Rechtsverhältnisse der schutzangehörigen und staatenlosen unehelichen Kinder polnischen Volkstums«, 24. November 1943, sowie Antwort des RMdI vom 16. Dezember 1943, APP, 53/299/0/2.6/2239, Bl. 100–104.

82 Dienstreisebericht über die Besprechungen im RMdI. vom 28. März 1944, APP, 53/299/0/2.6/2239, Bl. 204–206.

83 Aktenvermerk Referat II/D beim Reichsstatthalter in Posen, 9. September 1944, APP, 53/299/0/2.6/2239, Bl. 267.

der Ukraine, die als Arbeitskräfte ins Reich »evakuiert« wurden, führte dazu, dass insbesondere das Reichsministerium für die besetzten Ostgebiete eine Klärung der bürgerlichen Rechtsverhältnisse der »Angehörigen der Ostvölker« anstrebte.[84]

»Uneheliche Kinder ausländischer Arbeiterinnen«

Trotz anfänglichen Zögerns konnte das Reichsministerium des Innern die Frage der Behandlung der schwangeren ausländischen Arbeiterinnen und ihrer im Reich geborenen Kinder nicht gänzlich der Arbeitsverwaltung und dem RFSS überlassen. Die von den Maßnahmen unmittelbar betroffenen Behörden der kommunalen Selbstverwaltung, allen voran die Gesundheits- und Jugendämter sowie die von den Kommunen getragenen Fürsorge- und Wohlfahrtsverbände, erwarteten dringend konkrete und einheitliche Regelungen. Mitte September 1943 wurde dem DGT ein erster, vermutlich im August ausgearbeiteter Erlassentwurf übersandt, der sich an die Jugend- und Gesundheitsämter sowie die Fürsorgeverbände richtete.[85] Laut einer handschriftlichen Anmerkung der DGT-Referentin Wolff entsprach der Entwurf den »vom DGT dem RMdI unterbreiteten Anregungen«.[86] Von »erneuten Zwischenbescheiden an die Stellen, die bisher Anfragen über die Behandl[un]g unehelicher Kinder fremdvölkischer Arbeiterinnen hergerichtet [sic!] haben«, sowie von einer weiteren Stellungnahme gegenüber dem Innenministerium sei daher abzusehen. Offenbar rechnete man im Gemeindetag mit einer baldigen Veröffentlichung des Erlasses.

Muthesius vom Innenministerium übermittelte dem DGT außerdem einen Abdruck des dort noch unbekannten Runderlasses des RFSS vom 27. Juli, der dem vorliegenden Entwurf zugrunde liege. Himmler hatte Ende August die Nachfolge Wilhelm Fricks angetreten und war zum Reichsinnenminister ernannt worden.[87] Erwartungsgemäß unterschieden sich die Regelungen im Entwurf des Innenministeriums kaum vom Erlass des RFSS, sondern waren lediglich in einigen Punkten für die entsprechenden Aufgabenbereiche präzisiert worden. Demnach waren die Jugendämter weder für die Betreuung der »Ausländerkinder-Pflegestätten« verantwortlich, noch sollten sie die Vormundschaft über die dort einzuweisenden Kinder übernehmen. Grundsätzlich sollte die öffentliche Fürsorge ausschließlich den als »wertvoll«

---

84 Hierzu ausführlicher in Kapitel 2.3.
85 Entwurf eines Runderlasses des RMdI betr. »Uneheliche Kinder ausländischer Arbeiterinnen«, Eingang beim DGT am 16. September 1943, BArch, R 36/1444.
86 Handschriftlicher Vermerk auf dem Entwurf eines Runderlasses des RMdI betr. »Uneheliche Kinder ausländischer Arbeiterinnen«, Eingang beim DGT am 16. September 1943, BArch, R 36/1444.
87 Siehe dazu Stephan Lehnstaedt, Das Reichsministerium des Innern unter Heinrich Himmler 1943–1945, in: Vierteljahrshefte für Zeitgeschichte 54, 2006, S. 639–672.

eingestuften Kindern zugutekommen, die Fürsorgeverbände dementsprechend lediglich die Kosten »zur Erziehung unehelicher Kinder ausländischer Arbeiterinnen als deutscher Kinder« tragen. Die Beaufsichtigung der »Ausländerkinder-Pflegestätten« hingegen wurde entsprechend den Weisungen Himmlers der DAF beziehungsweise im landwirtschaftlichen Bereich dem Reichsnährstand übertragen.

Obwohl dem Entwurf vonseiten des Gemeindetags offenbar zunächst zugestimmt worden war, äußerte der geschäftsführende Präsident des DGT, Georg Schlüter, im Januar 1944 »erhebliche Bedenken« gegen die dort vorgesehene Kostenregelung. Bislang seien die Fürsorgeverbände nicht für Kosten der Betreuung ausländischer Arbeiter:innen herangezogen worden, da es sich dabei um »Angelegenheiten des Reichs, nicht der gemeindlichen Selbstverwaltung« handele. Eine andere Kostenregelung sei im Falle der »eindeutschungsfähigen Kinder ausländischer Mütter« zwar gerechtfertigt, da damit bevölkerungspolitische und nicht arbeitseinsatzpolitische Ziele verfolgt würden. Die Betreuung dieser Kinder sei mit dem Erlass des RFSS aber als Aufgabe der NSV und nicht der öffentlichen Fürsorge festgelegt worden. Die Fürsorgeverbände dürften »nicht zur Finanzierung zusätzlicher Wohlfahrtsaufgaben der NSV herangezogen werden«.[88]

Ein weiteres Problem stellte die im Erlass ungeklärte Frage dar, wer für die Kosten der »Ausländerkinder-Pflegestätten« aufzukommen habe. So war im Erlass des GBA zwar festgelegt worden, der Reichsstock könne zur Finanzierung von Entbindungseinrichtungen herangezogen werden, selbiges galt indes nicht für die »Pflegestätten«. Laut einer Stellungnahme des leitenden Arztes der Gauarbeitsämter Hamburg, Schleswig-Holstein und Mecklenburg seien daher die Fürsorgeverbände – und damit die Gemeinden als ihre Träger – dafür zuständig, hätten diese doch »für den notwendigen Lebensunterhalt hilfsbedürftiger Ausländer zu sorgen«.[89] Die Kommunen und der DGT vertraten demgegenüber die Ansicht, die Unterbringung der Kinder ausländischer Arbeitskräfte sei Aufgabe der Arbeitseinsatzbehörden und der Betriebe. Aufgrund vielfältiger Klagen über Schwierigkeiten bei der Unterbringung dieser Kinder wies der DGT wiederholt auf die Dringlichkeit einer Klärung hin und forderte vom RMdI die baldige Herausgabe des angekündigten Erlasses.[90] Aufgrund verschiedener Probleme verzögerte sich dies jedoch bis Mitte des Jahres 1944. Anlässlich eines Schreibens des DGT an den Landrat in Sondershausen wurde noch am 8. Juni handschriftlich vermerkt:

88 Schreiben des DGT an das RMdI betr. »Eindeutschungsfähigkeit Kinder ausländischer Mütter«, 25. Januar 1944, BArch, R 36/1444.
89 Auf diese Stellungnahme nahm der Oberbürgermeister von Lübeck in einem Schreiben an das Arbeitsamt Bezug; Schreiben des Oberbürgermeisters der Hansestadt Lübeck an das Arbeitsamt Lübeck betr. »Ausländische schwangere Wöchnerinnen und deren Kinder«, 29. Dezember 1943, BArch, R 36/1444.
90 Schreiben des DGT an das RMdI betr. »Fremdvölkische Minderjährige«, 1. April 1944, BArch, R 36/1444.

Wie mir aus dem RMdI mitgeteilt worden ist, haben jedoch noch nicht alle (insbesondere auch außenpolitische) Vorfragen bereinigt werden können, sodaß sich das Erscheinen des Erlasses noch verzögern dürfte.[91]

Tatsächlich war aber der Erlass bereits einige Tage zuvor, am 5. Juni 1944, herausgegeben worden.[92] Warum der Erlass trotz gegenteiliger Informationen des DGT veröffentlicht werden konnte, ist unklar. Wahrscheinlich hatte man auch im Innenministerium eine Klärung mittlerweile für unaufschiebbar gehalten und offene Fragen daher zurückgestellt. Grundsätzlich blieb es bei den bereits im Entwurf festgelegten Regelungen. Für die Kommunalverwaltung von besonderer Bedeutung war der nun deutlich hervorgehobene Hinweis, laut dem die Gemeinden weder für Einrichtung noch Finanzierung der »Ausländerkinder-Pflegestätten« zuständig seien. Für die Kosten der Unterbringung »eindeutschungsfähiger« Kinder ausländischer Arbeiterinnen sollten trotz des Einwands Schlüters wie geplant die Fürsorgeverbände herangezogen werden. Wie die DGT-Außenstelle Wien feststellte, war die NSV somit als behördenfremde Dienststelle die »durchführende und anordnende, die Fürsorgeverbände aber die zahlende Stelle«.[93] Diese Bedenken teilte man in der Berliner Zentrale nun offenbar nicht mehr und verwies auf die im Oktober 1941 ausgegebenen Richtlinien für die Zusammenarbeit zwischen Jugendämtern und NSV.[94]

Die späte Heraushabe des RMdI-Erlasses wirkte sich hemmend auf die Umsetzung der von Himmler fast ein Jahr zuvor angeordneten »rassischen Überprüfung« unehelicher ausländischer Kinder aus. Die Gesundheits- und Jugendämter nahmen in dem Verfahren zwar eine wichtige Position ein, hatten zunächst jedoch keine direkten Anweisungen vom Innenministerium erhalten. Noch im Oktober 1944 merkte Oberregierungsrat Hoffmann aus der Abteilung I in einem internen Schreiben an, der Erlass vom 5. Juni sei bislang »noch kaum wirksam geworden«.[95]

---

91 Handschriftlicher Vermerk auf einem Schreiben des DGT an den Landrat des Kreises Sondershausen, Bezirksfürsorgeverband, betr. »Kostentragung für uneheliche Kinder ausländischer weiblicher Arbeitskräfte«, 8. Juni 1944, BArch, R 36/1444.
92 Erlass des RMdI betr. »Uneheliche Kinder ausländischer Arbeiterinnen«, 5. Juni 1944, BArch, R 1501/3382.
93 Schreiben der DGT-Außenstelle Wien an die Hauptdienststelle betr. »Uneheliche Kinder ausländischer Arbeiterinnen«, 8. Juli 1944, BArch, R 36/1444.
94 Schreiben des DGT an die Außenstelle Wien betr. »Uneheliche Kinder ausländischer Arbeiterinnen«, 21. Juli 1944, BArch, R 36/1444.
95 Internes Schreiben des RMdI (Abt. I) betr. »Uneheliche Kinder ausländischer Arbeiterinnen; hier: Betreuung der unehelichen Kinder kroatischer Arbeiterinnen«, gez. Hoffmann, 13. Oktober 1944, BArch, R 1501/3382.

2.1.5 Uneheliche Kinder ausländischer Arbeiterinnen in der Landwirtschaft

»Polonisierung im eigenen Lande«

Die Anweisungen zur Entbindung schwangerer Ausländerinnen und Unterbringung ihrer Kinder in den Durchgangs-, Kranken- und Gemeinschaftslagern sowie den Wohnlagern größerer Betriebe wurden im Laufe des Jahres 1943 nach und nach umgesetzt. Obwohl Sauckel beabsichtigte, überall dort, wo Zwangsarbeiterinnen beschäftigt waren, Entbindungsheime und »Ausländerkinder-Pflegestätten« einzurichten, waren seine Richtlinien vor allem auf den industriellen Bereich zugeschnitten. In ländlichen Regionen gelang dies zunächst jedoch kaum, da es an Geld, Baumaterial und geeigneten Räumlichkeiten mangelte. Weil das Bauerntum gemäß der nationalsozialistischen Blut-und-Boden-Ideologie als wertvolle »Blutsquelle« galt, von dem die angestrebte »rassische Erneuerung des Volkes« auszugehen habe,[96] wurde der »fremdvölkische« Nachwuchs in der Landwirtschaft als besondere Bedrohung gesehen.[97]

Im November 1942 meldete der SD, zahlreichen Berichten zufolge seien die »volkstumsmässigen Gefahren des Fremdvolkseinsatzes auf dem Lande grösser als in der Stadt«.[98] Grund für diesen Unterschied sei die in städtischen Industriezentren übliche Unterbringung der ausländischen Arbeitskräfte in Lagern, was eine deutlichere Trennung von der deutschen Bevölkerung ermögliche, als dies beim Einzeleinsatz in der Landwirtschaft zu bewerkstelligen sei. Durch die Unterbringung der Arbeitskräfte im Bauernhaus, den Kontakt zu den Familienmitgliedern und die gemeinsame Arbeit »habe sich vielfach nicht nur eine enge Arbeitsgemeinschaft herausgebildet, sondern die ausländischen Arbeitskräfte würden oftmals auch in die Hausgemeinschaft aufgenommen«. Da dies in ländlichen Regionen üblich und nur schwer zu verhindern sei, müssten die NSDAP-Ortsgruppenleiter und die Ortsbauernführer des Reichsnährstandes enger zusammenarbeiten, um bei den Bauern das »Gefühl für völkischen Abstand« zu stärken.

---

96 Gustavo Corni; Horst Gies, Brot – Butter – Kanonen, Berlin 1997, S. 25 Zur Blut-und-Boden-Ideologie siehe zudem Gustavo Corni; Horst Gies, »Blut und Boden«. Rassenideologie und Agrarpolitik im Staat Hitlers, Idstein 1994.

97 Siehe auch Memorandum von Prof. Dr. Karl Schöpke, VoMi Amt IV, über »Sofortige Reichsmaßnahmen zur Verminderung der Unterwanderungsgefahren infolge der zahlreichen fremdvölkischen Geburten auf dem Lande«, 18. Mai 1944, BArch, R 59/48.

98 Hier und im Folgenden: Meldungen aus dem Reich, Nr. 339, 30. November 1942, BArch, R 58/177, Bl. 220–223. Die Warnung des SD vor der »Unterwanderung des Landvolkes« durch »fremdvölkische« Kinder wurde etwa zwei Wochen vor dem Erlass des GBA vorgebracht, mit dem der Rücktransport schwangerer Ausländerinnen ausgesetzt wurde. Ob versucht wurde, auf diese Weise Einfluss auf eine künftige Regelung zu nehmen, geht aus den Quellen nicht hervor.

Besonders wurde im Bericht die vermeintlich wachsende Gefahr der »Unterwanderung des Landvolkes« durch eine große Zahl »fremdvölkischer« Kinder betont. Da ausländische Kinder keine Kindergärten besuchen dürften, würden sie »den ganzen Tag auf den Höfen oder Strassen herumlungern« und entgegen aller Verbote mit deutschen Kindern gemeinsam spielen. Außerdem würden sie »meist mit besonderer Geschicklichkeit die deutsche Sprache erlernen, mit ›Heil Hitler‹ grüssen und seien von deutschen Kindern kaum zu unterscheiden.« Gerade dieses Nicht-Erkennen-Können stellte aus Sicht des SD offenbar eine enorme Gefahr dar, da die ausländischen Kinder auf diese Weise »untertauchen« würden und die deutschen Kinder »dem schlechten Beispiel und dem Einfluß des fremdvölkischen Elementes preisgegeben« seien.

Im Frühjahr 1943 wurde aus dem Bereich der Landwirtschaft Kritik am Erlass des GBA zum Stopp der Rückführungen laut. Der Reichsnährstand beschwerte sich beim NSDAP-Reichsamt für das Landvolk über eine offenbar vorliegende Entscheidung, nach der in landwirtschaftlichen Betrieben eingesetzte schwangere Arbeiterinnen bis auf Weiteres vor Ort entbinden und ihre Kinder auf den Höfen behalten sollten. Reichsamtsleiter Horst Rechenbach intervenierte daraufhin am 20. März 1943 beim GBA, da eine »derartige Entscheidung in der Praxis undurchführbar« sei und mit »schwersten Schädigungen unseres Volkstums« einhergehen müsse.[99] Während es in Städten und gewerblichen Betrieben leicht sei, eigene Entbindungsmöglichkeiten und einfache Heime für die Kinder zu schaffen, sei dies in der Landwirtschaft nicht möglich. Jede schwangere ausländische Arbeitskraft sei hier eine zusätzliche Belastung, die der Bäuerin nicht zugemutet werden könne. Noch viel gravierender seien der fehlende Abstand zu den ausländischen Frauen und ihren Kindern und die daraus resultierenden »volkstumspolitischen Gefahren«:

> Anstatt daß deutsche Kinder auf dem Hofe geboren werden, ziehen wir auf deutschen Höfen fremdländische Säuglinge groß. Die fremde Mutter, auf die sich die Bäuerin in ihrer schweren Arbeit weitgehend stützen muß, umsorgt natürlich in erster Linie ihr eigenes Kind und entzieht deutschen Kindern vieles, was sie ihrem eigenem Kinde zukommen läßt. Die fremden Kinder wachsen so im Bauernhaus auf und maßen sich Rechte an, die wir ihnen später nur sehr schwer wieder nehmen können. Die polnische Sprache findet damit auch Ein-

---

99 Hier und im Folgenden Schreiben des Reichsamts für das Landvolk, Reichsamtsleiter Horst Rechenbach, an den GBA betr. »Behandlung schwangerer fremdländischer Arbeitskräfte«, 20. März 1943, 2.2.0.1/82388963–82388964/ITS Digital Archive, Bad Arolsen; siehe auch Schreiben des Oberpräsidenten der Rheinprovinz an den DGT betr. »Unterbringung von Kindern ausländischer Arbeitskräfte, insbesondere von Ostarbeiterinnen«, 5. April 1943, BArch, R 36/1444, in dem ähnliche Bedenken geäußert werden.

gang bei deutschen Kindern. Wir treiben damit eine Polonisierung im eigenen Lande und zwar im deutschen Bauerntum, das Blutsquell der Nation ist.

Um diese vermeintliche »Polonisierung im eigenen Lande« zu vermeiden, seien gemeinsam mit den Kreisamtsleitern für das Landvolk Forderungen aufgestellt worden, die in allen ländlichen Kreisen an die Stelle der bisherigen, undurchführbaren Anordnungen treten müssten. In jedem Landkreis seien »schlichte Entbindungsstätten« sowie »einfache Kinderstätten unter fremdländischer Pflege« einzurichten. Die Kosten müssten die Eltern der dort untergebrachten Kinder »in erheblichem Umfange« mittragen, »damit sie sich nicht so leicht weitere Kinder zulegen«. Diese Forderungen entsprachen allerdings in weiten Teilen den Vorgaben des GBA, die an eben jenem Tag, dem 20. März 1943, an die Präsidenten der Landesarbeitsämter verschickt wurden. Darunter befand sich zudem der Hinweis, auch in der Landwirtschaft müsse für »Kleinkinderbetreuungseinrichtungen« gesorgt werden, in denen alle ausländischen Kinder einer »gesamten Dorfgemeinschaft« zusammengefasst werden könnten.[100]

Diese Vorgaben scheiterten jedoch oftmals an der Praxis oder wurden in dieser Form gar nicht erst bei den Stellen vor Ort bekannt. Zehn Monate später, am 20. Januar 1944, erhielt die Reichspropagandaleitung einen Stimmungsbericht der Landesbauernschaft Kurmark, Gau Brandenburg, über Sorgen der Landbevölkerung wegen des Kinderreichtums der Polen. Zitiert wurde darin ein Vierteljahresbericht der Kreisbauernschaft Ruppin:

> Die Polen vermehren sich in Deutschland in bedenklicher Weise. Der Kindersegen bleibt ungehemmt. Erleichtert wird für die Polen die Lage dadurch, dass jetzt obendrein die ländlichen Arbeitgeber verpflichtet sind, die schwangeren Frauen zu behalten und die Niederkunft auf der Betriebsstelle zu dulden. Nun bleiben auch die Kinder auf dem Hof und werden mit den deutschen Kindern zusammen groß. Es passieren dadurch die merkwürdigsten Dinge. Alte Bauersfrauen müssen die polnischen Mädels betreuen, wenn sie niederkommen, weil andere Kräfte nicht vorhanden sind. Ich schlage eine Regelung dahingehend vor, dass den Polinnen die Kinder abgenommen werden, sie müssen dann in Unterkünfte kommen, wo sie getrennt von den deutschen Kindern aufwachsen und betreut werden. Die Kosten müssen die polnischen Mütter und die polnischen Väter tragen. Vielleicht kann man dadurch einer Unterwanderung steuern [sic!].[101]

---

100 Runderlass des GBA an die Präsidenten der Landesarbeitsämter betr. »Behandlung schwangerer ausländischer Arbeitskräfte«, 20. März 1943, BArch, NS 5-I/271.
101 Schreiben des Gaupropagandaleiters Mark Brandenburg an die Reichspropagandaleitung, 20. Januar 1944, Akten der Partei-Kanzlei, Regestnummer 45119. Eine Woche später wurde

In vielen anderen Gauen war die Lage offenbar ähnlich, sodass der Sicherheitsdienst des RFSS sich im Januar 1944 aufgrund diverser Berichte »aus allen Teilen des Reiches« veranlasst sah, die »Frage der Unterbringung und Betreuung der fremdvölkischen Kleinstkinder auf dem Lande zu dem wichtigsten volkspolitischen Problem im Rahmen des Arbeitseinsatzes fremdvölkischer Arbeitskräfte in bäuerlichen Betrieben« zu erklären.[102] Ein Jahr zuvor habe es sich noch um Einzelfälle gehandelt, die sich vor Ort durch Improvisation hätten lösen lassen, doch mittlerweile entstünden durch die zahlreichen »fremdvölkischen« Geburten sowohl »volkspolitisch als auch arbeitseinsatzmäßig« erhebliche Nachteile. Kümmere sich auf der einen Seite die »fremdvölkische« Mutter selbst um ihr Kind, fehle dem Betrieb die Arbeitskraft. Übernehme auf der anderen Seite die deutsche Bäuerin die Betreuung, sei das neben der zusätzlichen Arbeitsbelastung vor allem »volkspolitisch höchst unerwünscht«. Verschiedene Berichte sollten die entstehenden Probleme illustrieren. So wurde aus Bremen gemeldet:

Unsere heute schwerarbeitende Bauersfrau, besonders in den Betrieben, wo der Mann fehlt, wird durch die Einsetzung Fremdvölkischer mit Kindern schwer belastet. So kann man z. B. die Ostarbeiterin im Betrieb nicht so beschäftigen, als wenn diese ohne Kind tätig wäre. Die Ostarbeiterin wird immer Zeit mit ihrem Kinde verbringen. Der Bäuerin wird zugemutet werden, dass sie neben ihren eigenen Kindern die Wartung und Pflege solcher Kinder übernimmt, eine Arbeit, die man unseren Frauen nicht zumuten kann. Im anderen Fall wird man jedoch wenig Hilfe von der Ostarbeiterin haben. In diesem Zusammenleben deutscher Kinder und fremdvölkischer Kinder und im gemeinsamen Aufwachsen erblicke ich eine Gefahr für unsere Kinder. Es werden sich Eindrücke und Gewohnheiten übertragen, die man bestimmt nicht wünscht und beabsichtigt.

Von derartigen Problemen seien, hieß es im SD-Bericht weiter, insbesondere bäuerliche Kleinstbetriebe betroffen. Die Beschwerden gingen dabei nicht nur von örtlichen Dienststellen, sondern auch von den betroffenen Arbeitgeber:innen aus. So illustriert folgende Klage einer Kleinbäuerin aus Wursten an die örtliche Kreisbauernschaft die rassistischen Klischees, die oftmals den Umgang mit osteuropäischen Zwangsarbeiter:innen bestimmten:

---

die Partei-Kanzlei von dem Bericht in Kenntnis gesetzt, siehe Aktennotiz betr. »Kinderreichtum der im Reich eingesetzten Polen«, 26. Januar 1944, Akten der Partei-Kanzlei, Regestnummer 45119.
102 Hier und im Folgenden »SD-Berichte zu Inlandsfragen«, 13. Januar 1944, BArch, R 58/192, Bl. 102–105.

> Für meinen von mir allein bewirtschafteten Hof (mein Mann steht im Felde) benötige ich bestimmt zwei tüchtige Mädchen und kann keine halben Kräfte gebrauchen, die ihre Zeit noch mit Kleinkindern verbringen. Denn, dass kleine Kinder Arbeit verursachen, wissen wir genau und noch dazu, wenn diese Ostarbeiter oder Polen, die sich selbst kaum sauber halten, nun auch noch ihre kleinen Kinder sauber halten sollen. Wenn diese kleinen Kinder nicht verkommen sollen, dann haben wir noch obendrein die Arbeit dazu.

Wie in dem Bericht des SD weiter ausgeführt wurde, könne in den ländlichen Betrieben meist nicht auf die ausländischen Arbeitskräfte verzichtet werden. Da es in der Regel nicht möglich sei, Arbeiterinnen mit Kindern gegen Arbeitskräfte ohne Kinder auszutauschen,[103] müssten die Kinder folglich auf den Höfen bleiben. Obwohl die Arbeitgeber:innen darauf hingewiesen worden seien, »fremdvölkische« Kinder von deutschen Kindern fernzuhalten, sei dies praktisch nicht durchführbar.

Die durch das gemeinsame Aufwachsen der Kinder entstehenden »volkspolitischen Gefahrenmomente« würden noch dadurch verschärft, dass »verschiedentlich bei deutschen Volksgenossen Mitleid mit den schwangeren Ausländerinnen und den fremdvölkischen Kindern beobachtet werden könne«.[104] In einem Bericht aus Stade sei beispielsweise darauf hingewiesen worden, durch das »mütterliche Gefühl der deutschen Frau« würden die »fremdvölkischen« Kinder oftmals nicht getrennt aufgezogen, sondern ganz im Gegenteil genauso wie die eigenen Kinder betreut. Menschlichkeit und Empathie gegenüber den ausländischen Frauen und Kindern wurde vom SD nicht als Ablehnung der nationalsozialistischen Rassenideologie gedeutet, sondern durch Unwissenheit und das angeblich besonders ausgeprägte Mitgefühl der deutschen Mutter erklärt. In scharfem Kontrast zu den Ressentiments gegenüber den »fremdvölkischen« Frauen, die sich angeblich nicht einmal selbst, geschweige denn ihre Kinder sauber halten könnten, stand das idealisierte Propagandabild der fürsorglichen deutschen Mutter. In diesem Fall öffne übersteigertes Mitgefühl jedoch dem »Hineinwachsen fremdvölkischer Kinder in die deutsche Familie und damit in die Dorfgemeinschaft [...] Tür und Tor«. Als Negativbeispiel für ein solches »Hineinwachsen«

---

103 Im Erlass des RFSS vom 27. Juli 1943 war der Vorschlag gemacht worden, schwangere ausländische Arbeiterinnen nötigenfalls gegen Arbeiterinnen zu tauschen, in deren Betrieb Unterbringungsmöglichkeiten für die Kinder existierten; siehe Erlass des RFSS an die HSSPF, die Sicherheitspolizei und den SD betr. »Behandlung schwangerer ausländischer Arbeiterinnen und der im Reich von ausländischen Arbeiterinnen geborenen Kinder«, i. V. Kaltenbrunner, 27. Juli 1943, BArch, NS 47/61.

104 Hier und im Folgenden »SD-Berichte zu Inlandsfragen«, 13. Januar 1944, BArch, R 58/192, Bl. 102–105.

zitierte der SD den Brief einer Bäuerin aus Niederdonau an den dortigen Gauleiter, in dem sie darum bat, ihr polnisches Pflegekind behalten zu dürfen:

> Ich bitte Sie, Herr Gauleiter, in Ihrer Fürsorge und Güte um Befürwortung meiner Bitte. Ich habe seit 13 Monaten ein jetzt zweijähriges polnisches Pflegekind, welches ich, sowie meine Familie so lieb gewonnen haben, als wenn es unser eigenes Kind wäre. Die Kindesmutter kam schwanger von Polen nach Deutschland, hat hier im Eggenburger Krankenhaus entbunden und ist auch jetzt noch hier. Nach zweijähriger Anwesenheit besteht nun das Fürsorgeamt in H. darauf, dass das Kind von uns weggenommen und nach Polen geschickt wird. Der Verlust des Kindes würde uns sehr schmerzlich treffen. Auch die Kindesmutter würde mehr Lust und Freude zur Arbeit haben, wenn sie ihr Kind hier bei uns untergebracht wüsste, als zu Hause in Polen. Deshalb bitte ich Sie, Herr Gauleiter, es zu befürworten, daß das Kind auf Kriegsdauer bei uns verbleiben darf. Ich würde es sehr gerne unentgeltlich behalten, damit der Staat keinen Schaden erleidet. Ein anderes Pflegekind käme nicht mehr in Betracht, somit besetzt es auch keinem anderen Kinde den Pflegeplatz. Auf gütige Erledigung hoffend, zeichnet mit deutschem Gruß Anna T.[105]

Zur Lösung der geschilderten Probleme schlug der SD zum einen vor, die Bäuer:innen verstärkt über die vermeintlich drohende »fremdvölkische Unterwanderung des Dorfes« aufzuklären. Zum anderen müsse die Frage der Unterbringung der »fremdvölkischen« Kinder geklärt werden. In den Städten und industriellen Gebieten seien zu diesem Zweck bereits zahlreiche »Ausländerkinder-Pflegestätten« eingerichtet worden. In ländlichen Gebieten hingegen seien von den zuständigen Dienststellen bis auf einzelne Ausnahmen bisher keine entsprechenden Schritte unternommen worden, obwohl »dies als die vordringlichste Aufgabe der volks- und rassenpolitischen Gefahrenabwehr im Rahmen des fremdvölkischen Arbeitseinsatzes in der Landwirtschaft bezeichnet werden müsse«. Die dem SD vorliegenden Berichte zielten alle in die gleiche Richtung: Der Reichsnährstand müsse nach dem Vorbild der Industrie für die Einrichtung von »Ausländerkinder-Pflegestätten« sorgen.

---

[105] »SD-Berichte zu Inlandsfragen«, 13. Januar 1944, BArch, R 58/192, Bl. 102–105. Das weitere Schicksal des Kindes ist unbekannt. Beachtlich ist, dass das Fürsorgeamt das Kind nicht in eine »Pflegestätte« einweisen, sondern nach Polen schicken wollte. Es ist denkbar, dass das Kind dort bei Verwandten der Mutter unterkommen sollte. Wie üblich solche Rückführungen ohne Mutter waren, ist nicht bekannt.

Planungen des Reichsnährstands

Entsprechende Überlegungen wurden seit Ende 1943 auch beim Reichsnährstand selbst angestellt.[106] Dr. Erich Hatesaul, Reichsabteilungsleiter beim RNSt, reiste Anfang des Jahres 1944 gemeinsam mit dem Referenten Schwarz nach Quedlinburg, um dort ein improvisiertes Heim für ausländische Kinder zu begutachten und sich über »Trägerschaft, Finanzierung, Barackenbeschaffung, Ausstattung, Einzugsgebiet, Zulauf durch die Kinder usw« zu informieren.[107] In Quedlinburg angekommen stellten Hatesaul und Schwarz jedoch fest, dass die vor Ort gefundene Lösung nur bedingt als Vorbild für eine reichsweite Regelung in Frage komme, da dort lediglich Entbindungen vorgenommen wurden.[108] Das von den umliegenden Betrieben genossenschaftlich betriebene Entbindungsheim gebe zwar ein wertvolles Beispiel für »Selbsthilfeeinrichtungen der deutschen Landwirtschaft«,[109] befreie die Bäuerinnen jedoch nur von der »Last der fremdvölkischen Geburten im eigenen Hause«.[110] Wichtiger sei jedoch die »Entfernung der fremdvölkischen, nichteinsatzfähigen Kinder aus den Betrieben«.[111] In solchen Einrichtungen müsse es daher unbedingt die Möglichkeit zur »Hortung« der Kinder geben. Die Zahl der »fremdvölkischen« landwirtschaftlichen Arbeitskräfte spreche ebenso wie die zunehmende Zahl der Geburten für die Einrichtung möglichst vieler Heime in der Landwirtschaft. Allein im Kreis Quedlinburg-Ballenstedt käme es wöchentlich zu sechs Geburten »fremdvölkischer« Arbeiterinnen. Auf das gesamte Reichsgebiet hochgerechnet entspräche das »alljährlich

---

106 Der Reichsnährstand als »halbstaatliche« Organisation der bäuerlichen Interessenvertretung war von staatlicher Seite dem Reichsministerium für Ernährung und Landwirtschaft, von parteilicher Seite dem Reichsamt für das Landvolk unterstellt, beide unter der Leitung des Reichshauptamtsleiters Herbert Backe; Horst Gies, Die Rolle des Reichsnährstandes im nationalsozialistischen Herrschaftssystem, in: Der »Führerstaat«: Mythos und Realität. Studien zur Struktur und Politik des Dritten Reiches, hg. von Gerhard Hirschfeld, Lothar Kettenacker und Wolfgang J. Mommsen, Stuttgart 1981, S. 270–303.

107 Handschriftlicher Vermerk Hatesauls an den Referenten Schwarz, 23. Dezember 1943, BArch, R 16/174.

108 Bericht über die Reise nach Quedlinburg am 6. und 7.1.1944 betr. »Unterbringung von fremdvölkischen schwangeren Arbeiterinnen und Kleinstkindern«, 14. Januar 1944, BArch, R 16/174; Aktenvermerk betr. »Schwangere ausländische Arbeitskräfte und ihre nicht einsatzfähigen Kinder«, gez. Schwarz, ohne Datum, BArch, R 16/174.

109 Bericht über die Reise nach Quedlinburg am 6. und 7.1.1944 betr. »Unterbringung von fremdvölkischen schwangeren Arbeiterinnen und Kleinstkindern«, 14. Januar 1944, BArch, R 16/174.

110 Aktenvermerk betr. »Schwangere ausländische Arbeitskräfte und ihre nicht einsatzfähigen Kinder«, gez. Schwarz, ohne Datum, BArch, R 16/174.

111 Aktenvermerk betr. »Schwangere ausländische Arbeitskräfte und ihre nicht einsatzfähigen Kinder«, gez. Schwarz, ohne Datum, BArch, R 16/174.

einem Zuwachs von 100 bis 150.000 slawischen Kindern in den landwirtschaftlichen Betrieben im Reich«.[112] Das größte Problem bei der Schaffung der benötigten Heime sei jedoch der Mangel an geeigneten Unterkünften und Baumaterial. Darüber hinaus sorgten unklare Zuständigkeiten und fehlende Richtlinien für Uneinigkeit zwischen den verschiedenen beteiligten Dienststellen von Partei und Staat. Hatesaul und Schwarz forderten in ihrem Bericht daher, die »Entscheidungen der Inneren Verwaltung« müssten »mit den Forderungen der Parteikanzlei und des Reichsführers-SS« in Einklang gebracht werden.[113]

Die schwierige Koordination zwischen den Arbeitseinsatzbehörden, dem Reichsnährstand, den Kommunen sowie den Dienststellen der Partei verzögerte im Bereich der Landwirtschaft zunächst die Umsetzung solcher Forderungen. Wie aus einem Schreiben des Gauarbeitsamts Südbayern an den GBA hervorgeht, hatten sich sowohl das Rassenpolitische Amt der NSDAP-Gauleitung Schwaben als auch Landesbauernführer Deininger bereits Mitte November 1943 wegen der aus ihrer Sicht unbedingt notwendigen Einrichtung zentraler Entbindungs- und Kinderheime an das Gauarbeitsamt gewandt.[114] Angeblich würden schwangere »Ostarbeiterinnen« und Polinnen zwar »in steigendem Masse Unterbrechung der Schwangerschaft« wünschen, dennoch sei die Schaffung zentraler Entbindungsmöglichkeiten »unbedingt erforderlich«. Entbindungen seien im Gau Südbayern bislang in einem Textilbetrieb in Augsburg, in deutschen Krankenanstalten sowie im Durchgangslager Dachau durchgeführt worden, aufgrund der anwachsenden Geburtenzahl würden diese »Notbehelfe« jedoch nicht mehr ausreichen.[115] Es sei daher geplant,

---

112 Bericht über die Reise nach Quedlinburg am 6. und 7.1.1944 betr. »Unterbringung von fremdvölkischen schwangeren Arbeiterinnen und Kleinstkindern«, 14. Januar 1944, BArch, R 16/174.
113 Bericht über die Reise nach Quedlinburg am 6. und 7.1.1944 betr. »Unterbringung von fremdvölkischen schwangeren Arbeiterinnen und Kleinstkindern«, 14. Januar 1944, BArch, R 16/174.
114 Schreiben des Präsidenten des Gauarbeitsamts und Reichstreuhänder der Arbeit Südbayern an den GBA betr. »Behandlung schwangerer ausländischer Arbeitskräfte und Versorgung der Kinder; hier Ostarbeiterinnen und Polinnen«, gez. Mauder, 10. Januar 1944, BArch, R 16/174.
115 Recherchen des Gauarbeitsamts zufolge waren im Gau Südbayern zu diesem Zeitpunkt insgesamt 4.600 Polinnen und 7.000 »Ostarbeiterinnen« beschäftigt. Von den Polinnen waren zum Zeitpunkt des Berichts 242 schwanger, von den »Ostarbeiterinnen« 141. Außerdem befanden sich insgesamt 708 »Ostarbeiter- und Polenkinder« im Alter von bis zu 10 Jahren im Gau. Davon waren 229 unter einem Jahr alt, 93 zwischen einem und zwei Jahren. Die restlichen Kinder verteilten sich auf die übrigen Altersstufen. Viele dieser Kinder waren offenbar im Reich geboren worden, der Großteil jedoch mit ihren Familien nach Deutschland deportiert worden; Schreiben des Präsidenten des Gauarbeitsamts und Reichstreuhänder der Arbeit Südbayern an den GBA betr. »Behandlung schwangerer ausländischer Arbeitskräfte

in Zusammenarbeit mit den Dienststellen der Partei, des Staates und des RNSt unter der Trägerschaft der letztgenannten Organisation je nach Bedarf in einfachster aber zweckmässiger und hygienisch einwandfreier Form Entbindungsheime zu errichten, die zugleich Kinderkrippe und Kinderheim für Kinder bis zu 8 Jahren umfassen. Ältere Kinder können bereits für kleinere Hilfeleistung in der Ldw. herangezogen werden.[116]

Landesbauernführer Deininger habe sich jedoch gegen die Übernahme der Trägerschaft durch den RNSt ausgesprochen, weil dies Aufgabe der Arbeitsverwaltung sei. Das Gauarbeitsamt bat den GBA daher um eine Klärung dieser Fragen mit dem Reichsbauernführer sowie um Kostenzuschüsse aus dem Reichsstock. Eine »Beschleunigung der Angelegenheit« sei nötig, da in der Landesbauernschaft und der Gauleitung »Mißstimmung unter der deutschen Bevölkerung« befürchtet werde. Deininger drängte ebenfalls zur Eile: Auf einer Tagung in Dresden am 13. Januar 1944 sprach er in der Sache bei Hans-Joachim Riecke, Staatssekretär im Reichsministerium für Ernährung und Landwirtschaft, vor.[117] Dieser ordnete daraufhin sofortige Verhandlungen mit der Partei-Kanzlei und der NSV an, um in jedem Kreis behelfsmäßige Entbindungs- und Unterbringungsmöglichkeiten für die »fremdvölkischen« Arbeiterinnen und ihre Kinder zu schaffen. Die Finanzierung und Trägerschaft dieser Einrichtungen könne beispielsweise wie in Quedlinburg durch die genossenschaftliche Kooperation innerhalb der Kreisbauernschaften bewältigt werden.

Zwei Wochen später, am 27. Januar 1944, wurde in den Räumen des Reichsamts für das Landvolk in München unter dem Vorsitz des Reichsamtsleiters Rechenbach über die »Entfernung der fremdvölk. nichteinsatzfähigen Kinder aus landwirtschaftlichen Betrieben« beraten.[118] Neben dem Reichsamt waren die Partei-Kanzlei, das Hauptamt für Volksgesundheit, die NSV, das Hauptamt für

und Versorgung der Kinder; hier Ostarbeiterinnen und Polinnen«, gez. Mauder, 10. Januar 1944, BArch, R 16/174.

116 Schreiben des Präsidenten des Gauarbeitsamts und Reichstreuhänder der Arbeit Südbayern an den GBA betr. »Behandlung schwangerer ausländischer Arbeitskräfte und Versorgung der Kinder; hier Ostarbeiterinnen und Polinnen«, gez. Mauder, 10. Januar 1944, BArch, R 16/174.

117 Aktenvermerk betr. »Verhandlung schwangerer fremdvölkischer Arbeitskräfte und Unterbringung ihrer Kleinstkinder«, 20. Januar 1944, BArch, R 16/174.

118 Hier und im Folgenden Aktenvermerk betr. »Besprechung im Reichsamt für das Landvolk über die Entfernung der fremdvölk. nichteinsatzfähigen Kinder aus landwirtschaftlichen Betrieben; am 27. Januar 1944«, gez. Schwarz, BArch, o. D., R 16/174; vgl. auch Aktenvermerk betr. »Unterbringung fremdvölkischer schwangerer Arbeiterinnen und Entfernung der fremdvölkischen nichteinsatzfähigen Kinder aus landwirtschaftlichen Betrieben«, 2. Februar 1944, BArch, R 16/174 sowie Schreiben des Reichsamts für das Landvolk an den Reichsbauernführer betr. »Betreuung schwangerer Ostarbeiterinnen und Polinnen und der im Reich

Volkstumsfragen, das RMEL, der RNSt sowie der Reichsgefolgschaftswart vertreten. Der Leiter des RMEL, Herbert Backe, hatte Rechenbach damit beauftragt, »sich von der Blutsfrage her mit der Aufgabe zu befassen«, um anschließend mit Bormann Rücksprache halten zu können. Vordringlich war für ihn augenscheinlich eher die »rassen- und volkstumspolitische« als die »arbeitseinsatzmäßige« Seite des Problems. Wie bei der Besprechung einleitend festgehalten wurde, sei eine reichseinheitliche Lösung aufgrund regional unterschiedlicher Verhältnisse nicht möglich, es könnten lediglich allgemeine Richtlinien gegeben werden. Grundsätzlich sei die »einfachste Lösung für alle auftauchenden Probleme um die fremdvölkischen Schwangerschaften [...] die Unterbrechung der Schwangerschaft«. Diese sei möglichst zu forcieren, jedoch ausschließlich durch »Mundpropaganda«. Probleme verursachten dabei offenbar immer wieder verspätete oder ausbleibende Meldungen über Schwangerschaften unter den Arbeitskräften. Die »Betriebsführer« seien daher durch das Reichsamt für Volksgesundheit erneut zur rechtzeitigen Bekanntgabe schwangerer ausländischer Arbeiterinnen anzuhalten.

Pro Kreis seien ein oder zwei improvisierte Entbindungsheime zu schaffen, in denen die Frauen acht Tage vor und acht Tage nach der Entbindung untergebracht werden könnten. Danach müssten sie ohne Kinder an ihre Arbeitsplätze zurückkehren. Neben diesen Entbindungsheimen seien »Pflegestätten« und »Pflegenester« für »fremdvölkische« Kinder zu schaffen. Die »Pflegestätten« seien zur Aufnahme einer größeren Anzahl von Kindern – etwa 30 bis 100 – vorgesehen und würden daher mehr Raum, Verwaltungs- sowie Betreuungsarbeit benötigen. In diesem Fall müssten die Mütter vollständig von ihren Kindern getrennt werden. Die kleineren »Pflegenester« für sechs bis acht Kinder hingegen könnten dorfweise eingerichtet und »mehr in Form der Tagesstätten für deutsche Kinder betrieben werden«. Welche Unterbringungsart jeweils vorteilhafter sei, hänge vom »örtl. Anfall von fremdvölk., nichteinsatzfähigen Kindern und der Lösung der Raumfrage« ab. Insgesamt könne es sich bei diesen Notbehelfen jedoch nur um Übergangslösungen handeln. Für die Zukunft sei vielmehr »eine geschlossene Unterbringung der fremdvölk. Arbeitskräfte am Ortsende, in der sich das gesamte Leben dieser Menschen abspielt«, anzustreben. Die Idee einer vollständigen, langermäßigen Abschottung sämtlicher ausländischen Arbeitskräfte war in der Kriegsendphase zwar nicht mehr umsetzbar, verdeutlicht aber die Stoßrichtung der beabsichtigten Maßnahmen.

Zur Realisierung der mittelfristigen Pläne war die koordinierte Zusammenarbeit aller beteiligten Behörden notwendig. War im Erlass Himmlers der Reichsnährstand lediglich für die Aufsicht über die Heime in der Landwirtschaft zustän-

geborenen Kinder von Ostarbeiterinnen und Polinnen«, 7. Februar 1944, 2.2.0.1/82388970–82388972/ITS Digital Archive, Bad Arolsen.

dig gemacht worden, sollte er nun für Einrichtung, Ausstattung und Trägerschaft verantwortlich gemacht werden. Der Vertreter der Partei-Kanzlei sagte zu, die nachgeordneten Dienststellen zu informieren und anzuweisen, den RNSt bei der Umsetzung dieser Maßnahmen zu unterstützen. Vonseiten der NSV wurde dem RNSt zwar ebenfalls Unterstützung zugesagt, allerdings dürften Beiträge und Spenden »deutscher Volksgenossen« keinesfalls für »Fremdvölkische« ausgegeben werden. Die Arbeitsämter wurden für die Zuweisung des ausländischen Betreuungspersonals zuständig gemacht. Für die Einrichtungskosten sollte, wie im Erlass des GBA geregelt, der Reichsstock aufkommen, während die laufenden Kosten in erster Linie von den Eltern zu tragen seien.[119]

Basierend auf diesen im Reichsamt für das Landvolk getroffenen Beschlüssen, wies der Reichsbauernführer[120] am 21. März 1944 die Landesbauernschaften an, in sämtlichen Kreisbauernschaften schnellstmöglich die erforderlichen Entbindungsheime und »Pflegestätten« beziehungsweise »Pflegenester« einzurichten.[121] Entsprechende Maßnahmen, die er bereits ein Jahr zuvor empfohlen habe, seien »infolge organisatorischer Schwierigkeiten oder ungenügender Untersützung durch andere mitzubeteiligende Dienststellen« bislang nur in Einzelfällen verwirklicht worden. In seinem Erlass ordnete der RBF daher an, laufend für eine »enge Zusammenarbeit mit den örtlich zuständigen Parteistellen, den staatlichen Gesundheitsämtern und Kreisämtern für Volksgesundheit, mit den Dienststellen der NSV, mit den Arbeits- und Wirtschaftsämtern sowie den Polizeistellen« zu sorgen. Obwohl er darauf hingewiesen hatte, sich aufgrund der kriegsbedingten Versorgungslage mit »bescheidenen, behelfsmäßigen Einrichtungen zu begnügen«, begann die Umsetzung dieser Anweisungen nur schleppend. In einem Schreiben an das Reichsministerium für Volksaufklärung und Propaganda machte der RBF im Juni 1944 den Mangel geeigneter Unterkünfte durch die Evakuierung vieler Großstädte, den Mangel an Spinnstoffen, Möbeln und sonstigen Materialien sowie finanzielle Schwierigkeiten dafür verantwort-

---

119 Schreiben des Reichsamts für das Landvolk an den Reichsbauernführer betr. »Betreuung schwangerer Ostarbeiterinnen und Polinnen und der im Reich geborenen Kinder von Ostarbeiterinnen und Polinnen«, 7. Februar 1944, 2.2.0.1/82388970–82388972/ITS Digital Archive, Bad Arolsen.

120 Infolge machtpolitischer Niederlagen war Walther Darré bereits im Mai 1942 vorgeblich aus gesundheitlichen Gründen von seinen Ämtern beurlaubt und Herbert Backe mit der geschäftsführenden Leitung beauftragt worden. Nachdem Darré im April 1944 schließlich auch offiziell von seinen Aufgaben entbunden worden war, trat Backe seine Nachfolge als Reichsernährungsminister, als Reichsleiter des NSDAP-Amts für Agrarpolitik sowie als Reichsbauernführer an. Horst Gies, Richard Walther Darré, Köln 2019, S. 666.

121 Erlass des Reichsbauernführers an die Landesbauernschaften betr. »Ausländische ldw. Arbeitskräfte; hier Entbindungsheime und Kinderpflegestätten für Fremdvölkische«, gez. Behrens, 21. März 1943, Landesarchiv Sachsen-Anhalt, C 102, Nr. 246, Bl. 81–85.

lich.[122] Trotz alledem seien aufgrund seines Erlasses »in einigen Landesbauernschaften bereits die ersten Kinderpflegestätten mit Entbindungsheimen in Betrieb genommen worden«.

2.1.6 Westarbeiterinnen, »Protektoratsangehörige« und Kroatinnen

Die ab Anfang 1943 von den Arbeitseinsatzbehörden ausgegebenen Richtlinien zur Behandlung schwangerer ausländischer Arbeiterinnen und ihrer Kinder galten grundsätzlich zwar für alle ausländischen Arbeiterinnen, zielten in erster Linie jedoch auf Polinnen und »Ostarbeiterinnen« ab. Ebenso bezog sich der Erlass des Reichsbauernführers vom 21. März 1944 zwar auf sämtliche »fremdvölkischen« Arbeitskräfte in der Landwirtschaft, vor allem aber auf ebendiesen Personenkreis. Es stellt sich daher die Frage, inwiefern die angeordneten Maßnahmen tatsächlich auch für Frauen und Kinder anderer Nationalitäten und insbesondere für »Westarbeiterinnen« gedacht waren. Denn die bisherige Forschung deutet darauf hin, dass die Entbindungs- und Kinderheime fast ausschließlich zur Entbindung und Unterbringung von Frauen und Kindern aus Polen und der Sowjetunion genutzt wurden. Im folgenden Abschnitt wird zeitweilig von der Erlassebene abgewichen, um zu untersuchen, wie lokale und regionale Behörden die entsprechenden Erlasse interpretierten. Anschließend werden die vom Reichsinnenministerium im Herbst 1944 erlassenen beziehungsweise in Betracht gezogenen Ausnahmeregelungen für tschechische und kroatische Arbeiterinnen und ihre Kinder erörtert, die im Umkehrschluss auf die grundsätzliche Gültigkeit der Richtlinien für alle anderen Nationalitäten verweisen.

In den Quellen und der Forschungsliteratur finden sich nur wenige Beispiele, in denen Frauen und Kinder anderer Nationalitäten in Entbindungsheime und »Ausländerkinder-Pflegestätten« eingewiesen wurden. Im Gau Oberdonau etwa musste eine Französin in einer »Ostarbeiterinnen«-Baracke in Bad Hall entbinden. Das Kind, dessen Vater aus Italien stammte, wurde anschließend im »Fremdvölkischen Kinderheim« in Spital am Pyhrn untergebracht.[123] Im Geburten- und Sterbebuch der Gemeinde St. Hütting in Bayern findet sich neben 89 polnischen, ukrainischen und russischen Kindern auch das Kind einer italienischen Landarbeiterin, welches noch am 23. April 1945 im dortigen »polnischen Kinderheim«

---

122 Schreiben des Reichsbauernführers an den Reichsminister für Volksaufklärung und Propaganda betr. »Entbindungsheime und Kinderpflegestätten für Fremdvölkische in der Landwirtschaft«, i. A. Hatesaul, 22. Juni 1944, BArch, R 55/1229.
123 Hauch, Ostarbeiterinnen, S. 1295.

untergebracht wurde und nach wenigen Tagen verstarb.[124] Die Seltenheit dieser Fälle mag zum Teil der Tatsache geschuldet sein, dass Polinnen und »Ostarbeiterinnen« bei weitem den größten Anteil der ausländischen Zivilarbeiterinnen ausmachten. Entscheidend war in dieser Hinsicht jedoch die nationalsozialistische Rassenhierarchie, in der diese Frauen unter allen anderen Ausländerinnen rangierten. Arbeitsschutzrechtlich war ihre rassistische Sonderstellung und Schlechterbehandlung Mitte des Jahres 1942 im Mutterschutzgesetz festgeschrieben worden. Vor allem im Zuge der regionalen Umsetzung der erlassenen Maßnahmen zur Behandlung ausländischer Arbeiterinnen wurde diese Differenzierung übernommen und verstärkt. Oftmals ist im Schriftverkehr der mittleren und unteren Verwaltungsebenen nicht mehr allgemein die Rede von »ausländischen« oder »fremdvölkischen« Arbeiterinnen, sondern explizit von Polinnen und »Ostarbeiterinnen«.[125]

Darüber hinaus planten einige Behörden auf lokaler Ebene sogar die Einrichtung zusätzlicher Kinderheime für andere Nationalitäten, anstatt alle ausländischen Kinder gemeinsam unterzubringen. So wurde in einer von der DAF in Lübeck einberufenen Besprechung Mitte Dezember 1943 die Errichtung einer »Ausländerkinder-Pflegestätte« für die Kinder ausländischer Arbeiterinnen angeregt, »die nicht Ostarbeiterinnen oder Polinnen, sondern anderer Nationalität sind (Französinnen, Kroaten, Tschechen usw.)«.[126] Eine entsprechende Anweisung findet sich in den einschlägigen reichsweiten Erlassen nicht, die beteiligten Stellen versuchten vielmehr aus eigenem Antrieb die rassistische Hierarchisierung der Zwangsarbeiter:innen auch durch getrennte »Pflegestätten« abzubilden. Zunächst scheiterte das Projekt allerdings an der ungeklärten Finanzierung. Da der Lübecker Bürgermeister die Aufnahme der ausländischen Kinder in deutschen Pflegefamilien oder Kinderheimen grundsätzlich ablehnte, sagte ihm das Arbeitsamt zu, bei ausländischen Schwangeren, Müttern und Kindern, »soweit sie nicht Ostarbeiterinnen oder Polinnen sind, [...] in besonderen Fällen für die Rückführung Sorge zu tragen«.

Wie schon in den Erlassen der Arbeitsverwaltung bestimmt worden war, konnten schwangere Ausländerinnen in Ausnahmefällen in ihre Heimat zurückkehren,

---

124 Geburten- und Sterbebuch St. Hütting jetzt Ruhstorf, IPN Po (Instytut Pamięci Narodowej w Poznaniu), S. 1/10/Zn.

125 Siehe beispielsweise Schreiben des Regierungspräsidenten in Lüneburg an die Leiter der Gesundheitsämter des Gaues Ost-Hannover betr. »Unterbringung der noch nicht arbeitsfähigen Kinder der Polinnen und Ostarbeiterinnen«, 14. Februar 1944, NLA HA, Hann. 180 Lüneburg Acc. 3 /005 Nr. 120 I.

126 Die Entbindung von Frauen anderer Nationalitäten im Lager der MFM (Maschinen für Massenverpackungen) stellte hingegen kein Problem dar; Schreiben des Oberbürgermeisters der Hansestadt Lübeck an das Arbeitsamt Lübeck betr. »Ausländische schwangere Wöchnerinnen und deren Kinder«, 29. Dezember 1943, BArch, R 36/1444.

sofern dem nicht »einsatzmässige Erwägungen« entgegenstünden.[127] Wie dies tatsächlich gehandhabt wurde, hing von den zuständigen Arbeitsämtern ab. In Friedrichshafen etwa konnten schwangere ausländische Arbeiterinnen, die Anspruch auf den vollen Mutterschutz hatten, zur Entbindung in ihre Heimat zurückkehren.[128] Ab Anfang 1944 wurde dies mit Verweis auf Transportschwierigkeiten und Urlaubssperren zwar erschwert, doch konnte Christa Tholander auch für das Jahr 1944 zweimonatige »Beurlaubungen zur Entbindung« nach Bulgarien, Kroatien und Ungarn nachweisen, teilweise sogar gemeinsam mit dem Ehemann. Keine dieser Frauen und nur wenige der Männer kehrten anschließend an ihren Einsatzort zurück.

Für diejenigen Ausländerinnen, die nicht in der Heimat entbinden durften, mussten andere Lösungen gefunden werden. Wie Bernhild Vögel für Braunschweig nachweisen konnte, entbanden die meisten »Westarbeiterinnen« bis Ende 1944 nicht im »Entbindungsheim für Ostarbeiterinnen«, sondern im Landkrankenhaus.[129] Anfang Dezember richtete die Gesellschaft »Gemeinschaftslager der Braunschweiger Industrie« dann ein »Entbindungsheim für Westarbeiterinnen« ein, in dem bis April 1945 insgesamt 42 Kinder zur Welt kamen, deren Mütter aus ganz Europa stammten. Zwar sollen Hygiene und Nahrungsmittelversorgung in dieser Einrichtung laut der Aussage einer Hebamme ähnlich schlecht wie in dem für »Ostarbeiterinnen« bestimmten Heim gewesen sein, die Sterblichkeit der im »Westarbeiterinnenheim« untergebrachten Kinder war jedoch deutlich niedriger.[130] Unter den dort geborenen Kindern befanden sich auch sieben ukrainische, fünf polnische und drei russische Säuglinge, von denen einige später im Heim für »Ostarbeiterinnen« ums Leben kamen. Offenbar waren sie nachträglich in das für ihre Nationalität vorgesehene Heim verlegt worden. Dieser außergewöhnliche Befund aus Braunschweig verdeutlicht, wie bis in die letzten Kriegsmonate an der rassistischen Hierarchisierung und Selektion der ausländischen Zwangsarbeiter:innen und ihrer Kinder festgehalten wurde.

Zwar waren die Arbeiterinnen anderer Nationen arbeitsschutzrechtlich formal den deutschen Arbeiterinnen gleichgestellt worden, auf dem Gebiet des Jugendschutz- und insbesondere des Unehelichenrechts wurden für sie jedoch ebenfalls rassenpolitisch motivierte Sonderregelungen eingeführt. Mit dem Erlass Himmlers vom 27. Juli 1943 sowie den darauf fußenden Anweisungen des

---

127 Runderlass des GBA an die Präsidenten der Landesarbeitsämter betr. »Behandlung schwangerer ausländischer Arbeitskräfte«, 20. März 1943, BArch, NS 5-I/271.
128 Christa Tholander, Fremdarbeiter 1939 bis 1945. Ausländische Arbeitskräfte in der Zeppelin-Stadt Friedrichshafen, Essen 2001, S. 377 f.
129 Vögel, »Entbindungsheim für Ostarbeiterinnen«, S. 103–105.
130 Insgesamt starben acht Kinder, die meisten von ihnen aufgrund von Ernährungsstörungen, vermutlich in Zusammenhang mit der frühen Trennung von ihrer Mutter; Vögel, »Entbindungsheim für Ostarbeiterinnen«, S. 105.

Innenministeriums an die Gesundheits- und Jugendämter vom 5. Juni 1944 waren besondere Verfahren zur Vaterschaftsfeststellung, rassischen Untersuchung und Vormundschaftsbestellung festgelegt worden, die für die unehelichen Kinder aller ausländischen Arbeiterinnen galten. Eine Ausnahme bildeten die unehelichen Kinder »protektoratsangehöriger« Arbeiterinnen sowie staatenloser Frauen »tschechischer Volkszugehörigkeit«, für die das RMdI Ende September 1944 einen gesonderten Erlass verabschiedete.[131] Das Innenministerium wies die Jugendämter an, für diese Kinder grundsätzlich die Amtsvormundschaft zu übernehmen und die Vaterschaftsfeststellung »beschleunigt zu betreiben«. Anschließend solle jedes Kind dem zuständigen RuS-Führer unter Angabe der persönlichen Daten des Kindes, der Eltern, der Großeltern sowie der Geschwister der Eltern gemeldet werden. Sämtliche nach dem 15. März 1939 geborenen Kinder, die bereits unter Vormundschaft der Jugendämter standen, sollten nachträglich ebenfalls gemeldet werden. Offenbar erwartete man unter der tschechischen Bevölkerung einen großen Anteil »Wiedereindeutschungsfähiger« und maß der »Germanisierung« des Protektorats Böhmen und Mähren einen hohen Stellenwert bei.[132]

Im Herbst 1944 wurde über eine weitere Ausnahme für die unehelichen Kinder kroatischer Zivilarbeiterinnen beraten. Die Gründe dafür waren in diesem Fall nicht rassenpolitischer, sondern arbeitseinsatz- und außenpolitischer Natur. Die ersten Arbeitskräfte aus dem Unabhängigen Staat Kroatien (USK), einem Vasallenstaat der deutschen und italienischen Besatzer,[133] waren bereits kurz nach der Gründung des USK im Frühjahr 1941 ins Deutsche Reich vermittelt worden.[134] Insgesamt wird die Zahl der in Deutschland eingesetzten Staatsangehörigen des USK auf etwa eine Viertelmillion geschätzt.[135] Im August 1944 fanden in Berlin

131 Erlass des RMdI betr. »Amtsvormundschaft über uneheliche Kinder Protektoratsangehöriger Frauen«, gez. Kauffmann, 27. September 1944, APP, 53/299/0/2.6/2239.

132 Zur nationalsozialistischen Germanisierungspolitik im Protektorat Böhmen und Mähren siehe Isabel Heinemann, »Rassische Bestandsaufnahme, Umsiedlung, Eindeutschung«. Grundlinien der NS-Germanisierungspolitik für Südosteuropa, in: Krieg und Zwangsmigration in Südosteuropa 1940-1950. Pläne, Umsetzung, Folgen, hg. von Mathias Beer, Stuttgart 2019, S. 21-36, hier S. 30-32; Detlef Brandes, »Umvolkung, Umsiedlung, rassische Bestandsaufnahme«. NS-»Volkstumspolitik« in den böhmischen Ländern, München 2012.

133 Zur deutschen und italienischen Besatzungspolitik in Kroatien siehe Sanela Schmid, Deutsche und italienische Besatzung im Unabhängigen Staat Kroatien, Berlin; Boston 2020, S. 189-198.

134 Sanela Schmid; Christian Schölzel, Zwangsarbeit und der Unabhängige Staat Kroatien. 1941-1945, Berlin; Münster 2013; Holm Sundhaussen, Wirtschaftsgeschichte Kroatiens im nationalsozialistischen Großraum 1941-1945. Das Scheitern einer Ausbeutungsstrategie, Stuttgart 1983, S. 179-190.

135 Vgl. Schmid; Schölzel, Zwangsarbeit und der Unabhängige Staat Kroatien, S. 123; Sundhaussen, Wirtschaftsgeschichte Kroatiens im nationalsozialistischen Großraum 1941-1945, S. 183.

Verhandlungen der deutschen Arbeitsverwaltung mit Vertretern des USK über den Einsatz weiterer kroatischer Arbeitskräfte statt.[136] Die kroatische Seite war offenbar über die jugendwohlfahrtsrechtlichen Sonderbestimmungen für uneheliche ausländische Kinder informiert. Wie der GBA im Anschluss an die Gespräche unter anderem dem Innenministerium, der Partei-Kanzlei, dem Auswärtigen Amt und dem RFSS mitteilte, hatten die Vertreter des USK darum gebeten, das deutsche Jugendwohlfahrtsgesetz auf die im Reich geborenen unehelichen Kinder kroatischer Zivilarbeiterinnen auszudehnen, solange sich diese im Reichsgebiet aufhalten würden.[137]

Wie aus seinem Schreiben an das Auswärtige Amt hervorgeht, hielt es Muthesius aus der Fürsorgeabteilung des Reichsinnenministeriums grundsätzlich für möglich, uneheliche kroatische Kinder aus den Bestimmungen des RMdI-Erlasses auszunehmen und während ihres Aufenthalts in Deutschland der deutschen Amtsvormundschaft zu unterstellen.[138] Das Auswärtige Amt begrüßte diesen Vorschlag ebenfalls.[139] In einem internen Vermerk warf Muthesius zudem die Frage auf, ob für die unehelichen Kinder von Arbeiterinnen anderer befreundeter Länder ebenfalls Ausnahmen gemacht werden sollten und ob diese anschließend trotzdem in den »Ausländerkinder-Pflegestätten« zu betreuen seien.[140] Oberregierungsrat Hoffmann von der Gesetzgebungsabteilung stand einer Ausnahmeregelung für befreundete Staaten allerdings ablehnend gegenüber:

> Der Runderlaß vom 5.6.44 entspricht gerade mit der darin vorgesehenen unterschiedlichen Behandlung der rassisch positiv und der rassisch negativ bewerteten Fälle den deutschen rasse- und volkspolitischen Anschauungen, wonach sich deutsche Behörden mit rassisch schlecht bewerteten ausländischen Kindern möglichst wenig befassen sollen.[141]

---

136 Sundhaussen, Wirtschaftsgeschichte Kroatiens im nationalsozialistischen Großraum 1941–1945, S. 184.
137 Schreiben des GBA an die Partei-Kanzlei, den Reichsmarschall, das Auswärtige Amt, das RMdI, den RFSS, den RFM, den RWM, den RMEL, den Reichsnährstand, die DAF, den Reichspropagandaminister und den Reichsforstminister betr. »Einsatz kroatischer Arbeitskräfte im Reichsgebiet«, i. A. gez. Hetzell, 21. August 1944, BArch, R 1501/3382.
138 Schreiben des RMdI an das Auswärtige Amt betr. »Betreuung unehelicher Kinder kroatischer Arbeiterinnen«, 23. September 1944, BArch, R 1501/3382.
139 Schreiben des Auswärtigen Amts an den Reichsminister des Innern betr. »Betreuung unehelicher Kinder kroatischer Arbeiterinnen«, 28. September 1944, BArch, R 1501/3382.
140 Vermerk von StR. Dr. Muthesius, Abteilung II B, urschriftlich u. R. an die Abteilung I, 10. Oktober 1944, BArch, R 1501/3382.
141 Internes Schreiben des RMdI (Abt. I) betr. »Uneheliche Kinder ausländischer Arbeiterinnen; hier: Betreuung der unehelichen Kinder kroatischer Arbeiterinnen«, gez. Hoffmann, 13. Oktober 1944, BArch, R 1501/3382.

Der Erlass dürfe durch zwischenstaatliche Vereinbarungen nicht weiter »durchlöchert« und dadurch die Umsetzung »rassepolitisch richtiger Maßnahmen« erschwert werden. Einigkeit herrschte in der Frage indes nicht. So vermerkte Ministerialrat Hans Globke handschriftlich auf dem Schreiben:

> Auch auf dem Gebiet der Betreuung unehelicher Kinder ausländischer Arbeiterinnen muß m. E. abgewogen werden, ob die für die Betreuung sprechenden außenpolitischen und arbeitsmarktpolitischen Gesichtspunkte nicht so schwer wiegen, daß demgegenüber die gegen die Betreuung sprechenden rassepolitischen Gesichtspunkte vorübergehend zurücktreten müssen.[142]

Auf Hoffmanns Vorschlag wurde der Vorgang im November dem Rasse- und Siedlungshauptamt der SS mit Bitte um Stellungnahme übersandt. Bevor von dort eine Antwort eintraf, erkundigte sich Mitte Januar 1945 die Gesandtschaft des USK beim GBA über den Stand der Angelegenheit.[143] Dabei schilderte sie den Fall einer kroatischen Staatsangehörigen, die Anfang November 1944 in Nürnberg von einem »gesunden Töchterchen« entbunden worden sei. Der kroatische Gauverbindungsmann bei der DAF habe sich daraufhin, da im Wohnlager der Frau keine »Kinderstuben« vorhanden seien, an verschiedene deutsche Kinderheime gewandt. Die Aufnahme des Mädchens sei jedoch überall mit Verweis auf geltende Verordnungen des NSDAP-Gau- und Kreisleiters abgelehnt worden. Weil das Innenministerium nunmehr für die Betreuung der ausländischen Kinder zuständig war, leitete der GBA die Rückfrage dorthin weiter.[144] Bei dieser Gelegenheit wies er darauf hin, dass die kroatischen Arbeitskräfte seit dem 3. Februar 1943 aufgrund einer deutsch-kroatischen Vereinbarung auch hinsichtlich des Jugend- und Mutterschutzes den deutschen Arbeitskräften gleichgestellt seien. Die Behandlung der kroatischen Kinder sei seinerzeit allerdings nicht geregelt worden.

Am 19. Februar traf schließlich die Antwort des Leiters des RuSHA-Rassenamts, SS-Obersturmbannführer Walter Dongus, im Innenministerium ein.[145] Dieser lehnte Ausnahmen für kroatische Kinder erwartungsgemäß ab: »Die abweichende Regelung würde den Grundsatz, dass nur gutes Blut aus völkischen Mischverbindungen für uns förderungswürdig ist, durchbrechen.« Habe auf der

---

142 Handschriftlicher Vermerk auf dem Schreiben vom 13. Oktober, gez. Globke, 18. Oktober 1944, BArch, R 1501/3382.
143 Schreiben der Gesandschaft des Unabhängigen Staates Kroatien an den GBA betr. »Mutterschutz für kroatische Arbeitskräfte«, 16. Januar 1945, BArch, R 1501/3382.
144 Schreiben des GBA an das RMdI betr. »Behandlung der Kinder kroatischer Staatsangehöriger«, gez. Dr. Kaestner, 7. Februar 1945, BArch, R 1501/3382.
145 Schreiben des RuSHA, Rassenamt, an das RMdI betr. »Uneheliche Kinder ausländischer Arbeiterinnen; Betreuung unehelicher Kinder kroatischer Arbeiterinnen«, gez. Dongus, 8. Februar 1945, BArch, R 1501/3382.

anderen Seite das Jugendamt bereits auf Grundlage einer positiven »rassischen Überprüfung« die Amtsvormundschaft übernommen, dürften diese Kinder das Reich unter keinen Umständen wieder verlassen:

> [Wir müssen] diese positiv beurteilten teildeutschstämmigen bezw. artverwandten Kinder für Deutschland in Anspruch nehmen und dürfen sie nicht als Stock wertvollen nordischen Blutes zu geborenen Kämpfern gegen das Deutschtum mit der Mutter ins Fremdvolk zurückkehren lassen.

Überraschenderweise räumte Dongus im Anschluss an diese Ausführungen ein, das Auswärtige Amt müsse beurteilen, ob »aus aussenpolitischen Gründen z. Zt. von diesem Grundsatz abgewichen werden« könne. Obwohl man im RuSHA noch kurz vor der drohenden Kriegsniederlage bemüht war, rassenideologische Grundsätze hochzuhalten, war sich Dongus der herrschenden Sachzwänge offenbar deutlich bewusst. Eine Entscheidung in der Angelegenheit ist in der entsprechenden Akte des RMdI indes nicht überliefert.

Die geschilderten Verhandlungen im RMdI verdeutlichen die Stoßrichtung der erlassenen Maßnahmen. Grundsätzlich sollten alle unehelichen ausländischen Kinder unabhängig von ihrer Nationalität erfasst und entsprechend ihrem vermeintlichen »rassischen Wert« für das deutsche Volkstum behandelt werden. Inwiefern Frauen und Kinder anderer Nationalitäten tatsächlich noch in die Verfahren zur Vaterschaftsfeststellung, rassischen Untersuchung und Vormundschaftsbestellung einbezogen wurden, lässt sich aufgrund fehlender Quellen nur schwer rekonstruieren. Überlieferte Akten des SS-Führers im RuS-Wesen beim HSSPF Rhein-Westmark belegen, dass zumindest in Einzelfällen auch schwangere »Westarbeiterinnen« einer Rassenuntersuchung unterzogen wurden.[146] Doch wie Hoffmann im Oktober angemerkt hatte, verlief die Umsetzung des Erlasses vom 5. Juni nur sehr schleppend.[147] Kriegsbedingt blieben die anvisierten Maßnahmen schließlich unvollendet.

2.2 Zwangsarbeiterfamilien

Bei den Maßnahmen des NS-Regimes gegen die vermeintlich drohende Gefahr der »Unterwanderung« des deutschen Volks durch die im Altreich eingesetzten ausländischen Arbeiter:innen spielte das nationalsozialistische Verständnis

---

146 Siehe Hamann, »Erwünscht und unerwünscht«, S. 172.
147 Internes Schreiben des RMdI (Abt. I) betr. »Uneheliche Kinder ausländischer Arbeiterinnen; hier: Betreuung der unehelichen Kinder kroatischer Arbeiterinnen«, gez. Hoffmann, 13. Oktober 1944, BArch, R 1501/3382.

von Familie eine zentrale Rolle.[148] Die »gutrassige«, »erbgesunde« und bestenfalls kinderreiche Familie galt als »Keimzelle des Rassenstaates«,[149] als zentrale Einheit und Fundament der herbeigesehnten »Volksgemeinschaft«. Demgegenüber wurden jüdische Familien, aber auch »fremdvölkische«, »erbkranke«, sozial unangepasste oder aus sonstigen Gründen »unerwünschte« Familien ausgegrenzt, verfolgt und ermordet. Der Schutz der biologistisch definierten »Blutsgemeinschaft« machte in den Augen der Nationalsozialisten zunächst die scharfe Ahndung des verbotenen sexuellen Umgangs zwischen »Volksgenossen« und ausländischen Arbeitskräften nötig. Darüber hinaus waren Familiengründungen nicht-deutscher Arbeitskräfte im Altreich unerwünscht und sollten unter anderem durch Heiratsverbote und die Herausgabe von Verhütungsmitteln in den Zwangsarbeiter:innenlagern unterbunden werden. Zwangsarbeiterinnen, die ein Kind erwarteten, wurden nicht nur deshalb abgeschoben, weil sie als »nicht einsatzfähig« galten und damit zumindest vorübergehend für die deutsche Kriegswirtschaft wertlos waren, sondern auch, um den »erbbiologischen Auswirkungen auf den Blutstrom des deutschen Volkes«[150] vorzubeugen. Diese Maßnahme war von vornherein als Mittel gegen unerwünschte, zunächst insbesondere gegen polnische Familiengründungen konzipiert, wie Himmler es in einem Schreiben an Bormann vom 14. Januar 1943 – kurz nachdem diese Abschiebungspraxis beendet worden war – deutlich machte:

> Die Frage der schwangeren Ausländerinnen ist von mir entsprechend dem heutigen Stand der ausländischen Arbeiter neu geregelt und zwar in dem Sinne, daß die schwangeren Ausländerinnen hier bleiben können. Solange wir nur polnische Arbeitskräfte hatten, waren wir alle uns darüber klar, daß wir keine polnische Unterwanderung – wie wir sie ja schon früher in Deutschland hatten – dulden wollten. Dazu war die Voraussetzung, daß sich hier keine Fami-

---

148 Zur Familie im Nationalsozialismus siehe Lisa Pine, Nazi family policy. 1933–1945, Oxford 1997; Michelle Mouton, From nurturing the nation to purifying the Volk. Weimar and Nazi family policy, 1918–1945, Cambridge 2007; Hester Vaizey, Surviving Hitler's war. Family life in Germany, 1939–48, Basingstoke 2010; Paul Ginsborg, Family politics. Domestic life, devastation and survival, 1900–1950, New Haven, Conn. 2014; Isabel Heinemann, »Keimzelle des Rassenstaates«. Die Familie als Relais der nationalsozialistischen Umsiedlungspolitik im Osten, in: Geschlechterbeziehungen und »Volksgemeinschaft«, hg. von Klaus Latzel, Elissa Mailänder und Franka Maubach, Göttingen 2018, S. 133–153.
149 Heinemann, »Keimzelle des Rassenstaates«. Vgl. Entwurf Bühlers (Partei-Kanzlei) von »Richtlinien für eine bevölkerungspolitische Propaganda und Volksaufklärung«, 21. Mai 1941, Heiber/Longerich: Akten der Partei-Kanzlei, Regestnummer 41099.
150 Propagandaparole Nr. 36 des Reichspropagandaministeriums betr. »Erbbiologische Auswirkungen des Einsatzes fremdvölkischer Arbeiter im Reichsgebiet«, 26. Juni 1942, BArch, NS 18/1137.

lien mit Kindern gründeten. Deswegen in der damaligen Zeit die sehr wohl überlegte Anordnung.[151]

Nachdem Polinnen und »Ostarbeiterinnen« nun aber im Altreich entbinden sollten, traten an die Stelle der Abschiebungen die erzwungene Abtreibung oder die Isolation der Säuglinge in den »Ausländerkinder-Pflegestätten«. Diese Maßnahmen waren nicht nur von den Arbeitgebern und Arbeitseinsatzbehörden gefordert worden, um die Arbeitskraft der Frauen trotz einer Schwangerschaft weiterhin ausbeuten zu können, sondern es handelte sich dabei vor allem auch um ein rassenpolitisches Instrument gegen die Gründung nicht-deutscher Familien im Reich. Durch die Verhinderung, Isolation und Ermordung des »unerwünschten Nachwuchses« sollte das »Einnisten fremdvölkischer Menschen auf dem Lande«,[152] wie es Professor Karl Schöpke von der Volksdeutschen Mittelstelle im Frühjahr 1944 formulierte, verhindert werden. In exemplarischer Weise legte Schöpke in seinem Memorandum die Ziele dieser Politik dar, wobei er vor allem auf die abschreckende Wirkung der Trennung der Kinder von ihren Müttern setzte:

Eine rücksichtslose, aber sehr geschickte Propaganda unter den fremdvölkischen Landarbeitern, dahin aufklärend, daß sie und ihre auf deutschem Volksboden in die Welt gesetzten Kinder nicht viel Gutes zu erwarten hätten, nämlich sofortige Trennung von Eltern und Kindern, später völlige Entfremdung; Sterilisation von erblich belasteten Kindern. [...] Allgemeine und eiserne Durchführung des Grundsatzes, daß sämtliche neugeborenen Kinder fremdvölkischer Landarbeiterinnen – ebenso die Kinder deutscher Frauen von fremdvölkischen Vätern – den Müttern, spätestens 4 Wochen nach der Geburt, für immer genommen und in örtlich entfernten Heimen untergebracht werden.[153]

Den Zwangsarbeiterinnen sollte auf diese Weise deutlich gemacht werden, dass sie keinerlei Recht auf die Gründung einer eigenen Familie hätten: »Wie ein schweres Schicksal muß es über jeder fremdvölkischen Landarbeiterin liegen: Ein in

---

151 Schreiben des RFSS an Reichsleiter Martin Bormann, 14. Januar 1943, Heiber/Longerich: Akten der Partei-Kanzlei, Regestnummer 16475.
152 Memorandum von Prof. Dr. Karl Schöpke, VoMi Amt IV, über »Sofortige Reichsmaßnahmen zur Verminderung der Unterwanderungsgefahren infolge der zahlreichen fremdvölkischen Geburten auf dem Lande«, 18. Mai 1944, BArch, R 59/48.
153 Memorandum von Prof. Dr. Karl Schöpke, VoMi Amt IV, über »Sofortige Reichsmaßnahmen zur Verminderung der Unterwanderungsgefahren infolge der zahlreichen fremdvölkischen Geburten auf dem Lande«, 18. Mai 1944, BArch, R 59/48 [Hervorhebungen im Original].

Deutschland geborenes Kind bedeutet gleichzeitig dessen Verlust!«[154] Schöpkes Forderungen waren zu dieser Zeit zu großen Teilen längst Realität geworden; an Tausenden Polinnen und »Ostarbeiterinnen« wurden (Zwangs-)Abtreibungen durchgeführt oder man entriss ihnen die Kinder nach der Geburt und brachte sie in Heimen unter, wo sie aufgrund erbärmlicher Lebensbedingungen oftmals erkrankten und starben. Auch als »gutrassig« anerkannte Kinder sollten ihren Müttern im Zweifelsfall abgenommen werden, um sie dem deutschen »Volkstum« zuführen zu können. Bei den Kindern und ihren unehelichen Müttern – die Eheschließung wurde ihnen in Deutschland immerhin verwehrt – handelte es sich in den Augen der Nationalsozialisten nicht um Familien, sondern um »unerwünschten Bevölkerungszuwachs«, der möglichst zu verhindern sei.[155]

2.2.1 Unerwünschte Eheschließungen

Neben dem Schwangerschaftsabbruch und der Kindswegnahme bildete das Verbot von Eheschließungen ein zentrales Mittel zur Verhinderung unerwünschter Familiengründungen. Denn in der NS-Ideologie war der Zweck der Ehe vorrangig die Reproduktion und damit die Konstituierung einer Familie als »Keimzelle der Volksgemeinschaft« – sofern es sich denn um »erwünschten Bevölkerungszuwachs« handelte. Aufgrund des engen Zusammenhangs zwischen Ehe, Fortpflanzung und dem nationalsozialistischen Rassebegriff setzt Gabriele Czarnowski die NS-Ehe- und Sexualpolitik gar mit der Rassenpolitik gleich.[156] Ehen wurden auf ihre »Tauglichkeit« überprüft, der zu erwartende »rassische« und »eugenische« Wert des potenziellen Nachwuchses beurteilt und davon abhängig die Eheschließung entweder gefördert, erschwert oder verboten. Dem Heiratsverbot für »fremdvölkische« Arbeitskräfte kam somit eine herausragende Bedeutung als Instrument im Kampf der NS-Behörden gegen unerwünschte Geburten zu. So berichtete beispielsweise der SD im Herbst 1942 über die Verhaftung eines in Braunschweig eingesetzten polnischen Arbeiters wegen illegaler Trauungen.[157] Der strenggläubige Kasimir Oblizajek habe von der im kirchlichen Recht ein-

---

154 Memorandum von Prof. Dr. Karl Schöpke, VoMi Amt IV, über »Sofortige Reichsmaßnahmen zur Verminderung der Unterwanderungsgefahren infolge der zahlreichen fremdvölkischen Geburten auf dem Lande«, 18. Mai 1944, BArch, R 59/48.
155 Heinemann, »Keimzelle des Rassenstaates«, S. 151.
156 Gabriele Czarnowski, »Der Wert der Ehe für die Volksgemeinschaft«. Frauen und Männer in der nationalsozialistischen Ehepolitik, in: Zwischen Karriere und Verfolgung. Handlungsräume von Frauen im nationalsozialistischen Deutschland, hg. von Kirsten Heinsohn, Barbara Vogel und Ulrike Weckel, Frankfurt a. M. 1997, S. 78–95.
157 »Meldungen wichtiger staatspolizeilicher Ereignisse«, Nr. 4, 13. Oktober 1942, BArch, R 58/208, Bl. 37 f.

geräumten Möglichkeit Gebrauch gemacht, Trauungen ersatzweise im Beisein zweier Zeugen durchzuführen, sofern kein Geistlicher diese vornehmen könne oder dürfe. Obwohl die staatlichen Behörden eine solche Eheschließung nicht anerkannten, hatten die so vermählten Polinnen und Polen offenbar keinerlei Zweifel an der Legitimität ihrer Ehe und versuchten teilweise sogar bei der Polizei ihre Namen ändern zu lassen. Die Institution der Ehe stellte für die Nationalsozialisten jedoch den ersten Schritt zur unerwünschten Familiengründung dar:

> Einige der von Oblizajek »getrauten« Polinnen mußten bald, da sie in anderen Umständen waren, in die Heimat abgeschoben werden. Ein anderer Teil wurde durch Fehlgeburten für längere Zeit arbeitsunfähig.[158]

Mit dem Ende der Abschiebung schwangerer Polinnen und »Ostarbeiterinnen« kam der Verhinderung solcher »illegalen Ehen« daher ein wichtiger Stellenwert innerhalb der nationalsozialistischen Volkstumspolitik zu. Dies galt umso mehr, wenn aus einer solchen Beziehung bereits ein Kind hervorgegangen war. Der Landesbauernführer Sachsen-Anhalt, Otto Lehmann, beschwerte sich Ende März 1944 bei der Gestapo über das Vorgehen des Arbeitsamts Stendal, welches nach der Geburt eines ausländischen Kindes in der Regel versuche, den Vater ausfindig zu machen und möglichst zusammen mit dem Kind und der Mutter auf einem Hof unterzubringen. Bezeichnenderweise sah er in dieser Praxis nicht die Zusammenführung von Familien, sondern die Bildung »illegaler Ehen«, die durch gezielte räumliche Trennung zu unterbinden sei:

> Die Zusammenbringung der jungen Polen zu einer illegalen Ehe fördert die Geburt weiterer Kinder im höchsten Maße. Hierfür sind Beweise vorhanden. Der derzeitige Zustand machte allen Behörden schon erhebliche Schwierigkeiten. Geburten am laufenden Band, die nebenbei auch noch die Anerkennung der polnischen Feindpropaganda finden, sind mit allen Mitteln zu erschweren. Das Arbeitsamt muß also gerade umgekehrt verfahren. Es darf die Pärchen nicht zusammenbringen, sondern muß versuchen, eine räumliche Trennung möglichst weit vorzunehmen. Dadurch reißt die Verbindung zunächst ab und ist vorübergehend gestört. Die bisherige Maßnahme ist eine indirekte Förderung der Geburtenfreudigkeit bei Polen und Ostarbeitern und kann staatspolitisch niemals Billigung finden.[159]

---

158 »Meldungen wichtiger staatspolizeilicher Ereignisse«, Nr. 4, 13. Oktober 1942, BArch, R 58/208, Bl. 37 f.
159 Schreiben des Landesbauernführers Sachsen-Anhalt an die Staatspolizeileitstelle Magdeburg betr. »Unterbringung der im Reich von ausl. Arbeiterinnen geborenen Kinder«, 22. März 1944, BArch, R 16/174.

Hauptsorge der Arbeitsämter war es, den unbeeinträchtigten Einsatz der ausländischen Arbeitskräfte sicherzustellen. Wie schon der Landesbauernführer Sachsen-Anhalt in seinem Schreiben bemerkt hatte, stellte die Zusammenführung der neu entstandenen Familien dafür meist die einfachste Lösung dar.[160] Selbst die Staatspolizeileitstelle Magdeburg bediente sich in ihrer Antwort auf die Beschwerde Lehmanns arbeitspolitischer Argumente. Zwar sah man auch dort »Unterwanderungsgefahren sowie andere volkspolitische Nachteile bei gemeinsamem Arbeitseinsatz polnischer Väter und Mütter nebst Kindern«, glaubte aber die »Geburtenfreudigkeit« durch räumliche Trennung langfristig nicht mindern zu können.[161] Stattdessen verursache diese Maßnahme Leistungsabfall durch verminderte »Arbeitsfreude« und provoziere eine Zunahme der »Arbeitsfluchtfälle«, da die Betroffenen üblicherweise eine Wiedervereinigung anstreben würden.

Der Landesbauernführer war offenbar überrascht, dass sich die Gestapo aus kriegswirtschaftlichen Erwägungen gegen die von ihm erbetene Intervention beim Gauarbeitsamt aussprach. Immerhin mindere auch die vom Reichsführer SS geforderte Unterbringung der Kinder in »besonderen Kleinkinder-Betreuungseinrichtungen« die Arbeitsleistung, sei aber dennoch notwendig und entspreche dem »gesunden Volksempfinden«.[162] In der Logik der nationalsozialistischen Ehe- und Familienpolitik war eine Zusammenführung der Arbeiterinnen und Arbeiter zu »illegalen Ehen« gleichbedeutend mit der Förderung unerwünschter Geburten, denn der Zweck der Ehe war schließlich die Fortpflanzung. Die betroffenen Frauen waren somit in den Augen Lehmanns ohnehin keine vollwertigen Arbeiterinnen mehr, sondern wurden von ihm in patriarchalischer Manier auf ihre Reproduktionsfähigkeit reduziert: »Wenn die illegalen Ehen weiterhin gefördert werden, wie das bisher geschehen ist, sind unzählige fremdvölkische Mädchen nur noch zum Kinderbekommen in den Betrieben, anstatt Arbeit zu leisten.« Die Lösung sei vielmehr die Trennung der Familienmitglieder nebst finanziellen Sanktionen als Erziehungsmaßnahme:

> Werden die Mädchen hingegen von den Kindesvätern getrennt; die Kinder aber nach Weisung des Reichsführers-SS gehortet und beide Elternteile zur Zahlung eines Unterhaltsbeitrages verpflichtet, wird die Lust am Kinderkriegen wahr-

---

160 Schreiben des Landesbauernführers Sachsen-Anhalt an die Staatspolizeileitstelle Magdeburg betr. »Unterbringung der im Reich von ausl. Arbeiterinnen geborenen Kinder«, 22. März 1944, BArch, R 16/174.

161 Schreiben der Staatspolizeileitstelle Magdeburg an den Landesbauernführer Sachsen-Anhalt betr. »Unterbringung der im Reich von ausl. Arbeiterinnen geborenen Kinder«, 29. April 1944, BArch, R 16/174.

162 Schreiben des Landesbauernführers Sachsen-Anhalt an die Staatspolizeileitstelle Magdeburg betr. »Unterbringung der im Reich von ausl. Arbeiterinnen geborenen Kinder«, 27. Mai 1944, BArch, R 16/174.

scheinlich geringer werden. [...] Ist Ihnen bekannt, daß im Kreise Halberstadt-Wernigerode ein Pole bisher 7 mal polnische Mädchen geschwängert hat? Diesem Burschen wird der Mut zur Erzeugung weiterer Kinder vergehen, wenn er in Zukunft seinen Arbeitsverdienst restlos zur Unterhaltung der von ihm gezeugten Kinder abzuführen hat.[163]

Da die Staatspolizeileitstelle Magdeburg auf seine Eingaben nicht mehr antwortete, wandte sich der Landesbauernführer selbst an das Gauarbeitsamt und bat darüber hinaus das Reichsamt für das Landvolk, beim GBA die strikte Unterbindung »illegaler Ehen« zu fordern.[164]

Zumindest bezüglich des Heiratsverbots für »Ostarbeiter:innen« fand zu diesem Zeitpunkt jedoch ein Umdenken statt. Im Reichsministerium für die besetzten Ostgebiete setzte man sich ab Februar 1944 mit der Frage der »Eheschließung von Ostarbeitern« auseinander und strebte eine Klärung beim Reichsinnen- und Reichsjustizministerium an.[165] Auslöser waren halboffizielle, vorläufige Vermählungen, die der Lagerführer des Ostarbeiterlagers Neuenhagen bei Berlin durchgeführt hatte. Diese »Selbsthilfe«, wie es in einem Aktenvermerk hieß, sei ein Beleg dafür, dass die »Ostarbeiterinnen« und »Ostarbeiter« die »wilde Ehe« ablehnen und eine offizielle Rechtsgrundlage bevorzugen würden. Aufgrund ihrer mittlerweile enormen Anzahl im Reich dürfe nicht versäumt werden, ihnen von deutscher Seite ein solches Recht zu setzen. Zu einer ersten Besprechung über die »rechtliche Betreuung der Ostarbeiter im Reich« im Juli 1944 lud das Ostministerium die Reichsminister des Innern und der Justiz, des Weiteren die Partei-Kanzlei, das RSHA sowie den GBA ein.[166] Geplant wurde dabei, die Eheschließung zwischen »Ostarbeiterinnen« und »Ostarbeitern« grundsätzlich zu genehmigen und zur Entlastung der deutschen Verwaltung »Schlichter« des entsprechenden »Volkstums« mit der Durchführung der Trauungen zu beauftragen. Ein entsprechender Verordnungsentwurf des RJM lag im September 1944

---

163 Schreiben des Landesbauernführers Sachsen-Anhalt an die Staatspolizeileitstelle Magdeburg betr. »Unterbringung der im Reich von ausl. Arbeiterinnen geborenen Kinder«, 27. Mai 1944, BArch, R 16/174.
164 Schreiben des Landesbauernführers Sachsen-Anhalt an das Gauarbeitsamt Magdeburg-Anhalt betr. »Entbindungsheime und Kinderpflegestätten für Fremdvölkische«, 24. Juni 1944, BArch, R 16/174; Schreiben des Landesbauernführers Sachsen-Anhalt über den Reichsbauernführer an das Reichsamt für das Landvolk betr. »Schutz des deutschen Blutes gegenüber fremdvölkischen Arbeitskräften auf dem Lande; insonderheit Behandlung schwangerer Frauen und der im Reich geborenen fremdvölk. Kinder«, 28. Juni 1944, BArch, R 16/174.
165 Aktenvermerk für Dr. Wetzel betr. »Eheschließung von Ostarbeitern untereinander«, 20. Februar 1944, BArch, R 6/103, Bl. 5 f.
166 Sammelanschrift des RMO an RMdI, RJM, Partei-Kanzlei, RSHA und GBA betr. »Rechtliche Betreuung der Ostarbeiter im Reich«, ohne Datum, BArch, R 6/103, Bl. 32.

vor.[167] Zu diesem Zeitpunkt hatte sich nicht nur beim Ostministerium und den Arbeitseinsatzbehörden die Überzeugung durchgesetzt, man müsse in Anbetracht der Kriegslage alles unterlassen, was zur Beunruhigung der ausländischen Arbeitskräfte und zur Verringerung ihrer Arbeitsleistung beitragen könne. So befürwortete selbst das Rassenpolitische Amt in seinem Kommentar zum Verordnungsentwurf die Genehmigung zur Eheschließung, wobei anschaulich die bevölkerungs- und rassenpolitischen Aspekte mit den arbeitspolitischen Erfordernissen abgewogen wurden:

> Was die Frage der Eheschliessung betrifft, so sprechen zunächst unsere bevölkerungspolitischen Interessen im gewissen Sinne gegen eine Erleichterung der Eheschliessung, wie sie die vorliegenden Vorschriften des Verordnungsentwurfs enthalten. Gerade im Hinblick darauf, dass die Ostvölker sich durch eine besondere Fruchtbarkeit auszeichnen, kann man durch eine derartige Regelung, wie sie hier vorgesehen ist, mit einer steigenden Geburtenzahl rechnen. Aber trotzdem dürfte dieser Gesichtspunkt nicht entscheidend sein, denn gleichgültig, ob wir die Eheschliessung in der vorgesehenen Form zulassen oder nicht, in keinem Fall können wir Konkubinate der Angehörigen der Ostvölker verhindern. Das dürften die bisherigen Erfahrungen in den Ostarbeiterlagern bereits gezeigt haben. Die rein rassenpolitischen Interessen im engeren Sinne sprechen für die vorgesehene Regelung. Auf diese Weise muss man damit rechnen, dass Beziehungen zu deutschen Frauen [...] doch eingeschränkt werden dürften. Das Entscheidende dürfte sein, dass allgemeine und arbeitspolitische Erwägungen zwingend eine Regelung in dem vorgesehenen Sinn erfordern dürften.[168]

Die Frage der Familiengründung nicht-deutscher Arbeitskräfte im Reich bewegte sich stets zwischen diesen bevölkerungs-, rassen- und wirtschaftspolitischen Erwägungen, wobei letztere infolge der immer schlechter werdenden Kriegslage zunehmend an Bedeutung gewannen. Die zahlenmäßig bedeutendste Gruppe stellten dabei die unehelichen Paare dar, die erst im Reich ein Kind gezeugt hatten und denen das Recht auf eine Familie prinzipiell abgesprochen wurde. Die Anerkennung der Ehe blieb ihnen staatlicherseits verwehrt, weshalb die Eltern und

---

167 Erlassentwurf des RJM betr. »Bürgerliche Rechtsverhältnisse der Angehörigen der Ostvölker«, 26. September 1944, BArch, R 6/389, Bl. 2–8.
168 Schreiben des Rassenpolitischen Amts an die Partei-Kanzlei betr. »Rechtliche Betreuung der im Reich eingesetzten Ostarbeiter«, 3. November 1944, BArch, R6/389, Bl. 12. Noch Anfang 1945 verhandelten die betreffenden Stellen über den Erlassentwurf, wie aus einem Aktenvermerk des Ostministeriums vom 15. Januar 1945 hervorgeht; Aktenvermerk für Dr. Kinkelin, Leiter der Führungsgruppe P2 im RMO, betr. »Bürgerliche Rechtsverhältnisse der Angehörigen der Ostvölker«, 15. Januar 1945, BArch, R 6/389. Dass der Erlass noch umgesetzt wurde, ist indes unwahrscheinlich.

ihre Kinder in den Augen der Nationalsozialisten nicht als Familie legitimiert waren. Die betroffenen Frauen wurden nicht nur aus rassistischen, sondern auch aus moralischen Gründen als »uneheliche« Mütter stigmatisiert und waren gemeinsam mit ihren Kindern dem behördlichen Zugriff schutzlos ausgeliefert. Die Väter sollten allenfalls zu Unterhaltsleistungen herangezogen werden. Mit zunehmender Kriegsdauer konnte die wirtschaftliche Bedeutung ihrer Arbeitsleistung diesen neu gegründeten Familien einen gewissen Schutz bieten, der jedoch stets abhängig von den örtlichen Gegebenheiten und Akteuren war und damit unbeständig blieb.

2.2.2 Polnische Landarbeiterfamilien und »Ostarbeiterfamilien«

Neben der großen Zahl der ledigen ausländischen Arbeiter:innen wurden schon seit Beginn des »Ausländereinsatzes« vollständige nicht-deutsche Familien aus Osteuropa als Arbeitskräfte nach Deutschland gebracht und in der Regel nicht getrennt, sondern im Familienverband eingesetzt. Bot in diesen Fällen die Familie einen zuverlässigeren Schutz vor den Maßnahmen des NS-Regimes? Was geschah mit den Müttern und Töchtern solcher Familien, die im Reich schwanger wurden – was mit ihren Kindern? Auch sie waren Gegenstand von Aushandlungsprozessen an der Schnittstelle zwischen bevölkerungs- und rassenpolitischen Interessen sowie wirtschaftlichen Anforderungen, in denen über Zusammenführung oder Trennung der Angehörigen, über Duldung oder Zerstörung des Familienverbandes entschieden wurde.[169]

Die ersten polnischen Familien wurden im Jahr 1941 aus den besetzten Gebieten Polens ins Altreich gebracht, nachdem etwaige ideologische Vorbehalte gegen den Einsatz nicht-deutscher Familien Anfang des Jahres zurückgestellt worden waren. In Bezug auf einen Erlass Görings vom 18. Februar 1941 über »Arbeitseinsatz und Bevölkerungs-, Volkstums- oder Rassepolitik« bemerkte der Leiter des SD-Leitabschnitts Posen in einem Schreiben an das Reichssicherheitshauptamt, einer »Entsendung von Familien als Arbeitskräfte ins Altreich« stünden nunmehr keine Bedenken entgegen.[170] Vertreter des Reichsarbeitsministeriums

---

169 Siehe Marcel Brüntrup, Osteuropäische Zwangsarbeiterinnen und ihre Kinder zwischen Zwangstrennung und Familienzusammenführung, 1940–45, in: Familientrennungen im nationalsozialistischen Krieg. Erfahrungen und Praktiken in Deutschland und im besetzten Europa 1939–1945, hg. von Wiebke Lisner, Johannes Hürter, Cornelia Rauh und Lu Seegers, Göttingen 2022, S. 257–279.

170 Schreiben des Leiters des SD-Leitabschnitts Posen, SS-Sturmbannführer Höppner, an das RSHA, Amt III B, betr. »Bereitstellung von Arbeitskräften aus den eingegliederten Ostgebieten zur Deckung des Kräftebedarfs der Kriegswirtschaft«, 13. März 1941, BArch, R 75/20.

hätten auf einer Besprechung die Zahl von etwa 4.000 polnischen Familien veranschlagt, die zu diesem Zweck nach Deutschland gebracht werden sollten. Hierbei handelte es sich meist um kleinbäuerliche Familien, die von ihrem Land vertrieben, ihres gesamten Besitzes beraubt und dann als »arbeitseinsatzfähig« ins Reich gebracht wurden. Nach dem Ende ihres dortigen Einsatzes sollten sie endgültig ins Generalgouvernement abgeschoben und damit der Obdachlosigkeit, der Armut und dem Hunger preisgegeben werden.

Einigkeit darüber, als wie gefährlich der Einsatz dieser »fremdvölkischen« Familien im Reich aus rassen- und »volkstumspolitischer« Perspektive zu bewerten sei, herrschte indes nicht. Auf der einen Seite wurde angenommen, eine ausländische Familie ließe sich leichter von deutschen »Volksgenossen« abschirmen, um unerwünschte Kontakte auf ein Minimum zu begrenzen. Beispielsweise heißt es in einem Bericht des Volksbunds für das Deutschtum im Ausland, die Gefahr einer »Unterwanderung« sei bei den polnischen Landarbeiterfamilien relativ gering, »da sie ja zum grossen Teil in Deputathäuschen für sich wohnen« würden.[171] Außerdem entstamme bei den ausländischen Arbeitskräften nur der »allergeringste Teil der geborenen Kinder« einer solchen Familie.[172] Wie realistisch diese Einschätzung war, lässt sich kaum bestimmen.

Andernorts wurde jedenfalls die ohnehin prävalente Angst vor vermeintlichen »erbbiologischen« Gefahren gerade durch die »Hereinnahme fremdvölkischer Familien zum Arbeitseinsatz«[173] verstärkt, wie ein Bericht des SD vom 30. November 1942 illustriert. Demnach befänden sich in einigen Landkreisen Niederschlesiens bis zu 120, in Ostpreußen insgesamt bereits mehr als 3.000 polnische Landarbeiterfamilien im Einsatz. Der Sicherheitsdienst befürchtete, dass »die fremdvölkischen Familien hier bodenständig und kinderreich« würden und die »Vielzahl der ehelich oder unehelich geborenen fremdvölkischen Kinder« das Risiko der »Unterwanderung des Landvolkes« verstärke.[174] Viele Arbeitgeber:innen sorgten sich augenscheinlich weniger um rassenpolitische Konsequenzen als vielmehr um wirtschaftliche Aspekte. So heißt es in dem SD-Bericht weiter, die Arbeitgeber:innen würden oftmals den illegalen Familiennachzug der bei ihnen eingesetzten Polinnen und Polen dulden, um auf diese Weise mehr Arbeitskräfte zur Verfügung zu haben. Darüber hinaus würden sie Familien bevorzugen, da einzeln eingesetzte Männer und Frauen ansonsten »Beziehungen aufnähmen, sich

171 Schreiben des Volksbunds für das Deutschtum im Ausland, Gauverband Ost-Hannover, an die VoMi betr. »Kinder und Kleinstkinder der Fremdvölkischen, vor allem der Ostarbeiterinnen und Polinnen (Ausländer-Kleinkinderpflegestätten)«, Anfang 1944, BArch, R 59/48.
172 Schreiben des Volksbunds für das Deutschtum im Ausland, Gauverband Ost-Hannover, an die VoMi betr. »Kinder und Kleinstkinder der Fremdvölkischen, vor allem der Ostarbeiterinnen und Polinnen (Ausländer-Kleinkinderpflegestätten)«, Anfang 1944, BArch, R 59/48.
173 Meldungen aus dem Reich, Nr. 339, 30. November 1942, BArch, R 58/177, Bl. 220–223.
174 Meldungen aus dem Reich, Nr. 339, 30. November 1942, BArch, R 58/177, Bl. 220–223.

Abend für Abend träfen und meist bis in die Nacht zusammenblieben«.[175] Eine gemeinsam untergebrachte Familie ließ sich aus Sicht der Arbeitgeber:innen offenbar leichter kontrollieren als Arbeitskräfte im »Einzeleinsatz«.

Mit Beginn des »Arbeitseinsatzes« von »Ostarbeiter:innen« im Jahr 1942 wurden nicht mehr nur polnische Landarbeiterfamilien, sondern zusätzlich auch »Ostarbeiterfamilien« ins Altreich gebracht. Die Deportation ganzer Familien aus den besetzten Gebieten Russlands, Weißrusslands und der Ukraine war – anders als zuvor bei den polnischen Landarbeiterfamilien – unter gewissen Voraussetzungen fast von Anfang an erlaubt. Im Nachtrag zu den im Februar 1942 veröffentlichten »Allgemeinen Bestimmungen über Arbeitskräfte aus den besetzten Gebieten im Osten« genehmigte der RFSS im April 1942 den Einsatz von Familien mit arbeitsfähigen Kindern über 15 Jahren aus den »altsowjetischen Gebieten«.[176] Die Familien, deren Einsatz vor allem in der Landwirtschaft in Betracht käme, bräuchten dabei nicht getrennt zu werden. In geschlossenen Lagern seien für ihre Unterbringung möglichst besondere Räume zu nutzen. Dieser Anweisung maß der GBA einige Bedeutung bei, sah er sich doch im November 1942 genötigt, die Arbeitsämter in einem gesonderten Erlass daran zu erinnern:

> Aus einer Reihe von eingegangenen Mitteilungen geht hervor, daß die zu einer Familiengemeinschaft gehörigen, in das Reich vermittelten Ostarbeiter, z. T. sogar Ehepaare, getrennt untergebracht worden sind. Wie bereits im Merkblatt Nr. 1 für Betriebsführer ausgeführt, sollen Familienangehörige möglichst geschlossen eingesetzt werden. Soweit es die arbeitseinsatzmäßigen Belange und Unterbringungsmöglichkeiten zulassen, hat die Vermittlung der Ostarbeiterfamilien daher möglichst an die gleiche Arbeitsstelle oder wenigstens in benachbarten Arbeitsstellen zu erfolgen. Anträgen von Familienangehörigen, insbesondere von Ehepaaren und Verwandten auf- und absteigender Linie, um nachträgliche gemeinsame Unterbringung ist ebenfalls zu entsprechen, soweit die arbeitseinsatzmäßigen und räumlichen Verhältnisse es irgend zulassen.[177]

---

175 Meldungen aus dem Reich, Nr. 339, 30. November 1942, BArch, R 58/177, Bl. 220–223.
176 Erlass des RFSS betr. »Behandlung der Arbeitskräfte aus dem altsowjetischen Gebiet – Nachtrag zu Abschnitt A – der Allgemeinen Bestimmungen über Anwerbung und Einsatz von Arbeitskräften aus dem Osten vom 20. 2. 42«, 9. April 1942, BArch, R 91/461.
177 Erlass des GBA an die Landesarbeitsämter und Arbeitsämter betr. »Ostarbeiter; hier: Trennung von Familienangehörigen«, i. A. Dr. Timm, 21. November 1942, Reichsarbeitsblatt I 1942, S. 550. Von Mai 1943 an konnten die Kosten einer Familienzusammenführung, sofern dafür ein Arbeitskräfteaustausch durchgeführt werden musste, vom Reichsstock für Arbeitseinsatz übernommen werden; siehe Erlass des GBA betr. »Zusammenführung von Familienangehörigen von Ostarbeitern«, 12. Mai 1943, i. A. Dr. Letsch, Reichsarbeitsblatt I 1943, S. 301.

In den »Ostarbeitererlassen« war zwar von Familien mit arbeitsfähigen Kindern über 15 Jahren die Rede, doch wurde bei den Deportationen im Osten das Alter der Kinder oft nicht beachtet oder absichtlich falsch dokumentiert, um die vorgegebenen Kontingente zu füllen.[178] Nicht selten mussten die Betriebe daher auch »nicht arbeitseinsatzfähige Familienangehörige« in ihren Lagern unterbringen und versorgen. Weil die Arbeiter:innen aufgrund ihres geringen Lohns meist nicht selbst für Verpflegung und Unterkunft ihrer Kinder aufkommen konnten, ermöglichte der GBA im Dezember 1942 eine Ermäßigung der »Ostarbeiterabgabe«, um die den Arbeitgeber:innen hieraus entstehenden Kosten auszugleichen. So konnte ein Betrieb für ein Kind unter zehn Jahren täglich 0,75 RM von der »Ostarbeiterabgabe« absetzen, für ein Kind von zehn bis vierzehn Jahren 1 RM.[179]

Wurde auf der einen Seite darauf geachtet, bereits bestehende Familien möglichst gemeinsam einzusetzen und die für die Betriebe durch mitgebrachte Kinder entstehenden Kosten auszugleichen, führte auf der anderen Seite die bis zum Jahreswechsel 1942/43 geltende Anweisung zur Abschiebung schwangerer Ausländerinnen dazu, dass diese Frauen und ihre Kinder oftmals aus dem Familienverband herausgerissen wurden. Ein Vertreter des Reichsstatthalters im Warthegau beispielsweise berichtete im September 1942, allein in den Monaten Juli und August 1942 seien über 500 schwangere polnische Frauen aus dem Altreich in den Warthegau zurückbefördert worden. Darunter befänden sich sowohl Ehefrauen als auch unverheiratete Mädchen und Frauen, die gemeinsam mit ihren Eltern und Geschwistern in Deutschland eingesetzt worden seien.[180] Nach der Entbindung im Warthegau müssten die Frauen an ihren Einsatzort in Deutschland zurückkehren und ihre Kinder bei Verwandten oder Bekannten, meist aber in der Obhut der Fürsorgeeinrichtungen im Warthegau zurücklassen. Die aus den eingegliederten und besetzten Gebieten mitgebrachten Kinder genossen durch ihre Zugehörigkeit zum Familienverband einen gewissen Schutz vor den Maßnahmen des NS-Regimes und wurden in den Lagern notgedrungen geduldet. Die Schwangerschaft einer ausländischen Arbeiterin und die Geburt eines ausländischen Kindes im Altreich hingegen waren sowohl aus bevölkerungspolitischer als auch aus arbeitseinsatzpolitischer Sicht unerwünscht und zogen oftmals die zeitweise oder dauerhafte Trennung der Familie nach sich.

Wie oben bereits erläutert, war der massenhafte Einsatz von Arbeitskräften aus den besetzten Gebieten der Sowjetunion ausschlaggebend für die Ende 1942 getroffene Entscheidung, die Abschiebung schwangerer Ausländerinnen auszuset-

---

178 Steinert, Deportation und Zwangsarbeit, S. 83.
179 Erlass des GBA betr. »Einsatzbedingungen der Ostarbeiter«, i. V. Dr. Kimmich, 17. Dezember 1942, Reichsarbeitsblatt I 1943, S. 102.
180 Dienstreisebericht über die Besprechungen im Reichsarbeits- und Reichsinnenministerium am 17. und 18. September 1942, 23. September 1942, APP, 53/299/0/2.5/2198, Bl. 51–62.

zen. Dabei spielten auch die im Reich eingesetzten »Ostarbeiterfamilien« eine Rolle. So merkte das DAF-Amt für Arbeitseinsatz im November 1942 an, schwangere »Ostarbeiterinnen« müssten laut bestehender Regelung zwar eigentlich zurückgeschickt werden, »[d]a aber häufig Familien-Einsatz erfolgt ist, kann man die Rücksendung nicht gut vornehmen«.[181] In einer weiteren DAF-Schrift vom 8. April 1943 wurde der Einsatz von »Ostarbeiterfamilien« rückblickend sogar als ein Hauptgrund der erfolgten Neuregelung dargestellt:

> Mit dem Beginn des Ostarbeiterinneneinsatzes mehrte sich die Zahl der im Reich abgewickelten Entbindungsfälle für Ausländerinnen, weil die Rücksendung nicht möglich war. Hinzu kam, daß bei den Ostarbeitern der Einsatz ganzer Familien eine erhebliche Rolle spielte. Hätte man in solchen Fällen die Schwangeren zurückgeschickt, so würde man die Familien auseinandergerissen haben.[182]

In Bezug auf die daraufhin von Sauckel angeordnete Einrichtung von »Kleinkinderbetreuungseinrichtungen« in den Betrieben wies die DAF darauf hin, Familienangehörige seien im Zuge dieser Regelung nicht zu trennen, sondern gegebenenfalls in einen anderen Betrieb oder ein anderes Lager umzusetzen:

> Sollten Betriebe aus besonderen Gründen nicht in der Lage sein, die erforderlichen Einrichtungen für die Betreuung und Pflege der Kinder zu schaffen, so ist für die entsprechenden Ostarbeiter-Familien beim Arbeitsamt die Umsetzung in einen solchen Betrieb (Lager) zu beantragen, der über die entsprechenden Einrichtungen verfügt.[183]

Im Erlass des Reichsbauernführers vom 21. März 1944 findet sich dann sogar ein Hinweis, laut dem neugeborene Kinder geschlossen eingesetzter Familien offenbar nicht unbedingt in »Ausländerkinder-Pflegestätten« eingewiesen werden mussten: »Grundsätzlich sollen fremdvölkische Wöchnerinnen, die nicht zu einer geschlossen eingesetzten und untergebrachten Familie gehören, ohne ihre Kinder in die Einsatzbetriebe zurückkehren.«[184] Sofern diese Anweisungen tat-

---

181 Handreichung der DAF, Amt für Arbeitseinsatz, betr. »Zur Frage der Aktivierung der Arbeitsreserven im Fehl- und Krankenstand in den Betrieben«, 16. November 1942, BArch, R 59/487, S. 20.
182 Handreichung der DAF, Amt für Arbeitseinsatz, betr. »Die Behandlung schwangerer ausländischer Arbeitskräfte«, 8. April 1943, BArch, R 89/10888, S. 2.
183 Rundschreiben der DAF, Amt für Arbeitseinsatz, betr. »Ostarbeiter-Einsatz; hier: schwangere Ostarbeiterinnen und deren Kinder«, 22. Januar 1943, BArch, NS 5-I/264.
184 Erlass des Reichsbauernführers an die Landesbauernschaften betr. »Ausländische ldw. Arbeitskräfte; hier Entbindungsheime und Kinderpflegestätten für Fremdvölkische«, gez. Behrens, 21. März 1943, LASA (Landesarchiv Sachsen-Anhalt), C 102, Nr. 246, Bl. 81–85.

sächlich beachtet wurden, konnte die Familie einen Schutzraum bieten, der Kinder vor der Absonderung in eine »Pflegestätte« zu bewahren vermochte.

2.2.3 »Evakuierte« Familien aus den Räumungsgebieten der Wehrmacht

Während der Einsatz osteuropäischer Familien im Altreich Anfang des Jahres 1943 bei Weitem keine Ausnahme mehr darstellte, galt er aus rassen- und volkstumspolitischer Perspektive weiterhin als ernstzunehmende Gefahr für das deutsche Volk. So stellte die Gestapo Frankfurt am Main im Februar 1943 in einer Anweisung zur »Behandlung der im Reich eingesetzten ausländischen Arbeitskräfte und Kriegsgefangenen« klar:

> Der angeworbene fremdvölkische Arbeiter darf im Reich nicht sesshaft und heimatberechtigt werden, da sonst der Gefahr der Unterwanderung nicht zu begegnen ist. Der Einsatz der ausl. Arbeiterfamilien verdient daher besondere Beachtung, zumal häufig über die Familienmitglieder die aufgezeigten unerwünschten Beziehungen zu Deutschen gepflogen werden.[185]

Nach der Niederlage von Stalingrad gewannen arbeitseinsatzpolitische Argumente jedoch weiter an Bedeutung. Kaum waren die Behandlung der schwangeren ausländischen Arbeiterinnen und die Unterbringung ihrer Kinder von der Arbeitseinsatzverwaltung und dem RFSS in der ersten Hälfte des Jahres 1943 neu geregelt worden, erforderte die »Arbeitseinsatzlage« aus Sicht der Arbeitsverwaltung im Juli eine weitere Lockerung der Bestimmungen über den Einsatz ausländischer Familien im Altreich:

> Von der Hereinnahme von Ehefrauen und von nichteinsatzfähigen Kindern ausl. Arbeitskräfte war bisher aus politischen, insbesondere volkstums- und bevölkerungspolitischen Gründen abzusehen. Das Gleiche galt aus abwehrpolizeilichen Gründen auch für das Nachholen von Familienangehörigen, da häufig über die Familienmitglieder unerwünschte Beziehungen zu Deutschen angeknüpft werden. Zur Zeit muß den Notwendigkeiten des Arbeitseinsatzes wegen seiner kriegsentscheidenden Bedeutung jedoch unter gewissen Voraussetzungen der Vorrang vor Erwägungen volks- und bevölkerungspolitischer Art eingeräumt werden.[186]

---

185 Richtlinienkatalog der Gestapo Frankfurt a. M. betr. »Behandlung der im Reich eingesetzten ausländischen Arbeitskräfte und Kriegsgefangenen«, 15. Februar 1943, 1.1.0.6/82335754–82335781/ITS Digital Archive, Bad Arolsen.
186 Erlass des GBA betr. »Einsatz ausländischer Arbeitskräfte im Reich; Hier: Mitnahme und

Der Einsatz geschlossener Familien sei grundsätzlich zwar weiterhin unerwünscht, könne in der Landwirtschaft jedoch genehmigt werden, sofern alle Angehörigen arbeitsfähig seien und »abgesondert« untergebracht werden könnten. »Ostarbeiterfamilien« mit Kindern unter 14 Jahren durften ebenfalls in der Landwirtschaft eingesetzt werden, mit besonderer Zustimmung des GBA darüber hinaus auch polnische Landarbeiterfamilien mit nicht arbeitsfähigen Angehörigen. Mit »Rücksicht auf die gegenwärtige Arbeitslage« stellte auch der RFSS »volkstumspolitische Bedenken« für die Dauer des Krieges zurück und genehmigte den Einsatz polnischer Landarbeiterfamilien mit Kindern, sofern »mindestens 50 % der hereingebrachten Familienangehörigen arbeitsfähig sind. Kinder gelten als arbeitsfähig, sobald sie das 12. Lebensjahr vollendet haben.«[187] In einem weiteren Erlass vom 30. August betonte der GBA erneut die Wichtigkeit des geschlossenen Einsatzes von »Ostarbeiterfamilien« sowie gegebenenfalls nachträglicher Familienzusammenführungen:

> Da die Trennung von Familienangehörigen sich in der Regel nachteilig auf die Stimmung und damit auch auf die Leistung der Ostarbeiter auswirkt, kommt allein schon aus Gründen der Leistungssteigerung der Zusammenführung von Familienangehörigen erhebliche Bedeutung zu.[188]

Die genannten Erlasse des GBA und des RFSS bereiteten im Sommer 1943 den großangelegten Einsatz von Familien vor, die aus den von der Wehrmacht aufgegebenen Gebieten der Sowjetunion »evakuiert« wurden. Organisiert wurde dies vom Wirtschaftsstab Ost, dessen Hauptaufgabe, neben der Versorgung der deutschen Armeen im Osten, die Belieferung der deutschen Kriegswirtschaft mit Ressourcen aus den besetzten sowjetischen Gebieten war. In den Worten Armin Nolzens stellte die mit mehr als 23.000 Mitarbeitern besetzte Behörde damit ein »gigantisches Organ zur Ausplünderung der Sowjetunion«[189] dar. Für die Absatzbewegungen von der Ostfront plante der Wirtschaftsstab Ost seit Anfang des Jahres 1943 Maßnahmen zur »Auflockerung«, »Räumung«, »Lähmung« und »Zerstörung«, kurz »ARLZ-Maßnahmen«, die im Falle eines bevorstehenden

---

Nachholung von Ehefrauen und nichtarbeitseinsatzfähigen Kindern«, 15. Juli 1943, BArch, R 3901/20469.

[187] Erlass des RFSS betr. »Behandlung der im Reichsgebiet befindlichen Arbeitskräfte polnischen Volkstums«, 10. September 1943, BArch, R 4701/14152/2.

[188] Erlass des GBA betr. »Ostarbeiter; hier: Trennung und Zusammenführung von Familienangehörigen«, 30. August 1943, Reichsarbeitsblatt, Teil I, Nr. 27, 1943, S. 476.

[189] Armin Nolzen, »Verbrannte Erde«. Die Rückzüge der Wehrmacht in den besetzten sowjetischen Gebieten 1941–1945, in: Besatzung. Funktion und Gestalt militärischer Fremdherrschaft von der Antike bis zum 20. Jahrhundert, hg. von Günther Kronenbitter, Markus Pöhlmann und Dierk Walter, Paderborn 2006, S. 161–176, hier S. 166.

»Fremdvölkische« Kinder und Familien im Altreich

Rückzugs der Armee vorbereitend durchgeführt werden sollten.[190] Ziel dieser am besten mit dem Stichwort »verbrannte Erde« zu umschreibenden Maßnahmen war es, dem Gegner möglichst wenige Ressourcen und nutzbare Infrastruktur zu überlassen. Rohstoffe und Lebensmittel sollten aus den zu räumenden Gebieten abtransportiert, Eisenbahnstrecken, Straßen, Brücken und Industrieanlagen systematisch zerstört werden.[191] Darüber hinaus sollten potenzielle Soldaten und Arbeitskräfte unter dem sogenannten Menschenmaterial möglichst vollständig »abgeschöpft« werden.[192] Ab Mitte 1943 befassten sich die Arbeitseinsatzbehörden vor Ort selbst mit der Vorbereitung der »Evakuierungen«, für die die gesamte Bevölkerung der für die Räumung vorgesehenen Gebiete einer Selektion unterzogen wurde.[193] Die Arbeitsfähigen wurden von der Armee zum Stellungsbau im Hinterland eingesetzt, zur Arbeit in die besetzten Gebiete gebracht oder bis ins Altreich abtransportiert.

Je nach örtlicher Situation und den Richtlinien der jeweiligen Armee wurden dabei auch ganze Familien für den Arbeitseinsatz im Reich ausgewählt. Die 4. Armee beispielsweise plante im September 1943, »die gesamte Bevölkerung mit Ausnahme der Familien, die weniger als 20 Prozent Vollarbeitsfähige haben, zu evakuieren«.[194] Generell sollten nur »arbeitsstarke« Familien mitgenommen, »nutzlose Esser« hingegen dem Feind überlassen oder ermordet werden. Im Gegensatz zu den bereits im Reich befindlichen Familien musste dabei meist nicht auf den Zusammenhalt des Familienverbandes geachtet werden, sodass »Wehr- und Arbeitsfähige« von ihren Familien getrennt werden konnten, um die vom Armeestab auch als »Bodensatz« bezeichneten »Restfamilien« in Frontnähe zurückzulassen.[195] Unzählige Kranke und Invalide, Alte und Frauen mit jungen Kindern wurden so ihrem Schicksal überlassen, Zehntausende Zivilisten verhungerten oder wurden von den Deutschen gezielt ermordet.[196] Auch

---

190 Zum Einsatz von »ARLZ-Maßnahmen« siehe Nolzen, »Verbrannte Erde«; zu den Rückzügen der Wehrmacht in Weißrussland siehe Gerlach, Kalkulierte Morde, S. 497–501, dort auch zum Wirtschaftsstab Ost auf S. 142–150; siehe auch Rolf-Dieter Müller, Die deutsche Wirtschaftspolitik in den besetzten sowjetischen Gebieten 1941–1943. Der Abschlußbericht des Wirtschaftsstabes Ost und Aufzeichnungen eines Angehörigen des Wirtschaftskommandos Kiew, Boppard am Rhein 1991.
191 Nolzen, »Verbrannte Erde«, S. 171 f.
192 Zu Zwangsevakuierungen und den Rückzugsverbrechen der Wehrmacht siehe auch Dieter Pohl, Die Herrschaft der Wehrmacht. Deutsche Militärbesatzung und einheimische Bevölkerung in der Sowjetunion 1941–1944, München 2008, S. 315–330.
193 Gerlach, Kalkulierte Morde, S. 498.
194 Zitiert nach Gerlach, Kalkulierte Morde, S. 498.
195 Gerlach, Kalkulierte Morde, S. 499.
196 Siehe Gerlach, Kalkulierte Morde, S. 1092–1104. Ein besonders bedrückendes Beispiel für die Verbrechen der Wehrmacht in dieser Phase des Krieges bildet das weißrussische Dorf Ozarichi, wo die Wehrmacht im März 1944 Zehntausende arbeitsunfähige Zivilisten in einem

wenn die Menschen meist unfreiwillig deportiert wurden, so konnte der Einsatz im Reich zumindest mit der Hoffnung verbunden sein, als Arbeitskraft gebraucht und ernährt zu werden, möglicherweise sogar die eigenen Angehörigen mitversorgen zu können. Die Frage, ob ein arbeitsunfähiger Mensch Familienangehörige hatte, die für den Arbeitseinsatz in Betracht kamen, konnte somit zur Frage von Leben und Tod werden.

Die Anordnungen zur damals auch als »Auskämmung« bezeichneten Selektion der »Evakuierten« wurden dabei im Laufe der Zeit immer weiter gefasst. Der GBA legte im April 1944 fest, die gesamte Familie sei für den Einsatz im Reich als geeignet anzusehen, wenn mindestens die Hälfte der Kinder älter als zehn Jahre sei. Ansonsten seien die Väter gemeinsam mit den arbeitsfähigen Kindern zu deportieren, die Mütter mit den jüngeren zurückzulassen.[197] Wie genau solche Richtlinien vor Ort beachtet wurden, war abhängig von der jeweiligen Situation. So konnte die zwangsweise Trennung von Familien negative Auswirkungen auf die allgemeine Stimmung der örtlichen Bevölkerung haben, Fluchtversuche provozieren und mitunter gewaltsamen Widerstand gegen die Deportationen hervorrufen.[198] Darüber hinaus begrenzte das schnelle Vorrücken der Roten Armee oftmals die Zeit bis zur Räumung auf wenige Wochen. Der überstürzte Rückzug der Wehrmacht führte zusammen mit dem weiten Ermessensspielraum einzelner Truppenteile, Offiziere und Soldaten dazu, dass Selektionen, sofern sie überhaupt durchgeführt wurden, oberflächlich blieben. Das Armeeoberkommando wiederum übte Druck auf die jeweiligen Befehlshaber aus, besonders viele Arbeitskräfte aus der Bevölkerung »auszukämmen«.

Im Zweifelsfall wurden daher auch Menschen zur Zwangsarbeit im Altreich ausgewählt, die unter früheren Umständen als nicht arbeitsfähig eingestuft worden wären.[199] Unter den verschleppten Familien befanden sich nicht nur viele Kinder, sondern oftmals auch Familienmitglieder, »die infolge ihres hohen Lebensalters (76 und noch mehr Jahre) nicht in der Lage sind, arbeitsmäßig eingesetzt zu werden«, wie es in einem Schreiben der DAF vom 19. Oktober 1943 heißt.[200] Teilweise handele »es sich dabei gar nicht einmal um Familienangehö-

---

Lager zusammentrieb, von denen in nur einer Woche etwa 9.000 starben; Christoph Rass, Ozarichi 1944. Entscheidungs- und Handlungsebenen eines Kriegsverbrechens, in: Krieg und Verbrechen. Situation und Intention: Fallbeispiele, hg. von Timm C. Richter, München 2006, S. 197–206.

197 Steinert, Deportation und Zwangsarbeit, S. 128.
198 Ohnehin folgten die meisten »Evakuierten« nicht freiwillig den Deutschen, sondern flüchteten bei erster Gelegenheit und schlossen sich oftmals Partisanengruppen an; siehe Gerlach, Kalkulierte Morde, S. 499 f.
199 Steinert, Deportation und Zwangsarbeit, S. 127–129.
200 Schreiben der DAF, Amt für Arbeitseinsatz, i. V. Dr. Funke, an den RAM betr. »Krankengeld für Ostarbeiter«, 19. Oktober 1943, BArch, R 42-I/23.

rige im geraden Verwandtschaftsverhältnis, sondern diese alten Leute werden seitens der Familienmitglieder als Verwandte bezeichnet«.[201] Falls das zutrifft, versuchten einige Familien offenbar hilfsbedürftigen Menschen, die ansonsten schutzlos im Räumungsgebiet zurückgelassen und möglicherweise ermordet worden wären, einen Anschluss an ihren Familienverband zu ermöglichen. Der begrenzte Schutz, den die Zugehörigkeit zu einer Familie vor den Willkürmaßnahmen der Deutschen bieten konnte, wurde somit bewusst genutzt und auf andere ausgeweitet.

Wie viele Menschen infolge der Rückzugsbewegungen als »Evakuierte« oder »Flüchtlinge« aus dem Osten vertrieben und verschleppt wurden, lässt sich nur schwer rekonstruieren. Laut Christian Gerlach wurden allein aus Weißrussland rund eine Million Menschen zwangsweise umgesiedelt.[202] In einem von Dieter Pohl zitierten Bericht des Wirtschaftsstabs Ost ist von 2,3 Millionen die Rede.[203] Insgesamt rechnet Rolf-Dieter Müller mit mehr als drei Millionen Menschen.[204] Völlig unbekannt ist, wie viele Familien infolge dieser Politik zur Zwangsarbeit nach Deutschland gebracht wurden. Fest steht jedoch, dass die »Ostarbeiterfamilien« aus den Räumungsgebieten in den kriegswichtigen Industriebetrieben eine immer größere Rolle als zusätzliche Arbeitskräfte spielten. Himmler hatte Ende des Jahres 1943 einem Antrag des GBA zugestimmt, diese Familien nicht nur in der Landwirtschaft, sondern auch in der Industrie einzusetzen zu dürfen:

> Ostarbeiterfamilien mit Kindern unter 14 Jahren, die als Flüchtlinge aus den geräumten Ostgebieten zurückgeführt wurden, sollen grundsätzlich in der Landwirtschaft beschäftigt werden. Im Hinblick auf die Schwierigkeiten, z. Zt. eine Anwerbung der erforderlichen Arbeitskräfte im Osten durchzuführen, ist es erforderlich geworden, den Einsatz von Ostarbeiterfamilien auch auf die gewerbliche Wirtschaft auszudehnen.[205]

---

201 Schreiben der DAF, Amt für Arbeitseinsatz, i. V. Dr. Funke, an den RAM betr. »Krankengeld für Ostarbeiter«, 19. Oktober 1943, BArch, R 42-I/23.
202 Gerlach, Kalkulierte Morde, S. 500 f.
203 Pohl, Die Herrschaft der Wehrmacht, S. 327.
204 Rolf-Dieter Müller, Menschenjagd. Die Rekrutierung von Zwangsarbeitern in der besetzten Sowjetunion, in: Vernichtungskrieg. Verbrechen der Wehrmacht 1941–1944, hg. von Hannes Heer und Klaus Naumann, Hamburg 1995, S. 92–103, hier S. 100.
205 Geheime Staatspolizei, Staatspolizeistelle Koblenz, an Verteiler A betr. »Hereinnahme von Ostarbeitern aus den Räumungsgebieten«, 5. Mai 1944, 2.2.0.2/82385536–82385537/ITS Digital Archive, Bad Arolsen. Über dieselbe Anweisung informierte die Gestapo Bremen bereits per Rundschreiben vom 1. Dezember 1943; siehe Katharina Hoffmann, Ausländische ZwangsarbeiterInnen in Oldenburg während des Zweiten Weltkrieges. Eine Rekonstruktion der Lebensverhältnisse und Analyse von Erinnerungen deutscher und polnischer ZeitzeugInnen 1999, S. 42.

Zwangsarbeiterfamilien

Die einzige Bedingung war, dass mindestens die Hälfte der Angehörigen arbeiten könne, wobei Kinder jetzt nicht mehr »erst« ab zwölf, sondern bereits ab zehn Jahren als »arbeitsfähig« galten.[206] Da besondere Kinderheime für diese »Jugendlichen« nicht geschaffen werden könnten, müssten sie in den Betrieben untergebracht und dort von alten, nicht mehr arbeitsfähigen Menschen beaufsichtigt werden. Die »evakuierten« Familien sollten im Falle einer Änderung der Kriegslage als erste wieder in den Osten zurückgebracht werden, um dort wiederum als Arbeitskräfte zur Verfügung zu stehen. Sie wurden als reine Verfügungsmasse angesehen und waren dem willkürlichen Zugriff der deutschen Behörden vollständig ausgeliefert.

Der Anteil der nicht arbeitsfähigen Menschen, die als Mitglieder einer deportierten Familie aus dem Osten nach Deutschland kamen, wuchs in den letzten Kriegsjahren enorm an. Ein Bericht über die Zusammensetzung eines für die August-Thyssen-Hütte vorgesehenen Ostarbeitertransports vom Januar 1944 dokumentiert den großen Anteil nicht arbeitsfähiger Angehöriger.[207] Unter den 509 Menschen im Transport befanden sich 161 Kinder im Alter zwischen einem Monat und 14 Jahren, Jugendliche wurden zu den Erwachsenen gezählt. Von den 144 Männern waren 52 im Alter von 50 bis 73 Jahren, von den 204 Frauen 61 im Alter zwischen 50 und 84 Jahren. Der Gesundheitszustand der Menschen war offenbar so schlecht, dass nur 130 als »voll einsatzfähige« Arbeitskräfte eingestuft wurden, während 108 nur leichte Arbeiten verrichten konnten. Mit 271 galt mehr als die Hälfte des Transports als »nicht einsatzfähig«. Da für ausländische Zwangsarbeiter:innen in der August Thyssen-Hütte AG grundsätzlich ein »Einsatzwert« von 75 Prozent veranschlagt wurde,[208] ergab sich für den gesamten Transport ein Einsatzwert von lediglich 30 Prozent. Da großangelegte Abschiebungen aufgrund der Kriegslage nicht mehr möglich waren, begannen die zuständigen Behörden in Berlin im Rahmen der Neuordnung der Einsatzbedingungen für »Ostarbeiter:innen« im Laufe des Jahres 1944 auch über die Versorgung und Betreuung der nicht mehr arbeitsfähigen Ausländer:innen im Reich zu verhandeln.

---

206 Zum Einsatz von polnischen und sowjetischen Kindern zur Zwangsarbeit siehe Steinert, Deportation und Zwangsarbeit.
207 »Übersicht über die Zusammensetzung des Ostarbeitertransportes vom 3.1.44, auf Grund der in der Woche vom 3. bis 8.1.44 vorgenommenen ärztlichen Untersuchungen«, August Thyssen-Hütte, Abt. Betriebswirtschaft, gez. Steck, Januar 1944, BArch, R 42-I/23.
208 Der »Einsatzwert« bezeichnete die Arbeitsleistung im Vergleich zu deutschen, männlichen Arbeitern. Für deutsche Frauen ging die August Thyssen-Hütte AG ebenfalls von einem »Einsatzwert« von 75 Prozent aus. Mit beiden Gruppen habe man zwar gute Erfahrungen gemacht, sie würden den vollen »Einsatzwert« jedoch bestenfalls nach einer längeren Anlernzeit erreichen; Thomas Urban, Zwangsarbeit bei Thyssen. »Stahlverein« und »Baron-Konzern« im Zweiten Weltkrieg, Paderborn 2014, S. 62. Hierzu auch Herbert, Fremdarbeiter, S. 306 f.

2.3 »Versorgung und Betreuung der nicht einsatzfähigen Ausländer«

2.3.1 Neuordnung der Einsatzbedingungen für »Ostarbeiter:innen«

Die rassistische Diskriminierung der »Ostarbeiter:innen« stand mehr und mehr im Gegensatz zur bedeutenden Stellung, die ihre Arbeitskraft in den kriegswichtigen Industriebetrieben einnahm. Mit dem Ziel, die Leistung dieser Arbeitskräfte weiter zu steigern, wurden nach der Niederlage von Stalingrad sukzessiv kleinere Zugeständnisse bei ihrer Behandlung und Versorgung gemacht.[209] Anfang des Jahres 1944 schlug Sauckel der Reichskanzlei zu diesem Zweck eine Erhöhung der Lohnsätze vor:

> Die guten Leistungen der Ostarbeiter rechtfertigen es, den das deutsche Arbeitsleben beherrschenden Grundsatz der leistungsgerechten Entlohnung auf Ostarbeiter uneingeschränkt anzuwenden. In Zukunft sollen auch Ostarbeiter Arbeitsentgelte erzielen können, wie sie den in Arbeit und Leistung vergleichbaren sonstigen ausländischen Arbeitskräften gewährt werden.[210]

Die Ostarbeiterlöhne wurden daraufhin im März 1944 denen der anderen ausländischen Arbeitskräfte angeglichen, die »Ostarbeiterabgabe« entfiel.[211] Stattdessen wurden nun die Lohnsteuer und, wie bei den polnischen Arbeitskräften, eine »Sozialausgleichsabgabe« von 15 Prozent fällig. Die Arbeitskräfte aus den sowjetischen Gebieten waren somit wie alle anderen ausländischen Zivilarbeiter:innen sozialversicherungspflichtig.[212] Allerdings wurden »Ostarbeiter:innen« unabhängig von ihrem Familienstand grundsätzlich in Steuerklasse I (ledig) eingestuft und erhielten keine Sozialzulagen. Im »Reichsarbeitsblatt« begründete Regierungsrat Dr. Blumensaat diese Regelung mit der nationalsozialistischen Familienpolitik:

> Sozialzulagen dienen der Förderung der deutschen Familie. Sie sind unmittelbar mit der hohen Einschätzung der deutschen Familie verknüpft. In der Sowjetunion herrscht eine andere Auffassung über die Familie als bei uns. Allein

---

209 Herbert, Fremdarbeiter, S. 306–313.
210 Zitiert nach Herbert, Fremdarbeiter, S. 311.
211 Erlass des Ministerrats für die Reichsverteidigung betr. »Verordnung über die Einsatzbedingungen der Ostarbeiter«, 25. März 1944, Reichsgesetzblatt I 1944, S. 68–70; Erlass des GBA betr. »Verordnung zur Durchführung und Ergänzung der Verordnung über die Einsatzbedingungen der Ostarbeiter«, 26. März 1944, Reichsgesetzblatt I 1944, S. 70–73.
212 Vgl. Spoerer, Zwangsarbeit unter dem Hakenkreuz, S. 160.

aus diesen Gründen würden starke Bedenken bestehen, wenn die Gewährung von Sozialzulagen auch an Ostarbeiter zugelassen wäre.[213]

Darüber hinaus argumentierte Blumensaat zutiefst zynisch, das Deutsche Reich trage sowohl in den besetzten Gebieten als auch im Reichsgebiet oftmals die Kosten für den Unterhalt der Angehörigen und habe »zahlreichen Ostarbeitern die Sorge für die Familienangehörigen sogar völlig abgenommen«.[214] Im Falle der in den Lagern der Betriebe untergebrachten »Ostarbeiterfamilien« mangelte es bislang jedoch an eindeutigen Regelungen. Zwar war Sauckel laut Mitteilung der Reichsgruppe Industrie grundsätzlich der Ansicht, die Unternehmen seien nicht zur Unterbringung und Verpflegung der arbeitsunfähigen Angehörigen verpflichtet, faktisch bliebe ihnen aber meist nichts anderes übrig, »weil die Möglichkeit des Einsatzes der Ostarbeiter in den Betrieben oft von der Unterbringung der Familienangehörigen abhinge«.[215] Zur Deckung der entstehenden Kosten sollten sie daher einen »angemessenen Betrag« vom Lohn der »Ostarbeiter:innen« einbehalten. Hatten die Betriebe bislang die für Verpflegung und Unterkunft der Kinder anfallenden Kosten mit der »Ostarbeiterabgabe« verrechnen können, baten sie nach deren Wegfall nunmehr die Eltern selbst zur Kasse. Zwar konnten die Arbeitgeber:innen die Unterkunfts- und Verpflegungssätze ermäßigen, welche die Eltern für Kinder unter 14 Jahren zu zahlen hatten. Diese Option eignete sich allerdings auch als zusätzliches Druckmittel: »Der Unternehmer wird«, hieß es im »Reichsarbeitsblatt«, »von dieser Möglichkeit der Ermäßigung der Verpflegungssätze insbesondere bei arbeitswilligen Ostarbeitern Gebrauch machen«.[216]

Aus einem Schreiben der Reichsgruppe Industrie vom 10. August 1944 geht hervor, dass mit der Neuregelung in erster Linie eine »Gleichstellung der Arbeitsbedingungen der Ostarbeiter« beabsichtigt gewesen sei.[217] Eine »Besserstellung« hingegen sei nur bei denjenigen Arbeitskräften eingetreten, die ohnehin schon höhere Löhne bezogen hätten. Während die Neuregelung also für einzelne, insbesondere männliche »Ostarbeiter« tatsächlich eine Verbesserung darstellte, verschlechterten sich die Bedingungen für »Ostarbeiterfamilien« mit arbeitsun-

---

213 Merkblatt von Regierungsrat Dr. Blumensaat über die »Neuordnung der Einsatzbedingungen der Ostarbeiter«, Reichsarbeitsblatt, Teil V (Soziales Deutschland), Nr. 10, 1944, S. 103–107.
214 Merkblatt von Regierungsrat Dr. Blumensaat über die »Neuordnung der Einsatzbedingungen der Ostarbeiter«, Reichsarbeitsblatt, Teil V (Soziales Deutschland), Nr. 10, 1944, S. 103–107.
215 Schreiben der Reichsgruppe Industrie an die Industrieabteilungen der Gauwirtschaftskammern und Wirtschaftskammern betr. »Ostarbeiterabgabe«, 16. Mai 1944, BArch, R 12-I/342.
216 Merkblatt von Regierungsrat Dr. Blumensaat über die »Neuordnung der Einsatzbedingungen der Ostarbeiter«, Reichsarbeitsblatt, Teil V (Soziales Deutschland), Nr. 10, 1944, S. 103–107.
217 Schreiben der Reichsgruppe Industrie an die Industrieabteilungen der Gauwirtschaftskammern und Wirtschaftskammern betr. »Einsatzbedingungen der Ostarbeiter«, 10. August 1944, BArch, R 12-I/342.

fähigen Angehörigen sowie für »Jugendliche« (arbeitsfähige Kinder über zehn Jahre) und unverheiratete Mütter deutlich.

Gerade die Situation von alleinstehenden »Ostarbeiterinnen« mit Kindern wurde so prekär, dass verschiedene Unternehmen alsbald gegen die neuen Lohnvorschriften protestierten. So schrieb die Zentralverwaltung der Porzellanfabrik Kahla im Mai 1944 an die Reichsgruppe Industrie, die Lage der Arbeitskräfte aus dem Osten sei meist »erheblich schwieriger als die anderer Arbeitskräfte«.[218] Viele hätten ihre Familien bei sich, und ihre Heimatgebiete seien »vielfach wieder in sowjetrussischer Hand«. Trotz der Möglichkeit, die Kosten für Unterbringung und Verpflegung ihrer Kinder zu ermäßigen, reiche der Lohn der Arbeiterinnen meist bei Weitem nicht aus. Es sei jedoch wichtig, ihnen zumindest ein geringes Barentgelt auszuzahlen, da »sonst die Arbeitslust verständlicherweise auf den Nullpunkt gehen müsste«.[219] Eine Zweigstelle der Porzellanfabrik Kahla sandte zur Verdeutlichung des Problems eine ausführliche Aufstellung über den Nettoverdienst der dort eingesetzten »Ostarbeiterinnen« und die Unterbringungskosten ihrer Kinder an das Gauarbeitsamt Sachsen.[220] Demnach konnten alleinstehende Frauen selbst für den Unterhalt eines einzelnen Kindes meist nicht mehr ohne Unterstützung aufkommen. Während die Kostendeckung über die »Ostarbeiterabgabe« problemlos funktioniert habe, belaufe sich das ungedeckte Verpflegungsgeld allein für den vorausgegangenen Monat bereits auf 831,50 RM. Die Firma habe den betroffenen »Ostarbeiterinnen« einen Vorschuss von je 12 RM ausgezahlt, »damit die Leute nicht ganz ohne Geld sind«.[221] Vor diesem Hintergrund sprach sich das Unternehmen für die Zusammenführung der Familien aus, da auf diese Weise zumindest Ehepartner die Unterhaltskosten gemeinsam tragen könnten. Da viele »Ostarbeiter« jedoch erst »beim Arbeitseinsatz im Reich eine Partnerin gefunden« hätten, sei eine nachträgliche Zusammenführung kaum durchzuführen, ohne bei den Betrieben »in gewisser Hinsicht Schaden zu verur-

---

218 Schreiben der Porzellanfabrik Kahla, Zentralverwaltung, an die Reichsgruppe Industrie betr. »verspäteten Erlass und Bekanntgabe von Verordnungen zur Durchführung ergangener Gesetze«, 9. Mai 1944, BArch, R 12-I/342.
219 Schreiben der Porzellanfabrik Kahla, Zentralverwaltung, an die Reichsgruppe Industrie betr. »verspäteten Erlass und Bekanntgabe von Verordnungen zur Durchführung ergangener Gesetze«, 9. Mai 1944, BArch, R 12-I/342.
220 Schreiben der Zweigniederlassung H. Schomburg & Söhne der Porzellanfabrik Kahla an den Präsidenten des Gauarbeitsamts und Reichstreuhänder der Arbeit Sachsen betr. »Entlohnung der Ostarbeiter«, 16. Mai 1944, BArch, R 12-I/342.
221 Schreiben der Zweigniederlassung H. Schomburg & Söhne der Porzellanfabrik Kahla an den Präsidenten des Gauarbeitsamts und Reichstreuhänder der Arbeit Sachsen betr. »Entlohnung der Ostarbeiter«, 16. Mai 1944, BArch, R 12-I/342.

»Versorgung und Betreuung der nicht einsatzfähigen Ausländer«

sachen«.[222] In einem nachfolgenden Schreiben schilderte das Unternehmen dem Gauarbeitsamt einen besonders schwerwiegenden Fall:

> Als krassesten Fall wollen wir hier den unserer Ostarbeiterin Nr. 326 erwähnen. Die Frau hat 5 Kinder, von denen bis jetzt keines im Arbeitseinsatz war. Der Frau verblieben nach Abzug von Lohnsteuer, Sozialausgleichsabgabe, Sozialversicherungsbeiträgen und eigener Verpflegung noch netto RM 24,–. Für die Kinder würden die Verpflegungskosten nach den ergangenen Richtlinien im April rund RM 120,– betragen. Es wären also RM 96,– ungedeckt. Jetzt muß die Ostarbeiterin aber unbedingt noch einen Betrag bekommen, damit sie Bekleidung einschl. Schuhwerk etc. für sich und die 5 Kinder anschaffen kann.[223]

Die Gauwirtschaftskammer in der Mark Brandenburg teilte der Reichsgruppe Industrie im Juli 1944 mit, laut Berichten verschiedener Industriebetriebe belaste die neue Ostarbeiterverordnung aufgrund der ohnehin schon geringen Stundenlöhne insbesondere Frauen und »jugendliche Arbeitskräfte«.[224] Wie aus einer Aufstellung der Firma Zellwolle und Zellulose AG in Küstrin hervorginge, hätten sich die Löhne aufgrund der neuen Berechnungsweise bei den meisten Arbeitskräften um ein Drittel, teilweise sogar um die Hälfte des bisherigen Lohns verringert. Bei der Firma seien 78 »Ostarbeiterinnen« mit insgesamt 82 Kindern angestellt. Bislang seien die monatlichen Kosten für Unterkunft und Verpflegung der Kinder von 1.890 RM vollständig von der »Ostarbeiterabgabe« gedeckt gewesen, nunmehr blieben die Frauen jedoch mit 1.123 RM der Firma gegenüber verschuldet. Dessen ungeachtet würden sich die Betriebe weigern, die Lohnunterschiede durch Ermäßigung der Unterkunfts- und Verpflegungssätze auf eigene Kosten auszugleichen, weil dies eine »unangebrachte Begünstigung der Ostarbeiter« den deutschen Arbeitskräften gegenüber darstelle.[225] Für die »Ostarbeiter:innen«, die aufgrund der knappen Lebensmittelrationen oftmals davon abhängig waren, zusätzliche Lebensmittel zu stetig steigenden Preisen auf dem Schwarzmarkt zu

---

222 Schreiben der Zweigniederlassung H. Schomburg & Söhne der Porzellanfabrik Kahla an den Präsidenten des Gauarbeitsamts und Reichstreuhänder der Arbeit Sachsen betr. »Entlohnung der Ostarbeiter«, 16. Mai 1944, BArch, R 12-I/342.

223 Schreiben der Zweigniederlassung H. Schomburg & Söhne der Porzellanfabrik Kahla an den Präsidenten des Gauarbeitsamts und Reichstreuhänder der Arbeit Sachsen betr. »Entlohnung der Ostarbeiter«, 8. Juni 1944, BArch, R 12-I/342.

224 Schreiben der Gauwirtschaftskammer Mark Brandenburg an die Reichsgruppe Industrie betr. »Verordnung über die Einsatzbedingungen der Ostarbeiter«, 3. Juli 1944, BArch, R 12-I/342.

225 Schreiben der Gauwirtschaftskammer Mark Brandenburg an die Reichsgruppe Industrie betr. »Verordnung über die Einsatzbedingungen der Ostarbeiter«, 3. Juli 1944, BArch, R 12-I/342.

beschaffen,[226] war die neue Verordnung existenzbedrohend. Die Gauwirtschaftskammer Mark Brandenburg befürchtete vor allem negative Auswirkungen auf die Arbeitsleistung:

> Die Betriebe bedauern es außerordentlich, daß die erstmalige Anwendung der Verordnung vom 25. 3. 1944 unter den eingesetzten Ostarbeiterinnen zu lebhafter Beunruhigung geführt hat und, wenn eine annehmbare Regelung hier nicht gefunden werden sollte, unweigerlich schwerste Erschütterungen des Arbeitswillens der Ostarbeiterinnen und untragbare Rückschläge für den gesamten Arbeitsablauf die Folge sein würden.[227]

Bei einer Besprechung zwischen Vertretern der Reichsgruppe Industrie und des GBA wurde im August 1944 festgehalten, die Versorgung der nicht arbeitsfähigen Familienangehörigen, die man bei der »Anwerbung« der »Ostarbeiterkräfte« meist habe mitnehmen müssen, sei »sozialpolitisch ein Novum«.[228] Die Kosten könnten nicht von den einzelnen Arbeitskräften, sondern nur von »der Gesamtheit der Ostarbeiterschaft«, also aus den Geldern der Sozialausgleichsabgabe, getragen werden. Eine entsprechende Regelung sei bereits in Vorbereitung und werde voraussichtlich auch für die nicht arbeitsfähigen Angehörigen anderer Ausländer:innen, insbesondere der polnischen Arbeitskräfte, gelten.[229]

2.3.2 Planung von »Sonderpflegestätten«

In der »Verordnung über die Einsatzbedingungen der Ostarbeiter« vom 25. März 1944 war bereits vorgesehen worden, die Sozialausgleichsabgabe in Einzelfällen zur Unterstützung hilfsbedürftiger »Ostarbeiter:innen« und ihrer Familienangehörigen einzusetzen.[230] Wie aus einem späteren Schreiben Sauckels an den Reichsinnenminister hervorgeht, hatten Vertreter des GBA, des RMdI sowie des Reichsfinanzministeriums bereits wenige Tage nach Veröffentlichung der Ver-

---

226 Spoerer, Zwangsarbeit unter dem Hakenkreuz, S. 161 f.
227 Schreiben der Gauwirtschaftskammer Mark Brandenburg an die Reichsgruppe Industrie betr. »Verordnung über die Einsatzbedingungen der Ostarbeiter«, 3. Juli 1944, BArch, R 12-I/342.
228 Aktenvermerk für Dr. Lohmann, Reichsgruppe Industrie, betr. »Neuregelung der Arbeitsbedingungen der Ostarbeiter«, 4. August 1944, BArch, R 12-I/342.
229 Schreiben der Reichsgruppe Industrie an die Industrieabteilungen der Gauwirtschaftskammern und Wirtschaftskammern betr. »Einsatzbedingungen der Ostarbeiter«, 10. August 1944, BArch, R 12-I/342.
230 Erlass des Ministerrats für die Reichsverteidigung betr. »Verordnung über die Einsatzbedingungen der Ostarbeiter«, 25. März 1944, Reichsgesetzblatt I 1944, S. 68–70.

ordnung beraten, ob aus diesen Geldern nicht grundsätzlich alle notwendigen Fürsorgeeinrichtungen finanziert werden könnten, anstatt nur einzelne Arbeitskräfte zu unterstützen:

> Insbesondere käme die Errichtung und Unterhaltung von Entbindungsstätten für Ostarbeiterinnen, von Pflegestätten für Ostarbeiterkinder sowie von Heimen für Ostarbeiter, die wegen eines Gebrechens oder wegen ihres Alters dauernd nicht einsatzfähig sind, aber wegen der Absatzbewegungen an der Ostfront nicht mehr in ihre Heimat zurückgeführt werden können, in Betracht.[231]

Kompetenzstreitigkeiten verzögerten zunächst jedoch die Umsetzung derartiger Pläne, da keines der beteiligten Ministerien die Betreuung der arbeitsunfähigen Ausländer:innen in seinen Aufgabenbereich übernehmen wollte. Der Vertreter des GBA argumentierte, es handele sich in erster Linie um »fürsorgerische, volksgesundheitliche und sicherheitspolizeiliche Fragen, mittelbar auch um bevölkerungspolitische sowie insbesondere auch um politische Fragen«, die in den Kompetenzbereich der Inneren Verwaltung fallen würden.[232] Daran anknüpfend betonte Sauckel am 10. Mai in einem Schreiben an den Innenminister, es handele sich eben nicht um »Fragen des Arbeitseinsatzes, sondern insbesondere um solche der Fürsorge und der Volksgesundheit«.[233] Würde das Innenministerium sich dieser Aufgaben annehmen, könne es allerdings mit der Unterstützung der Arbeitseinsatzbehörden rechnen. Er habe seine nachgeordneten Dienststellen bereits angewiesen, die Zahl der nicht einsatzfähigen Arbeitskräfte sowie der ausländischen Kinder zu ermitteln und dem RMdI zur Verfügung zu stellen.

Die angekündigten Zahlen lagen dem Innenministerium am 19. Juni 1944 vor.[234] Demnach befanden sich insgesamt 15.000 dauerhaft arbeitsunfähige Arbeitskräfte und »Altersinvalide« in Deutschland, 8.500 von ihnen pflegebedürftig und 6.500 »ansteckungskrank«. Nach Auskunft der Arbeitsämter hatten etwa 4.000 dieser Menschen ihre Familien bei sich. Bezüglich der Frage, wer die für diese Menschen notwendigen Altersheime und Tbc-Heime errichten und betreiben solle, einigten sich die Anwesenden vorläufig auf die Beteiligung der DAF. Hinzu kam die Frage der Versorgung der ausländischen Kleinkinder und Kinder unter 10 Jahren, die zahlenmäßig wesentlich ausschlaggebender war: »75.000

---

231 Schreiben des GBA an den Reichsinnenminister betr. »Versorgung und Betreuung der nicht einsatzfähigen Ausländer«, i. V. Dr. Timm, 10. Mai 1944, BArch, R 1501/1479.
232 Schreiben des GBA an den Reichsinnenminister betr. »Versorgung und Betreuung der nicht einsatzfähigen Ausländer«, i. V. Dr. Timm, 10. Mai 1944, BArch, R 1501/1479.
233 Schreiben des GBA an den Reichsinnenminister betr. »Versorgung und Betreuung der nicht einsatzfähigen Ausländer«, i. V. Dr. Timm, 10. Mai 1944, BArch, R 1501/1479.
234 Besprechungsvermerk von Ministerialdirigent Dr. Loschelder, 20. Juni 1944, BArch, NS 1501/1479, Bl. 17 f.

Ostarbeiterkinder, 58.000 Polenkinder und um 8.300 sonstige Kinder«.[235] Während in der Industrie »durch betriebliche Tagesstätten« weitgehend für diese Kinder gesorgt sei, solle der Reichsnährstand für die noch fehlenden Unterbringungsmöglichkeiten in der Landwirtschaft sorgen.

Wenige Wochen später fanden sich am 7. Juli 1944 im Sitzungssaal der Partei-Kanzlei Vertreter von rund 25 Ressorts zusammen, um gemeinsam über die »Versorgung und Betreuung der nichteinsatzfähigen Ausländer und der Ausländerkinder« zu beraten.[236] Als Ergebnis wurde eine Reihe von Grundsätzen festgehalten: Demnach habe die Abschiebung nicht arbeitsfähiger Ausländer:innen weiterhin Priorität; sei dies nicht möglich, müssten die Betriebe die Angehörigen einer Familiengemeinschaft vorerst gemeinsam unterbringen und verpflegen.[237] Finanziert werden könne dies durch die Löhne der ausländischen Arbeitskräfte, nötigenfalls aufgestockt durch Zuschüsse aus dem Reichsstock und der Sozialausgleichsabgabe. Langfristig wurde geplant, alle nicht einsatzfähigen Arbeitskräfte und »Ausländerkinder« in »Sonderlagern« abzusondern. Zunächst aber sollten die bestehenden Lager, sofern noch nicht geschehen, mit entsprechenden Pflegeeinrichtungen ausgestattet werden:

> Grundsätzlich soll an jedem Ort, nach Möglichkeit angeschlossen an ein geeignetes Betriebs- oder Gemeinschaftslager, eine Entbindungsstätte für Ausländerinnen sowie eine Pflegestätte für Ausländerkinder und bei Bedarf auch für nichteinsatzfähige Ausländer eingerichtet werden. Gegebenenfalls kann nach Lage der örtlichen Verhältnisse auch nur eine Tagespflegestätte für Ausländerkinder errichtet werden.[238]

Teilweise, wie zum Beispiel bei ansteckenden Krankheiten, sei eine gemeinsame Unterbringung mit anderen Arbeitskräften allerdings nicht möglich. Für diese Fälle, wie auch für »alleinstehende« Kinder, müssten umgehend sogenannte Sonderpflegestätten geschaffen werden. Diese sollten je nach Zuständigkeit unter der

---

235 Besprechungsvermerk von Ministerialdirigent Dr. Loschelder, 20. Juni 1944, BArch, NS 1501/1479, Bl. 17 f.
236 Besprechungsvermerk von Ministerialdirigent Dr. Loschelder, 10. Juli 1944, BArch, NS 1501/1479, Bl. 23 f.; Schreiben des GBA an den Reichsminister des Innern betr. »Versorgung und Betreuung der nichteinsatzfähigen Ausländer und der Ausländerkinder«, i. A. Dr. Letsch, 13. Juli 1944, BArch, R 2/60765.
237 Schreiben des GBA an den Reichsminister des Innern betr. »Versorgung und Betreuung der nichteinsatzfähigen Ausländer und der Ausländerkinder«, i. A. Dr. Letsch, 13. Juli 1944, BArch, R 2/60765.
238 Schreiben des GBA an den Reichsminister des Innern betr. »Versorgung und Betreuung der nichteinsatzfähigen Ausländer und der Ausländerkinder«, i. A. Dr. Letsch, 13. Juli 1944, BArch, R 2/60765.

»Versorgung und Betreuung der nicht einsatzfähigen Ausländer«

Obhut der DAF oder des RNSt stehen und in erster Linie durch die dort untergebrachten Menschen selbst verwaltet werden. Ob die Unterbringung in einer solchen »Sonderpflegestätte« »erforderlich und unter arbeitseinsatzmässigen Gesichtspunkten vertretbar« sei, habe das jeweils zuständige Arbeitsamt auf Antrag des »Betriebsführers« zu prüfen.[239]

Damit zeichnete sich in der Kriegsendphase eine weitere Radikalisierung im Umgang mit allen unter ökonomischen Gesichtspunkten für die deutsche Kriegswirtschaft nicht mehr »verwertbaren« Ausländer:innen ab. Bereits seit Mitte des Jahres 1942 waren dauerhaft erkrankte polnische und sowjetische Arbeitskräfte in sogenannten Krankensammellagern zusammengefasst worden, die sich infolge katastrophaler Lebensbedingungen und fehlender medizinischer Versorgung zu Sterbelagern entwickelt hatten.[240] Ähnlich sah es in vielen der ab März 1943 eingerichteten »Ausländerkinder-Pflegestätten« aus, in denen eine Vielzahl der Kinder hungerten, erkrankten und starben. Psychisch erkrankte Zwangsarbeiter:innen wurden ab Mai 1943 nicht mehr in ihre Heimat zurücktransportiert, sondern zunächst ebenfalls in »Sonderlagern« untergebracht. Im Mai und September 1944 legte das RMdI dann insgesamt elf »Sammelstellen« fest, in denen »geisteskranke Ostarbeiter« entweder direkt ermordet wurden oder die als Zwischenstation vor der Überweisung in eine Tötungsanstalt dienten.[241]

Der Anfang Juli 1944 unter Beteiligung diverser Ministerien ausgearbeitete Plan zur Errichtung von »Sonderlagern« und »Sonderpflegestätten« für nicht einsatzfähige Ausländer:innen und ausländische Kinder kann vor diesem Hintergrund nicht anders verstanden werden als Plan zur unauffälligen, dezentralen Ermordung beziehungsweise zum gezielten Sterbenlassen dieser Menschen, auch wenn es so nicht explizit formuliert wurde.[242] Entsprechende Anregungen hatte es zuvor bereits »von unten« gegeben, wie beispielsweise aus Beratungen der Wohl-

239 Schreiben des GBA an den Reichsminister des Innern betr. »Versorgung und Betreuung der nichteinsatzfähigen Ausländer und der Ausländerkinder«, i.A. Dr. Letsch, 13. Juli 1944, BArch, R 2/60765.
240 Schäfer, Durchgangs- und Krankensammellager im Zweiten Weltkrieg, S. 214–216.
241 Georg Lilienthal, Von der »zentralen« zur »kooperativen Euthanasie«. Die Tötungsanstalt Hadamar und die »T4« (1942–45), in: Die nationalsozialistische »Euthanasie«-Aktion »T4« und ihre Opfer. Geschichte und ethische Konsequenzen für die Gegenwart, hg. von Maike Rotzoll, Gerrit Hohendorf, Petra Fuchs, Paul Richter, Christoph Mundt und Wolfgang U. Eckart, Paderborn 2010, S. 100–110, hier S. 106; zur Ermordung polnischer und sowjetischer Arbeitskräfte im Zuge der nationalsozialistischen Krankenmorde siehe Hamann, Die Morde an polnischen und sowjetischen Zwangsarbeitern in deutschen Anstalten; sowie Uta George, Polnische und sowjetische Zwangsarbeitende als Opfer der NS-»Euthanasie«-Verbrechen. Das Beispiel Hadamar, in: Medizin und Zwangsarbeit im Nationalsozialismus. Einsatz und Behandlung von »Ausländern« im Gesundheitswesen, hg. von Andreas Frewer und Günther Siedbürger, Frankfurt a. M. 2004, S. 389–406.
242 Siehe dazu auch Vögel, »Entbindungsheim für Ostarbeiterinnen«, S. 113–119.

fahrts- und Gesundheitsbeiräte der Stadt Stuttgart anlässlich der geplanten Einrichtung einer »Infektionsabteilung« im Mai 1944 hervorgeht:

> Man müsse sich auch darüber Gedanken machen, die Russenkinder aus den Lagern herauszunehmen und sie in einem besonderen Russenkinderkrankenhaus unterzubringen, jedoch nicht mit der Absicht, sie mit aller Kunst am Leben zu erhalten, sondern einzig und allein aus dem Grunde, die Ausbreitung von Infektionskrankheiten zu verhüten, denn bekanntlich arbeiten ja Russen in den Betrieben mit Deutschen zusammen.[243]

Bereits seit Mai 1943 wurden psychisch kranke polnische und sowjetische Zwangsarbeiter:innen in »Sonderlagern« des Reichssicherheitshauptamts gesammelt und ermordet. Ein weiterer Schritt in diese Richtung war die ab Ende Juli, also wenige Wochen nach obengenannter Sitzung, beginnende Ermordung tuberkulosekranker oder aus sonstigen Gründen nicht mehr arbeitsfähiger Zwangsarbeiter:innen in den Tötungsanstalten der zweiten Euthanasiephase.[244] So wurden beispielsweise in Hadamar vom 28. Juli 1944 bis zum Kriegsende mindestens 468 Menschen mit der Diagnose Tbc ermordet, darunter 211 Kinder und Jugendliche unter 21 Jahren.[245] Bei den meisten handelte es sich um polnische und sowjetische Arbeitskräfte und ihre Kinder; letztere wurden in Hadamar ohne vorherige gesundheitliche Untersuchung ermordet.[246]

Nach der Sitzung am 7. Juli wurden die Details der geplanten Maßnahmen in einem engeren Arbeitskreis, bestehend aus dem Reichsinnen- und Reichsfinanzministerium, dem Reichsministerium für Rüstung und Kriegsproduktion, dem

---

243 Niederschrift über die Beratung mit den Wohlfahrts- und Gesundheitsbeiräten, Stuttgart, 10. Mai 1944, zitiert nach Annette Schäfer, Zwangsarbeiter und NS-Rassenpolitik. Russische und polnische Arbeitskräfte in Württemberg, 1939–1945, Stuttgart 2000, S. 219.

244 Stefan Hördler; Markus Rachbauer; Florian Schwanninger, Die Ermordung der »Unproduktiven«. Zwangsarbeiter als Opfer der NS-Euthanasie, in: Zwangsarbeit im Nationalsozialismus. Begleitband zur Ausstellung, hg. von Stefan Hördler, Volkhard Knigge, Rikola-Gunnar Lüttgenau und Jens-Christian Wagner, Göttingen 2016, S. 232–243; Winfried Süß, Der »Volkskörper« im Krieg. Gesundheitspolitik, Gesundheitsverhältnisse und Krankenmord im nationalsozialistischen Deutschland 1939–1945, München 2009, S. 293; Andreas Heusler, Die Eskalation des Terrors. Gewalt gegen ausländische Zwangsarbeiter in der Endphase des Zweiten Weltkrieges, in: Terror nach innen. Verbrechen am Ende des Zweiten Weltkrieges, hg. von Cord Arendes, Göttingen 2006, S. 172–182.

245 George, Polnische und sowjetische Zwangsarbeitende als Opfer der NS-»Euthanasie«-Verbrechen, S. 401–404. Laut George wurde die Diagnose Tuberkulose sehr großzügig gestellt und auch bei anderen Erkrankungen oder bereits geheilten Patientinnen und Patienten angewandt.

246 George, Polnische und sowjetische Zwangsarbeitende als Opfer der NS-»Euthanasie«-Verbrechen, S. 401–404.

»Versorgung und Betreuung der nicht einsatzfähigen Ausländer«

Reichsministerium für die besetzten Ostgebiete, dem GBA, des Reichsgesundheitsführers sowie aus dem DAF-Amt für Arbeitseinsatz und dem Reichsnährstand, konkretisiert.[247] Ende September 1944 übernahm schließlich der Reichsminister des Innern die »Betreuung der nichteinsatzfähigen Ausländer«, wenn auch widerwillig, offiziell in seinen Zuständigkeitsbereich:

> Ich halte es für dringend notwendig, dass die verschiedenen im Lande in Gang gekommenen Massnahmen zur Versorgung und Betreuung nichteinsatzfähiger Ausländer reichseinheitlich geordnet und gesteuert und auf die Bezirke ausgedehnt werden, die noch ohne die erforderlichen Einrichtungen sind, und bin deshalb bereit, meine grundsätzliche Auffassung über die Zuständigkeit für die Bearbeitung der mit dem Ausländereinsatz zusammenhängenden Fragen insoweit zurückzustellen.[248]

Gut zwei Wochen später stellte das Innenministerium den nachgeordneten Behörden, den Gemeinden sowie den Gemeindeverbänden einen baldigen Erlass in Aussicht, durch den die »Betreuung der wegen Alters, Krankheit oder aus sonstigen Gründen nicht mehr einsatzfähigen ausländischen Arbeitskräfte, insbesondere auch die Absonderung tuberkulös Erkrankter, sowie die Betreuung der Kinder ausländischer Arbeitskräfte« geregelt werden würde.[249] Da zahlreiche Behörden auf eine einheitliche Regelung drängten, verkündete das RMdI bereits im Vorfeld die wesentlichen Grundsätze der zu erwartenden Weisung. Demnach sollten nunmehr die Fürsorgeverbände damit beauftragt werden, in Zusammenarbeit mit den Arbeitsämtern, der DAF und dem RNSt »Einrichtungen einfachster Art« zur Unterbringung dauerhaft nicht einsatzfähiger ausländischer Arbeitskräfte zu schaffen. Entsprechende Unterbringungsmöglichkeiten für die Kinder ausländischer Arbeitskräfte seien, abhängig von den Verhältnissen vor Ort, durch die Land- und Stadtkreise, die Gemeinden oder die Fürsorgeverbände zu schaffen. Diese Einrichtungen sollten durch die DAF oder den RNSt betrieben werden. Daneben sollten die Fürsorgeverbände Unterbringungs- und Pflegemöglichkeiten

---

247 Schreiben des GBA an den Reichsminister des Innern betr. »Versorgung und Betreuung der nichteinsatzfähigen Ausländer und der Ausländerkinder«, i. A. Dr. Letsch, 13. Juli 1944, BArch, R 2/60765.
248 Schreiben des Reichsministers des Innern an den GBA betr. »Versorgung und Betreuung der nicht einsatzfähigen Ausländer«, i. A. Dr. Kauffmann, 29. September 1944, BArch, R 1501/1479, Bl. 25; siehe auch Schreiben des RMdI an den Reichsminister der Finanzen betr. »Betreuung der nichteinsatzfähigen Ausländer«, 2. Oktober 1944, BArch, R 2/60765, in dem das RMdI zu einer Sitzung des Arbeitskreises einlädt.
249 Runderlass des RMdI an die nachgeordneten Behörden, die Gemeinden und Gemeindeverbände betr. »Betreuung nichteinsatzfähiger ausländischer Arbeitskräfte«, i. A. Dr. Kauffmann, 16. Oktober 1944, BArch, R 1501/1479, Bl. 28.

für die Absonderung Tbc-Kranker bereitstellen und betreiben. War für die Kosten zuvor noch der Reichsstock für den Arbeitseinsatz vorgesehen, sollte nun das Reich die Gelder und notwendigen Vorschüsse direkt bereitstellen.

Loschelder vom Innenministerium hatte bereits im Juli darauf hingewiesen, dass »offensichtlich zwischen den arbeitsfähigen und den einsatzunfähigen Ausländern enge Beziehungen« bestünden.[250] Dem wurde im vorläufigen Runderlass vom 16. Oktober 1944 Rechnung getragen. Denn die geplanten Sondereinrichtungen waren nur für diejenigen gedacht, »die nicht bei ihren einsatzfähigen Angehörigen verbleiben können oder solche Angehörige nicht haben«.[251] Zum einen war dies eine Kostenfrage, zum anderen ging es um die Erhaltung der Leistungsbereitschaft der Angehörigen. Denn das Leben insbesondere der polnischen und sowjetischen Zwangsarbeiter:innen war in dieser Phase des Krieges immer enger mit ihrer Fähigkeit verknüpft, Leistungen für die deutsche Kriegswirtschaft zu erbringen. Erkrankten sie und war mit längerer Arbeitsunfähigkeit zu rechnen, lohnte sich aus Sicht der Arbeitsverwaltung eine medizinische Behandlung nicht. Schutz vor den immer radikaleren Maßnahmen des Regimes konnten in diesem Fall nur arbeitsfähige Familienangehörige bieten, deren Arbeitsleistung und -wille um jeden Preis erhalten werden sollten. Die Trennung der Familie, die schlechte Behandlung eines Angehörigen oder gar dessen Ermordung bedrohte aus dieser Perspektive die Leistungsbereitschaft ansonsten einsatzfähiger Arbeitskräfte.

Am 24. Oktober übersandte Sauckel den (Gau-)Arbeitsämtern den mittlerweile 15 Monate alten Erlass des RFSS vom 27. Juli 1943 sowie den Erlass des RMdI vom 5. Juni 1944, in denen die Behandlung der schwangeren ausländischen Arbeiterinnen sowie die rassische Überprüfung ihrer Kinder geregelt worden war.[252] Ebenso fügte er den Erlass des RMdI vom 16. Oktober an. Er habe diese Weisungen nicht vorher bekannt gegeben, da diverse ungeklärte Fragen erst jetzt »im Grundsatz gelöst« worden seien. So habe die »Einrichtung der Ausländerkinderpflegestätten, insbesondere die Mittelaufbringung [...] zu einer Reihe von Schwierigkeiten geführt«.[253] Der Reichsbauernführer habe mit Erlass vom 21. März 1944 zwar die Landesbauernschaften angewiesen, Entbindungsheime und »Kinder-

---

250 Besprechungsvermerk von Ministerialdirigent Dr. Loschelder, 10. Juli 1944, BArch, NS 1501/1479, Bl. 23 f.
251 Runderlass des RMdI an die nachgeordneten Behörden, die Gemeinden und Gemeindeverbände betr. »Betreuung nichteinsatzfähiger ausländischer Arbeitskräfte«, i. A. Dr. Kauffmann, 16. Oktober 1944, BArch, R 1501/1479, Bl. 28.
252 Erlass des GBA an die Gauarbeitsämter und Arbeitsämter betr. »Behandlung schwangerer ausl. Arbeiterinnen sowie der nichteinsatzfähigen Ausländer und der Ausländerkinder«, 24. Oktober 1944, BArch, R 3901/20467, Bl. 155 f.
253 Erlass des GBA an die Gauarbeitsämter und Arbeitsämter betr. »Behandlung schwangerer ausl. Arbeiterinnen sowie der nichteinsatzfähigen Ausländer und der Ausländerkinder«, 24. Oktober 1944, BArch, R 3901/20467, Bl. 155 f.

pflegestätten« zu errichten. Nunmehr solle das Verfahren jedoch reichsweit vereinheitlicht werden:

> Da aber eine zentrale Regelung dieser Frage dringend erforderlich ist, insbesondere die Aufbringung der Mittel einheitlich geregelt werden muß, habe ich mit den beteiligten Reichs- und Parteidienststellen Verhandlungen gepflogen, die nunmehr zu dem Ergebnis geführt haben, daß der Herr Reichsmin. d. Innern die mit der Betreuung und Versorgung der Ausländerkinder sowie der dauernd nichteinsatzfähigen Ausländer zusammenhängenden Aufgaben in seine Zuständigkeit übernommen hat.[254]

Damit war nun die Innere Verwaltung für die Finanzierung der Kinderheime zuständig, während Entbindungsheime für Ausländerinnen weiterhin, wie im Erlass des GBA vom 20. März 1943 geregelt, vom Reichsstock für Arbeitseinsatz bezahlt wurden.[255] Die durch die Kommunen und Fürsorgeverbände einzurichtenden »Sonderpflegestätten« sollten neben die zahlreichen bereits bestehenden »Ausländerkinder-Pflegestätten« treten, diese aber nicht ersetzen. So ordnete das Reichsarbeitsministerium im Dezember 1944 in Anbetracht der stetig anwachsenden Kinderzahl in den Lagern an, für kleine Kinder einfache Räume »nach Art der Tageskinderheime« auszustatten und für ältere Kinder Unterbringungsmöglichkeiten »nach Art der Kinderpflegestätten« einzurichten.[256] Daneben sollten die vom Innenministerium geplanten »Sonderpflegestätten« zur Absonderung insbesondere »alleinstehender« Kinder genutzt werden:

> Nur wenn dies trotz aller Bemühungen der beteiligten Stellen nicht zu erreichen ist, oder wenn es sich um alleinstehende Ausländerkinder handelt, wird die Überweisung in eine der oben erwähnten Sondereinrichtung [sic!] ausgesprochen.[257]

Bei diesen Einrichtungen hätte es sich sehr wahrscheinlich um Tötungsstätten gehandelt, in denen aus rassistischen und ökonomischen Gründen unerwünschte Kinder unauffällig beseitigt werden sollten. Doch der vom Innenministerium angekündigte Erlass über die Betreuung der nicht arbeitsfähigen ausländischen

---

254 Erlass des GBA an die Gauarbeitsämter und Arbeitsämter betr. »Behandlung schwangerer ausl. Arbeiterinnen sowie der nichteinsatzfähigen Ausländer und der Ausländerkinder«, 24. Oktober 1944, BArch, R 3901/20467, Bl. 155 f.
255 Siehe dazu Schreiben des GBA an den Präsidenten des Gauarbeitsamts und Reichstreuhänder der Arbeit München-Oberbayern betr. »Beschaffung einer Entbindungsbaracke im Gemeindebezirk Kolbermoor«, 21. Februar 1945, BArch, R 1501/3068.
256 Reiter, Tötungsstätten für ausländische Kinder im Zweiten Weltkrieg, S. 60.
257 Zitiert nach Reiter, Tötungsstätten für ausländische Kinder im Zweiten Weltkrieg, S. 60.

Arbeitskräfte erschien erst am 21. Februar 1945 und wurde vor Kriegsende kaum noch umgesetzt.[258] Die für den 1. Mai 1945 geplante Übernahme des Krankensammellagers Großsachsenheim sowie die Einrichtung von »Sonderpflegestätten« durch den Württembergischen Landesfürsorgeverband beispielsweise wurden zwar vorbereitet, ließen sich kriegsbedingt aber nicht mehr realisieren.[259]

Zwischenfazit

Nachdem der Generalbevollmächtigte für den Arbeitseinsatz Ende des Jahres 1942 nach zähen Verhandlungen mit dem RFSS, der Partei-Kanzlei und dem Reichsinnenministerium das zunächst befristete Ende der Rückführungen schwangerer ausländischer Arbeiterinnen verkündet hatte, begannen die beteiligten Behörden für ihre eigenen Arbeitsbereiche geltende Anweisungen über die Behandlung dieser Frauen und ihrer im Reich geborenen Kinder auszuarbeiten. Den Anfang machte die Arbeitsverwaltung, deren Richtlinien zwar grundsätzlich für alle ausländischen Arbeiterinnen galten, vor allem aber auf in der Industrie eingesetzte »Ostarbeiterinnen« und Polinnen zugeschnitten waren. Nicht nur in Bezug auf die Anwendung des Mutterschutzgesetzes zielten diese Regelungen auf die systematische Schlechterbehandlung der Polinnen und »Ostarbeiterinnen« aus ökonomischen wie rassistischen Gründen ab. Für sie sollten möglichst wenig Ressourcen aufgewendet, ihre Arbeitskraft umfassend ausgebeutet und ihre unerwünschten Kinder in primitiven »Betreuungseinrichtungen« abgesondert werden.

Insbesondere der letzte Punkt entsprach den Ansprüchen Himmlers, für den rassenideologische Aspekte ausschlaggebender waren als ökonomische. Hatte er sich zuvor grundsätzlich gegen die Geburt »fremdvölkischer« Kinder im Reich ausgesprochen, versuchte er sich nun die Verfügungsgewalt über diejenigen Kinder zu sichern, die seinen rassistischen Maßstäben zufolge über »wertvolles Blut« verfügten. Mitte des Jahres 1943 ergänzte er die Regelungen der Arbeitsverwaltung durch einen Erlass, der die »rassische Auslese« der im Altreich von Ausländerinnen geborenen Kinder vorsah, sofern der Vater deutscher oder »germanischer« Abstammung war. Während Himmler die Jugend- und Gesundheitsämter zur Geburtenerfassung, Vaterschaftsermittlung sowie »rassischen, erbgesundheitlichen und gesundheitlichen« Untersuchung der Eltern einspannte, lag die abschließende Entscheidung über den vermeintlichen »rassischen Wert« der Kinder bei Rasseprüfern aus dem RuSHA. Während positiv bewertete Kinder

---

258 Gemeinsamer Runderlass des RMdI, des GBA und des RFM betr. »Betreuung nichteinsatzfähiger Ausländer einschließlich Staatenloser«, i. A. Kauffmann, 21. Februar 1945, BArch, R 2/60765.
259 Sämann, Das Durchgangslager in Bietigheim, S. 221–223.

nötigenfalls gegen der Willen der Eltern »eingedeutscht« werden sollten, war für negativ bewertete Fälle die Absonderung in den »Ausländerkinder-Pflegestätten« vorgesehen.

Fast zeitgleich mit einer drakonischen Verschärfung des Abtreibungsverbots bei deutschen Frauen gab Reichsgesundheitsführer Conti in Übereinstimmung mit dem RFSS im Frühjahr 1943 Schwangerschaftsabbrüche bei »Ostarbeiterinnen« und Polinnen frei. Für die Bearbeitung der Anträge waren die Gutachterstellen der Ärztekammern verantwortlich, doch auch in diesem Fall hing die Behandlung der schwangeren Frauen und ihrer Kinder letztendlich vom »rassischen Wert« ab, den ihnen SS-Rasseprüfer beimaßen. So durfte eine Schwangerschaft nur dann beendet werden, wenn laut ihrem Urteil mit »schlechtrassigem« Nachwuchs zu rechnen sei. Auf diese Weise sollten »rassisch unerwünschte« Geburten möglichst von vornherein verhindert, »wertvolles Blut« hingegen geschützt und dem »deutschen Volkstum« zugeführt werden.

Während das Reichsinnenministerium das Ausarbeiten der Richtlinien zur Behandlung schwangerer Zwangsarbeiterinnen und ihrer Kinder zunächst Sauckel und Himmler überließ, arbeitete man an einem reichsweiten Erlass über die Rechtsstellung polnischer unehelicher Kinder nach dem Vorbild der Warthegau-Regelung. Die Ziele dieser volkstumspolitisch motivierten Schlechterstellung der betroffenen Kinder und ihrer Eltern waren die Senkung der polnischen Geburtenrate sowie die Entlastung der deutschen Fürsorge. Dieser Erlass hätte einen weiteren Machtausbau Himmlers und des RuSHA zur Folge gehabt, dessen Rasseexperten erneut für die vorgesehenen »rassischen Überprüfungen« zuständig gewesen wären. Zur Verabschiedung des Erlasses kam es jedoch nicht mehr. Trotz sich häufender Forderungen der Kommunen nach einheitlichen Richtlinien für die Innere Verwaltung nahm die Ausarbeitung eines eigenen Erlasses zur Behandlung der unehelichen Kinder ausländischer Arbeiterinnen im RMdI lange Zeit in Anspruch. Anfang Juni 1944 gab das Ministerium, mittlerweile unter der Ägide von Reichsinnenminister Himmler, schließlich einen Erlass für die Jugendämter, Gesundheitsämter und Fürsorgeverbände aus, basierend auf den Regelungen des Reichsführers SS. Grundsätzlich wurden damit jegliche Fürsorgemaßnahmen für uneheliche ausländische Kinder abhängig gemacht von ihrem »rassischen Wert«, bestimmt durch das von Himmler festgelegte Verfahren. Während die deutsche Fürsorge für die Kosten der »Germanisierung« »gutrassischer« Kinder aufzukommen hatte, blieb die Finanzierung der »Ausländerkinder-Pflegestätten« Sache der Arbeitsverwaltung.

Die Einrichtung der geforderten Entbindungs- und Kinderheime für ausländische Arbeiterinnen und ihre Kinder verlief im ländlichen Bereich aufgrund unklarer Finanzierung, Raumnot und Materialmangel sehr langsam. Dabei galt gerade das Bauerntum gemäß nationalsozialistischer Blut-und-Boden-Ideologie als »Blutsquell der Nation«, die »fremdvölkischen« Kinder daher als Gefahr für das »deutsche Volkstum«. Ab Ende des Jahres 1943 befasste sich der Reichsnährstand verstärkt mit diesem Problem, um die Gefahr der »Unterwanderung« zu bannen und gleichzeitig die Arbeitskraft der ausländischen Arbeiterinnen zu bewahren. Genossenschaften als lokale Lösungsansätze dienten als Vorbild für einen Erlass des Reichsbauernführers, mit dem er im Frühjahr 1944 den Landesbauernschaften die Einrichtung von Entbindungsheimen, »Pflegestätten« und »Pflegenestern« in den Kreisbauernschaften auftrug.

Obengenannte Maßnahmen galten formal zwar für alle ausländischen Arbeiterinnen, faktisch zielten sie jedoch in erster Linie auf Polinnen und »Ostarbeiterinnen« ab. Der Grund dafür war zum einen ihr großer Anteil an den weiblichen ausländischen Arbeitskräften, zum anderen ihre niedrige Stellung in der NS-Rassenhierarchie. Dass insbesondere diese »rassisch minderwertigen« schwangeren Frauen und ihre Kinder abzusondern seien, war auch den umsetzenden Behörden auf regionaler Ebene bewusst, die in Einzelfällen eigeninitiativ die Einrichtung spezieller Heime für Frauen anderer Nationalitäten planten. Versuche, außen- und arbeitspolitisch motivierte Ausnahmen vom Erlass des RMdI vom 5. Juni 1944 durchzusetzen, trafen auf ideologischen Widerstand. Während der GBA und das Auswärtige Amt einer Sonderregelung zustimmten, herrschte im Innenministerium Uneinigkeit. Die Stellungnahme des RuSHA bestätigte noch wenige Monate vor Kriegsende die Ansicht rassenideologischer Hardliner, sämtliche Fürsorgeleistungen für ausländische Kinder müssten von ihrem »rassischen Wert« abhängig gemacht werden. Tatsächlich konnte der Erlass des Innenministeriums jedoch nur in Ansätzen realisiert werden.

Eine zentrale Sorge führender Rassenideologen war, dass »fremdvölkische« Familien im Reich »sesshaft« werden und das deutsche Volk »unterwandern« könnten. Unerwünschte Familiengründungen im Reichsgebiet sollten zunächst mit Hilfe von Heiratsverboten und Rückführungen schwangerer Arbeiterinnen, später durch (Zwangs-)Abtreibungen und Kindswegnahmen verhindert werden. Dahingegen wurden ideologische Vorbehalte gegen den Einsatz polnischer Landarbeiterfamilien und »Ostarbeiterfamilien« im Altreich aus arbeitspolitischen Gründen zurückgestellt. Mit Rücksicht auf den Arbeitswillen der Angehörigen sollten diese Familien nicht getrennt, sondern möglichst geschlossen eingesetzt und untergebracht werden. Im Zuge der sich verschlechternden Kriegslage und massenhafter Deportationen aus den Rückzugsgebieten im Osten verschleppten Wehrmacht und Arbeitseinsatzbehörden ab 1943 immer mehr Familien ins Reich, denen oftmals arbeitsunfähige Alte, Kranke, Invalide, Kleinkinder und Säuglinge angehörten. Mit Blick auf den enormen Arbeitskräftebedarf der Rüstungsindustrie gewann die Frage der Versorgung und Betreuung dieser Menschen, die selbst keine Leistungen erbringen konnten, zunehmend an Dringlichkeit.

Die Frage der Behandlung der im Reich geborenen ausländischen Kinder, die bislang von den verschiedenen Arbeitsbereichen mit je eigenen, uneinheitlichen Übergangslösungen beantwortet worden war, wurde im Jahr 1944 unter diesem

Zwischenfazit

Problemkomplex subsumiert. Nach zähen Verhandlungen mit dem GBA erklärte sich das Innenministerium im Herbst 1944 schließlich bereit, sich dieser Aufgabe anzunehmen und für eine lang erwartete, reichseinheitliche Regelung zu sorgen. Neben den Entbindungsheimen und »Ausländerkinder-Pflegestätten« der Lager und Betriebe sollten die Kommunen und Fürsorgeverbände nun sogenannte Sonderpflegestätten einrichten, um dort Arbeitsunfähige und Kinder abzusondern, die sich ohne Angehörige im Reich aufhielten. Mit Blick auf die gezielte Ermordung nicht mehr arbeitsfähiger »Ostarbeiterinnen« in den Tötungsanstalten der zweiten Euthanasiephase erscheint es wahrscheinlich, dass auch diese geplanten Sondereinrichtungen zur unauffälligen und dezentralen Ermordung der aus rassistischen Gründen unerwünschten und für die Kriegswirtschaft nicht mehr »verwertbaren« Menschen vorgesehen waren. Kriegsbedingt konnten diese Pläne jedoch nicht mehr umgesetzt werden.

Die Aushandlungsprozesse über die Behandlung schwangerer Ausländerinnen, Zwangsarbeiterfamilien und ausländischer Kinder fanden an der Schnittstelle zwischen bevölkerungspolitischen Planungen, rassenpolitischen Zielen und kriegswirtschaftlichen Anforderungen statt. Ehe und Familie stellten dabei entscheidende Schutzräume dar, die von den Nationalsozialisten trotz zunehmender Radikalität stets einkalkuliert werden mussten. Demgegenüber waren unverheiratete Frauen und ihre Kinder in besonderem Maße dem Zugriff der deutschen Behörden ausgeliefert. Neben ihrem »rassischen Wert«, der aus rassenideologischer Perspektive gänzlich über das Schicksal dieser Menschen entscheiden sollte, gewann im Verlauf des Krieges zunehmend ihre Arbeitsleistung an Bedeutung. So konnte die Rücksicht auf den Arbeitswillen der Angehörigen arbeitsunfähige Angehörige und Kinder vor den radikalsten Maßnahmen des Regimes schützen. Erschien es jedoch sowohl aus rassenpolitischer als auch aus ökonomischer Sicht als opportun, wurden an Frauen ungewollte Schwangerschaftsabbrüche vorgenommen, Kleinkinder zwangsweise »eingedeutscht«, Säuglinge ihren Eltern abgenommen und ermordet, Familien auseinandergerissen und zerstört.

3 Entbindungsanstalten und »Ausländerkinder-Pflegestätten«

Der Ende des Jahres 1942 beschlossene Kurswechsel bei der Behandlung schwangerer Zwangsarbeiterinnen stellte für die mit dem »Ausländereinsatz« befassten Regionalbehörden eine enorme Herausforderung dar, zumal er ohne rechtzeitige Ankündigung der zu erwartenden Neuregelungen erfolgt war. Ein Kreisamtsleiter des Amts für Volksgesundheit in Diepholz beispielsweise beschwerte sich Anfang März 1943 beim Gaugesundheitsführer Süd-Hannover-Braunschweig über das »Versagen der Berliner Stellen, die Anordnungen erlassen, ohne vorher die Voraussetzungen für deren Durchführung zu schaffen«.[1] Zahlreiche Behörden auf regionaler und lokaler Ebene waren von der Neuregelung betroffen und mussten sich mit der Umsetzung der Vorgaben aus Berlin beschäftigen. Dabei galt es zunächst eine Reihe praktischer Fragen zu klären: Wo sollten die »fremdvölkischen« Frauen ihre Kinder zur Welt bringen? Wer sollte die für Polinnen und »Ostarbeiterinnen« zugelassenen Schwangerschaftsabbrüche vornehmen? Wie sollten die Frauen in den Wochen vor der Geburt und für die Zeit des Wochenbetts untergebracht und versorgt werden? Wo sollten die Kinder nach der Geburt untergebracht werden und wer betreute sie, wenn die Mütter wieder arbeiten sollten? Wie genau sollten die geforderten »Ausländerkinder-Pflegestätten« ausgestaltet werden? Von welchen Stellen sollten diese Aufgaben koordiniert und vor allem finanziert werden?

Was laut GBA in »verständnisvoller Zusammenarbeit« der Landesarbeitsämter »mit den Gesundheitsdienststellen der Partei, des Staates und mit den Betrieben«[2] geregelt werden sollte, führte auf regionaler Ebene zum Zuständigkeitschaos. Die folgenden beiden Kapitel werden einen Überblick über die zahlreichen Institutionen geben, die an der Lösung der obengenannten Fragen beteiligt waren. In diesem Kapitel werden zunächst die konkreten Orte in den Blick genommen, an denen Entbindungen und Schwangerschaftsabbrüche vorgenommen wurden und die zur Unterbringung ihrer Kinder dienten: Krankenhäuser, Universitätskliniken und Hebammenlehranstalten, die Durchgangs- und Krankensammellager der Arbeitsverwaltung, die betrieblichen Lager für ausländische Zwangsarbeiterinnen in den Industriezentren sowie die Einrichtungen für schwangere Ausländerinnen und

---

1 Schreiben des Kreisamtsleiters Dr. Suntheim an den Gaugesundheitsführer Gau Süd-Hannover-Braunschweig, 3. März 1943, NLA HA, Hann. 122a Nr. 3346.
2 Weiterleitung des GBA-Erlasses betr. »Rückführung schwangerer ausländischer Arbeitskräfte« vom 15. Dezember 1942 durch die DAF, Amt für Arbeitseinsatz, 12. Januar 1943, BArch, NS 5-I/264.

ihre Kinder in landwirtschaftlich geprägten Regionen. Für jeden dieser Orte wird jeweils nacheinander beschrieben, ob und wie dort Entbindungen durchgeführt, Kinder untergebracht und Abtreibungen vorgenommen wurden.

3.1 In den Lagern der Arbeitsverwaltung

Entbindungen

Als Sauckel am 15. Dezember 1942 die Rückführung schwangerer Ausländerinnen aussetzte, nannte er die Krankenreviere der von den Landesarbeitsämtern betriebenen Durchgangslager als einen der Orte, an denen diese Frauen zukünftig entbinden sollten.[3] Der ursprüngliche Zweck der Durchgangslager war die »Durchschleusung« der ab Ende 1941 massenhaft eintreffenden »Ostarbeitertransporte«, also die Erfassung, gesundheitliche Untersuchung, Entlausung und schließlich Verteilung der Arbeiter:innen auf ihre Einsatzorte.[4] Die ersten Durchgangslager nahmen Anfang des Jahres 1942 den Betrieb auf, bis Kriegsende entstanden insgesamt etwa 50 solcher Lager im gesamten Reich.[5] Ihre Aufnahmekapazität reichte von 1.000 (Soest) bis zu 4.800 Personen (Berlin-Wilhelmshagen), nicht selten waren sie jedoch bereits nach wenigen Wochen oder Monaten überfüllt, was die Lebensbedingungen der Insassen und Insassinnen massiv beeinträchtigte.[6] Eine der wichtigsten Aufgaben der Durchgangslager war eine letzte ärztliche Musterung der Neuankömmlinge, bevor diese mit Arbeitspapieren ausgestattet an die Betriebe vermittelt werden konnten.[7] Kranke wurden in mit Zäunen abgegrenzten Krankenrevieren kurzfristig

---

3 Weiterleitung des GBA-Erlasses betr. »Rückführung schwangerer ausländischer Arbeitskräfte« vom 15. Dezember 1942 durch die DAF, Amt für Arbeitseinsatz, 12. Januar 1943, BArch, NS 5-I/264.

4 Mit der Planung dieser Lager war begonnen worden, nachdem Hitler sich am 31. Oktober 1941 für den Arbeitseinsatz sowjetischer Kriegsgefangener im Reich ausgesprochen und Göring Anfang November Richtlinien zum Einsatz sowjetischer Zivilarbeiter:innen herausgegeben hatte. Weil die bisherigen Kapazitäten für die »Durchschleusung« der zu erwartenden Transporte bei Weitem nicht ausreichten, beauftragte das Reichsarbeitsministerium Mitte November 1941 die Präsidenten der Landesarbeitsämter, den zu erwartenden Bedarf zu melden und mögliche Lagerstandorte ausfindig zu machen; Herbert, Fremdarbeiter, S. 158–173; Schäfer, Durchgangs- und Krankensammellager im Zweiten Weltkrieg, S. 205 f.

5 Carina Baganz, Lager für ausländische zivile Zwangsarbeiter, in: Arbeitserziehungslager, Ghettos, Jugendschutzlager, Polizeihaftlager, Sonderlager, Zigeunerlager, Zwangsarbeiterlager, hg. von Wolfgang Benz, Barbara Distel und Angelika Königseder, München 2009, S. 248–270, hier S. 253.

6 Schäfer, Durchgangs- und Krankensammellager im Zweiten Weltkrieg, S. 208 f.

7 Schranner, Ärztliche Erfahrungen beim Einsatz fremdländischer Arbeitskräfte, S. 7 f.

behandelt, Infektionskranke oder -verdächtige in speziellen Baracken isoliert. Die Arbeitsverwaltung nutzte diese Krankenreviere allerdings schon frühzeitig auch zur Unterbringung bereits eingesetzter erkrankter, ansteckender und auch schwangerer ausländischer Arbeitskräfte, wie zum Beispiel in Bietigheim[8] und Dachau-Rothschwaige.[9]

Erkrankte ausländische Arbeitskräfte, die voraussichtlich längere Zeit arbeitsunfähig waren oder eine aufwendige Behandlung benötigten, sollten ebenso wie schwangere Ausländerinnen grundsätzlich in ihre Heimat zurückgeschickt werden. In einem Schnellbrief an die Präsidenten der Landesarbeitsämter vom 16. Oktober 1942 erhöhte der GBA die maximale Behandlungsdauer für »Ostarbeiter:innen« auf acht Wochen.[10] Daneben genehmigte er die Unterbringung transportunfähiger Ausländer:innen in den Krankenbaracken der Durchgangslager, sofern eine Aufnahme in den öffentlichen Krankenhäusern nicht möglich sei. Für die übrigen längerfristig Arbeitsunfähigen seien Sammelstellen für Rückkehrer zu schaffen, um sie vor der Rückführung zusammenzufassen und die »Lager- und Revierstuben der Betriebe von diesen Personen zu entlasten«.[11] In diesen Sammelstellen seien die für die Rückführung vorgesehenen Arbeiter:innen nochmals streng auf ihre Einsatzfähigkeit und ihren »Arbeitswillen« zu überprüfen. Erfahrungen aus mehreren Landesarbeitsamtsbezirken hätten gezeigt, dass infolge zusätzlicher Untersuchungen »Ostarbeiter nicht in dem Umfange zurückgeschickt zu werden brauchten, wie es zunächst von einzelnen Arbeitsämtern vorgesehen war«.[12] Die Landesarbeitsämter richteten diese Sammelstellen entweder separat ein, etwa in ehemaligen Lagern der Reichsautobahnen, oder schlossen sie bestehenden Durchgangslagern an, wie beispielsweise in Bietigheim.[13] Die Rückführung konnte durch unsichere Transportverhältnisse, diverse Zwischenhalte und Verzögerungen auf dem Weg in den Osten mehrere Wochen in Anspruch nehmen, was katastrophale Folgen für die ohnehin geschwächten und unterversorgten Menschen hatte. Zahlreiche Frauen, die hochschwanger den Transporten angeschlossen worden waren, mussten ihre Kinder ohne jede Hilfe während der Fahrt im Güterwagen zur Welt bringen, wobei nicht wenige von ihnen ihr Le-

---

8 Sämann, Das Durchgangslager in Bietigheim, S. 150.
9 Andreas Heusler, Ausländereinsatz. Zwangsarbeit für die Münchner Kriegswirtschaft 1939–1945, München 1996, S. 210 f.
10 Schnellbrief des GBA an die Präsidenten der Landesarbeitsämter betr. »Nichteinsatzfähige Ostarbeiter«, 16. Oktober 1942, BArch, NS 5-I/270.
11 Schnellbrief des GBA an die Präsidenten der Landesarbeitsämter betr. »Nichteinsatzfähige Ostarbeiter«, 16. Oktober 1942, BArch, NS 5-I/270.
12 Schnellbrief des GBA an die Präsidenten der Landesarbeitsämter betr. »Nichteinsatzfähige Ostarbeiter«, 16. Oktober 1942, BArch, NS 5-I/270.
13 Sämann, Das Durchgangslager in Bietigheim, S. 152.

ben verloren. Die unzureichende Unterbringung und Versorgung während des Transports und in den Zwischenlagern auf dem Weg taten ihr Übriges: So starben zwischen Juni 1942 und April 1943 im Rückkehrersammellager beim Eisenbahnknoten Brest-Litowsk nicht weniger als 433 von 516 Neugeborenen.[14] Aus Sicht der Arbeitsverwaltung galten die Mütter der verstorbenen Kinder als wieder einsatzfähig und wurden in einem Akt unmenschlicher Bürokratie erneut auf den Weg ins Reich geschickt.

In seinem Schreiben vom 16. Oktober 1942 hatte Sauckel darüber hinaus Richtlinien zur Einrichtung von Krankensammellagern gegeben, die nötigenfalls in Großstädten oder Industriezentren, also in Bezirken mit vielen auf engem Raum eingesetzten »Ostarbeiter:innen«, einzurichten seien.[15] Der durch den Kriegsverlauf zunehmend schwieriger werdende Rücktransport »dauerhaft nicht einsatzfähiger« Arbeitskräfte und die begrenzte Kapazität der Krankenreviere in den Durchgangslagern hatten die Landesarbeitsämter bereits vor dieser Anweisung dazu veranlasst, eigeninitiativ derartige Lager einzurichten. Wie im Fall der Sammelstellen schlossen sie die Krankensammellager bestehenden Durchgangslagern an oder betrieben sie als eigenständige Lager. Stellenweise fassten sie Krankensammellager und Sammelstellen für Rückkehrer in einer Einrichtung zusammen.[16] Da kriegsbedingt immer weniger Rücktransporte durchgeführt werden konnten, glichen sich die Sammelstellen in ihrer Funktion zunehmend den Krankensammellagern an. Die genaue Zahl und Größe solcher Lager im Reich ist bislang unbekannt und aufgrund häufiger Funktionsüberschneidungen nur schwer zu bestimmen. Im Oktober 1944 meldeten die Gauarbeitsämter (ohne Köln-Aachen, Essen und Württemberg) 12 Krankensammellager mit einer Höchstbelegungsstärke von insgesamt 4.337 Personen sowie fünf Rückkehrersammelstellen mit einer Kapazität von insgesamt 1.111 Personen.[17] Diese Zahlen sind jedoch deutlich zu niedrig angesetzt, da nur die von der Arbeitsverwaltung errichteten und unterhaltenen Einrichtungen gemeldet werden sollten, die selbstständig außerhalb der Durchgangslager bestanden. Die häufig als Krankenlager genutzten Reviere der Durchgangslager flossen somit ebenso wenig in die Statistik ein wie die zahlreichen angegliederten Sammelstellen. Erfüllte ein Lager sowohl die Funktion einer Sammelstelle für Rückkehrer als auch jene eines Krankensammel-

---

14 Gerlach, Kalkulierte Morde, S. 479.
15 Schnellbrief des GBA an die Präsidenten der Landesarbeitsämter betr. »Nichteinsatzfähige Ostarbeiter«, 16. Oktober 1942, BArch, NS 5-I/270.
16 Aufstellungen der Gauarbeitsämter betr. »Ausländische Arbeitskräfte, die dauernd nicht arbeitseinsatzfähig sind«, Oktober 1944, BArch, R 1501/3109; Schäfer, Durchgangs- und Krankensammellager im Zweiten Weltkrieg, S. 212–214.
17 Aufstellungen der Gauarbeitsämter betr. »Ausländische Arbeitskräfte, die dauernd nicht arbeitseinsatzfähig sind«, Oktober 1944, BArch, R 1501/3109.

lagers, fand in der Aufstellung derjenige Begriff Verwendung, »der der Einrichtung das Gepräge«[18] gab.

Der Zweck der Krankensammellager war in erster Linie die Zusammenlegung der stetig wachsenden Zahl schwerkranker und infektiöser Arbeitskräfte, die nicht mehr in ihre Heimat abgeschoben werden konnten. Für die medizinische Minimalversorgung dieser Menschen waren meist zwangsverpflichtete sowjetische Ärzte und Ärztinnen, sogenannte Ostärzte, verantwortlich.[19] Eine angemessene Behandlung war aufgrund unzureichender Nahrungsmittelzuweisungen, katastrophaler Hygienebedingungen sowie fehlender Medikamente und medizinischer Ausrüstung kaum möglich. Unter diesen sich im Laufe des Krieges dramatisch verschärfenden Umständen entwickelten sich die Krankenlager realiter zu Sterbelagern, in denen die Arbeitsverwaltung nicht mehr arbeitsfähige Menschen ihrem Schicksal überließ.[20] Eine rudimentäre medizinische Behandlung lohnte sich aus Sicht des jeweiligen Arbeitsamts allenfalls dann, wenn mit der »Nutzbarmachung« verbleibender Arbeitskraft zu rechnen war.[21] Wie die DAF im November 1942 in Bezug auf die »Frage der Aktivierung der Arbeitsreserven im Fehl- und Krankenstand in den Betrieben« berichtete, seien in den Gauen Sachsen und Hessen-Nassau gute Erfahrungen mit »Sondermaßnahmen« für erkrankte »Ostarbeiter:innen« gemacht worden.[22] Die Landesversicherungsanstalt Hessen etwa schicke diese in ein Krankenlager, welches 30 Prozent der »für die Abschiebung vorgesehenen« Arbeitskräfte wieder »voll arbeitseinsatzfähig« verlassen würden.

Bei dem fraglichen Lager handelte es um das Durchgangs- und Krankensammellager Pfaffenwald, welches im Herbst 1942 vom Landesarbeitsamt Hessen unter Leitung des Arbeitsamts Hersfeld eingerichtet worden war. Die hygienischen Be-

---

18 Aufstellungen der Gauarbeitsämter betr. »Ausländische Arbeitskräfte, die dauernd nicht arbeitseinsatzfähig sind«, Oktober 1944, BArch, R 1501/3109.
19 Aufgrund des kriegsbedingten Ärztemangels sollten die polnischen und sowjetischen Arbeitskräfte in den Lagern ab 1942 möglichst nicht mehr von deutschen Ärzten, sondern von medizinisch qualifizierten »Ostarbeiter:innen« behandelt werden, zu denen auch Medizinstudierende, Krankenpflegepersonal und Hebammen zählten. Insbesondere in den Durchgangs- und Krankensammellagern setzte die Arbeitsverwaltung ausländische Ärzt:innen für die rudimentäre Versorgung der Insassen und Insassinnen ein; vgl. Sämann, Das Durchgangslager in Bietigheim, S. 119; Schäfer, Durchgangs- und Krankensammellager im Zweiten Weltkrieg, S. 221; Hohlmann, Pfaffenwald, S. 85; Harald Freiling (Hg.), Ausländische Arbeiter und Kriegsgefangene in Kelsterbach 1933–1945. Ergebnisse einer Schülerarbeit zum Wettbewerb Deutsche Geschichte um den Preis des Bundespräsidenten, Kelsterbach 1987, S. 63.
20 Schäfer, Durchgangs- und Krankensammellager im Zweiten Weltkrieg, S. 214–216.
21 Zur Krankenbehandlung im Krankensammellager Großsachsenheim siehe Sämann, Das Durchgangslager in Bietigheim, S. 208–210.
22 Handreichung der DAF, Amt für Arbeitseinsatz, betr. »Zur Frage der Aktivierung der Arbeitsreserven im Fehl- und Krankenstand in den Betrieben«, 16. November 1942, BArch, R 59/487, S. 20.

dingungen in diesem Lager waren äußerst schlecht, es fehlte an Nahrungsmitteln, Verbandsmaterial und Medikamenten.[23] Selbst Schwerkranke meldeten sich freiwillig zur Arbeit auf den Bauernhöfen in der Region, da sie sich etwas zu essen erhofften.[24] In Anbetracht dieser Zustände erscheint es unwahrscheinlich, dass knapp ein Drittel der Insass:innen des Lagers Pfaffenwald tatsächlich wieder zu Kräften kam. In vielen Fällen wird es sich bei den wieder »voll einsatzfähigen« Arbeitskräften um Schwangere gehandelt haben, die in der dort eingerichteten Entbindungsstation ihr Kind zur Welt gebracht hatten. Die DAF bewertete dieses Verfahren als Erfolg:

> Schwangere Ostarbeiterinnen bleiben bis zum 4. Monat in der alten Arbeit, bis 8. Monat sollen sie leichtere Arbeit machen. Dann kommen sie in ein Lager, wo eine Entbindungsstelle eingerichtet worden ist. Nach der bestehenden Weisung sollen Schwangere eigentlich zurückgeschickt werden. Da aber häufig Familien-Einsatz erfolgt ist, kann man die Rücksendung nicht gut vornehmen. Diese Entbindungsstelle hat sich bewährt.[25]

Die erste Geburt im Lager Pfaffenwald lässt sich bereits für den 9. September 1942 nachweisen, insgesamt kamen dort bis Kriegsende 630 Kinder von »Ostarbeiterinnen« sowie 114 polnische und 14 litauische Kinder zur Welt.[26] In den überlieferten Akten ist der Tod von 52 Säuglingen registriert, drei Frauen starben im Wochenbett.[27] Die mittlere Instanz der Arbeitsverwaltung in Hessen hatte somit in Zusammenarbeit mit der Landesversicherungsanstalt die Initiative ergriffen und ein eigenes Entbindungsheim eingerichtet, noch bevor Ende des Jahres 1942 die Rückführung schwangerer ausländischer Arbeiterinnen offiziell beendet wurde.

Damit war das Landesarbeitsamt Hessen nicht allein. Im Durchgangslager Dachau-Rothschwaige hatte das Arbeitsamt Ende Juli 1942 eine Krankenbaracke eingerichtet, in der nicht nur Neuankömmlinge, sondern zunehmend auch schwerkranke Arbeiter:innen aus dem oberbayrischen Raum eine medizinische Minimalversorgung erhielten.[28] Während in München eingesetzte Zwangsarbei-

---

23 Hohlmann, Pfaffenwald, S. 80–83.
24 Dies ist auch für das Krankensammellager Rehren im Gau Westfalen-Nord sowie das Krankenlager im Gremberger Wäldchen in Köln überliefert; Schwarze, Kinder, die nicht zählten, S. 140; Gebhard Aders, Die Ausräumung des Krankenlagers am Gremberger Wäldchen im April 1945, in: Rechtsrheinisches Köln: Jahrbuch für Geschichte und Landeskunde 1999, S. 149–182, hier S. 163.
25 Handreichung der DAF, Amt für Arbeitseinsatz, betr. »Zur Frage der Aktivierung der Arbeitsreserven im Fehl- und Krankenstand in den Betrieben«, 16. November 1942, BArch, R 59/487, S. 20.
26 Hohlmann, Pfaffenwald, S. 138–140.
27 Hohlmann, Pfaffenwald, S. 82.
28 Heusler, Ausländereinsatz, S. 210 f.

terinnen zur Entbindung in die Universitäts-Frauenklinik eingewiesen werden konnten, entwickelte sich das Durchgangslager schon früh zum Entbindungszentrum für schwangere Ausländerinnen aus dem Münchner Umland. Ende September 1942 befanden sich bereits rund 100 schwangere Frauen im Lager, am 20. September wurde die erste Geburt registriert. Ebenfalls ab September 1942 wurde ein ehemaliges Lager der Reichsautobahn in Rostitz (cs. Rozstání) als Krankensammel- sowie Entbindungslager genutzt.[29] Das Arbeitsamt Linz nutzte das »Durchgangslager 39« sogar schon im Frühjahr 1942 als Sammelstelle für schwangere Ausländerinnen aus dem gesamten Gau Oberdonau. Während die Frauen ihre Kinder üblicherweise in der Frauenklinik Linz zur Welt brachten, waren sämtliche Polinnen und »Ostarbeiterinnen« vor ihrem Klinikaufenthalt im Durchgangslager gemeldet gewesen, wie aus den von Gabriella Hauch ausgewerteten Aufnahmeprotokollen der Geburtshilflichen Abteilung hervorgeht.[30] Viele Entbindungen wurden aber auch im Durchgangslager selbst durchgeführt.

Die Ausweitung des Arbeitseinsatzes und wachsende Transportschwierigkeiten führten im Laufe des Jahres 1942 dazu, dass sich die Rückführung dauerhaft nicht einsatzfähiger Arbeitskräfte nicht mehr zeitnah und konsequent durchführen ließ. Die Landesarbeitsämter nutzen die Sammelstellen für Rückkehrer und die Krankensammellager daher als zusätzliche »Filter«[31] zur Auslese, um so wenig Arbeiter:innen wie möglich den Rückkehrertransporten anschließen zu müssen. Vor diesem Hintergrund erschien es wenig sinnvoll, im Fall fortgeschrittener Schwangerschaft eine Rückführung zu veranlassen. Aus Sicht der Landesarbeitsämter stellte die Einrichtung von Entbindungsmöglichkeiten in den Lagern eine rationelle Lösung des Problems dar, wie mit schwangeren und daher nur vorübergehend arbeitsunfähigen Ausländerinnen umzugehen sei. Regional erprobte Methoden zur »Aktivierung« sogenannter »Arbeitsreserven«[32] zeichneten auf diese Weise den Weg für reichsweite Anordnungen vor. Mit dem offiziellen Ende der Abschiebung schwangerer Ausländerinnen richtete die Arbeitseinsatzverwaltung in zahlreichen ihrer Lager Entbindungszimmer und -baracken ein, in denen Polinnen und »Ostarbeiterinnen« unter denkbar schlechten Bedingungen ihre Kinder zur Welt bringen mussten. Im Sommer 1943 schilderte Gesandtschaftsrat Starke, Mitarbeiter des Auswärtigen Amts, in einem ungeschönten Bericht die grauenvollen Zustände in einem Ostarbeiterlager in Blankenfelde bei Berlin:

29 Alfons Adam, Porodnice Dětřichov u Moravské Třebové. Mezi pomocí těhotným dělnicím, rasovým výběrem a masovou vraždou, in: Paměť a dějiny 14, 2020, S. 47–55, hier S. 50.
30 Hauch, Ostarbeiterinnen, S. 1276 f.
31 So Sauckel in Bezug auf die Nachuntersuchungen in der Rückkehrersammelstelle Rehren: Schnellbrief des GBA an die Präsidenten der Landesarbeitsämter betr. »Nichteinsatzfähige Ostarbeiter«, 16. Oktober 1942, BArch, NS 5-I/270.
32 Handreichung der DAF, Amt für Arbeitseinsatz, betr. »Zur Frage der Aktivierung der Arbeitsreserven im Fehl- und Krankenstand in den Betrieben«, 16. November 1942, BArch, R 59/487.

Dieses Lager ist für Arbeitsunfähige bestimmt, die wieder nach dem Osten abtransportiert werden müssen. Bad fehlt. Entlausungsanstalt fehlt. Keine Desinfektionsmöglichkeit. Keine Medikamente. Ernährung besteht aus 300 g Brot und 1 Portion Kohlrübenwassersuppe. Es gibt weder Betten noch Matratzen. Decken fehlen vollständig. Die Räume sind unzureichend und die Arbeiter schliefen bei schlechtem Wetter unbedeckt im Freien. Der letzte Abtransport erfolgte am 20. Oktober 1942. Die dort versammelten Kranken lebten in großer Anzahl in diesem Lager den ganzen Winter durch. Als dort der Typhus ausbracht, wurden die Baracken geschlossen und wenn es jemand wagte, sich zu zeigen, so wurde ohne Warnung geschossen. Viele Ostarbeiter wurden auf diese Weise erschossen. Frauen in anderen Umständen mussten ihre Kinder im besten Fall auf dem Fußboden, sonst aber auf der Erde zur Welt bringen. Es gibt dort Kranke, die buchstäblich verfaulen. Die neugeborenen Kinder erhalten als einzige Ernährung ein Viertel Liter Milch auf fünf Tage.[33]

In Württemberg wurden Entbindungen zunächst im Durchgangslager Bietigheim, später auch im Krankensammellager Großsachsenheim durchgeführt.[34] Im Krankenrevier des Durchgangslagers fanden von 1942 bis 1945 insgesamt 262 Geburten ausländischer Kinder statt.[35] Bei 217 Kindern wurde als Herkunftsland pauschal »Russland« in die Geburtsurkunde eingetragen, daneben wurden 29 Polen, vier Jugoslawen und zwei Letten sowie zehn Säuglinge westlicher Nationalität (Niederlande 4, Frankreich 3, Italien 2, Belgien 1) registriert. Weil das Krankenrevier in Bietigheim zunehmend auch für erkrankte Arbeitskräfte aus dem Umland genutzt wurde, richtete das Landesarbeitsamt im Frühjahr 1943 ein weiteres Lager in Großsachsenheim »zum Zwecke der Unterbringung der im Durchgangslager vorhandenen und dort den Betrieb empfindlich störenden 600 Kranken, Rückkehrer und Wöchnerinnen«[36] ein. In diesem Krankensammellager kamen in den folgenden Jahren insgesamt 246 ausländische Kinder zur Welt, davon 25 polnischer, 12 ukrainischer und ein Kind französischer Nationalität. Der weitaus größte Teil der Neugeborenen galt auch hier als »russisch«.[37] Die Entbindungsstelle in Groß-

---

33 Bericht des Gesandtschaftsrats Starke: »Ostarbeiter – Entscheidender Faktor des Endsieges«, als Anlage eines Schreibens des Botschaftsrats Hilger an Starke, 16. August 1943, 2.2.0.1/82388682–82388702/ITS Digital Archive, Bad Arolsen.
34 Zu diesen beiden Lagern der württembergischen Arbeitseinsatzverwaltung siehe ausführlich Sämann, Das Durchgangslager in Bietigheim; sowie Tholander, Fremdarbeiter 1939 bis 1945, S. 371–453.
35 Sämann, Das Durchgangslager in Bietigheim, S. 145.
36 Der Präsident des Landesarbeitsamtes Südwestdeutschland an den Oberfinanzpräsidenten Württemberg, Stuttgart betr. »Südlager der Luftwaffe in Großsachsenheim«, 19. Februar 1943, zitiert nach Sämann, Das Durchgangslager in Bietigheim, S. 193.
37 Sämann, Das Durchgangslager in Bietigheim, S. 205.

sachsenheim hatte einen Einzugsbereich von 50 bis 80 Kilometern, die Schwangeren kamen vornehmlich aus ländlichen Gebieten. Nach der Geburt blieben die Wöchnerinnen im Schnitt etwa 18 Tage im Lager, bevor sie meist gruppenweise an ihre Einsatzorte zurücktransportiert wurden.[38] Das Arbeitsamt Oldenburg im Gau Weser-Ems richtete im Frühjahr 1943 eine Entbindungsstation im Durchgangslager Oldenburg-Ohmstede ein.[39] Die dort untergebrachten schwangeren Polinnen und »Ostarbeiterinnen« wurden teilweise als »Untersuchungsmaterial« für den Lehrbetrieb der Landesfrauenklinik Oldenburg missbraucht.[40] In Hessen diente neben dem oben bereits erwähnten Krankensammellager Pfaffenwald ab 1944 auch das Durchgangslager Kelsterbach als Entbindungslager.[41] Die Gauarbeitsämter Rhein-Main und Kurhessen betrieben ab August 1943[42] beide Lager gemeinschaftlich.[43] In Pommern verfügten die Durchgangs- bzw. Krankensammellager der Arbeitsverwaltung in Schneidemühl (pl. Piła) und Stargard ebenfalls über Entbindungsstationen.[44] Vollständige Standesamtsunterlagen sind zwar nicht überliefert, doch wurde in Schneidemühl laut Andrzej Zientarski die Geburt eines polnischen Kindes am 1. November 1943 unter der Nummer 1170 registriert, eine weitere Geburt am 5. Dezember 1943 unter der Nummer 2093.[45] Dies würde eine enorm hohe Geburtenzahl nahelegen, weitere Nachweise dafür existieren allerdings nicht. Im Krankensammellager Rehren im Bezirk des Gauarbeitsamts Westfalen-Nord kamen insgesamt 101

---

38 Sämann, Das Durchgangslager in Bietigheim, S. 205.
39 Hoffmann, Ausländische ZwangsarbeiterInnen in Oldenburg während des Zweiten Weltkrieges, S. 123-131. Siehe auch Reiter, Tötungsstätten für ausländische Kinder im Zweiten Weltkrieg, S. 87-91.
40 Hoffmann, Ausländische ZwangsarbeiterInnen in Oldenburg während des Zweiten Weltkrieges, S. 131.
41 Kersandt, Polnische und sowjetische Zwangsarbeiterinnen und ihre Kinder, S. 218. Allgemein zum Durchganslager Kelsterbach siehe Freiling, Ausländische Arbeiter und Kriegsgefangene in Kelsterbach 1933-1945.
42 Die zuvor in Landesarbeitsamtsbezirke gegliederte Arbeitsverwaltung wurde im August 1943 parallel zum Aufbau der NSDAP in 42 Gauarbeitsamtsbezirke umstrukturiert; Dieter G. Maier, Arbeitsverwaltung und NS-Zwangsarbeit, in: Stiften gehen. NS-Zwangsarbeit und Entschädigungsdebatte, hg. von Ulrike Winkler, Köln 2000, S. 67-84, hier S. 79 f.
43 Aufstellungen der Gauarbeitsämter Rhein-Main und Kurhessen betr. »Ausländische Arbeitskräfte, die dauernd nicht arbeitseinsatzfähig sind«, Oktober 1944, BArch, R 1501/3109.
44 Andrzej Zientarski, Dzieci polskich robotnic przymusowych urodzone na Pomorzu Zachodnim i ich losy na tle »polityki wschodniej« Trzeciej Rzeszy, in: Rocznik Koszaliński 21, 1986/87, S. 5-15; Marian Cieślawski, Z przeżyć dzieci i matek robotnic przymusowych na Pomorzu Zachodnim, in: Przegląd Lekarski 38, 1981, S. 121-124.
45 Zientarski, Dzieci polskich robotnic przymusowych urodzone na Pomorzu Zachodnim i ich losy na tle »polityki wschodniej« Trzeciej Rzeszy, S. 14.

ausländische Kinder zur Welt, zwei Säuglinge und fünf Kleinkinder starben.[46] In Köln befand sich ein Krankenlager im Gremberger Wäldchen, das über eine Entbindungsstation verfügte.[47] Die Existenz weiterer Entbindungseinrichtungen in Lagern der Arbeitsverwaltung lässt sich anhand von Meldungen der Gauarbeitsämter über dauerhaft nicht einsatzfähige Ausländer:innen vom Oktober 1944 nachweisen.[48] Für den Ort Grenzwiese in Oberschlesien meldete das Arbeitsamt ein dem Krankensammellager angeschlossenes Entbindungsheim, belegt mit 21 Frauen und zwölf Kindern. Das zentrale Durchgangslager in Niederschlesien war laut der Meldung des Gauarbeitsamts mit »geburtshilfl. gynokol. [sic!] Instrumentarium« ausgestattet, das Durchgangslager Gotenhafen-Grabau in Danzig-Westpreußen verfügte über ein Krankensammellager sowie ein Entbindungsheim.

Neben der Einrichtung von Entbindungsmöglichkeiten in den Durchgangs- und Krankensammellagern betrieb die Arbeitsverwaltung in einigen Fällen separate Entbindungsheime bzw. -lager unterschiedlicher Größe. Das Gauarbeitsamt Magdeburg-Anhalt unterhielt in Burg bei Magdeburg ein Entbindungsheim mit einer Höchstbelegstärke von 30 Personen.[49] Aus dem Sudetenland wurde im Oktober 1944 ein Entbindungsheim der Arbeitsverwaltung in Michanitz gemeldet, belegt mit 17 Schwangeren, 13 Wöchnerinnen und 14 Kindern.[50] Daneben diente das eingangs erwähnte Sammellager in Dittersdorf, ein ehemaliges Lager der Reichsautobahn, als Entbindungslager.[51] In der Entbindungsstation waren im Oktober 1944 insgesamt 85 Personen untergebracht, davon 33 schwangere Frauen sowie 26 Wöchnerinnen mit 26 Säuglingen. In der angeschlossenen »Ausländerkinder-Pflegestätte« lebten 40 Kinder, Platz für 20 weitere war vorhanden. Da-

---

46 Schwarze, Kinder, die nicht zählten, S. 160. Laut Auskunft der Gemeindeverwaltung Rehren aus dem Jahr 1949 wurde das Lager während des Kriegs von 24 bis 26 Arbeitsämtern aus Niedersachsen und darüber hinaus genutzt; Schreiben der Gemeindeverwaltung Rehren A. O. an den Landkreis Grafschaft Schaumburg in Rinteln betr. »Ausländerlager Rehren A/O«, 23. April 1949, 2.2.0.1/82425393/ITS Digital Archive, Bad Arolsen.

47 Schreiben des Arbeitsamts Köln an das International Tracing Team betr. »Fremdarbeiterlager und sanitäre Betreuung von Fremdarbeitern während des Krieges«, 14. Oktober 1948, 2.2.0.1/82411674/ITS Digital Archive, Bad Arolsen; Aders, Die Ausräumung des Krankenlagers am Gremberger Wäldchen im April 1945, S. 156.

48 Aufstellungen der Gauarbeitsämter Oberschlesien, Niederschlesien und Danzig-Westpreußen betr. »Ausländische Arbeitskräfte, die dauernd nicht arbeitseinsatzfähig sind«, Oktober 1944, BArch, R 1501/3109.

49 Aufstellung des Gauarbeitsamts Magdeburg-Anhalt betr. »Ausländische Arbeitskräfte, die dauernd nicht arbeitseinsatzfähig sind«, Oktober 1944, BArch, R 1501/3109.

50 Aufstellung des Gauarbeitsamts Sudetenland betr. »Ausländische Arbeitskräfte, die dauernd nicht arbeitseinsatzfähig sind«, Oktober 1944, BArch, R 1501/3109.

51 Aufstellung des Gauarbeitsamts Sudetenland betr. »Ausländische Arbeitskräfte, die dauernd nicht arbeitseinsatzfähig sind«, Oktober 1944, BArch, R 1501/3109; Adam, Porodnice Dětřichov u Moravské Třebové.

rüber hinaus wies das Arbeitsamt das Lager als Rückkehrersammelstelle mit einer Kapazität von 60 Personen aus, am Stichtag waren dort allerdings nur 34 Personen untergebracht. In diesem Fall gab offenbar die Funktion als Entbindungsstation und »Pflegestätte« dem Lager sein »Gepräge«.

Das bislang mit Abstand größte bekannte Entbindungslager, das zudem eigens zu diesem Zweck neu geschaffen worden war, befand sich im Gau Westfalen Nord.[52] Im Frühjahr 1943 ließ das Landesarbeitsamt Westfalen-Lippe in der Bauernschaft Waltrop-Holthausen vom Arbeitsamt Recklinghausen ein Barackenlager mit einer Belegstärke von 500 Personen errichten, bestehend aus mindestens neun Baracken und einigen Nebengebäuden. Das Arbeitsamt kooperierte beim Aufbau und Betrieb des Lagers mit der »Gemüseanbaugenossenschaft Waltrop und Umgebung e. V.«, was auf der einen Seite das Arbeitsamt entlastete, auf der anderen Seite den Waltroper Gemüsebauern eine Reihe zusätzlicher Arbeitskräfte verschaffte. Das Arbeitsamt Recklinghausen teilte zur Eröffnung des Lagers am 20. April 1943 mit:

> In diesem Lager sollen schwangere Ostarbeiterinnen und Polinnen aufgenommen und entbunden werden: Sie sollen bis zu ihrer Niederkunft im Gemüsebau arbeiten und dort auch nach ihrer Entbindung bis zu einer gewissen Zeit weiterbeschäftigt werden. In dem Lager werden grundsätzlich nur gesunde schwangere Frauen aufgenommen. Das Lager ist keinesfalls als Krankenauffanglager anzusehen. [...] In Waltrop besteht auch Beschäftigungsmöglichkeit für die Ehemänner dieser Frauen, falls sie von ihren Ehefrauen nicht getrennt werden sollen oder können.[53]

Das Lager war die zentrale Entbindungsstelle für den gesamten Landesarbeitsamtsbezirk Westfalen-Lippe, zahlreiche Industrie- und Landwirtschaftsbetriebe schickten ihre schwangeren Arbeiterinnen nach Waltrop. Bis Kriegsende wurden 1.273 Geburten standesamtlich registriert, laut Friedhofsunterlagen starben 294 Kinder (davon 47 Totgeburten).[54] Das Waltroper Entbindungslager wurde offenbar nicht in erster Linie vom Arbeitsamt selbst verwaltet, sondern von der Gemüseanbaugenossenschaft. Die direkte Beteiligung des Landesarbeitsamts Westfalen sowie des Arbeitsamts Recklinghausen bei Aufbau und Einrichtung des Heims spricht jedoch dafür, dieses Lager zu den Einrichtungen der Arbeits-

---

52 Siehe dazu Schwarze, Kinder, die nicht zählten.
53 Rundschreiben Nr. 28 des Landesarbeitsamts Recklinghausen »an alle Betriebe, die Ostarbeiter beschäftigen« betr. »Unterbringung von schwangeren Ostarbeiterinnen und Polinnen in einem Barackenlager in Waltrop«, 20. April 1943, zitiert nach Schwarze, Kinder, die nicht zählten, S. 161.
54 Schwarze, Kinder, die nicht zählten, S. 174.

verwaltung zu zählen. Darüber hinaus führte das Gauarbeitsamt Westfalen-Nord das Lager im Oktober 1944 als Entbindungsheim auf. In diesen Meldungen sollten ausschließlich Einrichtungen genannt werden, »die von der Arbeitseinsatzverwaltung errichtet und unterhalten werden und selbstständig <u>ausserhalb</u> der Dulag bestehen«.[55]

Zusammenfassend können nach bisherigem Forschungsstand insgesamt 18 Entbindungseinrichtungen der Arbeitseinsatzverwaltung in 14 Gauen nachgewiesen werden, von denen mehrere schon im Herbst 1942 genutzt wurden. Während einige Landesarbeitsämter späteren Anweisungen zuvorkamen, zögerten andere. Der Präsident des Landesarbeitsamts Nordmark etwa lehnte in einem Schreiben an den Oberpräsidenten der Provinz Schleswig-Holstein vom 24. Dezember 1942 die Einrichtung zentraler Entbindungsstationen ab, da die Durchgangslager infolge der Ostarbeitertransporte sowie der Einrichtung der Rückkehrersammelstellen bereits überlastet seien.[56] In der Provinz Schleswig-Holstein wurden daher zunächst dezentral kleinere Entbindungsmöglichkeiten geschaffen, in den folgenden Jahren fanden Entbindungen vor allem in größeren Betriebslagern statt. Das Schreiben entstand allerdings vor dem Hintergrund des zunächst zeitlich noch begrenzten GBA-Erlasses vom 15. Dezember. Es ist fraglich, ob der Präsident des Landesarbeitsamts seine ablehnende Haltung länger behaupten konnte, nachdem Sauckel im Frühjahr 1943 seine Anweisungen präzisiert und bis Kriegsende verlängert hatte. Ob zu einem späteren Zeitpunkt Entbindungen in den Lagern des Landesarbeitsamts Nordmark durchgeführt wurden, lässt sich daher nicht ausschließen. Aller Wahrscheinlichkeit nach dienten im Laufe der Jahre 1943 und 1944 nahezu alle Durchgangs- und Krankensammellager als zentrale Entbindungsstationen für schwangere ausländische Zwangsarbeiterinnen.

Unterbringung

Nach der Geburt stellte sich die Frage nach Unterbringung und Betreuung der Säuglinge. Laut den Anordnungen des Generalbevollmächtigten für den Arbeitseinsatz sollten in den Krankenrevieren der Durchgangs- und Krankensammellager zwar Entbindungen durchgeführt werden, Betreuungseinrichtungen für die Kinder waren jedoch nicht vorgesehen. Üblicherweise blieben die Frauen nach der Entbindung nur für kurze Zeit in einer Wöchnerinnenbaracke im Lager, bevor das Arbeitsamt sie gemeinsam mit ihren Kindern an ihre alten Einsatzorte zurück-

---

55 Aufstellung des Gauarbeitsamtes Westfalen-Nord betr. »Ausländische Arbeitskräfte, die dauernd nicht arbeitseinsatzfähig sind«, Oktober 1944, BArch, R 1501/3109 [Hervorhebung im Original].

56 Lehmann, »... stärkste Befürchtungen, dass das Kind doch der Allgemeinheit zur Last fällt«, S. 202–206.

brachte oder, falls die Arbeitgeber:innen sich weigerten, die Kinder mit aufzunehmen, an neue Arbeitsstellen vermittelte. Die Unterbringung der Kinder war dann Sache der Arbeitgeber, der örtlichen Arbeitsämter oder der zuständigen Gemeinden. In Württemberg stellte die DAF auf Nachfrage eines Unternehmens klar: »Das Durchgangslager Bietigheim ist kein Kinderheim.«[57] Aufgrund fehlender Unterbringungsmöglichkeiten in den industriellen und landwirtschaftlichen Betrieben ließ sich das Problem jedoch nicht immer so leicht klären. Das Landesarbeitsamt Bayern etwa hatte im Frühjahr 1943 Mühe, die Arbeiterinnen gemeinsam mit ihren Neugeborenen aus dem Durchgangslager Dachau-Rothschwaige zu entlassen. Die Betriebe nahmen die vom Arbeitsamt neu vermittelten Mütter zwar gerne als Arbeitskräfte auf, deren Kinder blieben jedoch zurück. Im Mai war die Zahl der im Lager untergebrachten Kinder derart angewachsen, dass der Präsident des Landesarbeitsamts sich genötigt sah, die örtlichen Arbeitsämter und Betriebe unter Druck zu setzen:

Im Dulag zur Entbindung eingelieferte Ostarbeiterinnen und Polinnen werden künftig nach Wiederherstellung der Arbeitsfähigkeit den Ämtern nur zusammen mit dem Kind wieder überstellt. Auf Grund der Überstellung vorausgehenden Benachrichtigung der Ämter durch das Dulag sind sofort die Verhandlungen für eine zweckmäßige Unterbringung von Mutter und Kind entweder mit dem bisherigen Betriebsführer aufzunehmen oder notfalls die entsprechende Umsetzung einzuleiten. Es wird sich dabei ein gewisser Druck auf die Betriebsführer unter Hinweis auf die Unmöglichkeit einer Ersatzstellung für die abgelehnte Ostarbeiterin oder Polin nicht vermeiden lassen. [...] Ich hoffe, daß durch die Schaffung betriebseigener Entbindungsstätten und Unterbringungsmöglichkeiten für Kinder meine vorstehend gegebene Weisung in absehbarer Zeit gelockert werden kann. Bis dahin jedoch ist die Durchführung meiner Anordnung mit allen Ihnen zu Gebote stehenden Mitteln zu betreiben.[58]

Während der Präsident des Landesarbeitsamts Bayern somit auf die Einrichtung betriebseigener Unterbringungsmöglichkeiten drängte, richtete die Arbeitsverwaltung in einigen Gauen eigene, den Lagern angegliederte »Ausländerkinder-Pflegestätten« ein. Anhand des Sterberegisters der Kirchengemeinde Ohmstede lässt sich eine solche für das dortige Durchgangslager nachweisen.[59] Demnach

---

57 Firma Konrad Hornschuh, Urbach, an den Württ. Landesfürsorgeverband Stuttgart betr. »Anderweitige Unterbringung von arbeitsunfähig erkrankten ausl. Arbeitskräften, sowie von schwangeren Ausländerinnen und Säuglingen von Ausländerinnen«, 15. März 1945, zitiert nach Sämann, Das Durchgangslager in Bietigheim, S. 149.
58 Rundschreiben des Präsidenten des Landesarbeitsamtes Bayern, 8. Mai 1943, zitiert nach Heusler, Ausländereinsatz, S. 211.
59 Hoffmann, Ausländische ZwangsarbeiterInnen in Oldenburg während des Zweiten Welt-

starben zwischen August 1943 und April 1945 mindestens 120 Kinder im Alter von bis zu fünf Jahren, für die das Lager Oldenburg-Ohmstede als letzter Wohnort eingetragen wurde. Knapp ein Viertel der Kinder verstarb im ersten Lebensmonat, mehr als ein Fünftel innerhalb der darauffolgenden fünf Monate. In 36 Fällen handelte es sich um Totgeburten. Aus den Eintragungen wird außerdem ersichtlich, dass die Säuglingsbaracke nicht nur zur Unterbringung derjenigen Kinder vorgesehen war, die im Durchgangslager geboren worden waren. So waren viele der verstorbenen Kinder in Oldenburg zur Welt gekommen, einige kamen zudem von weiter außerhalb. Die große Zahl der Todesfälle lässt auf unzureichende Versorgung und Unterbringung schließen. Allerdings ist nicht bekannt, wie viele Kinder insgesamt im Durchgangslager untergebracht waren, ebenso fehlen genauere Informationen über die Lebensbedingungen und Todesursachen der Kinder.[60]

Die meisten Frauen, die im Entbindungslager Waltrop ihre Kinder zur Welt gebracht hatten, kehrten gemeinsam mit ihren Kindern an ihren alten Arbeitsplatz oder in eines der westfälischen Industrielager zurück. In der Säuglingsbaracke des Lagers lebten neben den Kindern der Wöchnerinnen aber auch Kleinkinder, deren Mütter bei Landwirt:innen in der Region arbeiteten.[61] Laut Belegbuch des Waltroper Friedhofs wurden dort 294 Kinder aus dem Lager beerdigt, in 47 Fällen handelte es sich um Totgeburten.[62] Im Entbindungslager Dittersdorf im Sudetenland befand sich, wie oben beschrieben, ebenfalls eine »Ausländerkinder-Pflegestätte«, die laut Auskunft des Gauarbeitsamts Raum für 60 Kinder bot.[63] Laut Taufregister kamen in Dittersdorf 243 Kinder zur Welt, von denen 68 innerhalb weniger Monate nach ihrer Geburt starben. Da nur diejenigen Kinder erfasst wurden, die der örtliche Pfarrer taufte, liegen die tatsächlichen Zahlen wahrscheinlich deutlich darüber.[64] Auch das Gauarbeitsamt Ostpreußen betrieb in Illowo (pl. Iłowo) eine solche »Pflegestätte«, die im Oktober 1944 bei einer Höchstbelegstärke von 80 mit

krieges, S. 123–131; Reiter, Tötungsstätten für ausländische Kinder im Zweiten Weltkrieg, S. 115 f. Die Unterbringung ausländischer Säuglinge im Durchgangslager Oldenburg-Ohmstede bestätigt auch eine Meldung des Arbeitsamts Brake aus der Nachkriegszeit, siehe Anlage zum Schreiben des Landesarbeitsamts Niedersachsen an den International Tracing Service, Juni 1948, 2.2.0.1/82392269–82392280/ITS Digital Archive, Bad Arolsen.

60 Möglicherweise starben mehrere Kinder aufgrund einer Fleckfieberepidemie im Lager, vgl. Reiter, Tötungsstätten für ausländische Kinder im Zweiten Weltkrieg, S. 116. Laut Hoffmann kommt dies jedoch nur für fünf Kinder in Frage, die zur Zeit der Epidemie im Lager verstarben; Hoffmann, Ausländische ZwangsarbeiterInnen in Oldenburg während des Zweiten Weltkrieges, S. 128.
61 Schwarze, Kinder, die nicht zählten, S. 164 f.
62 Schwarze, Kinder, die nicht zählten, S. 174.
63 Aufstellung des Gauarbeitsamts Sudetenland betr. »Ausländische Arbeitskräfte, die dauernd nicht arbeitseinsatzfähig sind«, Oktober 1944, BArch, R 1501/3109.
64 Mehrere Zeug:innenaussagen bestätigen diese Vermutung. Die durchgehend im Lager als Hebamme tätige Naděžda B. schätzte die Zahl der Entbindungen auf etwa 2.000; Adam, Po-

32 Säuglingen und elf Waisenkindern belegt war.⁶⁵ Die Entbindungen wurden vermutlich im dortigen Durchgangslager vorgenommen. In Niederschlesien betrieb die Arbeitsverwaltung laut Meldung des Gauarbeitsamts zwei »Pflegestätten«, die jedoch keinem Lager zugeordnet waren.⁶⁶ Eine dieser Einrichtungen befand sich in Klein Kreidel (pl. Krzydlina Mała) und war im Oktober 1944 mit 30 Kindern belegt. Im Säuglings- und Altersheim St. Josefstift zu Herrnstadt (pl. Wąsosz) waren zu diesem Zeitpunkt 105 Kinder untergebracht. Laut den wenigen erhaltenen Dokumenten des Stifts durchliefen bis Anfang Dezember 1944 mindestens 485 Kinder dieses Heim.⁶⁷ Nach der Befreiung im April 1945 befanden sich dort noch 39 ausgezehrte und kranke Kinder im Alter von acht Monaten bis zu 5 Jahren.⁶⁸ Was mit den übrigen Kindern geschehen war, ist nicht bekannt.

Wie im vorigen Kapitel beschrieben, kamen im Laufe des Krieges immer mehr »fremdvölkische« Familien mit Kindern über die Durchgangslager ins Reich. Die Zahl der dort temporär untergebrachten Kinder wuchs somit stetig an, selbst wenn sie über keine eigene »Pflegestätte« verfügten. Das Durchgangslager Lehrte beispielsweise meldete von Juli bis Dezember 1943 fast 2.500 Familien und 3.718 Kinder, im selben Zeitraum ein Jahr darauf 3.930 Familien und 4.709 Kinder.⁶⁹ Die Gauarbeitsämter registrierten im Herbst 1944 insgesamt 991 Kinder bis zehn Jahre in den Durchgangslagern, bei denen es sich vermutlich zum größten Teil um Mitglieder »evakuierter« Familien aus den Rückzugsgebieten handelte.⁷⁰ Die meisten dieser Kinder befanden sich zum Stichtag, dem 20. Oktober 1944, in den Gauen Sudetenland (188), Wartheland (187), Oberdonau (173), Pommern

---

rodnice Dětřichov u Moravské Třebové, S. 54. In der Literatur taucht stellenweise die Zahl von 636 Geburten und 206 Todesfällen auf, allerdings ohne Quellennachweis.

65 Aufstellung des Gauarbeitsamts Ostpreußen betr. »Ausländische Arbeitskräfte, die dauernd nicht arbeitseinsatzfähig sind«, Oktober 1944, BArch, R 1501/3109.

66 Aufstellung des Gauarbeitsamts Niederschlesien betr. »Ausländische Arbeitskräfte, die dauernd nicht arbeitseinsatzfähig sind«, Oktober 1944, BArch, R 1501/3109.

67 Protokoll der Vernehmung der Maria Z., 14. Dezember 1945, OKŚZpNP w Poznaniu, S. 5/00/ Zn, Band I, S. 128; Maria Z. legte im Dezember 1945 eine Bescheinigung des Josefstifts vor, laut der ihr Kind am 4. Dezember 1944 unter der laufenden Nummer 485 in das Heim eingewiesen worden war. Die Bescheinigung selbst ist nicht erhalten.

68 Liste der polnischen Kinder im St. Josefstift zu Herrnstadt, 10. April 1945, OKŚZpNP w Poznaniu, S. 5/00/Zn, Band I, S. 3. Für eines dieser Kinder kam jede Hilfe zu spät, es verstarb wenige Wochen nach der Befreiung; Meldung über den Tod von Krystyna S., 19. Mai 1945, OKŚZpNP w Poznaniu, S. 5/00/Zn, Band I, S. 12.

69 Janet Anschütz; Irmtraud Heike, »Unerwünschte Elemente«. Die toten Kinder Hannoverscher Zwangsarbeiterinnen – Opfer der nationalsozialistischen Rassenpolitik, in: Gräber ohne Namen. Die toten Kinder Hannoverscher Zwangsarbeiterinnen, hg. von Janet Anschütz, Stephanus Fischer, Irmtraud Heike und Cordula Wächtler, Hamburg 2006, S. 27–63, hier S. 37.

70 Aufstellungen der Gauarbeitsämter betr. »Ausländische Arbeitskräfte, die dauernd nicht arbeitseinsatzfähig sind«, Oktober 1944, BArch, R 1501/3109.

(168), Danzig-Westpreußen (70), Salzburg (52) und Steiermark (40). In den letzten Kriegsmonaten war die Situation zunehmend geprägt von Notbehelfen und wurde dementsprechend immer unübersichtlicher. In Bonn richtete das Arbeitsamt Mitte November 1944 ein provisorisches Durchgangs-, Auffang- und Sammellager für aus dem Westen evakuierte »Ostarbeiter:innen« auf dem Gelände der Beueler Jutespinnerei ein, eine Abtrennung zu den Arbeitskräften der Spinnerei gab es kaum.[71] In dieses Lager kamen am 17. November 21 überlebende Kinder aus der wegen einer Durchfallkrankheit geschlossenen »Ausländerkinder-Pflegestätte« Alfter, nachdem dort elf Kinder gestorben waren.

Ob die Arbeitsverwaltung in den Durchgangs- und Krankensammellagern neben den Entbindungsstationen zusätzlich »Ausländerkinder-Pflegestätten« einrichtete, war abhängig von den regionalen Gegebenheiten und den Entscheidungen des jeweiligen Landes- bzw. Gauarbeitsamts. Nach Möglichkeit wurden Polinnen und »Ostarbeiterinnen« nach einer Entbindung im Lager erst in einer Wöchnerinnenbaracke untergebracht und dann an Arbeitgeber:innen vermittelt, die sich zur Aufnahme der Kinder bereiterklärten. Aufgrund fehlender Unterbringungsmöglichkeiten bei den Betrieben richteten die Arbeitsämter stellenweise eigene Säuglingsbaracken zur übergangsweisen Versorgung der im Lager geborenen Kinder ein, während sie den Müttern bereits Arbeitsstellen zuwiesen. In einigen Lagern nahm die Arbeitsverwaltung darüber hinaus Kinder auf, die zwar nicht im Lager selbst geboren worden waren, deren Mütter aber bei Arbeitgebern in der Region arbeiteten. Die Wirren der letzten Kriegsmonate, in denen gerade in den Städten durch Bombenangriffe, Evakuierungen und Flüchtlinge kaum Räumlichkeiten mehr zur Verfügung standen, waren gekennzeichnet durch Improvisation und Notbehelfe, die sich anhand der überlieferten Akten kaum mehr nachvollziehen lassen. Im Zweifelsfall wurden sämtliche verfügbaren Unterbringungsmöglichkeiten auch zur Unterbringung ausländischer Kinder genutzt, unabhängig davon, ob sie im Reich geboren oder mit ihren Familien deportiert worden waren.

Abtreibungen

Wie Reichsgesundheitsführer Conti im März 1943 angeordnet hatte, sollten die zur Entbindung von »Ostarbeiterinnen« vorgesehenen Krankenbaracken auch zur Durchführung von Schwangerschaftsabbrüchen genutzt werden. Die Krankenreviere der Durchgangslager und die Krankensammellager boten hierfür aus Sicht

---

71 Helmut Vogt, Die Beueler Jutespinnerei und ihre Arbeiter 1868–1961. Ein Beitrag zur Industriegeschichte des Bonner Raumes, Bonn 1990, S. 168–170. Vgl. auch Julia Hildt, Zwangsarbeiterinnen, Zwangsarbeiter und Kriegsgefangene aus der Sowjetunion in Bonn, in: Zwangsarbeiterforschung in Deutschland. Das Beispiel Bonn im Vergleich und im Kontext neuerer Untersuchungen, hg. von Dittmar Dahlmann, Essen 2010, S. 193–214, hier S. 204 f.

der beteiligten Behörden die besten Bedingungen, weil die nötige Ausstattung und das Personal bereits vorhanden waren. Mit der Durchführung der Eingriffe wurden üblicherweise die in den Lagern eingesetzten »Ostärzte« betraut, die kaum eine Möglichkeit hatten, sich den Anordnungen zu widersetzen. Darüber hinaus ließen sich die Eingriffe abgetrennt von den übrigen Zwangsarbeiter:innen im Lager, vor allem aber unbemerkt von der deutschen Bevölkerung durchführen.

Während die Standesämter üblicherweise die von ausländischen Arbeiterinnen geborenen Kinder registrierten,[72] wurden Abtreibungen – wenn überhaupt – lediglich in den meist kurz vor Kriegsende vernichteten Lagerbüchern dokumentiert. Der Nachweis von Schwangerschaftsabbrüchen gestaltet sich aus diesem Grund oftmals schwierig. Zahlen für die einzelnen Lager können nur indirekt, beispielsweise über die Aufenthaltsdauer schwangerer Arbeiterinnen in der jeweiligen Einrichtung, rekonstruiert werden. So durchliefen mehr als 2.000 Frauen das Entbindungs- und Abtreibungslager Waltrop, während das örtliche Standesamt lediglich 1.273 Geburten erfasste.[73] Zusammen mit den 47 gemeldeten Fehlgeburten schätzt Gisela Schwarze die Zahl der in Waltrop vorgenommenen Abtreibungen daher auf mindestens 650–700. Durch einen Abgleich der für Waltrop überlieferten Lagerbücher mit den Firmenkarteien westfälischer Betriebe konnte sie zudem nachweisen, dass diese ihre Arbeiterinnen häufig lediglich für eine Woche nach Waltrop schickten, ohne dass sie in den Lagerbüchern überhaupt erfasst wurden. Es muss daher von einer hohen Dunkelziffer ausgegangen werden. Damit war Waltrop-Holthausen nicht nur zentrales Entbindungs-, sondern gleichzeitig zentrales Abtreibungslager für Westfalen. Frauen aus Ostwestfalen wurden teilweise, vermutlich wegen der kürzeren Entfernung, zur Abtreibung in das Durchgangslager Rehren gebracht.[74]

Das Gauarbeitsamt Württemberg ließ Abtreibungen im Durchgangslager Bietigheim sowie im Krankensammellager Großsachsenheim vornehmen.[75] Genaue Zahlen sind zwar nicht bekannt, das Gauarbeitsamt verlangte allerdings Ende November 1944 wegen des großen Zulaufs im Durchgangslager eine vorherige An-

---

72 Die standesamtliche Erfassung der Geburten ausländischer Kinder konnte stellenweise allerdings sehr lückenhaft sein, siehe Vögel, »Entbindungsheim für Ostarbeiterinnen«, S. 20; Hoffmann, Ausländische ZwangsarbeiterInnen in Oldenburg während des Zweiten Weltkrieges, S. 129.
73 Schwarze, Kinder, die nicht zählten, S. 147.
74 In den Akten des Gesundheitsamts Herford sind für den Zeitraum von November 1943 bis Februar 1944 32 Schwangerschaftsabbrüche dokumentiert, die im Kreiskrankenhaus Herford und im Lager Rehren durchgeführt wurden; siehe Babette Lissner, Das Kind entspricht nicht den Auslesebestimmungen. Das besondere Leid der Zwangsarbeiterinnen, in: Deckname Genofa. Zwangsarbeit im Raum Herford 1939 bis 1945, hg. von Helga Kohne, Bielefeld 1992, S. 146–153, hier S. 149.
75 Sämann, Das Durchgangslager in Bietigheim, S. 140–144, 202 f.

meldung für Schwangerschaftsabbrüche.[76] Die in Bietigheim mit der Buchführung beauftragte Sekretärin schätzte die Zahl der Abtreibungen während ihrer zweijährigen Arbeitszeit im Lager auf etwa eintausend. Laut Vernehmungsprotokollen der amerikanischen Militärregierung fanden diese Eingriffe auch noch in den letzten Schwangerschaftsmonaten statt. Demnach sei eine russische Zwangsarbeiterin im siebten Monat zum Abbruch gezwungen worden, bei einer weiteren Frau sei im achten Monat die Geburt künstlich eingeleitet und das Kind einige Tage darauf durch eine Injektion ermordet worden.[77] In Großsachsenheim lehnte der jüdische Arzt Dr. Levi im Einvernehmen mit dem leitenden Arzt des Gauarbeitsamts Abtreibungen im fünften und sechsten Monat zunächst »aus rein technischen Gründen« ab.[78] Nach Beschwerden seitens der Gutachterstellen führte er die Eingriffe dann doch bis zum Ende des siebten Monats durch, nachdem er sich bei einem Kollegen über geeignete Methoden erkundigt hatte. Für die betroffenen Frauen war ein abgetrennter Bereich vorgesehen. Einen Teil der Aufenthaltskosten trugen die Arbeitgeber, den Rest mussten die Frauen selbst bezahlen. Beim Präsidenten des Gauarbeitsamts gingen offenbar Beschwerden über die Verhältnisse im Lager Großsachsenheim ein, die dieser mit Hinweis auf die umfangreichen Erfahrungen zurückwies, die dort bereits mit solchen Eingriffen gemacht worden seien.[79]

Auch in den gemeinsam von den Gauarbeitsämtern Rhein-Main und Kurhessen betriebenen Lagern Pfaffenwald und Kelsterbach führten Ärzt:innen Abtreibungen an Polinnen und »Ostarbeiterinnen« durch. Am 25. Mai 1944 informierte der Präsident des Gauarbeitsamts Rhein-Main die Arbeitsämter in den Bezirken Rhein-Main und Kurhessen darüber, dass Abbrüche in Kelsterbach bis zum fünften Schwangerschaftsmonat, in Pfaffenwald bis zum sechsten Monat durchgeführt würden.[80] Allerdings lehne der russische Arzt in Pfaffenwald Eingriffe zwischen dem viereinhalbten und fünften Monat aus »medizinischen Gründen« ab. Im ersten Trimester könne ein Abbruch innerhalb von nur vier Tagen durchgeführt werden, es müsse daher bei Genehmigungsanträgen genau angegeben werden, in welchem Monat der Schwangerschaft sich die betreffenden Frauen befänden. Wie viele solcher Eingriffe vorgenommen wurden, ist nicht bekannt, jedoch war der Arzt des Lagers Pfaffenwald offenbar durchgehend beschäftigt. Im Mai

76 Sämann, Das Durchgangslager in Bietigheim, S. 142.
77 Sämann, Das Durchgangslager in Bietigheim, S. 142 f.
78 Schreiben des Lagerarztes im Krankensammellager Großsachsenheim, Dr. Levi, an den Direktor der Universitätsfrauenklinik Tübingen, Prof. Dr. Mayer, 23. April 1944, zitiert nach Sämann, Das Durchgangslager in Bietigheim, S. 202.
79 Sämann, Das Durchgangslager in Bietigheim, S. 202.
80 Schreiben des Präsidenten des Gauarbeitsamts Rhein-Main an die Arbeitsämter in den Bezirken Rhein-Main und Kurhessen, 24. Mai 1944, abgedruckt bei Hohlmann, Pfaffenwald, S. 92 f.

1944 beschwerte er sich beim leitenden Arzt des Gauarbeitsamts Rhein-Main über Transporte mit bis zu 25 schwangeren »Ostarbeiterinnen« in fortgeschrittener Schwangerschaft, bei denen er aufgrund fehlender Instrumente nicht sofort einen Abbruch vornehmen könne.[81]

Auch das Durchgangslager Dachau-Rothschwaige diente als Abtreibungslager. Im März 1944 informierte der Präsident des Gauarbeitsamts München-Oberbayern die Dienststellen seines Bezirks per Rundschreiben:

> Für den Stadtkreis München werden Schwangerschaftsunterbrechungen in einer eigens zu diesem Zweck bei BMW errichteten Krankenhausbaracke durchgeführt, für den Kreis München-Land sowie die Bereiche der übrigen Arbeitsämter des Gauarbeitsamts München-Obb. werden sie im Hilfskrankenhaus des Dulag Dachau vorgenommen. [...] Im übrigen bitte ich, künftig Ostarbeiterinnen und Polinnen zum Zwecke der Schwangerschaftsunterbrechung nach Fühlungnahme mit dem Leitenden Arzt ins Dulag Dachau einzuliefern.[82]

Weitere Einzelheiten über das Verfahren in diesem Lager sind nicht bekannt. In Linz wurden schwangere Frauen im örtlichen Durchgangslager gesammelt, gleich, ob in der Frauenklinik eine Entbindung oder ein Abbruch vorgenommen werden sollten.[83]

Aufgrund der mangelhaften Quellenlage lassen sich (Zwangs-)Abtreibungen zwar nur in einigen Lagern zweifelsfrei nachweisen. Es ist jedoch wahrscheinlich, dass solche Eingriffe in nahezu allen Lagern der Arbeitsverwaltung vorgenommen wurden, in denen auch Entbindungen stattfanden. Dieses Vorgehen entsprach nicht nur der Anordnung des Reichsgesundheitsführers, sondern stellte aus Sicht der Arbeitseinsatzbehörden ein geeignetes Mittel dar, die Arbeitskraft der betroffenen Frauen schnellstmöglich und bei relativ geringem Ressourcenaufwand den Arbeitgebern wieder zur Verfügung zu stellen. Aufgrund der unhygienischen Verhältnisse in den Lagern stellten diese Eingriffe, die nicht selten bis in die letzten Schwangerschaftsmonate vorgenommen wurden, eine enorme gesundheitliche Gefahr für die Frauen dar und müssen selbst ohne Komplikationen eine äußerst traumatische Erfahrung gewesen sein. Wie viele Frauen nach einer Abtreibung starben, lässt sich jedoch kaum bestimmen, da ein solcher Eingriff selten direkt als Todesursache angegeben wurde. Für Kelsterbach wurden drei Todesfälle

---

81 Schreiben des Präsidenten des Gauarbeitsamts Rhein-Main an die Arbeitsämter in den Bezirken Rhein-Main und Kurhessen, 24. Mai 1944, abgedruckt bei Hohlmann, Pfaffenwald, S. 92 f.

82 Rundschreiben des Präsidenten des Gauarbeitsamtes München-Oberbayern, 24. März 1944, 2.2.0.2/82385615–82385616/ITS Digital Archive, Bad Arolsen; siehe auch Heusler, Ausländereinsatz, S. 211.

83 Hauch, Ostarbeiterinnen, S. 1285.

als Folge eines Schwangerschaftsabbruchs registriert, viele weitere könnten sich hinter Todesursachen wie »Sepsis« verbergen. Im Krankenlager Pfaffenwald starben insgesamt 126 Frauen und Mädchen, doch nur ein Fall (»Gebärmutterschlaffheit«) ließe auf Komplikationen nach einem Abbruch schließen.[84] Für das Lager in Waltrop ist der Tod von fünf Frauen dokumentiert, was unter Berücksichtigung der dortigen Bedingungen und der Zahl der dort behandelten Frauen zweifelhaft erscheint.[85]

3.2 In Krankenanstalten

Entbindungen

Schwangere Zwangsarbeiterinnen, die aus verschiedenen Gründen nicht in ihre Heimat abgeschoben worden waren, brachten ihre Kinder in den ersten Jahren des Arbeitseinsatzes zum Teil in deutschen Krankenanstalten zur Welt. So lassen sich in den Universitätsfrauenkliniken in München[86] und Göttingen[87] schon seit 1941, in Tübingen[88] seit 1942 schwangere ausländische Frauen als Patientinnen nachweisen. In der Frauenklinik in Linz stieg die Zahl der Entbindungen ausländischer Frauen ab Mitte Juli 1942 – als Gauleiter Eigruber den RFSS erstmals um die Einstellung der Rückführungen bat – kontinuierlich an.[89] Demgegenüber verweigerten zahlreiche Krankenhäuser in Westfalen im Jahr 1942 unter diversen Vorwänden die Aufnahme schwangerer »Ostarbeiterinnen«, so dass sich der Oberpräsident der Provinz im Oktober 1942 genötigt sah, einige Anstalten »im Interesse des Arbeitseinsatzes« zur Unterbringung der Frauen zu verpflichten.[90] Während die medizinische Versorgung der Zwangsarbeitskräfte eine Grundvoraussetzung für Erhaltung und Wiederherstellung ihrer Arbeitsfähigkeit war, war

---

84 Hohlmann, Pfaffenwald, S. 152.
85 Schwarze, Kinder, die nicht zählten, S. 173.
86 Heusler, Ausländereinsatz, S. 365.
87 Andreas Frewer; Ulf Schmidt; Christine Wolters, Hilfskräfte, Hausschwangere, Untersuchungsobjekte. Der Umgang mit Zwangsarbeitenden in der Universitätsfrauenklinik Göttingen, in: Medizin und Zwangsarbeit im Nationalsozialismus. Einsatz und Behandlung von »Ausländern« im Gesundheitswesen, hg. von Andreas Frewer und Günther Siedbürger, Frankfurt a. M. 2004, S. 341–362, hier S. 347.
88 Barbara Bayer, Ausländerinnen als gynäkologische und geburtshilfliche Patientinnen in der Universitätsfrauenklinik Tübingen 1939–1945, in: Der »Ausländereinsatz« im Gesundheitswesen (1939–1945). Historische und ethische Probleme der NS-Medizin, hg. von Andreas Frewer, Bernhard Bremberger und Günther Siedbürger, Stuttgart 2009, S. 117–145, hier S. 137.
89 Hauch, Ostarbeiterinnen, S. 1278.
90 Lissner, Das Kind entspricht nicht den Auslesebestimmungen, S. 146.

ihre Betreuung in deutschen Kliniken, insbesondere die gemeinsame Unterbringung mit deutschen Patient:innen, aus rassenpolitischen Gründen unerwünscht. Anfang des Jahres 1941 ordnete das RMdI daher an, in den Krankenhäusern müsse für getrennte Unterbringungsmöglichkeiten für ausländische und vor allem polnische Patient:innen gesorgt werden:

> Die gemeinsame Unterbringung von Kriegsgefangenen und Arbeitskräften aus den Feindstaaten sowie von polnischen Arbeitern und deutschen Volksgenossen in Krankenanstalten hat schon mehrfach zu unliebsamen Vorfällen geführt. Sie widerspricht auch dem gesunden Volksempfinden, das in einer derartigen Maßnahme eine unbillige Gleichstellung erkrankter deutscher Volksgenossen mit Angehörigen der Feindstaaten bzw. den kulturell tiefer stehenden polnischen Arbeitern erblickt. Diese Art der Unterbringung erscheint aber auch im Hinblick auf die feindliche Propaganda höchst unerwünscht. Ich ersuche daher, für eine getrennte Unterbringung Sorge zu tragen.[91]

Bedingt durch den anlaufenden »Ostarbeitereinsatz« rechnete die Arbeitsverwaltung im Frühjahr 1942 mit einer wachsenden Zahl an Krankheitsfällen. Da die verfügbaren Krankenhausplätze begrenzt waren und deutschen Patient:innen zur Verfügung stehen sollten, sprach sich der Reichsarbeitsminister für die Einrichtung zusätzlicher Krankenbaracken aus.[92] Vor allem an Orten mit einer hohen Zahl ausländischer Arbeitskräfte stellte die Arbeitsverwaltung den Krankenhäusern im Laufe des Jahres 1942 sogenannte Ausländer-Krankenbaracken zur Verfügung, die eine Trennung der ausländischen von deutschen Patient:innen gewährleisten sollten.[93] In diesen Baracken erfolgte die Behandlung wie in den Lagerrevieren durch »Ostärzte«, die nur über eingeschränkte medizinische Mittel verfügten.[94] Wie der GBA im Dezember 1942 bestimmte, sollten diese Räume künftig auch zur Entbindung schwangerer Polinnen und »Ostarbeiterinnen« genutzt werden.[95]

---

91 Erlass des RMdI betr. »Behandlung von Angehörigen der Feindstaaten und polnischen Arbeitern in den Krankenanstalten«, 27. Januar 1941, abgedruckt in: Norbert Moczarski; Bernhard Post; Katrin Weiß (Hg.), Zwangsarbeit in Thüringen 1940–1945. Quellen aus den Staatsarchiven des Freistaates Thüringen, Erfurt 2002, S. 119 f.
92 Hoffmann, Ausländische ZwangsarbeiterInnen in Oldenburg während des Zweiten Weltkrieges, S. 222.
93 Schwarze, Kinder, die nicht zählten, S. 133–135.
94 Robert Jütte; Wolfgang U. Eckart; Hans-Walter Schmuhl; Winfried Süß, Medizin und Nationalsozialismus. Bilanz und Perspektiven der Forschung, Göttingen 2011, S. 194.
95 Weiterleitung des GBA-Erlasses betr. »Rückführung schwangerer ausländischer Arbeitskräfte« vom 15. Dezember 1942 durch die DAF, Amt für Arbeitseinsatz, 12. Januar 1943, BArch, NS 5-I/264.

Weil Anfang des Jahres 1943 kaum Alternativen bestanden, fand ein großer Teil der Entbindungen zunächst in deutschen Krankenanstalten statt, selbst wenn diese noch nicht über die geforderten »Ausländer-Krankenbaracken« verfügten.[96] Einzelne Landesarbeitsämter hatten bereits vor Sauckels Erlass entsprechende Abmachungen mit den Landeshebammenanstalten getroffen. Aufgrund akuten Bettenmangels lehnten viele Krankenhäuser im Zweifelsfall jedoch die Aufnahme schwangerer Ausländerinnen zugunsten deutscher Patient:innen ab.[97] Dementsprechend wies die DAF Anfang April 1943 darauf hin, schwangere Ausländerinnen dürften nicht zu häufig in deutsche Kliniken oder Entbindungsanstalten eingewiesen werden, und forderte eine rassistische Hierarchisierung der Frauen:

> Da Plätze in Krankenhäusern, Entbindungsheimen usw. nur beschränkt zur Verfügung stehen, muß auch daran gedacht werden, daß diese Plätze den deutschen Frauen nicht fortgenommen werden dürfen. Es ist deshalb bei Einweisung zurückhaltend zu verfahren. Soweit es sich um Angehörige der Vertragsstaaten oder germanischer Nationalität handelt, dürften weniger Bedenken bestehen. Anders ist es mit den Ostarbeiterinnen und Polinnen, die einen entsprechend niedrigeren Kulturstand haben. Hier ist bei der Einweisung in Krankenhäuser und Entbindungsheime ein entsprechend strenger Maßstab anzulegen.[98]

Dabei handelte es sich nicht nur um rassenideologisch motivierte Forderungen der NS-Behörden, sondern auch deutsche Patient:innen und Krankenhausbeschäftigte hegten nicht selten rassistische Ressentiments, die zu Konflikten mit ausländischen Patient:innen führten.[99] Das Gesundheitsamt des Kreises Helmstedt etwa berichtete, deutsche Frauen würden sich weigern, gemeinsam mit

---

96   Das Landesarbeitsamt Nordmark beispielsweise schloss Entbindungen in den Lagern Ende Dezember 1942 noch grundsätzlich aus, da die Einhaltung selbst einer »primitiven Hygiene« dort aufwändiger sei, als die Geburten in den bestehenden Entbindungskliniken des Landes durchführen zu lassen; Lehmann, »… stärkste Befürchtungen, dass das Kind doch der Allgemeinheit zur Last fällt«, S. 202. Auch in Westfalen fand ein Großteil der Entbindungen zunächst in den Kliniken und kommunalen Landkrankenhäusern statt; Schwarze, Kinder, die nicht zählten, S. 150–159, 177; Gaby Flemnitz, »Verschleppt, entrechtet, ausgebeutet«. Zwangsarbeit und Kriegsgefangenschaft im Kreis Warendorf im Zweiten Weltkrieg, Warendorf 2009, S. 238–246.

97   Lehmann, »… stärkste Befürchtungen, dass das Kind doch der Allgemeinheit zur Last fällt«, S. 203; Freitag, Zwangsarbeiter im Lipper Land, S. 67.

98   Handreichung der DAF, Amt für Arbeitseinsatz, betr. »Die Behandlung schwangerer ausländischer Arbeitskräfte«, 8. April 1943, BArch, R 89/10888, S. 26.

99   Schwarze, Kinder, die nicht zählten, S. 135; Bayer, Ausländerinnen als gynäkologische und geburtshilfliche Patientinnen in der Universitätsfrauenklinik Tübingen 1939-1945, S. 122.

Polinnen im Krankenhaus zu liegen, da diese »meist sehr unsauber und voller Ungeziefer eingeliefert« würden.[100]
Stellenweise untersagten örtliche Behörden den Krankenhäusern von vornherein die Aufnahme schwangerer Ausländerinnen. So verbot der Landrat in Verden im März 1943 die Behandlung von Polinnen und »Ostarbeiterinnen« ausdrücklich auch dann, wenn mit einer schwierigen Entbindung zu rechnen sei.[101] Der NSDAP-Kreisleiter in Hersfeld beschwerte sich im Frühjahr 1943 beim Landrat über die Aufnahme einer schwangeren Russin im Kreiskrankenhaus, weil dafür die Entbindungsstation im Krankensammellager Pfaffenwald vorgesehen sei.[102] Die behandelnden Ärzte rechtfertigten ihr Handeln vor der Reichsärztekammer damit, dass sie die bereits in den Wehen liegende Frau nur ausnahmsweise aufgenommen hätten, da mit einer komplizierten Geburt gerechnet worden sei. In solchen Fällen konnte ein generelles Aufnahmeverbot kaum im Sinne der Arbeitsverwaltung sein, da es potenziell die Arbeitsfähigkeit, wenn nicht das Leben der betroffenen Arbeitskräfte gefährdete. Der Präsident des Landesarbeitsamtes Niedersachsen genehmigte dementsprechend im Mai 1943 zwar die Krankenhausbehandlung schwangerer Ausländerinnen, jedoch ausschließlich im Fall zu erwartender Geburtskomplikationen.[103]

Ganz in diesem Sinne schränkte Himmler Mitte des Jahres 1943 die Aufnahmebedingungen in deutschen Krankenanstalten ein. Schwangere Ausländerinnen dürften lediglich »beim Vorliegen von Regelwidrigkeiten« in eine der »Ausländer-Krankenbaracken« oder »ganz ausnahmsweise« in ein deutsches Krankenhaus eingeliefert werden. Gleichzeitig räumte er die Möglichkeit ein, Frauen als sogenannte Hausschwangere aufzunehmen, um »für die Ausbildung von Studenten oder Hebammen-Schülerinnen das Untersuchungsgut zu schaffen«.[104] Mit dem Begriff »Hausschwangere« waren mittellose und unverheiratete, meist aus unteren sozialen Schichten stammende Frauen gemeint, die in Lehrkrankenhäusern oder Hebammenlehranstalten einige Zeit vor ihrer Entbindung und während des Wochenbetts unentgeltlich untergebracht, versorgt und behandelt wur-

---

100 Zitiert nach Vögel, »Entbindungsheim für Ostarbeiterinnen«, S. 8. Dies ist ein Beispiel dafür, wie die rassistische Diskriminierung der betroffenen Zwangsarbeiterinnen dabei half, rassistische Vorurteile in den Augen der Bevölkerung zu bestätigen.
101 Woock, Zwangsarbeit ausländischer Arbeitskräfte im Regionalbereich Verden/Aller (1939–1945), S. 180; Reiter, Tötungsstätten für ausländische Kinder im Zweiten Weltkrieg, S. 91 f.
102 Hohlmann, Pfaffenwald, S. 97 f.
103 Woock, Zwangsarbeit ausländischer Arbeitskräfte im Regionalbereich Verden/Aller (1939–1945), S. 180.
104 Erlass des RFSS an die HSSPF, die Sicherheitspolizei und den SD betr. »Behandlung schwangerer ausländischer Arbeiterinnen und der im Reich von ausländischen Arbeiterinnen geborenen Kinder«, i. V. Kaltenbrunner, 27. Juli 1943, BArch, NS 47/61.

den – eine seit dem 19. Jahrhundert bis in die 1960er Jahre übliche Praxis.[105] Im Gegenzug stellten die Frauen sich den Hebammenschülerinnen und angehenden Ärzten als »Anschauungsmaterial« zur Verfügung und verrichteten darüber hinaus oftmals unbezahlt Hausarbeiten. Die Zahl der in den Kliniken untergebrachten Hausschwangeren nahm während der 1930er Jahre und insbesondere seit Ausbruch des Krieges, unter anderem bedingt durch den umfangreichen Versicherungsschutz für deutsche Frauen, kontinuierlich ab. Der SD berichtete Anfang der 1940er Jahre von einem Mangel an »Ausbildungsmaterial« in den Lehrkliniken,[106] der Ausbildungsbetrieb war zunehmend von Einschränkungen bedroht.[107] Vor diesem Hintergrund setzte sich der Reichsgesundheitsführer dafür ein, »schwangere fremdstämmige Frauen, insbesondere Ostarbeiterinnen, für den Unterricht nutzbar« zu machen.[108] Nach dem Erlass Himmlers im Juli 1943 reagierte im November auch der Generalbevollmächtigte und wies die Gauarbeitsämter an, »Ostarbeiterinnen« zwar nicht in erster Linie in deutsche Krankenhäuser einzuweisen, den Universitätskliniken und Hebammenlehranstalten jedoch ausreichend Ausländerinnen als Hausschwangere zur Verfügung zu stellen.[109]

Die Verwendung osteuropäischer Zwangsarbeiterinnen als Hausschwangere stellte sowohl aus Sicht der Arbeitsverwaltung als auch jener der Universitätskliniken und Hebammenlehranstalten eine naheliegende Lösung dar. Auf der einen Seite blieb den zuständigen Arbeitsämtern die aufwendige Organisation alternativer Entbindungsmöglichkeiten erspart, auf der anderen Seite konnte auf diese Weise der reguläre Lehrbetrieb aufrechterhalten werden. Wie der Direktor der Universitätsfrauenklinik Tübingen Ende Februar 1944 gegenüber der DAF argumentierte, käme die Aufnahme der »fremdstämmigen« Schwangeren somit letztlich den Kindern von »Volksgenossinnen« zugute:

> Was nun die Aufnahme der Ostarbeiterinnen zum Zweck der Entbindung in der Klinik angeht, so haben wir alle Bedenken gegen ihre Aufnahme überwin-

---

105 Lisner, Geburtshilfe und Abtreibungen bei Zwangsarbeiterinnen, S. 101; Frewer, Schmidt, Wolters, Hilfskräfte, Hausschwangere, Untersuchungsobjekte, S. 350; Heusler, Ausländereinsatz, S. 368; Bayer, Ausländerinnen als gynäkologische und geburtshilfliche Patientinnen in der Universitätsfrauenklinik Tübingen 1939–1945, S. 138.
106 Lisner, Geburtshilfe und Abtreibungen bei Zwangsarbeiterinnen, S. 101 f.
107 Heusler führt dies zum einen auf sinkende Geburtenzahlen, zum anderen auf das nationalsozialistische Ideal der Hausgeburt zurück, welche die Klinikgeburt langfristig verdrängen sollte; Heusler, Ausländereinsatz, S. 368.
108 Schreiben des Reichsgesundheitsführers an Dr. Zimdars, 15. September 1943, zitiert nach Lisner, Geburtshilfe und Abtreibungen bei Zwangsarbeiterinnen, S. 102.
109 Frewer; Schmidt; Wolters, Hilfskräfte, Hausschwangere, Untersuchungsobjekte, S. 351; Hoffmann, Ausländische ZwangsarbeiterInnen in Oldenburg während des Zweiten Weltkrieges, S. 131.

den müssen im Interesse des Unterrichts für die Kandidaten der Medizin, der Hebammenschülerinnen sowie der Wochenbettpflegerinnen. [...] Der Mangel an Unterrichtsmaterial hat mich [...] seit langem mit ernsten Sorgen erfüllt. [...] Ich habe es daher außerordentlich begrüßt, [...] daß schwangere fremdstämmige Frauen, insbesondere Ostarbeiterinnen, zur Entbindung möglichst in die Universitäts-Frauenkliniken und Hebammenlehranstalten überwiesen werden. Diese Ostarbeiterinnen sind schon als Hausschwangere sowie bei der Geburt für die Ausbildung der Studierenden und Hebammen ein unschätzbarer Dienst. Im Wochenbett können an ihnen und ihren Säuglingen unsere Wochenbettpflegerinnen sich einüben, bis wir sie zur verantwortungsvolleren Pflege an den Volksgenossinnen und deren Kinder heranlassen.[110]

Die betroffenen Zwangsarbeiterinnen waren meist unverheiratet, mittellos und weitgehend entrechtet, standen aus diesem Grund der Klinik gegenüber in einem Abhängigkeitsverhältnis und stellten somit einen idealen Ersatz für die ausbleibenden Hausschwangeren dar. Sicherlich boten Unterbringung, Versorgung und Behandlung im Krankenhaus in Anbetracht der oftmals äußerst primitiven Alternativen eine gute Chance für die Frauen und ihre Kinder, die Geburt gesund zu überstehen. Allerdings mussten die Hausschwangeren dafür häufig eine ganze Reihe erniedrigender und traumatisierender Untersuchungen durch Studierende und Hebammenschülerinnen über sich ergehen lassen und unbezahlte Arbeit im Krankenhausbetrieb verrichten.[111] Eine Wahl blieb ihnen nicht, wollten sie nicht aus der Klinik verwiesen und einem ungewissen Schicksal überlassen werden. Die Nutzung der betroffenen Frauen als »Untersuchungsgut« folgte dabei einer rationellen Logik: Während ihrer Arbeitsunfähigkeit konnten die schwangeren Ausländerinnen zugunsten des nationalsozialistischen Gesundheitssystems weiterhin ausgebeutet werden, bis sie wieder Leistung in Industrie oder Landwirtschaft erbringen konnten und ökonomisch verwertbar waren.[112] Dieser Logik war auch die Regelung geschuldet, schwangere Ausländerinnen bei schwierigen Geburten in ein Krankenhaus einliefern zu lassen. Eine fachgerechte medizinische Behandlung erhöhte die Wahrscheinlichkeit, die Arbeitskraft nicht durch eventuelle Komplikationen zu verlieren, sondern möglichst bald ihre Leistungsfähigkeit wiederherzustellen.

110 Schreiben des Direktors der Universitätsfrauenklinik Tübingen an die DAF, 28. Februar 1944, zitiert nach Tholander, Fremdarbeiter 1939 bis 1945, S. 378 f.
111 Bayer, Ausländerinnen als gynäkologische und geburtshilfliche Patientinnen in der Universitätsfrauenklinik Tübingen 1939–1945, S. 139.
112 Heusler sieht in der Aufnahme schwangerer Ausländerinnen zur Entbindung in der Münchner Frauenklinik einen »Münchner ›Sonderweg‹«, tatsächlich war dies jedoch eine reichsweit praktizierte und durch einschlägige Erlasse geregelte Vorgehensweise; Heusler, Ausländereinsatz, S. 370.

Entbindungsanstalten und »Ausländerkinder-Pflegestätten«

Wie die ausländischen Hausschwangeren und Wöchnerinnen in den Kliniken untergebracht und betreut wurden, war regional verschieden. Die Universitätsfrauenklinik München beispielsweise nahm ausländische Frauen bis Kriegsende generell stationär auf. Nach vereinzelten Entbindungen im Jahr 1941 stieg der Anteil der schwangeren Ausländerinnen in der Klinik stetig an, bis er im Jahr 1944 mit 433 ausländischen Patientinnen – 28,4 Prozent der in der Geburtshilflichen Abteilung untergebrachten Frauen – seinen Höhepunkt erreichte.[113] Die meisten von ihnen waren »Ostarbeiterinnen« (235) und Polinnen (92), aber auch Französinnen (52) und Kroatinnen (14) brachten dort ihre Kinder zur Welt. Die ausländischen Patientinnen wurden der Einschätzung Andreas Heuslers zufolge während ihres stationären Aufenthalts ebenso gut untergebracht, betreut und medizinisch versorgt wie die deutschen Frauen. Die durchschnittliche Aufenthaltsdauer von 18 Tagen wich ebenfalls nicht wesentlich von der üblichen Aufenthaltsdauer deutscher Patentinnen ab. Den Vorgaben getreu wurde jedoch streng auf die separate Unterbringung der ausländischen Wöchnerinnen in der Hebammenschule im Ostflügel der Klinik geachtet.[114]

In der Universitätsfrauenklinik Göttingen lagen ausländische Zwangsarbeiterinnen ebenfalls nach Möglichkeit getrennt von deutschen Patientinnen, stationäre Behandlungen in der Gynäkologischen Abteilung blieben meist sehr kurz.[115] Nach der Entbindung wurden die Wöchnerinnen mit ihren Kindern oftmals innerhalb weniger Tage in eine »Ausländer-Krankenbaracke« verlegt, in der Hygiene, Nahrungsmittelversorgung und medizinische Versorgung einem deutlich niedrigeren Standard unterlagen. Anfang des Jahres 1944 versuchte die Frauenklinik, zusätzliche schwangere »Ostarbeiterinnen« für den Ausbildungsbetrieb zu erhalten, ohne die Frauen selbst unterbringen zu müssen. Zu diesem Zweck kooperierte sie mit dem nahegelegenen Gemeinschaftslager am Schützenplatz:

> Da eine Unterbringungsmöglichkeit in der Klinik unter Trennung von deutschen Schwangeren durch Raummangel nicht möglich ist, sind die schwangeren Ostarbeiterinnen bisher dem Gemeinschaftslager »Küchenvereinigung« zugewiesen worden. Die Inanspruchnahme zu Lehrzwecken hat sich bei dieser Regelung als durchaus möglich erwiesen, sodass gegen die Beibehaltung der bisherigen Regelung keinerlei Bedenken bestehen. Ich bitte lediglich darum, dass dem Gemeinschaftslager mehr Schwangere zugeteilt werden als bisher.[116]

---

113 Hier und im Folgenden Heusler, Ausländereinsatz, S. 365–368.
114 Im Verlauf des Jahres 1944 wurden die ausländischen Frauen aufgrund zunehmender Bombenangriffe allerdings ebenso wie die deutschen Wöchnerinnen in geschützte Stationen im Keller verlegt; Heusler, Ausländereinsatz, S. 367.
115 Hier und im Folgenden Frewer; Schmidt; Wolters; Hilfskräfte, Hausschwangere, Untersuchungsobjekte, S. 346–353.
116 Schreiben des Kurators der Universität an den Oberpräsidenten der Provinz Hannover, 19. Mai

In Krankenanstalten

Eine ähnliche Lösung fand die Landesfrauenklinik in Oldenburg, die sich beim Durchgangslager in Ohmstede bediente, um den Bedarf an »Untersuchungsgut« für die Hebammenausbildung zu decken. Im Februar 1944 teilte Medizinalrat Dr. Müller dem Oldenburger Innenministerium mit, nur deutsche Frauen würden als Hausschwangere in der Frauenklinik aufgenommen, zu Ausbildungszwecken zudem schwangere Ausländerinnen aus dem Durchgangslager genutzt werden.[117] Ausländische Schwangere mussten in den Göttinger und Oldenburger Kliniken somit Untersuchungen über sich ergehen lassen, ohne dass man ihnen dort, wie es für deutsche Hausschwangere üblich war, Unterbringung und Versorgung zugestand. Benötigten die Kliniken sie nicht für die Aus- und Weiterbildung, überließ man sie stattdessen der in hygienischer und medizinischer Hinsicht miserablen Lagerunterbringung.

In Linz diente das örtliche »Durchgangslager 39« nicht nur als Reservoir für Schwangere zu Ausbildungszwecken. Schwangere Ausländerinnen aus dem Gau Oberdonau wurden im Durchgangslager grundsätzlich für die Zeit des für Polinnen und »Ostarbeiterinnen« geltenden Mindestschutzes untergebracht – zwei Wochen vor und sechs Wochen nach der Entbindung.[118] Für die Geburt kamen sie dann üblicherweise in die Frauenklinik, wo es seit 1942 eine »Ausländerinnen-Abteilung«, ab März 1943 eine eigens für Polinnen und »Ostarbeiterinnen« errichtete »Doppelbaracke« im Anstaltsgarten gab.

Eine gewisse Sonderstellung nahm das sogenannte Ausländerkrankenhaus der Reichshauptstadt Berlin in Mahlow ein, bei dem es sich laut Bernhard Bremberger weniger um ein städtisches Krankenhaus als vielmehr um eine Art Krankenlager handelte.[119] Wie der bereits zitierte Gesandtschaftsrat Starke im Sommer 1943 mitteilte, waren die dortige Behandlung und Versorgung katastrophal: »Vollkommen unzureichende Ernährung und schlechte Behandlung sowie Verprügelung der Ostkranken. Die Sterblichkeit der Kranken ist äußerst groß.«[120] Für das

---

    1944, zitiert nach Frewer; Schmidt; Wolters, Hilfskräfte, Hausschwangere, Untersuchungsobjekte, S. 352.
117 Hoffmann, Ausländische ZwangsarbeiterInnen in Oldenburg während des Zweiten Weltkrieges, S. 131.
118 Hauch, Ostarbeiterinnen, S. 1276–1281.
119 Das Lager in Blankenfelde war ursprünglich als Durchgangslager geplant, bereits in der zweiten Hälfte des Jahres 1942 jedoch durch die Lager Wilhelmshagen und Rehbrücke ersetzt worden; Bernhard Bremberger; Frank Hummeltenberg; Manfred Stürzbecher, Das »Ausländerkrankenhaus der Reichshauptstadt Berlin« in Mahlow, in: Der »Ausländereinsatz« im Gesundheitswesen (1939–1945). Historische und ethische Probleme der NS-Medizin, hg. von Andreas Frewer, Bernhard Bremberger und Günther Siedbürger, Stuttgart 2009, S. 219–270, hier S. 228.
120 Bericht des Gesandtschaftsrats Starke: »Ostarbeiter – Entscheidender Faktor des Endsieges«, als Anlage zum Schreiben des Botschaftsrats Hilger an Starke, 16. August 1943, 2.2.0.1/82388682–82388702/ITS Digital Archive, Bad Arolsen. Starke bezeichnet das

Frühjahr 1943 sind dort die ersten Entbindungen nachweisbar, im August stieg die Geburtenzahl sprunghaft an. Bis Kriegsende kamen im »Krankenhaus« Mahlow insgesamt 345 Kinder zur Welt.[121]

Anders als in den bisher genannten Beispielen richtete die Universitätsfrauenklinik Tübingen keine separate Abteilung für Ausländerinnen ein.[122] Vielmehr begründete der Leiter der Frauenklinik die gemeinsame Unterbringung aller Patientinnen in großen Krankensälen damit, dass man aufgrund des begrenzten Raumes kein Bett leer stehen lassen könne. Die medizinische Versorgung der Zwangsarbeiterinnen unterschied sich der Einschätzung Barbara Bayers zufolge ebenfalls nicht grundlegend von den deutschen Patientinnen. Obwohl das württembergische Innenministerium im März 1944 die Aufnahme ausländischer Frauen als Hausschwangere untersagte, nahm die Tübinger Klinik bis Kriegsende weiterhin Polinnen und »Ostarbeiterinnen« auf.[123] Der Klinikdirektor rechtfertigte dies mit dem Bedarf an »Unterrichtsmaterial« und verwies erneut auf den Nutzen für die deutschen »Volksgenossinnen«: »Je mehr Opfer der Weltkrieg von uns fordert, desto besser muß die Ausbildung der kommenden Ärzte, Hebammen und Säuglingspflegerinnen in der Geburtshilfe und Wochenpflege sein«, schrieb er Ende November 1944 an die Deutsche Arbeitsfront. »Die Schlachtensiege der Soldaten sind wertlos, wenn ihnen in Zukunft nicht entsprechende Geburtensiege unserer Mütter folgen. [...] Die Aufnahme der Ostarbeiterinnen kommt also in hervorragendem Maße den Müttern unseres eigenen Volkes zugute.«[124] Auch in der Landesfrauenklinik Stuttgart kamen trotz des Aufnahmeverbots bis Juli 1945 insgesamt 466 Kinder von »Ostarbeiterinnen« zur Welt.[125]

Offenbar versuchte nicht nur das württembergische Innenministerium in der ersten Hälfte des Jahres 1944, die Aufnahme schwangerer Ausländerinnen in deutschen Krankenanstalten einzudämmen. In Wuppertal fanden Entbindungen von Ausländerinnen im Jahr 1943 noch zum größten Teil in der Landesfrauenklinik sowie im Krankenhaus Bethesda statt. Im Frühjahr/Sommer 1944 nahm die Geburtenzahl ausländischer Kinder in den Krankenhäusern dann schlagartig ab, die Arbeiterinnen entbanden stattdessen vermehrt in den Lagern.[126] Weitere

---

Krankenhaus in Mahlow als »Ismailow-Krankenhaus«, vgl. Bremberger, Hummeltenberg, Stürzbecher, Das »Ausländerkrankenhaus der Reichshauptstadt Berlin« in Mahlow, S. 230.
121 Bremberger; Hummeltenberg; Stürzbecher, Das »Ausländerkrankenhaus der Reichshauptstadt Berlin« in Mahlow, S. 254 f.
122 Bayer, Ausländerinnen als gynäkologische und geburtshilfliche Patientinnen in der Universitätsfrauenklinik Tübingen 1939-1945, S. 121 f.
123 Bayer, Ausländerinnen als gynäkologische und geburtshilfliche Patientinnen in der Universitätsfrauenklinik Tübingen 1939-1945, S. 138 f.
124 Zitiert nach Sämann, Das Durchgangslager in Bietigheim, S. 145.
125 Sämann, Das Durchgangslager in Bietigheim, S. 145.
126 Speer, Ausländer im »Arbeitseinsatz« in Wuppertal, S. 438 f.

Hinweise zu einer solchen Entwicklung liegen für Hessen vor. Obwohl das Landesarbeitsamt für die Aufnahme schwangerer Ausländerinnen das Krankensammellager Pfaffenwald bestimmt hatte, fanden die Entbindungen in Wiesbaden weiterhin im Städtischen Krankenhaus, vereinzelt auch im Sankt-Josephs-Hospital und im Paulinenstift statt.[127] Im Juli 1944 informierte das Arbeitsamt Wiesbaden jedoch die Kreisbauernschaft, die Krankenhausverwaltung nehme keine weiteren »Ostarbeiterinnen« zur Entbindung auf. Das Arbeitsamt stellte stattdessen eine Entbindungsstation im Durchgangslager Kelsterbach zur Verfügung. Ob die Verwaltung des Krankenhauses von höherer Stelle aufgefordert worden war, die Aufnahme schwangerer Ausländerinnen einzustellen, ist nicht bekannt.

Entgegen der Einschätzung Andreas Heuslers handelte es sich beim Verfahren der Universitätsfrauenklinik München nicht um einen »Sonderweg«,[128] denn trotz regionaler Unterschiede vollzog sich im gesamten Reich eine ähnliche Entwicklung: Bereits vor 1943 nahmen die Krankenanstalten vereinzelt schwangere Ausländerinnen auf, ab 1942 oftmals in abgetrennten Abteilungen oder »Ausländer-Krankenbaracken«. Nach dem Ende der Rückführungen konnte die anwachsende Zahl der Entbindungen in der ersten Hälfte des Jahres 1943 nur mit Hilfe der öffentlichen und privaten Krankenhäuser bewältigt werden, obwohl die Aufnahme ausländischer Frauen rassenideologischen Prinzipien zuwiderlief. Dementsprechend durften sie in vielen Einrichtungen nur dann aufgenommen werden, wenn Komplikationen ihre Arbeitsfähigkeit bedrohten. Ab Mitte des Jahres 1943 schränkten Himmler und Sauckel die Erlaubnis zur Krankenhausaufnahme schwangerer Ausländerinnen in Unikliniken und Hebammenschulen ein, in denen schwangere Polinnen und »Ostarbeiterinnen« für Ausbildungszwecke missbraucht werden durften. Regionale Behörden versuchten im Jahr 1944 auch die Aufnahme ausländischer »Hausschwangerer« zu unterbinden. Dessen ungeachtet blieben die Krankenanstalten in vielen Regionen bis Kriegsende vielgenutzte Anlaufstellen für die Entbindung ausländischer Arbeiterinnen. Die dortige Behandlung der Frauen hing von den örtlichen Verhältnissen, dem Pflegepersonal sowie den individuellen Entscheidungen der Klinikleitungen ab und ist aufgrund der begrenzten Quellenlage nur schwer zu eruieren. Die bisherige Forschung legt nahe, dass die unmittelbare Versorgung im Krankenhaus zumeist den üblichen medizinischen Standards entsprach. Für die Vor- und Nachsorge in den »Ausländer-Krankenbaracken« kann demgegenüber von einer vor allem in hygienischer und sozialer Hinsicht deutlich schlechteren Betreuung ausgegangen werden. Insbesondere gilt dies für die Unterbringung der Schwangeren und Wöchnerinnen in nahegelegenen Zwangsarbeiter:innenlagern, wie es für einige Kliniken üblich war.

---

127 Kersandt, Polnische und sowjetische Zwangsarbeiterinnen und ihre Kinder, S. 218.
128 Heusler, Ausländereinsatz, S. 370.

Entbindungsanstalten und »Ausländerkinder-Pflegestätten«

Unterbringung

Eine längerfristige Unterbringung der Neugeborenen in den Krankenanstalten war nicht vorgesehen. Die Wöchnerinnen blieben mit ihren Kindern für eine kurze Stillzeit entweder in einer dafür eingerichteten Abteilung im Krankenhaus, in einer »Ausländer-Krankenbaracke« oder kehrten in das Lager zurück, in dem sie vor der Entbindung untergebracht gewesen waren. Wurde die Mutter wieder zur Arbeit verpflichtet, war die Unterbringung der Kinder üblicherweise Sache des zuständigen Arbeitsamts, des Arbeitgebers oder der jeweiligen Gemeinde.

In Tübingen war die Leitung der Universitätsfrauenklinik bemüht, die Unterbringung der dort geborenen ausländischen Kinder vor ihrer Entlassung zu klären.[129] Weigerte sich der Arbeitgeber bzw. die Arbeitgeberin der Mutter, den Säugling mit aufzunehmen, und ließ sich keine alternative Unterbringungsmöglichkeit finden, überwies sie die Kinder trotz Verbot in das örtliche Säuglingsheim der NSV. Im Februar 1944 beschwerte sich ein Vertreter der DAF über diese Vorgehensweise, da hierdurch Heimplätze für deutsche Kinder belegt würden. Zwar versicherte der adressierte Klinikdirektor, künftig keine ausländischen Säuglinge mehr im Kinderheim unterzubringen. Dies führe jedoch dazu, wie er der DAF schrieb, »dass wir die Mütter im Interesse des Kindes etwas länger behalten müssen, sodass diese unter Umständen uns hier ein Bett versperren«.[130] Es ist nicht bekannt, ob die Klinik die Einweisung ausländischer Kinder in das NSV-Heim tatsächlich einstellte. Es lässt sich ein einzelner Fall nachweisen, in dem ein 1943 geborenes polnisches Mädchen bis Kriegsende im Heim bleiben konnte.[131]

In Schwäbisch Gmünd wurden Kinder wegen fehlender Unterbringungsmöglichkeiten in der Wöchnerinnenbaracke des Krankenhauses Margaritenheim untergebracht.[132] Mitte Juli 1944 befanden sich dort 41 Kinder, das älteste von ihnen war bereits ein Jahr und drei Monate alt. Der Kreispfleger sah sich genötigt, die Aufnahme weiterer ausländischer Frauen zur Entbindung zu stoppen, bis das Arbeitsamt sich um anderweitige Unterbringung der im Krankenhaus geborenen Kinder gekümmert habe. Neben derartigen Ausnahmefällen wurden ausländische Kinder nicht für längere Zeit in Krankenhäusern untergebracht.

---

129 Barbara Bayer, Es ist nun die Frage, wohin mit ihr. Zwangsarbeiterinnen und ihre Kinder als Patientinnen und Patienten in der Universitätsfrauenklinik Tübingen 1939-1945, Tübingen 2008, S. 203-207.
130 Schreiben des Direktors der Universitätsfrauenklinik Tübingen an die DAF, 28. Februar 1944, zitiert nach Bayer, Es ist nun die Frage, wohin mit ihr, S. 206.
131 Bayer, Es ist nun die Frage, wohin mit ihr, S. 206.
132 Schäfer, Zwangsarbeiter und NS-Rassenpolitik, S. 212, siehe dort auch FN 28.

Abtreibungen

In zahlreichen Krankenanstalten, in denen ausländische Arbeiterinnen ihre Kinder zur Welt brachten, wurden auch Abtreibungen an Polinnen und »Ostarbeiterinnen« vorgenommen. Während die Voraussetzungen dafür aus medizinischer Sicht günstig waren, gab es keine Garantie für eine restlose Trennung zwischen deutschen und ausländischen Patientinnen. Darüber hinaus war in den Krankenhäusern in erster Linie deutsches Personal beschäftigt, welches zwangsläufig von den Schwangerschaftsabbrüchen erfuhr und diesen mitunter aus religiösen, ideologischen oder ethischen Gründen ablehnend gegenüberstand. Dies erschwerte die Geheimhaltung der Eingriffe vor der Zivilbevölkerung und gefährdete, wie im Stabshauptamt des RKF befürchtet worden war, die Akzeptanz des Abtreibungsparagraphen. Während die Arbeitsverwaltung ausländische Ärzt:innen zur Durchführung der Eingriffe verpflichten konnte, hatten deutsche Ärzt:innen und vor allem die Klinikdirektoren einen gewissen Einfluss darauf, ob und in welchem Ausmaß Schwangerschaftsabbrüche in ihren Einrichtungen vorgenommen wurden. So bestimmten religiöse und ideologische Überzeugungen, etwaige medizinethische Bedenken oder karrieretaktische Überlegungen die jeweilige Haltung der Mediziner, die sich zwischen vorauseilender Kooperation, Opportunismus und Verweigerung bewegte. Dieser Verhaltensspielraum sowie die Reaktionen regionaler Instanzen sollen in der Folge anhand einiger Beispiele veranschaulicht werden.

Der Direktor der Universitätsfrauenklinik Freiburg, Friedrich Siegert, galt als überzeugter Anhänger des Nationalsozialismus: In seiner Klinik fanden zahlreiche Schwangerschaftsabbrüche bei »Ostarbeiterinnen« in einer eigens dafür eingerichteten Abteilung statt.[133] Er erkundigte sich offenbar weder über die Begründung der Anordnung noch über die Zustimmung der betroffenen Frauen, selbst wenn die formal vorgeschriebene Einwilligungserklärung nicht vorlag. Aufgrund fehlender Quellen sind keine Zahlen bekannt, doch wurde Siegert nach dem Krieg »die massenhafte, von der NSPartei [sic!] gewünschte und von ihm widerstandslos vollzogene Abortierung der Ostarbeiterinnen«[134] vorgeworfen.

Die bereitwillige Kooperation des medizinischen Personals ermöglichte die reibungslose Durchführung und Institutionalisierung des Verfahrens. Im Gau

---

[133] Gunther Link, Eugenische Zwangssterilisationen und Schwangerschaftsabbrüche im Nationalsozialismus. Dargestellt am Beispiel der Universitätsfrauenklinik Freiburg, Frankfurt a. M. 1999, S. 456–464; Dieter Speck, Universitätskliniken und Zwangsarbeit. Das Beispiel Freiburg, in: Medizin und Zwangsarbeit im Nationalsozialismus. Einsatz und Behandlung von »Ausländern« im Gesundheitswesen, hg. von Andreas Frewer und Günther Siedbürger, Frankfurt a. M. 2004, S. 231–252.

[134] Schreiben des Vorsitzenden des Senatsreinigungsausschusses an den Dekan der Medizinischen Fakultät, 27. Dezember 1946, zitiert nach Link, Eugenische Zwangssterilisationen und Schwangerschaftsabbrüche im Nationalsozialismus, S. 461.

Oberdonau wurden schwangere Polinnen und »Ostarbeiterinnen« zur Abtreibung in die Landesfrauenklinik in Linz, zeitweilig in das Allgemeine Krankenhaus, gebracht.[135] Im Zeitraum von Mai 1943 bis Februar 1945 wurden mindestens 972 solcher Eingriffe vorgenommen, 803 davon in der Frauenklinik. Bei diesen Zahlen handelt es sich lediglich um jene Fälle, die explizit als Schwangerschaftsabbrüche registriert wurden. Krankenhausaufnahmen wegen »Abortus«, manchmal mehrere pro Tag, könnten auf Hunderte weiterer Fälle hindeuten. Von den verantwortlichen Linzer Ärzten ist offenbar weder Einspruch gegen die Eingriffe erhoben worden, noch scheinen sie sich um Fristen gekümmert zu haben, denn Schwangerschaftsabbrüche wurden nicht selten noch im sechsten Monat vorgenommen.[136] Wegen der Überlastung der Frauenklinik und zunehmend ungünstiger Transportverhältnisse wurde das Verfahren im Januar 1944 zunächst auf das Krankenhaus Steyr, im Dezember auf weitere Bezirkskrankenhäuser in Braunau am Inn, Bad Ischl, Grieskirchen, Kirchdorf an der Krems, Krummau an der Moldau, Ried im Innkreis, Schärding und Vöcklabruck ausgedehnt.[137] In Berlin war zunächst das Ausländerkrankenhaus in Mahlow für Abtreibungen zuständig. Nach der Zerstörung der Operationsräume im Januar 1944 wurde stattdessen im Krankenhaus Prenzlauer Berg Platz »für die Unterbringung chirurgisch kranker Ostarbeiter, sowie zur Durchführung von Schwangerschaftsunterbrechungen bei Ostarbeiterinnen« geschaffen.[138]

Setzten viele Mediziner die Weisungen des Reichsärzteführers bereitwillig um, erhoben einzelne Widerspruch. Doch obwohl Conti untersagt hatte, Ärzt:innen zur Durchführung von Schwangerschaftsabbrüchen zu zwingen, ging eine Weigerung oftmals mit massivem Druck durch Parteidienststellen, Arbeitseinsatzbehörden, Ärztekammern sowie betroffener Betriebe einher. Für Niedersachsen berichtet Raimond Reiter von fünf Standorten, an denen die Anordnungen nicht widerspruchslos umgesetzt wurden, darunter die Landesfrauenklinik in Celle.[139] Der Direktor entschloss sich im Frühjahr 1944, keine weiteren Abbrüche in der Klinik zuzulassen, da diese laut einer Anweisung des Oberpräsidenten der Provinz Hannover nicht in Hebammenlehranstalten vorgenommen werden dürften. Diese Begründung akzeptierte der Leiter der Ärztekammer Ost-Hannover jedoch nicht und beschwerte sich beim Reichsgesundheitsführer, der die Abtreibungen in der Landesfrauenklinik wieder genehmigte. Im Laufe der Auseinandersetzung schalte-

---

135 Hauch, Ostarbeiterinnen, S. 1282–1290.
136 Nur im Fall einer 23-jährigen Ukrainerin wurde der Eingriff abgelehnt, da die zweite Schwangerschaftshälfte bereits überschritten sei; Hauch, Ostarbeiterinnen, S. 1286.
137 Die Frauenklinik war bereits im November 1943 mitsamt »Ostarbeiterinnenbaracke« nach Bad Hall evakuiert worden; Hauch, Ostarbeiterinnen, S. 1287 f.
138 Bremberger, Hummeltenberg, Stürzbecher, Das »Ausländerkrankenhaus der Reichshauptstadt Berlin« in Mahlow, S. 265.
139 Reiter, Unerwünschter Nachwuchs, S. 232–235.

ten sich diverse Dienststellen, darunter der Regierungspräsident in Lüneburg, der Landrat, das Reichsinnenministerium sowie das zuständige Gesundheitsamt, ein, um Druck auf den Klinikdirektor auszuüben. Nachdem dieser vergeblich Unterstützung beim Gesundheitsamt Lüneburg und der »Reichshebammenführerin« Conti gesucht hatte, musste er einlenken und ab Anfang Juli 1944 wieder »Ostarbeiterinnen« zum Abbruch in der Klinik aufnehmen.

In Verden wehrte sich der Chefarzt des Städtischen Krankenhauses lange gegen die Anordnung Contis, indem er mangelndes Aufsichts- und Pflegepersonal für die »Ausländer-Krankenbaracken« geltend machte.[140] In diesem Fall beschwerte sich der »Gesundheitsdienst« des Chemie- und Rüstungsunternehmens Eibia beim Kreisobmann der DAF in Verden. Es seien bereits fünf Arbeiterinnen abgewiesen worden, die nun aufgrund ihrer weiterhin bestehenden Schwangerschaft wochenlang ausfallen würden. Darüber hinaus würden Entbindung und Geburt der Kinder weitere Arbeitskräfte binden. Die DAF leitete den Fall an die Ärztekammer weiter, die den Einwand des Personalmangels abwies und den Chefarzt aufforderte, endlich Folge zu leisten:

Ich darf daher erwarten, daß die schon zweimal hier vorgetragenen Beschwerden wegen Schwierigkeiten bei der Schwangerschaftsunterbrechung bei Ostarbeiterinnen von seiten des Krankenhauses Verden nun endlich aufhören. Es wird von dem Krankenhaus Verden ja schließlich nichts anderes verlangt als das, was die anderen Krankenhäuser im Gau (Lüneburg, Stade, Wesermünde usw.), ohne Schwierigkeiten zu machen, schon lange tun.[141]

Mehr Erfolg hatten einzelne Ärzte, die fehlende Ausrüstung und Medikamente sowie mangelnde Fachkenntnis geltend machten, um keine Abtreibungen vornehmen zu müssen.[142] Die beste Aussicht, die verlangten Eingriffe ohne weitere Konsequenzen ablehnen zu können, hatten konfessionelle Krankenhäuser, da der Reichsgesundheitsführer kirchliche Einrichtungen im Frühjahr 1944 von seiner Anordnung ausgenommen hatte. Doch auch in diesen Fällen konnte eine Weigerung unangenehme Folgen haben, wie das Beispiel des St. Joseph-Stifts in Celle zeigt.[143] Nachdem der Vorsteher der St. Ludwigs-Gemeinde Schwangerschaftsabbrüche im Stift untersagt hatte, befassten sich die zuständige Ärztliche Bezirksvereinigung, die Ärztekammer Ost-Hannover sowie der Regierungspräsident mit

---

140 Woock, Zwangsarbeit ausländischer Arbeitskräfte im Regionalbereich Verden/Aller (1939–1945), S. 175 f.
141 Schreiben des Leiters der Ärztekammer Ost-Hannover an den Chefarzt des Städtischen Krankenhauses in Verden, 17. August 1944, zitiert nach Woock, Zwangsarbeit ausländischer Arbeitskräfte im Regionalbereich Verden/Aller (1939–1945), S. 176.
142 Reiter, Tötungsstätten für ausländische Kinder im Zweiten Weltkrieg, S. 235.
143 Reiter, Unerwünschter Nachwuchs, S. 227.

dem Fall. Nach einer Vernehmung und Verwarnung durch die Gestapo lenkte der Dechant schließlich ein. Die Ärztekammer war jedoch an die Weisungen Contis gebunden, im St. Joseph-Stift fanden letztendlich doch keine Abbrüche statt.

Für die Weigerung einzelner Mediziner gab es diverse Motive, denen nicht unbedingt eine generelle Ablehnung der nationalsozialistischen Bevölkerungs- und Rassenpolitik zugrunde liegen musste. So war der Direktor der Universitätsfrauenklinik Tübingen zwar überzeugter Nationalsozialist, lehnte Schwangerschaftsabbrüche ohne medizinische Indikation jedoch grundsätzlich ab.[144] Zum einen war er überzeugter Katholik, zum anderen sah er das Gebären möglichst vieler Kinder als Aufgabe einer jeden gesunden Frau.[145] Darüber hinaus wollte er sich von außenstehenden Behörden offenbar nicht vorschreiben lassen, wann er solche Eingriffe vorzunehmen habe. Mehrfach forderte er medizinische Unterlagen nach, wenn »Ostarbeiterinnen« von der Krankenkasse ohne ärztlichen Bericht in die Klinik geschickt worden waren, und beschwerte sich beim württembergischen Innenministerium über das Verfahren.[146] Beim zuständigen Ministerialrat mahnte er den akuten Bettenmangel in der Klinik an, der die Unterbringung der »Ostarbeiterinnen« erschwere. Vor allem seien unter diesen Umständen – in Tübingen gab es keine separate Abteilung für Ausländerinnen – die geforderte Trennung der ausländischen Frauen von den deutschen Patientinnen und damit die Geheimhaltung der Eingriffe nicht möglich:

> Dazu kommt als weiterer sehr großer Nachteil der Umstand, daß wir Ostarbeiterinnen unmöglich isolieren können, wie es vorgeschrieben ist. Die angeordnete Geheimhaltung der Schwangerschaftsunterbrechung ist dadurch völlig unmöglich gemacht. Ob und inwieweit dadurch die einst so ausgebreitete Abtreibungsfreudigkeit im eigenen Volk [...] genährt wird, entzieht sich vorerst meiner Kenntnis. [...] Da die Ostarbeiterinnen sich gelegentlich (vielleicht durch Unkenntnis der Sprache) sehr auffallend benehmen, scheint mir auch nicht ausgeschlossen, daß die eigenen Volksgenossinnen durch die Zimmergemeinschaft mit den rassefremden Frauen sich in ihrem eigenen Rassebewusstsein beunruhigt fühlen.[147]

---

144 Bayer, Es ist nun die Frage, wohin mit ihr, S. 128–137; Bayer, Ausländerinnen als gynäkologische und geburtshilfliche Patientinnen in der Universitätsfrauenklinik Tübingen 1939–1945, S. 132–137.

145 Bayer, Ausländerinnen als gynäkologische und geburtshilfliche Patientinnen in der Universitätsfrauenklinik Tübingen 1939–1945, S. 132–137.

146 Bayer, Ausländerinnen als gynäkologische und geburtshilfliche Patientinnen in der Universitätsfrauenklinik Tübingen 1939–1945, S. 132–137.

147 Schreiben des Direktors der Universitäts-Frauenklinik Tübingen an den Ministerialrat Prof. Dr. Stähle, Innenministerium Stuttgart, betr. »Schwangerschaftsunterbrechung bei den Ost-

Anfang März 1944 erfuhr der Direktor vom Leiter der Reichsgutachterstelle für Schwangerschaftsunterbrechung und Unfruchtbarmachung in München, dass Abtreibungen bei Zwangsarbeiterinnen nicht in den Krankenanstalten, sondern bevorzugt von ausländischen Ärzten in den Lagern durchgeführt werden sollten.[148] Wie oben beschrieben, waren in Württemberg dafür das Durchgangslager Bietigheim und das Krankensammellager Großsachsenheim vorgesehen. In Tübingen wurden daher zwischen Juli 1943 und Mai 1944 lediglich neun Abbrüche an Ausländerinnen vorgenommen.[149]

Die Leiter der Bamberger und Nürnberger Frauenkliniken verweigerten aus ethischen Gründen die Durchführung von Abtreibungen bei Zwangsarbeiterinnen, trotz einiger Schwierigkeiten konnten sie diese Haltung offenbar ohne weitere Folgen für sich und ihre Kliniken durchsetzen.[150] Den Ärzten an der Erlanger Frauenklinik waren diese Fälle bekannt, doch wurden die Weisungen Contis hier anstandslos umgesetzt, ohne dass sich einer von ihnen auch nur über die gesetzlichen Grundlagen informiert hatte.[151] Der Leiter der Klinik musste nach dem Krieg vor einer Untersuchungskommission aussagen und behauptete, zunächst gegen die verlangten Schwangerschaftsabbrüche gewesen zu sein. Hätte er sich jedoch weiterhin geweigert, seien die gefährlichen Eingriffe ohnehin durchgeführt worden, unter Umständen »in ungeeigneten Krankenhäusern durch unerfahrene Ärzte«.[152] So wurden in der Frauenklinik Erlangen mindestens 136 Abbrüche in einer eigens zu diesem Zweck eingerichteten Station vorgenommen, mindestens 30 Frauen hatten bereits die 20. Schwangerschaftswoche überschritten.[153] Einzig eine im Krankenhaus als Famulantin beschäftigte Studentin lehnte jedwede Mitwirkung bei den Abtreibungen ab und verweigerte sogar die Erhebung der medizinischen Vorgeschichte betroffener »Ostarbeiterinnen«.[154] Zwar machte sie sich so bei den zuständigen Assistenten unbeliebt, der Leiter der Klinik schien ihre Haltung jedoch zu akzeptieren.

arbeiterinnen«, 21. Januar 1944, zitiert nach Sämann, Das Durchgangslager in Bietigheim, S. 141.
148 Sämann, Das Durchgangslager in Bietigheim, S. 141. Eine entsprechende Anweisung hatte Conti bereits im November 1943 ausgegeben; Rundschreiben des Reichsgesundheitsführers an die Leiter der Ärztekammern betr. »Schwangerschaftsunterbrechung bei Ostarbeiterinnen und Polinnen«, 27. Dezember 1943, BArch, R 49/3433; vgl. Vertrauliche Informationen der Partei-Kanzlei betr. »Schwangerschaftsunterbrechung bei Ostarbeiterinnen und Polinnen«, 10. März 1944, BArch, R 6/97.
149 Bayer, Ausländerinnen als gynäkologische und geburtshilfliche Patientinnen in der Universitätsfrauenklinik Tübingen 1939–1945, S. 132–137.
150 Frobenius, Abtreibungen bei »Ostarbeiterinnen« in Erlangen, S. 298.
151 Frobenius, Abtreibungen bei »Ostarbeiterinnen« in Erlangen, S. 299.
152 Zitiert nach Frobenius, Abtreibungen bei »Ostarbeiterinnen« in Erlangen, S. 299.
153 Frobenius, Abtreibungen bei »Ostarbeiterinnen« in Erlangen, S. 294.
154 Frobenius, Abtreibungen bei »Ostarbeiterinnen« in Erlangen, S. 298.

Entbindungsanstalten und »Ausländerkinder-Pflegestätten«

Schwangerschaftsabbrüche bei Zwangsarbeiterinnen wurden routinemäßig in zahlreichen Krankenanstalten im gesamten Reich durchgeführt. Obwohl einige Mediziner aus verschiedenen Gründen die Durchführung der Eingriffe verweigerten, stellte dies für die Behörden weniger ein Problem dar als der anhaltende Betten- und Personalmangel. So beklagte sich ein bei den Städtischen Krankenanstalten in Itzehoe angestellter Assistenzarzt Anfang Januar 1944 beim Klinikdirektor, er könne die Arbeit nicht mehr alleine bewältigen, da »die ärztliche Arbeit durch die Zunahme der Polen-Baracke und der seit dieser Zeit angeordneten Schwangerschaftsunterbrechungen bei Polinnen und Ostarbeiterinnen – jetzt täglich 2 – weiterhin vermehrt wurde«.[155] Das Gesundheitsamt im Kreis Oldenburg meldete, die Kreiskrankenhäuser Oldenburg und Eutin seien ständig überfüllt, so dass sich die Aufnahme der Arbeiterinnen um mehrere Wochen verzögere.[156] Durch solche Verzögerungen konnten die Eingriffe, deren Genehmigung ohnehin viel Zeit in Anspruch nahm, oftmals nicht mehr rechtzeitig vorgenommen werden.

Neben Ärzten konnten Hebammen sowie konfessionell gebundene Krankenschwestern in Gewissenskonflikte geraten, wenn sie bei Abtreibungen in Krankenhäusern assistieren sollten.[157] Im Krankenhaus Hutthurm, Kreis Passau, wurden ab Ende April 1943 Schwangerschaftsabbrüche bei Zwangsarbeiterinnen vorgenommen, weshalb sich die Oberschwester der dort arbeitenden »Barmherzigen Schwestern« an das Mutterhaus und den Generalvikar wandte.[158] Diese wiesen die Schwestern an, jedwede Mithilfe bei den Eingriffen zu verweigern. Unter Bezugnahme auf das Schreiben des Reichskirchenministeriums an Bischof Clemens von Galen vom Oktober 1943 argumentierte der Kardinalerzbischof von München-Freising, Michael von Faulhaber, auch Schwestern dürften nicht zur unmittelbaren Mitwirkung bei Abtreibungen gezwungen werden. Diese Haltung musste die NS-Führung schließlich notgedrungen akzeptieren, so dass Abtreibungen ab Frühjahr 1944 nicht mehr in konfessionellen Krankenanstalten durchgeführt werden durften, »um konfessionell gebundene Ärzte und Schwestern nicht in

---

155 Schreiben des Assistenzarztes Dr. O. an den Direktor der Städtischen Krankenanstalten Itzehoe Dr. Z., 14. Januar 1944, zitiert nach Lehmann, »... stärkste Befürchtungen, dass das Kind doch der Allgemeinheit zur Last fällt«, S. 213.
156 Lehmann, »... stärkste Befürchtungen, dass das Kind doch der Allgemeinheit zur Last fällt«, S. 214 f.
157 Wie üblich die Mithilfe niedergelassener Hebammen bei Abtreibungen im Krankenhaus war, ist bislang nicht bekannt. Wiebke Lisner berichtet von einer bayrischen Hebamme aus dem Kreis Vilshofen, die 1944 – bei insgesamt 123 betreuten Geburten – bei 34 Schwangerschaftsabbrüchen im Krankenhaus assistierte und die Frauen anschließend betreute; Lisner, Geburtshilfe und Abtreibungen bei Zwangsarbeiterinnen, S. 108.
158 Rosmus, Wintergrün, S. 12 f.; Lisner, Geburtshilfe und Abtreibungen bei Zwangsarbeiterinnen, S. 108–110.

Gewissenskonflikte zu bringen«.[159] Die von der Kirche gestützte Weigerung der Schwestern, sich an den Schwangerschaftsabbrüchen zu beteiligen, konnte je nach Region die Umsetzung dieser bevölkerungspolitischen Maßnahme massiv behindern. Vor allem kleinere Krankenhäuser waren auf die Mitarbeit der Schwestern angewiesen, ohne deren Hilfe die Eingriffe nicht durchgeführt werden konnten. Der Gauamtsleiter für Volksgesundheit Baden-Elsaß empörte sich in seinem Tätigkeitsbericht vom 24. Juli 1944:

> Daß die Unterbrechungen notwendig sind, wird jeder, der mit dem Einsatz von Ostarbeitern zu tun hat, bestätigen. Genau so ist es eine Schande, daß in einem so großem [sic!] Gebiet, wie der Seekreis, d.h. also der ganzen Bodenseegegend, keine einzige Unterbrechung durchgeführt werden kann, weil an sämtlichen Krankenhäusern konfessionelle Schwestern sind, die einfach erklären, sie machen nicht mit. Man könnte hier nur fragen, wo ist die Autorität des Staates, oder will vielleicht der Staat in dieser Beziehung gar nicht Autorität haben? Und schiebt man wieder gerne etwas auf die Partei ab!?«[160]

3.3 In den Lagern der Industriebetriebe

Entbindungen

Mit den Erlassen vom Dezember 1942 und März 1943 nahm der Generalbevollmächtigte für den Arbeitseinsatz vor allem die Betriebe in die Verantwortung, eigenständig für Entbindungs- und Unterbringungsmöglichkeiten für die Kinder ihrer ausländischen Arbeiterinnen zu sorgen.[161] Dabei verwies er auf die Kooperation der Betriebe untereinander sowie mit den örtlichen Dienststellen von Staat und Partei. Angesprochen waren sowohl Großbetriebe, die über eigene Lager verfügten, wie auch kleinere Betriebe, deren Arbeitskräfte in Einzelunterkünften untergebracht waren. So wies der Regierungspräsident in Münster die Landräte, Oberbürgermeister und Gesundheitsämter des Regierungsbezirks im Frühjahr des Jahres 1943 an:

---

159 Vertrauliche Informationen der Partei-Kanzlei betr. »Schwangerschaftsunterbrechung bei Ostarbeiterinnen und Polinnen«, 10. März 1944, BArch, R 6/97.
160 Tätigkeitsbericht II des Gauamts für Volksgesundheit Baden-Elsaß, 24. Juli 1944, zitiert nach Tholander, Fremdarbeiter 1939 bis 1945, S. 404.
161 Weiterleitung des GBA-Erlasses betr. »Rückführung schwangerer ausländischer Arbeitskräfte« vom 15. Dezember 1942 durch die DAF, Amt für Arbeitseinsatz, 12. Januar 1943, BArch, NS 5-I/264; Runderlass des GBA an die Präsidenten der Landesarbeitsämter betr. »Behandlung schwangerer ausländischer Arbeitskräfte«, 20. März 1943, BArch, NS 5-I/271.

Die Entbindung soll möglichst in Räumen, die der Betriebsführer zu stellen, hat, [sic!] erfolgen, also in Revierstuben der Lager oder beim Einzeleinsatz in den Unterkünften der Ostarbeiterinnen. Es ist anzustreben, dass sämtliche Betriebe über einen geeigneten Entbindungsraum verfügen. Diese Räume müssen die einfachsten hygienischen Anforderungen erfüllen.[162]

Lager zur Unterbringung von mehr als fünfzig Arbeitskräften mussten laut Lagerverordnung über eine Krankenstube mit mindestens zwei Betten pro fünfzig Arbeitskräften verfügen.[163] Für mehr als zweihundert Arbeitskräfte war darüber hinaus ein Zimmer zur Isolation Infektionskranker vorgesehen. In den ersten Kriegsjahren waren niedergelassene Kassenärzt:innen für die revierärztliche Versorgung der Zwangsarbeiter:innen in den Lagern zuständig. Ende des Jahres 1942 verständigte sich die Kassenärztliche Vereinigung mit dem DAF-Amt »Gesundheit und Volksschutz« darauf, diese Aufgabe den Betriebsärzt:innen zu übertragen.[164] Wie in den Durchgangs- und Krankensammellagern arbeiteten in den Lagern der großen Rüstungsunternehmen oftmals »Ostärzte« unter der Aufsicht deutscher Betriebsärzte.[165]

Die Einrichtung von Entbindungszimmern oder -baracken gestaltete sich für größere Industriebetriebe daher recht unproblematisch, da sie meistens ohnehin über Krankenreviere und medizinisches Personal verfügten.[166] So sorgten zahlrei-

---

162   Schreiben des Regierungspräsidenten in Münster an die Landräte, Oberbürgermeister und Gesundheitsämter des Regierungsbezirks Münster betr. »Betreuung schwangerer Ostarbeiterinnen«, 15. April 1943, abgedruckt in Flemnitz, »Verschleppt, entrechtet, ausgebeutet«, S. 240.

163   Verordnung über die lagermäßige Unterbringung von Arbeitskräften während der Dauer des Krieges (Lagerverordnung), 14. Juli 1943, Reichsgesetzblatt I 1943, S. 388–390.

164   Gine Elsner, Arbeitsmedizin im Nationalsozialismus. Einige Aspekte und ihre Kontinuität, in: Muß Arbeit krank machen? Für eine andere Arbeitsmedizin, hg. von Gine Elsner, Wilfried Karmaus und Lothar Lißner, Hamburg 1986, S. 56–76, hier S. 68.

165   Karl-Heinz Karbe schätzt die Zahl der ausländischen Lagerärzt:innen auf etwa 1.600; Karl-Heinz Karbe, Entstehung und Ausbau des faschistischen Betriebsarztsystems und dessen Funktion bei der Ausbeutung der deutschen Arbeiter und ausländischen Zwangsarbeiter, in: Medizin unterm Hakenkreuz, hg. von Achim Thom und Genadij Ivanovic Caregorodcev, Berlin (DDR) 1989, S. 205–250, hier S. 225 f.

166   Allerdings wurden diese Vorgaben nicht in allen Lagern unmittelbar umgesetzt. Das Landesarbeitsamt Westfalen beispielsweise berichtete am 10. Februar 1943: »Verhältnismäßig hoch ist der Anteil der Lager, die noch nicht über eine Revierstube verfügen. Meist sind es Lager, die demnächst in die zu erwartenden Baracken umgelegt werden sollen, wobei eine Revierstube in Aussicht genommen ist. Die übrigen Betriebe sind angewiesen, ein Krankenrevier in der der Belegung des Lagers erforderlichen Größe anzulegen. Nur in wenigen Fällen waren Absonderungsräume für Infektionskranke vorhanden. Ostarbeiter mit ansteckenden Krankheiten sind fast immer den Krankenanstalten zugeführt worden.« Zitiert nach Lissner, Das Kind entspricht nicht den Auslesebestimmungen, S. 148 f.

che Betriebe bereits im Frühjahr 1943 für die notwendigen Entbindungsmöglichkeiten in ihren Lagern. Die Schießpulverfabrik Eibia GmbH für chemische Produkte im niedersächsischen Dörverden hatte eine Stammbelegschaft von ca. 1.400 größtenteils ausländischen Arbeitskräften, die fast alle im sogenannten Steinlager untergebracht waren.[167] Da knapp 30 Prozent der ausländischen Arbeitskräfte weiblich waren, gab es im Lagerrevier eine eigene Frauenabteilung mit einem Behandlungsraum und zwei Vierbettzimmern, denen die Lagerleitung einen Raum für Entbindungen hinzufügen ließ.[168] Dort kamen bis Kriegsende 33 Kinder sowjetischer, zehn französischer, neun belgischer, zwei slowakischer und jeweils ein Kind polnischer und kroatischer Nationalität zur Welt. Eine deutsche Hebamme begleitete die Entbindungen, nötigenfalls mit Unterstützung des Sanitätspersonals.

Weil Großbetriebe eher über solche Möglichkeiten verfügten, sollten sie laut Weisung Sauckels und der DAF »in Gemeinschaftshilfe die Schwangeren der Kleinbetriebe am gleichen Ort oder aus der Umgegend mit aufnehmen«.[169] In vielen industriellen Zwangsarbeiter:innenlagern wurde diese Vorgabe im Laufe des Jahres 1943 realisiert, wobei das Einzugsgebiet der Entbindungsstationen je nach Aufnahmekapazität und Abmachungen mit den örtlichen Behörden und Betrieben variierte. Das Arbeitsamt in Lübeck traf mit den ansässigen Wirtschaftsbetrieben und der DAF eine offizielle Vereinbarung, wonach schwangere »Ostarbeiterinnen« und Polinnen im Zwangsarbeiterlager der MfM (Maschinen für Massenverpackungen) in einer zu diesem Zweck eingerichteten Station entbinden konnten.[170] Zwischen Juli 1943 und Mai 1945 fanden in dieser Einrichtung 287 Entbindungen statt – bei insgesamt 355 standesamtlich registrierten Geburten ausländischer Kinder in Lübeck.[171] In Kiel war das Gemeinschaftslager der Firma Hanseatische Apparatebau Neufeldt & Kuhnke GmbH die Anlaufstelle zur Entbindung eines Großteils der dort eingesetzten schwangeren Polinnen und »Ostarbeiterinnen«, sofern diese nicht in eines der Krankenhäuser gebracht wurden.[172]

---

167 Woock, Zwangsarbeit ausländischer Arbeitskräfte im Regionalbereich Verden/Aller (1939–1945), S. 96 f.
168 Woock, Zwangsarbeit ausländischer Arbeitskräfte im Regionalbereich Verden/Aller (1939–1945), S. 182 f.
169 Handreichung der DAF, Amt für Arbeitseinsatz, betr. »Die Behandlung schwangerer ausländischer Arbeitskräfte«, 8. April 1943, BArch, R 89/10888, S. 25.
170 Schreiben des Oberbürgermeisters der Hansestadt Lübeck an das Arbeitsamt Lübeck betr. »Ausländische schwangere Wöchnerinnen und deren Kinder«, 29. Dezember 1943, BArch, R 36/1444.
171 Lehmann, »... stärkste Befürchtungen, dass das Kind doch der Allgemeinheit zur Last fällt«, S. 204. Vgl. auch Christian Rathmer; Wolfgang Muth (Hg.), »Ich erinnere mich nur an Tränen und Trauer ...«. Zwangsarbeit in Lübeck 1939 bis 1945, Essen 1999, S. 76–79.
172 Lehmann, »... stärkste Befürchtungen, dass das Kind doch der Allgemeinheit zur Last fällt«, S. 205.

Entbindungsanstalten und »Ausländerkinder-Pflegestätten«

Die Ahlmann-Carlshütte bei Rendsburg richtete Anfang 1943 eine Entbindungsbaracke ein, die anfänglich nur für die Belegschaft der Carlshütte bestimmt war.[173] Ab Mitte Juli schickten dann landwirtschaftliche und industrielle Kleinbetriebe des gesamten Kreises Rendsburg ihre schwangeren Arbeiterinnen dorthin. Von den 107 Frauen, die dort im Laufe des Krieges entbanden, handelte es sich nur in 21 Fällen um Arbeiterinnen der Carlshütte. Ein bis drei Wochen nach der Geburt kehrten die Frauen an ihre alten Arbeitsstellen zurück oder wurden, falls bereits ein Ersatz gefunden worden war, vom Arbeitsamt weitervermittelt. Die Daimler-Benz-Werksleitung in Sindelfingen ließ Anfang 1943 ein Entbindungszimmer im Ostarbeiterlager »Böblinger Allee« einrichten, in der schwangere Zwangsarbeiterinnen aus dem gesamten Sindelfinger Raum entbanden.[174] Insgesamt kamen dort 51 Kinder auf die Welt, fünf waren bei der Geburt bereits tot. Die Kinder der bei Daimler-Benz eingesetzten sowjetischen Frauen blieben im Lager, dreizehn von ihnen starben vor Kriegsende. In Göttingen richtete im Februar 1943 ein Zusammenschluss der örtlichen Rüstungsunternehmen eine Krankenbaracke ein, in die ab September Polinnen und »Ostarbeiterinnen« aus dem Umland zur Entbindung eingewiesen wurden.[175]

In größerem Stil richtete die Augsburger Kammgarnspinnerei im Jahr 1943 ein zentrales Entbindungslager für »Ostarbeiterinnen« ein, vorgesehen für den gesamten Gau Schwaben.[176] Laut den Aufzeichnungen des Standesamts Augsburg kamen dort insgesamt 282 Kinder zur Welt. Wie der Präsident des Gauarbeitsamts Anfang 1944 dem GBA mitteilte, stand dieses Lager aufgrund »räumlicher Beschränkungen« allerdings nur gewerblichen Betrieben zur Verfügung.[177] Darüber hinaus sahen die Aufnahmebedingungen einen sechsmonatigen Verbleib der Frauen im Lager vor, was für kleine Betriebe »arbeitseinsatzmäßig unmöglich« sei. Diese Regelung sollte es der Kammgarnspinnerei als Ausgleich für den Betrieb des Entbindungslagers ermöglichen, die Frauen vor und nach der Entbindung im Textilbetrieb arbeiten zu lassen. Dies entsprach grundsätzlich den Weisungen des GBA:

---

173 Lehmann, »... stärkste Befürchtungen, dass das Kind doch der Allgemeinheit zur Last fällt«, S. 205.
174 Barbara Hopmann; Mark Spoerer; Birgit Weitz; Beate Brüninghaus, Zwangsarbeit bei Daimler-Benz, Stuttgart 2017, S. 170 f.
175 Tollmien, Slawko, Stanislaw und France-Marie, S. 371.
176 Wolfgang Kučera, Fremdarbeiter und KZ-Häftlinge in der Augsburger Rüstungsindustrie, Augsburg 1996, S. 57–59.
177 Schreiben des Präsidenten des Gauarbeitsamts und Reichstreuhänder der Arbeit Südbayern an den GBA betr. »Behandlung schwangerer ausländischer Arbeitskräfte und Versorgung der Kinder; hier Ostarbeiterinnen und Polinnen«, gez. Mauder, 10. Januar 1944, BArch, R 16/174.

Erklären sich Betriebe bereit, schwangere Ausländerinnen in grösserer Zahl für bestimmte Fertigungen in einem besonderen Lager oder einem Teil des Lagers fortlaufend aufzunehmen, so ist zu versuchen, die Beschäftigung der Frauen, für die der Mindestschutz gilt, in Form von Heimarbeit durchzuführen (d.h. im Lager selbst – Beschäftigun[gs]baracken).[178]

In der deutschen Textilindustrie gab es traditionell einen großen Anteil an Frauenerwerbstätigkeit. In der Kammgarnspinnerei hatte man daher Erfahrung mit dem Einsatz schwangerer Arbeiterinnen und verfügte seit 1930 über ein Säuglingsheim sowie eine »Kinderbewahranstalt«.[179] Laut DAF durften die unter den Mindestschutz fallenden Arbeiterinnen, also Polinnen und »Ostarbeiterinnen«, auch während der Schonzeiten »mit vollwertiger, wenn auch vielleicht leichterer Arbeit« beschäftigt werden.[180] Der Kammgarnspinnerei gelang es auf diese Weise, unter Ausnutzung der rassistischen Vorgaben der Arbeitsverwaltung, die Aufnahme der schwangeren Ausländerinnen zur Entbindung mit ihrer ökonomischen Nutzbarmachung zu verbinden.

Neben den Entbindungsstuben der Lager fanden nicht wenige Entbindungen in den Wohnbaracken der Arbeiterinnen und Familien statt, allenfalls mit Hilfe sogenannter Osthebammen oder älterer »Ostarbeiterinnen«, die selbst bereits Kinder zur Welt gebracht hatten. Nach Ansicht des GBA würde damit so verfahren, »wie es in den Ostgebieten ebenfalls üblich ist«.[181] Wurden schon die Geburten in den Krankenrevieren nicht immer sachgemäß dokumentiert,[182] so galt dies umso mehr für Kinder, die ohne Beteiligung eines Arztes oder einer deutschen Hebamme und ohne besondere Teilnahme der Lagerleitung auf die Welt kamen.

Unterbringung

Während sich die verlangten Entbindungsmöglichkeiten in den Krankenrevieren der Industriebetriebe relativ schnell einrichten ließen, bereitete die Unter-

---

178 Runderlass des GBA an die Präsidenten der Landesarbeitsämter betr. »Behandlung schwangerer ausländischer Arbeitskräfte«, 20. März 1943, BArch, NS 5-I/271.
179 Fritz Schulze; Hermann Ernst Jäckel, Umfang der Frauenarbeit in der deutschen Textilindustrie. Erwerbsarbeit, Schwangerschaft, Frauenleid, Berlin 1923; Werner Genzmer, Hundert Jahre Augsburger Kammgarn-Spinnerei 1836/1936. Ein Beitrag zur Geschichte der deutschen Wollgewerbes, Augsburg 1936.
180 Handreichung der DAF, Amt für Arbeitseinsatz, betr. »Die Behandlung schwangerer ausländischer Arbeitskräfte«, 8. April 1943, BArch, R 89/10888, S. 13.
181 Runderlass des GBA an die Präsidenten der Landesarbeitsämter betr. »Behandlung schwangerer ausländischer Arbeitskräfte«, 20. März 1943, BArch, NS 5-I/271.
182 Vögel, »Entbindungsheim für Ostarbeiterinnen«, S. 20.

Entbindungsanstalten und »Ausländerkinder-Pflegestätten«

bringung und Versorgung der Neugeborenen mehr Schwierigkeiten. Viele Lagerleitungen beließen die Anfang 1943 noch überschaubare Kinderzahl zunächst bei ihren Müttern in den Wohn- oder Familienbaracken. Doch vor allem Großbetriebe mit einem großen Frauenanteil in der ausländischen Belegschaft richteten wegen der steigenden Geburtenzahl im Laufe des Jahres 1943 eigene Säuglingsheime oder -krippen ein, in denen die Kinder entweder durchgehend oder während der Arbeitszeiten betreut werden konnten. So ließ die BMW-Werksleitung im Juni 1943 in einem ihrer Wohnlager eine Baracke als »Ausländer-Kinderkrippe« herrichten, die allerdings im Oktober bereits wieder geräumt wurde.[183] Doch die stetig anwachsende Kinderzahl veranlasste den Personalchef im Frühjahr 1944 dazu, in einem anderen Lager erneut eine Säuglingsbaracke für die mittlerweile 96 ausländischen Kinder errichten zu lassen.

Der HSSPF Donau, SS-Obergruppenführer Querner, meldete Ende Juli 1943 dem Persönlichen Stab des RFSS aus Wien, mehrere Großbetriebe wie die Eisenwerke Oberdonau, die Reichswerke Hermann Göring und die Steyr-Werke hätten sich bereiterklärt, die geforderten »Kleinkinderbetreuungseinrichtungen einfachster Art zu schaffen«.[184] Verzögert werde dies allerdings durch »Beschaffungsschwierigkeiten der Baracken und sämtlicher sanitären und anderen Einrichtungen«. Probleme bereitete darüber hinaus die Frage der Kostenübernahme. Die Reichswerke Hermann Göring richteten im Sommer 1943 in einem ihrer Wohnlager eine »Kinderkrippe« ein und versuchten anschließend, finanzielle Unterstützung vom Arbeitsamt, der NSV und der Allgemeinen Ortskrankenkasse (AOK) für Oberdonau zu erhalten.[185] Die staatlichen Beihilfen in Form einer ermäßigten »Ostarbeiterabgabe« würden, so argumentierte die Werksleitung, in Anbetracht der tatsächlichen Kosten – Unterbringung und Verpflegung der Kinder, Beheizung der Baracke, Strom- und Wasserverbrauch sowie Bereitstellung des Pflegepersonals – bei Weitem nicht ausreichen. Dabei sei durch die Einrichtung der Krippe den staatlichen Behörden viel Aufwand abgenommen worden, sie seien letztendlich die größten »Nutznießer« dieser Maßnahme. Doch weder das Arbeitsamt noch die NSV oder die AOK erklärten sich bereit, die Kosten zu übernehmen. Im Dezember 1943 war die »Krippe« mit 16 Kindern belegt, im Frühjahr 1944 war,

---

183 Constanze Werner, Kriegswirtschaft und Zwangsarbeit bei BMW. Im Auftrag von MTU Aero Engines und BMW Group, München 2006, S. 232.

184 Schreiben des HSSPF Donau an den persönlichen Stab des RFSS, z. Hd. SS-Obersturmbannführer Brandt, betr. »Schaffung von Entbindungsmöglichkeiten für schwangere ausländische Arbeitskräfte sowie Unterbringung der Neugeborenen«, 31. Juli 1943, BArch, NS 19/3596.

185 Schreiben der Reichswerke Hermann Göring an die Ortskrankenkasse Linz betr. »Leistungen der Krankenkasse für Ostarbeiterinnen«, gez. Wolkerstorfer, 22. Dezember 1943, BArch, R 12-I/342. Zur »Kinderkrippe für Ostarbeiterinnenkinder im Lager 57« der Reichswerke siehe Hauch, Zwangsarbeiterinnen und ihre Kinder, S. 439–445.

bei stetig anwachsenden »ungedeckten Mehrauslagen«, die Höchstbelegstärke von 30 Kindern erreicht.[186]

Konnten die Hermann-Göring-Werke als riesiger Rüstungskonzern die Kosten einer solchen Einrichtung vorstrecken, so hatten kleinere Betriebe finanziell deutlich weniger Spielraum. Selbst wenn sie die Entbindungsstationen größerer Industriebetriebe mitnutzen durften, scheuten diese den zusätzlichen organisatorischen Aufwand und die laufenden Kosten für die Betreuung der Kinder von Arbeiterinnen, die nicht im eigenen Betrieb eingesetzt waren. So nahm, wie oben dargelegt, die MfM Lübeck zwar schwangere Arbeiterinnen aus der Region zur Entbindung auf, zur Unterbringung der dort geborenen Kinder war sie allerdings nicht bereit. Die Frauen sollten nach der Geburt mit ihren Kindern an ihre Arbeitsplätze zurückkehren, nötigenfalls mussten sie vom Arbeitsamt an einen Betrieb weitervermittelt werden, der bereits mit einer eigenen »Kleinkinderbetreuungseinrichtung« ausgestattet war.[187]

Andere Unternehmen zeigten sich hingegen bereit, auch die Kinder umliegender Betriebe mit aufzunehmen. Im sogenannten Ostlager des Volkswagenwerks richtete die Werksleitung bereits im März 1943 eine Baracke mit Platz für etwa 30 Säuglinge ein, die zunächst nur für die Kinder der im Werk eingesetzten »Ostarbeiterinnen« vorgesehen war.[188] Aufgrund einer Vereinbarung der Werksleitung mit dem NSDAP-Kreisleiter in Gifhorn wurden ab April sämtliche im Kreisgebiet eingesetzten schwangeren Polinnen und »Ostarbeiterinnen« im Krankenrevier des Lagers entbunden und ihre Neugeborenen anschließend im werkseigenen Säuglingsheim untergebracht. Wegen der hohen Zahl an Neuzugängen vor allem aus den landwirtschaftlichen Kleinbetrieben des Kreises Gifhorn – nur etwa 15 bis 20 Prozent stammten von Arbeiterinnen des Volkswagenwerks – musste das sogenannte Ausländerkinderpflegeheim zweimal verlegt werden. Überbelegung, unzureichende Hygiene und schlechte Versorgung führten bis Kriegsende zum Tod von mindestens 326 der dort untergebrachten Kinder.[189]

Die Firma Krupp in Essen schickte ihre schwangeren ausländischen Arbeiterinnen zur Entbindung in das Kruppsche Arnoldhaus für Wöchnerinnen, in dem ein Bereich für »Ostarbeiterinnen« abgetrennt wurde.[190] Zunächst blieben die Neugeborenen im Wöchnerinnenheim, bis die Firma im April 1944 aufgrund von

---

186 Schreiben der Reichswerke Hermann Göring an die Reichsgruppe Industrie betr. »Leistungen der Ortskrankenkasse für Ostarbeiterinnen«, 13. März 1944, BArch, R 12-I/342.
187 Schreiben des Oberbürgermeisters der Hansestadt Lübeck an das Arbeitsamt Lübeck betr. »Ausländische schwangere Wöchnerinnen und deren Kinder«, 29. Dezember 1943, BArch, R 36/1444.
188 Brüntrup, Verbrechen und Erinnerung.
189 Brüntrup, Verbrechen und Erinnerung, S. 116–118. Siehe auch Kapitel 6.3.2 in diesem Buch.
190 Tamara Frankenberger, Wir waren wie Vieh. Lebensgeschichtliche Erinnerungen ehemaliger sowjetischer Zwangsarbeiterinnen, Münster 1997, S. 192–194.

Platzmangel eine Kinderbaracke in einem ihrer Lager am »Buschmannshof« in Voerde einrichten ließ. Von Januar bis Oktober 1944 kamen im Arnoldhaus 128 Kinder zur Welt, von denen 29 noch in Essen, weitere 37 in Voerde starben. Darüber hinaus wurden in der Säuglingsbaracke ausländische Kinder anderer Betriebe aus Essen, Dinslaken, Duisburg und Voerde aufgenommen, von denen 62 dort ihr Leben verloren.

Nicht alle Kleinbetriebe waren darauf angewiesen, die Einrichtungen der großen Unternehmen zu nutzen. Seit der Ausweitung des Arbeitseinsatzes im Laufe des Jahres 1942 waren immer mehr Firmen der Empfehlung der DAF gefolgt, sich innerhalb ihrer Bezirke zu Interessengemeinschaften zusammenzuschließen, um gemeinschaftlich Sammelunterkünfte für die ausländischen Zivilarbeiter:innen zu errichten und zu betreiben.[191] Aus diesen Gemeinschaftsunterkünften mussten die Arbeitskräfte jeden Tag je nach Bedarf an ihre jeweiligen Einsatzorte marschieren. Da sich kleinere Betriebe auf diese Weise die Kosten für Beschaffung und Ausstattung der Baracken sowie für Versorgung und Bewachung der Arbeitskräfte anteilsmäßig teilen konnten, lebten viele ausländische Zivilarbeiter:innen während der späteren Kriegsjahre in derartigen Gemeinschaftslagern. Auch diese Lager wurden ab 1943 mit Entbindungs- und Unterbringungsmöglichkeiten für die Kinder von Polinnen und »Ostarbeiterinnen« ausgestattet.

In der Region Hannover schlossen sich ungefähr 170 Firmen zur Lagergemeinschaft e. V. zusammen, die insgesamt zwölf Lager mit etwa 10.000 Personen betrieb.[192] Eines davon war das Gemeinschaftslager »Wettberger Mühle« an der Hamelner Chaussee, das ab Ende März 1943 über zwei Wöchnerinnenbaracken verfügte. Dort kamen 41 Säuglinge zur Welt, fünf von ihnen verstarben im Lager oder waren tot geboren worden. Bereits im September wurden diese Baracken wieder geräumt, die Frauen und ihre Kinder in das seit August 1943 bestehende »Ausländer-Wöchnerinnenheim« in Godshorn verlegt. Dieses Heim befand sich im ebenfalls von der Lagergemeinschaft e.V. betriebenen Lagerkomplex »Schulenburger Mühle«. Laut Standesamtsunterlagen kamen dort bis Kriegsende 453 Kinder zur Welt. Darüber hinaus kamen auch Kinder, die außerhalb des Lagers geboren worden waren, nach Godshorn. Wie Janet Anschütz und Irmtraud Heike nachweisen konnten, verstarben fast 300 Kinder aufgrund miserabler Lebensbedingungen.[193]

---

191 Baganz, Lager für ausländische zivile Zwangsarbeiter, S. 255.
192 Zum Folgenden siehe Anschütz; Heike, »Unerwünschte Elemente«, S. 41–56.
193 Wie der damalige Bürgermeister Christian Langrehr berichtete, überlebten 75 Prozent der im Lager geborenen Kinder nur für sehr kurze Zeit; Anschütz; Heike, »Unerwünschte Elemente«, S. 51. Der Oberkreisdirektor Hannover informierte im April 1950 die International Refugee Organization (IRO) in Göttingen, im Entbindungsheim in Godshorn seien etwa 400 standesamtlich erfasste Kinder gestorben; 2.2.0.1/82406146/ITS Digital Archive, Bad Arolsen.

Bei der Einrichtung ihrer Wohnlager wie auch der Entbindungs- und Unterbringungsmöglichkeiten für »fremdvölkische« Kinder arbeiteten die Betriebe, wie vom GBA gewünscht, eng mit der DAF zusammen, wie der Fall der Firma Zeiß Ikon in Dresden veranschaulicht. Im Herbst 1942 hatte die Zeiss Ikon AG ihr bisheriges Materiallager zur Errichtung des »Judenlagers Hellerberg« zur Verfügung gestellt.[194] Nach der Deportation der letzten dort untergebrachten Menschen in die Vernichtungslager nutzte die DAF die Baracken ab Frühjahr 1943 als Entbindungslager für ausländische Arbeiterinnen und zur Unterbringung der in der Umgebung Dresdens geborenen ausländischen Kinder. Während die DAF die Grundausstattung stellte, beauftragte sie im Juni 1943 das Bauunternehmen W. Strauß & Co. mit Sitz in Friedrichstadt mit der Verwaltung des sogenannten Ausländerlagers Kiesgrube. Der Betrieb kümmerte sich um die Beschaffung und Verteilung von Lebensmitteln, die Anforderung weiterer Einrichtungsgegenstände, sammelte die Unterkunftsbeiträge ein und überwies die Miete an die Firma Zeiss Ikon, weiterhin Inhaberin der Baracken auf dem Gelände. So profitierte Zeiss Ikon von der Vermietung ihrer Baracken an die DAF, unabhängig davon, ob sie für die Unterbringung von Juden und Jüdinnen vor deren Deportation oder für die Kinder von Polinnen und »Ostarbeiterinnen« genutzt wurden. Die Mütter durften bis zu sechs Wochen nach der Entbindung bei ihren Kindern bleiben und mussten das Lager dann verlassen. Für das Lager Kiesgrube lassen sich für die Zeit bis Kriegsende 497 Geburten nachweisen, 225 Kinder starben meist im Alter von zwei bis drei Monaten, einige waren bereits ein oder zwei Jahre alt.

Kooperationen zwischen Betrieben untereinander und mit den Behörden fanden nicht allein aufgrund der vom GBA geforderten freiwilligen »Gemeinschaftshilfe« statt, sondern konnten sich in verschiedener Hinsicht für die Beteiligten lohnen. So profitierte die mit einer Entbindungsstation ausgestattete Kammgarnspinnerei Augsburg von der Aufnahme schwangerer Ausländerinnen, da sie – wie bereits erwähnt – auf diese Weise günstig temporäre Arbeitskräfte erhielt. Die Gemeindeverwaltung Satrup informierte im April 1949 im Rahmen der Suchaktion für Ausländer die Kreisverwaltung Schleswig über die Entbindungsanstalt der Firma H. Redlefsen K. G. Fleischwarenwerke, wo polnische und russische Frauen aufgenommen worden seien, sofern »sie zur Arbeitsleistung in der Fabrik gegen Entgelt bereit waren«.[195] Die Mütter konnten nach der Entbindung dort bleiben, ihre Kinder wurden während der Arbeitszeit von einer Pflegerin betreut. Auch die

---

194 Zum Folgenden siehe Dube-Wnęk, Strukturelle Gewalt im nationalsozialistischen Gesellschaftssystem am Beispiel der Ausländerkinder-Pflegestätten und der Forschungsergebnisse für das »Entbindungslager Kiesgrube« in Dresden.
195 Schreiben des Gemeindedirektors Satrup an die Kreisverwaltung Schleswig betr. »Suchaktion für Ausländer«, gez. Jensen, 22. April 1949, 2.2.0.1/82425655/ITS Digital Archive, Bad Arolsen.

Einrichtung eigener »Kleinkinderbetreuungseinrichtungen« konnte sich auszahlen, weil die Arbeitsämter Mütter mit ihren Kindern bevorzugt an entsprechend ausgestattete Betriebe vermittelten. Die Großwäscherei Schneeweiß in Göttingen etwa richtete im März 1944 eine Säuglingsbaracke mit dem Ziel ein, die Mütter als Arbeitskräfte einstellen zu können.[196] Bis April 1945 wurden 28 meist in Göttingen geborene Säuglinge mit ihren Müttern bei Schneeweiß untergebracht. Elf von ihnen starben, ohne ihr erstes Lebensjahr erreicht zu haben.

Nahezu jeder Betrieb, der Zwangsarbeiterinnen beschäftigte, musste sich im Laufe des Krieges mit der Frage der Unterbringung ausländischer Kinder auseinandersetzen. Treffend fasst dies ein in der Nachkriegszeit entstandener Bericht des Arbeitsamts Bielefeld an die International Refugee Organisation (IRO) zusammen:

> In allen größeren Lägern mit mehr als 50 Ostarbeiterinnen waren Kinderkrippen eingerichtet, in denen die in Deutschland geborenen Kinder von Ostarbeiterinnen unter Aufsicht von deutschem Lagerpersonal betreut wurden. Auch waren einige kleinere Läger vorhanden, in denen nur Ostarbeiterinnen mit Kindern untergebracht waren, die sie hier zur Welt gebracht hatten.[197]

In Anbetracht des enormen Ausmaßes der Zwangsarbeit – im ganzen Reich gab es mindestens 30.000 Zwangsarbeiter:innenlager[198] – wird deutlich, dass es sich bei den »Ausländerkinder-Pflegestätten« um ein reichsweites Phänomen handelte, an dem unzählige Betriebe partizipierten und das vor den Augen der deutschen Zivilgesellschaft stattfand.

Abtreibungen

Aufgrund der dürftigen Quellenlage lässt sich kaum rekonstruieren, in welchem Umfang Abtreibungen in den Lagern der Betriebe durchgeführt wurden. Der Großteil der Eingriffe fand zunächst wahrscheinlich in den Krankenhäusern, später in den Durchgangs- bzw. Krankensammellagern der Arbeitsverwaltung statt. Wie oben beschrieben, versuchte der Gesundheitsdienst der Eibia in Dör-

---

196 Tollmien, Slawko, Stanislaw und France-Marie, S. 372.
197 Schreiben des Arbeitsamts Bielefeld an 922 Area Team, I.R.O. betr. »Fremdarbeiterlager und sanitäre Betreuung von Fremdarbeitern während des Krieges«, 12. Oktober 1948, 2.2.0.1/82395073/ITS Digital Archive, Bad Arolsen.
198 Baganz, Lager für ausländische zivile Zwangsarbeiter, S. 254. Neuere Forschungen gehen von mindestens 35.000 Lagern aus, siehe den im Erscheinen befindlichen siebten Band der United States Holocaust Memorial Museum Encyclopedia of Camps and Ghettos, 1933–1945: Camps for Foreign Forced Laborers, hg. von Alexandra Lohse und Henning Borggräfe.

verden, schwangere Arbeiterinnen gegen den Widerstand des Chefarztes zum Schwangerschaftsabbruch in das Städtische Krankenhaus in Verden einzuweisen.[199] Obwohl die Eibia im »Steinlager« über ein eigenes Entbindungszimmer verfügte, sollten oder konnten dort offenbar keine Abtreibungen vorgenommen werden.

Schwangerschaftsabbrüche in den Krankenrevieren der Betriebe lassen sich nur in Einzelfällen nachweisen. In Sindelfingen etwa wies das Amt für Gesundheitswesen die Daimler-Benz AG bereits im Frühjahr 1943 an, in einem ihrer Lager eine »Abtreibungsstation« für das gesamte Kreisgebiet einzurichten.[200] Zeitzeug:innenberichte bestätigen, dass auch in den Werken Untertürkheim, Sindelfingen, Marienfelde und Genshagen Schwangerschaftsabbrüche bei »Ostarbeiterinnen« vorgenommen wurden.[201] Laut einem Schreiben des Gauarbeitsamts München-Oberbayern vom 24. März 1944 wurden derartige Eingriffe im Stadtkreis München »in einer eigens zu diesem Zweck bei BMW errichteten Krankenhausbaracke vorgenommen«.[202] Die ärztliche Abteilung der I. G. Farben AG in Leverkusen sprach sich im Einvernehmen mit der Direktion zunächst gegen Schwangerschaftsabbrüche in werkseigenen Einrichtungen aus, lenkte auf Drängen der Reichsärztekammer und des Gauamtsleiters Düsseldorf im Sommer 1944 jedoch ein.[203] Ab August war ein russischer Gynäkologe für die Abtreibungen zuständig, doch in welchem Umfang diese durchgeführt wurden, ist nicht bekannt. Die Anorgana GmbH, eine Tochter der I. G. Farben, betrieb in ihrem Wohnlager Gendorf bei Burgkirchen an der Alz ein Entbindungsheim, in dem laut Aussage des zuständigen Betriebsarztes auch Abtreibungen stattfanden.[204]

Konkretere Angaben liegen für das Krankenrevier der Volkswagenwerk AG in der »Stadt des KdF-Wagens bei Fallersleben« vor. Laut einer Aufstellung vom 1. Juli 1944 über die Gesundheitsversorgung ausländischer Arbeitskräfte wurden in einem »Teil der Werk-Baracken der Stadt des KdF-Wagens« Schwangerschaftsabbrüche durchgeführt.[205] Zuständig war der Chefchirurg des Stadt-

---

199 Woock, Zwangsarbeit ausländischer Arbeitskräfte im Regionalbereich Verden/Aller (1939–1945), S. 175 f.
200 Hopmann; Spoerer; Weitz; Brüninghaus, Zwangsarbeit bei Daimler-Benz, S. 171.
201 Hopmann; Spoerer; Weitz; Brüninghaus, Zwangsarbeit bei Daimler-Benz, S. 283.
202 Rundschreiben des Präsidenten des Gauarbeitsamtes München-Oberbayern, 24. März 1944, 2.2.0.2/82385615–82385616/ITS Digital Archive, Bad Arolsen; siehe auch Heusler, Ausländereinsatz, S. 211.
203 Valentina-Maria Stefanski, Zwangsarbeit in Leverkusen. Polnische Jugendliche im I. G. Farbenwerk, Osnabrück 2000, S. 227 f.
204 Eidesstattliche Erklärung von Dr. Max Wittwer, 2.2.0.2/82390332–82390337/ITS Digital Archive, Bad Arolsen. Vgl. Michael Kamp; Florian Neumann, Verantwortung leben. Vom Gendorfer Werk zum Industriepark, München 2014, S. 18.
205 Überblick über Unterbringung und ärztliche Betreuung der bettlägerig erkrankten Polen

krankenhauses, Dr. Karl Riffelmacher, der die Eingriffe von einem tschechischen Assistenzarzt vornehmen ließ.[206] Ende des Jahres 1944 meldete Hans Körbel, leitender Betriebsarzt des Volkswagenwerks und Direktor des Stadtkrankenhauses, seit Mai desselben Jahres seien »167 Schwangerschaftsunterbrechungen lege artis, d.h. unter Einhaltung aller nur denkbaren Kautelen vorgenommen« worden.[207] Körbel war Ende März 1944 von der Ärztekammer Ost-Hannover zum Gutachter für »Schwangerschaftsunterbrechungen« ernannt worden,[208] gleichzeitig war er für das »Ausländerkinderpflegeheim« des Volkswagenwerks zuständig.[209] Die im Werk eingesetzten schwangeren Zwangsarbeiterinnen konnten somit gleich vom Betriebsarzt die Genehmigung zur Abtreibung erhalten, die dann im Krankenrevier des Lagers durchgeführt wurde. Eine ähnliche personelle Funktionsüberschneidung lag bei Krupp vor, wo der für das werkseigene Wöchnerinnenheim zuständige Arzt, Dr. Seynsche, gleichzeitig Leiter der Gutachterstelle für »Schwangerschaftsunterbrechungen« war.[210] Nach dem Krieg erklärte er zwar, er habe solche Eingriffe im Einvernehmen mit der Werksleitung abgelehnt. Dem widersprach jedoch die Aussage des Kruppschen Oberlagerführers, wonach ein russischer Arzt Abtreibungen unter Aufsicht des Oberlagerarztes durchgeführt habe. Wurden schon Entbindungen in den Lagern oftmals nicht sorgfältig dokumentiert, so trifft dies aller Wahrscheinlichkeit nach umso mehr auf Schwangerschaftsabbrüche zu. Die vereinzelten Hinweise deuten allerdings auf eine hohe Dunkelziffer hin, die sich wegen der spärlichen Quellenlage kaum erhellen lassen wird.

3.4 In der Landwirtschaft

Entbindungen

Wie in den Städten und industriellen Zentren sollten laut den Weisungen des GBA auch in der Landwirtschaft die Großbetriebe kleinere Betriebe unterstützen und deren schwangere Arbeitskräfte zur Entbindung aufnehmen. Befänden

---

und Ostarbeiter im Regierungsbezirk Lüneburg nach dem Stande vom 1. Juli 1944, NLA HA, Hann. 180 Lüneburg Acc. 3/005 Nr. 120 I.

206 Befragung des Zeugen Riffelmacher, TNA, WO 235/267, 21. Prozesstag (13. Juni 1946).
207 Bericht über das Ausländerkinderpflegeheim der Wirtschaftsbetriebe der Volkswerk G. m.b.H., vermutlich Ende 1944, TNA, WO 235/272, Exhibit 29.
208 Schreiben des Leiters der Ärztekammer Ost-Hannover an den Reichsverteidigungskommissar Ost-Hannover, 27. März 1944, NLA HA, Hann. 180 Lüneburg Acc. 3 /005 Nr. 120 I.
209 Zum »Ausländerkinderpflegeheim« des Volkswagenwerks siehe Brüntrup, Verbrechen und Erinnerung; Siegfried, Das Leben der Zwangsarbeiter im Volkswagenwerk 1939–1945, S. 235–255.
210 Frankenberger, Wir waren wie Vieh, S. 189.

sich keine landwirtschaftlichen Großbetriebe mit geeigneten Einrichtungen in der Nähe, müsse »der Ortsbauernführer die Dorfgemeinschaft einschalten und mit deren Hilfe die erforderlichen notwendigen Einrichtungen für die Entbindungen schaffen«.[211] Dies werde »dadurch erleichtert, daß es sich meistens um Ostarbeiterinnen und Polinnen handelt, die bekanntlich im allgemeinen leicht niederkommen«. Kleinbetriebe in landwirtschaftlich geprägten Regionen waren damit abhängig von örtlichen Kooperationen, Improvisation und Unterstützung durch die örtliche Verwaltung. Aufgrund von uneindeutigen Richtlinien und Zuständigkeiten, fehlenden Geldmitteln, Materialengpässen und Raummangel begann die Einrichtung von Entbindungs- und Unterbringungsmöglichkeiten für Kinder ausländischer Arbeiterinnen im ländlichen Raum nur schleppend.

Die meisten ausländischen Arbeiter:innen in der Landwirtschaft waren nicht in Lagern, sondern einzeln bei den Betrieben untergebracht. Viele Kinder kamen daher, sofern ihre Arbeitgeber:innen eine Hausgeburt zuließen oder es schlicht keine andere Möglichkeit gab, auf den Bauernhöfen zur Welt. Im Landkreis Saulgau in Württemberg wurden Polinnen und »Ostarbeiterinnen« zunächst zur Entbindung ins Kreiskrankenhaus gebracht, bis der Kreispfleger im Sommer 1943 eine weitere Aufnahme der »fremdvölkischen« Arbeiterinnen aus Raum- und »volkspolitischen« Gründen untersagte.[212] Weil die Landwirt:innen Entbindungen auf ihren Höfen wegen der zusätzlichen Arbeitsbelastung ablehnen würden und keine alternative Lösung gefunden werden könne, wandte sich der Landrat an das württembergische Innenministerium. Vergleichbare Fälle traten im ganzen Reich auf. Zwar sprachen sich viele Landwirt:innen und regionale (Gesundheits-)Behörden gegen Entbindungen auf den Höfen aus, doch waren Hausgeburten bei einzeln eingesetzten Polinnen und »Ostarbeiterinnen« insbesondere im Jahr 1943 eher die Regel als die Ausnahme.[213]

Mit steigenden Schwangerschaftszahlen wuchs im Laufe des Jahres 1943 auch der Unmut betroffener Arbeitgeber:innen und regionaler Behörden. Da verlässliche Richtlinien weiterhin auf sich warten ließen, begannen Landwirt:innen sich in Genossenschaften und anderen Zusammenschlüssen zu organisieren, um in Eigenregie für behelfsmäßige Entbindungsmöglichkeiten zu sorgen. Diese

---

211 Handreichung der DAF, Amt für Arbeitseinsatz, betr. »Die Behandlung schwangerer ausländischer Arbeitskräfte«, 8. April 1943, BArch, R 89/10888, S. 25.
212 Schäfer, Zwangsarbeiter und NS-Rassenpolitik, S. 163.
213 Reiter, Tötungsstätten für ausländische Kinder im Zweiten Weltkrieg, S. 42; Lisner, Geburtshilfe und Abtreibungen bei Zwangsarbeiterinnen, S. 103; Woock, Zwangsarbeit ausländischer Arbeitskräfte im Regionalbereich Verden/Aller (1939–1945), S. 356–361. Siehe auch den Bericht einer Hebamme, die in der Lüneburger Heide Hausgeburten von Zwangsarbeiterinnen auf den Höfen betreute, in: Marianne Grabrucker, Vom Abenteuer der Geburt. Die letzten Landhebammen erzählen, Frankfurt a. M. 1998, S. 152–156.

»Selbsthilfeeinrichtungen der deutschen Landwirtschaft«,[214] wie es ein Vertreter des RNSt formulierte, dienten in der ersten Hälfte des Jahres 1944 als Vorbild für reichsweite Richtlinien. Eine dieser Einrichtungen befand sich in Quedlinburg.[215] Zunächst nur mit dem Ziel, die in den umliegenden Betrieben eingesetzten polnischen Arbeiter:innen und »Ostarbeiter:innen« gesammelt unterzubringen, hatte die Kreisbauernschaft Quedlinburg-Ballenstedt mit Unterstützung der Landwirtschafts- und Gewerbebank Quedlinburg eine Genossenschaft unter dem Namen »Gefolgschaftsheim GmbH« gegründet und ehemalige Baracken des Reichsarbeitsdienstes angemietet. Zum Beitritt zu dieser Genossenschaft musste jedes Mitglied ein unverzinsliches Darlehen von 80 RM zur Verfügung stellen sowie 10 RM monatlich für jede untergebrachte Arbeitskraft zahlen. Zum Jahreswechsel 1943/44 ließ die Genossenschaft die Baracken zu einem Entbindungsheim ausbauen. Für Unterbringung und Verpflegung 10 Tage vor und 10 Tage nach der Niederkunft inklusive des Arzthonorars erhob die Genossenschaft einen Pauschalbetrag von 50 RM, den die Väter der dort zur Welt kommenden Kinder zu entrichten hatten. Die Kosten von 35 RM für den Einsatz einer Hebamme trug die Krankenkasse.

Wie oben ausgeführt, diente das Heim der Gefolgschaftsheim GmbH im Januar 1944 dem Reichsnährstand als Beispiel für mögliche Lösungsansätze. Auch der SD hob das Heim in einem seiner Berichte als erfolgreichen Einzelversuch hervor, an dem sich mittlerweile auch die benachbarte Kreisbauernschaft Halberstadt-Wernigerode orientiere.[216] Dementsprechend empfahlen das Reichsamt für das Landvolk und der Reichsbauernführer den Landesbauernschaften die Gründung derartiger Genossenschaften als praktikables Finanzierungsmodell.[217] Nach diesem Muster begannen im Laufe des Jahres 1944 zahlreiche Kreisbauernschaften in Kooperation mit lokalen Behörden, eigene Entbindungsanstalten für die dort eingesetzten Zwangsarbeiterinnen einzurichten. Dies allein reichte den betroffenen

---

214 Bericht über die Reise nach Quedlinburg am 6. und 7.1.1944 betr. »Unterbringung von fremdvölkischen schwangeren Arbeiterinnen und Kleinstkindern«, 14. Januar 1944, BArch, R 16/174.

215 Bericht über die Reise nach Quedlinburg am 6. und 7.1.1944 betr. »Unterbringung von fremdvölkischen schwangeren Arbeiterinnen und Kleinstkindern«, 14. Januar 1944, BArch, R 16/174; Aktenvermerk betr. »Schwangere ausländische Arbeitskräfte und ihre nicht einsatzfähigen Kinder«, gez. Schwarz, ohne Datum, BArch, R 16/174.

216 »SD-Berichte zu Inlandsfragen«, 13. Januar 1944, BArch, R 58/192, Bl. 102–105.

217 Schreiben des Reichsamts für das Landvolk an den Reichsbauernführer betr. »Betreuung schwangerer Ostarbeiterinnen und Polinnen und der im Reich geborenen Kinder von Ostarbeiterinnen und Polinnen«, 7. Februar 1944, 2.2.0.1/82388970–82388972/ITS Digital Archive, Bad Arolsen; Erlass des Reichsbauernführers an die Landesbauernschaften betr. »Ausländische ldw. Arbeitskräfte; hier Entbindungsheime und Kinderpflegestätten für Fremdvölkische«, gez. Behrens, 21. März 1943, LASA, C 102, Nr. 246, Bl. 81–85.

Landwirt:innen und NS-Behörden jedoch nicht aus. Aufgrund der zusätzlichen Arbeitsbelastung und vor allem aus »volkspolitischen« Erwägungen erschien ihnen die Frage der »Hortung« der ausländischen Kinder wesentlich dringlicher. In allen bekannten Beispielen für Entbindungsheime in der Landwirtschaft wurde daher früher oder später auch die Unterbringung der Neugeborenen ermöglicht, nötigenfalls ergänzt durch weitere »Pflegestätten« in angrenzenden Bezirken.

Unterbringung

Weil Anfang des Jahres 1944 außerhalb der Lager kaum Unterbringungsmöglichkeiten für ausländische Kinder existierten, kehrten die meisten Mütter nach der Entbindung gemeinsam mit ihren Säuglingen auf die Bauernhöfe zurück.[218] Das Arbeitsamt Ansbach in Franken ließ sich noch im Frühjahr 1944 von Arbeitgeber:innen schriftlich versichern, sie würden ihre Arbeiterinnen nach Entlassung aus dem Entbindungsheim wieder aufnehmen und selbst für Unterbringung und Verpflegung der Kinder Sorge tragen.[219] Um die Zahl der auf den Höfen lebenden ausländischen Kinder zu beschränken, achteten viele Arbeitsämter jedoch darauf, schwangere Arbeiterinnen und Arbeiterinnen mit Kindern grundsätzlich nicht an Einsatzorte ohne Unterbringungsmöglichkeit zu vermitteln.[220] Zudem erprobten einige Arbeitsämter die nachträgliche »Umvermittlung« schwangerer Frauen und Mütter, wie Himmler in seinem Erlass vom 27. Juli 1943 angeregt hatte:

> Im übrigen wird – soweit arbeitseinsatzmässig tragbar – eine Umvermittlung der schwangeren Ausländerinnen bzw. der Ausländerinnen mit Kindern dergestalt erfolgen, dass die Kräfte aus dem Einzeleinsatz oder aus kleineren Betrieben möglichst in Betriebe oder Dörfer mit ›Ausländerkinder-Pflegestätten‹

---

218 Siehe dazu Woock, Zwangsarbeit ausländischer Arbeitskräfte im Regionalbereich Verden/Aller (1939–1945), S. 356–361; Schwarze, Kinder, die nicht zählten, S. 141–188.
219 Memorandum von Prof. Dr. Karl Schöpke, VoMi Amt IV, über »Sofortige Reichsmaßnahmen zur Verminderung der Unterwanderungsgefahren infolge der zahlreichen fremdvölkischen Geburten auf dem Lande«, 18. Mai 1944, BArch, R 59/48. Das Vorgehen des Arbeitsamts entsprach damit den Vorgaben des RAM vom 13. August 1941, laut denen von der Rückführung einer schwangeren Ausländerin abgesehen werden konnte, sofern der Betriebsführer sich schriftlich bereiterklärte, für die Unterbringung des Säuglings zu sorgen und die entstehenden Kosten zu tragen; Erlass des RAM betr. »Übernahme von Entbindungs-, Krankenhaus- und Pflegekosten bei Entbindungen ausländischer Arbeiterinnen im Reichsgebiet«, 13. August 1941, Reichsarbeitsblatt I 1941, S. 364.
220 Siehe dazu beispielsweise das Schreiben des Oberbürgermeisters der Hansestadt Lübeck an das Arbeitsamt Lübeck betr. »Ausländische schwangere Wöchnerinnen und deren Kinder«, 29. Dezember 1943, BArch, R 36/1444.

kommen, wenn das Kind sonst nicht in eine solche Einrichtung aufgenommen werden kann.[221]

Betroffene Betriebe sollten ersatzweise eine Arbeitskraft ohne Kind erhalten. Weil viele größere Lager bereits über Säuglingsheime verfügten, während dies für den Einzeleinsatz nur selten der Fall war, lief diese Vorgehensweise auf einen Arbeitskräfteaustausch zwischen Industrie und Landwirtschaft hinaus. Im Gau Ost-Hannover versuchte das Volkswagenwerk einen solchen Austausch, der sich jedoch, wie der Volksbund für das Deutschtum im Ausland (VDA) Anfang 1944 berichtete, als nachteilig für den Großbetrieb erwies:

> Da nachweisbar über 80 % der Geburten unehelicher fremdvölkischer Kinder auf dem Lande sind, wuchs der Austausch der Kräfte in einem derartigen Maße an, dass dieser für das Volkswagenwerk nicht mehr tragbar war, weil es gegen schlechte Kräfte hätte beste angelernte Kräfte und Fachkräfte austauschen müssen.[222]

Dabei war gerade die Unentbehrlichkeit der bereits angelernten Arbeitskräfte für die Industriebetriebe ein Hauptargument gewesen, sich für ein Ende der Rückführung schwangerer ausländischer Arbeiterinnen einzusetzen.[223]

Als Alternative blieb, wollte man die Kinder nicht auf den Höfen belassen, die großflächige Einrichtung von landwirtschaftlichen »Ausländerkinder-Pflegestätten«. Ebenso wie bei den Entbindungsheimen verzögerte sich dies vielerorts durch fehlende Richtlinien und unklare Zuständigkeiten. In Quedlinburg beispielsweise scheiterte im Oktober 1943 der erste Versuch, ein Kinderheim für ausländische Säuglinge einzurichten, am Einspruch des Gauleiters Rudolf Jordan. Die Kreisbauernschaft hatte zu diesem Zweck versucht, ein leerstehendes Restaurant zu pachten, Jordan in seiner Funktion als Reichsverteidigungskommissar für den Bezirk Magdeburg-Anhalt jedoch seine Zustimmung versagt und die Betriebsführer angewiesen, die Kinder in ihren eigenen Unterkünften unterzubringen.[224] Das Gebäude wurde stattdessen zur Unterbringung Bombengeschädigter

---

221 Erlass des RFSS an die HSSPF, die Sicherheitspolizei und den SD betr. »Behandlung schwangerer ausländischer Arbeiterinnen und der im Reich von ausländischen Arbeiterinnen geborenen Kinder«, i. V. Kaltenbrunner, 27. Juli 1943, BArch, NS 47/61.
222 Schreiben des Volksbunds für das Deutschtum im Ausland, Gauverband Ost-Hannover, an die VoMi betr. »Kinder und Kleinstkinder der Fremdvölkischen, vor allem der Ostarbeiterinnen und Polinnen (Ausländer-Kleinkinderpflegestätten)«, ohne Datum (Frühjahr 1944), BArch, R 59/48.
223 Siehe Kapitel 1.3 in diesem Buch.
224 Schreiben des Reichsverteidigungskommissars Magdeburg-Anhalt an den Oberbürgermeister in Quedlinburg betr. »Unterbringung von Kleinstkindern ausländischer Arbeite-

genutzt.²²⁵ Erfolgreicher war die Kreisbauernschaft Eggenfelden in Niederbayern, die ab November 1943 ein Entbindungs- und Säuglingsheim in einem leerstehenden Hofbauernhof in Sallach betrieb. Mindestens 120 Polinnen und »Ostarbeiterinnen« mussten bis 1945 in dem Heim entbinden, in den Kirchenbüchern lassen sich 114 verstorbene Kinder nachweisen.²²⁶ Bis Frühjahr 1944 entstanden derartige Einrichtungen in landwirtschaftlichen Regionen jedoch nur vereinzelt auf Initiative lokaler Amtsträger.

Eine der ersten improvisierten »Kinderpflegestätten« in Niedersachsen avancierte Anfang 1944 zum Vorbild für die allseits geforderten Unterbringungsmöglichkeiten in der Landwirtschaft. In dem oben bereits zitierten Schreiben an das SS-Hauptamt Volksdeutsche Mittelstelle berichtete der VDA von den Erfahrungen, die bislang im Gau Ost-Hannover mit der Unterbringung »fremdvölkischer« Kinder gemacht worden seien.²²⁷ Obwohl sich alle maßgeblichen Stellen schon lange mit dem Problem befasst hätten, sei wie in den meisten anderen Gauen bislang keine praktische Lösung gefunden worden. Demgegenüber sei auf Betreiben des Bezirksbauernführers in Echem bereits im September 1943 beschlossen worden, in der Gemeinde Hohnstorf mit »einfachsten Mitteln« eine »Ausländer-Kleinkinderpflegestätte« einzurichten. Unter der pathetischen Losung »volkspolitische bäuerliche Selbsthilfe« sei mit Unterstützung der Kreisbauernschaft, des Gauamts für das Landvolk, des Arbeitsamts, des Landratsamts, »altbewährter ländlicher Handwerker sowie einer Reihe tatkräftiger Bauern und Bäuerinnen« ein 110 m² großer Maschinenschuppen zur Unterbringung von 24 Säuglingen ausgebaut worden. Anfang November war das Heim bezugsfertig, Verwaltung und Aufsicht übernahm eine »ausgebombte ehem. Kinderschwester mit Hilfe ihres Ehemannes, der tagsüber auf Arbeit geht«.²²⁸ Im Mai 1944 halfen zudem zwei polnische Helferinnen bei der Pflege und Betreuung der mittlerweile 25 dort untergebrachten Kinder.²²⁹ Die Eltern durften das Heim mit

---

rinnen«, gez. R. Jordan, 19. November 1943, BArch, R 16/174; Schreiben des NSDAP-Amts für Volkswohlfahrt Kreis Quedlinburg-Ballenstedt an die Kreisbauernschaft Quedlinburg-Ballenstedt betr. »Unterbringung von Kleinstkindern ausländischer Arbeiterinnen«, 26. November 1943, BArch, R 16/174.

225 Aktenvermerk betr. »Schwangere ausländische Arbeitskräfte und ihre nicht einsatzfähigen Kinder«, gez. Schwarz, ohne Datum, BArch, R 16/174.
226 Rosmus, Wintergrün, S. 30–40.
227 Hier und im Folgenden Schreiben des Volksbunds für das Deutschtum im Ausland, Gauverband Ost-Hannover, an die VoMi betr. »Kinder und Kleinstkinder der Fremdvölkischen, vor allem der Ostarbeiterinnen und Polinnen (Ausländer-Kleinkinderpflegestätten)«, Anfang 1944, BArch, R 59/48.
228 Liste über die »Unterbringung heranwachsender Kinder (von Geburt bis zum vollendeten 10. Lebensjahr) von Polinnen und Ostarbeiterinnen«, 15. Mai 1944, NLA HA, Hann. 180 Lüneburg Acc. 3/005 Nr. 120 I.
229 Liste über die »Unterbringung heranwachsender Kinder (von Geburt bis zum vollendeten

Zustimmung des Landratsamts alle zwei Wochen sonntags für zwei festgelegte Stunden besuchen. Dafür benötigten sie einen Ausweis, auf dem ein Aufseher die Besuche vermerkte.[230] Der Regierungspräsident in Lüneburg lobte die Einrichtung als »mustergültig anzusehendes Heim«,[231] Schöpke von der VoMi hob sie als »wohlgelungenes Beispiel« für die von ihm geforderten »Fremdkinderheime« hervor.[232]

Im Erlass vom 21. März 1944 empfahl der Reichsbauernführer den nachgeordneten Dienststellen, sich bei der wirtschaftlichen Führung der geplanten Heime an den in den Landesbauernschaften Sachsen-Anhalt und Niedersachsen gemachten Erfahrungen zu orientieren.[233] Die dort auf Initiative einzelner Bauernschaften geschaffenen Einrichtungen in Quedlinburg und Hohnstorf hatten somit reichsweit Modellcharakter. Im Laufe des Jahres 1944 richteten zahlreiche Landes-, Kreis- und Ortsbauernschaften nach und nach einfache Entbindungs- und Kinderheime ein, wobei sie auf lokale genossenschaftliche Zusammenschlüsse der Landwirt:innen und die Unterstützung der Kommunalverwaltungen bauten.

Im Kreis Salzwedel gründeten 24 Bauern anlässlich einer Bauernführertagung im Juni 1944 die »Kinderstätten fremdvölkischer Landarbeiter e. G.m.b. H.«[234] Zweck dieser landwirtschaftlichen Genossenschaft war der Bau eines zentralen Entbindungsheims sowie mehrerer »Kinderpflegestätten«, verteilt auf die 14 Bezirksbauernschaften des Kreises. Auf Anordnung der Kreisbauernschaft und des Landrats musste jeder Betriebsführer für jede bei ihm beschäftigte »fremdvölki-

---

10. Lebensjahr) von Polinnen und Ostarbeiterinnen«, 15. Mai 1944, NLA HA, Hann. 180 Lüneburg Acc. 3/005 Nr. 120 I.
230 Schreiben des Volksbunds für das Deutschtum im Ausland, Gauverband Ost-Hannover, an die VoMi betr. »Kinder und Kleinstkinder der Fremdvölkischen, vor allem der Ostarbeiterinnen und Polinnen (Ausländer-Kleinkinderpflegestätten)«, Anfang 1944, BArch, R 59/48.
231 Zitiert nach Reiter, Tötungsstätten für ausländische Kinder, S. 112.
232 Memorandum von Prof. Dr. Karl Schöpke, VoMi Amt IV, über »Sofortige Reichsmaßnahmen zur Verminderung der Unterwanderungsgefahren infolge der zahlreichen fremdvölkischen Geburten auf dem Lande«, 18. Mai 1944, BArch, R 59/48.
233 Erlass des Reichsbauernführers an die Landesbauernschaften betr. »Ausländische ldw. Arbeitskräfte; hier Entbindungsheime und Kinderpflegestätten für Fremdvölkische«, gez. Behrens, 21. März 1943, LASA, C 102, Nr. 246, Bl. 81–85.
234 Schreiben des Reichspropagandaamts Magdeburg-Anhalt an den Reichsminister für Volksaufklärung und Propaganda betr. »Kinderstätten fremdvölkischer Landarbeiter«, 20. Juli 1944, BArch, R 55/1229, Bl. 65. Der Bericht wurde als Antwort auf eine Anfrage des Reichspropagandaministeriums verfasst. Dort war man auf eine Pressenotiz in der »Brüsseler Zeitung« vom 28. Juni aufmerksam geworden, in der die Gründung der Genossenschaft bekannt gemacht wurde. Wer für die Weitergabe dieser Information verantwortlich zeichnete, konnte nicht geklärt werden. Schreiben des Reichsministeriums für Volksaufklärung und Propaganda an das Reichspropagandaamt Magdeburg-Anhalt betr. »Kinderstätten fremdvölkischer Landarbeiter«, 8. Juli 1944, BArch, R 55/1229, Bl. 67.

sche« Arbeitskraft 3 RM und jeder Bürgermeister für jeden beschäftigten Kriegsgefangenen 10 RM an die Genossenschaft zahlen. Während die so aufgebrachten Mittel für Bau und Einrichtung der Heime verwendet wurden, sollten die laufenden Kosten gemäß den Richtlinien des Reichsnährstands (Anordnung des RBF) von den Arbeitskräften selbst getragen werden.

Nach diesem Muster entstand im Laufe des Jahres 1944 ein je nach Region mehr oder weniger dichtes Netz kleinerer ländlicher Entbindungsheime und »Pflegestätten«. Für Niedersachsen konnte Raimond Reiter 58 in Betrieb genommene und 31 geplante Heime nachweisen, die meisten in Trägerschaft der jeweiligen Kreisbauernschaft. Die Kreisbauernschaft Wesermünde beispielsweise richtete im Mai 1944 eine »Ausländerkinder-Pflegestätte« in Wursterheide bei Nordholz für das gesamte Kreisgebiet ein.[235] Die Einrichtung bot Platz für insgesamt 60 Kinder, mehr als die Hälfte der dort bis Kriegsende untergebrachten Kinder verloren ihr Leben. Bei Bad Gandersheim finanzierte und betrieb eine Bauerngemeinschaft ab Sommer 1944 ein Säuglings- und Entbindungsheim im »fürstlichen Haus« des Klosters Brunshausen.[236] Für die Zeit von August 1944 bis März 1945 lassen sich 45 Geburten und 15 Todesfälle nachweisen. Ein bekanntes Beispiel aus Württemberg ist die von der Kreisbauernschaft betriebene »Ausländerkinder-Pflegestätte« Gantenwald bei Bühlerzell, in der von Juni 1944 bis Kriegsende 79 Kinder auf die Welt kamen.[237] Mindestens 24 Säuglinge verstarben in den ersten drei Monaten nach ihrer Geburt, eine 19 Jahre alte Russin verblutete bei der Entbindung. Noch bis in die Endphase des Krieges wurden weitere solcher Einrichtungen geschaffen. In Uttendorf, Gau Salzburg, richtete die Kreisbauernschaft noch im Dezember 1944 eine »Kinderpflegestätte« ein, die Kosten von 741 RM übernahm vorläufig die Gemeinde.[238]

Abtreibungen

Trotz wiederholter Warnungen vor einer angeblichen »Unterwanderung« der deutschen Landbevölkerung existierten in ländlichen Regionen auch über ein Jahr nach dem Ende der Rückführungen nur wenige Einrichtungen für schwangere

---

235 Hans-Jürgen Kahle, »Verschleppt nach Cuxhaven«. Eine Dokumentation über das Schicksal der ausländischen Arbeiter und Kriegsgefangenen in Cuxhaven, im Kreis Land Hadeln und dem Landkreis Wesermünde während der Zeit des Nationalsozialismus, Cuxhaven 1995, S. 95–98; Reiter, Tötungsstätten für ausländische Kinder im Zweiten Weltkrieg, S. 125.
236 Czichy, Tötung der Kinder von Zwangsarbeitenden; Race, Die »Kinderpflegestätte« Brunshausen 1944–1945; Reiter, Tötungsstätten für ausländische Kinder im Zweiten Weltkrieg, S. 101f.
237 Haida; Koziol; Schmidt, Gantenwald.
238 Oskar Dohle; Nicole Slupetzky, Arbeiter für den Endsieg. Zwangsarbeit im Reichsgau Salzburg 1939–1945, Wien; Köln; Weimar 2004, S. 81.

Entbindungsanstalten und »Ausländerkinder-Pflegestätten«

Ausländerinnen und ihre Kinder. Zwar stieg ihre Zahl nach dem Erlass des RBF im Laufe des Jahres 1944 an, je nach Region blieb das Netz dieser Heime jedoch meist sehr dünn und die verfügbaren Plätze begrenzt. Regionale Behörden bemühten sich daher zunehmend, die Geburten weiterer Kinder von vornherein zu verhindern, und forcierten zu diesem Zweck Schwangerschaftsabbrüche insbesondere bei in der Landwirtschaft eingesetzten Polinnen und »Ostarbeiterinnen«. Die Landesbauernschaft Kärnten etwa beklagte am 27. Juli 1944 ein »starkes Ansteigen von Geburten fremdvölkischer Frauen«, was nicht nur »arbeitseinsatzmäßige Schwierigkeiten« nach sich ziehe, sondern auch eine »volkspolitische Gefahr« darstelle.[239] Mit der Errichtung von »Kinderpflegestätten« sei zwar begonnen worden, es dauere jedoch noch einige Zeit, bis die ersten Kinder aufgenommen werden könnten. Am einfachsten sei es, die schwangeren Ausländerinnen möglichst schnell den Arbeitseinsatzdienststellen zu melden. Diese würden dann versuchen, die Frauen zu überzeugen, »sich die Kinder im Spital durch operativen Eingriff nehmen zu lassen«.[240]

Auch das Gauamt für das Landvolk in Franken vertrat die Ansicht, Abtreibungen seien der »zweckmäßigste Weg«, um der vermeintlichen »Fortpflanzungsfreudigkeit« der osteuropäischen Arbeitskräfte zu begegnen und die Zahl »fremdvölkischer« Kinder im Gau zu vermindern.[241] Die Ortsamtsleiter wurden daher im September 1944 per Rundschreiben (betr. »Schutz des deutschen Blutes«) aufgefordert, auf die schwangeren Frauen »dahingehend einzuwirken, daß sie durch Unterschrift ihre Einwilligung zur Schwangerschaftsunterbrechung geben«. Damit war die Anwendung von Zwangsmitteln, wenn auch nicht ausdrücklich angeordnet, so doch impliziert und in das Ermessen der Ortsamtsleiter gestellt. Da ein Eingriff nur bis zum Ende des 4. Monats möglich sei, müsse der Antrag frühzeitig eingereicht werden. Schwangerschaften ausländischer Arbeiterinnen unterlagen daher einer Meldepflicht, die den Arbeitgeber:innen immer wieder eingeschärft wurde. Noch im Dezember 1944 wies der Reichsbauernführer die Gau- und Landesbauernschaften an, die Betriebsführer daran zu erinnern, uneheliche Schwangerschaften ausländischer Arbeiterinnen sofort schriftlich und in doppelter Ausfertigung dem Arbeitsamt zu melden.[242]

---

239 Bericht in den Dienstlichen Mitteilungen der Landesbauernschaft Kärnten betr. »Behandlung schwangerer fremdvölkischer Frauen«, 27. Juli 1944, 2.2.0.1/82423381/ITS Digital Archive, Bad Arolsen.
240 Bericht in den Dienstlichen Mitteilungen der Landesbauernschaft Kärnten betr. »Behandlung schwangerer fremdvölkischer Frauen«, 27. Juli 1944, 2.2.0.1/82423381/ITS Digital Archive, Bad Arolsen.
241 Schreiben des Gauamts für das Landvolk Franken an die Ortsamtsleiter betr. »Schutz des deutschen Blutes; hier Schwangerschaftsunterbrechung bei fremdvölkischen Arbeitskräften auf dem Lande«, gez. Hergenröder, 4. September 1944, BArch, R 187/216.
242 Rundschreiben des RBF an die Gau- und Landesbauernschaften betr. »Schwangerschaften

Laut Rundschreiben des fränkischen Gauamts für das Landvolk sollte das Verfahren in der Landwirtschaft folgendermaßen ablaufen: Zunächst geht die Bäuerin (!) mit der schwangeren Arbeiterin zum Ortbauernführer, wo diese einen Antrag auf Schwangerschaftsabbruch zur Unterschrift vorgelegt bekommt. Zudem wird sie aufgefordert, den Namen des Erzeugers zu nennen, da auch dessen Unterschrift eingeholt werden muss. Nötigenfalls kann die Polizei eingeschaltet werden, um die Frau zur Benennung des Vaters zu zwingen. Ausgestattet mit Krankenschein und unterschriebener Einwilligungserklärung wird die Arbeiterin anschließend zum Arzt geschickt, der die Schwangerschaft bestätigt und die Schwangerschaftswoche bestimmt. Der Arzt oder der Ortsbauernführer sendet das ausgefüllte Formblatt dann an den Leiter der zuständigen ärztlichen Bezirksvereinigung, der einen Termin und Ort für den Eingriff festlegt.[243] Die Eingriffe selbst wurden nicht auf den Höfen, sondern in einem dazu autorisierten Krankenhaus, einer »Ausländer-Krankenbaracke« oder einem Lager der Arbeitsverwaltung durchgeführt. In einigen Fällen konnten Abtreibungen auch in ländlichen Entbindungsheimen vorgenommen werden, sofern dies behördlicherseits genehmigt wurde und ein Arzt verfügbar war. Nachweisen lässt sich dies lediglich für die sogenannte Ausländer-Entbindungs-Anstalt Eitze im Gau Ost-Hannover, in der »falls erforderlich« Schwangerschaftsabbrüche vorgenommen werden durften.[244]

Zwischenfazit

In seinen Erlassen zum Stopp der Rückführungen schwangerer Ausländerinnen nannte der Generalbevollmächtigte für den Arbeitseinsatz eine Reihe von Orten, an denen die Entbindungen zukünftig stattfinden sollten. Dazu zählten die Lager der Arbeitsverwaltung, öffentliche Krankenhäuser und Hebammenlehranstalten sowie die Lagerreviere der Industriebetriebe. Nur wenn diese Optionen nicht ausreichten, wie etwa in landwirtschaftlichen Regionen, sollten neue Entbindungsheime eingerichtet werden, mitfinanziert vom Reichsstock für Arbeitseinsatz. Um

---

ausländischer Arbeitskräfte«, 18. Dezember 1944, abgedruckt in den Dienstnachrichten des RNSt 1944, Nr. 51, , 2.2.0.1/82388954–82388958/ITS Digital Archive, Bad Arolsen.
243 Die Ortsamtsleiter wurden außerdem angewiesen, diese Anordnungen an alle »Ortsbauernführer und Ortsbäuerinnen« weiterzugeben und ihnen genügend Vordrucke zur Antragstellung bereitzustellen; Schreiben des Gauamts für das Landvolk Franken an die Ortsamtsleiter betr. »Schutz des deutschen Blutes; hier Schwangerschaftsunterbrechung bei fremdvölkischen Arbeitskräften auf dem Lande«, gez. Hergenröder, 4. September 1944, BArch, R 187/216.
244 Ob dort tatsächlich Abtreibungen vorgenommen wurden, ist nicht bekannt; Woock, Zwangsarbeit ausländischer Arbeitskräfte im Regionalbereich Verden/Aller (1939–1945), S. 177.

die Unterbringung der in diesen Heimen geborenen Kinder in »Kleinkinderbetreuungseinrichtungen« mussten sich in erster Linie die Arbeitgeber:innen selbst kümmern. Abtreibungen sollten dem Willen Contis zufolge vornehmlich in den »Ausländer-Krankenbaracken« vorgenommen werden, in denen auch Entbindungen stattfanden.

In den Rückkehrersammelstellen und Krankensammellagern führten die Landesarbeitsämter eine strenge Auslese durch, um möglichst wenige Arbeitskräfte in ihre Herkunftsländer abschieben zu müssen. Einzelne Arbeitsämter sahen bereits im Herbst 1942 davon ab, schwangere Polinnen und »Ostarbeiterinnen« wie vorgeschrieben den ohnehin immer selteneren Rückkehrertransporten anzuschließen. Stattdessen schlossen sie den Lagerrevieren Entbindungsstationen an und schickten die Frauen nach der Niederkunft an ihre Arbeitsstellen zurück. Nach dem offiziellen Ende der Rückführungen setzte die Arbeitsverwaltung diese regional erprobte Maßnahme im gesamten Reich um und stellte ihre Lagerinfrastruktur sowohl zur Durchführung von Entbindungen als auch von Schwangerschaftsabbrüchen zur Verfügung. In einzelnen Fällen ließen die Landesarbeitsämter zu diesem Zweck sogar eigene Lager einrichten. Obwohl die Arbeitsämter von Sauckel nicht dazu verpflichtet worden waren, stellten sie in einigen Fällen in den Lagern Räume zur Unterbringung der dort geborenen Säuglinge zur Verfügung oder betrieben eigene »Ausländerkinder-Pflegestätten«. Damit kamen sie notgedrungen örtlichen Arbeitgeber:innen entgegen, die nicht über derartige Einrichtungen verfügten. Die Durchgangs- und Krankensammellager waren über das ganze Reich verteilt, verfügten über gute Verkehrsanbindungen und damit ein großes Einzugsgebiet. Sie bildeten daher bis Kriegsende zentrale Anlaufstellen zur massenhaften Entbindung und Abtreibung bei schwangeren »Ostarbeiterinnen« und Polinnen. Wie im Fall der medizinischen Minimalversorgung erkrankter Arbeiter:innen verfolgten die Arbeitsämter damit das Ziel, mit möglichst geringem Ressourcenaufwand sogenannte Arbeitsreserven für die deutsche Kriegswirtschaft zu mobilisieren. Die restlose ökonomische Ausbeutung ging einher mit der gezielten rassistischen Schlechterbehandlung der Menschen in diesen Lagern, die katastrophalen Lebensbedingungen waren fester Bestandteil dieses Systems.

Wesentlich besser waren die medizinischen Voraussetzungen in den öffentlichen Krankenanstalten. Obwohl die Aufnahme ausländischer Patientinnen aufgrund von Betten- und Personalmangel sowie rassenideologischen Vorbehalten unerwünscht war, stellten die Krankenhäuser nach dem Ende der Rückführungen vielerorts zunächst die einzigen Entbindungsmöglichkeiten dar. Die stationäre Behandlung der Frauen entsprach üblicherweise den damaligen medizinischen Standards, die Unterbringung und Versorgung in den allmählich etablierten »Ausländer-Krankenbaracken« waren hingegen deutlich schlechter. Ab Mitte des Jahres 1943 durften offiziell nur noch Universitätskliniken und Hebammenschulen schwangere Polinnen und »Ostarbeiterinnen« zu Ausbildungszwecken aufnehmen. Einige Regionalbehörden versuchten die Krankenhausaufnahme ab 1944 noch weiter einzudämmen und Entbindungen gänzlich auf die Lagerreviere zu verlagern. Obwohl es einigen Medizinern gelang, die Durchführung von Schwangerschaftsabbrüchen aus verschiedenen Gründen zu verweigern, fanden in zahlreichen Krankenhäusern routinemäßig Abtreibungen bei Polinnen und »Ostarbeiterinnen« statt. Doch aufgrund von Platzmangel, kirchlichen Protesten und Fragen der Geheimhaltung sollten diese volkstumspolitisch erwünschten, aber aus ideologischer Sicht heiklen Eingriffe ab 1944 möglichst von ausländischen Lagerärzten durchgeführt werden. Das vorrangige Ziel, die Frauen möglichst schnell wieder dem Arbeitseinsatz zuzuführen, ohne das deutsche Gesundheitssystem mit den ausländischen Arbeiterinnen und ihren Säuglingen zu belasten, ging auch hier mit der rassistischen Diskriminierung der betroffenen Menschen einher.

Ab Frühjahr 1943 richteten zunächst größere Industriebetriebe Entbindungsstationen in ihren Lagerrevieren ein. Dort entbanden, wie von Sauckel angeregt worden war, oftmals auch die ausländischen Zwangsarbeiterinnen kleinerer Betriebe aus dem Umkreis. Einige Unternehmen ließen in ihren Lagern zudem Abtreibungen vornehmen, wobei aufgrund der schlechten Quellenlage von einer großen Dunkelziffer ausgegangen werden muss. Grundsätzlich waren die Betriebe dafür verantwortlich, einfache »Kleinkinderbetreuungseinrichtungen« für die Kinder ihrer ausländischen Belegschaft einzurichten. Die Bereitstellung von Entbindungs- und Kinderheimen konnte zudem wirtschaftliche Vorteile mit sich bringen, weil derartig ausgestattete Betriebe unter Umständen schneller schwangere Arbeiterinnen oder Arbeiterinnen mit Kindern zugewiesen bekamen. Bis Kriegsende waren nahezu alle größeren Zwangsarbeiterinnenlager mit derartigen Einrichtungen ausgestattet, deren Größe von einem einzelnen Zimmer bis zu mehreren Baracken für weit über 100 Kinder reichte. Die Mütter konnten ihre Kinder in manchen Fällen nach der Arbeit abholen, andernorts durften sie nur zu wöchentlich festgelegten Besuchszeiten kommen. Eine klare Definition, was eine »Ausländerkinder-Pflegestätte« ausmachte, gab es nicht.

In landwirtschaftlichen Regionen gelang es aufgrund unklarer Richtlinien sowie fehlender Geldmittel, Baumaterialien und Räumlichkeiten anfangs kaum, spezielle Entbindungs- und Kinderheime einzurichten. Dabei schätzten Rassenideologen gerade hier die Gefahr der »rassischen Unterwanderung« als besonders hoch ein. Die Landwirte und Landwirtinnen indes beklagten sich in erster Linie über die abfallende Arbeitsleistung. Ab Herbst 1943 gründeten Arbeitgeber:innen in einzelnen Kreisbauernschaften Genossenschaften, um notdürftige Einrichtungen für schwangere Ausländerinnen und ausländische Kinder finanzieren zu können. Nach diesem Vorbild ordnete der Reichsbauernführer im Frühjahr 1944 gegenüber den Kreisbauernschaften an, einfache Entbindungsheime, »Pflegestätten« und »Pflegenester« einzurichten. Mit Unterstützung der Kommunalverwaltungen und örtlicher Parteidienststellen entstand daraufhin in vielen ländlichen Regionen des Reichs eine große Zahl derartiger Einrichtungen, stets gekennzeichnet durch eine Kombination loser Vorgaben von oben und lokaler Initiativen von unten. Die anfänglichen Schwierigkeiten konnten jedoch nicht überall überwunden werden, zumal die tatsächliche Zuständigkeit für die Einrichtung der »Ausländerkinder-Pflegestätten« lange Zeit ungeklärt blieb. In manchen Regionen blieben Einrichtungen für ausländische Kinder daher auf die großen Zwangsarbeiter:innenlager beschränkt.

Der Umgang mit schwangeren Zwangsarbeiterinnen und ihren Kindern war gekennzeichnet von regionalen Improvisationen und Übergangslösungen, die soweit möglich an kriegsökonomischen und rasseideologischen Maximen ausgerichtet wurden. Die Versorgung und Betreuung innerhalb geschlossener Lager durch ausländische Ärzt:innen und Pflegekräfte stellte aus dieser Perspektive die beste Lösung dar. Doch mangels Alternativen entbanden zahlreiche Ausländerinnen insbesondere in der ersten Hälfte des Jahres 1943 zunächst noch in deutschen Krankenhäusern oder auf den Höfen ihrer Arbeitgeber:innen. Nach und nach wurden die Entbindungen auf die Lagerreviere der Betriebe und Landesarbeitsämter oder auf eigens zu diesem Zweck eingerichtete Entbindungsheime verlagert. Die aus ideologischer Sicht heiklen Schwangerschaftsabbrüche ließen die Behörden ebenfalls zunehmend in den Krankensammel- und Durchgangslagern von ausländischen Ärzten vornehmen. Während die Unterbringung der ausländischen Kinder in betriebseigenen »Kleinkinderbetreuungseinrichtungen« in städtisch-industriellen Regionen vergleichsweise wenig Probleme bereitete, blieben in der Landwirtschaft zahlreiche »fremdvölkische« Kinder vorerst bei ihren Müttern auf den Höfen. Um diesen aus arbeitseinsatz- und rassenpolitischer Sicht untragbaren Zustand zu beheben und die unerwünschten Kinder abzusondern, standen ab Mitte des Jahres 1944 zunehmend die von den Kreisbauernschaften improvisierten »Ausländerkinder-Pflegestätten« zur Verfügung. Diese Schritte stellten allerdings nur eine allgemeine Tendenz dar und konnten aufgrund uneinheitlicher Richtlinien und unter Kriegsbedingungen nicht überall gleichermaßen umgesetzt werden. Bis Kriegsende bildeten sich verschiedene Zwischenlösungen heraus, wobei die mehr oder weniger direkte Beteiligung zahlreicher weiterer Behörden und Dienststellen das Zuständigkeitschaos verstärkte.

4 Mitwirkung staatlicher, parteiamtlicher und öffentlicher Institutionen

Während im vorangegangenen Kapitel die konkreten Orte betrachtet wurden, an denen laut Anweisungen der Behörden Entbindungen und Abtreibungen durchgeführt und ausländische Kinder untergebracht werden sollten, rücken nun Institutionen in den Fokus, die in erster Linie an der Planung, Finanzierung, Ausstattung und Überwachung der Einrichtungen für schwangere ausländische Arbeiterinnen und »fremdvölkische« Kleinkinder beteiligt waren. Das sind insbesondere die Kommunalverwaltungen, die öffentliche, freie und nationalsozialistische Wohlfahrtspflege sowie verschiedene Organisationen des NS-Gesundheitswesens. In einigen Fällen gingen diese Stellen über ihre lediglich unterstützende Funktion hinaus und betrieben eigene Entbindungs- und Kinderheime oder nahmen ausländische Frauen und Kinder in ihren Heimen auf. Abschließend werden die Rasseexperten der SS in den Blick genommen, die für die rassische Untersuchung ausländischer Eltern und ihrer Kinder verantwortlich zeichneten und damit die Grundlage für ihre weitere Behandlung nach rassistischen Maßstäben legten.

4.1 Kommunalverwaltung

Wie oben gezeigt, waren kleinere Betriebe bei der Einrichtung von Entbindungs- und Säuglingsheimen von der im Erlass des GBA beschworenen »Gemeinschaftshilfe« und der Kooperation mit staatlichen und parteiamtlichen Dienststellen abhängig.[1] Die Städte, Gemeinden und Kreise als unterste Verwaltungsinstanzen spielten dabei eine herausragende Rolle, waren sie doch an der Umsetzung der Maßnahmen des NS-Regimes auf kommunaler Ebene direkt beteiligt.[2] Die Kommunalverwaltungen erhielten allerdings nach dem Ende der Rückführungen für

---

1 Runderlass des GBA an die Präsidenten der Landesarbeitsämter betr. »Behandlung schwangerer ausländischer Arbeitskräfte«, 20. März 1943, BArch, NS 5-I/271.
2 Zur systemstabilisierenden Rolle der kommunalen Selbstverwaltung im Nationalsozialismus siehe Rüdiger Fleiter, Stadtverwaltung im Dritten Reich. Verfolgungspolitik auf kommunaler Ebene am Beispiel Hannovers, Hannover 2007; Bernhard Gotto, Nationalsozialistische Kommunalpolitik. Administrative Normalität und Systemstabilisierung durch die Augsburger Stadtverwaltung 1933–1945, München 2006; Sabine Mecking; Andreas Wirsching (Hg.), Stadtverwaltung im Nationalsozialismus. Systemstabilisierende Dimensionen kommunaler Herrschaft, Paderborn 2005; Detlef Schmiechen-Ackermann, Stadtgeschichte in der NS-Zeit. Fallstudien aus Sachsen-Anhalt und vergleichende Perspektiven, Münster 2005.

anderthalb Jahre keine Weisungen aus Berlin. Über die von Sauckel und Himmler für ihre Zuständigkeitsbereiche ergangenen Regelungen erfuhren die Kommunen im Laufe des Jahres 1943 jeweils aus zweiter Hand, etwa von den Arbeitsämtern, der Sicherheitspolizei oder der NSV. Dies führte immer wieder zu Unklarheiten und wiederholten Rückfragen beim Innenministerium und beim Deutschen Gemeindetag. Wichtig war dabei für viele Städte und Gemeinden sicherzustellen, dass sie für die erlassenen Maßnahmen nicht zur Kasse gebeten würden. Das Arbeitsamt Karlsruhe übersandte Ende Mai 1943 dem Bürgermeister der Stadt einen Auszug aus dem Erlass des GBA bezüglich der Finanzierung von Entbindungsheimen für die Kinder ausländischer Zwangsarbeiterinnen.[3] Der Bürgermeister wandte sich daraufhin an die DGT-Landesdienststelle Baden mit der Bitte um Klärung:

> Hiernach sind die Kosten für die Errichtung von Entbindungsheimen, soweit sie anderweitig nicht aufgebracht werden können, aus Mitteln des Reichsstocks für den Arbeitseinsatz zu finanzieren. Nach meiner Auffassung muss diese Regelung sinngemäss auch für die einzurichtenden Kinderhorte gelten. Jedenfalls dürfen den Gemeinden für die genannten beiden Einrichtungen Kosten nicht entstehen.[4]

Der DGT informierte den Bürgermeister daraufhin, grundsätzlich müssten die Betriebe diese Kosten tragen. Einige Kommunen seien jedoch »freiwillig, ohne rechtliche Verpflichtung in die Bresche gesprungen«, indem sie kleinere Firmen durch ihre Bauämter und die Bereitstellung von Bauland unterstützt hätten.[5] Auch aus anderen Mitteilungen an den DGT geht hervor, dass kleinere Betriebe sich oftmals schwertaten, die Weisungen des GBA ohne Hilfe umzusetzen, während sich die Gemeinde- und Stadtverwaltungen über ihre eigene Rolle im Unklaren waren. So wurde im Juli 1943 aus Mannheim gemeldet:

> Bei den hier eingesetzten Ostarbeiterinnen tritt in verhältnismäßig großem Umfang Schwangerschaft ein. Bei den zu erwartenden Kindern handelt es sich um uneheliche Kinder. Es ist mir nicht bekannt, wie sich in diesen Fällen das Stadtjugendamt zu verhalten hat. [...] Die von der Arbeitseinsatzverwal-

---

3 Schreiben des Arbeitsamts Karlsruhe an den Oberbürgermeister Karlsruhe betr. »Einrichtung von Entbindungsheimen«, 26. Mai 1943, BArch, R 36/1444.
4 Schreiben des Oberbürgermeisters Karlsruhe an den DGT, Landesdienststelle Baden, betr. »Betreuung des Nachwuchses ausländischer Arbeitskräfte; hier Einrichtung von Entbindungsheimen und Kinderhorten«, 29. Juni 1943, BArch, R 36/1444.
5 Schreiben des DGT an den Oberbürgermeister Karlsruhe betr. »Betreuung des Nachwuchses ausländischer Arbeitskräfte (Kinderhorte, Lagerkrankenhäuser)«, 24. Juli 1943, BArch, R 36/1444.

tung vorgesehene Regelung, daß die unehelichen Kinder der Ostarbeiterinnen in Einrichtungen ihrer Arbeitgeber zu betreuen sind, lassen sich nur bei den großen Firmen verwirklichen. Bei kleineren Arbeitgebern und insbesondere beim Einsatz in der Land- und Hauswirtschaft sind die Arbeitgeber in der Regel nicht in der Lage, etwas für die Betreuung von Mutter und Kind zu tun.[6]

Mangelnde Informationen und unklare Zuständigkeiten sorgten fortlaufend für Verwirrung bei den Behörden auf kommunaler Ebene. In der Berliner DGT-Zentrale entschloss man sich infolge wiederholter Nachfragen im Oktober 1943 schließlich dazu, den nachgeordneten Dienststellen den nicht veröffentlichten Erlass des RFSS zu übermitteln.[7] Kommunen, die zuvor bereits entsprechende Anfragen eingereicht hatten, wurden im November direkt aus Berlin über die Weisungen Himmlers in Kenntnis gesetzt.[8] Da der Erlass jedoch noch nicht von allen beteiligten Dienststellen abgesegnet worden sei, bat der DGT um »vertrauliche Behandlung«.

Aufgrund der unsicheren Informationslage war die Mitwirkung der Kommunen abhängig von den Kenntnissen und dem persönlichen Einsatz lokaler und regionaler Entscheidungsträger. Dem Regierungspräsidenten in Merseburg beispielsweise war der Erlassentwurf des RMdI bereits ein halbes Jahr vor seiner Veröffentlichung bekannt. Im November 1943 übersandte er den Entwurf den Landräten und Oberbürgermeistern seines Bezirks, die sich wiederholt über Probleme bei der Unterbringung und Betreuung ausländischer Kinder beschwert hatten. Nun wies er sie an, in Zusammenarbeit mit dem Reichsnährstand und der DAF

auf dem vorgezeichneten Wege für die Abstellung von Mißständen schon jetzt Sorge zu tragen. Bei einem verständigen und tatkräftigen Einsetzen in dieser Richtung müssen m. E. zum mindesten die besonderen Mißstände in etwa behoben werden können.[9]

6 Schreiben des Oberbürgermeisters der Stadt Mannheim an den DGT betr. »Unterbringung von Kindern von Ostarbeiterinnen«, 2. Juli 1943, BArch, R 36/1444.
7 Schreiben des DGT an die Dienststellen des DGT betr. »Behandlung schwangerer ausländischer Arbeiterinnen und der im Reich von ausländischen Arbeiterinnen geborenen Kinder«, 26. Oktober 1943, BArch, R 36/1444.
8 Dabei verwies der DGT stets auf einen in Kürze erwarteten Erlass des Innenministeriums; Schreiben des DGT an den Bezirksfürsorgeverband des Kreises Oberbarnim, den Oberpräsidenten des Provinzialverbandes Schleswig-Holstein, den Landrat des Kreises Calbe und den Oberpräsidenten der Provinz Ostpreußen betr. »Behandlung schwangerer ausländischer Arbeiterinnen und der im Reich von ausländischen Arbeiterinnen geborenen Kinder«, 23. November 1943, BArch, R 36/1444.
9 Schreiben des Regierungspräsidenten in Merseburg an die Landräte und Oberbürgermeister betr. »Kinder ausländischer Arbeiterinnen«, 16. November 1943, BArch, R 36/1444.

Nicht überall waren die Kommunalbeamten jedoch bereit, den Aufwand und die Kosten dafür zu übernehmen, wie ein Beispiel aus Lübeck zeigt. Wie oben bereits beschrieben war dort im Dezember 1943 zwischen der DAF, dem Arbeitsamt und den Wirtschaftsbetrieben eine Abmachung getroffen worden, wonach schwangere »Ostarbeiterinnen« und Polinnen im Zwangsarbeiterinnenlager der MfM entbinden und danach mit ihren Kindern an ihre Arbeitsplätze zurückkehren könnten.[10] Da jedoch nicht alle Betriebe über eigene Unterbringungsmöglichkeiten verfügten, müssten zusätzlich »Ausländerkinder-Pflegestätten« eingerichtet werden. Der Oberbürgermeister von Lübeck befürwortete dies zwar, der Verwaltungsaufwand und die Kosten seien jedoch durch das Landesarbeitsamt zu tragen:

> Es muss von seiten des Reiches eine klare Stellungnahme dahin erreicht werden, daß die Gemeinden für die Ausländer und deren Kinder weder finanziell noch verwaltungsmäßig in Anspruch genommen werden dürfen. Die durch Bombenangriffe zum Teil schwer getroffenen Gemeinden sind auch gar nicht in der Lage, solche Sondereinrichtungen zu schaffen und das für den Betrieb erforderliche Personal zu stellen.[11]

Selbst wenn die Kommunen über die geforderten Maßnahmen informiert waren und diese guthießen, hielten sie sich aufgrund der unsicheren Rechtsgrundlage oftmals zurück. Die DGT-Landesdienststelle Oldenburg-Bremen erkundigte sich Mitte März 1944 bei der Zentrale in Berlin über Maßnahmen zur »Entfernung von Polenkindern und Kindern von Ostarbeitern aus deutschen Betrieben«, da ausländische Kinder im überwiegend landwirtschaftlich geprägten Gau Weser-Ems fast ausnahmslos auf den Bauernhöfen untergebracht seien.[12] Die vielerseits vorgeschlagene Einrichtung spezieller »Kinderheime in einfachster Form« sei wegen fehlender reichseinheitlicher Regelungen zur Trägerschaft bislang nicht realisiert worden. Die Landesdienststelle fragte daher an, ob in anderen Gauen bereits entsprechende Erfahrungen gesammelt worden seien. Der DGT konnte jedoch nicht weiterhelfen:

---

10 Schreiben des Oberbürgermeisters der Hansestadt Lübeck an das Arbeitsamt Lübeck betr. »Ausländische schwangere Wöchnerinnen und deren Kinder«, 29. Dezember 1943, BArch, R 36/1444.

11 Schreiben des Oberbürgermeisters der Hansestadt Lübeck an die DGT-Provinzialdienststelle Schleswig-Holstein vom 3. Januar 1944, zitiert im Schreiben der Provinzialdienststelle an die DGT-Zentrale betr. »Behandlung schwangerer ausländischer Arbeiterinnen und der im Reich von ausländischen Arbeiterinnen und der im Reich von ausländischen Arbeiterinnen geborenen Kinder«, 2. März 1944, BArch, R 36/1444.

12 Schreiben der Landesdienststelle Oldenburg-Bremen an den DGT betr. »Entfernung von Polenkindern und Kindern von Ostarbeitern aus deutschen Betrieben«, 17. März 1944, BArch, R 36/1444.

Hier ist nicht bekannt, ob oder welche Maßnahmen zur geschlossenen Unterbringung von Kindern fremdvölkischer landwirtschaftlicher Arbeitskräfte in anderen Bezirken bereits geschaffen worden sind. Ich glaube annehmen zu können, daß, abgesehen von Einrichtungen größerer industrieller Betriebe, bisher auf diesem Gebiete – insbesondere von gemeindlicher Seite – nichts geschehen ist.[13]

Die Einschätzung des DGT, vonseiten der Gemeinden sei bislang nichts unternommen worden, traf allerdings nur in Teilen zu. Viele Kreis- und Gemeindeverwaltungen unterstützten ansässige Betriebe auf unterschiedliche Weise und arbeiteten in ländlichen Regionen regelmäßig mit den Bauernschaften zusammen, um kreisweise für Entbindungs- und Unterbringungsmöglichkeiten für ausländische Kinder zu sorgen.[14]

Manche Kommunen leisteten nicht nur Hilfestellung, sondern richteten darüber hinaus eigene Heime ein. So begann man im Verdener Landratsamt, Gau Ost-Hannover, im November 1943 mit der Planung von Entbindungs- und Kinderheimen für das gesamte Kreisgebiet.[15] In Eitze mietete die Stadt Verden ein Gebäude an, um es fortan als Entbindungsanstalt zu nutzen.[16] Im Laufe der ersten Jahreshälfte 1944 konnten zudem die »Ausländerkinder-Verwahranstalt« Armsen, die »Verwahranstalt für Kinder von Ostarbeiterinnen« Beppen, die »Polenverwahranstalt« Cluvenhagen sowie das »Ostarbeiterinnenheim« Otterstedt fertiggestellt werden. Die Bürgermeister übermittelten dem Landratsamt anschließend Listen über die in den Gemeinden untergebrachten schwangeren Polinnen und »Ostarbeiterinnen« sowie der ausländischen Kinder bis zu

---

13 Der Landesdienststelle wurden zur Information, wie bei derartigen Anfragen üblich, die Erlasse des GBA und des RFSS mit dem vertraulichen Hinweis zugesandt, eine auf letzterem Erlass fußende Regelung des RMdI stehe kurz bevor; Schreiben des DGT an die Landesdienststelle Oldenburg-Bremen betr. »Entfernung von Polenkindern und Kindern von Ostarbeitern aus deutschen Betrieben«, 1. April 1944, BArch, R 36/1444 [Hervorhebungen im Original].
14 Diese Lösung wurde auch von der VoMi favorisiert. Laut dem bereits zitierten Memorandum Schöpkes sollten die Kreisbauernschaften je nach Bedarf Heime errichten, der Landrat bei Bau und Umbau die Förderung und Aufsicht übernehmen. Zu finanzieren sei dies aus den Mitteln der Kreisbauernschaften, der landwirtschaftlichen Genossenschaften, der Kreisverwaltungen, einzelner Bauern der Gemeinden und, soweit möglich, dem Reichsstock für den Arbeitseinsatz. Memorandum von Prof. Dr. Karl Schöpke, VoMi Amt IV, über »Sofortige Reichsmaßnahmen zur Verminderung der Unterwanderungsgefahren infolge der zahlreichen fremdvölkischen Geburten auf dem Lande«, 18. Mai 1944, BArch, R 59/48.
15 Woock, Zwangsarbeit ausländischer Arbeitskräfte im Regionalbereich Verden/Aller (1939–1945), S. 161–201. Vgl. auch Reiter, Tötungsstätten für ausländische Kinder im Zweiten Weltkrieg, S. 177–181.
16 Woock, Zwangsarbeit ausländischer Arbeitskräfte im Regionalbereich Verden/Aller (1939–1945), S. 184.

neun Jahren. Der Landrat verteilte die Kinder dann auf die fünf Heime im Kreis.[17] Aufsicht und Verwaltung sämtlicher Heime oblag einem Kreisbeamten in »Zusammenarbeit mit örtlich geeigneten Persönlichkeiten«.[18] Der Landrat in Verden übernahm im Namen der Kreisbauernschaft die Trägerschaft. Auch in Stade, ebenfalls im Gau Ost-Hannover, trat der Landkreis als Träger der dort vorhandenen vier Heime auf.[19] Der Landrat des Kreises Liegnitz in Niederschlesien erkundigte sich im Mai 1944 beim DGT über Finanzierungsmöglichkeiten, da einer der Bürgermeister seines Kreises einen Kindergarten für ausländische Kinder in Räumlichkeiten der Gemeinde einrichten wolle:

> Die Gemeinde hat einen Raum für einen Ausländer-Kindergarten verfügbar, den ein polnisches Mädchen von 14 Jahren betreuen soll. Der Kindergarten würde zunächst 6–8 Kinder aufnehmen; die Zahl wird sich in einiger Zeit um einige weitere Kinder erhöhen. Würde diese Einrichtung nicht geschaffen werden, würden die Arbeitgeber die Mütter der Kinder zu entlassen gezwungen sein, weil sie ihnen infolge der Pflege der Kinder in den Wirtschaften nicht helfen können.[20]

Obwohl sie rechtlich nicht dazu verpflichtet waren, übernahmen einige Kommunalverwaltungen aus eigener Initiative Planung, Einrichtung und Betrieb von Heimen für die Kinder ausländischer Zwangsarbeiterinnen. Dabei verfolgten sie das Ziel, ortsansässige Betriebe und damit den eigenen Wirtschaftsstandort zu unterstützen.

Eine wesentliche Rolle spielte zudem die Stellung der Kommunen im komplexen System der Zwangsarbeit, denn kommunale Behörden waren maßgeblich an Verteilung und Unterbringung der ausländischen Arbeitskräfte beteiligt.[21] Darüber hinaus beschäftigten zahlreiche Kommunen selbst Zwangsarbeiter:innen,

---

17 Woock, Zwangsarbeit ausländischer Arbeitskräfte im Regionalbereich Verden/Aller (1939–1945), S. 172.
18 Zitiert nach Woock, Zwangsarbeit ausländischer Arbeitskräfte im Regionalbereich Verden/Aller (1939–1945), S. 173.
19 Czichy, Tötung der Kinder von Zwangsarbeitenden, S. 175.
20 Schreiben des Landrats des Kreises Liegnitz an den DGT, 9. Mai 1944, BArch, R 36/1444.
21 Zur Rolle der Kommunen beim »Ausländereinsatz« siehe Joachim Schröder, Stadtverwaltung und NS-Zwangsarbeit. Das Beispiel Düsseldorf, in: Zwangsarbeiterforschung in Deutschland. Das Beispiel Bonn im Vergleich und im Kontext neuerer Untersuchungen, hg. von Dittmar Dahlmann, Essen 2010, S. 117–134; Heusler, Ausländereinsatz, S. 182–195; Karola Fings, Kommunen und Zwangsarbeit, in: Stiften gehen. NS-Zwangsarbeit und Entschädigungsdebatte, hg. von Ulrike Winkler, Köln 2000, S. 108–129; Annette Schäfer, Zwangsarbeit in den Kommunen. »Ausländereinsatz« in Württemberg 1939–1945, in: Vierteljahrshefte für Zeitgeschichte 49, 2001, S. 53–76.

Kommunalverwaltung

wenn auch in geringerem Umfang als die Rüstungsindustrie.[22] Besonders in mittleren und großen Städten bewegte sich die Rolle der Stadtverwaltungen beim »Ausländereinsatz« zwischen Konkurrenz und Kooperation mit den Industriebetrieben.[23] Auf der einen Seite konkurrierten die vor allem in den letzten Kriegsjahren personell ausgedünnten Stadtverwaltungen mit den Betrieben um dringend benötigte Arbeitskräfte.[24] Auf der anderen Seite unterstützten sie örtliche Firmen bei der Unterbringung ihrer Zwangsarbeiter:innen durch die Bereitstellung von Bauland zur Errichtung firmeneigener Lager. Viele Kommunen überließen den Betrieben darüber hinaus städtische Gebäude zur Unterbringung der ausländischen Arbeitskräfte, bauten angemietete Räume zu entsprechenden Unterkünften um, beschafften Einrichtungsgegenstände und übernahmen nicht selten sogar die Lagerverwaltung.[25] Insbesondere größere Kommunen verfügten zudem häufig über eigene Lager zur Unterbringung ihrer ausländischen Arbeitskräfte. Bisweilen »liehen« die Verwaltungen die städtischen Zwangsarbeiterskräfte gegen Entgelt an kleine und mittlere Unternehmen aus, damit diese von der Stadt vergebene Aufträge im Rahmen sogenannter Sofortmaßnahmen erfüllen konnten.[26] Viele Kommunen waren nach dem Ende der Rückführungen daher nicht nur indirekt, sondern unmittelbar mit der Frage der Behandlung schwangerer ausländischer Arbeiterinnen und ihrer Kinder konfrontiert. Einige von ihnen beteiligten sich aus eigenem Interesse schon frühzeitig und ohne rechtliche Verpflichtung an der Umsetzung der vom GBA erlassenen Maßnahmen.

Der Oberbürgermeister der Stadt Neumünster in Schleswig-Holstein beispielsweise hatte bereits im Januar 1943 beim Wohlfahrtsamt angeregt, in einem der stadteigenen Zwangsarbeiterinnenlager einen Raum zur Unterbringung ausländischer Säuglinge herzurichten.[27] Wenige Wochen später nahm der sogenannte Kinderhort für russische Kinder im Lager »Faldera«, dem größten »Ostarbeiterinnen«-Lager der Stadt, seinen Betrieb auf. Die nötige Grundausstattung hatte

---

22 Wie viele ausländische Arbeitskräfte eingesetzt wurden, war abhängig von Standort und Größe der Stadt. Düsseldorf beispielsweise war mit zeitweise über 3.400 ausländischen Arbeitskräften einer der größten lokalen Arbeitgeber:innen für Zwangsarbeitende; Schröder, Stadtverwaltung und NS-Zwangsarbeit, S. 132.
23 Schäfer, Zwangsarbeit in den Kommunen, S. 54.
24 Infolge der Bombenangriffe entwickelten die Städte einen massiven Arbeitskräftebedarf zur Instandhaltung der Infrastruktur und lieferten sich Verteilungskämpfe um ausländische Zwangsarbeitskräfte mit der Industrie; Schröder, Stadtverwaltung und NS-Zwangsarbeit, S. 124.
25 Schäfer, Zwangsarbeit in den Kommunen, S. 61 f.
26 Zu solchen »Sofortmaßnahmen« zählten beispielsweise die Beseitigung von Bombenschäden und der Bau von Luftschutzanlagen; Schröder, Stadtverwaltung und NS-Zwangsarbeit, S. 128.
27 Lehmann, »... stärkste Befürchtungen, dass das Kind doch der Allgemeinheit zur Last fällt«, S. 207–209.

das städtische Kinder- und Säuglingsheim zur Verfügung gestellt. Die Verwaltung übernahm zunächst das Amt für Sonderaufgaben, später das Jugendamt. Der »Kinderhort« war ausschließlich für die Kinder von »Ostarbeiterinnen« vorgesehen, die in stadteigenen Lagern untergebracht waren. Für die Kinder polnischer Arbeiterinnen sollte in einem städtischen Lager in Wittorf eine weitere Säuglingsbaracke bereitgestellt werden. Laut einer Liste, die vermutlich im Oktober 1943 entstand, lebten im Heim des Lagers »Faldera« neun Frauen mit ihren Kindern – drei Kinder verstarben wenige Wochen nach ihrer Aufnahme.

Die Stadtverwaltung Wiesbaden ließ im Februar 1943 das stadteigene »Lager Willi« mit Kinderbetten, Bekleidung und Milchflaschen aus dem städtischen Krankenhaus ausstatten.[28] Im sogenannten Ostarbeiterinnenheim des Lagers waren zu diesem Zeitpunkt eine schwangere Frau sowie zwei Mütter mit ihren Kindern untergebracht. Während der ersten Monate befanden sich vier bis fünf Kleinkinder im Lager. Im Oktober stellte sich die Lagerleitung auf einen größeren Anstieg der Kinderzahl ein und ließ ein eigenes Kinderzimmer einrichten, in dem Vertreter des Jugendamts regelmäßige Kontrollen durchführten. Im Laufe des Jahres 1944 erhielt das Heim weitere Kinderbetten und darüber hinaus ein Entbindungsbett. Das Arbeitsamt vermittelte schwangere »Ostarbeiterinnen« im Einzeleinsatz vermutlich gezielt an die Stadt, da es dort Möglichkeiten zur Entbindung und Betreuung der Kinder gab.[29] Ebenso ließ die Ortspolizeibehörde in Celle schwangere Polinnen aus dem Umland in ein städtisches Lager umsetzen, das seit Sommer 1943 über eine »Wöchnerinnenstation« verfügte.[30] Für die Stadtverwaltungen konnten eigene Entbindungs- und Kinderheime den Vorteil bieten, trotz des akuten Arbeitskräftemangels und der Konkurrenz durch kriegswichtige Rüstungsunternehmen dringend benötigte Arbeitskräfte zu erhalten.

---

28 Kersandt, Polnische und sowjetische Zwangsarbeiterinnen und ihre Kinder, S. 219–223.
29 So wurde im Februar 1944 eine landwirtschaftliche Arbeiterin, die im 7. Monat schwanger war, aus dem Kreis Untertaunus als Putzhilfe zur Stadtverwaltung versetzt; Kersandt, Polnische und sowjetische Zwangsarbeiterinnen und ihre Kinder, S. 219 f.
30 So musste die Polin Wacława G., die als landwirtschaftliche Gehilfin bei einem Bauern in Altencelle eingesetzt war, nach der Geburt ihres Kindes im Oktober 1943 in das Celler Lager umziehen; Nils Köhler, Zwangsarbeit in der Lüneburger Heide. Organisation und Alltag des »Ausländereinsatzes« 1939–1945, Bielefeld 2004, S. 262.

4.2 Wohlfahrtspflege

4.2.1 Öffentliche Wohlfahrtspflege

Wie oben dargelegt erhielten die Behörden der öffentlichen Wohlfahrt[31] nach dem Ende der Rückführungen zunächst keine einheitlichen Richtlinien, wie sie in Bezug auf die im Reich geborenen ausländischen Kinder agieren sollten. In Sitzungen der Wohlfahrts-, Fürsorge- und Landesjugendämter mit Vertretern des Innenministeriums waren sich alle Beteiligten einig, vorrangige Aufgabe der öffentlichen Jugendwohlfahrt müsse die Sorge um deutsche Kinder bleiben.[32] Doch die Verhandlungen zu den verschiedenen vormundschafts- und unterhaltsrechtlichen Fragen dauerten an. Mit wachsender Zahl der in Deutschland geborenen ausländischen Kinder führte diese unklare Rechtslage vermehrt zu juristischen Meinungsverschiedenheiten. So meldete die Provinzialdienststelle Hannover dem DGT, die Gerichte würden sich weigern, Vormundschaften einzuleiten, da ein Schutzbedürfnis für diese Kinder nicht bestehe. Die Jugendämter hingegen seien auf die Vormundschaft angewiesen, um die Erzeuger zu Unterhaltsleistungen verpflichten zu können.[33] Wie Vertreter der Landesjugend- und Jugendämter anlässlich einer Sitzung im Sommer 1943 festhielten, käme weder die gesetzliche

---

31 Die öffentliche Wohlfahrt wurde regional von den Landesfürsorge- bzw. Provinzialwohlfahrtsverbänden, lokal von den gemeindlichen Bezirksfürsorgeverbänden oder den städtischen Wohlfahrtsämtern organisiert. In den meisten Städten waren Wohlfahrts-, Fürsorge- und Jugendamt in einer Behörde zusammengefasst. Zum System der öffentlichen Wohlfahrt in Deutschland und ihrer Ausrichtung an der nationalsozialistischen Rassen- und Bevölkerungspolitik siehe Gruner, Öffentliche Wohlfahrt und Judenverfolgung, S. 25–45; Julia Paulus, Kommunale Wohlfahrtspolitik in Leipzig 1930 bis 1945. Autoritäres Krisenmanagement zwischen Selbstbehauptung und Vereinnahmung, Köln 1998.
32 So das Ergebnis einer Sitzung der Leiter der Wohlfahrts- und Fürsorgeämter der Provinz Schleswig-Holstein am 24. Februar 1943, zusammengefasst im Schreiben der Provinzialdienststelle Schleswig-Holstein an den DGT betr. »uneheliche Kinder von ausländischen weiblichen Arbeitskräften«, 4. Oktober 1943, BArch, R 36/1444. Vgl. auch die oben bereits zitierten Aufzeichnungen über die Sitzung der Landesjugendämter im RMdI am 9./10. 2. 1943 (Auszug), BArch, R 36/1444.
33 Die Mütter würden zu wenig verdienen, um ihre Kinder selbst unterhalten zu können, es widerspräche jedoch »der allgemeinen Auffassung«, den Unterhalt der Kinder aus öffentlichen Mitteln zu bestreiten oder den Arbeitgebern der Mütter aufzubürden; Schreiben der Provinzialdienststelle Hannover an den DGT betr. »Vormundschaften über uneheliche Kinder von Angehörigen polnischen Volkstums und von Ostarbeiterinnen«, 22. Mai 1943, BArch, R 36/1444. Auch in Schleswig-Holstein bereiteten vor allem die Vaterschaftsfeststellung sowie die Einziehung der Alimente den Jugendämtern Probleme; Schreiben der Provinzialdienststelle Schleswig-Holstein an den DGT betr. »uneheliche Kinder von ausländischen weiblichen Arbeitskräften«, 4. Oktober 1943, BArch, R 36/1444.

noch die bestellte Amtsvormundschaft für ausländische Kinder in Frage.[34] Grundsätzlich sollten »die Jugendämter sich zwar in praxi nicht um diese Kinder kümmern«, langfristig befürchteten die Beteiligten durch fehlende Kontrolle jedoch »eine Gefährdung der deutschen Kinder«. Ein abschließendes Ergebnis der Besprechung konnte wegen der »aus verschiedenen Gründen sehr schwierig gelagerten Fragen« nicht erreicht werden.

Erste Richtlinien erhielten die Jugendämter Ende Juli 1943 durch den Erlass Himmlers, wonach ihre Aufgaben sich auf die Vaterschaftsfeststellung und, sofern der Vater ein Deutscher oder »germanischen Volkstums« war, die Meldung an den HSSPF zur Einleitung einer rassischen Überprüfung beschränkten. Nur bei positiv bewerteten Fällen sollten die Jugendämter die Amtsvormundschaft übernehmen und das Kind in die Betreuung der NSV gegeben. Diese Anweisungen wurden allerdings nicht veröffentlicht, sondern erst im Herbst den Dienststellen des DGT vertraulich bekanntgegeben, so dass es auch hier zu Verzögerungen und einer ungleichen Informationsverteilung kam. Der HSSPF Südost fragte im November 1943 beim Jugendamt in Breslau an, welche Maßnahmen bisher bezüglich der Anordnungen des RFSS getroffen worden seien, während die Kreisamtsleitung der NSV bereits die Meldung »gutrassischer« Kinder ausländischer Arbeiterinnen verlangte.[35] Der Leiter der Schlesischen Arbeitsgemeinschaft für Wohlfahrtspflege wandte sich ratlos an den Gemeindetag:

> Ich habe diese Anordnung weder im Ministerialblatt des Reichs- und Preußischen Ministeriums des Innern noch im Reichsarbeitsblatt finden können. Da mir aber auch bekannt geworden ist, daß andere Jugendämter in dieser Angelegenheit bereits Schritte unternommen haben, bitte ich, mir mitzuteilen, ob und wann ein Erlaß für die unteren Verwaltungsbehörden veröffentlicht worden ist, oder, falls nicht, eine Klärung im Reichsministerium des Innern oder Reichsarbeitsministerium herbeizuführen.[36]

Da eine solche Klärung weiterhin auf sich warten ließ, handelten die Jugendämter nach eigenem Ermessen. Der Oberpräsident des Provinzialverbandes Oberschlesien berichtete am 26. Mai 1944, innerhalb der Provinz Oberschlesien werde die Amtsvormundschaft für »fremdvölkische und ausländische Kinder« nach wie vor

---

34 Schreiben des DGT an den Oberbürgermeister Mannheim betr. »Unterbringung von Kindern von Ostarbeiterinnen«, 24. Juli 1943, BArch, R 36/1444.
35 Schreiben der Schlesischen Arbeitsgemeinschaft für Wohlfahrtspflege an den DGT betr. »Behandlung schwangerer ausländischer Arbeiterinnen und der im Reich von ausländischen Arbeiterinnen geborenen Kinder«, 20. November 1943, BArch, R 36/1444.
36 Schreiben der Schlesischen Arbeitsgemeinschaft für Wohlfahrtspflege an den DGT betr. »Behandlung schwangerer ausländischer Arbeiterinnen und der im Reich von ausländischen Arbeiterinnen geborenen Kinder«, 20. November 1943, BArch, R 36/1444.

uneinheitlich geregelt, eine entsprechende Rundfrage bei den Jugendämtern habe ein »sehr mannigfaltiges Bild« ergeben.[37] Bei polnischen Kinder ließen sich die Jugendämter meist von wirtschaftlichen Erwägungen leiten und übernahmen nur dann die Vormundschaft, wenn bei der Unterhaltsklage eine Erfolgsaussicht bestand. Teilweise seien auch Amtsvormundschaften für russische und ukrainische Kinder übernommen worden, meist würde dies aber aus rassenpolitischen Gründen abgelehnt. Weil die Parteidienststellen in diversen Fragen den Entscheidungen der Jugendämter widersprächen, sei auf Ebene des Landesjugendamts eine Arbeitsgemeinschaft gegründet worden, um allgemeine Richtlinien für die Provinz zu erarbeiten. Demgegenüber lief das »Eindeutschungsverfahren« in vollem Gange: »Über die rassische Begutachtung durch den Herrn Beauftragten des Reichsführers SS als Reichskommissar für die Festigung deutschen Volkstums wurden etliche Kinder dem Deutschtum zugeführt.«

Nicht nur rechtliche Fragen der Vormundschaft und des Unterhalts, sondern auch die Unterbringung der Kinder ausländischer Arbeiterinnen bereitete der öffentlichen Jugendwohlfahrt Schwierigkeiten. Grundsätzlich war es streng untersagt, die Kinder in deutsche Anstalten oder in deutsche Familienpflege zu geben.[38] Doch weil alternative Einrichtungen vielerorts schlicht nicht vorhanden waren, wiesen viele Jugendämter ausländische Kinder ungeachtet der offiziellen Warnungen in städtische Kinderheime ein. So gab das Jugendamt Wiesbaden mehrere polnische und sowjetische Kinder, deren Mütter im landwirtschaftlich genutzten Umland der Stadt eingesetzt waren, in das Säuglingsheim der städtischen Krankenanstalten. Im März 1944 mussten die Kinder laut einem Schreiben des Oberbürgermeisters das Heim wieder verlassen, »weil sie dort nicht bleiben dürfen, außerdem der Ausländerkindersaal des Säuglingsheims zur Verwendung der Plätze für deutsche Kinder dringend beansprucht wird«.[39]

---

37 Bericht des Oberpräsidenten des Provinzialverbandes Oberschlesien an den DGT betr. »Amtsvormundschaft über fremdvölkische Minderjährige«, 26. Mai 1944, BArch, R 36/1444.

38 Mit dem Erlass des GBA war zwar nur die Unterbringung der Kinder in deutschen Anstalten verboten worden, laut Rückfrage des DGT beim RAM gelte Selbiges aber auch für die Familienpflege; Schreiben des DGT an das Jugendamt Frankfurt a. O. betr. »Erteilung der Erlaubnis zum Halten von Pflegekindern polnischer Nationalität«, 22. Juli 1943, BArch, R 36/1444. Dem Schreiben fügte der DGT das oben bereits zitierte Schreiben der Gestapo Potsdam bei, die schon im März 1941 eindringlich vor der Aufnahme ausländischer Kinder durch Reichsdeutsche gewarnt hatte; Schreiben der Staatspolizeistelle Potsdam an den Landrat des Kreises Oberbarnim, 24. März 1941, BArch, R 36/1444.

39 Die Betriebe wehrten sich indes hartnäckig gegen Versuche des Jugendamts, die Kinder ihren Müttern zurückzugeben; Schreiben des Oberbürgermeisters der Stadt Wiesbaden an den Reichsnährstand, Kreisbauernschaft Hessen-Nassau-Süd, 30. März 1944, zitiert nach Kersandt, Polnische und sowjetische Zwangsarbeiterinnen und ihre Kinder, S. 226.

Brachten die Behörden ausländische Kinder aufgrund fehlender Alternativen in Einrichtungen für Deutsche unter, konnte das zuständige Arbeitsamt die Kostenübernahme ablehnen. Im Frühjahr 1944 wandte sich deswegen der Landrat des Kreises Sondershausen an den DGT:

> Im hiesigen Bezirk sind eine ganze Reihe von polnischen und russischen Arbeiterinnen, die durch die Arbeitsämter hierher gebracht wurden und uneheliche Kinder erzeugten, die wir in Anstalten unterbringen müssen; teils weil die Mutter sich das Leben genommen hat, teils weil sie eine Gefängnisstrafe verbüssen muss, teils weil der Arbeitgeber die Kinder nicht aufnehmen kann. Ich halte es mit dem Sinne der Verordnung des RAM. nicht vereinbar, dass der Fürsorgeverband nun alle diese Kosten zahlen muss, die besonders hoch sind, weil deutsche Familien polnische Kinder nicht in Pflege nehmen, sie daher in teueren Anstalten untergebracht werden müssen.[40]

Das Gauarbeitsamt Thüringen hatte argumentiert, durch die Erlasse des GBA sei die Innere Verwaltung nicht von ihrer Verpflichtung befreit worden, für die Unterbringung hilfsbedürftiger Ausländer:innen aufzukommen.[41] Der DGT widersprach dieser Ansicht, da in den einschlägigen Erlassen, insbesondere dem Erlass des RFSS vom 27. Juli 1943, die »Tendenz der Staatsführung« erkennbar sei, die Versorgung der ausländischen Arbeitskräfte und ihrer Angehörigen nicht der öffentlichen Fürsorge aufzuerlegen.[42] Weil derartige Konflikte zwischen den Kommunalverwaltungen und den Arbeitseinsatzbehörden vielerorts auftraten, drängte der DGT beim Innenministerium wiederholt auf eine reichseinheitliche Regelung.

Mit Erlass vom 5. Juni 1944 regelte das RMdI die Betreuung der unehelichen ausländischen Kinder im Sinne der Kommunen und des DGT, der die nachgeordneten Dienststellen dementsprechend informierte.[43] Die öffentliche Fürsorge war demnach nicht für die Einrichtung und Finanzierung der »Ausländerkinder-Pflegestätten« verantwortlich, und die Jugendämter wurden nicht zur Aufsicht über diese Einrichtungen herangezogen. Amtsvormundschaften sollten, wie be-

---

40 Schreiben des Landrats Sondershausen, Bezirksfürsorgeverband, an den DGT betr. »Kostentragung für uneheliche Kinder ausländischer weiblicher Arbeitskräfte«, 28. März 1944, BArch, R 36/1444.
41 Schreiben des Arbeitsamts Nordhausen an den Landrat Sondershausen, Bezirksfürsorgeverband, betr. »Unterbringung der Ostarbeiter-Kinder«, 20. März 1944, BArch, R 36/1444.
42 Schreiben des DGT an den Landrat des Kreises Sondershausen, Bezirksfürsorgeverband, betr. »Kostentragung für uneheliche Kinder ausländischer weiblicher Arbeitskräfte«, 8. Juni 1944, BArch, R 36/1444.
43 Schreiben des DGT an den Nachrichtendienst, die Pressestelle und die Dienststellen des DGT betr. »Uneheliche Kinder ausländischer Arbeiterinnen«, 21. Juni 1944, BArch, R 36/1444.

reits im Erlass des RFSS festgelegt, lediglich für diejenigen Kinder beantragt werden, »deren Erzeuger dem deutschen, dänischen, flämischen usw. Volkstum angehören«.[44] Die Betreuung dieser Kinder fiel in den Aufgabenbereich der NSV, während die Fürsorgeverbände für die Kosten aufzukommen hatten.

Doch schon wenige Monate später stellte das Innenministerium mit dem vorläufigen Runderlass vom 16. Oktober 1944 eine weitere Neuregelung in Aussicht.[45] Die Betreuung nichteinsatzfähiger ausländischer Arbeitskräfte und der ausländischen Kinder sollte nun nicht länger in den Aufgabenbereich der Arbeitseinsatzverwaltung fallen, sondern stattdessen den Landesfürsorgeverbänden übertragen werden. Die Gauarbeitsämter fertigten in der Folge zahlenmäßige Aufstellungen der von ihnen in den verschiedenen Lagern betreuten nichteinsatzfähigen Arbeiter:innen an, um die Innere Verwaltung auf die Übernahme der entsprechenden Einrichtungen vorzubereiten. In Baden-Württemberg wurde geplant, dauerhaft nicht mehr arbeitsfähige polnische und sowjetische Arbeitskräfte zunächst im Durchgangslager Bietigheim zu sammeln und von dort aus dem Württembergischen Landesfürsorgeverband zu überstellen.[46] Dieser sollte die weitere Betreuung der Kranken im Krankensammellager Großsachsenheim übernehmen. Entbindungen und Schwangerschaftsabbrüche blieben allerdings im Verantwortungsbereich der Arbeitsverwaltung und sollten künftig ausschließlich im Durchgangslager vorgenommen werden. Die Übernahme der insgesamt 1.176 nichteinsatzfähigen Ausländer:innen im Bezirk des Gauarbeitsamts stellte in Anbetracht der völligen Überfüllung der Sammellager und Krankenanstalten eine kaum zu bewältigende Aufgabe dar. Die Beschaffung zusätzlicher Baracken für das Lager Großsachsenheim scheiterte ebenso wie die Einrichtung der im Erlass vorgesehenen »Sondereinrichtungen«. Erschwerend kam die andauernde Gefährdung durch Luftangriffe hinzu, weshalb die Verlegung des gesamten Lagers an einen neuen Standort erwogen wurde. Die von den Behörden anvisierte Übernahme des Lagers zum 1. Mai 1945 war unter diesen Umständen illusorisch. Da sich die Situation in anderen Gauen ähnlich gestaltete und das Innenministerium die angekündigten Durchführungsanweisungen erst im Februar 1945 ausgab, konnte die Neuregelung wahrscheinlich nicht mehr realisiert werden.

---

44 Schreiben des DGT an den Nachrichtendienst, die Pressestelle und die Dienststellen des DGT betr. »Uneheliche Kinder ausländischer Arbeiterinnen«, 21. Juni 1944, BArch, R 36/1444.
45 Runderlass des RMdI an die nachgeordneten Behörden, die Gemeinden und Gemeindeverbände betr. »Betreuung nichteinsatzfähiger ausländischer Arbeitskräfte«, i. A. Dr. Kauffmann, 16. Oktober 1944, BArch, R 1501/1479, Bl. 28.
46 Hier und im Folgenden Sämann, Das Durchgangslager in Bietigheim, S. 221–223.

4.2.2 Freie Wohlfahrtspflege

Sowohl vor als auch nach dem Ende der Rückführungen nahmen private und kirchliche Fürsorgeeinrichtungen ausländische Schwangere und Wöchnerinnen mit ihren Säuglingen auf. Die Einrichtungen der freien Wohlfahrtspflege richteten sich traditionell an sozial schwache Frauen, die vor ihrer Niederkunft aufgenommen und während des Wochenbetts verpflegt wurden, nicht selten gegen Verrichtung leichterer Hausarbeiten. Gisela Schwarze beschreibt eine solche Einrichtung in der Stadt Soest in Westfalen.[47] Das seit 1904 bestehende Evangelische Versorgungshaus, Heim für Mutter und Kind, betreute von 1940 bis 1945 insgesamt 688 zumeist deutsche Mütter und 775 Kinder. Unter den 549 im Heim geborenen Säuglingen befanden sich 42 polnische, zehn ukrainische sowie je ein baltisches, niederländisches, kroatisches und französisches Kind. Die Mütter arbeiteten zumeist auf Bauernhöfen im Soester Umland und wurden von ihren Arbeitgeber:innen in das Versorgungshaus geschickt, wo sie der Einschätzung Schwarzes zufolge ebenso gut behandelt wurden wie alle anderen Frauen. Die Kinder blieben teilweise über Monate dort, bevor die meisten von ihnen mit ihren Müttern an die jeweiligen Einsatzorte zurückkehrten. Zwei Kinder kamen in ein Soester Waisenhaus, zwei weitere in ein kirchliches Säuglingsheim in Salzkotten.[48]

Ein weiteres Beispiel ist das Mädchenheim Maria-Thalkirchen in München, das ebenfalls ausländische Schwangere, Wöchnerinnen und Kinder aufnahm.[49] Die Mütter kehrten mehrere Tage oder Wochen nach der Entbindung an ihre Arbeitsstellen zurück, während ihre Kinder oft noch einige Zeit im Heim blieben oder in andere Einrichtungen verlegt wurden. Im Sommer 1943 wurden sowohl die deutschen als auch die ausländischen Kinder wegen zunehmender Bombenangriffe in ein katholisches Fürsorgeheim für schwer erziehbare Mädchen in der Gemeinde Gauting evakuiert, wo sie bis Kriegsende lebten. In Hannover entbanden französische, polnische und sowjetische Zwangsarbeiterinnen in einer Einrichtung des Deutsch-Evangelischen Frauenbunds. Eine Reihe polnischer Pflegekinder aus dem weiteren Umkreis der Stadt fand Aufnahme im Katholischen Säuglings- und Waisenhaus St. Joseph.[50]

Diese und weitere Beispiele zeigen, dass die Unterbringung ausländischer Arbeiterinnen zur Entbindung und während des Wochenbettes sowie die Betreuung ihrer Kinder in Anstalten der freien Wohlfahrtpflege trotz gegenläu-

---

47 Schwarze, Kinder, die nicht zählten, S. 159 f.
48 Dort lebten weitere polnische Kinder. Zehn Polinnen und eine Ukrainerin kehrten mit ihren Kindern in die Heimat zurück, als dies noch möglich war. Ein Kind wurde zu seinen Großeltern nach Polen gebracht. Schwarze, Kinder, die nicht zählten, S. 160.
49 Heusler, Ausländereinsatz, S. 372.
50 Anschütz; Heike, »Unerwünschte Elemente«, S. 31.

figer Anweisungen durchaus üblich waren.⁵¹ Grundsätzlich sollten auch die Einrichtungen der freien Wohlfahrtspflege lediglich deutschen Frauen und Kindern vorbehalten bleiben. So berichtete der Oberpräsident der Provinz Oberschlesien, ausländische Arbeiterinnen, die in der Landesfrauenklinik Gleiwitz (pl. Gliwice) entbunden hatten, seien bislang »wegen Fehlens geeigneter Unterbringungsmöglichkeiten« im katholischen Fürsorgewerk Oberschlesien e. V. in Beuthen untergekommen.⁵² Der Oberpräsident untersagte jedoch die weitere Heimaufnahme und bat die Landesarbeitsämter, bei den Betrieben die Beschaffung der notwendigen Einrichtungen zu veranlassen.

In Württemberg wandten sich zahlreiche deutsche Kinderheime an die Zentralleitung des Stiftungs- und Anstaltswesens, die für die Aufsicht über die kirchlichen und privaten Fürsorgeeinrichtungen zuständig war, um in Erfahrung zu bringen, ob sie ausländische Kinder aufnehmen dürften.⁵³ Wie die Zentralleitung Ende April 1944 dem württembergischen Innenministerium mitteilte, würden die Heimleitungen von den Arbeitgeber:innen ausländischer Arbeiterinnen immer wieder dazu aufgefordert, deren Kinder aufzunehmen.⁵⁴ In Ermangelung anderer Unterbringungsmöglichkeiten kamen die Heimleitungen diesem Ersuchen oftmals nach, was der Vorstand der Zentralleitung als »höchst unbefriedigend« empfand:

Ich vertrete nach wie vor den Standpunkt, [...] daß die Plätze in unseren Kinderheimen unter allen Umständen den deutschen Kindern vorbehalten bleiben müssen und den Heimleitungen nicht die Betreuung von ausländischen Kindern zugemutet werden soll. Es läßt sich nicht verantworten, wenn in un-

---

51 Weitere Hinweise finden sich in den im Jahr 1948 verfassten Meldungen der Arbeitsämter aus Nordrhein-Westfalen und Niedersachsen an die Internationale Flüchtlingsorganisation (922 Area Team, I. R.O.) über »Fremdarbeiterlager und sanitäre Betreuung von Fremdarbeitern während des Krieges«. Demnach fanden Entbindungen ausländischer Kinder im Helenenstift in Hage, Landkreis Aurich, im katholischen Fürsorgeheim für Frauen und Mädchen in Castrop-Rauxel sowie im »Privat-Heim von Frau Maria Joffree« in Ibbenbüren (44 Entbindungen von September 1943 bis März 1945) statt; 2.2.0.1/82392272; 82408036; 82428431/ITS Digital Archive, Bad Arolsen. Der Regierungspräsident in Aurich erwähnte im April 1944 eine Entbindungsbaracke in Hage, womit wahrscheinlich das Helenenstift gemeint war; Hoffmann, Ausländische ZwangsarbeiterInnen in Oldenburg während des Zweiten Weltkrieges, S. 125. Im Caritasheim Schneppenbaum bei Kleve und im Versorgungshaus (Mütter-, Kleinkinder- und Säuglingsheim) Vluyn wurden laut Auskunft der zuständigen Arbeitsämter Kinder ausländischer Arbeiterinnen untergebracht; 2.2.0.1/82411638; 82417127/ITS Digital Archive, Bad Arolsen.
52 Schreiben des Oberpräsidenten der Provinz Oberschlesien an den DGT betr. »Unterbringung von Kindern ausländischer Arbeiterinnen«, 15. September 1943, BArch, R 36/1444.
53 Sämann, Das Durchgangslager in Bietigheim, S. 147.
54 Schäfer, Zwangsarbeiter und NS-Rassenpolitik, S. 211.

seren Kinderheimen schon bis zu 10 % der Plätze von ausländischen Kindern besetzt sind.[55]

Entgegen den offiziellen Anweisungen unterstützten auch die Arbeitsämter oftmals die Aufnahme der Kinder in diesen Heimen.[56] In dieser Hinsicht räumten die beteiligten Dienststellen praktischen Aspekten des Arbeitseinsatzes nicht selten Vorrang vor rassenpolitischen Richtlinien ein. So nahmen deutsche Anstalten bis zum Ende des Kriegs und mit Wissen und Unterstützung der Behörden ausländische Kinder auf. Das Gauarbeitsamt Mecklenburg wies noch im Oktober 1944 ein katholisches Kinderheim in Neubrandenburg offiziell als »Ausländerkinderpflegestätte in fremder Betreuung«, belegt mit 22 Kindern, aus.[57] Nicht immer lässt sich dabei bestimmen, ob die Einrichtungen diese Kinder von sich aus aufnahmen oder von anderen Behörden dazu aufgefordert wurden. Im sogenannten Schutzengelhaus beispielsweise, einem Waisenhaus in der Gemeinde Möhren in Bayern, beschlagnahmte das Arbeitsamt einen Raum zur Unterbringung ausländischer Kinder. Eine der Schwestern wurde mit der Aufsicht beauftragt, das Essen für die Kinder in der Küche des Waisenhauses zubereitet.[58]

Ein außergewöhnliches Beispiel für eine kirchliche Einrichtung, die als »Ausländerkinder-Pflegestätte« diente, kommt aus Niederschlesien.[59] Dort wurde das evangelische »Säuglings- und Altersheim St. Josefstift« in Herrnstadt (pl. Wąsosz) zur Unterbringung polnischer Kinder genutzt, deren Mütter zumeist als landwirtschaftliche Zivilarbeiterinnen nach Niederschlesien gebracht worden waren. Das Altenheim war zuvor nach Guhrau (pl. Góra) verlegt worden.[60] Die Oberin Marta »Borgia« Götzler leitete das Säuglingsheim mit Hilfe mehrerer Ordensschwestern. Die ersten polnischen Kinder kamen ab Mitte 1943 in

55 Zentralleitung für das Stiftungs- und Anstaltswesen in Württemberg an den württ. Innenminister, betr. »Unterbringung und Betreuung von Kindern ausländischer Arbeiterinnen«, 30. April 1944, zitiert nach Schäfer, Zwangsarbeiter und NS-Rassenpolitik, S. 211.
56 Schäfer, Zwangsarbeiter und NS-Rassenpolitik, S. 211.
57 Aufstellung des Gauarbeitsamts Mecklenburg betr. »Ausländische Arbeitskräfte, die dauernd nicht arbeitseinsatzfähig sind«, Oktober 1944, BArch, R 1501/3109.
58 Gernot Römer, Die grauen Busse in Schwaben. Wie das Dritte Reich mit Geisteskranken und Schwangeren umging, Augsburg 2009, S. 170–174.
59 Im Instytut Pamięci Narodowej in Poznań befinden sich die Ermittlungsakten zum Heim in Herrnstadt unter der Signatur S. 5/00/Zn. Siehe auch Józef Witkowski; Helena Kubica, Dzieci w zakładzie w Herrnstadt, in: Przegląd Lekarski 45, 1988, S. 63–69; Magdalena Sierocinska, Eksterminacja »niewartościowych rasowo« dzieci polskich robotników przymusowych pracujących na terenie III Rzeszy w świetle postępowań prowadzonych przez Oddziałową komisję Ścigania Zbrodni przeciw Narodowi Polskiemu w Poznaniu, in: Praca przymusowa Polaków w Trzeciej Rzeszy w latach 1939–1945. Polsko-niemieckie spotkanie w Jankowicach koło Poznania w dniach 12–19 czerwca 1993 roku, hg. von Stanisław Nawrocki, Poznań 1993.
60 Witkowski; Kubica, Dzieci w zakładzie w Herrnstadt, S. 63.

das Heim, im Oktober 1944 befanden sich dort laut einer Aufstellung des Gauarbeitsamts bereits 105 Kinder.[61] Insgesamt durchliefen mindestens 489 Kinder im Alter von wenigen Monaten bis zu fünf Jahren das Josefstift.[62] Am 10. April 1945 fanden polnische Behörden dort noch 39 abgemagerte polnische Kinder in äußerst schlechter gesundheitlicher Verfassung vor.[63] Was mit den übrigen Kindern geschehen war, lässt sich nicht mehr nachvollziehen. Möglicherweise wurden sie bei Kriegsende von ihren in der Nähe eingesetzten Müttern abgeholt, denn laut Józef Witkowski und Helena Kubica mussten manche Arbeiterinnen ihre Kinder nicht dauerhaft, sondern nur tage- oder wochenweise abgeben.[64] Aufgrund des äußerst schlechten Gesundheitszustands der Überlebenden muss zudem von einer hohen Todesrate ausgegangen werden.

Das Josefstift in Herrnstadt diente sehr wahrscheinlich ausschließlich zur Unterbringung polnischer Kinder. So wies das Gauarbeitsamt Niederschlesien die Einrichtung als »Ausländerkinder-Pflegestätte in eigener Betreuung« aus.[65] Darüber hinaus kamen einzelne Kinder nach Herrnstadt, nachdem sie zuvor schon längere Zeit in deutschen Kinderheimen gelebt hatten. Vermutlich setzten die Behörden damit die Anweisungen zur Trennung polnischer und deutscher Heimkinder um. Ein bereits 1940 geborenes Kind lebte für drei Jahre im knapp 20 Kilometer entfernten Trachtenberg (pl. Żmigród), bevor es im Juli 1943 aus dem dortigen Heim herausgenommen und in den St. Josefstift gebracht wurde.[66] Ein weiteres Kind war 1942 in Trebnitz (pl. Trzebnica) geboren und dort in einem Heim untergebracht worden, kam dann nach Reichenbach im Eulengebirge (pl. Dzierżoniów) und schließlich im Jahr 1944 nach Herrnstadt.[67]

---

61 Aufstellung des Gauarbeitsamts Niederschlesien betr. »Ausländische Arbeitskräfte, die dauernd nicht arbeitseinsatzfähig sind«, Oktober 1944, BArch, R 1501/3109.
62 Die Zahl ergibt sich zum einen aus dem Aussageprotokoll der ehemaligen Zwangsarbeiterin Maria Z., die nach dem Krieg einen Beleg vorlegen konnte, laut dem ihr Sohn am 4. Dezember 1944 unter der laufenden Nummer 485 im St. Josefstift aufgenommen worden war; Aussageprotokoll Maria Z., 14. Dezember 1945, IPN Po, S. 5/00/Zn, Bd. 1. Anschließend wurden mindestens noch vier weitere Kinder aufgenommen: Liste der polnischen Kinder. St. Josefstift zu Herrnstadt, 10. April 1945, IPN Po, S. 5/00/Zn, Bd. 1, Bl. 3.
63 Liste der polnischen Kinder. St. Josefstift zu Herrnstadt, 10. April 1945, IPN Po, S. 5/00/Zn, Bd. 1, Bl. 3; zum Gesundheitszustand der Kinder siehe Witkowski; Kubica, Dzieci w zakładzie w Herrnstadt. Eines der Kinder verstarb am 18. Mai 1945; Aussageprotokoll Donat N., 19. Mai 1945, IPN Po, S. 5/00/Zn, Bd. 1, Bl. 12.
64 Witkowski; Kubica, Dzieci w zakładzie w Herrnstadt, S. 64.
65 Ob das Arbeitsamt tatsächlich an der Betreuung beteiligt war, ist indes fraglich; Aufstellung des Gauarbeitsamts Niederschlesien betr. »Ausländische Arbeitskräfte, die dauernd nicht arbeitseinsatzfähig sind«, Oktober 1944, BArch, R 1501/3109.
66 Aussageprotokoll Bronislawa C., 25. April 1945, IPN Po, S. 5/00/Zn, Bd. 1, Bl. 11.
67 Aussageprotokoll Helena O., 13. November 1993, IPN Po, S. 5/00/Zn, Bd. 1, Bl. 46-49.

4.2.3 NS-Volkswohlfahrt

Wie in den Entbindungsheimen der NSV nur »gesunde und wertvolle werdende Mütter« aufgenommen werden durften, »von denen auch ein erbbiologisch und bevölkerungspolitisch wertvoller Nachwuchs zu erwarten« sei,[68] so waren auch die Kinderheime der NSV grundsätzlich nur zur Unterbringung der von den Nationalsozialisten als »wertvoll« angesehenen Kinder gedacht. Im Oktober 1943 übermittelte das NSDAP-Hauptamt für Volkswohlfahrt, Amt Wohlfahrtspflege und Jugendhilfe, den Dienststellen der NSV Himmlers Richtlinien zur »Behandlung schwangerer ausländischer Arbeiterinnen und der im Reich von ausländischen Arbeiterinnen geborenen Kinder«.[69] In dem Rundschreiben betonte Reichsamtsleiter Hermann Althaus, der Erlass des RFSS stelle in Übereinstimmung mit vorherigen parteiinternen Anweisungen eindeutig klar, dass sich die NSV nur um diejenigen Kinder zu kümmern habe, die einen deutschen Erzeuger haben und im Ausleseverfahren als »gut-rassisch« eingestuft wurden. Diese »förderungswürdigen« Kinder seien in deutsche Familienpflegestellen oder Heime der NSV einzuweisen. Ob zu diesem Zweck besondere Heime errichtet werden müssten, hänge von der Anzahl der künftig zu betreuenden »gut-rassischen Kinder« ab. Die Übernahme dieser Kinder in die Betreuung der NSV sei zunächst nur mit Einwilligung der Mütter möglich. Eine abschließende Entscheidung darüber, ob bei Kindern von Polinnen und »Ostarbeiterinnen« eine Zwangseinweisung erfolgen könne, sei noch nicht getroffen worden.[70]

In einigen Fällen waren Kinder ausländischer Zwangsarbeiterinnen zuvor be-

---

68 Anordnung Nr. 4/42 des Hauptamts für Volkswohlfahrt betr. »Richtlinie für die Einrichtung und den Betrieb von Entbindungsheimen der NSV«, gez. Hilgenfeldt, 12. September 1942, BArch, NS 37/1025.

69 Rundschreiben Nr. 186/43 des Hauptamts für Volkswohlfahrt betr. »Behandlung schwangerer ausländischer Arbeiterinnen und der im Reich von ausländischen Arbeiterinnen geborenen Kinder«, gez. Althaus, 9. Oktober 1943, BArch, NS 47/34.

70 Als problematisch sah das RSHA die »zwangsweise Zurückbehaltung« von Kindern an, deren Mütter Angehörige selbstständiger Staaten waren; Schreiben des SS-Gruppenführers Müller an den RFSS betr. »Behandlung schwangerer Ausländerinnen«, 23. Dezember 1942, BArch, NS 19/940. Diese Bedenken galten allerdings nicht für Arbeiterinnen, die als »staatenlos« galten. Den ausführenden Dienststellen wurde im Erlass des RFSS vom 27. Juli 1943 durch eine uneindeutige Formulierung Ermessensspielraum zugestanden: »Es wird allerdings erwogen, ob nicht bei Ostarbeiterinnen, Arbeiterinnen aus dem Generalgouvernement und Schutzangehörigen auf die Zustimmung verzichtet werden kann, wenn eine Belehrung keinen Erfolg hat«; Erlass des RFSS an die HSSPF, die Sicherheitspolizei und den SD betr. »Behandlung schwangerer ausländischer Arbeiterinnen und der im Reich von ausländischen Arbeiterinnen geborenen Kinder«, i. V. Kaltenbrunner, 27. Juli 1943, BArch, NS 47/61. In der Folge wurden den ausländische Kinder auch ohne Einwilligung von ihren Müttern getrennt oder ihre Zustimmung durch massiven Druck und unter Ausnutzung der elenden Lebensverhältnisse der

reits in NSV-Heime eingewiesen worden, ohne dass sie einer rassischen Überprüfung unterzogen worden waren. So nahm ein Tübinger Säuglingsheim, seit 1942 unter Leitung der NSV, mehrere in der Universitätsklinik geborene ausländische Kinder auf, für die weder die Klinik noch das Arbeitsamt eine alternative Unterbringungsmöglichkeit hatten ausfindig machen können.[71] Daran änderte offenbar auch die NSV-interne Bekanntmachung des RFSS-Erlasses nichts, denn mindestens ein polnisches Mädchen lebte dort bis Kriegsende. Ob die Richtlinien in Tübingen nicht bekannt waren oder wegen fehlender Alternativen ignoriert wurden, lässt sich nicht mehr feststellen. Erst im Februar 1944 musste sich der Klinikdirektor dem Vorwurf stellen, es würden auf diese Weise Plätze für deutsche Kinder blockiert – allerdings nicht vonseiten der NSV, sondern einem Vertreter der Deutschen Arbeitsfront.

Dass es sich hierbei um keinen Einzelfall handelte, legt ein weiteres Rundschreiben des Hauptamts für Volkswohlfahrt nahe. Offenbar hielt man es dort im Januar 1944 für notwendig, die Sachbearbeiterinnen für Familien- und Jugendhilfe nochmals darauf hinzuweisen, die im Erlass des RFSS gegebenen Richtlinien genau zu befolgen.[72] Anträge auf Betreuung schwangerer ausländischer Arbeiterinnen und ihrer Kinder dürften erst dann bearbeitet werden, wenn das Kind laut Urteil des zuständigen RuS-Führers »als erwünscht und gutrassisch anzusehen« sei. Negativ beurteilte Kinder seien aus der Betreuung der NSV zu entlassen und in eine »Ausländerkinder-Pflegestätte« zu überweisen. Die neuen Richtlinien seien rückwirkend auch auf diejenigen ausländischen Kinder anzuwenden, die sich bereits in NSV-Betreuung befänden.

Im März 1944 übersandte der HSSPF Südwest den Reichsstatthaltern in Württemberg und Baden-Elsaß obengenannte NSV-Rundschreiben sowie den Erlass des RFSS.[73] Die Gauleitung Baden forderte daraufhin die Kreisleiter auf, in Zusammenarbeit mit der DAF und dem Reichsnährstand sämtliche Schwangerschaften sowie bereits geborene Kinder ausländischer Arbeiterinnen zu erfassen.[74] Da-

---

Zwangsarbeiterinnen erzwungen; Vögel, »Entbindungsheim für Ostarbeiterinnen«, S. 73, FN 16; Hamann, »Erwünscht und unerwünscht«, S. 172.
71 Bayer, Ausländerinnen als gynäkologische und geburtshilfliche Patientinnen in der Universitätsfrauenklinik Tübingen 1939–1945, S. 120, FN 21; Bayer, Es ist nun die Frage, wohin mit ihr, S. 203.
72 Rundschreiben Nr. 6/44 des Hauptamts für Volkswohlfahrt betr. »Behandlung schwangerer ausländischer Arbeiterinnen und der im Reich von ausländischen Arbeiterinnen geborenen Kinder«, 20. Januar 1944, 4.1.0/82447586/ITS Digital Archive, Bad Arolsen.
73 Schreiben des HSSPF Südwest an die Reichsstatthalter in Württemberg und Baden/Elsaß, gez. Hoffmann, 24. März 1944, StA Nü (Staatsarchiv Nürnberg), KV-Anklage, Dok. Fotokop., Nr. NO-4141.
74 Schreiben des Gaustabsamtsleiters, Gauleitung Baden-Elsaß, an die Gauämter für Propaganda, Presse, Rassenpolitik, Volksgesundheit, Landvolk, Volkswohlfahrt und Volkstumsfragen,

rüber hinaus ordnete sie die »Überprüfung aller bereits vor der Neuregelung in die Betreuung der NSV. genommenen Kinder von ausländischen Arbeiterinnen entsprechend den neuen Richtlinien« mit Frist zum 1. Mai an. Laut Rückmeldung der Kreisleitung Pforzheim waren alle zehn vor der Neuregelung geborenen Kinder »fremdvölkischer« Landarbeiterinnen bei der NSV untergebracht worden.[75] Die Kreisleitung Mühlhausen meldete 15 schwangere »Ostarbeiterinnen« und 20 von »Ostarbeiterinnen« geborene Kinder, eine Überprüfung der ausländischen Kinder in Betreuung der NSV sei veranlasst worden.[76] In den Kreisen Villingen, Müllheim, Neustadt und Offenburg befanden sich laut Auskunft der Kreisleitungen keine ausländischen Kinder in Obhut der Volkswohlfahrt. Die übrigen Kreisleitungen teilten zwar Zahlen über schwangere Arbeiterinnen und Kinder mit, erwähnten jedoch keine Einrichtungen der NSV. Eine gleichartige Umfrage im Gau Westfalen-Nord beantworteten sämtliche NSV-Kreisverbände mit Fehlanzeige.[77] Die Aufnahme ausländischer Kinder in Heimen der NSV lässt sich zwar nur in einigen wenigen Fällen nachweisen, war offenbar aber verbreitet genug, dass diese Praxis durch rückwirkende Erfassung und rassische Überprüfung der betroffenen Kinder korrigiert werden sollte. Möglicherweise betraf dies zumeist Kinder mit deutschem Vater, die von den Heimleitungen in Unkenntnis der Richtlinien Himmlers aufgenommen worden waren.

Auch wenn die NS-Volkswohlfahrt die Betreuung »schlechtrassiger« Kinder in ihren Heimen ablehnte, war sie sowohl auf der Ebene reichsweiter Planungen als auch bei der lokalen Umsetzung der Maßnahmen für diese Kinder beteiligt. Staatssekretär Riecke vom Ernährungsministerium ließ im Januar 1944 eine Verhandlung mit der Partei-Kanzlei und der NSV über die Entbindung und Unterbringung »fremdvölkischer« Kinder in der Landwirtschaft anberaumen und schlug dort vor, die Betreuung der geplanten Einrichtungen unter Aufsicht der NSV zu stellen.[78] Bei der Besprechung rückten die Beteiligten jedoch von dieser Idee ab und einigten sich auf eine lediglich unterstützende Rolle der NSV, »um den Verdacht, dass Spenden und Beiträge deutscher Volksgenossen zugunsten

---

die Gaufrauenschaftsleitung, das Gauarbeitsamt, die Kreisleiter und Kreisbauernführer, die SiPo und die Dienststelle des RKF betr. »Arbeitseinsatz Fremdvölkischer«, 28. März 1944, 2.2.0.1/82388976–82388979/ITS Digital Archive, Bad Arolsen.

75 Schreiben der Kreisleitungen des Gaues Baden-Elsaß an den Gaustabsamtsleiter betr. »Arbeitseinsatz Fremdvölkischer«, 19. April bis 13. Juni 1944, 2.2.0.1/82388980–82388992/ITS Digital Archive, Bad Arolsen.

76 Schreiben der Kreisleitung Mühlhausen an den Gaustabsamtsleiter betr. »Arbeitseinsatz Fremdvölkischer«, 25. April 1944, 2.2.0.1/82388981/ITS Digital Archive, Bad Arolsen.

77 Schwarze, Kinder, die nicht zählten, S. 175.

78 Aktenvermerk betr. »Verhandlung schwangerer fremdvölkischer Arbeitskräfte und Unterbringung ihrer Kleinstkinder«, 20. Januar 1944, BArch, R 16/174.

Fremdvölkischer verwendet werden, zu vermeiden.«[79] Vertreter der Volkswohlfahrt waren bei der Einrichtung der Entbindungs- und Säuglingsheime stattdessen in beratender Funktion tätig. In Hessen beispielsweise sagte das NSV-Gauamt im Sommer 1944 zu, den Reichsnährstand bei der Auswahl geeigneter Räume zu unterstützen, wie die Landesbauernschaft Hessen-Nassau mitteilte:

Aufgrund einer Rücksprache mit der Gauamtsleitung für Volkswohlfahrt wurde vereinbart, dass für die Kreisleitungen Darmstadt, Dillenburg, Frankfurt/Main, Gießen, Hanau, Limburg, Mainz, Rheingau, Offenbach, Wetzlar, Wiesbaden, Worms umgehend Ausländerkinderpflegestätten eingerichtet werden müssen. Die Gauamtsleitung hat die Kreisamtsleiter aufgefordert, dem Reichsnährstand im Rahmen des Möglichen Räume zu benennen, die hierfür in Frage kommen und sich nicht eignen für die Umquartierung deutscher Volksgenossen.[80]

Der NSV-Kreisamtsleiter in Helmstedt, Gau Süd-Hannover-Braunschweig, half ebenfalls bei der Auswahl und Inspektion von Baracken aus, die in Velpke als »Ausländerkinder-Pflegestätte« dienen sollten.[81] Anschließend kümmerte er sich um die Ausstattung des Heims aus Beständen der Volkswohlfahrt. Auch Einrichtungen in Donauwörth und Marktoberdorf (Südbayern)[82] ebenso wie in Wursterheide (Ost-Hannover)[83] wurden mit Hilfe gebrauchter Einrichtungsgestände, Wäsche und Betten der Volkswohlfahrt ausgestattet. Aufgrund der schwierigen Versorgungslage in den letzten Kriegsjahren war selbst die Einrichtung einer primitiven »Pflegestätte« ohne Restbestände der NSV oftmals kaum möglich. So plante der Landrat in Sonthofen im Sommer 1944 ein »Ausländerkinderheim« in Stein im Allgäu einzurichten.[84] Die örtliche NSV lehnte es jedoch ab, einen Teil ihrer über zweihundert eingelagerten Bettgestelle zur Verfügung stellen, da

79 Aktenvermerk betr. »Unterbringung fremdvölkischer schwangerer Arbeiterinnen und Entfernung der fremdvölkischen nichteinsatzfähigen Kinder aus landwirtschaftlichen Betrieben«, 2. Februar 1944, BArch, R 16/174.
80 Schreiben der Landesbauernschaft Hessen-Nassau an die Kreisbauernschaft Hessen-Nassau-Süd, 4. August 1944, zitiert nach Kersandt, Polnische und sowjetische Zwangsarbeiterinnen und ihre Kinder, S. 228.
81 Brand, The Velpke Baby Home Trial, S. 71, 128–129, 144. Vgl. auch Reiter, Tötungsstätten für ausländische Kinder im Zweiten Weltkrieg, S. 167; Vögel, »Entbindungsheim für Ostarbeiterinnen«, S. 64. Die »Ausländerkinder-Pflegestätte« Velpke wird in Kapitel 6.3.1 dieses Buches ausführlich behandelt.
82 Schreiben des Präsidenten des Gauarbeitsamts und Reichstreuhänder der Arbeit Südbayern an den GBA betr. »Behandlung schwangerer ausländischer Arbeitskräfte und Versorgung der Kinder; hier Ostarbeiterinnen und Polinnen«, gez. Mauder, 10. Januar 1944, BArch, R 16/174.
83 Kahle, »Verschleppt nach Cuxhaven«, S. 95.
84 Römer, Die grauen Busse in Schwaben, S. 175.

diese für Notfälle reserviert seien. Noch im März 1945 verweigerte der zuständige Amtsarzt die Eröffnung des Heims, da keine Kinderbetten vorhanden waren und somit »eigentlich schlecht von einer Belegbarkeit gesprochen werden« könne.[85]

Über unterstützende Maßnahmen hinaus hatten Mitarbeiter der NSV nur wenig Kontakt mit den »Pflegestätten« und ihren Insassen. Die »Braunen Schwestern«[86] der NSV wurden dort grundsätzlich weder als Pflegerinnen noch als Aufseherinnen eingesetzt. Laut ihrer Aussage vor Gericht besuchte die örtliche NSV-Schwester in Velpke auf Bitte der Heimleiterin zwar einige Male die dortige »Ausländerkinder-Pflegestätte«, vermied ansonsten aber jeglichen persönlichen Einsatz für die dortigen Kinder.[87] Sie sei zwar über die hohe Zahl der Todesfälle informiert gewesen, habe als Mitarbeiterin der NSV jedoch keinerlei Verantwortung für das Heim getragen. Das Entbindungslager Waltrop wurde regelmäßig von einer deutschen Frau kontrolliert, die laut Aussage einer Zeitzeugin möglicherweise eine NSV-Säuglingsschwester war.[88] Wahrscheinlicher ist jedoch, dass es sich dabei um eine Ärztin oder eine Fürsorgerin des Gesundheitsamts handelte. Dass es Mitgliedern der NS-Schwesternschaft verboten war, sich um ausländische Kinder zu kümmern, belegt auch die Aussage der nach dem Krieg für ihre Arbeit im »Ausländerkinderpflegeheim« des Volkswagenwerks angeklagten Schwester Käthe Pisters. Seit 1937 hatte sie als NSV-Schwester gearbeitet, musste im Jahr 1943 aber zu den »Blauen Schwestern« wechseln, um vom Volkswagenwerk als Pflegerin für die polnischen und sowjetischen Heimkinder angestellt werden zu können.[89]

Eine größere Rolle nahm die NSV im Gau Oberdonau ein. Während sich die Mitwirkung der Volkswohlfahrt in den übrigen Gauen zumeist auf die Kooperation mit der örtlichen Verwaltung und dem Reichsnährstand beschränkte, war sie in Oberdonau auf Weisung des Gauleiters August Eigruber selbst für Organisation und Betrieb der dort als »Fremdvölkische Kinderheime« bezeichneten Einrichtungen zuständig. Im Juli 1943 erstattete der HSSPF Donau, Rudolf Querner, dem persönlichen Stab des RFSS Bericht über die in Oberdonau bislang erfolgten Schritte zur Schaffung der geforderten Entbindungs- und Unterbringungsmöglichkeiten.[90] Wie oben bereits dargelegt, hatte sich die Großindustrie Oberdonaus

---

85 Zitiert nach Römer, Die grauen Busse in Schwaben, S. 176.
86 Zur NS-Schwesternschaft siehe Birgit Breiding, Die braunen Schwestern. Ideologie, Struktur, Funktion einer nationalsozialistischen Elite, Stuttgart 1998.
87 Befragung der Zeugin Martha Justus, abgedruckt in Brand, The Velpke Baby Home Trial, S. 184–191.
88 Schwarze, Kinder, die nicht zählten, S. 168.
89 Befragung der Angeklagten Pisters, TNA, WO 235/268, 26. Prozesstag (18. Juni 1946). Vgl. Befragung der Angeklagten Schmidt, TNA, WO 235/268, 25. Prozesstag (17. Juni 1946). Ausführlich zum Heim des Volkswagenwerks siehe Kapitel 6.3.2 dieses Buches.
90 Schreiben des HSSPF Donau an den persönlichen Stab des RFSS, z. Hd. SS-Obersturmbann-

bereiterklärt, für die Kinder der bei ihnen eingesetzten Zwangsarbeiterinnen »Kleinkinderbetreuungseinrichtungen einfachster Art« zu schaffen. Weil der Bau dieser Heime jedoch zu langsam voranschreite, habe die NSV auf Weisung des Gauleiters bereits im März 1943 ein Haus in Spital am Pyhrn » ausschließlich für die Aufnahme von Neugeborenen von Polinnen und Ostarbeiterinnen zur Verfügung gestellt«.[91] Dort könnten unter Aufsicht einer Deutschen mit Hilfe mehrerer »Ostarbeiterinnen« bis zu 80 Kinder untergebracht werden. In der Forschung oft zitiert wird ein Schriftwechsel zwischen dem Oberbefehlsleiter der NSV, Erich Hilgenfeldt, dem RFSS und Eigruber über die katastrophalen Zustände, die im Sommer 1943 in diesem Heim herrschten.[92] Bis zum Jahr 1945 starben 44 der 97 dort eingewiesenen Kinder aufgrund unzureichender Ernährung und Versorgung.[93] Weil die dortigen Raumkapazitäten bald ausgeschöpft waren, richtete die NSV im Gau Oberdonau im Laufe des Jahres 1944 systematisch ein Netz weiterer Einrichtungen nach dem Vorbild des »Fremdvölkischen Kinderheims« in Spital am Pyhrn ein.[94] Verantwortlich für die Auswahl und Besichtigung der inFrage kommenden Gebäude sowie die Ausstattung der Heime war Frau Dr. Praxmarer, Leiterin der Abteilung Finanz und Recht der NSV Oberdonau. Unter ihrer Aufsicht beschlagnahmte die Volkswohlfahrt Räumlichkeiten und ließ notwendige Reparatur- und Umbauarbeiten durchführen, teilweise bezahlt von den Besitzern der Objekte.[95] Gabriella Hauch konnte insgesamt zwölf solcher NSV-Heime für »fremdvölkische« Kinder im Gau Oberdonau nachweisen, mit denen Platz für mehrere hundert Kinder geschaffen wurde. Im Oktober 1944 meldete das Gauarbeitsamt 220 Kinder in »Ausländerkinder-Pflegestätten in fremder Betreuung«, 173 weitere Kinder lebten im Durchgangslager.

    führer Brandt, betr. »Schaffung von Entbindungsmöglichkeiten für schwangere ausländische Arbeitskräfte sowie Unterbringung der Neugeborenen«, 31. Juli 1943, BArch, NS 19/3596.
91 Schreiben des HSSPF Donau an den persönlichen Stab des RFSS, z. Hd. SS-Obersturmbannführer Brandt, betr. »Schaffung von Entbindungsmöglichkeiten für schwangere ausländische Arbeitskräfte sowie Unterbringung der Neugeborenen«, 31. Juli 1943, BArch, NS 19/3596.
92 Siehe Kapitel 5.3.3 in diesem Buch.
93 Ausführlich zum »Fremdvölkischen Kinderheim« in Spital am Pyhrn siehe Hauch, Ostarbeiterinnen, S. 1292–1303.
94 Zu den »Ausländerkinder-Pflegestätten« der NSV in Oberdonau siehe Hauch, Ostarbeiterinnen, S. 1303–1310. Zum NSV-Heim im Schloss Etzelsdorf siehe Kranzl-Greinecker, Die Kinder von Etzelsdorf.
95 Hauch, Ostarbeiterinnen, S. 1305.

4.3 Gesundheitswesen

Einen bedeutenden Einfluss auf die Versorgung und Betreuung schwangerer Zwangsarbeiterinnen und ihrer Kinder in den Krankenanstalten, Heimen und Lagern übten die verschiedenen Organisationen des nationalsozialistischen Gesundheitswesens und die dort eingesetzten Ärzte und Ärztinnen aus.[96] Unter der NS-Herrschaft war das Gesundheitssystem deutlich ausgebaut und zwangsweise vereinheitlicht worden, um einen möglichst umfassenden staatlich-medizinischen Zugriff des Regimes auf die gesamte Bevölkerung zu ermöglichen. Spätestens seit Veröffentlichung des »Gesetzes über die Vereinheitlichung des Gesundheitswesens«[97] im Jahr 1934 avancierte es zum »rassistischen Selektionsapparat«[98] zur Umsetzung rassen- und bevölkerungspolitischer Vorhaben. Darüber hinaus wurde es in den Dienst einer postulierten »Pflicht zur Gesundheit« gestellt, mit deren Hilfe die Arbeitsleistung der deutschen »Volksgenossen« maximal gesteigert werden sollte.[99] Vor diesem Hintergrund erfolgte eine enorme Ausweitung des Betriebsarztsystems.[100] Der Leistungsgedanke war insbesondere auch für die Behandlung der ausländischen Zwangsarbeitenden prägend und wurde mit umso größerer Erbarmungslosigkeit umgesetzt, desto tiefer sie in der nationalsozialistischen Rassenhierarchie standen.[101] An den Plänen und Maß-

---

96 Einen guten Überblick über die umfangreiche Forschungsliteratur zu Medizin im Nationalsozialismus bieten Jütte; Eckart; Schmuhl; Süß, Medizin und Nationalsozialismus; siehe auch Süß, Der »Volkskörper« im Krieg, Wolfgang Benz; Barbara Distel (Hg.), Medizin im NS-Staat. Täter, Opfer, Handlanger, München 1993; Norbert Frei (Hg.), Medizin und Gesundheitspolitik in der NS-Zeit, München 1991.
97 Reichsgesetzblatt I 1934, S. 531 f.
98 Gabriele Czarnowski, Das kontrollierte Paar. Ehe- und Sexualpolitik im Nationalsozialismus, Weinheim 1991, S. 137. Grundlegend zum »Gesetz über die Vereinheitlichung des Gesundheitswesens« siehe die Studie von Alfons Labisch; Florian Tennstedt, Der Weg zum »Gesetz über die Vereinheitlichung des Gesundheitswesens« vom 3. Juli 1934. Entwicklungslinien und -momente des staatlichen und kommunalen Gesundheitswesens in Deutschland, Düsseldorf 1985.
99 Vgl. Süß, Der »Volkskörper« im Krieg, S. 242–268; Renate Jäckle, »Pflicht zur Gesundheit« und »Ausmerze«. Medizin im Dienst des Regimes, in: Medizin im NS-Staat. Täter, Opfer, Handlanger, hg. von Wolfgang Benz und Barbara Distel, München 1993, S. 59–77.
100 Zur Bedeutung der Arbeitsmedizin im Nationalsozialismus und zum Ausbau des Betriebsarztsystems siehe Gine Elsner, Als Betriebsarzt bei Adler, Opel oder Hoechst. Arbeitsmediziner während der NS-Zeit in Hessen, Hamburg 2016; Karl-Heinz Karbe, Das nationalsozialistische Betriebsarztsystem während des Zweiten Weltkrieges – ein Instrument arbeitsmedizinischer Praxis?, in: Medizin für den Staat – Medizin für den Krieg. Aspekte zwischen 1914 und 1945, hg. von Rolf Winau, Husum 1994, S. 66–81; Karbe, Entstehung und Ausbau des faschistischen Betriebsarztsystems und dessen Funktion bei der Ausbeutung der deutschen Arbeiter und ausländischen Zwangsarbeiter; Elsner, Arbeitsmedizin im Nationalsozialismus.
101 Zum Themenkomplex NS-Medizin und Zwangsarbeit und insbesondere zum Einsatz von

nahmen zur Behandlung schwangerer Zwangsarbeiterinnen und ihrer Kinder war eine Vielzahl staatlicher, parteiamtlicher und sonstiger Organisationen des Gesundheitswesens beteiligt. Dazu zählten die Staatlichen Gesundheitsämter, das Hauptamt für Volksgesundheit der NSDAP, die gesundheitlichen Dienste der Arbeitsämter, der NSV und der DAF, die Ärztekammern und die KVD, die Krankenkassen sowie verschiedene regionale Arbeitsgemeinschaften, Körperschaften und Zusammenschlüsse. Im Folgenden werden die vor dem Hintergrund dieser Studie und auf Grundlage der vorhandenen Quellen wichtigsten Instanzen in den Blick genommen. Dabei muss beachtet werden, dass das NS-Gesundheitswesen von zahlreichen Kompetenzüberschneidungen und personellen Verflechtungen geprägt war, die eine präzise Abgrenzung der Tätigkeitsfelder erschweren.[102]

4.3.1 Gesundheitsämter

Nach Verabschiedung des »Gesetzes über die Vereinheitlichung des Gesundheitswesens« wurde der bis dahin kommunal organisierte öffentliche Gesundheitsdienst zentralisiert und ein umfassendes Netz staatlicher Gesundheitsämter aufgebaut, deren wichtigste Aufgabe die Umsetzung nationalsozialistischer Maßnahmen zur »Erb- und Rassepflege« wie Ehegesundheitsuntersuchungen, Zwangssterilisationen und die »erbbiologische« Erfassung der Bevölkerung war.[103] Die in sämtlichen Stadt- und Landkreisen eingerichteten Gesundheitsämter kooperierten zu diesem Zweck mit den örtlichen Behörden, namentlich den

---

Zwangsarbeitenden im Gesundheitswesen siehe Andreas Frewer; Bernhard Bremberger; Günther Siedbürger (Hg.), Der »Ausländereinsatz« im Gesundheitswesen (1939–1945). Historische und ethische Probleme der NS-Medizin, Stuttgart 2009; Günther Siedbürger; Andreas Frewer (Hg.), Zwangsarbeit und Gesundheitswesen im Zweiten Weltkrieg. Einsatz und Versorgung in Norddeutschland, Hildesheim 2006; Andreas Frewer; Günther Siedbürger (Hg.), Medizin und Zwangsarbeit im Nationalsozialismus. Einsatz und Behandlung von »Ausländern« im Gesundheitswesen, Frankfurt a. M. 2004.

102 Ein Beispiel dafür liefert Bernhild Vögels Studie für Braunschweig, wo die verschiedenen Institutionen des Gesundheitswesens 1942 in einem »Gaugesundheitswerk« zusammengefasst wurden. Der Chef des Amts für Volksgesundheit leitete die Kassenärztliche Vereinigung, die Ärztekammer sowie das Landkrankenhaus. Der Leiter des Landesgesundheitsamts war gleichzeitig Mitarbeiter im braunschweigischen Innenministerium. Beide saßen im Beirat der AOK, die für einige Zeit das »Entbindungsheim für Ostarbeiterinnen« an der Broitzemer Straße verwaltete. Der stellvertretende Leiter des Gesundheitsamts war gleichzeitig Arbeitsamtsarzt und damit für die gesundheitlichen Belange der ausländischen Arbeitskräfte zuständig. Vögel, »Entbindungsheim für Ostarbeiterinnen«, S. 56–58.

103 Zur Funktion und den Aufgabenbereichen der Gesundheitsämter im Nationalsozialismus siehe Fleiter, Das Städtische Gesundheitsamt Hannover und die Umsetzung der nationalsozialistischen Erb- und Rassengesetzgebung; Vossen, Gesundheitsämter im

Bürgermeistern bzw. Landräten, den Jugend-, Wohlfahrts- und Standesämtern, den Gemeindeschwestern, der Polizei, den Gerichten sowie den Einrichtungen der NSV.[104] Daneben oblag ihnen die Aufsicht über sämtliche Fürsorgeeinrichtungen und das dort eingesetzte Pflegepersonal sowie über das gesamte Hebammenwesen. In Bezug auf den Einsatz ausländischer Arbeitskräfte hatten sie durch Beratung der Lagerleitungen und Hygienekontrollen die Ausbreitung von Infektionskrankheiten und Epidemien zu verhindern.

Neben gesundheitlichen Kontrollen in den Zwangsarbeiter:innenlagern waren die Ärzt:innen der Gesundheitsämter in Zusammenarbeit mit dem Ärztlichen Dienst der Arbeitsämter für Schwangerschaftsfeststellungen bei ausländischen Arbeiterinnen zuständig, die bis Ende 1942 meist zur Abschiebung der Schwangeren führten. Mit dem Ende der Rückführungen waren die Gesundheitsämter mitverantwortlich für die Planung, Bereitstellung und Kontrolle der notwendigen Entbindungsmöglichkeiten. Die Amtsärzt:innen gaben die diesbezüglich ergangenen Anweisungen weiter und bestimmten je nach örtlichen Gegebenheiten, wo Polinnen und »Ostarbeiterinnen« ihre Kinder zur Welt zu bringen hatten. Im Vordergrund stand dabei die möglichst umfassende wirtschaftliche Ausbeutung der Zwangsarbeiterinnen, wie das Landesarbeitsamt Südbayern im Frühjahr 1943 die Gesundheitsämter instruierte:

Bei der gegenwärtigen Arbeitseinsatzlage muß jede, auch jede teilweise, oder jede verringerte Arbeitskraft, die einen irgendwie wirtschaftlichen Leistungsnutzen noch ergibt, ausgenützt werden. Der Betriebsführer muß diese schwangeren Polinnen und Ostarbeiterinnen ausnützen, solange es irgendwie noch möglich ist.[105]

Das Staatliche Gesundheitsamt Böblingen in Württemberg informierte Ende Juni 1943 die Ärzt:innen des Kreises:

Schwangere Ostarbeiterinnen sollen, wenn sie draußen nicht entbinden können, ins städt. Krankenhaus Bad Cannstatt geschickt werden und zwar möglichst erst kurz vor dem Geburtstermin, da sie auch zu Hause gewohnt sind, bis zur Geburt zu arbeiten.[106]

Nationalsozialismus; Asmus Nitschke, Die »Erbpolizei« im Nationalsozialismus. Zur Alltagsgeschichte der Gesundheitsämter im Dritten Reich; das Beispiel Bremen, Opladen 1999.
104 Czarnowski, Das kontrollierte Paar, S. 143.
105 Schreiben des Landesarbeitsamts Südbayern an das Gesundheitsamt Sonthofen, 2. April 1943, zitiert nach Römer, Die grauen Busse in Schwaben, S. 163 f.
106 Schreiben des Staatlichen Gesundheitsamts Böblingen an die Ärzte des Landkreises Böblingen betr. »Krankenhausbehandlung von Ostarbeitern«, 30. Juni 1943, zitiert nach Schäfer, Zwangsarbeiter und NS-Rassenpolitik, S. 162, FN 146.

Ebenso wie bei erkrankten Ausländer:innen lehnten die Krankenanstalten die Aufnahme schwangerer ausländischer Frauen nicht selten zugunsten deutscher Patient:innen ab. Im April 1943 berichtete das Gesundheitsamt des Kreises Detmold der Lippischen Landesregierung über Klagen vonseiten der Arbeitgeber:innen, die Krankenanstalten würden ansteckend erkrankte »Ostarbeiter:innen« nicht mehr aufnehmen, was eine »wirksame Seuchenbekämpfung« erschwere. Auch schwangere Ausländerinnen würden immer wieder abgewiesen:

[...] in den letzten Tagen kam eine Ostarbeiterin im Wagen nieder, weil sie nirgends aufgenommen wurde, eine andere musste im letzten Augenblick in einem Schwesternzimmer untergebracht und die Schwester ausquartiert werden![107]

Ab Juni 1943 verfügte das städtische Krankenhaus in Detmold über eine »Ostarbeiterbaracke« mit insgesamt zehn Betten, in der neben ansteckend kranken Arbeiter:innen auch Schwangere untergebracht werden sollten.[108] In Braunschweig war bereits im Frühjahr 1943 ein spezielles Entbindungsheim eingerichtet worden. Um die dort verfügbaren Plätze sinnvoll zu nutzen, grenzte das zuständige Gesundheitsamt in Übereinstimmung mit den Weisungen des GBA den Kreis der dort aufzunehmenden Frauen ein:

Die größeren Firmen, die über größere Läger verfügen, sollen Entbindungszimmer einrichten, in denen die Geburten vor sich gehen. Nur diejenigen Ostarbeiterinnen und Polinnen, die bei kleineren Firmen beschäftigt sind und in kleineren Lägern untergebracht sind, für die sich die Einrichtung eines besonderen Entbindungszimmers nicht lohnt, sollen in die neu eingerichtete Entbindungsanstalt kommen, da sonst der Raum sehr bald wieder zu klein sein würde.[109]

Neben der Planung und hygienischen Kontrolle der Entbindungsanstalten konnten die Amtsärzt:innen durch ihr Urteil Einfluss auf die Versorgung der Schwangeren und Wöchnerinnen nehmen. So befürwortete der Leiter des Gesundheitsamts Braunschweig einen Antrag der AOK auf Krankenkost für die im

---

107 Schreiben des Staatlichen Gesundheitsamts Detmold an die Lippische Landesregierung, 9. April 1943, zitiert nach Freitag, Zwangsarbeiter im Lipper Land, S. 67.
108 Freitag, Zwangsarbeiter im Lipper Land, S. 67; Lisner, Geburtshilfe und Abtreibungen bei Zwangsarbeiterinnen, S. 102 f.
109 Schreiben des stellvertretenden Leiters des Gesundheitsamts an den Bürgermeister der Stadt Braunschweig, 18. Mai 1943, zitiert nach Vögel, »Entbindungsheim für Ostarbeiterinnen«, S. 16.

Entbindungsheim untergebrachten Wöchnerinnen »zur Gesunderhaltung und zum möglichst schnellen Arbeitswiedereinsatz«.[110]

Bezüglich der Behandlung der von Polinnen und »Ostarbeiterinnen« im Reich geborenen Kinder beschränkten sich die Amtsärzt:innen und Fürsorger:innen der Gesundheitsämter nicht auf die Aufgaben der Gesundheitsfürsorge, sondern forderten schon frühzeitig eine getrennte Unterbringung dieser Kinder aus rassenideologischen Gründen. Gemeinsam mit anderen am »Ausländereinsatz« beteiligten Behörden nahmen sie, wie oben erläutert, Einfluss auf die politische Entscheidungsfindung.[111] Ab 1943 war der öffentliche Gesundheitsdienst an der Planung, Einrichtung und Kontrolle der geforderten »Ausländerkinder-Pflegestätten« beteiligt. Das Staatliche Gesundheitsamt des Kreises Büren etwa verlangte bereits im Januar 1943 die beschleunigte Einrichtung von Heimen für ausländische Kinder, da bereits zu viele polnische Kinder von den Jugendämtern in deutschen Familien und Kinderheimen untergebracht worden seien, wo sie deutschen Kindern gleichgestellt würden.[112] Waren die geforderten Einrichtungen schließlich fertiggestellt, oblag den Gesundheitsämtern die hygienische Beratung und Überwachung. Nachdem Anfang des Jahres 1944 die großflächige Einrichtung von »Ausländerkinder-Pflegestätten« für die Kinder landwirtschaftlicher Arbeiterinnen im Gau Ost-Hannover beschlossen worden war,[113] beauftragte der Regierungspräsident in Lüneburg die Leiter der Staatlichen Gesundheitsämter, die Landräte bei der Planung und Einrichtung der Heime zu unterstützen. Zu diesem Zweck gab er ihnen Anweisungen zur notwendigen Ausstattung und dem Personal:

> Wenn auch gemäss Ziffer 3 des Vermerks die Ausstattung dieser Heime in bescheidenstem Masse erfolgen muss und auf das Notwendige beschränkt bleibt, so muss doch ein Mindestmass von hygienischen Anforderungen gestellt werden. Es genügen Holzbettstellen mit Strohsäcken, doch müssen insbesondere genügend Wäschestücke zum Wechseln der Windeln, Wascheinrichtungen und auch Kocheinrichtungen zur Bereitung der Säuglingsnahrung vorhanden sein. Die Zubereitung der Säuglingsnahrung kann von einer Polin oder Ostarbeiterin ausgeführt werden, muss jedoch durch eine sachverständige deutsche Hilfskraft (Hebamme, NS-Schwester und dergl.) überwacht werden, damit keine gröberen Ernährungsstörungen vorkommen.[114]

---

110 Schreiben des Gesundheitsamts an den Leiter der AOK, 7. Juli 1943, zitiert nach Vögel, »Entbindungsheim für Ostarbeiterinnen«, S. 29.
111 Siehe das Kapitel 1.1 in diesem Buch.
112 Lissner, Das Kind entspricht nicht den Auslesebestimmungen, S. 150.
113 Siegfried, Das Leben der Zwangsarbeiter im Volkswagenwerk 1939–1945, S. 237; Reiter, Tötungsstätten für ausländische Kinder im Zweiten Weltkrieg, S. 92 f.
114 Schreiben des Regierungspräsidenten in Lüneburg an die Leiter der Gesundheitsämter des Gaues Ost-Hannover betr. »Unterbringung der noch nicht arbeitsfähigen Kinder der Polin-

Darüber hinausgehende Maßnahmen zur Gesundheitsvorsorge waren für die ausländischen Kinder jedoch unerwünscht. So kam die Ausgabe der Vitaminpräparate Vigantol und Cebionzucker grundsätzlich »nicht in Frage«. Zwar sollten Nahrungszubereitung und Sauberkeit durch regelmäßige Besuche des Amtsarztes kontrolliert werden. Dies diente jedoch allenfalls der Einhaltung eines Mindeststandards, um »gröbere hygienische Mißstände« zu vermeiden. Was eine solche minimale »Säuglingspflege« bedeutete, musste den verantwortlichen Mitarbeiter:innen der Gesundheitsämter von Anfang an bewusst gewesen sein. In etlichen Heimen waren die Konsequenzen – massive Unterernährung, Ernährungsstörungen und diverse Krankheiten – nach kurzer Zeit evident. Zudem gingen sämtliche ärztlichen Totenscheine an die Gesundheitsämter, wo diese registriert und ausgewertet wurden.[115] Die vornehmliche Aufgabe der Amtsärzt:innen bestand jedoch darin, eine Beeinträchtigung des Arbeitseinsatzes durch sich unter den Arbeitskräften unkontrolliert ausbreitende Infektionskrankheiten und ein Übergreifen auf deutsche »Volksgenossen« zu verhindern. Im »Kinderhort« des städtischen Lagers »Faldera« in Neumünster traten im September 1943 infolge mangelhafter Hygiene Wanzen und Krätze auf, nach Ansicht des Gesundheitsamts bestand jedoch kein dringender Handlungsbedarf:

> Das Auftreten von hygienischen Mängeln ist niemals restlos zu verhindern. An der Beseitigung der Mängel wird laufend gearbeitet. Das Auftreten von Krätze ist eine ständige Erscheinung unter den Russen.[116]

Diese Einschätzung traf in gewisser Hinsicht wohl zu, doch lag das Auftreten derartiger Krankheiten in den Zwangsarbeiter:innenlagern zweifellos an den dort herrschenden erbärmlichen Lebensbedingungen. Vor allem die Kinder der Polinnen und »Ostarbeiterinnen« litten unter ihrer unzureichenden Versorgung und Unterbringung, was den Verantwortlichen und insbesondere auch den zuständigen Amtsärzten durchaus bewusst war. Das Staatliche Gesundheitsamt Stadtroda schrieb aufgrund der hohen Säuglingssterblichkeit im Lager der HESCHO (Hermsdorf-Schomburg-Isolatoren-GmbH) im Herbst 1944 sogar an den Reichsstatthalter in Thüringen, den Generalbevollmächtigten für den Arbeitseinsatz Fritz Sauckel:

---

nen und Ostarbeiterinnen«, 14. Februar 1944, NLA HA, Hann. 180 Lüneburg Acc. 3/005 Nr. 120 I.
115 Vögel, »Entbindungsheim für Ostarbeiterinnen«, S. 57.
116 Schreiben des Staatlichen Gesundheitsamts Neumünster an das Jugendamt, 16. Oktober 1943, zitiert nach Lehmann, »... stärkste Befürchtungen, dass das Kind doch der Allgemeinheit zur Last fällt«, S. 208.

Mit der langen Dauer des Krieges wird auch die Frage der Versorgung der Säuglinge in den Ostarbeiterlagern eine immer brennendere. Für meinen Kreis kommt vor allem das Ostarbeiterlager der Hescho in Frage. Die Säuglingssterblichkeit in diesem Lager ist eine außerordentlich große, es starben von Mai bis Oktober 1944 19 Säuglinge, so daß die Lagerleitung an eine Epidemie dachte. Aus diesem Grunde machte sich eine Überprüfung der in dem Lager bestehenden Verhältnisse durch mich notwendig, die auch von der Direktion der Hescho gewünscht wurde.[117]

Der Amtsarzt machte der Lagerleitung einige Vorschläge, wie etwa den Müttern Gelegenheit zum Stillen zu geben, eine ausgebildete Säuglingsschwester einzustellen und die Versorgung zu verbessern. Doch selbst wenn ihm tatsächlich an der Verbesserung der Zustände gelegen haben sollte, musste er abschließend resigniert feststellen:

Ich persönlich halte mich zunächst verpflichtet, meine vorgesetzte Dienststelle von diesen Zuständen zu unterrichten, die ja infolge Mangels an Material in absehbarer Zeit wahrscheinlich keine durchgreifende Verbesserung erfahren können. Es ist auch nicht möglich, die schwerkranken Ostarbeiterinnenkinder in Säuglingsstationen der Kliniken unterzubringen, da wir ja schon nicht allzu selten die Säuglinge deutscher Volksgenossen dadurch verlieren, daß die Aufnahme seitens der Säuglingsstationen verweigert wird. Hat man schließlich in einem entfernten Säuglingsheim die Aufnahme erreicht, dann ist es oft bereits zu spät.[118]

Stellenweise sorgten die Gesundheitsämter zumindest dafür, dass lokale Behörden bei ihren Planungen für »Ausländerkinder-Pflegestätten« ein gewisses hygienisches Mindestmaß einhielten. In der Gemeinde Stein im Landkreis Sonthofen bemängelte der zuständige Amtsarzt im September 1944 die unzureichende Ausstattung des dort geplanten »Ausländerkinderheims«.[119] Noch im März 1945 untersagte er die Inbetriebnahme des Heims, da sich die Verhältnisse in der Zwischenzeit trotz seiner Vorschläge kaum verbessert hätten. Es seien weder Kinderbetten noch Bademöglichkeiten oder eine Abortanlage vorhanden, die Fenster seien undicht und es gäbe nicht genügend Flaschensauger. Bei solchen Inter-

---

117 Bericht des Staatlichen Gesundheitsamts Stadtroda an den Reichsstatthalter in Thüringen betr. »Versorgung der Säuglinge der Ostarbeiterinnen«, 3. November 1944, abgedruckt in Moczarski; Post; Weiß, Zwangsarbeit in Thüringen 1940–1945, S. 135–137.
118 Bericht des Staatlichen Gesundheitsamts Stadtroda an den Reichsstatthalter in Thüringen betr. »Versorgung der Säuglinge der Ostarbeiterinnen«, 3. November 1944, abgedruckt in Moczarski; Post; Weiß, Zwangsarbeit in Thüringen 1940–1945, S. 135–137.
119 Römer, Die grauen Busse in Schwaben, S. 175–177.

ventionen vonseiten der Gesundheitsämter war in der Regel allerdings nicht das Wohl der »fremdvölkischen« Kinder entscheidend, sondern der Infektionsschutz. Gegen die Ansicht der zuständigen Behörden in Sonthofen, auf die Einstellung einer teuren Fachkraft könne man bei ausländischen Kindern verzichten, führte der Amtsarzt die daraus resultierende Seuchengefahr an.[120]

Im Rahmen der nationalsozialistischen »Erb- und Rassenpflege« und der »erbbiologischen« Erfassung der Bevölkerung führten die Amtsärzt:innen der Gesundheitsämter gesundheitliche und »erbgesundheitliche« Untersuchungen durch. Darüber hinaus waren sie an den »rassischen Überprüfungen« durch die RuS-Führer beteiligt, in erster Linie durch Bereitstellung ihrer Diensträume und des benötigten Personals. So informierte das württembergische Innenministerium im April 1943 die staatlichen Gesundheitsämter:

> Vom SS-Führer im Rasse- und Siedlungswesen beim Höheren SS- und Polizeiführer Südwest müssen an vereinzelten Ostarbeitern und Ostarbeiterinnen Untersuchungen und Begutachtungen vorgenommen werden. Außerhalb Stuttgarts werden diese Personen von ihm in die staatlichen Gesundheitsämter bestellt. Die Gesundheitsämter erhalten Nachricht über den Zeitpunkt der beabsichtigten Untersuchung. Die Diensträume der staatlichen Gesundheitsämter sind zu diesem Zweck zur Verfügung zu stellen. Für die Untersuchung weiblicher Personen stellt das staatliche Gesundheitsamt eine weibliche Hilfskraft (Gesundheitspflegerin, Säuglings- und Kinderschwester, Karteiführerin oder Schreibhilfe), welche während der Untersuchung anwesend zu sein hat.[121]

Wie oben bereits ausgeführt, bestimmte Himmler Mitte des Jahres 1943, die Amtsärzt:innen der Gesundheitsämter hätten gegebenenfalls die »gesundheitliche, erbgesundheitliche und rassische Untersuchung« schwangerer Polinnen und »Ostarbeiterinnen« sowie der Erzeuger zu übernehmen.[122] Die endgültige Entscheidung, ob der zu erwartende Nachwuchs »gutrassig« sei oder in einer »Ausländerkinder-Pflegestätte« untergebracht werden müsse, oblag indes dem zuständigen »RuS-Führer«.

---

120 Römer, Die grauen Busse in Schwaben, S. 177.
121 Schreiben des württembergischen Innenministeriums an die staatlichen Gesundheitsämter betr. »Begutachtung von Ostarbeitern«, 17. April 1943, zitiert nach Schäfer, Zwangsarbeiter und NS-Rassenpolitik, S. 168.
122 Erlass des RFSS an die HSSPF, Sicherheitspolizei und SD betr. »Behandlung schwangerer ausländischer Arbeiterinnen und der im Reich von ausländischen Arbeiterinnen geborenen Kinder«, i. V. Kaltenbrunner, 27. Juli 1943, BArch, NS 47/61; vgl. auch Schreiben des Chefs des Rasse- und Siedlungshauptamts der SS an Verteiler III betr. »Behandlung schwangerer ausländischer Arbeiterinnen und der im Reich von ausländischen Arbeiterinnen geborenen Kinder«, gez. Hildebrandt, 23. August 1943, BArch, NS 47/61.

Mitwirkung staatlicher, parteiamtlicher und öffentlicher Institutionen

Obwohl ausschließlich die Gutachterstellen der Ärztekammern die Genehmigung zur Abtreibung aussprechen konnten, beteiligten sich die Gesundheitsämter auch an diesem Verfahren, indem sie die notwendigen Untersuchungen auf Schwangerschaft durchführten, die Anträge auf »Schwangerschaftsunterbrechung« entgegennahmen und bisweilen mit eigenen Empfehlungen an die zuständigen Dienststellen weiterleiteten. Auf diese Weise konnten einzelne Amtsärzt:innen versuchen, Einfluss auf das Urteil der Gutachterstellen zu nehmen. So befürwortete das Gesundheitsamt der Stadt Oldenburg die Abtreibung bei einer Polin mit dem Hinweis: »Der Vater des Kindes soll angeblich Pole sein. Der Pole lehnt eine Heirat mit dem Mädchen ab. Das Mädchen soll wechselnden Geschlechtsverkehr haben.«[123] Der oldenburgische Landesarzt Dr. Jacobs leitete den Antrag an die zuständige Ärztekammer weiter »mit der Bitte um weitere Veranlassung. Ich befürworte die Durchführung des Antrages aus den vom Gesundheitsamt angegebenen Gründen.«[124] Über erfolgte Eingriffe erhielten die Gesundheitsämter von den durchführenden Ärzten Meldung.[125] War eine vorherige Untersuchung durch einen Rasseprüfer notwendig, konnte diese ebenfalls in den Diensträumen des zuständigen Gesundheitsamts durchgeführt werden. Allerdings erschienen viele Frauen nicht zu den festgelegten Terminen, entweder aufgrund schwieriger Verkehrsverhältnisse oder um sich der Untersuchung zu entziehen. Einige Rasseprüfer nahmen ihre Untersuchungen daher direkt in den Lagern vor.[126]

Wie im Falle der Entbindungen kümmerten sich die Gesundheitsämter darum, an welchen Orten die Abtreibungen durchgeführt werden konnten, und wiesen die Frauen teilweise selbst in die entsprechenden Einrichtungen ein. Das Gesundheitsamt Oldenburg erkundigte sich Ende 1943 bei der Ärztekammer Schleswig-Holstein nach der Zahl der gestellten Anträge, da für die Eingriffe lediglich die ständig überfüllten Kreiskrankenhäuser Oldenburg und Eutin zur Verfügung stünden.[127] Um langwierige Verzögerungen zu verhindern, regte das Gesundheitsamt die Einrichtung einer Krankenbaracke beim Landeskrankenhaus in Neustadt an. In Ravensburg forcierte der zuständige Amtsarzt seit April 1944 die Einrichtung einer Abtreibungsabteilung für »Ostarbeiterinnen«, in der monatlich etwa

---

123 Schreiben des Gesundheitsamts Oldenburg an die Medizinalabteilung des oldenburgischen Innenministeriums, 5. Mai 1944, zitiert nach Hoffmann, Ausländische ZwangsarbeiterInnen in Oldenburg während des Zweiten Weltkrieges, S. 214.
124 Schreiben des Landesarztes Jacobs an die Ärztekammer, 25. Mai 1944, zitiert nach Hoffmann, Ausländische ZwangsarbeiterInnen in Oldenburg während des Zweiten Weltkrieges, S. 215.
125 Lehmann, »... stärkste Befürchtungen, dass das Kind doch der Allgemeinheit zur Last fällt«, S. 213.
126 Bock, Zwangssterilisation im Nationalsozialismus, S. 450.
127 Lehmann, »... stärkste Befürchtungen, dass das Kind doch der Allgemeinheit zur Last fällt«, S. 215.

vier bis sechs Eingriffe stattfinden sollten.[128] Seine Bemühungen scheiterten jedoch wiederholt an der fehlenden Kooperationsbereitschaft der Kommunalverwaltung, welche die vorgeschlagenen Räumlichkeiten nicht zur Verfügung stellen wollte. In Ulm hingegen stellte das städtische Hochbauamt Mitte April 1944 eine »Entbindungsanstalt« fertig, in der offenbar auch Abtreibungen stattfanden. Ab Dezember 1944 diente das Gebäude allerdings zur Unterbringung bombengeschädigter Familien, so dass sich der Amtsarzt des Gesundheitsamts im Februar 1945 beklagte:

> Das so dringend notwendige Entbindungsheim ist noch nicht wieder betriebsfähig, eine große Anzahl fälliger Schwangerschaftsunterbrechungen kann nicht mehr vorgenommen werden, die unerwünschte Fortpflanzung der Polenfrauen geht ungehemmt weiter.[129]

Aufgrund zahlreicher personeller Überschneidungen übernahmen die Amtsärzt:innen nicht selten mehrere Funktionen. Der Leiter des Hersfelder Gesundheitsamtes beispielsweise war gleichzeitig leitender Arzt im Krankenlager Pfaffenwald, dem zentralen Entbindungs- und Abtreibungslager der Landesarbeitsämter Rhein-Main und Kurhessen.[130] Deratige Funktionsüberschneidungen stellten einen Interessenkonflikt dar, insbesondere wenn es um die gesundheitliche Überwachung von Einrichtungen für schwangere Ausländerinnen und ausländische Kinder ging.

4.3.2 Ärztekammern und KVD

Die regionalen Ärztekammern nahmen im Genehmigungsverfahren für Abtreibungen bei Zwangsarbeiterinnen eine zentrale Position ein. Bereits im Jahr 1935 waren bei den Bezirksstellen der Kassenärztlichen Vereinigung Deutschlands (KVD) Gutachterstellen eingerichtet worden, die über die Genehmigung von Sterilisationen und Schwangerschaftsabbrüchen aus medizinischer Indikation entscheiden konnten.[131] Zwei Jahre später übernahmen die Ärztlichen Bezirksvereinigungen der Reichsärztekammer diese Aufgabe. Die Reichsführung der KVD

---

128 Schäfer, Zwangsarbeit in den Kommunen, S. 72 f.; Tholander, Fremdarbeiter 1939 bis 1945, S. 405 f.
129 Schreiben des Amtsarztes des Staatlichen Gesundheitsamts Ulm an die DAF betr. »Ausländerlager«, 15. Februar 1945, zitiert nach Schäfer, Zwangsarbeit in den Kommunen, S. 73.
130 Hamann, Die Morde an polnischen und sowjetischen Zwangsarbeitern in deutschen Anstalten, S. 124. Vgl. Vögel, »Entbindungsheim für Ostarbeiterinnen«, S. 56–58.
131 Einen guten Überblick über die Gesetzgebung liefert Link, Schwangerschaftsabbrüche im Dritten Reich.

ernannte die Leiter der Gutachterstellen, die wiederum Ärzte »arischer« Abstammung als Gutachter heranbildeten.[132] Mit der Freigabe der Abtreibung bei »Ostarbeiterinnen« und Polinnen durch Reichsärzteführer Conti kam diesen Gutachterstellen die Aufgabe zu, über die entsprechenden Anträge zu urteilen. Ab Ende Dezember 1943 konnten die Ärztekammern zur Beschleunigung des Verfahrens zudem einzelne Ärzte zu Gutachtern für »Schwangerschaftsunterbrechung« ernennen, sofern diese »weltanschaulich gefestigt und ärztlich durchaus in Ordnung« seien.[133] Galt der Vater des Kindes als »fremdvölkisch«, konnte der Gutachter selbstständig über den zu erwartenden »rassischen Wert« des Nachwuchses entscheiden. War der Erzeuger deutscher oder »germanischer« Abstammung oder machte die polnische Mutter einen »rassisch guten Eindruck«, musste der zuständige HSSPF eingeschaltet werden.

Zu den Gutachterstellen der Ärztekammern sind nur wenige Quellen überliefert. Eine davon ist das von Michaela Garn ausgewertete Diensttagebuch der Ärztekammer Hamburg für den Zeitraum von August 1944 bis Mai 1945.[134] Von den 633 im genannten Zeitraum gestellten Anträgen auf Schwangerschaftsabbruch genehmigte die Gutachterstelle 619, also rund 98 Prozent. Die Spalte, in der die Gutachter bei deutschen Patientinnen schwere Krankheiten als Grund für den Eingriff eintrugen, diente bei ausländischen Antragstellerinnen dem Vermerk der Nationalität. Zwölf Anträge lehnten die Ärzte ab, weil die 20. Schwangerschaftswoche überschritten war, einen, weil die Frau dem Eingriff widersprach, einen weiteren, weil es sich nicht um eine »Ostarbeiterin«, sondern um eine Serbin handelte. Eine einzelne Polin hatte auf den zuständigen Arzt offenbar einen »rassisch guten Eindruck« gemacht, weshalb die Abtreibung erst nach einer weiteren Untersuchung durch den zuständigen RuS-Führer genehmigt wurde.

Für Oberfranken ist eine Aufstellung der Kassenärztlichen Vereinigung erhalten, wonach zwischen Mai 1943 und April 1945 insgesamt 637 Anträge auf »Schwangerschaftsunterbrechung« bei der Gutachterstelle der Ärztekammer eingingen.[135] 530 dieser Anträge, mehr als 83 Prozent, wurden genehmigt. Die Gutachterstelle lehnte 36 Anträge ab, weil die Schwangerschaft zu weit fortgeschritten war, 18 weitere, weil die Frauen den Eingriff ablehnten. In 99 Fällen ordnete die Gutachterstelle eine rassische Untersuchung der Schwangeren und des Erzeugers an, 22 Anträge erhielten daraufhin keine Genehmigung.

In Ermangelung zentraler Richtlinien setzten die regionalen Ärztekammern

---

132 Link, Schwangerschaftsabbrüche im Dritten Reich, S. 463.
133 Rundschreiben des Reichsgesundheitsführers an die Leiter der Ärztekammern betr. »Schwangerschaftsunterbrechung bei Ostarbeiterinnen und Polinnen«, 27. Dezember 1943, BArch, R 49/3433.
134 Garn, Zwangsabtreibung und Abtreibungsverbot.
135 NO 3454; vgl. Engelbrecht, »Rassisch minderwertiger Nachwuchs«, S. 36–38; Hamann, »Erwünscht und unerwünscht«, S. 171.

Fristen, bis zu welchem Zeitpunkt eine Schwangerschaft bei Polinnen und »Ostarbeiterinnen« abgebrochen werden durfte. In der Regel war ein solcher Eingriff bis in die 20. Schwangerschaftswoche zulässig, obgleich diese Grenze nicht selten überschritten wurde, insbesondere in den Durchgangs- und Krankensammellagern der Arbeitsverwaltung.[136] Da viele Schwangerschaften erst spät gemeldet wurden und nach dem langwierigen Gutachterverfahren die Frist nicht selten schon abgelaufen war, übten diverse Stellen Druck auf die Ärzteschaft aus, den letztmöglichen Termin weiter nach hinten hinauszuschieben. Lehnten dies nicht wenige Ärzt:innen aus moralischen oder medizinischen Gründen ab, waren andere durchaus bereit, Eingriffe auch noch in späteren Schwangerschaftsmonaten vorzunehmen.

So wandte sich im Frühjahr 1944 der Verdener Landrat an den Regierungspräsidenten in Lüneburg, Fritz Herrmann, weil der Chirurg der Ärztlichen Bezirksvereinigung in Verden Spätabtreibungen durchführen wolle. Um dies zu ermöglichen, bat der Regierungspräsident in Lüneburg den Leiter der Ärztekammer Ost-Hannover, den zulässigen Zeitraum für Abtreibungen auszuweiten.[137] Denn nach Ansicht Herrmanns würde es »sehr schwer sein, die schwangeren Ostarbeiterinnen und Polinnen schon so frühzeitig zur Schwangerschaftsunterbrechung zu bekommen«. Als mögliche Lösung schlug er vor, die Bestimmungen des »Gesetzes zur Verhütung erbkranken Nachwuchses« anzuwenden, laut denen ein Fötus bis zum Ende des sechsten Monats[138] als »nicht lebensfähig« galt:

> Da die Schwangerschaftsunterbrechung bei Ostarbeiterinnen und Polinnen eines der Mittel ist, um den rassisch unerwünschten Nachwuchs schon frühzeitig zu unterbinden, erscheint es mir doch erforderlich, den Zeitpunkt der Schwangerschaftsunterbrechungen heraufzusetzen.[139]

Der Leiter der Ärztekammer verwies indes auf die Ergebnisse einer kurz zuvor abgehaltenen Arbeitstagung, bei der als Frist das Ende des vierten Schwangerschaftsmonats festgelegt worden sei.[140] Ein späterer Eingriff sei, wie Herrmann

---

136   Siehe Kapitel 2.1.1 in diesem Buch.
137   Schreiben des Regierungspräsidenten in Lüneburg an die Ärztekammer Ost-Hannover, 5. Mai 1944, NLA HA, Hann. 180 Lüneburg Acc. 3/005 Nr. 120 I.
138   Dies galt ab der ersten Änderung des Gesetzes vom 26. Juni 1935; Reichsgesetzblatt I 1935, S. 773; Bock, Zwangssterilisation im Nationalsozialismus; Benzenhöfer, Zur Genese des Gesetzes zur Verhütung erbkranken Nachwuchses; Link, Schwangerschaftsabbrüche im Dritten Reich.
139   Schreiben des Regierungspräsidenten in Lüneburg an die Ärztekammer Ost-Hannover, 5. Mai 1944, NLA HA, Hann. 180 Lüneburg Acc. 3/005 Nr. 120 I.
140   Schreiben der Ärztekammer Ost-Hannover an den Regierungspräsidenten in Lüneburg betr. »Schwangerschaftsunterbrechungen bei Ostarbeiterinnen«, 11. Mai 1944, NLA HA, Hann. 180 Lüneburg Acc. 3/005 Nr. 120 I. Auf der Tagung waren auch Vertreter der Landesstelle

dem Landrat in Verden rückmeldete, aufgrund erwarteter Operationsschwierigkeiten »untunlich«.[141] Die Ärztekammer Ost-Hannover wies zudem den Leiter der Ärztlichen Bezirksvereinigung Verden an, den verantwortlichen Chirurgen zur Einhaltung der festgelegten Fristen anzuhalten.

Die Ärztekammern hatten in dieser Frage generell das letzte Wort, wobei nicht ethische Bedenken, sondern medizinisch-technische Probleme ausschlaggebend waren. Verfügten die durchführenden Ärzt:innen über die notwendigen Kenntnisse, konnten sie mit Erlaubnis der Ärztekammern durchaus auch spätere Abtreibungen vornehmen. So hatte die Ärztekammer Oberdonau offenbar keine Vorbehalte dagegen, dass in der Frauenklinik Linz regelmäßig noch im sechsten Monat abgetrieben wurde.[142] Im Fall des Krankensammellagers Großsachsenheim erwirkten die Gutachterstellen der Ärztekammer sogar, dass der zuständige Arzt trotz seiner Einwände Abtreibungen bis zum Ende des siebten Schwangerschaftsmonats vornehmen musste.[143]

Neben der Fristsetzung bestimmten die Ärztekammern ebenso wie die Gesundheitsämter je nach Bedarf Anstalten, in denen die Eingriffe vorgenommen werden sollten. Wegen schwieriger Verkehrsverhältnisse und der Überlastung der »Gaufrauenklinik« in Linz weitete die Ärztekammer Oberdonau die Abtreibungspraxis Ende 1944 auf eine Reihe öffentlicher Bezirkskrankenhäuser aus.[144] Weigerten sich die Direktoren der ausgewählten Kliniken – aus welchen Gründen auch immer –, die verlangten Eingriffe vorzunehmen, konnten die Leiter der Ärztekammern mitunter massiven politischen Druck erzeugen, wie der oben dargestellte Fall der Landesfrauenklinik Celle illustriert.[145] Denn über praktische Fragen hinaus waren die mit »weltanschaulich gefestigtem« Personal besetzten Ärztekammern dafür zuständig, die Ärzteschaft über die bevölkerungspolitische Bedeutung der Abtreibungen bei »fremdvölkischen« Frauen zu belehren. So wandte sich der Leiter der Ärztekammer Ost-Hannover an den Gauamtsleiter für Volksgesundheit, den Gauobmann der DAF, den Gaubauernführer und nicht zuletzt die Ärztlichen Bezirksvereinigungen, um gemeinsam mit dem Regierungspräsidenten in großem Stil Propaganda für »Schwangerschaftsunterbrechungen« zu betreiben.[146] Auf der obengenannten Arbeitstagung der Ärztekammer im Mai 1944, bei der auch

    der KVD und des Gauamts für Volksgesundheit vertreten, siehe Anschütz; Heike, »Unerwünschte Elemente«, S. 31 f.
141 Schreiben des Regierungspräsidenten in Lüneburg an den Landrat in Verden betr. »Durchführung der Schwangerschaftsunterbrechungen«, 19. Mai 1944, NLA HA, Hann. 180 Lüneburg Acc. 3/005 Nr. 120 I.
142 Hauch, Ostarbeiterinnen, S. 1286.
143 Sämann, Das Durchgangslager in Bietigheim, S. 202.
144 Hauch, Ostarbeiterinnen, S. 1287 f.
145 Vgl. dazu auch Reiter, Unerwünschter Nachwuchs, S. 232–235.
146 Reiter, Unerwünschter Nachwuchs, S. 229. Vgl. auch Hauch, Ostarbeiterinnen, S. 1287.

Vertreter des Gauamts für Volksgesundheit und der Landesstelle der KVD anwesend waren, herrschte über die Wichtigkeit dieser Maßnahme Einigkeit:

> Nach einer längeren Aussprache, an der sich eine Reihe von Kreisamtsleitern und Leitern der KVD Bezirksstellen beteiligten, wurde von allen Teilnehmern nochmals erneut unterstrichen, daß die Schwangerschaftsunterbrechung bei Angehörigen dieser fremdländischen Völker unbedingt erforderlich sei, einerseits um die Bildung eines fremden Volkes im Volke zu verhindern und andererseits um die vielen Schwierigkeiten, die mit Aufzug und Ernährung der fremdvölkischen Säuglinge und Kleinkinder, von denen in Gau Ost-Hannover schon weit über 1000 vorhanden sind, zu vermeiden.[147]

4.3.3 NSDAP-Ämter für Volksgesundheit

Das Mitte 1934 von der Reichsärzteführung eingerichtete Hauptamt für Volksgesundheit der NSDAP konnte zunächst kaum nennenswerten Einfluss auf das staatliche Gesundheitswesen ausüben.[148] Die Ämter für Volksgesundheit auf Gau- und Kreisebene waren daher in erster Linie für propagandistische Maßnahmen zuständig. Ab Mitte des Jahres 1942 versuchten mehrere Gauleiter die diversen parteiamtlichen und staatlichen Kompetenzen im Gesundheitswesen ihrer Gaue zu bündeln, indem sie die Gauamtsleiter für Volksgesundheit zu »Gaugesundheitsführern« mit weitreichenden gesundheitspolitischen Vollmachten ernannten. Auf diese Weise sollten die wachsenden Anforderungen an das Gesundheitssystem auf Gauebene bewältigt und pragmatische Lösungsstrategien für dringende gesundheitspolitische Probleme im Krieg entwickelt werden.[149] Vielfach wirkten die Gaugesundheitsführer radikalisierend auf die regionale Gesundheitspolitik, wie beispielsweise im Fall der systematischen Krankenmorde.[150]

In Bezug auf schwangere Zwangsarbeiterinnen und ihre Kinder waren die Ämter für Volksgesundheit in erster Linie für die bevölkerungspolitische Propaganda zur Förderung von Schwangerschaftsabbrüchen bei Polinnen und »Ostarbeite-

---

147 Bericht über die Arbeitstagung der Ärztekammer und Landesstelle der KVD Ost-Hannover mit dem Gauamt für Volksgesundheit der NSDAP, 7. Mai 1944, zitiert nach Anschütz; Heike, »Unerwünschte Elemente«, S. 31 f.
148 Das Verhältnis zwischen staatlichen Institutionen und neu geschaffenen Parteiämtern im nationalsozialistischen Gesundheitswesen analysieren Alfons Labisch; Florian Tennstedt, Gesundheitsamt oder Amt für Volksgesundheit? Zur Entwicklung des öffentlichen Gesundheitsdienstes seit 1933, in: Medizin und Gesundheitspolitik in der NS-Zeit, hg. von Norbert Frei, München 1991, S. 35–66. Vgl. auch Süß, Der »Volkskörper« im Krieg, S. 43–75.
149 Süß, Der »Volkskörper« im Krieg, S. 66–69.
150 Süß, Der »Volkskörper« im Krieg, S. 329–341, 368 f.

rinnen« zuständig. Im Gau Oberdonau etwa wurden die Kreisamtsleiter Anfang 1944 verpflichtet, »allen Ärzten die Wichtigkeit dieser Angelegenheit in politisch biologischer Richtung klarzumachen«.[151] Der Gaugesundheitsführer im Gau Württemberg-Hohenzollern, Prof. Dr. Eugen Stähle, kümmerte sich persönlich um diese Aufgabe, indem er jedes Krankenhaus bereiste und dort massiven Druck auf Mediziner ausübte, die solche Eingriffe nicht vornehmen wollten.[152] Noch im Februar 1945 wies Stähle die Kreisamtsleiter für Volksgesundheit an, in jedem Kreis Möglichkeiten zur Durchführung von Schwangerschaftsabbrüchen zu schaffen – eine Anweisung, die zu dieser Zeit kaum mehr umgesetzt werden konnte. Im Gau Baden wurde der Gauamtsleiter für Volksgesundheit Anfang des Jahres 1944 sogar mit der heimlichen Sterilisation der ausländischen Arbeitskräfte beauftragt:

> Der Gauamtsleiter des Amtes für Volksgesundheit wird Schritte unternehmen, um vor dem Einsatz der fremdvölkischen Frauen im Reich nach Möglichkeit unbemerkt eine Sterilisation vorzunehmen. Eine Sterilisierung der Männer wurde auch in Erwägung gezogen.«[153]

Ob diese Pläne tatsächlich umgesetzt wurden, ist allerdings fraglich.

4.3.4 Krankenkassen

Für die Krankenkassen als Träger der Krankenversicherung stellte sich zunächst die Frage, ob sie die Entbindungs- und Krankenhauskosten sowie etwaige Wochenhilfeleistungen für ausländische Arbeiterinnen zu übernehmen hatten. Zwar waren mit Ausnahme der »Ostarbeiter:innen« sämtliche ausländischen Zivilarbeiter:innen sozialversicherungspflichtig. Eine Leistungspflicht bestand für die Krankenkassen jedoch erst, wenn die vorgeschriebene Vorversicherungsfrist von zehn Monaten (nach § 195a der Reichsversicherungsordnung) erfüllt war. Traf das nicht zu, sprangen bei deutschen Frauen üblicherweise die Fürsorgeverbände ein. Mit dem Erlass des RAM vom 13. August 1942 war die Kostenbeteiligung der Fürsorgeverbände bei Entbindungen ausländischer Arbeiterinnen jedoch ausgeschlossen worden.[154] Die daraus resultierende Zusatzbelastung des Reichsstocks

---

151 Hauch, Ostarbeiterinnen, S. 1287. Vgl. Reiter, Unerwünschter Nachwuchs, S. 229.
152 Tholander, Fremdarbeiter 1939 bis 1945, S. 400–406.
153 Besprechungsnotiz der NSDAP-Gaustabsamtsleitung Baden, 8. März 1944, 2.2.0.1/82388973-82388975/ITS Digital Archive, Bad Arolsen.
154 Erlass des RAM betr. »Übernahme von Entbindungs-, Krankenhaus- und Pflegekosten bei Entbindungen ausländischer Arbeiterinnen im Reichsgebiet«, 13. August 1941, Reichsarbeitsblatt I 1941, S. 364.

für den Arbeitseinsatz sollte durch die rechtzeitige Abschiebung der Frauen in ihre Heimatländer oder andernfalls durch die Selbstverpflichtung der Arbeitgeber:innen zur Kostenübernahme begrenzt werden.

»Ostarbeiter:innen« genossen bis April 1944 keinen Krankenversicherungsschutz, für sie galten die »Bestimmungen über die Krankenversorgung der Ostarbeiter« vom 1. August 1942.[155] Die Unternehmen zahlten monatliche Beiträge an die Träger der Krankenversicherung, die in festgelegtem Umfang für die Krankenversorgung der sowjetischen Arbeitskräfte aufkamen. Schwangeren »Ostarbeiterinnen« durften die Sachleistungen der Wochenhilfe, d. h. die Versorgung mit Medikamenten, Krankenhauspflege und Hebammenhilfe, gewährt werden. Ob die Frauen diese Leistungen tatsächlich erhielten, hing allerdings vom »pflichtmäßigen Ermessen« der Krankenkassen ab.

Nach dem Ende der Rückführungen präzisierte der GBA die Kostenverteilung im Erlass vom 20. März 1943.[156] Demnach übernahm die Krankenversicherung bei erfüllter Vorversicherungszeit die Entbindungskosten (bei »Ostarbeiterinnen« allerdings weiterhin nur die Sachleistungen der Wochenhilfe) sowie die Unterbringung für bis zu zehn Tage nach der Entbindung. War die Wartezeit nicht erfüllt, zahlte der Reichsstock bei Polinnen und »Ostarbeiterinnen« je Entbindung einen Pauschalbetrag von 40 RM. Für die Zeit der Arbeitsunfähigkeit konnten Betriebe mit eigenen Entbindungsmöglichkeiten für maximal vier Wochen 1,50 RM täglich aus den Mitteln des Reichsstocks beantragen.

Die Kann-Bestimmungen zur Krankenversorgung der nicht sozialversicherungspflichtigen Arbeitskräfte aus den besetzten sowjetischen Gebieten führten immer wieder zu Uneinigkeit zwischen der Arbeitsverwaltung und den Krankenversicherungsträgern, weshalb einzelne Landesarbeitsämter mit den Krankenkassenverbänden eigene Abmachungen aushandelten.[157] So setzten das Landesarbeitsamt Westfalen und die Träger der Krankenversicherung in Westfalen und Lippe zum 20. Februar 1943 eine Vereinbarung auf, um die Leistungen der Krankenkassen und des Reichsstocks für den Arbeitseinsatz, basierend auf den Bestim-

---

155 Erlass des RAM betr. »Bestimmungen über die Krankenversorgung der Ostarbeiter«, 1. August 1942, Reichsarbeitsblatt I 1942, S. 452. Vgl. dazu auch Spoerer, Zwangsarbeit unter dem Hakenkreuz, S. 138–142.

156 Runderlass des GBA an die Präsidenten der Landesarbeitsämter betr. »Behandlung schwangerer ausländischer Arbeitskräfte«, 20. März 1943, BArch, NS 5-I/271.

157 Hier und im Folgenden: Vereinbarung zwischen der Arbeitseinsatzverwaltung, vertreten durch das Landesarbeitsamt Westfalen, und den Trägern der Krankenversicherung, vertreten durch die Landesgeschäftsstellen Westfalen u. Lippe der Reichsverbände der Orts-, Land-, Betriebs- und Innungskrankenkassen sowie die Ruhrknappschaft und Siegerländerknappschaft über die Abgrenzung der Leistungen der Krankenkassen und des Reichsstocks für Arbeitseinsatz in Durchführung der Krankenversorgung der Ostarbeiter, 20. Februar 1943, BArch, R 42-I/23.

mungen vom 1. August 1942, voneinander abzugrenzen. Da aufgrund der neuen Regelungen eine Schwangerschaft keinen Grund mehr für eine Rückführung darstelle, kündigte das Landesarbeitsamt an, die »Ansetzung von Schwangeren in Fabrikationsbetrieben, denen gleichzeitig Entbindungs- und Kinderverwahrbaracken angegliedert werden«, voranzutreiben.

Bis dahin würden folgende Kostenregelungen gelten: Die Kosten der Schwangerschaft inklusive Hebammentätigkeit, Entbindung und gegebenenfalls Heimaufnahme gingen innerhalb der Vorversicherungsfrist allein zu Lasten des Reichsstocks, mit Ausnahme der Sachleistungen bei Fehlgeburten. Da »Ostarbeiterinnen« weder Anspruch auf Wochengeld noch auf Wöchnerinnenheimpflege hatten, übernahmen die Krankenkassen grundsätzlich nicht die Kosten einer Krankenhaus- oder Anstaltsaufnahme, auch nicht im Fall einer pathologischen, also für Mutter und Kind lebensbedrohlichen Geburt. Bestehe ein Anspruch auf (Familien-)Wochenhilfe, könne die Krankenkasse laut der Abmachung einen Pauschalbetrag von 1 RM kalendertäglich bis zum Höchstbetrag von 10 RM zahlen. Krankengeld während der Zeit der Arbeitsunfähigkeit nach der Geburt stand »Ostarbeiterinnen« nicht zu. Für Entbindungen im eigenen Lager könne der Betriebsführer allerdings bis zu 1,50 RM kalendertäglich vom Reichsstock erhalten, sofern der »Rückgriff auf den Lohn der Ostarbeiterin erschöpft« sei. Dieser Anspruch sei an die Krankenkassen zu richten, die in Vorleistung gehen und die Beträge monatlich vom Arbeitsamt zurückfordern könnten. Eine ähnliche Vereinbarung traf im Dezember 1943 das Gauarbeitsamt Rhein-Main mit den Landesgeschäftsstellen der Reichsverbände der Krankenkassen.[158]

Abseits solcher Einzelvereinbarungen strebte die Arbeitsgemeinschaft der Reichsverbände der Krankenkassen und der Verbände der Ersatzkassen ab Ende 1943 eine grundsätzliche »Vereinfachung der Beziehungen« zwischen den Krankenversicherungsträgern und den Arbeitsämtern an.[159] Wie der Reichsverband der Landkrankenkassen im März 1944 mitteilte, würden die Landkrankenkassen insbesondere wegen der Entbindungskosten von »Ostarbeiterinnen« immer wieder mit der Arbeitsverwaltung aneinandergeraten.[160] Die Krankenkassen hät-

---

158 Vereinbarung zwischen dem Gauarbeitsamt Rhein-Main und den Landesgeschäftsstellen für Hessen und Hessen-Nassau der Reichsverbände der Orts-, Betriebs-, Land- und Innungskrankenkassen über die Abgrenzung der Leistungen der Krankenkassen und des Reichsstocks für den Arbeitseinsatz in Durchführung der Krankenversorgung der Ostarbeiter, 14. Dezember 1943, BArch, R 42-I/23.

159 Schreiben des Reichsverbands der Landkrankenkassen an die Arbeitsgemeinschaft der Reichsverbände der Krankenkassen und der Verbände der Ersatzkassen, Außenstelle Rothenburg ob der Tauber, betr. »Unterbringung schwangerer ausländischer Arbeitskräfte«, 29. März 1944, BArch, R 42-I/19.

160 Schreiben des Reichsverbands der Landkrankenkassen an die Arbeitsgemeinschaft der Reichsverbände der Krankenkassen und der Verbände der Ersatzkassen, Außenstelle Rothenburg

ten bekanntlich nur die Sachleistungen der Wochenhilfe zu erbringen, die meisten Arbeitsämter würden sich jedoch weigern, darüber hinausgehende Kosten zu tragen. Da die Vorschriften über die Krankenversorgung der »Ostarbeiter:innen« Ende März 1944 außer Kraft traten und die Arbeitskräfte aus den sowjetischen Gebieten wie alle anderen ausländischen Zivilarbeiter:innen sozialversicherungspflichtig wurden, erübrigte sich das Problem. Fortan übernahmen die Krankenkassen nach Erfüllung der Vorversicherungszeit alle mit der Niederkunft verbundenen Kosten, andernfalls der Reichsstock. Darüber hinaus leisteten die Kassen Familienkrankenpflege für nicht versicherungspflichtige Angehörige, auf Vergünstigungen nach dem Mutterschutzgesetz hatten »Ostarbeiterinnen« jedoch keinen Anspruch.

Auch bezüglich der Kosten der Entbindungsheime und »Pflegestätten« kam es immer wieder zu Streitigkeiten. So wies der Reichsverband der Landkrankenkassen die Verbandskassen und Landesgeschäftsstellen bereits am 20. Februar 1943 an, keinesfalls »die Kosten der Ausstattung dieser Notunterkünfte und Baracken zu übernehmen«.[161] Entsprechende Forderungen der Arbeitsämter seien abzuweisen, bei Schwierigkeiten müsse die entsprechende Landesgeschäftsstelle eingeschaltet werden. Neben den Arbeitsämtern versuchten auch einige Betriebe von den Krankenkassen Gelder für die Einrichtung und den Betrieb von Entbindungs- und Kinderheimen zu erhalten. Wie oben bereits geschildert, richtete die Leitung der Reichswerke Hermann Göring im Sommer 1943 in einem ihrer Wohnlager eine »Kinderkrippe« ein, für die die Werksleitung beim Arbeitsamt, bei der NSV sowie bei der Allgemeinen Ortskrankenkasse für Oberdonau finanzielle Hilfen einforderte.[162] Der Leiter der AOK wandte sich an die zuständige Landesgeschäftsstelle des Reichsverbands der Ortskrankenkassen, die eine Kostenbeteiligung kategorisch ablehnte:

In eine »Krippe« werden normalerweise nur gesunde Kinder eingewiesen. Wir schätzen, daß das auch für die Krippe für Ostarbeiterinnen-Kinder der Reichswerke in Linz gilt. Die Kinder sind also nicht krank und können infolgedessen für die Leistungen aus der Familienkrankenpflege im Sinne der ›Bestimmungen über Krankenversorgung der Ostarbeiter‹ keinesfalls in Frage kommen.[163]

ob der Tauber, betr. »Unterbringung schwangerer ausländischer Arbeitskräfte«, 29. März 1944, BArch, R 42-I/19.
161 Rundschreiben des Reichsverbands der Landkrankenkassen an die Verbandskassen und Landesgeschäftsstellen, 20. Februar 1943, TNA, WO 235/271, Exhibit 1.
162 Zur »Kinderkrippe für Ostarbeiterinnenkinder im Lager 57« der Reichswerke siehe Hauch, Zwangsarbeiterinnen und ihre Kinder, S. 439–445.
163 Dies gelte im Übrigen auch dann, wenn es sich um ein Kinderheim für Reichsdeutsche handeln würde; Schreiben des Reichsverbands der Ortskrankenkassen, Landesgeschäftsstelle

Somit kamen die Krankenversicherungsträger zwar nicht für die Kosten der Entbindungs- und Kinderheime auf, doch wurden bestehende Ansprüche der Betriebsführer gegenüber dem Reichsstock über die Krankenkassen abgewickelt. Auf diese Weise erhielten sie Einblick in den Betrieb dieser Einrichtungen, insbesondere über dort stattfindende Geburten sowie Krankheits- und Todesfälle. Der Gifhorner Landrat beispielsweise meldete sämtliche im Lager des Volkswagenwerks geborenen, untergebrachten und verstorbenen Kinder mitsamt anfallender Bestattungskosten der Landkrankenkasse.[164] Auf die ungewöhnlich hohe Zahl der Todesfälle aufmerksam geworden, bewahrte ein Krankenkassenmitarbeiter sämtliche das »Ausländerkinderpflegeheim« des Volkswagenwerks betreffende Unterlagen auf, obwohl der Landrat kurz vor Kriegsende die Vernichtung dieser Dokumente befohlen hatte.[165] Nach Kriegsende fertigte er eine Liste über die im Heim verstorbenen Kinder an und stellte sie den alliierten Ermittlungsbehörden zur Verfügung.[166] In den meisten Fällen gingen derartige Unterlagen jedoch bei Kriegsende verloren, was Ermittlungen erschwerte oder gänzlich verhinderte.

Mit Schreiben vom 10. September 1943 informierte der Reichsverband der Landkrankenkassen die Verbandskassen und Landesgeschäftsstellen vertraulich über die Freigabe der Abtreibung bei »Ostarbeiterinnen«.[167] Im Januar 1944 folgte die Information, dasselbe Verfahren sei nun auch für Polinnen zugelassen worden.[168] Aufgrund unklarer Regelungen und Zuständigkeiten kam es immer wieder zu Rückfragen der Krankenkassen beim Reichsverband, der daher im August 1944 das Verfahren in einem weiteren Rundschreiben präzisierte.[169] Demnach gingen die Kosten der Eingriffe sowohl bei Polinnen als auch bei »Ostarbeiterinnen« grundsätzlich zu Lasten des Reichsstocks, die Kassen könnten jedoch

Alpen- und Donau-Reichsgaue, an die Allgemeine Ortskrankenkasse für Oberdonau betr. »Leistungen der Krankenkasse für Ostarbeiterinnen«, 26. Februar 1944, BArch, R 12-I/342.

164 Mitteilungen des Landrats Gifhorn an die Landkrankenkasse über im Entbindungsheim geborene, im Säuglingsheim untergebrachte und verstorbene Kinder sowie anfallende Bestattungskosten, 14. April 1944 – 7. Februar 1945, TNA, WO 235/271.
165 Schreiben des Landrats Gifhorn an die Land- und Allgemeine Orts-Krankenkasse in Gifhorn, 6. April 1945, TNA, WO 235/271.
166 TNA, WO 235 /271, List of infant deaths in the Ruehen children's home case, 1945, abgedruckt bei Brüntrup, Verbrechen und Erinnerung, S. 119–126.
167 Rundschreiben des Reichsverbands der Landkrankenkassen an die Verbandskassen und Landesgeschäftsstellen betr. »Schwangerschaftsunterbrechung bei Ostarbeiterinnen«, 10. September 1943, TNA, WO 235/271.
168 Rundschreiben des Reichsverbands der Landkrankenkassen an die Verbandskassen und Landesgeschäftsstellen betr. »Schwangerschaftsunterbrechung bei Polinnen«, 12. Januar 1944, TNA, WO 235/271.
169 Rundschreiben des Reichsverbands der Landkrankenkassen an die Verbandskassen und Landesgeschäftsstellen betr. »Schwangerschaftsunterbrechung bei Ostarbeiterinnen und Polinnen«, 9. August 1944, TNA, WO 235/271.

auch in diesem Fall in Vorleistung treten. Laut Mitteilung der Kassenärztlichen Vereinigung Deutschlands hatte die Reichsärztekammer die Ärzt:innen jedoch angewiesen, ihre Rechnungen direkt beim zuständigen Arbeitsamt einzureichen.

Die Krankenkassen vermittelten somit in erster Linie die Ansprüche der Betriebe gegenüber den zuständigen Arbeitsämtern. Am Betrieb der Entbindungs- und Kinderheime waren sie üblicherweise nicht beteiligt. Eine Ausnahme bildet das von Bernhild Vögel erforschte »Entbindungsheim für Ostarbeiterinnen« in Braunschweig, welches im Zeitraum von April 1943 bis Ende Juni 1944 unter der Verwaltung der Allgemeinen Ortskrankenkasse stand.[170] Der Leiter der AOK hatte sich im Voraus dazu bereiterklärt, weil die Ortskrankenkasse bereits das sogenannte Russenkrankenhaus in Braunschweig verwaltete.[171] In dem Heim herrschten katastrophale Zustände, bis April 1945 kamen mindestens 365 Kinder ums Leben, die meisten von ihnen innerhalb weniger Wochen nach ihrer Geburt. Im Juni 1944 gab die AOK die Verwaltung des Heims nach längeren Verhandlungen an die Wirtschaftskammer ab, was an den Lebensumständen der Kinder jedoch nichts änderte.

Im Rahmen der Ausländersuchaktion der UNRRA informierte der Landrat in Vaihingen an der Enz im Sommer 1946 das württembergische Innenministerium, in der Stadt Mühlacker habe die AOK ein Entbindungsheim für ausländische Arbeiterinnen betrieben.[172] Zwar seien die entsprechenden Unterlagen bei Kriegsende verloren gegangen, sämtliche Geburtsfälle seien jedoch vom Standesamt registriert worden. Über diese beiden Fälle hinaus sind keine weiteren Einrichtungen für schwangere Zwangsarbeiterinnen und ihre Kinder bekannt, die von einer Krankenkasse betrieben wurden.

4.3.5 Hebammenwesen

Die im Reichshebammengesetz[173] vom 21. Dezember 1938 festgelegte Hinzuziehungspflicht einer Hebamme galt grundsätzlich auch für die Geburtshilfe bei Zwangsarbeiterinnen. Wie der Präsident des Landesarbeitsamts Niedersachsen Anfang 1943 mitteilte, sollte jeder ausländischen Arbeiterin nach der ärztlichen Feststellung der Schwangerschaft eine Hebamme durch das Gesundheitsamt zu-

---

170 Vögel, »Entbindungsheim für Ostarbeiterinnen«.
171 Wie es zur Übernahme des Krankenhauses durch die AOK kam, lässt sich nicht vollständig klären. Siehe dazu Vögel, »Entbindungsheim für Ostarbeiterinnen«, S. 11 f.
172 Schreiben des Landrats in Vaihingen (Enz) an das württembergische Innenministerium betr. »Suchverfahren über Ausländer«, 28. Juni und 10. Juli 1946, 2.2.0.1/82431250; 82431254–82431255/ITS Digital Archive, Bad Arolsen.
173 Reichsgesetzblatt I 1938, S. 1893–1896.

gewiesen werden.[174] Ob die Entbindung im Krankenhaus, im Gemeinschafts-, Durchgangs- oder Krankensammellager, in der Einzelunterkunft oder in einer speziellen Entbindungsanstalt für Ausländerinnen stattfinden sollte, war dabei zunächst unerheblich. Wie streng diese formalen Vorgaben jeweils eingehalten wurden, ist indes fraglich. Während Hebammen gemäß den Richtlinien zwar zur Geburtshilfe bei Zwangsarbeiterinnen hinzugezogen werden sollten, wurden sie anders als bei deutschen Frauen weder zur frühzeitigen Schwangerenvorsorge noch zur Wochenbettbetreuung der Ausländerinnen eingesetzt. Eine Ausnahme bildeten Hebammen, die in Wöchnerinnenheimen für »Ostarbeiterinnen« arbeiteten.[175]

Bei der Bereitstellung von Entbindungsmöglichkeiten für Ausländerinnen konnten Hebammen zumindest offiziell einen gewissen Einfluss geltend machen. In der Vereinbarung der Krankenversicherungsträger in Westfalen mit dem Landesarbeitsamt wurde entsprechend den Richtlinien des GBA bestimmt, dass die Entbindungen möglichst in den Krankenrevieren der Lager stattfinden sollten.[176] Aufgabe der zuständigen Hebamme sei es, gegebenenfalls unter Hinzuziehung der DAF-Frauenabteilung, über die Eignung der ausgewählten Räume zu urteilen. In der Landwirtschaft hatten Hebammen die Aufgabe, in Zusammenarbeit mit der NS-Frauenschaft Entbindungsmöglichkeiten festzustellen. Die Beteiligung von Hebammen an der Planung und Einrichtung von Entbindungsmöglichkeiten konnte bislang allerdings nicht nachgewiesen werden, entscheidend war vielmehr das Urteil des Gesundheitsamts und anderer Behörden.

Insbesondere die in den Lagern oftmals eingesetzten »Osthebammen« hatten faktisch keine Einflussmöglichkeiten auf die Unterbringung und weitere Behandlung der von ihnen betreuten Frauen. Da medizinisches Fachpersonal schwer zu

174 Schreiben des Präsidenten des Landesarbeitsamts Niedersachsen in Abschrift den Leitern der Arbeitsämter in Niedersachsen, 4. Januar 1943, zitiert nach Anschütz; Heike, »Unerwünschte Elemente«, S. 32 f.
175 Nach bisherigem Kenntnisstand betraf dies in erster Linie sogenannte »Osthebammen«; Vögel, »Entbindungsheim für Ostarbeiterinnen«, S. 37; Haida; Koziol; Schmidt, Gantenwald, S. 222.
176 Vereinbarung zwischen der Arbeitseinsatzverwaltung, vertreten durch das Landesarbeitsamt Westfalen, und den Trägern der Krankenversicherung, vertreten durch die Landesgeschäftsstellen Westfalen u. Lippe der Reichsverbände der Orts-, Land-, Betriebs- und Innungskrankenkassen sowie die Ruhrknappschaft und Siegerländerknappschaft über die Abgrenzung der Leistungen der Krankenkassen und des Reichsstocks für Arbeitseinsatz in Durchführung der Krankenversorgung der Ostarbeiter, 20. Februar 1943, BArch, R 42-I/23. Entsprechende Anweisungen finden sich auch in: Vereinbarung zwischen dem Gauarbeitsamt Rhein-Main und den Landesgeschäftsstellen für Hessen und Hessen-Nassau der Reichsverbände der Orts-, Betriebs-, Land- und Innungskrankenkassen über die Abgrenzung der Leistungen der Krankenkassen und des Reichsstocks für den Arbeitseinsatz in Durchführung der Krankenversorgung der Ostarbeiter, 14. Dezember 1943, BArch, R 42-I/23.

bekommen war, hatte Sauckel angeordnet, nötigenfalls »Osthebammen« oder ältere »Ostarbeiterinnen« mit entsprechender Erfahrung zur Geburtshilfe einzusetzen. Größere Betriebe konnten zu diesem Zweck auf geeignete Arbeiterinnen aus ihren Lagern zurückgreifen. So verfügte die dem Krankenrevier des Volkswagenwerks angeschlossene Entbindungsstation, in der im Laufe des Kriegs mehrere hundert Entbindungen stattfanden, über eine russische Hebamme.[177] In der von der AOK betriebenen Entbindungsanstalt in Braunschweig arbeitete ebenfalls eine russische Frau als Hebamme, die zuvor bereits im Lager der Firma Querner eine Entbindung begleitet hatte.[178] In anderen Lagern waren mitunter auch deutsche Hebammen tätig oder eine ortsansässige Hebamme wurde herbeigerufen, sobald eine Arbeiterin akut Geburtshilfe benötigte.[179] Bei den Dornier-Werken in Friedrichshafen beispielsweise musste die Leiterin der »Krankenbaracke Allmannsweiler« nötigenfalls mit dem Fahrrad in die Stadt fahren, um eine Hebamme herbeizuholen.[180] Auch im Entbindungszimmer des »Steinlagers« der Eibia in Dörverden begleitete in der Regel eine örtliche Hebamme die Geburten.[181] In großen »Entbindungslagern« wie in Waltrop-Holthausen setzte die Arbeitsverwaltung zumeist ausländische Hebammen ein, bei Komplikationen wurde bisweilen eine deutsche Hebamme hinzugezogen.[182]

Entsprechend wurde in den improvisierten Entbindungsheimen in der Landwirtschaft verfahren. Entweder arbeiteten dort festangestellte »Osthebammen«, die auch die Betreuung der Kinder übernahmen, wie beispielsweise in der »Ausländerkinder-Pflegestätte« in Gantenwald.[183] Andernfalls ließen die Heimleitungen niedergelassene Hebammen aus der nächstgelegenen Gemeinde kommen, wie im Fall des Säuglingsheims in Sallach.[184] Bei Entbindungen ausländischer Arbeiterinnen auf den Höfen riefen die Arbeitgeber:innen üblicherweise eine deutsche Hebamme zu Hilfe.[185] Für den Landkreis Verden hat Joachim Woock Aussagen ehemaliger Zwangsarbeiterinnen gesammelt, die einstimmig berichten, dass bei ihren Hausgeburten immer eine deutsche Hebamme anwesend war.[186] Drei der von Marianne Grabrucker interviewten »Landhebammen«, zwei aus Bayern und

---

177 Befragung des Zeugen Grünhage, TNA, WO 235/263, 3. Prozesstag (22. Mai 1946).
178 Vögel, »Entbindungsheim für Ostarbeiterinnen«, S. 37.
179 Schwarze, Kinder, die nicht zählten, S. 151.
180 Tholander, Fremdarbeiter 1939 bis 1945, S. 384.
181 Woock, Zwangsarbeit ausländischer Arbeitskräfte im Regionalbereich Verden/Aller (1939–1945), S. 182 f.
182 Schwarze, Kinder, die nicht zählten, S. 168, 173.
183 Haida; Koziol; Schmidt, Gantenwald, S. 222.
184 Rosmus, Wintergrün, S. 33.
185 Lisner, Geburtshilfe und Abtreibungen bei Zwangsarbeiterinnen.
186 Woock, Zwangsarbeit ausländischer Arbeitskräfte im Regionalbereich Verden/Aller (1939–1945), S. 356.

eine aus der Lüneburger Heide, berichten von Zwangsarbeiterinnen, bei denen sie auf den Höfen Geburtshilfe leisteten.[187] Viele frei praktizierende Hebammen profitierten von den zusätzlichen Geburtshilfeaufträgen, da der Anteil an Hausgeburten bei deutschen Frauen seit den dreißiger Jahren stetig zurückgegangen war.[188]

Deutsche Hebammen konnten die von ihnen betreuten Frauen zur stationären Behandlung in ein Krankenhaus oder ein Entbindungsheim einweisen. Die Fahrtkosten einschließlich der Kosten für etwaige Begleitpersonen übernahm in diesen Fällen der Reichsstock für den Arbeitseinsatz.[189] Obwohl dies üblicherweise Aufgabe des Betriebsführers war, begleiteten einige Hebammen die Frauen selbst ins Krankenhaus und forderten die entstandenen Kosten anschließend von der Krankenkasse oder dem Arbeitsamt zurück.[190] In Krankenanstalten angestellte Hebammen halfen ebenfalls bei der Entbindung der Kinder von Zwangsarbeiterinnen, denn auch hier galt die Hinzuziehungspflicht.[191] Der Bürgermeister von Bietigheim versuchte diese Richtlinie für im städtischen Krankenhaus untergebrachte schwangere Ausländerinnen zu umgehen. Sein Argument, es sei bereits genügend medizinisches Personal vorhanden, ließ das örtliche Gesundheitsamt aber nicht gelten.[192] Eine besondere Rolle spielten Hebammenschulen, in denen schwangere Polinnen und »Ostarbeiterin« als Hausschwangere aufgenommen wurden, um als Anschauungs- und Untersuchungsmaterial für Hebammenschülerinnen herzuhalten.

Hebammen leisteten nicht nur Geburtshilfe, sondern assistierten in einigen Fällen auch bei Abtreibungen an Polinnen und »Ostarbeiterinnen«. So zog der im Krankenhaus Hutthurm in Niederbayern tätige Gynäkologe für derartige Eingriffe übergangsweise eine deutsche Hebamme hinzu, nachdem die Ordensschwestern jedwede Beteiligung verweigert hatten.[193] Im Kreis Vilshofen, ebenfalls Niederbay-

---

187 Grabrucker, Vom Abenteuer der Geburt, S. 65–67, 89–90, 152–154.
188 Lisner, Geburtshilfe und Abtreibungen bei Zwangsarbeiterinnen, S. 104; Lisner, »Hüterinnen der Nation«, S. 336.
189 Schreiben des GBA an den RAM betr. »Transportkosten für schwangere Ausländerinnen«, 11. Dezember 1943, BArch, R 42-I/23.
190 Schreiben des Arbeitsamts Neustadt an die Hebamme Schwenninger betr. »Einsatz ausländischer Arbeitskräfte – hier – Verbringung zur Entbindung«, 17. November 1943, 2.2.0.1/82419613/ITS Digital Archive, Bad Arolsen. Frau Schwenniger hatte vier russische Frauen von Grafenhausen, Landkreis Neustadt/Schwarzwald, in die Frauenklinik nach Freiburg (etwa 40 Kilometer Luftlinie) gebracht und von dort wieder abgeholt. Die Rechnung von insgesamt 60 RM leitete die AOK an das Arbeitsamt weiter. Vgl. den Bericht der Hebamme Maria Berger aus Bayern, die eine polnische Arbeiterin wegen gefährlicher Nachblutungen mit dem Schlitten ins Krankenhaus fuhr; Grabrucker, Vom Abenteuer der Geburt, S. 65–67.
191 Lisner, Geburtshilfe und Abtreibungen bei Zwangsarbeiterinnen, S. 104–106.
192 Schäfer, Zwangsarbeiter und NS-Rassenpolitik, S. 164.
193 Später wurden ihm ein russischer Arzt und seine Frau als ärztliche Hilfe und Hebamme zugewiesen; Rosmus, Wintergrün, S. 13–15, 23.

ern, assistierte eine niedergelassene Hebamme bei 37 Schwangerschaftsabbrüchen im Krankenhaus und kümmerte sich um die Nachsorge der Patientinnen.[194] Eine offizielle Anweisung zur Mitwirkung von Hebammen bei diesen Eingriffen existierte allerdings nicht. Vielmehr kann entsprechend der Einschätzung Wiebke Lisners davon ausgegangen werden, dass deutsche Hebammen nur dann ersatzweise herangezogen wurden, wenn konfessionelle Krankenschwestern die Hilfe verweigerten und keine »Ostärzte« oder »Osthebammen« zur Verfügung standen.[195] Allerdings forderten die Gauhebammenschaften ihre Mitglieder dazu auf, die von ihnen betreuten Ausländerinnen vertraulich über die Möglichkeit der Abtreibung zu informieren.[196]

4.4 Lokale Parteigliederungen der NSDAP

Über die Weisungen des GBA und des RFSS hinaus waren offiziell zwar keine weiteren parteiamtlichen Organisationen direkt an der Einrichtung und dem Betrieb der Entbindungs- und Kinderheime beteiligt. Aufgrund der organisatorischen Durchdringung der Gesellschaft durch die Partei und zahlreicher personeller Verflechtungen war es aber durchaus üblich, dass sich Personen mit diesen Maßnahmen befassten, die einem oder gleich mehreren der zahlreichen Ämter, Gliederungen und angeschlossenen Verbände der NSDAP angehörten.[197]

Daneben übernahmen zahlreiche parteiamtliche Institutionen zumindest »erzieherische Aufgaben«, beispielsweise indem sie Propaganda für vermehrte Schwangerschaftsabbrüche bei Polinnen und »Ostarbeiterinnen« betrieben. So wurden auf einer Besprechung der Gaustabsamtsleitung Baden am 3. März 1944 Maßnahmen zum »Schutz des deutschen Blutes gegenüber fremdvölkischen Arbeitskräften auf dem Lande« geplant, bei denen die Mitwirkung aller NSDAP-Ämter vorausgesetzt wurde.[198] Neben Vorschlägen wie regelmäßigen medizinischen Kontrollen, verkürzten Stillzeiten, frühzeitigem Entzug der Kinder, heimlicher Sterilisation und Kasernierung der ausländischen Arbeitskräfte bauten die

---

194 Lisner, Geburtshilfe und Abtreibungen bei Zwangsarbeiterinnen, S. 108.
195 Lisner, Geburtshilfe und Abtreibungen bei Zwangsarbeiterinnen, S. 110.
196 Woock, Zwangsarbeit ausländischer Arbeitskräfte im Regionalbereich Verden/Aller (1939–1945), S. 174 f.
197 Wilhelmine Machel beispielsweise, die im Kreis Dannenberg in Niedersachsen die Einrichtung von Heimen für die Kinder der »Ostarbeiterinnen« angeregt hatte, war zugleich Mitglied der NS-Frauenschaft, Abteilungsleiterin im Reichsnährstand sowie Kreisbäuerin für den Kreis Dannenberg; Deposition of Wilhelmine Elisabet Magdalene Machel, 23. Oktober 1947, TNA, WO 235/447, Bl. 98–100.
198 Besprechungsnotiz der NSDAP-Gaustabsamtsleitung Baden, 8. März 1944, 2.2.0.1/82388973–82388975/ITS Digital Archive, Bad Arolsen.

Anwesenden vor allem auf die »politische Erziehung« der Bevölkerung, der Ärzteschaft sowie der Mitarbeiter der Arbeitsämter. Es sei Aufgabe der Partei und aller mit dem Einsatz ausländischer Arbeitskräfte befasster Stellen, immer wieder auf die Gefahr hinzuweisen, die ein Anwachsen der Zahl »fremdvölkischer« Kinder im Reich mit sich bringe. Die NS-Frauenschaft und die Ämter für Volkstumsfragen und Rassenpolitik erhielten den Auftrag, eine »verstärkte Aufklärung in diesem Sinne« in die Wege zu leiten. Die Gauleitung Baden ging von etwa 1.000 Kindern mit »fremdvölkischen« Müttern aus. Vor diesem Hintergrund waren sich die Sitzungsteilnehmer über das Ziel aller Maßnahmen im Klaren: »Aufgabe aller beteiligten Stellen ist nicht die Sorge um die Kinder, sondern möglichst einen Rückgang dieser Geburten herbeizuführen.«[199]

Einzelnen Funktionären bot diese Aufgabe die Möglichkeit, sich zu profilieren und die Bedeutung der eigenen Behörde hervorzuheben. So brüstete sich der Leiter des NSDAP-Gauamts für Volkstumsfragen Moselland beim Höheren SS- und Polizeiführer Westmark mit dem Engagement seiner Dienststelle für die vermehrte Durchführung von Schwangerschaftsabbrüchen:

> Es war im Gau Moselland sehr schwierig, einen ordnungsmässigen Arbeitsgang für die Unterbrechung der Schwangerschaften zu finden, da die zuständigen Stellen die Arbeit mehr oder weniger ablehnten bzw. sich nicht intensiv damit befaßten. Das Gauamt für Volkstumsfragen hat sich hier eingeschaltet und ich kann wohl sagen, daß die meisten Schwangerschaftsfälle durch die rege Arbeit der Kreis- und Ortsamtsleiter für Volkstumsfragen unterbrochen werden.[200]

So sehr das Zuständigkeitschaos auf der einen Seite die Umsetzung der Maßnahmen verkomplizierte, förderte es auf der anderen Seite Eigeninitiativen und Radikalisierungsprozesse.

4.5 Die Rasseexperten der SS

Die Maßnahmen zur Isolation der von ausländischen Arbeiterinnen geborenen Kinder sowie zur Abtreibung bei Polinnen und »Ostarbeiterinnen« durften in den Augen Himmlers nicht dazu führen, dass dem deutschen »Volkstum« vermeintlich »wertvolles Blut« verloren ginge. Zu diesem Zweck plante er, jede

---

199 Besprechungsnotiz der NSDAP-Gaustabsamtsleitung Baden, 8. März 1944, 2.2.0.1/82388973–82388975/ITS Digital Archive, Bad Arolsen.
200 Schreiben des NSDAP-Gauamts für Volkstumsfragen Moselland an den HSSPF Westmark, zitiert nach Hamann, Die Morde an polnischen und sowjetischen Zwangsarbeitern in deutschen Anstalten, S. 132.

schwangere ausländische Arbeiterin im Reich erfassen und gemeinsam mit dem Erzeuger einer Rassenuntersuchung unterziehen zu lassen, um den »rassischen Wert« des zu erwartenden Nachwuchses zu ermitteln. Über die zur Umsetzung dieses Vorhabens notwendige theoretische und praktische Fachkenntnis verfügten die Rasseexperten des Rasse- und Siedlungshauptamts der SS, einer zentralen Behörde der nationalsozialistischen Volkstumspolitik.[201]

Das ursprüngliche Aufgabenfeld des RuSHA umfasste rassische Untersuchungen von SS-Bewerbern, Erteilung von Heiratsgenehmigungen, Ausbildung von Eignungsprüfern, ideologische Schulung für SS-Mitglieder sowie die ländliche Ansiedlung SS-Angehöriger in den Grenzregionen des »Altreichs«. Mit Kriegsbeginn wurden die im RuSHA entwickelten Methoden zur »Rasseselektion« und Siedlung auf die besetzten und eingegliederten Gebiete übertragen. Das Amt übernahm fortan eine Schlüsselfunktion bei der geplanten ethnischen Neuordnung des Ostens durch die rassenanthropologische Klassifikation und gewaltsame Umsiedlung Hunderttausender Menschen. Bei der Durchführung dieser Maßnahmen spielten die sogenannten SS-Führer im Rasse- und Siedlungswesen, kurz RuS-Führer, eine maßgebliche Rolle. Denn die Rasseexperten der SS waren nicht nur die theoretischen Vordenker der nationalsozialistischen Rassenideologie und des »Generalplan Ost«, sondern auch deren praktische »Vollstrecker«.[202] In den eingegliederten Gebieten, dem Generalgouvernement und den besetzten Gebieten der Sowjetunion waren sie für die »rassische Siebung« der Zivilbevölkerung und deren Einteilung in »erwünschten« und »unerwünschten Bevölkerungszuwachs« zuständig. Ebenso war ihre Expertise bei der Suche nach »gutrassigen« ausländischen Kindern gefragt, die aus Waisenhäusern geholt oder ihren Familien entrissen wurden, um sie zur »Eindeutschung« nach Deutschland zu verschleppen.[203]

Während der Kompetenzbereich des RuSHA durch die Volkstumspolitik im Osten erweitert wurde, erhielten die RuS-Führer im Altreich durch den »Ausländereinsatz« neue Tätigkeitsfelder. Eine ihrer Aufgaben war die Begutachtung sogenannter Sonderbehandlungsfälle. In diesem Fall war damit die rassische Musterung »fremdvölkischer« Zwangsarbeiter gemeint, die beschuldigt wurden, sexuellen Kontakt mit einer deutschen Frau gehabt zu haben. Während »Wiedereindeutschungsfähige« für einige Zeit in einem Konzentrationslager inhaftiert wurden und später zumindest offiziell die Erlaubnis erhalten sollten, die betreffende deutsche Frau zu heiraten, zog ein negatives Urteil des Eignungsprüfers meist den Tod durch Erhängen nach sich.[204] Erwartete eine deutsche Frau infolge

---

201 Grundlegend dazu das Standardwerk von Heinemann, »Rasse, Siedlung, deutsches Blut«.
202 Heinemann, »Rasse, Siedlung, deutsches Blut«, S. 18.
203 Heinemann, »Rasse, Siedlung, deutsches Blut«, S. 508–535.
204 Heinemann, »Rasse, Siedlung, deutsches Blut«, S. 498. Zur Verfolgung sogenannter »GV-

verbotenen Geschlechtsverkehrs ein Kind, war eine »rassische Überprüfung« aus Sicht der Rasseexperten besonders wichtig. Da in diesen Fällen Eile geboten war, ließ das RuSHA den betreffenden Schriftverkehr zusätzlich mit dem Stempelaufdruck »Schwangerschaftsfall« kennzeichnen.[205] Im Februar 1944 legte Himmler fest, dass bei »Ostarbeitern« und Serben, die in der Rassenhierarchie noch unter Tschechen, Litauern und Polen standen, nur dann eine »rassische Überprüfung« notwendig sei, wenn sie ein Kind mit der betreffenden Frau gezeugt hatten.[206] Das Leben der Männer hing in der Folge davon ab, ob der Eignungsprüfer ihren Nachwuchs als »erwünschten Bevölkerungszuwachs« einstufte oder nicht. Ab November 1944 wurden die »Sonderbehandlungsfälle« nicht länger rassisch beurteilt und die beschuldigten Zwangsarbeiter nicht mehr erhängt, sondern in ein Konzentrationslager eingewiesen. Die Selektion ihrer mit deutschen Frauen gezeugten Kinder sollte allerdings nach dem Krieg nachgeholt werden.[207]

Neben den ausländischen Zwangsarbeitern sollten auch die beteiligten deutschen Frauen bestraft und im Falle einer Schwangerschaft einer »rassischen Untersuchung« unterzogen werden. Rechnete der Eignungsprüfer mit »unerwünschtem Bevölkerungszuwachs«, empfahl er der Frau eine Abtreibung. Ab April 1944 überließ das RSHA die Entscheidung über die Durchführung der Abtreibung dem RuSHA.[208] Bezüglich der bereits geborenen »schlecht rassischen« Kinder aus diesen Verbindungen gab es Überlegungen, sie ebenso wie den »unerwünschten Nachwuchs« der Polinnen und »Ostarbeiterinnen« in »Ausländerkinder-Pflegestätten« zu isolieren. So empfahl der RuS-Führer Heinrich Obersteiner aus Salzburg in seinem Tätigkeitsbericht für das erste Halbjahr 1944:

Verbrechen« siehe Silke Schneider, Verbotener Umgang. Ausländer und Deutsche im Nationalsozialismus. Diskurse um Sexualität, Moral, Wissen und Strafe, Baden-Baden 2010, S. 191–215; Birthe Kundrus, Forbidden Company. Romantic Relationships between Germans and Foreigners, 1939 to 1945, in: Sexuality and German fascism, hg. von Dagmar Herzog, New York; Oxford 2005, S. 201–222.

205 Schreiben des Chefs des Rasse- und Siedlungshauptamtes der SS an Verteiler III betr. »Sonderbehandlung. Hier: Stempelaufdruck ›Sonderbehandlung‹ und ›Schwangerschaftsfall‹«, 9. Februar 1944, BArch, NS 2/295.

206 Schreiben des RFSS an die HSSPF betr. »Ahndung schwerwiegender Verstöße und unerlaubten Geschlechtsverkehrs fremdvölkischer Arbeitskräfte aus dem Osten und Südosten sowie polnischer, serbischer und sowjetrussischer Kriegsgefangener«, 10. Februar 1944, 5.1/82330853–82330857/ITS Digital Archive, Bad Arolsen; vgl. auch Heinemann, »Rasse, Siedlung, deutsches Blut«, S. 495.

207 Schreiben des RFSS an die HSSPF betr. »Ahndung schwerwiegender Verstöße und unerlaubten Geschlechtsverkehrs fremdvölkischer Arbeitskräfte aus dem Osten, Südosten usw. – Hier: Fortfall der rassischen Überprüfung«, 27. November 1944, BArch, R 187/216; Heinemann, »Rasse, Siedlung, deutsches Blut«, S. 498.

208 Schreiben des Chefs des Rasse- und Siedlungshauptamtes der SS an Verteiler III betr. »Sonderbehandlung. Hier: Schwangerschaftsfälle«, i. V. Klinger, 6. April 1944, BArch, NS 2/295.

Kinder deutscher Frauen mit Ausländern müßten, falls sie den Auslesebestimmungen nicht entsprechen, von Förderungen durch deutsche Einrichtungen wie N. S. V. usw. ausgeschlossen werden und ebenso wie Kinder von Ausländerinnen mit deutschen Staatsangehörigen, die erscheinungsbildlich und ihrem Erbwert entsprechend nicht tragbar sind, in Ausländerkinderpflegestätten eingewiesen werden.[209]

Ob tatsächlich Kinder deutscher Frauen infolge einer Rassenuntersuchung in diesen Einrichtungen untergebracht wurden, ist nicht bekannt.[210]

Nach dem Ende der Rückführungen schwangerer ausländischer Arbeiterinnen erfuhr das Aufgabenfeld der SS-Rasseexperten erneut eine Ausweitung. Zunächst erteilte Conti die Erlaubnis zur »Schwangerschaftsunterbrechung bei Ostarbeiterinnen« und dehnte sie wenige Monate später auf Polinnen aus.[211] Handelte es sich beim Vater des Kindes um einen Deutschen oder Angehörigen »stammesgleichen Volkstums« oder machte die Schwangere, sofern es sich um eine Polin handelte, einen »rassisch guten Eindruck«, musste die Gutachterstelle den Antrag zur Begutachtung an den zuständigen HSSPF weiterleiten. Mit Erlass vom 27. Juli 1943 ordnete Himmler zudem die Meldung aller schwangeren Ausländerinnen an das zuständige Jugendamt zur Vaterschaftsermittlung an, um die Personalien je nach »Volkstum« des Erzeugers ebenfalls dem HSSPF zukommen zu lassen.[212] Für die weitere Bearbeitung waren die Führer im Rasse- und Siedlungs-

---

209 Tätigkeitsbericht 1. Halbjahr 1944 des RuS-Führers Alpenland, gez. SS-Oberstubaf. Heinrich Obersteiner, 29. Juni 1944, zitiert nach Heinemann, »Rasse, Siedlung, deutsches Blut«, S. 500.

210 Aus Bayern ist ein Fall überliefert, wonach das Kind einer Deutschen mit einem Griechen nach seiner Geburt im Oktober 1944 in das Säuglingsheim Indersdorf eingewiesen wurde, wo es wenige Monate später vorgeblich an »angeborener Lebensschwäche« verstarb. Die Einweisung erfolgte offenbar aber nicht auf Geheiß eines SS-Eignungsprüfers, sondern wurde vom Bürgermeister der Gemeinde Unterweilbach, wo die Mutter als Dienstmagd arbeitete, verfügt. Holzhaider, Die Kinderbaracke von Indersdorf, S. 121.

211 Anordnung Nr. 4/43 des Reichsgesundheitsführers betr. »Schwangerschaftsunterbrechung bei Ostarbeiterinnen«, 11. März 1943, BArch, R 187/216; Schnellbrief des Reichssicherheitshauptamts an die Höheren SS- und Polizeiführer betr. »Schwangerschaftsunterbrechung bei Ostarbeiterinnen«, gez. Kaltenbrunner, 9. Juni 1943, BArch, R 187/216; Schreiben des Reichsgesundheitsführers betr. »Schwangerschaftsunterbrechung bei Ostarbeiterinnen (hier: Zusammenarbeit mit dem Reichskommissar für die Festigung deutschen Volkstums)«, 22. Juni 1943, BArch, R 187/216; Schreiben des Reichssicherheitshauptamts an die Höheren SS- und Polizeiführer betr. »Schwangerschaftsunterbrechung bei Ostarbeiterinnen und Polinnen«, gez. Kaltenbrunner, 1. August 1943, BArch, R 187/216.

212 Erlass des RFSS an die HSSPF, die Sicherheitspolizei und den SD betr. »Behandlung schwangerer ausländischer Arbeiterinnen und der im Reich von ausländischen Arbeiterinnen geborenen Kinder«, i. V. Kaltenbrunner, 27. Juli 1943, BArch, NS 47/61.

wesen zuständig. Der Chef des Rasse- und Siedlungshauptamts, Richard Hildebrandt, hob nach der internen Veröffentlichung des RFSS-Erlasses die große Bedeutung dieser Aufgabe hervor:

> Wie bereits in meinen Richtlinien über die Entscheidung bei Schwangerschaftsunterbrechung festgestellt, weise ich auch hier nochmals auf die grosse Verantwortung hin, die dem SS-Führer im Rasse- und Siedlungswesen mit diesem neuen Auftrag übertragen wird, alles rassisch wertvolle Blut zur Stärkung unseres eigenen Volkstums besonders zu fördern und die Scheidung von allem rassisch Minderwertigem zu vollziehen.[213]

Die RuS-Führer unterstanden nicht unmittelbar dem RuSHA, sondern waren den Dienststellen der Höheren SS- und Polizeiführer[214] zugeteilt, wo sie über einen eigenen Mitarbeiterstab mitsamt einem oder mehreren Eignungsprüfern verfügten. Im Oktober 1942 taten 14 RuS-Führer in den SS-Oberabschnitten ihren Dienst, bis Frühjahr 1944 wuchs ihre Zahl auf insgesamt 26 an.[215] Die bei den HSSPF eingehenden Anträge auf Schwangerschaftsabbruch und Meldungen über schwangere ausländische Arbeiterinnen mit deutschem oder »stammesgleichem« Erzeuger gingen an den jeweiligen RuS-Führer, der daraufhin einen Termin mit dem zuständigen Gesundheitsamt bzw. derjenigen Behörde vereinbarte, in deren Räumlichkeiten die Rassenuntersuchung stattfinden sollte. Die zu untersuchenden Personen erhielten eine Vorladung und wurden vor Ort von einem der Eignungsprüfer des RuS-Führers, die zu diesem Zweck regelmäßig die Region bereisten, in Augenschein genommen. Die Prüfer sollten in Zivil oder gegebenenfalls in weißem Mantel erscheinen, um den Eindruck einer ärztlichen Untersuchung zu erwecken und ihr eigentliches Anliegen zu verschleiern.[216] So hieß es in einer Anleitung des RuSHA zu den Rassenuntersuchungen:

> Ausdrücke wie Rassenuntersuchung, rassenbiologische Untersuchungen u. ä., die darauf hinweisen, daß die Untersuchungen vorgenommen werden, um die rassische Eignung der untersuchten Personen festzustellen, sind strengstens untersagt in allen Fällen, in denen die Untersuchungen getarnt vorzunehmen

---

213 Schreiben des Chefs des Rasse- und Siedlungshauptamtes der SS an Verteiler III betr. »Behandlung schwangerer ausländischer Arbeiterinnen und der im Reich von ausländischen Arbeiterinnen geborenen Kinder«, gez. Hildebrandt, 23. August 1943, BArch, NS 47/61.

214 Zu den HSSPF siehe Hans Buchheim, Die Höheren SS- und Polizeiführer, in: Vierteljahrshefte für Zeitgeschichte 11, 1963, S. 362–391.

215 Heinemann, »Rasse, Siedlung, deutsches Blut«, S. 689–691.

216 Schreiben des Chefs des Rasse- und Siedlungshauptamtes der SS an Verteiler III betr. »Behandlung schwangerer ausländischer Arbeiterinnen und der im Reich von ausländischen Arbeiterinnen geborenen Kinder«, gez. Hildebrandt, 23. August 1943, BArch, NS 47/61.

sind. In allen anderen Fällen sind sie ebenfalls nach Möglichkeit zu vermeiden. Angaben über die Tätigkeit des Eignungsprüfers sind an Außenstehende nicht zu machen, sei es auf bestimmte Anfragen oder auch nur gesprächsweise. Untersuchungen sind nach Möglichkeit immer im weißen Mantel vorzunehmen und wo eine ärztliche Untersuchung stattfindet, mit dieser gleichzeitig durchzuführen.[217]

Zwar war Himmler dem Reichsinnenministerium entgegengekommen und hatte im Erlass vom 27. Juli 1943 festgelegt, dass neben der Überprüfung durch den RuS-Führer auch eine »gesundheitliche, erbgesundheitliche und rassische Untersuchung« durch das Gesundheitsamt stattzufinden habe. Ausschlaggebend blieb jedoch das Urteil des Eignungsprüfers, wie RuSHA-Chef Hildebrandt in den internen Ausführungsbestimmungen klarstellte:

Dieses »Zugeständnis« ist jedoch durch den nächsten Satz praktisch hinfällig geworden, wonach dem SS-Führer im Rasse- und Siedlungswesen gleichzeitig, d. h. während der Untersuchung durch den Arzt der Gesundheitsämter Gelegenheit gegeben wird, seinerseits seine Feststellungen nach den Richtlinien des Reichsführers-SS zu treffen.[218]

Die Rasseexperten der SS trafen zudem eine »Vorauslese« und fällten, basierend auf dem Gutachten des Gesundheitsamts, die endgültige Entscheidung. War bei einem Antrag auf Schwangerschaftsabbruch nach Ansicht des Prüfers mit einem »rassisch wertvollen Kind« zu rechnen, lehnte er den Eingriff ab und leitete die Unterlagen inklusive Lichtbilder und Anschriften der Familienangehörigen an das RuSHA weiter, das die Aufnahme der betreffenden Personen in das »Wiedereindeutschungsverfahren« prüfte.[219] Hatte der Eignungsprüfer an dem Nachwuchs jedoch »kein Interesse«, so die häufig verwendete Formel im Falle eines negativen Urteils,[220] erhob er keinen Einwand gegen eine Abtreibung.

War kein Schwangerschaftsabbruch beantragt worden, das erwartete Kind jedoch unerwünscht, sollte es nach der Geburt in eine »Ausländerkinder-Pflegestätte« eingewiesen werden. Der Eignungsprüfer informierte zu diesem Zweck die zuständigen Jugend- und Arbeitsämter über das Untersuchungsergebnis. Rechnete er hingegen mit »erwünschtem Bevölkerungszuwachs«, schaltete er

---

217 Zitiert nach Hamann, »Erwünscht und unerwünscht«, S. 149.
218 Schreiben des Chefs des Rasse- und Siedlungshauptamtes der SS an Verteiler III betr. »Behandlung schwangerer ausländischer Arbeiterinnen und der im Reich von ausländischen Arbeiterinnen geborenen Kinder«, gez. Hildebrandt, 23. August 1943, BArch, NS 47/61.
219 Schreiben des Chefs des RuSHA an Verteiler III betr. »Schwangerschaftsunterbrechung bei Polinnen«, gez. Hildebrandt, 13. August 1943, BArch, R 187/216.
220 Vgl. Bock, Zwangssterilisation im Nationalsozialismus, S. 451.

die NSV und gegebenenfalls den Lebensborn e. V. zur Übernahme der Betreuung ein.

Ob das betreffende Kind erwünscht war oder nicht, entschieden die Prüfer anhand einer Werteskala, die auch beim »Wiedereindeutschungsverfahren« in den eingegliederten Ostgebieten Anwendung fand. Dazu notierten sie die verschiedenen rassischen und körperlichen Merkmale der Eltern auf einer SS-Rassenkarte und verdichteten diese Angaben zu einer Kombination aus Zahlen und Buchstaben, der sogenannten Rassenformel.[221] Daneben spielten auch charakterliche Eigenschaften der Schwangeren und des Erzeugers eine Rolle, wozu der Prüfer seinen eigenen Eindruck notierte und gegebenenfalls die jeweiligen Arbeitgeber:innen befragte. Anhand der Einstufung der Eltern schloss er auf den »rassischen Wert« des ungeborenen Kindes und entschied damit über sein weiteres Schicksal:

a) Das Kind ist erwünscht, wenn

Frau RuS I od. II, Mann RuS I – III oder
Frau RuS I – III, Mann RuS I – II

b) das Kind ist unerwünscht, wenn

Frau RuS N – Nf, Mann RuS I – N
Frau RuS III, Mann RuS IV – IVf
Frau RuS I – II, Mann RuS Nf

c) Grenzfälle, wenn

Frau RuS I – II, Mann RuS IV
Frau RuS III, Mann RuS III

a) und b) Entscheidung klar
c) Entscheidung dem Prüfenden überlassen. Hier charakterliche Eignung ausschlaggebend! Bei Eignung (RuS I und II) der Eltern oder eines Teils, Sippenangehörige feststellen, wie bei Wiedereindeutschung Bilder erstellen lassen u. s. w.[222]

---

221 Siehe die »Richtlinien zur Ausfüllung der R-Karte«, in: Schulungsblätter des Rassenamtes im RuSHA-SS, 1944, BArch, NS 2/161, Bl. 5–19.
222 Zitiert nach Hamann, »Erwünscht und unerwünscht«, S. 171.

Auch diejenigen Kinder von Polinnen und »Ostarbeiterinnen«, die bereits vor dem Erlass Himmlers auf die Welt gekommen waren, sollten nachträglich erfasst und rassisch überprüft werden. Durch die Untersuchung der Eltern eines noch ungeborenen oder sehr jungen Kindes konnten die Eignungsprüfer jedoch lediglich ein vorläufiges Urteil über dessen vermeintlichen Wert fällen. Insbesondere eine positive Bewertung war nicht endgültig und konnte revidiert werden, sollte sich das Kind körperlich oder charakterlich nicht entsprechend den Wünschen der Rasseexperten entwickeln.[223]

Besondere Bedeutung hatte, wie oben geschildert, die nachträgliche Überprüfung der Kinder von Zwangsarbeiterinnen in NSV-Heimen. »Rassisch unerwünschter Nachwuchs«, der sich bereits in der Betreuung der NSV befand, sollte aus dieser unbedingt wieder entlassen werden.[224] Einige der Höheren SS- und Polizeiführer informierten im Frühjahr 1944 die Gauleitungen in ihren Bezirken über die ergangenen Weisungen bezüglich schwangerer ausländischer Arbeiterinnen und ihrer Kinder, die vielen regionalen Behörden offenbar noch immer unbekannt waren.[225] Im Gau Westfalen-Nord wandte sich der HSSPF West im Juni 1944 an das Gauamt für Volkswohlfahrt, um eine Übersicht über die zu überprüfenden Kinder zu erhalten:

> Soweit durch meine Dienststelle über die rassische Eignung noch keine Entscheidung getroffen wurde, bitte ich mir Name, Geburtstag und Ort, Volkszugehörigkeit, sowie Wohn- und Beschäftigungsort der Kindesmutter und des Erzeugers mitzuteilen, damit die rassische Überprüfung noch vorgenommen werden kann. Aufgrund des Überprüfungsergebnisses werde ich dann Mitteilung machen, welche Kinder aus der Betreuung der NSV herauszunehmen und den Ausländerkinderpflegestätten zu überstellen sind.[226]

---

223 »Bewertung der rassischen Merkmale an Kindern und Jugendlichen«, in: Schulungsblätter des Rassenamtes im RuSHA-SS, 1944, BArch, NS 2/161, Bl. 92–98; Rundschreiben des Chefs des RuSHA betr. »Erstellung von Gutachten über Kleinkinder bzw. zu erwartende Kinder«, 1. August 1944, BArch, NS 2/154.

224 Rundschreiben Nr. 6/44 des Hauptamts für Volkswohlfahrt betr. »Behandlung schwangerer ausländischer Arbeiterinnen und der im Reich von ausländischen Arbeiterinnen geborenen Kinder«, 20. Januar 1944, 4.1.0/82447586/ITS Digital Archive, Bad Arolsen.

225 So übersandte der HSSPF Südwest den Reichsstatthaltern in Württemberg und Baden-Elsaß die bereits zitierten Rundschreiben des NSV-Hauptamts und den Erlass des Reichsführers SS, um die »innerhalb der zuständigen Dienststellen bestehenden Unklarheiten« zu beseitigen; Schreiben des HSSPF Südwest an die Reichsstatthalter in Württemberg und Baden/Elsaß, gez. Hoffmann, 24. März 1944, StA Nü, KV-Anklage, Dok. Fotokop., Nr. NO-4141.

226 Zitiert nach Schwarze, Kinder, die nicht zählten, S. 175.

Die Kreisverbände der NSV meldeten indes zurück, dass keine ausländischen Kinder bei der NSV untergebracht seien, da nicht einmal für deutsche Kinder ausreichend Plätze zur Verfügung stünden.[227]

Die Dienststelle des RuS-Führers Rödel

Über die konkrete Arbeit der SS-Rasseexperten gibt das erhaltene Schriftgut des SS-Führers im RuS-Wesen beim HSSPF Rhein-Westmark, SS-Sturmbannführer Georg Albert Rödel, einigen Aufschluss.[228] Rödel, Jahrgang 1890, war 1933 der SS beigetreten und begann seine Karriere im RuSHA im Jahr 1938 als Schulungsleiter und Pflegestellenreferent in Heidelberg.[229] Im Jahr 1940 arbeitete er im Heiratsamt und wurde anschließend Eignungsprüfer bei der RuS-Außenstelle Litzmannstadt. Ab 1941 war er bei der Einwandererzentralstelle (EWZ) in Elsass-Lothringen beschäftigt, danach bei der RuS-Stelle Süd in der Untersteiermark und ab 1942 als Eignungsprüfer beim HSSPF Südost in Breslau. Im Juli 1942 führte er im SS-Oberabschnitt Alpenland Rassenuntersuchungen an »Partisanenkindern« durch, die bei der sogenannten »Aktion Enzian« der SS gegen die Widerstandsbewegung in Slowenien ihre Eltern verloren hatten. Nach seinem Einsatz bei der »Fliegenden Kommission« der EWZ in Nordfrankreich war Rödel von Anfang November 1943 bis zum Kriegsende RuS-Führer im SS-Oberabschnitt Rhein-Westmark. Nach 1945 wurde er interniert und im Jahr 1949 als Mitläufer eingestuft und entlassen.

Bei der Umsetzung der Anordnungen des RFSS und des Reichsgesundheitsführers zur Behandlung schwangerer Polinnen und »Ostarbeiterinnen« kam es im SS-Oberabschnitt Rhein-Westmark aufgrund des uneindeutigen Verfahrenswegs zu Abstimmungsproblemen und Konflikten zwischen den diversen beteiligten Behörden. Beispielsweise lag dem Arbeitsamt Wiesbaden Anfang Dezember 1943 bereits die Genehmigung der Gutachterstelle zur Abtreibung bei drei »Ostarbeiterinnen« vor, über die der RuS-Führer zwar in Kenntnis gesetzt worden war, für die er seinerseits jedoch noch keine Zustimmung erteilt hatte. Ein Mitarbeiter der Dienststelle Rödels vermerkte nach telefonischer Rücksprache mit dem Ärztlichen Dienst des Arbeitsamts, die Frauen seien bereits »zur Unterbrechung der Schwangerschaft in das Lager Kelsterbach überführt worden. Eine Überprüfung durch den RuS-Führer ist daher nicht mehr möglich.«[230] Um derartige Missver-

---

227 Schwarze, Kinder, die nicht zählten, S. 175.
228 HHStAW (Hessisches Hauptstaatsarchiv Wiesbaden), 483 Nr. 7359a und 7359b. Vgl. dazu auch Kersandt, Polnische und sowjetische Zwangsarbeiterinnen und ihre Kinder, S. 229–233; Hamann, »Erwünscht und unerwünscht«.
229 Hierzu und im Folgenden Heinemann, »Rasse, Siedlung, deutsches Blut«, S. 632.
230 Handschriftlicher Vermerkt auf dem Schreiben des HSSPF Rhein-Westmark, SS-Führer

ständnisse künftig zu vermeiden, wies das Gauarbeitsamt Rhein-Main auf Bitten Rödels die Arbeitsämter an, sich in solchen Fällen unmittelbar an die RuS-Dienststelle zu wenden.[231]

Neben den genauen Abläufen des Gutachterverfahrens war überdies nicht klar, bei welchen Behörden die Antragstellung überhaupt erfolgen solle. Die Hauptabteilung »Gesundheit und Volksschutz« der DAF Hessen-Nassau wies ihre nachgeordneten Dienststellen im Januar 1944 explizit an, Anträge auf Schwangerschaftsabbruch nicht etwa an das Arbeitsamt oder die Gestapo zu richten, sondern direkt an die Ärztlichen Bezirksvereinigungen.[232] Demgegenüber plante der Ärztliche Dienst des Wiesbadener Arbeitsamts, zur Vereinheitlichung des Verfahrens die Anträge selbst zu bearbeiten und die notwendigen Genehmigungen einzuholen:

Ich werde dann diese Ausländerinnen schnellstens vorladen und mir eine formularmäßige Bescheinigung unterschreiben lassen, wonach eine Unterbrechung der Schwangerschaft beantragt wird. Sofort nach Vorliegen dieser Bescheinigung wird durch mich die Reichsärztekammer, der Höhere SS- und Polizeiführer, das Jugendamt sowie das Gauarbeitsamt benachrichtigt und die Unterbrechung nach Vorliegen der erforderlichen Genehmigung schnellstens durchgeführt.[233]

Obwohl der RFSS lediglich die rassische Überprüfung derjenigen schwangeren Polinnen und »Ostarbeiterinnen« angeordnet hatte, die mit einem deutschen oder »stammesgleichen« Mann ein Kind gezeugt hatten, verständigte sich Rödel mit den Gauarbeitsämtern in Koblenz und Frankfurt Anfang des Jahres 1944 darauf, dass seiner Dienststelle jede ausländische Arbeiterin unmittelbar nach Feststellung der Schwangerschaft zu melden sei.[234] Der RuS-Führer bezweckte durch diese Eigeninitiative, eine möglichst vollständige »rassische Auslese« in seinem

---

im RuS-Wesen, an das Arbeitsamt Wiesbaden betr. »Schwangerschaftsunterbrechungen«, 7. Dezember 1943, HHStAW, 483 Nr. 7359b, Bl. 339.

231 Schreiben des Präsidenten des Gauarbeitsamts und Reichstreuhänders der Arbeit Rhein-Main an die Arbeitsämter im Bezirk betr. »Ärztliche Fragen beim Arbeitseinsatz ausländischer Arbeitskräfte; hier: Schwangerschaftsunterbrechung«, 20. Januar 1944, HHStAW, 483 Nr. 7359b, Bl. 296.
232 Kersandt, Polnische und sowjetische Zwangsarbeiterinnen und ihre Kinder, S. 229.
233 Schreiben des Arbeitsamts Wiesbaden, Ärztlicher Dienst, an verschiedene Polizeidienststellen, Landräte und die Reichsärztekammer Wiesbaden, 15. März 1944, zitiert nach Kersandt, Polnische und sowjetische Zwangsarbeiterinnen und ihre Kinder, S. 229 f.
234 Schreiben des HSSPF Rhein-Westmark, SS-Führer im RuS-Wesen, an den Präsidenten des Gauarbeitsamts Hessen betr. »Schwangere ausländische Arbeiterinnen«, 11. Januar 1944, HHStAW, 483 Nr. 7359b, Bl. 297 (die Datierung des Schreibens auf den 11. Januar 1943 ist falsch).

Dienstbereich durchzuführen. Mit diesem Ansinnen war Rödel nicht allein. Der RuS-Führer Weichsel in Gotenhafen (pl. Gdynia), SS-Obersturmbannführer Otto Ahrens, teilte den Jugendämtern seiner Region im Sommer 1944 mit, er sei gerne bereit, »auch in anderen Fällen eine Überprüfung vorzunehmen, wenn dieses dem Jugendamt – vielleicht auf Grund des Erscheinungsbildes der Probandin – wünschenswert erscheint«.[235]

Während Rödel bestrebt war, den »Verlust deutschen Blutes« möglichst vollständig zu vermeiden, und zu diesem Zweck das Überprüfungsverfahren eigenmächtig ausdehnte, waren die Gauarbeitsämter eher daran interessiert, ungehindert über die Arbeiterinnen verfügen zu können und Störungen des Arbeitseinsatzes zu minimieren. Aus diesem Grund favorisierten sie den aus ihrer Sicht weniger aufwendigen und zeitsparenden Schwangerschaftsabbruch. Als die Dienststelle Rödels die Anträge zweier »Ostarbeiterinnen« ablehnte – in einem Fall galt das Kind als »erwünschter Bevölkerungszuwachs«, die andere Frau war nicht zum Untersuchungstermin erschienen –, drohte das Arbeitsamt Wiesbaden, es würden dem RuS-Führer zukünftig diejenigen

> Kinder zur Verfügung gestellt, die durch Ihre Ablehnung zur Schwangerschaftsunterbrechung zur Welt kommen. Nach Ihrer Mitteilung werden Sie für die Unterbringung der Kinder Sorge tragen, sodass ich die Mütter nach wie vor ohne Kinder im Arbeitseinsatz belassen kann.[236]

Rödel berief sich indes auf die Weisungen des RFSS und lehnte jedwede Verantwortung für die Kinder entschieden ab: »Die Anträge [...] sind von mir entschieden und damit erledigt.«[237]

Doch selbst wenn der RuS-Führer wie in den meisten Fällen sein Einverständnis gab, ging der lange Weg über die Gutachterstelle und den HSSPF oftmals mit Verzögerungen einher, die das Verfahren ad absurdum führten. Die Genehmigung traf nicht selten erst bei den Arbeitsämtern ein, wenn die Schwangerschaft bereits zu weit fortgeschritten oder das Kind sogar schon auf die Welt gekommen war. Unter diesen Umständen regte sich Widerstand gegen die von Rödel geforderte Ausdehnung des Überprüfungsverfahrens. So wies der Leiter der Ärztekam-

---

235 Mitteilung des RuS-Führers Weichsel, SS-Obersturmbannführer Ahrens, an die Kreis- und Stadtjugendämter betr. »Behandlung von schwangeren ausländischen Arbeiterinnen und der im Reich von ausländischen Arbeiterinnen geborenen Kinder«, 17. August 1944, zitiert nach Heinemann, »Rasse, Siedlung, deutsches Blut«, S. 507.
236 Schreiben des Arbeitsamts Wiesbaden an den HSSPF Rhein-Westmark betr. »Ostarbeiterinnen; hier: Schwangerschaftsunterbrechung«, 4. Januar 1944, HHStAW, 483 Nr. 7359a, Bl. 12.
237 Schreiben des HSSPF Rhein-Westmark, SS-Führer im RuS-Wesen, an das Arbeitsamt Wiesbaden, 13. Januar 1944, HHStAW, 483 Nr. 7359a, Bl. 11.

mer Moselland darauf hin, die Bestimmungen sähen nicht vor, jeden Schwangerschaftsfall von »Ostarbeiterinnen« dem HSSPF zur Begutachtung vorzulegen.[238] Der Leiter der Gutachterstelle bei der Ärztekammer Hessen-Nassau schrieb Mitte Mai 1944 an die RuS-Dienststelle, er habe Beschwerde beim Reichsgesundheitsführer eingelegt und wolle die Rassenuntersuchungen zukünftig nur in den von Conti festgelegten Fällen durchführen lassen.[239] Kurz darauf beschwerte sich überdies der Präsident des Gauarbeitsamts Rhein-Main bei RuS-Führer Rödel, dessen Mitarbeiter würden »die Ermittlungen [...] anscheinend nicht mit der erforderlichen Beschleunigung« betreiben:

> Seitens mehrerer Arbeitsämter meines Bezirks und auch der Arbeitsämter des Bezirks Kurhessen wird bei mir darüber Klage geführt, dass bei dem [...] von Ihnen gewünschten Meldeverfahren eine Verzögerung in der Durchführung der Schwangerschaftsunterbrechungen Platz ergriffen habe.[240]

Noch am selben Tag gestand Rödel gegenüber dem Gauarbeitsamt ein, seine Dienststelle sei von der Bearbeitung der eintreffenden Schwangerschaftsmeldungen zunehmend überlastet, wofür er Personalmangel und Verkehrseinschränkungen verantwortlich machte: »Es ist nicht mehr zu verhindern, dass in einzelnen Fällen Verzögerungen auftreten, die unter Umständen den Zweck illusorisch machen.«[241]

Um das Verfahren zu vereinfachen, gab er daher von vornherein seine Zustimmung zum Schwangerschaftsabbruch bei »Ostarbeiterinnen«, sofern es sich, entsprechend den Weisungen des RFSS, beim Erzeuger des Kindes um einen »Mann nicht deutschen oder artverwandten Blutes« handele, und ebenso bei Polinnen, sofern sie einen »rassisch schlechten Eindruck« machen würden. Die RuS-Dienststelle erteilte zudem den Arbeitsämtern und Ärztekammern ausdrücklich die Genehmigung zum Abbruch, selbst wenn noch gar kein Antrag gestellt worden sei. Damit bezweckte Rödel, wie er in einem Schreiben an die Ärztekammer Hessen-Nassau ausführte, »den Schwangerschaftsfall den Stellen zur Kenntnis zu bringen, die eine entsprechende Bearbeitung auslösen konnten«.[242] Trotz dieser Vereinfachung wollte Rödel nicht gänzlich von seiner erweiterten Überprü-

---

238 Hamann, »Erwünscht und unerwünscht«, S. 170.
239 Hamann, »Erwünscht und unerwünscht«, S. 170.
240 Schreiben des Präsidenten des Gauarbeitsamtes Rhein-Main an den Höheren SS- und Polizeiführer Rhein-Westmark, SS-Führer im RuS-Wesen, betr. »Schwangerschaftsunterbrechungen bei Ostarbeiterinnen und Polinnen«, 16. Mai 1944, HHStAW, 483 Nr. 7359a, Bl. 36.
241 Schreiben des HSSPF Rhein-Westmark, SS-Führer im RuS-Wesen, an den Präsidenten des Gauarbeitsamts Rhein-Main, 16. Mai 1944, HHStAW, 483 Nr. 7359b, Bl. 278.
242 Schreiben des HSSPF Rhein-Westmark, SS-Führer im RuS-Wesen, an die Ärztekammer Hessen-Nassau, 24. Mai 1944, HHStAW, 483 Nr. 7359b, Bl. 299 f.

fungspraxis ablassen. Anders als im Erlass des RFSS festgelegt, vereinbarte er mit der Ärztekammer, ihm auch diejenigen »Ostarbeiterinnen« zur Begutachtung zu überlassen, die auf die Ärzt:innen der Gutachterstelle einen »rassisch guten Eindruck« machten.[243] Die RuS-Dienststelle verfolgte demnach eine doppelte Zielsetzung:

> Es besteht ein Interesse daran, daß von der Möglichkeit der Schwangerschaftsunterbrechung bei Ostarbeiterinnen weitgehendst Gebrauch gemacht wird. Ebenso besteht aber auch ein Interesse daran, daß möglichst aller Nachwuchs, der für das deutsche Volk voraussichtlich von Wert sein würde, erhalten und entsprechend behandelt wird.[244]

Zuständig für die Einschätzung, welcher Nachwuchs erwünscht und welcher unerwünscht sein würde, waren zwei bei der Dienststelle Rödels angestellte SS-Eignungsprüfer. Einer von ihnen war SS-Oberscharführer Reinhold Ratzeburg, der laut überlieferter Dienstreiseberichte mindestens einmal im Monat Gesundheitsämter, Gestapostellen und andere Behörden in der Rhein-Westmark bereiste, um die dorthin vorgeladenen Personen einer Rassenuntersuchung zu unterziehen.[245] Zu seinem Aufgabenbereich zählten unter anderem »Sonderbehandlungsfälle«, »Ausländerehesachen«, »Absiedlungen« nach Frankreich und »Wiedereindeutschungen«. Der »Überprüfungsakt Ausländerkind« bezeichnete die rassische Untersuchung bereits geborener Kinder auf ihren vermeintlichen Wert für das deutsche Volk. Dabei nahm Ratzeburg nicht nur die Kinder von Polinnen und »Ostarbeiterinnen« in Augenschein, sondern alle von Ausländerinnen geborenen Kinder mit deutschem oder »stammesgleichem« Vater:

> Die Überprüfung ergab, daß das Kind der Spanierin Maria S. als rassisch wertvoll zu bezeichnen ist. Es besteht jedes Interesse daran, daß das Kind dem deutschen Volk nicht verlorengeht, auch wenn die Eheschließung mit dem angeblichen Vater des Kindes, Walter S., Wiesbaden, [...] nicht zustande kommen sollte.[246]

---

243 Schreiben des HSSPF Rhein-Westmark, SS-Führer im RuS-Wesen, an die Ärztekammer Hessen-Nassau, 24. Mai 1944, HHStAW, 483 Nr. 7359b, Bl. 299 f.
244 Schreiben des HSSPF Rhein-Westmark, SS-Führer im RuS-Wesen, an die Ärztekammer Hessen-Nassau, 24. Mai 1944, HHStAW, 483 Nr. 7359b, Bl. 299 f.
245 Siehe die Dienstreiseberichte Ratzeburgs vom 8. September, 3. Oktober, 28. November und 12. Dezember 1944, HHStAW, 483 Nr. 7359a, Bl. 16 f.; Nr. 7360, Bl. 9–12. Ein weiterer Dienstreisebericht vom 23. Oktober 1944 ist abgedruckt in Trials of War Criminals before the Nuernberg Military Tribunals under Control Council Law No. 10, Bd. IV, Washington 1950, S. 780–783.
246 Zitiert nach Hamann, »Erwünscht und unerwünscht«, S. 172.

Den größten Stellenwert für die Arbeit des Eignungsprüfers besaßen Schwangerschaftsabbrüche bei Zwangsarbeiterinnen. Laut einer Arbeitsübersicht stand im Oktober 1944 die Untersuchung von 36 schwangeren Ausländerinnen an.[247] Es kam allerdings nicht selten vor, dass die vorgeladenen Personen nicht zum Untersuchungstermin erschienen.[248] Entweder wollten sie die Überprüfung auf diese Weise hinauszögern, um eine ungewollte Abtreibung zu verhindern, oder sie konnten den Untersuchungsort nicht rechtzeitig erreichen. Denn die zunehmende Zahl der Luftangriffe und die daraus resultierenden Verkehrseinschränkungen machten Reisen unvorhersehbar und die Arbeit der Eignungsprüfer immer schwieriger, wie Rödel in einem Brief an einen Freund im RuSHA eindrücklich schilderte:

Bei der augenblicklichen Lage ist der Einsatz der Eignungsprüfer mit sehr viel Schwierigkeiten verbunden. Es macht bei den obwaltenden Verkehrsverhältnissen keinen Unterschied aus, ob man einen Eignungsprüfer oder fünf oder sechs zur Verfügung hat. Wenn man einen Eignungsprüfer einsetzt, verläßt eben ein Eignungsprüfer die Dienststelle, um sofort im nächstgelegenen Luftschutzkeller verschwinden zu müssen. Es ist das wie mit dem Inselhüpfen der Amerikaner im Pazifik. Wie die Amerikaner von Insel zu Insel hüpfen in Hoffnung Japan einmal zu erreichen, so springen die Eignungsprüfer von Luftschutzraum zu Luftschutzraum mit ebensolcher Hoffnung, einmal das ihnen angegebene Ziel zu erreichen. Da die verschiedenen Vorgeladenen ebenso beschäftigt sind, treffen sie sich in den seltensten Fällen. Dazu kommt noch, daß linksrheinisch tagsüber überhaupt keine Züge verkehren und rechtsrheinisch häufig ausgestiegen werden muß.[249]

Unter diesen Umständen konnte ein großer Teil der etwa 400 im Jahr 1944 geplanten Rassenuntersuchungen nicht stattfinden. Im Fall der terminempfindlichen Schwangerschaftsabbrüche erging das Urteil des Eignungsprüfers oftmals zu spät. In den Dienstreiseberichten Ratzeburgs finden sich immer wieder Anmerkungen wie »Schwangerschaft bereits im 7. Monat, U[nterbrechung] kann daher nicht mehr erfolgen«, »Kind bereits geboren« oder »Schwangerschaft ist bereits vor 7 Wochen unterbr[ochen]«.[250] Aufgrund dieser Schwierigkeiten schlug der

---

247 HHStAW, 483 Nr. 7360, Bl. 14.
248 Zum Termin am 16. Oktober 1944 im Gesundheitsamt Mainz konnte Ratzeburg beispielsweise nur über zwei Anträge auf Schwangerschaftsabbruch urteilen, da fünf Personen nicht erschienen waren. Dienstreisebericht 13/44 von SS Oberscharführer Ratzeburg, 23. Oktober 1944, abgedruckt in Trials of War Criminals before the Nuernberg Military Tribunals under Control Council Law No. 10, Bd. IV, S. 780–783.
249 Zitiert nach Hamann, »Erwünscht und unerwünscht«, S. 153 f.
250 Dienstreisebericht 16/44, 28. November 1944, HHStAW, 483 Nr. 7360, Bl. 11 f.

Eignungsprüfer Anfang Oktober 1944 vor, die Überprüfungsakte in Dringlichkeitsstufen einzuteilen. SS-interne Untersuchungen, »Sonderbehandlungsfälle« und »Schwangerschaftsunterbrechungen« seien demnach von höchster Priorität und »vordringlich« zu erledigen.[251] Die Eignungsprüfer müssten dazu jede »Verkehrsmöglichkeit wie LKw., Pkw., oder Krad der Wehrmacht, Polizei, Partei oder dergl. voll aus[zu]nutzen«, von großem Vorteil wäre zudem ein Dienstfahrrad.

Tatsächlich bildete die Überprüfung von Abtreibungsgesuchen insbesondere gegen Kriegsende das Gros der Arbeit Ratzeburgs. Auch in anderen Regionen versuchten die Rasseexperten der SS bis in die letzten Kriegsmonate hinein, »unerwünschten Bevölkerungszuwachs« möglichst zu verhindern. RuS-Führer Ahrens in Danzig-Westpreußen initiierte noch Anfang 1945 eine »Aufklärungswelle« bezüglich Abtreibungen bei Polinnen und »Ostarbeiterinnen« und gab entsprechende Richtlinien aus.[252] Demnach sei er nur dann an einer rassischen Überprüfung der Antragstellerin interessiert, »wenn der Erzeuger dem deutschen, flämischen, niederländischen, schwedischen, finnischen, englischen, irländischen, dänischen, norwegischen, estnischen, lettischen oder schweizer Volkstum« angehöre. Die Anträge aller anderen »Volksgruppen« seien »großzügig« zu behandeln. Ebenso eifrig ging man im RuS-Wesen weiterhin der Aufgabe nach, den Verlust »guten Blutes« an »fremde Volkskörper« zu vermeiden. So erklärte sich Ahrens im selben Schreiben zur Überprüfung »fremdvölkischer« Personen bereit, sofern sie den Ärzten als »wertvoll« erschienen. RuS-Führer Rödel schlug dem RuSHA in Prag Ende Januar 1945 vor, die Jugendämter könnten für Kinder, deren Aufnahme in das »Wiedereindeutschungsverfahren« geplant sei, zusätzlich einen schnell zu genehmigenden Einbürgerungsantrag stellen.[253] So könne der Mutter nötigenfalls ihr Kind abgenommen werden, sollte sie versuchen, das Reich zu verlassen.

Trotz der Wirren des nahenden Kriegsendes führten die Eignungsprüfer ihre Arbeit so weit wie möglich fort. Das Herforder Jugendamt meldete dem HSSPF West im September 1944 das polnische Mädchen Danuta K. zur Überprüfung, welches zu diesem Zeitpunkt bereits über ein Jahr alt war und bei einer deutschen Pflegefamilie lebte.[254] Die RuS-Dienststelle war offenbar massiv überfordert, so dass erst Mitte Februar 1945 der Bescheid erging, das Kind »würde für den Blutsbestand des deutschen Volkes eine Belastung darstellen«.[255] Der Reichsnährstand erhielt den Auftrag, das Mädchen in eine »Ausländerkinder-Pflegestätte« ein-

---

251 Dienstreisebericht 12/44, 3. Oktober 1944, HHStAW, 483 Nr. 7360, Bl. 13 f.
252 Aktenvermerkt des RuS-Führers Weichsel, SS-Obersturmbannführer Ahrens, 2. Januar 1945, BArch, NS 40/34.
253 Hamann, »Erwünscht und unerwünscht«, S. 174.
254 Schwarze, Kinder, die nicht zählten, S. 176.
255 Zitiert nach Schwarze, Kinder, die nicht zählten, S. 176.

zuweisen, über sein weiteres Schicksal ist nichts bekannt. Den Überprüfungsakt eines weiteren polnischen Kindes aus Herford schloss der Bearbeiter am 14. Mai 1945, also wenige Tage nach Kriegsende, bürokratisch-nüchtern ab: »Die Angelegenheit ist als erledigt zu betrachten. Z. d.A.«[256]

Zwischenfazit

Neben der Arbeitsverwaltung, den Krankenanstalten sowie den Betrieben in Industrie und Landwirtschaft waren zahlreiche weitere lokale und regionale Institutionen an der Behandlung schwangerer ausländischer Arbeiterinnen und ihrer Kinder beteiligt, die sich nicht direkt oder nur in einigen Fällen selbst mit der Einrichtung und dem Betrieb von Entbindungsheimen und »Ausländerkinder-Pflegestätten« befassten.

So unterstützten viele Kommunalverwaltungen ortsansässige Betriebe auf unterschiedliche Weise bei der Planung und Beschaffung der von Sauckel geforderten Einrichtungen, obwohl die Städte, Gemeinden und Kreise rechtlich nicht dazu verpflichtet waren. Mit finanziellen Unterstützungsleistungen hielten sie sich meist jedoch aufgrund der unsicheren Rechtsgrundlage zurück. Andere Kommunen hingegen richteten ohne rechtliche Verpflichtung eigene Entbindungsheime und »Pflegestätten« ein, die örtliche Betriebe zur Entbindung ihrer schwangeren Arbeiterinnen und zur Unterbringung ausländischer Kinder nutzen konnten. Insbesondere größere Städte unterhielten darüber hinaus oftmals eigene Zwangsarbeiter:innenlager, in denen sie schon frühzeitig entsprechende Einrichtungen bereitstellen ließen. In einigen Fällen setzten die Kommunalverwaltungen schwangere Arbeiterinnen aus dem Einzeleinsatz in städtische Lager um und erhielten auf diese Weise dringend benötigte Arbeitskräfte.

Aufgrund der unsicheren Rechtsgrundlage waren sich die Fürsorgeverbände und städtischen Wohlfahrts-, Fürsorge- und Jugendämter bis Mai 1944 über die vormundschafts- und unterhaltsrechtliche Behandlung der ausländischen Kinder im Unklaren. Viele Jugendämter ließen sich bei der Übernahme der Amtsvormundschaft von finanziellen Überlegungen leiten, meist jedoch sprachen rassenpolitische Argumente gegen jedwede Betreuung »fremdvölkischer« Kinder. Dessen ungeachtet wiesen einige Jugendämter diese Kinder aufgrund fehlender Alternativen in städtische Kinderheime ein, was mitunter zu Konflikten mit der Arbeitsverwaltung führte. Im Mai 1944 sprach das Reichsinnenministerium die Fürsorgeverbände von jeglicher finanziellen Verpflichtung in Bezug auf die Betreuung schwangerer Ausländerinnen und ausländischer Kinder frei. Bereits im Oktober 1944 wurden sie wiederum mit der Betreuung sämtlicher nicht arbeits-

---

256 Zitiert nach Schwarze, Kinder, die nicht zählten, S. 176.

fähiger Ausländer:innen einschließlich der ausländischen Kinder beauftragt, die sich ohne Angehörige im Reich befanden. Doch die zum Kriegsende zunehmend chaotischen Zustände behinderten die Umsetzung der oftmals unklaren und widerspüchlichen Weisungen aus Berlin.

Anders als die öffentliche Fürsorge nahmen private und kirchliche Wohlfahrtseinrichtungen regelmäßig ausländische Schwangere, Wöchnerinnen und Kinder auf. Zum Teil war dies der rassenhygienischen Ausrichtung des öffentlichen Fürsorgewesens geschuldet, deren unerwünschte Klientel stattdessen von der freien Wohlfahrtspflege betreut wurde. Trotz gegenläufiger Richtlinien lebten die ausländischen Frauen und Kinder in diesen Einrichtungen teilweise zusammen mit den deutschen Heimbewohner:innen. Im Interesse des Arbeitseinsatzes unterstützten viele Arbeitsämter dieses Vorgehen, um dem Mangel an geeigneten Entbindungs- und Unterbringungsmöglichkeiten zu begegnen. In einigen Fällen nutzten sie kirchliche Einrichtungen gezielt als Entbindungsheime und »Ausländerkinder-Pflegestätten«, in denen ausschließlich ausländische Arbeiterinnen und ihre Kinder Aufnahme fanden.

Obwohl die Kinder polnischer und sowjetischer Arbeiterinnen grundsätzlich nicht von der NSV betreut werden durften, kamen sie stellenweise, zumeist wohl aus Mangel an Alternativen, in NSV-Heimen unter. Wahrscheinlich handelte es sich dabei meist um Kinder mit deutschem Vater, welche die Heimleitungen in Unkenntnis der Richtlinien ohne rassische Untersuchung aufnahmen. Dies sollte im Laufe des Jahres 1944 durch rückwirkende Erfassung und Überprüfung der betroffenen Kinder korrigiert und die Plätze für »gutrassige« Kinder freigegeben werden. Wie entsprechende Rückfragen der HSSPF in Westfalen und Baden nahelegen, handelte es sich dabei nur um wenige Fälle. Während die NSV bei der Einrichtung von Entbindungsheimen und »Ausländerkinder-Pflegestätten« meist lediglich beratend und unterstützend tätig war, richtete die NSV in Oberdonau auf Weisung des Gauleiters mindestens zwölf eigene »Fremdvölkische Kinderheime« ein.

Neben den öffentlichen, freien und parteiamtlichen Einrichtungen der Wohlfahrtspflege spielte vor allem das nationalsozialistische Gesundheitswesen eine große Rolle bei der Behandlung schwangerer ausländischer Arbeiterinnen und ihrer Kinder. Zahlreiche Ärzt:innen waren in unterschiedlichem Umfang an der Planung und Umsetzung der auf reichsebene beschlossenen Maßnahmen beteiligt. Sie arbeiteten in den Gesundheitsämtern, Krankenhäusern, Ärztekammern, Ämtern für Volksgesundheit, beim ärztlichen Dienst der Arbeitsämter, bei den Gesundheitsdiensten der DAF und der NSV oder als Betriebs- und Lagerärzte. Die Amtsärzt:innen der Gesundheitsämter setzten Entbindungs- und Abtreibungsorte fest, berieten bei der Einrichtung von Entbindungsstationen und »Pflegestätten« und kontrollierten Lager und Heime auf Einhaltung hygienischer Mindeststandards. Darüber hinaus betrieben sie bevölkerungspolitische Propaganda

Zwischenfazit

für Schwangerschaftsabbrüche bei Polinnen und »Ostarbeiterinnen« und führten gemeinsam mit den Rasseprüfern der SS Untersuchungen durch, um über den vermeintlichen Wert der ungeborenen Kinder zu entscheiden. In entscheidender Funktion waren zudem die Gutachter der Ärztekammern beteiligt, die den meisten Anträgen auf Abbruch allein aufgrund der Volkszugehörigkeit des Erzeugers und des äußeren Erscheinungsbilds der Schwangeren zustimmten. Darüber hinaus propagierten verschiedene Stellen, wie insbesondere die NSDAP-Ämter für Volksgesundheit, eine vermehrte Durchführung von Abtreibungen aus rassenpolitischen Gründen.

Die Kosten für Entbindungen, Abtreibungen, Bestattungen, Anstaltsaufenthalte etc. wurden über die Krankenkassen abgerechnet, weshalb diese über die Folgen der Behandlung schwangerer Ausländerinnen und ihrer Kinder, beispielsweise die hohe Zahl der Todesfälle in den »Ausländerkinder-Pflegestätten«, stets informiert waren. Einzelne Ortskrankenkassen betrieben darüber hinaus eigene Entbindungs- und Kinderheime.

Hebammen unterstützten Zwangsarbeiterinnen vor allem bei Hausgeburten auf den Höfen, aber auch in Entbindungsheimen, Krankenhäusern und Lagerrevieren waren sie entweder fest angestellt oder wurden für Geburten herbeigerufen. Insbesondere in den Lagern arbeiteten bevorzugt sogenannte Osthebammen. In einigen Fällen halfen deutsche Hebammen zudem bei der Durchführung von Schwangerschaftsabbrüchen aus, wenn kein anderes Personal verfügbar war.

Während sich die meisten Gliederungen der NSDAP lediglich propagandistisch mit den ausländischen Arbeiterinnen und ihren Kindern befassten, nahmen die Rasseexperten aus dem Rasse- und Siedlungshauptamt der SS in dieser Hinsicht eine Schlüsselposition ein. Mit der Übernahme der rassischen Selektion ausländischer Arbeiter:innen und ihrer Kinder innerhalb des Reichs erfuhr das RuSHA eine wesentliche Kompetenzerweiterung. Die Rasseexperten der SS nahmen durch ihre Arbeit entscheidenden Einfluss auf die Behandlung schwangerer Ausländerinnen und ihrer Kinder, indem sie über ihren vermeintlichen Wert oder Unwert für das deutsche Volkstum urteilten. Die in den SS-Oberabschnitten bei den Höheren SS- und Polizeiführern tätigen RuS-Führer bemühten sich in ihren Bezirken mitunter um eine weitreichendere bevölkerungspolitische Auslese, als sie von Himmler vorgeschrieben worden war. Darüber hinaus nahmen sie Einfluss auf andere Behörden und trugen auf diese Weise zur Radikalisierung bei der Abwehr befürchteter »volkstumspolitischer Gefahren« des Ausländereinsatzes bei. Diese Arbeit führten sie trotz zunehmender kriegsbedingter Schwierigkeiten fort. Noch bis in die letzten Kriegsmonate hinein entschieden SS-Rasseexperten, welche Kinder förderungswürdig seien und welche zum Schutz des »Blutsbestands des deutschen Volkes« abgesondert werden müssten.

Wie am »Ausländereinsatz« allgemein war eine Vielzahl verschiedener Institutionen und Akteur:innen an der Behandlung schwangerer Ausländerinnen und ausländischer Kinder beteiligt. Das betraf insbesondere die Bereiche der kommunalen Verwaltung, der Wohlfahrtspflege, des NS-Gesundheitswesens sowie die Rasseexperten der SS. Das für den Nationalsozialismus charakteristische Nebeneinander staatlicher und parteiamtlicher Dienststellen verstärkte das Zuständigkeitschaos, zumal sich zahlreiche Stellen auf regionaler und lokaler Ebene aus eigenem Antrieb mit dem Themenkomplex befassten. All diese Institutionen nahmen mehr oder weniger direkt Einfluss auf das Leben der Frauen und ihrer Kinder, wobei mal kriegsökonomische, mal rassenpolitische Motive überwogen. An vielen Stellen wird erkennbar, dass die vorgegebenen Maßnahmen nicht einheitlich umgesetzt wurden und somit nicht alle Arbeiterinnen und ihre Kinder gleichermaßen davon betroffen waren. Besonders deutlich wird dies am Beispiel der kirchlichen und privaten Fürsorgeeinrichtungen, die ungeachtet der staatlichen Vorgaben weiterhin ausländische Frauen und ihre Kinder aufnahmen.

5 Das Leben der Zwangsarbeiterinnen und ihrer Kinder

Während sich die vorausgehenden Kapitel in erster Linie auf der Ebene der reichsweiten Planungen und Erlasse sowie der regional beteiligten Institutionen bewegten, wechselt die Perspektive im Folgenden, soweit es die Quellenlage erlaubt, auf das Leben der Zwangsarbeiterinnen und ihrer Kinder. Auf diese Weise soll zweierlei untersucht werden: Zunächst ermöglicht der Blick auf die Lebensbedingungen der Frauen und Kinder, die lokale Umsetzung und die Auswirkungen der behördlichen Maßnahmen anhand konkreter Beispiele zu veranschaulichen. Zweitens lassen sich die Handlungsspielräume der betroffenen Frauen ausloten, die trotz der Zwangsmaßnahmen einen gewissen Einfluss auf ihre eigene Lebenssituation sowie die ihrer Kinder ausüben konnten.

Zur Kontextualisierung ist zunächst ein Überblick über die rechtlichen Rahmenbedingungen des »Ausländereinsatzes« vonnöten, insbesondere über die Richtlinien zum sogenannten verbotenen Umgang, zum Einsatz weiblicher Zwangsarbeiterinnen sowie die Bemühungen zur Einrichtung von Bordellen für ausländische Arbeitskräfte. Anschließend wird, in erster Linie basierend auf Zeitzeug:innenberichten und Sekundärliteratur, die Lebenswirklichkeit(en) polnischer und sowjetischer Zwangsarbeiterinnen und ihrer Kinder bezüglich Schwangerschaft und Geburt dargestellt. In Bezug auf Schwangerschaftsabbrüche wird auf Grundlage der wenigen verfügbaren Daten zudem eine grobe Einschätzung zur Zahl derartiger Eingriffe bei Polinnen und »Ostarbeiterinnen« im Reich gegeben. Schließlich fällt der Fokus auf die Einrichtungen zur Unterbringung der Kinder ausländischer Zwangsarbeiterinnen, die »Ausländerkinder-Pflegestätten«, sowie die Verpflegung und Behandlung der dort untergebrachten Kinder. Eine besondere Rolle spielt dabei die überaus hohe Sterblichkeit der Kinder in diesen Einrichtungen und deren Ursachen. Aus diesem Grund muss im entsprechenden Abschnitt in besonderem Maße auf die Ernährung der Kinder eingegangen und zu diesem Zweck erneut ein Blick auf die Erlassebene geworfen werden. Auch in diesem Fall soll durch eine grobe Hochrechnung ein Überblick über die Zahl der betroffenen Kinder gegeben werden.

5.1 Der »Ausländereinsatz« als »volkstumspolitische Gefahr«

Das Leben der Menschen, die aus den besetzten und eingegliederten Ostgebieten zur Zwangsarbeit nach Deutschland gebracht wurden, war gekennzeichnet von einer Vielzahl diskriminierender arbeits-, ernährungs-, sozial- und polizeirechtlicher Sondervorschriften. Für polnische Zivilarbeiter:innen galten die am 8. März 1940 ausgegebenen und später immer wieder durch Einzelverordnungen erweiterten »Polenerlasse«, ein Paket von insgesamt zehn Erlassen mit dazugehörigen Erläuterungen.[1] Zu den Vorschriften gehörten beispielsweise die Kennzeichnungspflicht (ein an der Kleidung befestigtes »P«), das Verbot des Besuchs von Gaststätten, Kinos und Tanzveranstaltungen, nächtliche Ausgangssperren sowie das Verbot der Nutzung öffentlicher Verkehrsmittel. Zudem erhielten die polnischen Arbeitskräfte eine deutlich schlechtere Verpflegung und geringere Löhne als deutsche Arbeiter:innen. Nach dem Vorbild der »Polenerlasse« folgten im Februar 1942 die in vielerlei Hinsicht noch schärfer gefassten »Ostarbeitererlasse«.[2] Die sowjetischen Zwangsarbeiter:innen mussten beispielsweise in mit Stacheldraht umzäunten Barackenlagern leben, in denen die Wachmannschaften sie durch harte Körperstrafen disziplinieren durften. Einige dieser Bestimmungen nahmen die Behörden zwar innerhalb weniger Monate mit Rücksicht auf kriegswirtschaftliche Erfordernisse wieder zurück – so wurden zur Erhaltung der Arbeitskraft und des Arbeitswillens die Stacheldrahtumzäunungen abgeschafft, die Verpflegung verbessert, die Löhne erhöht und den Arbeiter:innen die Möglichkeit eingeräumt, ihre Wohnlager in bewachten Kolonnen zu verlassen – der Alltag der Arbeitskräfte aus dem Osten blieb jedoch gezeichnet von systematischer Diskriminierung, Demütigung und Gewalt.[3]

Die »Polenerlasse« waren ebenso wie die »Ostarbeitererlasse« ein zentrales Instrument des NS-Regimes, um den massenhaften Arbeitseinsatz von Ausländer:innen im Reich zu ordnen und mit den rasseideologischen Zielsetzungen des Nationalsozialismus in Einklang zu bringen. »Der Aufenthalt von fast einer Million Polen im Reich macht es [...] erforderlich«, so die Erläuterung des Reichssicherheitshauptamts zum ersten Erlasspaket,

> dass nicht nur der Arbeitseinsatz als solcher geregelt, sondern darüber hinaus auch die Lebensführung der Polen durch umfassende Massnahmen geordnet werden muss, um einem dem Zweck des Arbeitseinsatzes abträglichen Verhal-

---

1 Dazu Herbert, Fremdarbeiter, S. 85–95; Spoerer, Zwangsarbeit unter dem Hakenkreuz, S. 93 f. Eine Reihe von Dokumenten ist abgedruckt in Konieczny; Szurgacz, Praca przymusowa Polaków pod panowaniem hitlerowskim 1939–1945.
2 Erlass des RFSS betr. »Allgemeine Bestimmungen über Anwerbung und Einsatz von Arbeitskräften aus dem Osten«, 20. Februar 1942, Allgemeine Erlass-Sammlung des Chefs der Sicherheitspolizei und des SD, 2 A III f, S. 24–35. Siehe auch Herbert, Fremdarbeiter, S. 178–182; Spoerer, Zwangsarbeit unter dem Hakenkreuz, S. 94 f.
3 Zur Debatte um die Verbesserung der Lebensbedingungen der sowjetischen Zivilarbeiter:innen siehe Herbert, Fremdarbeiter, S. 192–195.

ten der Polen entgegenzuwirken und unerwünschte Erscheinungen in ihrem Verhältnis zur deutschen Bevölkerung zu verhindern.[4]

Die Bestimmungen zur Behandlung der Arbeitskräfte aus dem »altsowjetrussischen Gebiet« begann mit der Warnung, der Einsatz dieser Menschen berge »größere Gefahren in sich als jeder andere Ausländereinsatz«.[5] Neben der Verbreitung kommunistischen Gedankenguts in der deutschen Bevölkerung, der »bolschewistischen« Unterwanderung der deutschen Arbeiterschaft sowie Sabotageakten gegen die Rüstungsindustrie befürchteten NS-Rassenideologen insbesondere eine »blutliche Vermischung« und damit die »biologische Gefährdung« des deutschen Volkes.[6] Erhard Wetzel, Mitarbeiter des Rassenpolitischen Amts der NSDAP und Beauftragter für Rassenpolitik im Reichsministerium für die besetzten Ostgebiete, warnte Ende April 1942 davor, die vermeintlichen Gefahren des »Arbeitseinsatzes« zu unterschätzen:

> Immer stärker dringt durch die sich immer steigernde Zahl der Fremdarbeiter unerwünschtes Blut in unseren Volkskörper in einem Umfange, wie man es nie für möglich gehalten hätte. Die riesengroßen Gefahren, die unserem Volkskörper dadurch drohen, werden leider heute zum großen Teil, insbesondere von den Kreisen der Wirtschaft, nicht in vollem Umfange erkannt.[7]

Neben der generellen Einschränkung des gesellschaftlichen Umgangs zwischen Ausländer:innen und Deutschen richtete die NS-Führung daher besonderes Augenmerk auf die Verhütung unerwünschter sexueller Kontakte.[8] In den »Polenerlassen« vom 8. März 1940 bestimmte das Reichssicherheitshauptamt, polnische Arbeitskräfte, »die mit Deutschen Geschlechtsverkehr ausüben oder sich sonstige unsittliche Handlungen zuschulden kommen lassen«, seien »sofort festzunehmen und dem Chef der Sicherheitspolizei und des SD zur Erwirkung einer Sonderbehandlung fernschriftlich zu melden«.[9] Polnische Männer wurden zur

---

4 Erläuterungen des Reichssicherheitshauptamts zu den Polenerlassen, 8. März 1940, abgedruckt in Konieczny; Szurgacz, Praca przymusowa Polaków pod panowaniem hitlerowskim 1939–1945, S. 8–11.
5 Erlass des RFSS betr. »Allgemeine Bestimmungen über Anwerbung und Einsatz von Arbeitskräften aus dem Osten«, 20. Februar 1942, Allgemeine Erlass-Sammlung des Chefs der Sicherheitspolizei und des SD, 2 A III f, S. 24–35.
6 Heinemann, »Rasse, Siedlung, deutsches Blut«, S. 306–309.
7 Erhard Wetzel, Stellungnahme und Gedanken zum Generalplan Ost des Reichsführers-SS, 27. April 1942, abgedruckt in Heiber, Der Generalplan Ost, S. 297–324.
8 Herbert, Fremdarbeiter, S. 91–93.
9 Schreiben des RFSS an alle Stapo(leit)stellen betr. »Behandlung der im Reich eingesetzten polnischen Zivilarbeiter und -arbeiterinnen«, 8. März 1940, abgedruckt in Łuczak, Położenie polskich robotników przymusowych w Rzeszy 1939–1945, S. 31–36, hier S. 34.

Abschreckung meist ohne Verhandlung öffentlich erhängt, beteiligte deutsche Frauen erhielten eine Gefängnisstrafe oder mussten ins Konzentrationslager. Vor der Festnahme sollte der Bevölkerung zudem die Möglichkeit zur öffentlichen Diffamierung der Frauen, beispielsweise durch Abschneiden des Kopfhaars, gegeben werden.[10] Polnische Frauen, die sexuellen Kontakt mit einem deutschen Mann hatten, kamen in »Schutzhaft« oder ein Konzentrationslager, unabhängig davon, ob der Geschlechtsverkehr einvernehmlich oder erzwungen war.[11] Ab 1942 unterzogen Rasseexperten der SS die Beteiligten einer rassischen Untersuchung: »Wiedereindeutschungsfähige« Männer konnten nun der drohenden Hinrichtung entgehen und ihre deutschen Partnerinnen nach Verbüßen einer Haftstrafe heiraten.[12]

Nach dem Beginn des »Ostarbeitereinsatzes« wurden die Bestimmungen auf die entsprechenden Bevölkerungsgruppen ausgedehnt. Mit Runderlass vom 20. Februar 1942 verhängte Himmler sogar ein absolutes Verbot des Geschlechtsverkehrs für »Ostarbeiter:innen«, der sexuelle Kontakt mit anderen ausländischen Arbeitskräften konnte mit Einweisung in ein Konzentrationslager geahndet werden.[13] Doch nachdem die Bestimmungen zur Unterbringung und Bewachung der »Ostarbeiter:innen« im April 1942 gelockert worden waren, entschärfte der Reichsführer SS Ende Mai auch diese Anweisung:

> Das absolute Verbot des Geschlechtsverkehrs wird sich in Anbetracht der Lockerung gemäß Erlass vom 9. 4. 1942 nicht durchführen lassen. Das Verbot des Geschlechtsverkehrs zwischen Arbeitskräften aus dem altsowjetischen Gebiet und Deutschen bleibt selbstverständlich aufrecht erhalten und ist nach den ergangenen Bestimmungen zu ahnden. [...] Gegen den Geschlechtsverkehr zwischen den Arbeitskräften aus dem altsowjetischen Gebiet und anderen ausländischen Arbeitern ist, soweit nicht besondere Gründe vorliegen (öffentliches Ärgernis, Verstoß gegen die Lagerordnung usw.) nicht einzuschreiten.[14]

Trotz dieser Lockerung hielten einige Polizeidienststellen zunächst am ursprünglichen Verbot fest. So hieß es in den Richtlinien der Gestapo Frankfurt am Main

---

10 Schreiben des RFSS an den Stellvertreter des Führers betr. »Arbeitseinsatz von Zivilarbeitern und -arbeiterinnen polnischen Volkstums im Reich«, 8. März 1940, abgedruckt in Konieczny; Szurgacz, Praca przymusowa Polaków pod panowaniem hitlerowskim 1939–1945, S. 36 f.
11 Bock, Zwangssterilisation im Nationalsozialismus, S. 433 f.
12 Heinemann, »Rasse, Siedlung, deutsches Blut«, S. 498.
13 Erlass des RFSS betr. »Allgemeine Bestimmungen über Anwerbung und Einsatz von Arbeitskräften aus dem Osten«, 20. Februar 1942, Allgemeine Erlass-Sammlung des Chefs der Sicherheitspolizei und des SD, 2 A III f, S. 24–35.
14 Schreiben des RFSS an alle Polizei- und Kriminaldienststellen usw., 27. Mai 1942, zitiert nach Tholander, Fremdarbeiter 1939 bis 1945, S. 394 f.

im Februar 1943 weiterhin, der Geschlechtsverkehr unter ausländischen Arbeitskräften sei »als schwere Disziplinwidrigkeit zu betrachten, die mit Einweisung in ein Konzentrationslager geahndet wird«.[15] Die Gestapo hatte keine grundsätzlichen Einwände gegen den Geschlechtsverkehr von »Ostarbeiter:innen« untereinander, jedoch sollten Schwangerschaften wie bei den polnischen Arbeitskräften durch die Ausgabe von Verhütungsmitteln möglichst verhindert werden. Bestehende Schwangerschaften seien der Polizeibehörde rechtzeitig zu melden, damit die betreffenden Frauen durch das zuständige Arbeitsamt »behandelt werden können, wenn sie arbeitsunfähig werden«.

Wie Ulrich Herbert mit Bezug auf die Polengesetzgebung feststellte, kam »unterhalb der staatspolizeilichen Führung ein Prozeß in Gang [...], in dem die von oben dekretierte Repression beständig weiterwuchernd noch ausgeweitet wurde«.[16] In einzelnen Regionen und Lagern konnten demnach andere, strengere Regeln als die vom RSHA erlassenen gelten. In Hannover beispielsweise entschied man Ende Dezember 1942 bei einer Besprechung des Bürgermeisters mit einem Vertreter des Regierungspräsidenten in Lüneburg und einem Vertreter der Kriminalpolizeistelle Hannover: »In den Frauenlagern soll bekanntgemacht werden, daß der außereheliche Geschlechtsverkehr verboten ist, anderenfalls würden die betreffenden Frauen als Dirnen in die B-Baracke eingeliefert werden.«[17] In Anbetracht der geltenden Heiratsbeschränkungen und der Altersstruktur der ausländischen Arbeiter:innen – eine durchschnittliche »Ostarbeiterin« im Jahr 1944 war gerade mal 21, ein »Ostarbeiter« 24 Jahre alt – kam dies für die meisten sowjetischen Arbeitskräfte einem generellen Verbot des Geschlechtsverkehrs gleich.[18] Die Drohung mit der Einweisung in eine sogenannte B-Baracke, also einem Bordell, in dem ausländische Zivilarbeiterinnen zur Prostitution gezwun-

---

15 Richtlinienkatalog der Gestapo Frankfurt/Main betr. »Behandlung der im Reich eingesetzten ausländischen Arbeitskräfte und Kriegsgefangenen«, 15. Februar 1943, 1.1.0.6/82335754–82335781/ITS Digital Archive, Bad Arolsen. Die Gestapo Darmstadt nahm im Februar 1945 eine »Ostarbeiterin« in Schutzhaft, da ihr Geschlechtsverkehr mit einem serbischen Kriegsgefangenen vorgeworfen wurde; Schreiben der Staatspolizeistelle Darmstadt an den Reichsnährstand in Frankfurt am Main, 14. Februar 1945, 2.2.0.1/82389011–82389012/ITS Digital Archive, Bad Arolsen.
16 Herbert, Fremdarbeiter, S. 95.
17 Besprechung des Bürgermeisters mit einem Vertreter des Regierungspräsidenten in Lüneburg und einem Vertreter der Kriminalpolizeistelle Hannover, 18. Dezember 1942, zitiert nach: Siegfried, Das Leben der Zwangsarbeiter im Volkswagenwerk 1939–1945, S. 163.
18 Über die Hälfte (56 Prozent) der »Ostarbeiterinnen« stammten aus den Geburtsjahrgängen von 1923 bis 1927. Ein französischer Zivilarbeiter war zum Vergleich durchschnittlich 26 Jahre alt, eine deutsche Arbeiterin 28 Jahre (1938); Tabelle zur »Altersstruktur deutscher und ausländischer Arbeiter 1944«, in: Spoerer, Zwangsarbeit unter dem Hakenkreuz, S. 223.

gen wurden,[19] verweist auf die sexuelle Ausbeutung dieser Frauen zur Befriedigung des Sexualtriebs männlicher Zwangsarbeitskräfte.

Denn neben der strengen Reglementierung des sexuellen Verhaltens der Arbeitskräfte sollte der Geschlechtstrieb der Männer durch den gezielten Einsatz weiblicher Arbeiterinnen des jeweiligen »Volkstums« gelenkt werden: »Um den Mißständen, die sich immer wieder, vor allem im Verhalten polnischer Arbeiter zu deutschen Frauen und Mädchen gezeigt haben [sic!] vorzubeugen«, schrieb Himmler dem Reichsarbeitsminister im Rahmen der Polenerlasse, »bitte ich [...] insbesondere in den ländlichen Bezirken nach Möglichkeit mit den Arbeitern polnischen Volkstums örtlich gleichzeitig auch Arbeiterinnen polnischen Volkstums in gleicher Anzahl einzusetzen.«[20] Tatsächlich stieg der Anteil der Frauen an den ausländischen Arbeitskräften insbesondere nach Beginn des »Ostarbeitereinsatzes« stetig an. Im August 1944 war bereits ein Drittel der 5,7 Millionen ausländischen Zwangsarbeitenden in der deutschen Kriegswirtschaft Frauen.[21] Die große Mehrheit dieser Frauen, fast 90 Prozent, war aus den besetzten Gebieten Polens, der Sowjetunion und anderer osteuropäischer Länder deportiert worden. »Ostarbeiterinnen« stellten im Jahr 1944 etwa 58 Prozent der sowjetischen Arbeitskräfte in der Rüstungsindustrie, 400.000 weitere arbeiteten als Dienstmädchen im Reich.[22]

Neben dem gezielten Einsatz weiblicher Zwangsarbeiterinnen plante die Regimeführung die Einrichtung von Bordellen[23] für »fremdvölkische« Arbeiter

---

19 Welcher Anteil der Frauen zur Prostitution gezwungen wurde und wie viele bereits vorher als Prostituierte arbeiteten, ist nicht bekannt. Selbst wenn die Frauen zuvor im Gewerbe tätig waren, muss das nicht bedeuten, dass sie sich freiwillig für die Arbeit in einem Lagerbordell gemeldet hatten oder sich ihre Freier aussuchen konnten; vgl. Barbara Stelzl-Marx, »B-Baracke«. Das Lagerbordell für NS-Zwangsarbeiter in Graz, in: GeschlechterGeschichten, hg. von Friedrich Bouvier, Wolfram Dornik, Otto Hochreiter, Nikolaus Reisinger und Karin M. Schmidlechner, Graz 2017, S. 247–262, hier S. 255.

20 Schreiben des RFSS an den Reichsarbeitsminister betr. »Behandlung der im Reich eingesetzten Zivilarbeiter und -arbeiterinnen polnischen Volkstums«, 8. März 1940, BArch, R 187/216.

21 Herbert, Fremdarbeiter, S. 315 f.

22 Bock, Zwangssterilisation im Nationalsozialismus, S. 434. Der Einsatz weiblicher Arbeitskräfte aus der Sowjetunion in deutschen Haushalten ging mit gründlichen »rassischen Sichtungen« und strengen Bestimmungen einher und kam nur für »politisch zuverlässige Familien« in Betracht. Besonders betont wurden das Verbot des Geschlechtsverkehrs und die Abschiebung im Fall der Schwangerschaft; Erlass des RFSS an die HSSPF, die Staatspolizeileitstellen usw. betr. »Einsatz weiblicher Arbeitskräfte aus dem altsowjetischen Gebiet«, gez. Müller, 10. September 1942, BArch, NS 40/31.

23 Im September 1939 war die Bordellierung der Prostitution zunächst in den besetzten Gebieten, später im ganzen Reich zugelassen worden. Die Wehrmacht richtete in ihrem Operationsgebiet von 1940 bis 1942 etwa 500 Bordelle für deutsche Soldaten ein. Ab 1942 wurden auf Anregung Himmlers in zehn Konzentrationslagern Bordelle für privilegierte männliche Häft-

als Mittel »zum Schutze der deutschen Frau und des deutschen Blutes«.[24] Erstmalig hatte Himmler im März 1940 in oben zitiertem Schreiben an den Reichsarbeitsminister die Errichtung spezieller Bordelle mit »polnischen Mädchen« angeregt.[25] Im Dezember 1941 erging dann Befehl von »oberster Stelle«: Der »Stellvertreter des Führers« informierte die NSDAP-Reichsleiter, Gauleiter und Verbändeführer per Rundschreiben, Hitler persönlich habe die Einrichtung von Bordellen für »fremdvölkische Arbeiter« angeordnet.[26] Die Durchführung der Maßnahmen oblag der Kriminalpolizei, für die Heydrich Mitte Januar 1941 erste Richtlinien ausgab.[27] Dabei betonte er die »Notwendigkeit der Wahrung rassischer Grundsätze«[28] und ordnete an, ausschließlich »fremdvölkische Prostituierte oder Zigeunerinnen« einzusetzen, die möglichst »dem Volkstum der am Ort eingesetzten fremden Arbeiter entsprechen«.[29] Die polizeilichen Dienst-

linge eingerichtet, in denen als »asozial« geltende deutsche Frauen, Polinnen, (Weiß-)Russinnen, Ukrainerinnen und »Zigeunerinnen« zur Prostitution gezwungen wurden. Weitere Informationen dazu bei Mühlhäuser, Eroberungen, S. 214–239; Robert Sommer, Das KZ-Bordell. Sexuelle Zwangsarbeit in nationalsozialistischen Konzentrationslagern, Paderborn 2009; Insa Meinen, Wehrmacht und Prostitution während des Zweiten Weltkriegs im besetzten Frankreich, Bremen 2002; Christa Paul, Zwangsprostitution. Staatlich errichtete Bordelle im Nationalsozialismus, Berlin 1994.

24 Aktenvermerk über Besprechung im RSHA betr. »Einrichtung von Bordellen für fremdvölkische Arbeiter«, 17. September 1941, BArch, R 11/1243.

25 Schreiben des RFSS an den Reichsarbeitsminister betr. »Behandlung der im Reich eingesetzten Zivilarbeiter und -arbeiterinnen polnischen Volkstums«, 8. März 1940, BArch, R 187/216. Anfang 1943 wies Himmler in einem Schreiben an Bormann darauf hin, die Einrichtung der Bordelle sei »auf meine Weisungen und auf meine Anregung hin zurückzuführen«. Schreiben des RFSS an Reichsleiter Martin Bormann, 14. Januar 1943, Heiber/Longerich: Akten der Partei-Kanzlei, Regestnummer 16475.

26 Rundschreiben des Stellvertreters des Führers an die Reichsleiter, Gauleiter und Verbändeführer betr. »Errichtung von Bordellen für fremdvölkische Arbeiter«, gez. M. Bormann, 7. Dezember 1940, BArch, NS 5-I/265. Erste Erfahrungen mit einer solchen Einrichtung waren zu diesem Zeitpunkt bereits im Gau Oberdonau gemacht worden und sollten anderen Gauen als Vorbild dienen. Zu diesem Zweck übersandte Bormann den Reichsleitern, Gauleitern und Verbändeführern am 27. Januar 1941 einen »Auszug aus dem Bericht der Gauleitung Oberdonau vom 27. Dezember 1940«, BArch, NS 6/334, Bl. 13 f. Vgl. Hauch, Zwangsarbeiterinnen und ihre Kinder, S. 401.

27 Schreiben des Chefs der Sicherheitspolizei an das RSHA, die Inspekteure der Sicherheitspolizei und des SD sowie alle Kriminalpolizei(leit)stellen betr. »Polizeiliche Behandlung der Prostitution. (Bordelle bei massiertem Einsatz fremdvölkischer Arbeiter)«, gez. Heydrich, 16. Januar 1941, BArch, NS 5-I/265.

28 Damit bezog sich auf zwei Runderlasse des RMdI vom 9. September 1939 und 16. März 1940, mit denen den Polizeidienststellen Richtlinien zur Behandlung der Prostitution gegeben worden waren.

29 Schreiben des Chefs der Sicherheitspolizei an das RSHA, die Inspekteure der Sicherheitspolizei und des SD sowie alle Kriminalpolizei(leit)stellen betr. »Polizeiliche Behandlung der

stellen arbeiteten eng mit der Deutschen Arbeitsfront zusammen, die unter dem Deckmantel der privaten »Häuser- und Barackenbau G. m.b.H.« den Gemeinden und Betrieben bei der Planung, Finanzierung, Einrichtung und Bewirtschaftung der Bordelle zur Seite stand.[30] Das Reichsarbeitsministerium, die Reichswirtschaftskammer und das Reichsinnenministerium gaben im September 1941 entsprechende Erlasse für ihre Arbeitsbereiche aus und drängten auf zügige Umsetzung der Pläne.[31] Nachdem organisatorische und finanzielle Schwierigkeiten anfänglich zu Verzögerungen geführt hatten,[32] befanden sich Ende November 1943 laut einer Mitteilung des SD 60 Bordelle mit insgesamt etwa 600 Prostituierten in Betrieb, 50 weitere seien in Kürze einsatzbereit.[33] Die Frauen würden in Paris, Polen und dem Protektorat Böhmen und Mähren freiwillig angeworben, der Zuspruch der männlichen Arbeitskräfte sei »äusserst rege«.[34] Eine Anfrage Himmlers an das RMEL bezüglich Lebensmittelzulagen für die Prostituierten verdeutlicht die Bedeutung, die der Reichsführer SS dieser Maßnahme beimaß:

Ich habe Ihren Brief vom 23.7. wegen der Lebensmittelzulagen für Prostituierte der Ausländerlager erhalten. Ich gebe sehr gern zu, daß dieser Wunsch bei dem ersten Anblick unmöglich und ungerechtfertigt erscheint. Die Sache verhält

Prostitution. (Bordelle bei massiertem Einsatz fremdvölkischer Arbeiter)«, gez. Heydrich, 16. Januar 1941, BArch, NS 5-I/265.

30 Rundschreiben der DAF, Amt für Arbeitseinsatz, betr. »Einrichtung von Bordellen für ausländische Arbeiter«, 21. Januar 1941, BArch, NS 5-I/265; Rundschreiben der DAF, Amt für Arbeitseinsatz, betr. »Einrichtung von Bordell-Baracken und ähnlichen Einrichtungen für ausländische Arbeitskräfte«, 15. April 1941, BArch, NS 5-I/262.

31 Runderlass des RAM an die Präsidenten der Landesarbeitsämter betr. »Schaffung von Bordellen für fremdvölkische Arbeiter«, 17. September 1941, BArch, R 11/1243; Runderlass des RMdI an die Landesregierungen, Reichsstatthalter, Regierungspräsidenten usw. betr. »Schaffung von Bordellen für fremdvölkische Arbeiter«, 22. September 1941, BArch, R 187/216; Rundschreiben der Reichswirtschaftskammer betr. »Einrichtung von Bordellen für fremdvölkische Arbeiter«, 22. September 1941, BArch, R 11/1243.

32 Bormann bemängelte im Oktober 1941 in einem Rundschreiben an alle Gauleiter, es sei »bisher erst eine verschwindend geringe Zahl von Bordellen errichtet worden«, und betonte erneut, der Führer habe den Bau dieser Einrichtungen »zur Abwendung der dem deutschen Blute drohenden Gefahren [...] selbst angeordnet«; Rundschreiben des Leiters der Partei-Kanzlei an alle Gauleiter betr. »Bordelle für fremdvölkische Arbeitskräfte«, gez. M. Bormann, 15. Oktober 1941, BArch, NS 6/335, Bl. 120 f.

33 »SD-Berichte zu Inlandsfragen«, 29. November 1943, BArch, R 58/190, Bl. 110–112. Beispiele für die Einrichtung von »B-Baracken« in den Kommunen bei Schäfer, Zwangsarbeit in den Kommunen, S. 74; Heusler, Ausländereinsatz, S. 221; Hoffmann, Ausländische ZwangsarbeiterInnen in Oldenburg während des Zweiten Weltkrieges, S. 198.

34 Demgegenüber kam es zu Beschwerden aus der Bevölkerung, das für die Bordelle aufgewandte Geld solle lieber in den Bau von Wohnungen investiert werden; »SD-Berichte zu Inlandsfragen«, 29. November 1943, BArch, R 58/190, Bl. 110–112.

sich folgendermaßen. Wenn ich die Bordelle nicht einrichte, gehen diese Millionen Ausländer auf die deutschen Frauen und Mädchen los. [...] Dadurch ist es leider notwendig, diesen Insassen für ihre zwar in deutschem Interesse nützliche, sonst aber wenig erfreuliche Betätigung genügend Ernährung zu geben. Ich schließe mich Ihrer Ansicht an, daß es psychologisch gefährlich wäre, eine Zuteilung von Lebensmitteln in Form von Schwerarbeiterzulage zu machen. Läßt sich aber nicht irgendeine andere Form finden? Irgendwie müssen wir versuchen, dieses unappetitliche Problem zu lösen.[35]

5.2 Mütter und ihre Kinder

5.2.1 Liebesbeziehungen und sexuelle Gewalt

Die zahlreichen Erlasse und Sondervorschriften für Arbeitskräfte aus dem Osten hatten in erster Linie das Ziel, die immer wieder heraufbeschworenen Gefahren des Ausländereinsatzes zu begrenzen und unerwünschte Kontakte möglichst zu verhindern. Erwartungsgemäß konnte trotz dieser Maßnahmen nicht sichergestellt werden, dass Arbeitskräfte ausschließlich mit Angehörigen ihres eigenen »Volkstums« Umgang pflegten. »Ostarbeiter:innen« und polnische Arbeitskräfte gingen sexuelle Beziehungen untereinander, mit Arbeiter:innen anderer Länder und, trotz der angedrohten Strafen, auch mit Deutschen ein. Der Fokus der Sicherheitsbehörden lag dabei zunächst meist auf unerwünschten Kontakten männlicher Arbeiter mit deutschen Frauen. So beklagte sich der Sicherheitsdienst des RFSS immer wieder über das vermeintlich »würdelose Verhalten«, welches deutsche Frauen und Mädchen »fremdrassigen Ausländern« gegenüber an den Tag legen würden.[36] Dementsprechend hart fielen die Strafen für die beteiligten Männer aus, so dass jedweder Umgang mit deutschen Frauen ein großes Risiko barg. Eine Denunziation konnte schnell zur Ermordung des Beschuldigten führen, unabhängig davon, ob der Vorwurf stimmte oder jeder Grundlage entbehrte. Der ehemalige polnische Zwangsarbeiter Władysław Koper, der auf einem Hof in Niedersachsen eingesetzt war, berichtet: »Es reichte aus, dass ein Pole sich mit einem Deutschen stritt und dieser zur Gestapo ging und eine schriftliche Aussage einreichte, er habe ihn mit einer Deutschen gesehen, und schon führte die

---

35 Schreiben des RFSS an Staatssekretär Backe im RMEL betr. »Lebensmittelzulagen für Prostituierte der Ausländerlager«, 30. Juli 1942, BArch, R 19/3400.
36 Meldungen aus dem Reich, Nr. 103, 8. Juli 1940, BArch, R 58/152, Bl. 69 f.; Meldungen aus dem Reich, 22. Januar 1942, BArch, R 58/168, Bl. 154–161; vgl. auch Vorlage des Gaustabsamtsleiters für Gauleiter Goebbels betr. »Verkehr von Deutschen mit Fremdvölkischen«, 11. November 1942, BArch, R 55/1220, Bl. 188–191.

Gestapo den Unglücklichen zum Galgen.«[37] Wegen unerlaubten Geschlechtsverkehrs beschuldigte Ausländer wurden häufig vor den Augen anderer Zwangsarbeiter erhängt, um ein brutales Exempel zu statuieren.[38]

Trotz aller Beschränkungen und Auflagen gab es sowohl in der Stadt als auch auf dem Land reichlich Gelegenheiten zum Kontakt zwischen Deutschen und Ausländer:innen sowie für ausländische Arbeitskräfte untereinander. Im November 1943 gab der SD einen Bericht aus Hamburg über eine für Deutsche vorgesehene Bordellstraße wieder, die, nachdem das örtliche Ausländerbordell bei einem Bombenangriff zerstört worden war, von zahlreichen Holländern, französischen Zivilarbeitern und Kriegsgefangenen sowie zunehmend auch von »Ostarbeitern« frequentiert werde: »Es herrscht ein buntes Völkergemisch wie in Friedenszeiten in den Hafenvierteln von Marsaille.«[39] Die Deutschen, unter ihnen einfache Soldaten und Unteroffiziere, schienen daran kaum Anstoß zu nehmen und drängten sich gemeinsam mit den Ausländern um die Fenster, ein für den Berichterstatter »unsagbar beschämendes Bild«. In einem anderen Bericht beklagte sich der SD, der Bevölkerung in landwirtschaftlichen Gebieten fehle bis auf wenige Ausnahmen »jegliches volkspolitische Verständnis«: »Während gerade der Bauer am besten die Schäden unerwünschter blutsmässiger Vermischung bei seinem Vieh kennt, zeigt er sich für volkspolitische Fragen uninteressiert.«[40] Die Kirche mache oftmals jegliche Aufklärungsarbeit wieder zunichte, insbesondere in katholisch geprägten Gebieten werde der nötige Abstand zwischen Deutschen und »Fremdvölkischen« selten eingehalten.[41] Die häufige »Aufnahme in die Haus- und Tischgemeinschaft« erleichtere den ausländischen Arbeitern die »höchst unerwünschte geschlechtliche Annäherung« an deutsche Frauen und Mädchen. Zudem seien rege Kontakte zwischen Kriegsgefangenen und ausländischen Zivilarbeiterinnen sehr häufig. Aus Stuttgart wurde beispielsweise gemeldet:

---

37 Władysław Koper, U grafa von Allwörden, in: Ludwik Staszyński (Hg.), Przemoc, poniżenie, poniewierka. Wspomnienia z przymusowych robót rolnych 1939–1945, Warszawa 1967, S. 283–299, hier S. 295 [aus dem Polnischen von M. B.].
38 Kundrus, Forbidden Company.
39 »SD-Berichte zu Inlandsfragen«, 29. November 1943, BArch, R 58/190, Bl. 110–112.
40 »SD-Berichte zu Inlandsfragen«, 15. November 1943, BArch, R 58/190, Bl. 193–196.
41 Die katholische Bevölkerung zeigte sich vergleichsweise resistent gegen die nationalsozialistische Ideologie, das NS-Regime sah den Katholizismus daher als weltanschaulichen Gegner an. Zudem könnte die zumeist römisch-katholische Konfession der polnischen Landarbeiter:innen Einfluss auf ihre Behandlung in diesen Gebieten gehabt haben. Allgemein zur Bedeutung von Religion im Nationalsozialismus siehe beispielsweise Olaf Blaschke; Thomas Großbölting (Hg.), Was glaubten die Deutschen zwischen 1933 und 1945? Religion und Politik im Nationalsozialismus, Frankfurt a. M.; New York 2020.

Vor allem lässt sich ein gutes Einvernehmen zwischen französischen Kriegsgefangenen und Ostarbeiterinnen beobachten, wobei unzweifelhaft sexuelle Motive bestimmend sind. Die unverdorbenen, kräftigen Mädchen ukrainischen und russischen Volkstums sind für die kriegsgefangenen Franzosen anziehende Objekte ihrer Begehrlichkeit. Auf der anderen Seite gefallen die meist gut aussehenden Franzosen den Ostarbeiterinnen, deren Gunst zudem mit Schokolade und sonstigen guten Sachen aus den Liebespaketen des Roten Kreuzes errungen wird.[42]

Nach Einschätzung des SD war dies neben der Furcht vor Strafe der Hauptgrund, dass noch keine Zunahme des unerlaubten Geschlechtsverkehrs zwischen deutschen Frauen und Kriegsgefangenen zu verzeichnen sei, denn »die vielen weiblichen ausländischen Arbeitskräfte« würden in dieser Hinsicht »ein gewisses Ventil darstellen«.

Soziale Kontakte mit Menschen, die sich in einer ähnlichen Situation befanden, bildeten für die Zwangarbeiter:innen unabhängig von ihrer Nationalität eine wichtige Bewältigungsstrategie. Gerade für Arbeiter:innen, die sich ohne ihre Familie im Einzeleinsatz befanden, waren zwischenmenschliche Beziehungen von sehr großem Wert. War ihr Alltag meist von harter Arbeit, Hunger, Erniedrigung und Unfreiheit geprägt, boten gemeinsame Abende, der Austausch von Neuigkeiten, das Sprechen in der Muttersprache und nicht zuletzt Liebesbeziehungen einen Hauch von Normalität, wie aus dem Bericht des ehemaligen Zwangsarbeiters Czesław Taborski, der im südlichen Niedersachsen eingesetzt war, deutlich wird:

Wenn die dringenden Arbeiten beendet waren und ein paar freie Sonntage folgten, war es für uns bereits ein alter Brauch, in unbekannte Gegenden aufzubrechen. Das machten auch die Ausländer aus anderen Dörfern. Manchmal kam es vor, dass der Instinkt alle an einen einzelnen, vorher nie festgelegten Ort führte, irgendwo zwischen den Dörfern in den Buchenwäldern auf irgendeinem Berghang. Bei solchen Treffen waren manchmal bis zu hundert oder mehr Personen unterschiedlicher Nationalität anwesend, von denen die meisten stets Polen und Russen waren. Eigentümliche gesellschaftliche Kontakte waren das. Die einen kamen zu diesem »Treffpunkt«, um Karten zu spielen, andere, um sich mit ihren Mädchen zu treffen, wieder andere, um mitgebrachte Instrumente zu spielen und auch zum Tanzen. Es gab auch solche, die nur deswegen kamen, um die Deutschen zu ärgern. Trotz dieser verschiedenen Vorlieben vernachlässigte niemand es, interessante Nachrichten über den Krieg auszutauschen.[43]

---

42 »SD-Berichte zu Inlandsfragen«, 15. November 1943, BArch, R 58/190, Bl. 193–196.
43 Czesław Taborski, Życiorys przymusem znaczony, in: Staszyński, Przemoc, poniżenie, poniewierka, S. 460–564, hier S. 529 [aus dem Polnischen von M. B.].

Solche Zusammenkünfte beschränkten sich nicht unbedingt auf Verstecke in den Wäldern und waren nicht nur denjenigen vorbehalten, die einzeln auf dem Land eingesetzt waren. Die Lockerung der Überwachungsbestimmungen und nachsichtige Arbeitgeber:innen konnten gemeinsame Abende in den Unterkünften größerer Betriebe ermöglichen, wie Taborski weiter berichtet:

> Die wichtigsten und zahlreichsten Treffen fanden bei den in einer Kunstfaserfabrik angestellten Mädchen statt, weil es dort die besten Räumlichkeiten gab und die Werksleitung vergleichsweise tolerant war. Der große Block, in dem die Mädchen wohnten, verfügte über einen geräumigen Gemeinschaftsraum, in dem jeden Sonntag ein Orchester spielte, zusammengesetzt aus einem Dutzend Polen, die im Steinbruch arbeiteten. Es wurden hier mit gleicher Beliebtheit moderne Tänze getanzt, Swing, Slowfox, Tango, wie auch polnische, russische, serbische oder ukrainische Volkstänze. Jeder von uns hatte hier seine Geliebte. Nicht verwunderlich, dass man hier jeden Sonntag Sprachen aus nahezu allen von den Deutschen besetzten Ländern Europas hörte, wie im legendären Turm zu Babel.[44]

Bei solchen Gelegenheiten konnten sich Beziehungen entwickeln, die mitunter auch nach dem Krieg noch Bestand hatten. So lernte die Ukrainerin Oleksandra L. ihren späteren Ehemann, der als Zwangsarbeiter in der Rüstungsindustrie eingesetzt war, bei einem solchen Treffen in einem Lager für ukrainische Arbeitskräfte kennen:

> Ich habe ihn ganz zufällig kennen gelernt, an einem Wochenende, als ich frei hatte. Es gab ein Lager, wo Jungen und Mädchen aus der Ukraine lebten. Dort gab es eine Baracke, da wurde Musik gespielt und Billard und da habe ich meinen zukünftigen Ehemann kennen gelernt. Wir konnten uns nur am Wochenende sehen, er hatte nicht so viele Möglichkeiten, sich frei zu bewegen wie ich.[45]

Wie Katarzyna Woniak in ihrer Studie zur Alltags- und Emotionsgeschichte polnischer Zwangsarbeiter:innen eindrücklich zeigen konnte, verließen viele junge Polinnen mit der Deportation nach Deutschland das erste Mal ihr Elternhaus, was sie zum »plötzlichen Erwachsenwerden« in einer unvertrauten Um-

---

44 Czesław Taborski, Życiorys przymusem znaczony, in: Staszyński, Przemoc, poniżenie, poniewierka, S. 460–564, hier S. 531–532 [aus dem Polnischen von M. B.].
45 Zeitzeuginnenbericht von Oleksandra L. im Rahmen des LVR-Projekts »Riss durchs Leben«, online einsehbar unter: https://riss-durchs-leben.lvr.de/de/zeitzeuginnen/oleksandral/oleksandral.html [Stand: 12. Juli 2022].

gebung zwang.[46] Weniger beschränkt durch die gesellschaftlichen Normen und Werte ihrer Heimat erlebten sie ein reges Sozialleben mit wechselnden Liebesbeziehungen als »Ausgleichswelt«[47] zu ihrer alltäglichen Ausbeutung und Diskriminierung. Fehlende Verhütungsmittel und in vielen Fällen wahrscheinlich auch mangelnde sexuelle Aufklärung zogen nicht selten ungewollte Schwangerschaften nach sich.[48]

Neben freiwilligen Beziehungen waren insbesondere weibliche Zwangsarbeiterinnen einem erhöhten Risiko ausgesetzt, Opfer sexualisierter Gewalt zu werden. Das Machtgefälle zwischen den ausländischen Frauen und deutschen Arbeitgebern, Wachmännern und Lagerführern begünstigte sexuelle Nötigung, Missbrauch und Vergewaltigungen. Daneben konnte die besondere Zwangslage der Polinnen und »Ostarbeiterinnen« von Deutschen wie auch privilegierten Zwangsarbeitern ausgenutzt werden, um Geschenke, Nahrungsmittel und Privilegien gegen sexuelle Gefälligkeiten einzutauschen. Die Frauen und Mädchen mussten ständig mit sexueller Belästigung und ungewollten Übergriffen rechnen, denen sie nahezu schutzlos ausgeliefert waren. Die ehemalige Zwangsarbeiterin Zofia Taborska erinnert sich an einen Vorfall, der sich ereignete, als sie im Alter von 14 Jahren auf einem Bauernhof in einem kleinen ostpreußischen Dorf arbeitete:

> Ende 1944 war ich bereits ein ziemlich großes Mädchen. Ich sah, dass Männer auf mich aufmerksam wurden. Abends fürchtete ich mich, auf den Hof hinauszugehen, weil aufdringliche Soldaten mich belästigten und versuchten, mich in Gespräche zu verwickeln. Einer von ihnen kam irgendwann in die Küche. […] Der Soldat erzählte mir lang und breit, er sei sehr vertraut mit Warschau, Lodz und Posen. Ich tat sehr geschäftig und lief herum, um den Eindringling schneller loszuwerden. Ich erschrak fürchterlich, als er mich packte und versuchte, mich zu küssen. Ich griff eine Schüssel mit Suppenresten vom Küchentisch, und ohne nachzudenken warf ich sie nach ihm.[49]

Nach einem erregten Wortwechsel mit der herbeigeeilten Arbeitgeberin rief ein ebenfalls anwesender Offizier, man müsse das Mädchen für ihre Widerworte erschießen. Zwar kam Taborska mit dem Leben davon, doch wurde sie von der Bäuerin geschlagen und gedemütigt. Trotz der Gefahr einer gewalttätigen Eska-

---

46 Katarzyna Woniak, Zwangswelten. Alltags- und Emotionsgeschichte polnischer »Zivilarbeiter« in Berlin 1939–1945, Paderborn 2020, S. 320.
47 Woniak, Zwangswelten, S. 320.
48 Woniak, Zwangswelten, S. 320.
49 Zofia Taborska, Miałam trzynaście lat, in: Staszyński, Przemoc, poniżenie, poniewierka, S. 610–661, hier S. 651 [aus dem Polnischen von M. B.].

lation konnte es Frauen gelingen, einer solchen Zwangslage zu entgehen, indem sie möglichst viel Aufmerksamkeit auf sich und ihre Situation zogen. Die Polin Maria Panieważ berichtet von ihrer Zeit auf einem Hof in Oberbayern, auf dem auch ein deutscher Soldat einquartiert war:

> Mit der Zeit begann er mir zuzureden, ich solle ihn nachts ins Zimmer lassen. Zunächst war ich verärgert und antwortete nicht. Aber er war weiterhin aufdringlich. Dann fing ich an, ihm zu versprechen, ich würde nachts die Tür auflassen. Jeden Morgen hielt er mir vor, ich würde lügen, und ich sagte, ich hätte es vergessen. Und so ging es zwei Wochen. Bis ich wütend wurde – lass mich in Ruhe! Ich vereinbarte mit der Bäuerin, falls ich nachts schreie, solle sie herbeieilen. Und das tat ich. Die Tür lehnte ich nur an, stellte einen Stuhl dagegen mit den Füßen nach oben, auf den Stuhl einen Eimer und auf den Eimer ein paar große Deckel. Als er öffnete, wähnte er sich schon am Ziel. Und dann fiel alles hinunter. Das ganze Haus war auf den Beinen.[50]

Diese humoristisch anmutende Episode verdeutlicht die ernste Lage, in denen sich die Arbeiterinnen befanden. Offen gegen Belästigungen vorzugehen war äußerst riskant, da mit weiteren Repressalien, Erniedrigungen und Gewalt zu rechnen war. Die Strategie, die Absichten des Täters öffentlich bloßzustellen, konnte mitunter funktionieren, da der unerlaubte Kontakt mit »fremdvölkischen« Frauen streng verboten war und empfindliche Strafen nach sich ziehen konnte. Doch auch hier bestand stets das Risiko der Eskalation und gewalttätiger Racheakte, zumal die Opfer nicht sicher sein konnten, dass unbeteiligte Deutsche ihnen tatsächlich helfen und die Tat verurteilen würden. Während diese Beispiele auf Situationen verweisen, in denen Arbeiterinnen sich Handlungsfreiräume zu eigen machen konnten, waren andere den sexuellen Übergriffen oftmals schutzlos ausgeliefert. Eine Altbäuerin aus Taufkirchen an der Trattnach erzählt von einer Polin, die im Jahr 1944 auf ihrem Hof arbeitete:

> Stanislawa und ich erwarteten zur selben Zeit ein Kind. Sie konnte weder lesen noch schreiben und war in ihrer polnischen Heimat von der Straße weg verfrachtet worden. Bevor sie zu uns kam, war sie auf einem anderen Hof im Einsatz. Als sie zu uns kam, war sie bereits im 5. Monat schwanger. Meine Frage, wer der Vater des Kindes sei, konnte sie nicht beantworten. Sie erzählte, dass rund zehn Männer, junge Burschen und Altbauern zu ihr gekommen seien und sie sich gefügig gemacht hätten.[51]

---

50 Maria Panieważ, Mój syn urodził się na robotach, in: Staszyński, Przemoc, poniżenie, poniewierka, S. 305 f. [aus dem Polnischen von M. B.].
51 Zitiert nach Kranzl-Greinecker, Die Kinder von Etzelsdorf, S. 23 f.

5.2.2 Schwangerschaft

Bis Ende des Jahres 1942 war eine Schwangerschaft für Polinnen und »Ostarbeiterinnen« eine der wenigen Möglichkeiten, in ihre Heimat zurückzukehren. Wie oben dargelegt beklagten sich die deutschen Behörden immer wieder, ausländische Arbeiterinnen würden absichtlich schwanger werden, um sich dem Arbeitseinsatz im Reich zu entziehen. Nicht selten wird diese Einschätzung zutreffend gewesen sein.[52] So erinnert sich die damals 18-jährige Polin Wladyslawa K., die im April 1941 als Landarbeiterin nach Deutschland gebracht worden war:

> Auf dem Bauernhof dort arbeitete auch ein polnischer Kriegsgefangener im Zivilarbeiterstatus. [...] Ich habe ausgerechnet, daß, wenn ich ein Kind bekomme, ich gleich wieder gehen kann und nach Polen zurückkomme. So habe ich mit Absicht dafür gesorgt. [...] Es zeigte sich, daß ich mich geirrt hatte und fast neun Monate auf der Arbeitsstelle bleiben mußte.[53]

Allerdings durfte K. Anfang des Jahres 1943 zur Entbindung in ihre Heimat fahren, im März kam ihre Tocher in Rembertów bei Warschau zur Welt.[54] Um derartige Fälle einzudämmen, sollten die Arbeitsämter und Arbeitgeber:innen die Zwangsarbeiterinnen nach dem Rückführungsstopp darüber in Kenntnis setzen, dass eine Schwangerschaft nicht länger die Rückkehr in die Heimat ermögliche. Das Arbeitsamt Heiligenstadt beispielsweise schrieb im Februar 1943 an die Betriebsführer:

> Um weitere Versuche von schwangeren ausländischen Arbeiterinnen, auf Grund ihres Zustandes einen Rücktransport in die Heimat durchzusetzen, von vorn herein zu unterbinden, bitte ich, die ausl. Arbeiterinnen darüber aufzuklären, dass Schwangerschaft kein Anlass oder Grund mehr ist, in die Heimat abtransportiert zu werden, dass vielmehr die Entbindungen im Reichsgebiet durchzuführen sind und die Mütter nach der Entbindung mit ihren Kindern an ihre Arbeitsplätze zurückkehren müssen. Ferner ist den ausl. Arbeiterinnen zu eröffnen, dass es ihnen selbst obliegt, für die Kosten der Unterhaltung und Aufziehung ihrer Kinder zu sorgen.[55]

---

52 Vgl. Stefanski, Zwangsarbeit in Leverkusen, S. 337 f.
53 Zitiert nach Tholander, Fremdarbeiter 1939 bis 1945, S. 377.
54 Ihrer einen Monat später angeordneten Rückkehr nach Deutschland widersetzte sie sich, ließ ihr Kind bei ihrer Mutter und tauchte unter. Ende 1943 wurde sie aufgegriffen und nach Friedrichshafen deportiert, wo sie bis zum Kriegsende arbeiten musste; Tholander, Fremdarbeiter 1939 bis 1945, S. 377.
55 Information des Arbeitsamtes Heiligenstadt an die Betriebsführer betr. »Rückführung schwan-

Das Leben der Zwangsarbeiterinnen und ihrer Kinder

Eine derartige Bekanntmachung konnte durchaus abschreckende Wirkung entfalten, denn eine Schwangerschaft bedeutete für Polinnen und »Ostarbeiterinnen« im Reich eine gravierende Verschärfung ihrer ohnehin widrigen Lebensumstände. Desolate Wohnverhältnisse, schwere körperliche Arbeit und unzureichende Versorgung setzten die Schwangeren und ihre ungeborenen Kinder einer hohen gesundheitlichen Gefährdung aus, eine erwünschte Folge gezielter rassistischer Diskriminierung. Laut Richtlinien des Reichsministeriums für Ernährung und Landwirtschaft konnten schwangere Frauen eine Sonderzuteilung von täglich einem halben Liter Vollmilch und 100 Gramm Nährmitteln erhalten, Polinnen und »Ostarbeiterinnen« waren von diesen Zulagen jedoch ausgeschlossen.[56] Insbesondere in den späteren Schwangerschaftsmonaten litten die betroffenen Frauen oftmals Hunger. In dem bereits zitierten Schreiben an den Bürgermeister der Stadt Kreuztal bat die Leitung des Degussa-Hiagwerks Kredenbach im September 1943 daher um zusätzliche Rationen für die im Werk beschäftigten schwangeren »Ostarbeiterinnen«:

> Ausserdem befinden sich in unserem Lager zwei Frauen, die sich nach ihren Angaben im 8. Monat der Schwangerschaft befinden. Diese Frauen klagen ebenfalls ständig über Hunger und müssten nach Ansicht des Lagerführers unbedingt eine kleine Lebensmittelzulage erhalten.[57]

Zudem sollten die Frauen laut Richtlinien des GBA bis zwei Wochen vor der Entbindung arbeiten und auch während der Schonzeiten mit »leichteren« Arbeiten beschäftigt werden. Zu der starken körperlichen Inanspruchnahme kam eine enorme psychische Belastung: Für viele junge Zwangsarbeiterinnen war es die erste Schwangerschaft, die sie nun fernab ihrer Familie und gewohnten Umgebung in einem ihnen oft feindlich gesinnten Umfeld durchstehen mussten. Auch mit der Unterstützung des Kindsvaters konnten sie nicht unbedingt rechnen, insbesondere wenn die Schwangerschaft durch eine Vergewaltigung zustande gekommen war. Dabei gab man ihnen oft unmissverständlich zu verstehen, wie unerwünscht ihre Schwangerschaft sei. Neben rassistischen Anfeindungen und Vorwürfen der absichtlichen »Unterwanderung« des deutschen Volkes hatten die Frauen vor allem Vorwürfe ihrer Arbeitgeber:innen zu ertragen, die sie für die befürchtete Einbuße der Arbeitsleistung verantwortlich machten. Die während des

---

gerer ausländischer Arbeitskräfte«, 3. Februar 1943, abgedruckt in Moczarski; Post; Weiß, Zwangsarbeit in Thüringen 1940–1945, S. 125.
56 Information des Haupternährungsamts an die Bezirksbürgermeister, Ernährungsamt, 10. November 1942, BArch, R 36/2635.
57 Schreiben der Degussa, Hiagwerk Kredenbach, an den Amtsbürgermeister Kreuztal betr. »Ostarbeiterverpflegung«, 13. September 1943, BArch, R 36/2620.

Kriegs in der Landwirtschaft eingesetzte Polin Maria Ponieważ, die im Jahr 1943 ein Kind von ihrem späteren Mann, einem polnischen Kriegsgefangenen, erwartete, berichtet von harter Arbeit und Schikanen vonseiten ihrer Arbeitgeberin:

> Das Schicksal wollte, dass ich schwanger wurde. Wie ich gelitten habe! Im Herbst begannen sie mich besonders zur Arbeit zu jagen. Zuvor brachte ich den Mist der Hälfte der Kühe aus, jetzt aus dem ganzen Stall, Milchkannen mit 30 Litern musste ich zum Wagen bringen und ausliefern. Im November 1943 war die Dreschanlage den ganzen Monat in Betrieb und ich stand dabei. Ich war damals im siebten Monat. Mich verließen derart die Kräfte, dass ich schließlich krank wurde. Ich ging zum Arzt, es stellte sich heraus, dass ich überlastet war. Als ich nach Hause zurückkehrte, sah ich, dass nur Federn im Bett waren. Die Bäuerin hatte das Bettzeug weggenommen, weil sie dachte, die Geburt stünde schon an und damit ich mich und das Kind nirgendwo hinlegen könne. Sie sagte immer, ich würde auf dem Mist gebären.[58]

Auch die ehemalige »Ostarbeiterin« Nadeschda Be. die gemeinsam mit ihrem Mann Aleksei in der Döhrener Wollwäscherei und -kämmerei arbeiten musste und in der unmittelbaren Nachkriegszeit einen Bericht über ihre Erlebnisse verfasste, litt während ihrer Schwangerschaft sehr unter der harten Arbeit:

> Als ich im achten Monat der Schwangerschaft war, fiel mir die Arbeit sehr schwer. Ich musste Säcke mit Kartoffeln oder mit faulem Kraut schleppen, um 5 Uhr früh aufstehen, anderthalb Kilometer zu Fuß gehen und bis 5 Uhr abends arbeiten. Ich komme nach Hause und weine, weine. »Aleksy, es ist mir sehr schwer.« »Nichts Nadia, musst ausharren.« Das ganze Jahr hindurch blutete mir die Nase. Dreimal während der Schwangerschaft operierte man mich an der Nase. Beurlaubt haben sie mich trotzdem nicht. Einmal hat mich Renken gefragt: »Wie viel Zeit ist es noch zur Entbindung?« Ich antwortete: »Nur noch eine Woche«, und in Wirklichkeit waren es noch vier Wochen. »Wenn es nur noch eine Woche ist, dann kannst Du nicht zur Arbeit gehen. Sonst wirst Du noch in der Küche gebären.« Er hat nachher sehr geschimpft, aber ich habe das nicht beachtet.[59]

---

58 Maria Ponieważ, Mój syn urodził się na robotach, in: Staszyński, Przemoc, poniżenie, poniewierka, S. 300–306, hier S. 303 [aus dem Polnischen von M. B.]. Vgl. den Bericht des Gesandtschaftsrats Starke vom 16. August 1943, laut dem Ostarbeiterinnen gezwungen wurden, auf den bloßen Stahlfedern der Betten liegend zu entbinden; 2.2.0.1/82388682-82388702/ITS Digital Archive, Bad Arolsen.
59 Bericht von Nadeschda Be., zitiert nach Anschütz; Fischer; Heike; Wächtler, Gräber ohne Namen, S. 70.

Unter diesen Umständen versuchten einige schwangere Frauen ihren Zustand möglichst lange geheim zu halten. Die ehemalige ukrainische Zwangsarbeiterin Jelisaveta G. erinnert sich: »Ich habe niemandem im Lager erzählt, dass ich schwanger bin. Ich wusste ja, dass niemand mir helfen würde. Ich habe immer versucht, im Lager nicht aufzufallen.«[60] Schlimmstenfalls mussten schwangere Zwangsarbeiterinnen neben harter Arbeit, Hunger, Anfeindungen und gezielten Demütigungen sogar gewalttätige Übergriffe befürchten. Von einem solchen Vorfall erfuhr die polnische Landarbeiterin Weronika Wolska bei einem Spaziergang über einen alten Friedhof nahe ihres Einsatzorts:

> Aber auf diesem Friedhof gab es auch ein frisches Grab. Ich fragte die Frau, die dort Aufsicht hatte, wem es gehört. Sie erzählte mir, dass im Nachbardorf bei einem Bauern eine junge Polin arbeitete, 17 Jahre war sie alt. Dieser Bauer hatte ein Verhältnis mit ihr, und sie wurde schwanger. [...] Das Mädchen fragte den Bauern, was aus ihr werde, und bat ihn, er solle sich dafür einsetzen, dass sie nach Polen zurückkehren könne. Da schnappte sich der Bauer eine Mistgabel und tötete sie. Und dann ließ er den Stier los, um einen Unfall vorzutäuschen.[61]

Schließlich stellte die Schwangerschaft für einige Zwangsarbeiterinnen in ihrer Lebenssituation eine derart unerträgliche Belastung dar, dass sie keinen anderen Ausweg sahen als den Suizid. So schildert Katarzyna Woniak zwei Fälle, in denen schwangere Polinnen sich selbst das Leben nahmen.[62]

5.2.3 Abtreibung

In den Erlassen zu Schwangerschaftsabbrüchen bei Polinnen und »Ostarbeiterinnen« hieß es stets, eine Schwangerschaft könne »auf Wunsch der Schwangeren«, also freiwillig und mit ausdrücklicher Zustimmung der Frauen, abgebrochen werden. In Anbetracht vielschichtiger struktureller Zwänge ist allerdings zweifelhaft, ob bei einem solchen »Wunsch« von Freiwilligkeit gesprochen werden kann. Die Arbeiterinnen befanden sich von vornherein nicht freiwillig im Reich, ihre gesamte Lebenssituation war von Zwang bestimmt. Eine Schwangerschaft ging für die betroffenen Zwangsarbeiterinnen, wie oben bereits ausgeführt, mit einer

---

60 Zeitzeuginnenbericht von Jelisaveta G. im Rahmen des LVR-Projekts »Riss durchs Leben«, online einsehbar unter: https://riss-durchs-leben.lvr.de/de/zeitzeuginnen/jelisavetag/jelisavetag.html [Stand: 12. Juli 2022].
61 Weronika Wolska, Nigdy więcej!, in: Staszyński, Przemoc, poniżenie, poniewierka, S. 405–416, hier S. 416 [aus dem Polnischen von M. B.].
62 Woniak, Zwangswelten, S. 320–322.

weiteren Verschlechterung ihrer trostlosen Lebensumstände, einer enormen psychischen Belastung und kaum einzuschätzenden gesundheitlichen Risiken einher. Vertrauen in die medizinische Versorgung durch die Deutschen gab es berechtigterweise kaum, die Furcht vor einer Entbindung im Lager oder in einem Entbindungsheim für Ausländerinnen war groß. Bei alledem mussten die Frauen damit rechnen, dass ihnen das Kind nach der Geburt ohnehin gewaltsam abgenommen und einem ungewissen Schicksal zugeführt würde. Viele von ihnen hatten Berichte über die fürchterlichen Zustände in den »Ausländerkinder-Pflegestätten« gehört, ebenso sprachen sich Gerüchte über die gezielte Ermordung ausländischer Kinder schnell unter den Arbeiter:innen herum. Abgesehen davon musste eine uneheliche Mutter nach dem Krieg mit gesellschaftlicher Ächtung in ihrer Heimat rechnen, die sowohl ihr eigenes als auch das Leben ihres in Deutschland geborenen Kindes erschweren würde.[63]

Die Ärzt:innen in den Gesundheits- und Arbeitsämtern, in den Betrieben und Lagern legten den schwangeren Arbeiterinnen den Schwangerschaftsabbruch nahe, die Arbeitgeber:innen, Ortsbauernführer, Bürgermeister, Lagerführer und Wachmänner sowie gegebenenfalls die Polizei oder die Gestapo übten mitunter erheblichen Druck in diese Richtung aus.[64] Zwar waren in den einschlägigen Erlassen und Anweisungen offiziell keine Zwangsmaßnahmen vorgesehen. An der grundsätzlichen Intention, die Geburt möglichst vieler »rassisch unerwünschter« Kinder mit allen zur Verfügung stehenden Mitteln zu verhindern, konnte allerdings kein Zweifel bestehen. Die Sicherheitsbehörden des Regimes erhielten dementsprechend indirekte Aufforderungen, in diese Richtung auf die Schwangeren einzuwirken. So wies der SS-Abschnittsführer Koblenz die SD-Außenstellen im Februar 1944 an:

> Es wird bekannt sein, daß rassisch minderwertiger Nachwuchs von Ostarbeiterinnen und Polinnen möglichst unterbunden werden soll. Obwohl Schwangerschaftsunterbrechungen nur auf freiwilliger Basis vorgenommen werden sollen, sind diese in jedem Falle doch zu forcieren.[65]

---

63 Siehe dazu die Zeitzeuginnenberichte von Alina M., Magdalina H. und Ljubov Z. im Rahmen des LVR-Projekts »Riss durchs Leben«, online einsehbar unter: https://riss-durchs-leben.lvr.de/de/zeitzeuginnen/uebersicht.html [Stand: 12. Juli 2022].

64 Hamann, Die Morde an polnischen und sowjetischen Zwangsarbeitern in deutschen Anstalten, S. 131 f.; Reiter, Unerwünschter Nachwuchs, S. 228 f.; Vögel, »Entbindungsheim für Ostarbeiterinnen«, S. 42–44.

65 Schreiben des Führers des SS-Abschnitts Koblenz an alle SD-(Haupt)-Außenstellen betr. »Schwangerschaft von Ostarbeiterinnen«, 18. Februar 1944, auszugsweise abgedruckt in Kiryl Sosnowski, The tragedy of children under Nazi rule, New York 1983, S. 432.

Aufgrund des Abhängigkeitsverhältnisses der Arbeiterinnen stand zu diesem Zweck eine ganze Reihe von Maßnahmen zur Verfügung, die von der Kürzung der Verpflegung über die zeitweilige Inhaftierung, die Trennung von den Anghörigen bis hin zur Gewaltanwendung reichten. Auf diese Weise wurden die Frauen überredet, gedrängt und genötigt, Anträge auf »Schwangerschaftsunterbrechung« zu unterzeichnen, die sie aufgrund mangelnder Deutschkenntnisse mitunter überhaupt nicht verstehen konnten. Die in der Nähe von Heidenheim eingesetzte Polin Anastasia R. war bereits im siebten Monat schwanger, als der oberste Wachmann ihres Lagers sie zum Schwangerschaftsabbruch drängte. Nach Kriegsende sagte sie vor einem Vertreter der UNRRA aus:

> Weinend bat ich Th., mich nicht zu einer Abtreibung zu zwingen, weil es gefährlich sei und ich Angst hätte zu sterben. Darauf antwortete Th., wenn ich nicht freiwillig ginge, würde ich von meinem Mann getrennt werden. Ich würde dahin geschickt, und er dorthin. Daß das Kind mir zur Last fallen würde und daß das Kind weder Wäsche noch das nötige Essen bekäme. Das geschah im Wachraum der Firma. Da zwang mich Th. auch, ein Dokument in deutscher Sprache zu unterschreiben. Er sagte mir, dieses Dokument enthalte meine Einwilligung zu der Abtreibung. Zuerst weigerte ich mich, aber weil ich Angst vor der Betriebspolizei hatte, die den kleinsten Ungehorsam mit Schlägen bestrafte, und davor, daß ich, wie Th. mir androhte, von meinem Mann getrennt werden könnte, unterschrieb ich schließlich das Dokument, unter Tränen und Protesten.[66]

Trotz all dieser Zwänge verweigerten viele Arbeiterinnen ihre Zustimmung, ohne die eine Abtreibung nicht durchgeführt werden konnte. Wenn auch Druck und Nötigung die vermeintliche Freiwilligkeit ad absurdum führten, so nahmen die deutschen Behörden es mit den formalen Vorgaben durchaus ernst. Der Amtsvorsteher von Cismar in Schleswig-Holstein beispielsweise beantragte beim Gesundheitsamt Oldenburg zwei Schwangerschaftsabbrüche bei einer Polin und einer »Ostarbeiterin«.[67] Das Gesundheitsamt wies ihn indes darauf hin, die betreffenden Frauen müssten selbst beim Arzt einen Antrag stellen. Die Namen der Frauen werden in späteren Abtreibungsmeldungen nicht genannt, möglicher-

---

66 Zitiert nach Alfred Hoffmann; Dagmar Hoffmann, Drei Schritt vom Leib. Ausländische Kriegsgefangene in Heidenheim 1939–1945, Heidenheim 1995, S. 151 f. Frau R. wurde anschließend unter strenger Bewachung in das Durchgangslager Bietigheim gebracht, in der ein russischer Arzt die Abtreibung vornahm. Nach fünf Wochen Arbeitsunfähigkeit musste sie zu ihrem Arbeitgeber zurückkehren. Zum Zeitpunkt ihrer Aussage litt sie noch immer unter den Spätfolgen des Eingriffs, ein Arzt bescheinigte ihr 30 Prozent Erwerbsminderung.
67 Lehmann, »... stärkste Befürchtungen, dass das Kind doch der Allgemeinheit zur Last fällt«, S. 215.

weise hatten sie ihre Zustimmung verweigert. Wie viele Frauen sich erfolgreich einem ungewollten Eingriff widersetzten und welche Repressalien sie dafür über sich ergehen lassen mussten, ist nicht bekannt. Die Gutachterstelle der Hamburger Ärztekammer wies von 633 Abtreibungsanträgen lediglich einen einzelnen mit der Begründung ab, die betreffende Russin habe den Eingriff abgelehnt.[68] Bei der Gutachterstelle der Ärztekammer in Oberfranken verweigerten 18 Frauen (bei 637 Anträgen) erfolgreich den Schwangerschaftsabbruch.[69] Wie viele Anträge gar nicht erst eingereicht werden konnten, weil die Frauen ihre Unterschrift nicht leisteten, lässt sich nicht mehr feststellen.

Selbst wenn die schriftliche Einwilligung vorlag und der Antrag genehmigt war, konnte es gelingen, einen ungewollten Eingriff noch abzuwenden. Aufgrund fehlender ärztlicher Instrumente und einer großen Zahl zur Abtreibung eintreffender »Ostarbeiterinnen« konnten im Krankensammellager Pfaffenwald nicht alle Eingriffe zeitnah vorgenommen werden. Da sich die Arbeiterinnen ansonsten wochenlang »unnütz« im Lager hätten aufhalten müssen, wie das Gauarbeitsamt Rhein-Main den Arbeitsämtern im Mai 1944 mitteilte, vergab der russische Lagerarzt Termine und schickte die Frauen vorerst zurück:

Dieser durch den russischen Arzt veranlaßten Lenkung der Schwangerschaftsunterbrechung wurde jedoch in den wenigsten Fällen Rechnung getragen, so dass anzunehmen ist, dass die betreffenden Frauen den Wiedereinberufungsbescheid vernichtet haben und anscheinend gewillt sind, entgegen ihrer früheren Bereitwilligkeit zur Durchführung der Unterbrechung, nunmehr das zu erwartende Kind bis zur Entbindung auszutragen.[70]

Wahrscheinlich wollten viele dieser Frauen ihr Kind von vornherein behalten, waren aber zur Unterzeichnung des Antrags genötigt worden. Der Aufschub im Krankensammellager gab ihnen die Möglichkeit, den Wiedereinberufungsbescheid zu verheimlichen und sich so dem Eingriff zu entziehen, ohne es auf eine direkte Konfrontation ankommen zu lassen. Andere hatten möglicherweise dem Antrag zunächst freiwillig zugestimmt, waren aber geschockt von den desaströsen Zuständen im Lager und überlegten es sich anders. Vermehrt kam es zu Fällen, in denen sich Arbeiterinnen nach der Ankunft im Lager trotz unterschriebener Einverständniserklärung weigerten, den Eingriff durchführen zu lassen. Der Ärzt-

---

68 Garn, Zwangsabtreibung und Abtreibungsverbot, S. 39.
69 Hamann, »Erwünscht und unerwünscht«, S. 171.
70 Schreiben des Präsidenten des Gauarbeitsamts Rhein-Main an die Arbeitsämter in den Bezirken Rhein-Main und Kurhessen, 24. Mai 1944, abgedruckt bei Hohlmann, Pfaffenwald, S. 92 f.

liche Dienst des Arbeitsamts Wiesbaden fragte daher Mitte des Jahres 1944 beim RuS-Führer an, ob unter diesen Umständen Zwangsmaßnahmen zulässig seien:

> In letzter Zeit mehren sich die Fälle in denen Ostarbeiterinnen bzw. Polinnen die Schwangerschaftsunterbrechung hier beantragt haben und nachdem mir die erforderlichen Genehmigungen zur Durchführung vorliegen sich weigern, die Unterbrechung vornehmen zu lassen. So z. B. hatte ich am 18. 4. 44 7 Ostarbeiterinnen und 1 Polin zur Schwangerschaftsunterbrechung dem Lager Pfaffenwald, Kreis Hersfeld, zugeführt und weigerten sich sämtliche Ausländerinnen die Unterbrechung durchführen zu lassen. Diese mußten deshalb nach 2 Tagen wieder zu ihrem Betriebsführer in Marsch gesetzt werden. Ich habe die Ausländerinnen daraufhin nochmals vorgeladen und halten diese ihre Weigerung weiterhin aufrecht. Obwohl mir in jedem Falle die Einwilligung zur Unterbrechung, durch diese Ausländerinnen unterschrieben vorliegen, sehe ich keine Möglichkeit, dieselben zur Unterbrechung zu zwingen. Da eine grundsätzliche Anordnung des Herrn GBA, wie in solchen Fällen zu verfahren ist, nicht vorliegt, bitte ich um Mitteilung, ob Ihnen ggf. Anordnungen bekannt sind, wonach solche Ausländerinnen zur Unterbrechung gezwungen werden können.[71]

Der Mitarbeiter des Arbeitsamts hoffte offenbar im Dickicht der Erlasse und Verordnungen auf eine Möglichkeit zu stoßen, die Frauen doch irgendwie zum Abbruch zwingen zu können. Anfang August erhielt das Arbeitsamt Rückmeldung vom RuS-Führer, der die Einschaltung der Gestapo empfahl:

> Zwangsmaßnahmen, die Schwangerschaftsunterbrechung durchführen zu lassen, sind nicht vorgesehen. In Fällen, in denen die Antragstellerinnen es offenbar darauf absehen, Unruhe zu stiften, Dienststellen zu belasten und der ordentlichen Erledigung ihrer Angelegenheit aus dem Wege zu gehen, dürfte die Einschaltung der Geheimen Staatspolizei geboten sein, damit eine Wiederholung solcher Dinge unter allen Umständen vorgebeugt wird.[72]

Dabei oblag selbstverständlich den deutschen Behörden die Entscheidung, in welchen Fällen die Frauen es angeblich nur auf Unruhestiftung absehen würden. In dieser Hinsicht nicht von Zwangsmaßnahmen zu sprechen wäre zynisch und

---

71 Schreiben des Arbeitsamts Wiesbaden, Ärztlicher Dienst, an den HSSPF Rhein-Westmark, SS-Führer im RuS-Wesen, 24. Juni 1944, zitiert nach Hamann, Die Morde an polnischen und sowjetischen Zwangsarbeitern in deutschen Anstalten, S. 132.
72 Schreiben des HSSPF Rhein-Westmark, Fürsorgekommando, Rasse- und Siedlungswesen, an das Arbeitsamt Wiesbaden, Ärztlicher Dienst, 1. August 1944, zitiert nach Kersandt, Polnische und sowjetische Zwangsarbeiterinnen und ihre Kinder, S. 235.

bestätigt ein weiteres Mal, dass die vermeintliche Freiwilligkeit ausschließlich der Wahrung des Scheins diente. Sich offen gegen den überwältigenden Druck zu wehren war überaus schwierig und, wie obiges Zitat deutlich macht, zunehmend gefährlich. Im Folgenden werden verschiedene Strategien thematisiert, mit deren Hilfe betroffene Frauen sich dieser Zwangssituation zu entziehen versuchten. Ein sichererer Weg bestand darin, eine Schwangerschaft möglichst lange zu verheimlichen, bis es für eine Abtreibung zu spät war. Im Lager der Konservenfabrik C. H. Daubert in Braunschweig zwangen Lagerleitung und Wachdienst laut Zeuginnenaussagen mehrere polnische Zwangsarbeiterinnen zur Abtreibung.[73] Die Polin Aniela S. konnte sich dem jedoch entziehen, wie sie nach dem Krieg schilderte:

> Es ist mir bekannt, daß Frau J. die schwangeren Mädchen zum Schwangerschaftsabbruch gezwungen hat, zu diesem Zweck gab sie ihnen einen Einweisungsschein an einen Arzt. U. a. hat sie die Frauen Maria B., Wanda P., Stefania P. und viele andere, an deren Namen ich mich nicht mehr erinnere, zum Schwangerschaftsabbruch gezwungen. Ich selbst konnte meine Schwangerschaft vor Frau J. bis zum 7. Monat geheimhalten und nur deswegen konnte ich mein Kind zur Welt bringen.[74]

Eine weitere Chance zur Verhinderung einer ungewollten Abtreibung bot sich, wenn die zuständige Gutachterstelle eine Rassenuntersuchung anordnete. Gelang es, das ohnehin langwierige Verfahren durch passiven Widerstand weiter zu verzögern, war es gegebenenfalls zu spät für einen Abbruch. So heißt es beispielsweise in einem Bescheid des RuS-Führers im SS-Oberabschnitt Südost vom 20. November 1944:

> Die Überprüfung der Umseitiggenannten konnte nicht durchgeführt werden, da dieselbe trotz wiederholter weiterer Vorladungen nicht erschienen ist. Inzwischen dürfte eine Schwangerschaftsunterbrechung unmöglich sein.[75]

Konnten sich die Frauen der Vorladung nicht entziehen, gab es noch während der Untersuchung die Möglichkeit, das Verfahren zu behindern. Bei einer rassischen Überprüfung untersuchten die Rasseexperten üblicherweise beide Elternteile des

---

73 Vögel, »Entbindungsheim für Ostarbeiterinnen«, S. 44.
74 Aussage von Aniela S. vor der PWCM, 3. August 1945, zitiert nach Vögel, »Entbindungsheim für Ostarbeiterinnen«, S. 43 f. Die Tochter von Aniela S. starb Anfang des Jahres 1945 im Braunschweiger Entbindungsheim.
75 Schreiben des HSSPF Südost, SS-Führer im RuS-Wesen, an den Reichskommissar für die Festigung deutschen Volkstums, Kattowitz, 20. November 1944, 2.2.0.1/82389004/ITS Digital Archive, Bad Arolsen.

zu erwartenden Kindes, bevor sie ihr Urteil fällten. Möglicherweise machte sich die 24-jährige »Ostarbeiterin« Maria J. diesen Umstand zunutze, wie folgender Ablehnungsbescheid der Gutachterstelle des RKF in Kattowitz vom 29. November 1944 zeigt:

> Da der Kindesvater ein Deutscher ist, könnte die Genehmigung zur Unterbrechung der Schwangerschaft nur nach vorheriger Überprüfung durch den Reichskommissar für die Festigung deutschen Volkstums von hier aus erfolgen. Da aber die Ostarbeiterin die Angabe des Namens des Kindesvaters verweigert, ist eine Überprüfung nicht möglich. Die Unterbrechung der Schwangerschaft muss aus diesem Grunde abgelehnt werden.[76]

Ob Maria J. in der Hoffnung handelte, auf diese Weise eine Ablehnung des Antrags zu erwirken, oder ob sie den Vater vor einer möglichen Bestrafung wegen verbotenen Geschlechtsverkehrs in Schutz nehmen wollte, ist ungewiss.[77] Möglicherweise hatte sie auch nur vorgegeben, der Vater sei ein Deutscher, um ihr Kind zu schützen. Solch offensichtlich widerständiges Verhalten war jedenfalls riskant und konnte unter anderem mit einer Einweisung in ein sogenanntes Arbeitserziehungslager[78] geahndet werden. Eine etwas sicherere Strategie konnte es sein, Unwissen vorzutäuschen. Eine Erfolgsgarantie gab es jedoch nicht, denn letztendlich lag es im Ermessen der Rasseexperten, ob auch ohne die Untersuchung des Erzeugers der Abbruch in die Wege geleitet werden durfte. Ein Beispiel dafür ist die in einem Außenlager des KZ Auschwitz lebende »Ostarbeiterin« Alexandra N., in deren Fall der Eignungsprüfer des RuS-Führers in Oberschlesien Ende September 1944 entschied:

> Die Obengenannte wurde einer rassischen Überprüfung unterzogen und mit RuS III, nicht erwünschter Bevölkerungszuwachs, beurteilt. Eine Überprüfung des Erzeugers ihres zu erwartenden Kindes kann nicht erfolgen, da seine Anschrift der Obengenannten unbekannt ist. Der Unterbrechung der Schwangerschaft bei der Genannten wird seitens der hiesigen Dienststelle zugestimmt.[79]

---

76 Schreiben des Reichskommissars für die Festigung deutschen Volkstums, Kattowitz, Gutachterstelle, an den Leiter des Ausrüstungslagers des Zollgrenzschutzes Kattowitz, 29. November 1944, BArch, R 49/3433, Bl. 57.
77 Vgl. Tholander, Fremdarbeiter 1939 bis 1945, S. 400.
78 Die Insass:innen solcher Lager wurden durch Hungerrationen, Schwerstarbeit, Drill und Prügelstrafen gefoltert und innerhalb weniger Wochen physisch sowie psychisch gebrochen; Cord Pagenstecher, Arbeitserziehungslager, in: Arbeitserziehungslager, Ghettos, Jugendschutzlager, Polizeihaftlager, Sonderlager, Zigeunerlager, Zwangsarbeiterlager, hg. von Wolfgang Benz, Barbara Distel und Angelika Königseder, München 2009, S. 75–99.
79 Schreiben des HSSPF Südost, RuS-Führer Oberschlesien, an den Gauleiter und Ober-

Es bestand aber auch die Möglichkeit, dass der Eignungsprüfer den Eingriff infolge der rassischen Untersuchung nicht gestattete. Die 23-jährige, im Kreis Lauenburg eingesetzte »Ostarbeiterin« Raja H. beispielsweise zeugte im Jahr 1944 ein Kind mit einem zwei Jahre jüngeren deutschen Schuhmacher.[80] Die unerlaubte Beziehung wurde entdeckt und beide von der Gestapo Lübeck verhaftet. Während der Vater des Kindes ins Konzentrationslager Sachsenhausen kam, wurde Raja H. im Genehmigungsverfahren als »wiedereindeutschungsfähig« eingestuft und unter der Auflage freigelassen, den Vater des Kindes nach seiner Haftentlassung zu heiraten.

Andererseits bedeutete ein positiver Bescheid für diejenigen Frauen, die tatsächlich einen Abbruch der Schwangerschaft wünschten, dass ihnen dieser verwehrt wurde. Die verzweifelte Situation betroffener »Ostarbeiterinnen« illustriert der tragische Fall der Ukrainerin Domka M., die im Juli 1943 ihren wenige Tage alten Sohn vergiftete.[81] Nach ihrer Verhaftung gab sie an, der Kindsvater habe sie verlassen und sie habe sich vor sozialer Ächtung in ihrer Heimat gefürchtet. Außerdem habe ihre Arbeitgeberin ihr verboten, mit dem Kind an ihren Arbeitsplatz zurückzukehren. Der gerichtsmedizinische Gutachter führte weiter aus:

> Darüber habe sie sich sehr gegrämt und sie hätte auch nicht gewußt, wo sie mit ihrem Kind hin sollte. [...] In dem Saal, in dem sie lag hätten ihr Kameradinnen erzählt, dass bei den Ostarbeiterinnen die Abtreibung erlaubt sei. Der Arzt dürfe auch die Kinder der Ostarbeiterinnen töten. Es sei ferner erzählt, dass in Deutschland die Kinder von Polinnen mit einer Spritze getötet würden. Als dann auch die Bäuerin sie gefragt habe, warum das Kind nicht tot sei, habe sie und zwar schon am Montag, 2 Tage vor der Tat, den Entschluß gefasst, ihr Kind zu töten. Erst habe sie sich überlegt, dass sie selbst auch sterben wollte, dann hätten ihr aber die anderen Frauen auch gesagt, sie solle doch ihr Kind allein töten.[82]

Domka M. wurde wegen Kindstötung zu einem Jahr und sechs Monaten Haft verurteilt und kehrte nach ihrer Entlassung kurz vor Kriegsende an ihre alte Arbeitsstelle zurück. Derartige Verzweiflungstaten[83] verdeutlichen den extre-

präsidenten als Beauftragten des RFSS, Reichskommissar für die Festigung deutschen Volkstums, 29. September 1944, BArch, R 49/3433, Bl. 37.
80 Lehmann, »... stärkste Befürchtungen, dass das Kind doch der Allgemeinheit zur Last fällt«, S. 219 f.
81 Lehmann, »... stärkste Befürchtungen, dass das Kind doch der Allgemeinheit zur Last fällt«, S. 216–218.
82 Gerichtsmedizinisches Gutachten durch Prof. H., 21. September 1943, zitiert nach Lehmann, »... stärkste Befürchtungen, dass das Kind doch der Allgemeinheit zur Last fällt«, S. 217.
83 Vgl. den Fall einer 18-jährigen, in der Nähe von Kiel eingesetzten »Ostarbeiterin«, die im

men Leidensdruck, dem sich viele schwangere ausländische Arbeiterinnen ausgesetzt sahen. Nicht wenige Frauen werden sich daher freiwillig dazu entschlossen haben, die Möglichkeit des Schwangerschaftsabbruchs wahrzunehmen. Aus obigem Beispiel geht zudem hervor, dass sich die Freigabe der Abtreibung unter den »Ostarbeiterinnen« in Schleswig-Holstein offenbar rasch herumgesprochen hatte – Contis Erlass war immerhin erst wenige Monate zuvor ausgegeben worden. Demgegenüber beklagte sich der Regierungspräsident in Lüneburg noch Anfang Dezember 1943 beim Innenministerium, es sei weder den Arbeiterinnen selbst noch den Ärzten und Hebammen hinreichend bekannt, dass Abtreibungen bei »Ostarbeiterinnen« erlaubt seien.[84] Entweder hatte der Regierungspräsident kein Bild vom eigentlichen Wissensstand unter den Zwangsarbeiterinnen, oder bei der Informationsweitergabe unter den Zwangsarbeiterinnen gab es regionale Unterschiede.

Die damals allgemein gebräuchliche Methode zur Abtreibung in den ersten Schwangerschaftsmonaten war die Kürettage (Ausschabung). Dazu wurde der Muttermund mit Hilfe von Hegarstiften (Metallstifte verschiedener Größe) oder Laminariastiften (stark aufquellender Stängel einer Alge) geweitet und die Gebärmutter mit einer Kürette sorgfältig ausgekratzt. Ein solcher Eingriff war vergleichsweise schnell, einfach und ungefährlich, die Patientinnen konnten meist bereits nach wenigen Tagen entlassen werden.[85] Spätere Schwangerschaftsabbrüche hingegen waren wesentlich komplizierter und risikoreicher. Die Größe des Fötus machte es spätestens ab dem vierten Schwangerschaftsmonat nötig, den Gebärmutterhalskanal mitunter über mehrere Tage mit einem unter Zug stehenden, kegelförmigen Gummiballon zu erweitern (Metreuryse). Die Schwangerschaft konnte dann mit Hilfe einer Abortzange ausgeräumt werden, wobei der Fötus oftmals zerriss oder gezielt zerstückelt werden musste. Durch eine anschließende Kürettage wurden zurückbleibende Teile des Fötus und sonstige Gewebereste entfernt.

Bei einer Spätabtreibung in den letzten Schwangerschaftsmonaten leiteten die Ärzt:innen durch verschiedene Methoden eine Frühgeburt ein, bei der die Kinder mitunter lebend zur Welt kamen. So sagte die Russin Maria J. im Oktober 1945 vor dem Rechtsvertreter der UNRRA aus, sie sei im achten Monat ihrer Schwangerschaft zur Abtreibung in das Durchgangslager Bietigheim gebracht worden. Ihr Kind habe nach dem Eingriff noch einige Tage gelebt und sei dann vom rus-

---

Oktober 1944 ihr Neugeborenes tötete: Lehmann, »... stärkste Befürchtungen, dass das Kind doch der Allgemeinheit zur Last fällt«, S. 217.

84 Schreiben des Regierungspräsidenten in Lüneburg an den Reichsminister des Innern betr. »Schwangerschaftsunterbrechung bei Polinnen und Ostarbeiterinnen«, 5. Dezember 1943, NLA HA, Hann. 180 Lüneburg Acc. 3/005 Nr. 120 I.
85 Frobenius, Abtreibungen bei »Ostarbeiterinnen« in Erlangen, S. 296.

sischen Lagerarzt durch eine Giftinjektion getötet worden. Da Maria J. während der Tat nicht anwesend war und auch sonst keine Zeugnisse über die gezielte Vergiftung von Neugeborenen in Bietigheim vorliegen, könnte es auch sein, dass das Kind infolge der eingeleiteten Frühgeburt starb.[86] Unabhängig davon war die Ermordung der ausländischen Kinder von vornherein geplant gewesen, wie der Generalvikar im Bistum Passau am 27. Januar 1944 nach einer Unterredung mit der Oberin des Krankenhauses Hutthurm feststellte:

> Im dritten Fall hat Dr. Clarenz insofern auf die Bedenken der Schwestern Rücksicht genommen, als er die bereits 7 Monate alte Leibesfrucht nicht, wie er vorhatte, im Mutterleib zerstückelte, sondern im ganzen herausbrachte. Das Kind lebte noch etwa eine halbe Stunde und konnte daher notgetauft werden. Es war selbstverständlich auch in diesem Fall von Anfang an die Tötung des Fötus beabsichtigt.[87]

Aus ärztlicher Sicht gestalteten sich vor allem Eingriffe vom vierten bis zum sechsten Monat als schwierig, vielen Medizinern fehlten dafür die nötige Fachkenntnis und Erfahrung. Der im Krankensammellager Großsachsenheim eingesetzte jüdische Arzt Dr. Levis habe, wie er im April 1944 dem Direktor der Universitätsfrauenklinik Tübingen schrieb, Abbrüche im fünften und sechsten Monat im Einverständnis mit dem Amtsarzt des Stuttgarter Gauarbeitsamts bislang aus »rein technischen Gründen« abgelehnt.[88] Aufgrund von Beschwerden der zuständigen Gutachterstellen müsse nun jedoch jeder verlangte Eingriff durchgeführt werden, sofern der siebte Schwangerschaftsmonat noch nicht überschritten sei. Dr. Levis bat daher den Tübinger Klinikdirektor um fachlichen Rat:

> Wir haben nun hier (es ist noch eine russische Ärztin da und vorübergehend auch ein russ. Arzt) die Aborte so durchgeführt, dass wir bis zum 3 1/2 Monat, äussersten 4. Monat, nach Dilatation mit Hegarstiften oder Laminaria mit der Abortzange ausräumten und auch gleich kürettierten; es ging immer bisher gut und die Frauen sind nach 8–10 Tagen wieder einsatzfähig. Schwierigkeiten machen mir aber wie gesagt die 4., 5. und 6. Monate. Sprengt man die Blase, bekommt man Temperatur, und weiss nie wie lange, da die Abstossung der Frucht trotz Chinin und Wehenmittel auf sich warten lässt. Meist bleibt noch die Pla-

---

86 Vgl. Sämann, Das Durchgangslager in Bietigheim, S. 143; Hoffmann; Hoffmann, Drei Schritt vom Leib, S. 153.
87 Zitiert nach Rosmus, Wintergrün, S. 13.
88 Schreiben des Lagerarztes im Krankensammellager Großsachsenheim, Dr. Levi, an den Direktor der Universitätsfrauenklinik Tübingen, Prof. Dr. Mayer, 23. April 1944, zitiert nach Sämann, Das Durchgangslager in Bietigheim, S. 202.

centa zurück und dann ist die Ausräumung und Kürettage nicht ganz ungefährlich. Ein Krankenhauschef der Gegend sagt mir nun, dass er Frühgeburten im 8. und 9. Monat (bei klinischer Indikation) so einleitet, dass er den Magenschlauch zwischen Uteruswand und Eiblase einführt, meistens mit dem Erfolg guter Wehen. Im 5. und 6. Monat spricht aber, wie ich jetzt in einigen Fällen erlebt habe, der Uterus nicht an. Ich komme nun mit der grossen Bitte zu Herrn Professor, ob Sie mir, sofern es Ihre Zeit erlaubt, einen Rat geben können, wie die Aborte dieser Monate am besten und schnellsten (wegen der immer angespannten Platzfrage) durchzuführen sind.[89]

Schwangerschaftsabbrüche durch Ausräumung der Gebärmutter waren ab dem vierten Monat für die Patientinnen besonders gefährlich und gingen mit einer vergleichsweise hohen Sterblichkeit von fünf bis zehn Prozent einher. Nachdem es in der Erlangener Frauenklinik bei den ersten 32 Eingriffen mehrfach zu Komplikationen sowie zu einem Todesfall gekommen war, beauftragte der Klinikdirektor einen Facharzt mit der Etablierung einer zuverlässigeren Methode.[90] In der Folge wurde mit Hilfe eines Katheters Euxyl-Seifenlösung zwischen Gebärmutterwand und die den Fötus umgebende Eihaut gespritzt, was sich den Angaben der Ärzt:innen zufolge als sehr effektiv erwies. Die gewebezerstörende Wirkung der Lösung führte zum rapiden Einsetzen der Wehen und zur Ausstoßung des Fötus und der Plazenta. Diese Methode fand damals häufig auch bei illegalen Abbrüchen und Selbstabtreibungen Verwendung und zog nicht selten schwere Komplikationen nach sich. Die Anordnung Contis zur Freigabe des Schwangerschaftsabbruchs bei Polinnen und »Ostarbeiterinnen« führte dazu, dass eine große Zahl von Medizinern in Deutschland in dieser Richtung fachliche Kenntnisse erwarben und praktische Erfahrung sammelten. Der von vielen beteiligten Behörden ausgeübte Druck, die Eingriffe auch in späteren Schwangerschaftsmonaten noch durchzuführen, ging folglich mit der Suche nach geeigneten Verfahren einher, die an den unfreiwilligen Patientinnen erprobt wurden.

Ähnlich wie im Fall der ausländischen Hausschwangeren stand mit den Zwangsarbeiterinnen massenhaft neues »Material« für die medizinische Forschung und Ausbildung zur Verfügung. Ein erschreckendes Beispiel für den Missbrauch ausländischer Frauen zu diesem Zweck liefern die Forschungen von Gabriele Czarnowski über die Universitätsfrauenklinik Graz.[91] Der Klinikchef Karl

---

89 Schreiben des Lagerarztes im Krankensammellager Großsachsenheim, Dr. Levi, an den Direktor der Universitätsfrauenklinik Tübingen, Prof. Dr. Mayer, 23. April 1944, zitiert nach Sämann, Das Durchgangslager in Bietigheim, S. 202.
90 Frobenius, Abtreibungen bei »Ostarbeiterinnen« in Erlangen, S. 296.
91 Gabriele Czarnowski; Sabine Hildebrandt, Research on the boundary between life and death. Coercive experiments on pregnant women and their foetuses during National Socialism, in: From clinic to concentration camp. Reassessing Nazi medical and racial research 1933-1945, hg. von Paul Weindling, New York 2017, S. 73-99; Gabriele Czarnowski, Involuntary Abortion and Co-

Ehrhardt hatte bereits seit 1931 zu intrauterinen bildgebenden Verfahren geforscht und dazu Experimente sowohl an Tieren als auch an schwangeren Frauen durchgeführt, denen er Kontrastmittel zunächst intravenös, später direkt in die Gebärmutter injizierte.[92] Während des Krieges stellten die zur Abtreibung eingelieferten schwangeren Russinnen, Polinnen und Ukrainerinnen, von denen etwa 500 an der Frauenklinik in Graz identifiziert werden konnten, für Ehrhardt einen enormen Bestand potenzieller Versuchsobjekte dar. Laut einem Bericht über die Sitzung der Medizinischen Gesellschaft Steiermark vom 12. März 1944 injizierte Ehrhardt über 50 Frauen verschiedene Wirkstoffe in die Gebärmutter, um fortgeschrittene Schwangerschaften jenseits des vierten Monats zu beenden.[93] Parallel verfolgte er seine foetografischen Versuche weiter und injizierte 67 Frauen neben Abtreibungsmitteln zusätzlich Röntgenkontrastmittel.[94]

Darüber hinaus nahm Ehrhardt an ausländischen Zwangsarbeiterinnen, deren Schwangerschaft beendet werden sollte, unnötig schmerzhafte chirurgische Eingriffe vor. In mindestens neun Fällen beendete er Schwangerschaften im zweiten bis vierten Monat mit Hilfe eines sogenannten Schuchardt-Schnitts (Scheiden-Beckenboden-Damm-Schnitt), der ausschließlich für die operative Entfernung der Gebärmutter im Falle einer Krebserkrankung indiziert war, zusammen mit einer anschließenden vaginalen Eröffnung der Gebärmutter (*sectio parva*).[95] Aus Forschungsgründen bevorzugte Ehrhardt die *sectio parva*, da er auf diese Weise noch lebende Föten samt Eihülle aus dem Uterus entfernen und für weitere Versuche verwenden konnte.[96] Während den Klinikkollegen Ehrhardts diese Operationsversuche zu weit gingen,[97] missbrauchten sie gleichfalls schwangere Auslän-

ercive Research on Pregnant Forced Laborers in National Socialism, in: Human subjects research after the Holocaust, hg. von Sheldon Rubenfeld, Susan Benedict und Arthur L. Caplan, Cham 2014, S. 99–108; Czarnowski, Russenfeten; Gabriele Czarnowski, Vom »reichen Material ... einer wissenschaftlichen Arbeitsstätte«. Zum Problem missbräuchlicher medizinischer Praktiken an der Grazer Universitäts-Fauenklinik in der Zeit des Nationalsozialismus, in: NS-Wissenschaft als Vernichtungsinstrument. Rassenhygiene, Zwangssterilisation, Menschenversuche und NS-Euthanasie in der Steiermark, hg. von Wolfgang Freidl und Werner Sauer, Wien 2004, S. 225–273.

92 Czarnowski, Vom »reichen Material ... einer wissenschaftlichen Arbeitsstätte«, S. 252–259.
93 Unter anderem Sulfonamide, Morphinpräparate, Scopolamin, Evipan, Stilbene, Novocain-Adrenalin, Gynergen, Kampfer und Dolantin; Czarnowski, Vom »reichen Material ... einer wissenschaftlichen Arbeitsstätte«, S. 250.
94 Czarnowski; Hildebrandt, Research on the boundary between life and death, S. 80 f.
95 Czarnowski; Hildebrandt, Research on the boundary between life and death, S. 82.
96 Czarnowski, Vom »reichen Material ... einer wissenschaftlichen Arbeitsstätte«, S. 255.
97 Sie beschwerten sich über das »verbrecherische[ ] Treiben« des Klinikchefs bei der Gutachterstelle der Ärztekammer, »um es zu verhindern, dass Professor Ehrhardt seine Operationsversuche an schwangeren Ausländerinnen durchführt und aus reinem Mitgefühl mit diesen armen Frauen, die an den Folgen dieser Eingriffe Wochen und Monate hindurch litten«; zitiert nach Czarnowski, Vom »reichen Material ... einer wissenschaftlichen Arbeitsstätte«, S. 248.

derinnen für ihre eigenen Experimente. Dr. Franz Hoff beispielsweise führte unter anderem kleine Gummiblasen in die Gebärmutter der Frauen ein und beließ sie dort über Stunden, um die Wirkung verschiedener Medikamente auf Uteruskontraktionen zu messen.[98] Wie verbreitet derartige Experimente an ausländischen Zwangsarbeiterinnen waren, ist bislang nicht hinreichend erforscht. Das Ausmaß der von Czarnowski untersuchten missbräulichen medizinischen Praktiken an der Universitätsfrauenklinik Graz ist bislang für das Deutsche Reich einzigartig.

Für die unfreiwilligen Patientinnen stellte eine Abtreibung in jedem Fall einen grausamen und traumatischen Eingriff dar. Aus einzelnen Berichten geht hervor, dass Schwangerschaftsabbrüche teilweise sogar ohne Betäubung vorgenommen wurden. So erinnert sich die Sekretärin des Lagerleiters in Bietigheim, die zwei Jahre lang über alle Abtreibungen Buch führte, dass die Frauen während der Prozedur bei vollem Bewusstsein gewesen seien.[99] Ein weiterer Hinweis kommt aus dem bereits erwähnten Krankenhaus Hutthurm in Niederbayern. Laut dem Bericht eines amerikanischen Offiziers aus der Nachkriegszeit habe der wegen Abtreibungen an russischen, polnischen und ukrainischen Zwangsarbeiterinnen angeklagte Arzt Dr. Clarenz zugegeben, eine Kürzung der Betäubungsmittel Anfang des Jahres 1945 habe dazu geführt, dass Abtreibungen ohne Äther durchgeführt worden seien. Zusätzliches Personal habe die Patientinnen daher während des Eingriffs »kraftvoll« am Platz halten müssen.[100]

Die Gesamtzahl der im Deutschen Reich bei Polinnen und »Ostarbeiterinnen« vorgenommenen Schwangerschaftsabbrüche ist nicht bekannt und wird sich aufgrund der bruchstückhaften Quellenlage wohl nicht abschließend bestimmen lassen. Ein besonderes Problem ist dabei die uneinheitliche, je nach Gau und Zeitpunkt mal zentralisierte, mal dezentralisierte Durchführung der Eingriffe in den Durchgangs- und Krankensammellagern der Arbeitsverwaltung, in den Universitäts- und Landesfrauenkliniken sowie in einer Vielzahl kleinerer Stadt- und Landkrankenhäuser, dazu eine unbekannte Anzahl von Abbrüchen in den Revieren der Zwangsarbeiter:innenlager. Der Großteil der Quellen wurde durch Kriegseinwirkung zerstört, vor Kriegsende gezielt vernichtet oder ging anderweitig verloren, sofern genaue Zahlen überhaupt dokumentiert wurden. Im Folgenden werden bekannte Daten aus der bisherigen Forschung zusammengetragen, um eine grobe Einschätzung des Ausmaßes dieser Maßnahme zur Verhinderung »rassisch unerwünschten« Nachwuchses zu ermöglichen.

Besondere Aussagekraft haben vor allem diejenigen Daten, die sich auf Einrichtungen beziehen, die in den Gauen als zentrale Abtreibungsstationen für Ausländerinnen fungierten. Für den Gau Westfalen sind die Schätzungen von Gisela

---

98 Czarnowski, Vom »reichen Material ... einer wissenschaftlichen Arbeitsstätte«, S. 263–273.
99 Sämann, Das Durchgangslager in Bietigheim, S. 142.
100 Rosmus, Wintergrün, S. 26.

Schwarze grundlegend, die von mindestens 650–700 Abtreibungen im zentralen Entbindungs- und Abtreibungslager in Waltrop-Holthausen ausgeht. Da nicht alle Frauen, die von westfälischen Betrieben für einen auffällig kurzen Zeitraum nach Waltrop geschickt wurden, in den Lagerbüchern auftauchen und darüber hinaus eine unbekannte Zahl von Schwangerschaftsabbrüchen in diversen Krankenhäusern und Lagern des Gaus vorgenommen wurde, darf die Dunkelziffer nicht unterschätzt werden.[101] Die Landesfrauenklinik Linz war, zeitweise ersetzt durch das Allgemeine Krankenhaus, die zentrale Abtreibungsstation für den Reichsgau Oberdonau. Zusammen wurden hier bis Februar 1945 mindestens 972 Schwangerschaftsabbrüche vorgenommen, wobei Hunderte Einlieferungen wegen »Abortus« möglicherweise auf zahlreiche weitere Fälle hindeuten.[102] Wie viele Abtreibungen nach der Dezentralisierung des Verfahrens ab Januar 1945 in den Bezirkskrankenhäusern des Gaus durchgeführt wurden, ist nicht bekannt. Für die Grazer Universitäts-Frauenklinik lassen sich mindestens 500 Abtreibungen an Polinnen und »Ostarbeiterinnen« nachweisen. Unbekannt ist, ob derartige Eingriffe auch in anderen Krankenhäusern des Reichsgaus Steiermark stattfanden.[103] In Wien wurden 670 Abtreibungen in der Ausländer-Krankenbaracke des Krankenhauses Ottakring vorgenommen.[104] Weitere 42 Eingriffe sind für die Universitätsfrauenkliniken der Stadt belegt.[105] Die Gutachterstelle der Hamburger Ärztekammer genehmigte 619 von 633 Anträgen auf Schwangerschaftsabbruch.[106] Im Gau Württemberg-Hohenzollern dienten das Durchgangslager Bietigheim und das Krankensammellager Großsachsenheim als zentrale Abtreibungslager. Laut Schätzung der damals für die Buchführung zuständigen Sekretärin des Lagerleiters in Bietigheim, die von Christine Sämann Anfang der 2000er Jahre als Zeitzeugin interviewt wurde, habe sie innerhalb von zwei Jahren mehr als 1.000 Eingriffe dokumentiert.[107] Diese Erinnerung mag eine ungenaue und unzuverlässige Quelle sein, doch erscheint die angegebene Zahl verglichen mit den zuvor ge-

---

101 Schwarze, Kinder, die nicht zählten, S. 147.
102 Die Frauenklinik war bereits im November 1943 mitsamt »Ostarbeiterinnenbaracke« nach Bad Hall evakuiert worden; Hauch, Ostarbeiterinnen, S. 1287 f.
103 Czarnowski, Involuntary Abortion and Coercive Research on Pregnant Forced Laborers in National Socialism, S. 103; Czarnowski, Vom »reichen Material ... einer wissenschaftlichen Arbeitsstätte«, S. 247.
104 Herwig Czech, Zwangsarbeit, Medizin und »Rassenpolitik« in Wien. Ausländische Arbeitskräfte zwischen Ausbeutung und rassistischer Verfolgung, in: Medizin und Zwangsarbeit im Nationalsozialismus. Einsatz und Behandlung von »Ausländern« im Gesundheitswesen, hg. von Andreas Frewer und Günther Siedbürger, Frankfurt a. M. 2004, S. 253–280, hier S. 269–273.
105 Czarnowski, Involuntary Abortion and Coercive Research on Pregnant Forced Laborers in National Socialism, S. 103.
106 Garn, Zwangsabtreibung und Abtreibungsverbot, S. 39.
107 Sämann, Das Durchgangslager in Bietigheim, S. 142.

nannten Zahlen durchaus plausibel. In den genannten (Reichs-)Gauen bewegt sich die ermittelbare Zahl der bei Polinnen und »Ostarbeiterinnen« durchgeführten Schwangerschaftsabbrüche damit ungefähr zwischen 500 und 1.000 je Gau, wobei aufgrund der begrenzten Datenlage von einer recht hohen Dunkelziffer ausgegangen werden muss.

Die nachfolgend genannten Zahlen beziehen sich zwar nicht auf zentral genutzte Einrichtungen, sondern auf verschiedene Einzelangaben, liefern aber weitere Hinweise für eine grobe Einschätzung. Für den Landkreis Gifhorn im Gau Ost-Hannover liegt eine Aufstellung aus der Nachkriegszeit vor, laut der von Januar 1944 bis zum 4. April 1945 insgesamt 141 Abtreibungen durchgeführt wurden.[108] Bemerkenswerterweise entfallen 71 davon auf die ersten Monate des Jahres 1945, also etwa so viele wie im gesamten vorherigen Jahr. Die Eingriffe fanden im Lagerrevier des Volkswagenwerks statt. Dessen Betriebsarzt berichtete schon Ende 1944, es seien bereits 167 Schwangerschaftsabbrüche durchgeführt worden.[109] Da es unwahrscheinlich ist, dass im Jahr 1943 mehr Abbrüche stattfanden als im Jahr darauf, ist die nach dem Krieg erstellte Liste sehr wahrscheinlich unvollständig. Weitere Zahlen für den Gau Ost-Hannover kommen aus dem Städtischen Krankenhaus Lüneburg, in dem bei 190 Polinnen und »Ostarbeiterinnen«, die in der Stadt oder im Landkreis eingesetzt waren, Schwangerschaftsabbrüche vorgenommen wurden.[110] Eine vorsichtige Hochrechnung auf die übrigen 14 Kreise des Gaus legt eine Gesamtzahl zwischen 2.000 und 3.000 Abtreibungen nahe, wobei in der Stadt Lüneburg und dem Kreis Gifhorn als Sitz des Volkswagenwerks mit seinen zahlreichen Zwangsarbeiter:innen wahrscheinlich mehr Eingriffe stattfanden als in den ländlichen Kreisen des Gaus. Im Bereich der Kassenärztlichen Vereinigung Oberfranken, der grob ein Drittel der Fläche des Gaus Bayreuth abdeckte, genehmigte die Gutachterstelle der Ärztekammer zwischen Juni 1943 und April 1945 insgesamt 530 Abtreibungsanträge.[111] Eine simple Hochrechnung käme damit auf eine Zahl von über 1.500 Abtreibungen für den Gau Bayreuth.

Nimmt man diese stichprobenartig überlieferten Zahlen als Grundlage, erscheint eine sehr vorsichtige Schätzung von etwa 1.000 bis 1.500 Abtreibungen pro (Reichs-)Gau als plausibel. Für das Deutsche Reich ohne die eingegliederten Ostgebiete müsste dann von mindestens 40.000 bis 60.000 Eingriffen ausgegangen werden. Aufgrund der unbekannten Dunkelziffer sind höhere Gesamtzahlen

---

108 Liste über Personen, bei denen eine Schwangerschaftsunterbrechung vorgenommen worden ist, ohne Datum, TNA, WO 235/271.
109 Bericht über das Ausländerkinderpflegeheim der Wirtschaftsbetriebe der Volkswagenwerk G.m.b.H., vermutlich Ende 1944, TNA, WO 235/272, Exhibit 29.
110 Köhler, Zwangsarbeit in der Lüneburger Heide, S. 251.
111 Hamann, »Erwünscht und unerwünscht«, S. 171.

wahrscheinlich. Dabei muss erneut betont werden, dass derartige Schätzungen aufgrund der lückenhaften Quellenlage äußerst unzuverlässig sind und nur einen groben Überblick erlauben.

5.2.4 Entbindung und Wochenbett

Sofern Entbindungen von ausländischen Zwangsarbeiterinnen nicht in den Krankenhäusern stattfanden, bestand wegen fehlender Grundausstattung und unzureichender hygienischer Bedingungen oftmals eine erhöhte Infektionsgefahr für die Frauen. Der Amtsarzt des Staatlichen Gesundheitsamts Herford bemängelte bereits im August 1942 die entsetzlichen Zustände, unter denen »Ostarbeiterinnen« in seinem Bezirk entbinden mussten:

> Am schlimmsten gestaltete sich die bevorstehende Niederkunft mehrerer Russenfrauen – an sich nicht unsaubere Menschen. Ich habe mich an Ort und Stelle von der Situation überzeugt. In einem Fall ist die Schwangere in einem Massenquartier (zerfallene Ziegelei) untergebracht. In anderen Fällen bei Arbeitgebern. Man weigert sich, die Niederkunft im eigenen Hause vor sich gehen zu lassen. Es fehlt am geringsten Stück Wäsche für Mutter und Kind, ja z. T. Waschbecken, Seife, Handtuch. Nicht ein Korb für das Kind ist da. Fürsorgerin, Hebamme, Arbeitgeber betteln Wäsche zusammen – mit grosser Mühe. In den Massenunterkünften ist grösste Keimgefahr für die Wöchnerin, keine Kochgelegenheit pp. Kurzum, es sieht trostlos aus.[112]

Vor allem in den Durchgangs-, Kranken- und Wohnlagern herrschten katastrophale Bedingungen, unter denen Entbindungen für die ausländischen Arbeiterinnen, insbesondere für Erstgebärende, unvorstellbar traumatisierend gewesen sein müssen. In seinem bereits zitierten Bericht über die gesundheitliche Situation in den Lagern für »Ostarbeiter:innen« in und bei Berlin schrieb Gesandtschaftsrat Starke vom Auswärtigen Amt:

> Es sei hier noch erwähnt, daß es in den Lagern an dem nötigen Verbandszeug fehlt, und daß, wenn die Behandlung der Ostarbeiter seitens der deutschen Lagerführung in Betracht zieht, [...] man sich nicht zu wundern braucht, daß der größte Teil der Arbeiterinnen die Entbindung mehr fürchten als den Tod. So musste ich selbst sehen, wie Ostarbeiterinnen auf Betten ohne Matratzen auf den Stahlfedern lagen und in diesem Zustande entbinden mussten.[113]

---

112 Zitiert nach Lissner, Das Kind entspricht nicht den Auslesebestimmungen, S. 147.
113 Bericht des Gesandtschaftsrats Starke: »Ostarbeiter – Entscheidender Faktor des End-

Selbst Einrichtungen und Lager, die speziell für die Entbindung ausländischer Frauen vorgesehen waren, verfügten kaum über die notwendige Ausstattung – vielmehr herrschten gerade an diesen Orten besonders primitive Zustände. Im Entbindungslager Waltop-Holthausen mussten Schwangere, bei denen die Wehen eingesetzt hatten, in einer einfachen Baracke nebeneinander auf dem Boden liegend auf ihre Entbindung warten. Die Polin Maria W. berichtet von der Geburt ihrer Tochter:

> Unter der Wand stand ein Möbel, weder Tisch noch Liegeplatz, ohne alles, und auf dem mußten die Frauen ihre Kinder gebären. [...] Als ich das Kind geboren habe, nahm es die Pflegerin in Lumpen gewickelt in eine andere Stube zu den neugeborenen Kindern. Ich mußte gleich aufstehen und zu den anderen Frauen aufschließen, die schon geboren hatten. Wir hatten nichts bekommen, keine Watte und nichts anderes, auch keine Medikamente. Ich hatte Blutungen, schwamm im Blut. Eine deutsche Frau hat mir mit einer Gummiflasche mit kaltem Wasser Umschläge gemacht. So hat die Blutung aufgehört. Sie haben uns nicht die Matratzen gewechselt. Ich konnte nicht gehen, auch nicht das Kind füttern, denn ich hatte keine Milch. Meine Tochter war ein schönes und gesundes Kind.[114]

Viele Frauen wussten oder ahnten zumindest etwas von den Verhältnissen in den Entbindungseinrichtungen und misstrauten dem dortigen Personal. In Berlin-Gesundbrunnen lebten etwa 600 Zwangsarbeiter:innen der Deutschen Reichsbahn – viele von ihnen waren aus dem aufständischen Warschau deportiert worden – zusammengepfercht in den ungeheizten Räumen eines umfunktionierten Schulgebäudes. Obwohl ein Entbindungsheim verfügbar gewesen wäre, zog es ein polnisches Ehepaar vor, ihr Kind an diesem Ort inmitten der anderen Arbeiter:innen auf die Welt zu bringen:

> In einem solchen Saal gebar meine Frau in Anwesenheit von 30 Personen das Kind; es dauerte die ganze Nacht. Im Lager gab es keine Krankenstube. In der Stadt gab es eine Entbindungsstation für die ›Ostarbeiter‹, aber sie wurde von den Ukrainerinnen betreut, so dass wir kein Vertrauen hatten.[115]

sieges«, als Anlage zum Schreiben des Botschaftsrats Hilger an Starke, 16. August 1943, 2.2.0.1/82388682–82388702/ITS Digital Archive, Bad Arolsen.
114 Schwarze, Kinder, die nicht zählten, S. 173.
115 Zitiert nach Cord Pagenstecher, Lagerlisten und Erinnerungsberichte. Neue Quellen zur Topografie und ärztlichen Betreuung der Berliner Zwangsarbeiterlager, in: Medizin und Zwangsarbeit im Nationalsozialismus. Einsatz und Behandlung von »Ausländern« im Gesundheitswesen, hg. von Andreas Frewer und Günther Siedbürger, Frankfurt a. M. 2004, S. 91–108, hier S. 95.

Die schwangeren Frauen flehten mitunter ihre Arbeitgeber:innen an, nicht in eine Entbindungsanstalt geschickt zu werden. Gisela Schwarze etwa berichtet vom Schicksal einer 19-jährigen Russin, die aus dem Entbindungslager in Waltrop floh, um auf dem Hof ihrer Arbeitgeberin zu entbinden: »Dort, wo ich herkomme, ist es so furchtbar.«[116] Die Frau musste dennoch ins Lager zurückkehren und starb im Januar 1945 infolge von Geburtskomplikationen, zwei Monate später verstarb auch ihr neugeborener Sohn. Andere Arbeitgeber:innen erlaubten oder duldeten zumindest eine Entbindung auf dem Hof, wie Emmy Krüger, eine in der Lüneburger Heide tätige Hebamme, zu berichten wusste:

> Unter den Arbeiterinnen hatte sich sehr schnell herumgesprochen, daß sie ihre Kinder nach der Geburt nicht wieder zu Gesicht bekommen würden. Deshalb wollte auch keine der Polinnen oder Russinnen in diese Entbindungsanstalt. Einmal verkroch sich eine Russin zur Geburt im Stall, aus Angst, ihre Bauersfrau würde sie zur Entbindung ins ›Lazarett‹ – so nannten die Arbeiterinnen dieses Haus – schicken. Die Bäuerinnen waren nämlich von der Partei unter Druck gesetzt worden, dies zu tun. Menschlichkeit durfte nicht sein. So kam es, daß die meisten Bäuerinnen den jungen Frauen nicht offen sagen konnten, sie sollten ruhig dableiben. Aber sie tolerierten es stillschweigend, wenn das Kind auf dem Hof zur Welt kam. Damit konnten sie dann selbst nicht in Schwierigkeiten geraten.[117]

Die Beweggründe für ein solches Verhalten waren allerdings verschieden – nicht immer spielte »Menschlichkeit« eine Rolle. Vielen Arbeitgeber:innen ging es nicht unbedingt um das Wohl der Frauen und ihrer Kinder, sondern darum, den Ausfall ihrer Arbeitskraft möglichst zu begrenzen. Ein Großbauer in Freising beispielsweise denunzierte eine Hebamme, die auf seinem Hof Geburtshilfe geleistet hatte, weil sie sich auch nach der Geburt noch um die polnische Landarbeiterin und deren Neugeborenes kümmerte:

> Ich wurde am zweiten Tag nach dieser Geburt aus dem Gesundheitsamt vom Medizinalrat angerufen, der mich darauf aufmerksam machte, daß ich bei Polinnen nur zur Geburt gehen und nichts anderes bei Frau und Kind machen dürfe. Das sei Verordnung, und daran müsse ich mich halten. Es wurde mir eine entsprechende Vorschrift vorgelesen, die Wochenbesuche untersagte. Also hatte mich dieser Bauer bei der Kreisleitung angezeigt, weil ich die junge Polin versorgt und mit ihm gestritten hatte, als er sie gleich wieder zum Arbeiten in den Stall schicken wollte. [...] Als ich am sechsten Tag morgens um halb sechs

---

116 Zitiert nach Schwarze, Kinder, die nicht zählten, S. 173.
117 Grabrucker, Vom Abenteuer der Geburt, S. 153.

Uhr aus meinem Haus gehen wollte, war diese Polin, das Kind in die Windel eingewickelt, eben auf dem Weg zu mir ins Lerchenfeld. Die alte Bäuerin hatte sie geschlagen, weil sie irgendeine schwere Arbeit noch nicht verrichten konnte und das Kind stillte. Der Rücken der jungen Frau war ganz blau. So ist sie davongelaufen, und ich nahm sie zunächst bei mir auf. Später brachte ich sie – mit Hilfe des Medizinalrats – bei einer anderen Bäuerin in Attenkirchen unter, bei der schon eine Polin mit Kind lebte und die ein guter Mensch war.[118]

Die medizinische Versorgung schwangerer Ausländerinnen in den öffentlichen Krankenanstalten entsprach meist den für deutsche Patientinnen geltenden Standards.[119] Vielerorts war die Krankenhausaufname jedoch nur bei Geburtskomplikationen oder zu Ausbildungszwecken gestattet.[120] Polinnen und »Ostarbeiterinnen«, die in Universitätsfrauenkliniken und Hebammenschulen als Hausschwangere Aufnahme fanden, mussten oftmals eine diskriminierende, erniedrigende und schmerzhafte Behandlung über sich ergehen lassen. Die Hebamme Mariette Hubacher erinnert sich an ihre Ausbildung an der Universitätsfrauenklinik in Greifswald:

Unter den Hausschwangeren der Klinik befanden sich auch die Fremdarbeiterinnen aus Rußland und Polen. Sie mußten die schweren Arbeiten im Haus verrichten, zugleich waren sie in extremem Ausmaß Unterrichts- und Anschauungsmaterial für die Studenten und angehenden Ärzte. Manchmal standen bis zu zwanzig Leute bei der Geburt um die Frau, an der alle Geburtsvorgänge demonstriert werden konnten. Die Frauen ließen das notgedrungen über sich ergehen, denn sie konnten sich in dieser Lage nicht wehren. Natürlich wurden sie während der Geburt von allen Studenten und Schülerinnen manuell untersucht – auch wenn es fünfundzwanzig waren. An einen Fall kann ich mich besonders gut erinnern, denn es wurde vom Professor absichtlich gezeigt, was passiert, wenn die Gebärmutter zu zerreißen droht und nicht eingegriffen wird. Es war eine Polin, an der man den Versuch machte. Sie hat so geschrien und gelitten, daß ich veranlaßte, ihr heimlich eine Morphiumspritze zu geben. Aber dann mußte ich weglaufen, ich konnte nicht mehr zusehen.[121]

---

118 Grabrucker, Vom Abenteuer der Geburt, S. 89.
119 Diese Einschätzung stimmt mit den Schilderungen Betroffener überein; vgl. Pagenstecher, Lagerlisten und Erinnerungsberichte. Die Unterbringung in den separaten »Ausländer-Krankenbaracken« hingegen fand unter deutlich schlechteren Bedingungen statt.
120 Siehe Kapitel 3.2 in diesem Buch.
121 Zeitzeugenbericht von Marietta Hubacher, 83 Jahre, Hebamme in Pommern und im Allgäu, abgedruckt in Grabrucker, Vom Abenteuer der Geburt, S. 106–119, hier S. 110–111.

Bereits im 19. Jahrhundert wurden derartige Experimente zu Ausbildungszwecken an schwangeren Frauen vollzogen, die aufgrund ihrer sozialen Lage kaum eine andere Wahl hatten, als die qualvolle Prozedur über sich ergehen zu lassen.[122] Während des Kriegs stellten schwangere Polinnen und »Ostarbeiterinnen« dann einen willkommenen Ersatz für die traditionellen Hausschwangeren dar.

5.2.5 Taufen

Mit dem Ende des Rücktransports schwangerer ausländischer Arbeiterinnen stellte sich alsbald die Frage, ob und in welcher Form die Taufe der von Polinnen und »Ostarbeiterinnen« im Reich geborenen Kinder zulässig sei. Der Vorsitzende der Fuldaer Bischofskonferenzen, Kardinal Bertram, erkundigte sich im April 1943 beim Reichsminister für die kirchlichen Angelegenheiten, ob deutsche Geistliche bei Taufen von Kindern polnischer Arbeitskräfte und bei der Beerdigung verstorbener Polen und Polinnen mitwirken dürften. Anfang Juni erging die Antwort, der Reichskirchenminister habe dagegen keine »grundsätzlichen Bedenken«, die Taufen könnten in der Kirche, notfalls auch »in geeigneten profanen Räumen« durchgeführt werden.[123] Die Zeremonie solle dabei »in ganz schlichter Form« und nur im Beisein der nächsten Angehörigen und Bekannten abgehalten werden. Der Gebrauch der polnischen Sprache sei verboten, ebenso die Teilnahme deutscher »Volksgenossen« und die gleichzeitige Taufe deutscher Kinder.

Während die Tätigkeit griechisch-katholischer Geistlicher für ukrainische Arbeitskräfte gestattet war, war die seelsorgerische Betreuung der übrigen »Ostarbeiter:innen« zunächst grundsätzlich unerwünscht, wie aus dem bereits zitierten Richtlinienkatalog der Gestapo Frankfurt am Main vom 15. Februar 1943 hervorgeht.[124] Zwar müsse gegen die Tätigkeit von Laienpredigern in den Ostarbeiter:innenlagern nicht eingeschritten werden, die Betreuung durch deutsche oder andere Geistliche sei jedoch streng verboten und müsse polizeilich gemeldet werden. Nach und nach wurden in dieser Sache allerdings kleinere Zugeständnisse

---

122 Grabrucker, Vom Abenteuer der Geburt, S. 229–231.
123 Schreiben des Reichsministers für die kirchlichen Angelegenheiten an den Vorsitzenden der Fuldaer Bischofskonferenz, Kardinal Bertram, betr. »kirchl. Betreuung poln. Zivilarbeiter«, 5. Juni 1943, abgedruckt in Konieczny; Szurgacz, Praca przymusowa Polaków pod panowaniem hitlerowskim 1939–1945, S. 91 f. Auch Himmler hatte nichts gegen die Taufe polnischer Kinder durch deutsche Geistliche einzuwenden; Erlass des RFSS betr. »Behandlung der im Reichsgebiet befindlichen Arbeitskräfte polnischen Volkstums«, 10. September 1943, BArch, R 4701/14152/2.
124 Richtlinienkatalog der Gestapo Frankfurt/Main betr. »Behandlung der im Reich eingesetzten ausländischen Arbeitskräfte und Kriegsgefangenen«, 15. Februar 1943, 1.1.0.6/82335754–82335781/ITS Digital Archive, Bad Arolsen.

gemacht. Bei einer Besprechung des Reichsministeriums für die besetzten Ostgebiete im August 1943 wurden erste Richtlinien für den Einsatz von Laienpredigern in den Lagern festgelegt und Anfang des Jahres 1944 schließlich 15 ordentliche orthodoxe Geistliche zur Ausübung seelsorgerischer Aufgaben bei sowjetischen Zivilarbeiter:innen zugelassen.[125] Wie bei den polnischen Arbeitskräften sollten Taufen, Eheschließungen und Bestattungen schlicht und unauffällig außerhalb der Lager abgehalten werden. Neben den offiziell zugelassenen Geistlichen muss es in den Zwangsarbeiter:innenlagern eine Reihe selbsternannter Laienprediger gegeben haben, die von den Lagerleitungen offenbar geduldet wurden. So hieß es im April 1943 in den »Meldungen aus dem Reich«:

> Eine andere Beobachtung, die aus allen Teilen des Reiches bestätigt wird, liegt aus einem Ostarbeiterlager im Kreis Verden vor, dass nämlich unter Anleitung eines Vorbeters allabendlich gemeinsam gebetet wurde.[126]

Ein Lagerführer in der »Stadt des KdF-Wagens« sagte nach dem Krieg aus, im »Ostarbeiterlager« des Volkswagenwerks habe es einen Raum für christliche Zeremonien und Taufen gegeben.[127] Es war für ausländische Arbeitskräfte demnach grundsätzlich möglich, ihre Kinder taufen zu lassen. Für »Ostarbeiterinnen« konnte es sich allerdings schwieriger gestalten, zu diesem Zweck einen Geistlichen zu finden. Dies hing vor allem auch davon ab, wo das Kind entbunden beziehungsweise später untergebracht wurde. Kinder, die in konfessionellen Entbindungsheimen oder Krankenanstalten zur Welt kamen, empfingen üblicherweise kurz nach der Geburt entweder vor Ort oder in einer nahegelegenen Kirche die Taufe. Die meisten polnischen Kinder im Evangelischen Versorgungshaus in Soest beispielsweise kamen zur katholischen Taufe in den Dom der Stadt.[128] Polnische und russische Kinder, die im »Karl-Olga-Krankenhaus« in Friedrichshafen zur Welt kamen, empfingen während des Krankenhausaufenthalts der Mutter in der angeschlossenen Kapelle die Taufe.[129] Als Taufpatinnen fungierten oftmals die Hebammen, im Taufregister der katholischen Kirche St. Petrus Canisius sind aber auch deutsche, russische und polnische Paten und Patinnen vermerkt. Auch einige Kinder aus den umliegenden Lagern sind dort registriert. Im bereits erwähnten Krankenhaus in Hutthurm spendete der Benefiziat Georg Reis laut eigener Aus-

---

125 Woock, Zwangsarbeit ausländischer Arbeitskräfte im Regionalbereich Verden/Aller (1939–1945), S. 90 f.
126 Zitiert nach Woock, Zwangsarbeit ausländischer Arbeitskräfte im Regionalbereich Verden/Aller (1939–1945), S. 91.
127 Befragung des Zeugen Hermann Georg Müller, TNA, WO 235/264, 5. Prozesstag (24. Mai 1946).
128 Schwarze, Kinder, die nicht zählten, S. 160.
129 Tholander, Fremdarbeiter 1939 bis 1945, S. 383.

sage denjenigen Kindern, die im Zuge einer künstlich eingeleiteten Frühgeburt auf die Welt gekommen waren, vor ihrem Tod heimlich Nottaufen.[130]

Arbeiteten die Eltern in der Landwirtschaft, suchten sie sich oftmals selbst eine Kirche, in der sie ihre Kinder taufen ließen. Laut dem Bericht einer Zeitzeugin aus dem Kreis Verden mussten sie dafür unter Umständen bezahlen.[131] Im Bistum Münster führte die Kirche im September 1944 eine Umfrage bei den Dekanaten durch und erfuhr dabei von einer großen Zahl ausländischer Täuflinge. Für Waltrop sind insgesamt 159 Taufen bekannt, vereinzelt fanden sie in den Kirchen umliegender Ortschaften statt.[132] In der katholischen Kirche St. Peter in Waltrop empfingen 82 zumeist polnische Kinder die Taufe, 40 Kinder wurden direkt im Lager getauft.[133] Gleichwohl thematisierten die Kirchenvertreter im Bistum die Lebenssituation der ausländischen Frauen und ihres Nachwuchses laut den Forschungen von Gisela Schwarze offenbar kaum. Der einzige deutliche Kommentar zur großen Sterblichkeit der Kinder stammt vom Emsdettener Dechanten im Rahmen der oben genannten Umfrage:

> Die unehelichen Zivilarbeiterinnen, um diese handelt es sich fast ausschließlich, die im hiesigen Dekanat vielfach in den Textilfabriken tätig sind, werden vor der Niederkunft durchweg in eine Anstalt nach Waltrop geschickt. Ob dort hinsichtlich der Taufen der Kinder keine Fürsorge besteht, weiß ich nicht. Jedenfalls werden manche Kinder, die in Waltrop geboren sind, nach der Rückkehr der unehelichen Mütter hier zur Pfarrkirche zur Taufe gebracht, vermutlich meistens infolge günstiger Einwirkung seitens hiesiger katholischer Mitarbeiterinnen auf diese unehelichen fremden Arbeiterinnen. Vereinzelt sind auch solche Kinder in hiesigen Krankenhäusern geboren und getauft worden. Eines kann aber festgestellt werden, daß nämlich fast alle hier getauften Kinder von Zivilarbeiterinnen aus dem Auslande schon kurze Zeit nach der Taufe sterben.[134]

Ob Taufen in »Ausländerkinder-Pflegestätten« gestattet waren, hing in erster Linie von den Leitungen dieser Einrichtungen sowie dem Engagement der zuständigen Geistlichen ab. Im Fall des »Entbindungsheims für Ostarbeiterinnen« in Braunschweig konnten einige Frauen ihre Kinder zunächst für kurze Zeit aus dem Heim abholen, um sie in der Kirche St. Laurentius taufen zu lassen.[135] Nach we-

---

130 Rosmus, Wintergrün, S. 20 f.
131 Woock, Zwangsarbeit ausländischer Arbeitskräfte im Regionalbereich Verden/Aller (1939–1945), S. 358.
132 Schwarze, Kinder, die nicht zählten, S. 149.
133 Schwarze, Kinder, die nicht zählten, S. 170.
134 Schwarze, Kinder, die nicht zählten, S. 178 f.
135 Vögel, »Entbindungsheim für Ostarbeiterinnen«, S. 61.

nigen Monaten wurde dies allerdings wieder verboten. Wie der zuständige Pastor nach dem Krieg den Ermittlungsbehörden mitteilte, versuchte die Gestapo Kirchenvertretern den Zugang zum Heim zu verweigern. Durch wiederholtes Drängen der Heimleiterin seien Taufen dann aber doch zugelassen worden. Der Burgkirchener Pfarrer Karl Fürstenberger sagte nach dem Krieg aus, der Leiter der dortigen »Ausländerkinder-Pflegestätte« habe ihm nicht gestattet, die dort untergebrachten Säuglinge zu taufen. Einige Mütter hätten ihre Kinder daher sonntags, wenn der Leiter nicht anwesend war, heimlich zu ihm zur Taufe gebracht.[136] Weniger Probleme hatte ein katholischer Geistlicher aus Bühlerzell, der als überzeugter Nationalsozialist bekannt war. Er besuchte regelmäßig die Entbindungsanstalt in Gantenwald, um die Neugeborenen zu taufen und die Verstorbenen nach katholischem Ritus zu bestatten.[137] Der Priester Antonius Holling besuchte jeden Sonntag das »Ausländerkinderpflegeheim« des Volkswagenwerks und bereiste zudem die umliegenden Dörfer, wo er eine große Zahl polnischer als auch russischer Kinder taufte.[138] Für die im Entbindungslager des Arbeitsamts in Dittersdorf geborenen Kinder führte der örtliche Pfarrer Jan Dočkal auf Wunsch der Mütter sonntags in unregelmäßigen Abständen Massentaufen durch.[139]

5.2.6 Unterbringung

Ob und wann das Kind einer Polin oder »Ostarbeiterin« in eine »Ausländerkinder-Pflegestätte« eingewiesen wurde, hing weitgehend vom Einsatzort der Mutter ab. Duldete der/die Arbeitgeber:in beziehungsweise die Lagerleitung das Kind, konnte es zunächst meist bei seiner Mutter bleiben, insbesondere wenn ohnehin keine geeignete Unterbringungsmöglichkeit in der Nähe verfügbar war. Während der Arbeitszeit kümmerten sich dann gegebenenfalls andere Arbeiter:innen oder Verwandte um das Kind, beim Einzeleinsatz der Mutter auf einem Bauernhof unter Umständen auch die Arbeitgeberin selbst. Richtete ein Betrieb ein eigenes Heim oder eine Tagesstätte für die Kinder ihrer Arbeiterinnen ein, wurden die Mütter verpflichtet, ihre Kinder dort abzugeben. Je nach Entfernung der Einrichtung und der jeweiligen Regelung konnten die Frauen sich in Arbeitspausen oder nach Arbeitsende um ihre Kinder kümmern, sie nach der Arbeit mit in die

---

136 Peter Jungblut, Tod in der Wiege. Die Geschichte des Fabrikstandortes Gendorf von 1939 bis 1945, Altötting 1989, S. 24.
137 Haida; Koziol; Schmidt, Gantenwald, S. 222.
138 Befragung des Zeugen Holling, TNA, WO 235/267, 20. Prozesstag (12. Juni 1946). Bestätigt werden die Aussagen Hollings durch die Leiterin sowie eine Pflegerin des Heims; Befragung der Zeugin Wirl, TNA, WO 235/264, 5.–7. Prozesstag (25.–27. Mai 1946); Befragung der Angeklagten Käthe Pisters, TNA, WO 235/268, 26. Prozesstag (18. Juni 1946).
139 Adam, Porodnice Dětřichov u Moravské Třebové, S. 54.

Wohnbaracken nehmen oder sie nur zu festgelegten Zeiten besuchen. Ehepaare konnten gemeinsam mit ihren Kindern in sogenannten Familienbaracken untergebracht werden, sofern diese im jeweiligen Wohnlager verfügbar waren, unverheiratete Eltern hatten diese Möglichkeit üblicherweise nicht.

In der Landwirtschaft hing es in der Regel von den Anweisungen der Kreisbauernschaft, des Landratsamts oder der NSDAP-Kreisleitung ab, ob alle ausländischen Kinder des Kreises gesammelt in einem oder mehreren Einrichtungen untergebracht werden sollten. Teilweise enthielten die Richtlinien Ausnahmen für Ehepaare, die im gleichen Betrieb eingesetzt waren und ihre Kinder aus diesem Grund bei sich behalten durften.[140] In den »Ausländerkinder-Pflegestätten« galten für die Eltern feste Besuchszeiten, meist durften sie ihre Kinder alle zwei Wochen sonntags für einige Stunden sehen. Den Vätern waren Besuche stellenweise nicht gestattet.[141] Nach der Fertigstellung einer oder mehrerer »Ausländerkinder-Pflegestätten« wurden die Ortsgruppenleiter, Bürgermeister und Ortsbauernführer über den Eröffnungstermin und die Aufnahmeformalitäten informiert und hatten dafür zu sorgen, dass die Arbeitgeber:innen die Kinder ihrer Arbeiterinnen ablieferten.[142] Waren die Mütter nicht bereit, ihre Kinder freiwillig herzugeben, wurde nötigenfalls die Polizei mit der zwangsweisen Kindswegnahme beauftragt.[143] Ein Landwirt aus Riede im Kreis Verden berichtet:

> Eine Frau mit vier Kindern wurde meiner Frau zugeteilt. Die beiden größeren Kinder kamen auf andere Höfe, die jüngeren blieben bei der Mutter. [...] Es waren in den umliegenden Dörfern noch mehr Mütter mit Kindern auf den Höfen untergebracht. Damit die Frauen noch mehr arbeiten konnten, wollten die Nazis ihnen die Kinder wegnehmen. Meine Frau konnte das nicht begreifen, arbeitete doch Daria deshalb so gut, weil sie die Kinder bei sich haben durfte. In Stuhr sollte die Trennung stattfinden. Man fuhr mit der Kleinbahn, und als man sich dem Platz näherte, hörte man Weinen, Schreien und hilfloses Wimmern. Manche Mutter hielt ihr Kind so fest, daß zwei Männer ihre ganze Kraft aufwenden mußten, um die Arme zu lösen. Bei sehr kräftigen Frauen soll man sogar mit Stöcken auf ihre Hände geschlagen haben, um die Kinder frei zu bekommen.[144]

---

140   Woock, Zwangsarbeit ausländischer Arbeitskräfte im Regionalbereich Verden/Aller (1939–1945), S. 171 f.
141   Woock, Zwangsarbeit ausländischer Arbeitskräfte im Regionalbereich Verden/Aller (1939–1945), S. 350; Reiter, Tötungsstätten für ausländische Kinder im Zweiten Weltkrieg, S. 120 f.
142   Siehe beispielsweise Schreiben der Kreisbauernschaft Dannenberg an die »Ortsbauernführer in den Ortschaften in denen Polenkinder an die Kinderheime abgegeben werden«, 19. Juli 1944, TNA, WO 235/477.
143   Ein Beispiel dafür bei Köhler, Zwangsarbeit in der Lüneburger Heide, S. 270.
144   Zitiert nach Woock, Zwangsarbeit ausländischer Arbeitskräfte im Regionalbereich Verden/Aller (1939–1945), S. 171.

Die Bäuerin war über diese Behandlung entsetzt, fuhr mit Daria und ihren Kindern wieder zurück und setzte beim Bürgermeister durch, die Familie auf dem Hof belassen zu dürfen. So ermöglichten das Mitgefühl und der persönliche Einsatz einzelner Arbeitgeber:innen, dass Mütter ihre Kinder entgegen den Anweisungen bei sich behalten konnten. Dazu mussten sie den Behörden versichern, für den Unterhalt der Kinder aufzukommen und dafür zu sorgen, dass die Arbeitskräfte weiterhin voll arbeiten würden.[145] Ob dies in erster Linie aus Menschlichkeit geschah oder mit Rücksicht auf die Arbeitswilligkeit der Frauen, wird von Fall zu Fall verschieden gewesen sein.

Die schrecklichen Zustände und die sich häufenden Todesfälle in den »Ausländerkinder-Pflegestätten« sprachen sich zumindest gerüchteweise schnell unter den Zwangsarbeitenden in der Umgebung wie auch in der deutschen Bevölkerung herum. Viele waren daher überzeugt, sie würden ihre Kinder nicht wiedersehen, sobald sie einmal in einem der Heime eingewiesen worden seien. Betroffene Eltern wandten daher verschiedene Strategien an, um ihre Kinder vor diesem Schicksal zu bewahren. Dazu zählte die Unterbringung am eigenen Arbeitsplatz, bei anderen, in der Nähe eingesetzten Zwangsarbeitenden oder auch bei deutschen Zivilist:innen, die sich möglicherweise gegen Entgelt dazu bereiterklärten. Eine andere Möglichkeit bestand darin, das Kind heimlich aus der Einrichtung abzuholen, wobei auch dann eine alternative Unterbringungsmöglichkeit gefunden werden musste. Ansonsten blieb der Versuch, sich als Aushilfe in der betreffenden »Pflegestätte« zu bewerben, um die Überlebenschancen des eigenen Kindes zu erhöhen. Eine letzte Option stellte die »Eindeutschung« dar, was lediglich dann in Frage kam, wenn der Kindsvater ein Deutscher oder »germanischen Volkstums« war. Im Folgenden sollen diese Handlungsoptionen an einigen Beispielen illustriert werden.

Die Polin Maria Ponieważ etwa berichtet von der verzweifelten Suche nach einer Person, die ihren Anfang des Jahres 1944 geborenen Sohn betreuen würde.[146] Eine von ihrer Arbeitgeberin gegen Bezahlung vermittelte Frau nahm das Kind lediglich für zwei Monate auf, eine Polin, die auf einem nahegelegenen Gutshof arbeitete, wollte sich nach anfänglicher Zustimmung doch nicht um den Jungen kümmern. Als ihr Sohn schließlich von der Arbeitgeberin in eine »Pflegestätte« gegeben wurde, in der die Mutter ihn nur alle zwei Wochen hätte besuchen dürfen und wo der Vater überhaupt nicht erwünscht war, holten die Eltern ihn von dort heimlich wieder ab. Sie hatten von einer deutschen Frau gehört, die

---

145 Mehrere Beispiele dafür bei Woock, Zwangsarbeit ausländischer Arbeitskräfte im Regionalbereich Verden/Aller (1939–1945), S. 171.
146 Maria Ponieważ, Mój syn urodził się na robotach, in: Staszyński, Przemoc, poniżenie, poniewierka, S. 303–306.

das Kind vielleicht nehmen würde, und wagten im Schutz der Dunkelheit einen letzten Versuch:

> Mein Mann brachte sein Kissen und seine Decke mit und wir packten unseren Sohn ein. Los geht's. Zwei Uhr nachts, März, Kälte – und ein dreimonatiges Kind, es könnte sich erkälten, es könnte ersticken. Der Asphalt ist vereist, die Füße rutschen, wir wechseln uns beim Tragen ab und dazu die Angst vor der Polizei. Es waren acht Kilometer auf dieser Straße – wir kamen an.[147]

Am Ziel angelangt, durften sie ihren Sohn tatsächlich bei der Frau in Obhut geben, doch musste Ponieważ dafür ihr gesamtes Gehalt hergeben; ihr Mann zahlte zusätzlich die Hälfte seines Einkommens. Da ihr Kind aber auch dort nicht angemessen versorgt wurde, suchten beide monatelang nach einem besseren Ort:

> Schließlich fanden wir nach vier Monaten eine andere Frau, das Kind war bei ihr sauber, aber hungrig. Doch es fing an zu laufen, spielte mit den Kindern meiner Bäuerin und aß oft bei ihr.

Weniger glücklich ging der Fall des Ehepaars Feliks und Stanisława C. und ihrer im Mai 1944 geborenen Tochter aus, den vormalige Zwangsarbeiter:innen im Januar 1946 der römisch-katholischen Seelsorge für Polen in Ehra-Lessien (Niedersachsen) schilderten.[148] Nach der Entbindung ihres Kindes habe Stanisława C. sich geweigert, ihre Tochter in eine »Ausländerkinder-Pflegestätte« abzugeben, und sei deshalb von ihrem Arbeitgeber heftig geschlagen worden. Sie habe daraufhin bei einer in der Nähe wohnenden polnischen Familie Unterschlupf gefunden, während der auf einem anderen Hof arbeitende Feliks C. beim Arbeitsamt die gemeinsame Unterbringung mit seiner Frau und seiner Tochter an einem neuen Arbeitsplatz beantragt habe. Das Arbeitsamt habe den alten Arbeitgeber zunächst telefonisch gebeten, die Mutter zusammen mit ihrer Tochter bei sich unterzubringen. Als dieser sich weigerte, sei die junge Familie gemeinsam an eine neue Arbeitsstelle in einer anderen Gemeinde versetzt worden. Doch die Zusammenführung sollte nicht lange währen:

> Nach zwei Monaten trafen Beauftragte der SS ein, wahrscheinlich infolge einer Denunziation durch [den Arbeitgeber], und verlangten die Abgabe des Kindes

---

147 Maria Ponieważ, Mój syn urodził się na robotach, in: Staszyński, Przemoc, poniżenie, poniewierka, S. 303–306 [aus dem Polnischen von M. B.].
148 Aussage von Anatol F., Zofia F., Mieczysław Ł., Tatiana Ł. und Maria W. vor dem Kaplan Tadeusz Etter von der römisch-katholischen Seelsorge für Polen in Ehra-Lessien, 16. Januar 1946, I. Z. (Instytut Zachodni), Dok. III/78.

in das Heim. Der Vater nahm das Kind in den Arm und widersetzte sich der Aufforderung, woraufhin er von den SS-Angehörigen geschlagen wurde. Unter Zwang brachte die Mutter das Kind in das Kinderheim in Rühen, wo sie zwei Wochen lang bei ihm blieb. Die Krankenschwestern drohten damit, dass das Kind nach ihrem Weggang sterben würde. Nach zwei Wochen musste sie das Heim verlassen, eine Woche später starb das Kind.[149]

Wie aus diesen Berichten deutlich wird, konnte es Eltern durchaus gelingen, ihre Kinder vor der Unterbringung in einer »Ausländerkinder-Pflegestätte« zu bewahren, auch wenn sie dabei mitunter ihr persönliches Wohl gefährden und viel Geld zahlen mussten. Die Unterstützung anderer ausländischer Arbeiter:innen, verständnisvoller Arbeitgeber:innen oder auch des Arbeitsamts konnte sich als hilfreich erweisen, endgültige Sicherheit vor einer nachträglichen Einweisung gab es jedoch nie. Doch auch wenn sich das Kind schon in einer solchen Einrichtung befand, gab es noch Hoffnung. Immer wieder kamen Arbeiter:innen in die Heime und nahmen ihre Kinder, um deren Leben sie fürchteten, heimlich mit.[150] Die Polin Josefa P. beispielsweise brachte im Januar 1944 in Braunschweig ein Mädchen zur Welt und wurde von einer Angestellten ihres Arbeitgebers dazu gezwungen, ihr Kind im Entbindungsheim zurückzulassen. Bereits nach fünf Tagen bemerkte sie den schlechten Gesundheitszustand ihrer Tochter und entschloss sich zu handeln:

> Ich habe dann das Kind gestohlen, da ich es am Leben erhalten wollte. Ich habe es zu mir in die Fabrikbaracke genommen. Schon am nächsten Tag hat Anna J. erfahren, daß ich das Kind mitgenommen hatte. Sie kam zu mir und verlangte, daß ich das Kind ins Kinderheim zurückbrächte. Sie drohte mir erneut mit der

---

149 Aussage von Anatol F., Zofia F., Mieczysław Ł., Tatiana Ł. und Maria W. vor dem Kaplan Tadeusz Etter von der römisch-katholischen Seelsorge für Polen in Ehra-Lessien, 16. Januar 1946, I. Z., Dok. III/78 [aus dem Polnischen von M. B.]. Der nach dem Krieg in einem polnischen Repatriierungslager beschäftigte Kaplan Tadeusz Etter sammelte im Januar 1946 sieben Aussagen vormaliger Zwangsarbeiter:innen, die den Tod von insgesamt 14 polnischen Kindern im »Ausländerkinderpflegeheim« des Volkswagenwerks in Rühen bezeugten. Wenige Monate später begann in Helmstedt ein Kriegsverbrecherprozess wegen des Todes von über 300 Kindern in dieser Einrichtung; das britische Militärtribunal griff jedoch nicht auf die von Etter gesammelten Aussagen zurück.

150 In den Berichten zum »Ausländerkinderpflegeheim« des Volkswagenwerks für die Monate Oktober 1944 bis März 1945 vermerkte die Heimleiterin neun Fälle, in denen Kinder von Werksangehörigen heimlich »entführt« worden seien; Jahresbericht für das Jahr 1944 sowie Monatsberichte von Oktober 1944 bis März 1945, Ausländerkinderpflegeheim, TNA, WO 235/272, Exhibits 21–27.

Meldung bei der Gestapo und verlangte kategorisch von mir, das Kind zur Anstalt zu bringen. Daraufhin habe ich die Erfüllung dieses Befehls verweigert.[151]

Immer wieder wurde die Mutter bedroht und zur Rückgabe ihrer Tochter aufgefordert. Als die Fabrikangestellte sich weigerte, ihr eine Beratungskarte für den Kinderarzt auszuhändigen, gab Frau P. schließlich nach. Zurück im Heim, starb das kleine Mädchen noch am selben Tag. Im März 1945 bekam Josefa P. erneut ein Kind. Diesmal nahm der Vater den Jungen mit zu sich ins Lager und bestach einen deutschen Polizisten, um das Kind behalten zu dürfen.[152] Ein ebenfalls in Braunschweig eingesetztes polnisches Ehepaar versuchte ihren im Sommer 1944 geborenen Sohn heimlich nach Polen zu bringen. Die ehemalige Buchhalterin der Sackgroßhandlung Amme, bei der die Mutter gearbeitet hatte, sagte nach dem Krieg aus:

Sie besuchte das Kind fast jeden Abend und erwähnte, daß sie das Kind zu ihrer Mutter nach Polen bringen wolle, weil viele Kinder im Entbindungsheim stürben. Sie und ihr Verlobter brachen ins Entbindungsheim ein und nahmen das Kind weg; dieses geschah kurze Zeit nach der Niederkunft. Sie versuchte dann mit dem Kind nach Polen zu kommen, aber nachdem sie Berlin erreicht hatte, beschloß sie zurückzukehren, weil sie keine Chance sah, nach Polen durchzukommen. Nach ihrer Rückkehr nahm sie die Arbeit in der Firma Amme wieder auf. Das Kind war bei ihr. Ungefähr 4 bis 5 Tage nach [ihrer Rückkehr] erhielt ich einen Telefonanruf, der aus dem Entbindungsheim Broitzemer Str. kam. Mir wurde gesagt, daß das Kind innerhalb von 48 Stunden ins Heim zurückgebracht werden müsse [...].[153]

Der Junge kam schließlich wieder ins Entbindungsheim, wo er innerhalb einer Woche erkrankte und starb. Selbst wenn es den Eltern gelang, ihr Kind aus einer »Pflegestätte« zu befreien, mussten sie einen Ort finden, an dem es sicher untergebracht werden konnte. Dabei waren sie meist abhängig von der Haltung ihrer Arbeitgeber:innen beziehungsweise der Lagerleitung. Duldeten diese das Kind, steigerte das seine Überlebenschancen erheblich. Die Polin Genowefa No. schildert ihre erfolgreiche Flucht aus einer Wöchnerinnenbaracke für Ausländerinnen in Hannover, in der sie mit ihrer neugeborenen Tochter Anfang des Jahres 1944 untergebracht worden war:

---

151 Aussage von Josefa P. vor der Polnischen Mission in Braunschweig (aus dem Polnischen übersetzt), 4. August 1945, zitiert nach Vögel, »Entbindungsheim für Ostarbeiterinnen«, S. 45.
152 Vögel, »Entbindungsheim für Ostarbeiterinnen«, S. 106.
153 Aussage von Anneliese K. (aus dem Engl. rückübersetzt), 23. April 1948, zitiert nach Vögel, »Entbindungsheim für Ostarbeiterinnen«, S. 91.

Als ich dorthin gebracht wurde, wurden meine Daten nicht aufgenommen. Ich lag mit acht Schwangeren in einem Saal. Toilette und Waschbecken gab es auf dem Flur. Es war sehr schmutzig, und es gab kaum Nahrungsmittel. Das war ein Schock für mich. Das Personal war russischer Abstammung. Was für einen Arzt ich hatte, weiß ich nicht, weil ich ihn nicht sah. Als mein Mann von der Firma erfahren hat, wo ich liege, kam er mich – wenige Tage nach meiner Ankunft – besuchen. Er hatte mit Hilfe einer deutschen Kollegin einen Kinderwagen besorgt. Ich wollte dort nicht länger liegen bleiben. Mein Mann verließ die Baracke. Ich machte meine Tochter und mich fertig und reichte ihm dann heimlich die Tochter durch das Fenster an – es war die einzige Möglichkeit sie zu retten. Ich verließ anschließend ganz normal durch die Tür die Baracke. Niemand bemerkte etwas. Es war ein Sonntag. Wir kamen zur Straßenbahnhaltestelle. Ich kehrte zurück in das Lager, aus dem ich ursprünglich ins Krankenhaus gebracht wurde. Das war der ehemalige Betriebskindergarten von Pelikan. Die Firma teilte mir die Arbeit als Putzfrau in dieser Baracke zu. Da ich seit der Geburt Fieber hatte, musste ich nicht in die Fabrik zurück. In dieser Baracke schliefen meine Kolleginnen. Es handelte sich um einen großen Saal und ein kleines Zimmerchen, das eigentlich für Kranke gedacht war, aber nicht genutzt wurde. Dort durfte ich mit meiner Tochter wohnen. Ich konnte mich also um sie kümmern.[154]

Genowefa No. hatte Glück, durfte ihr Kind bei sich behalten und es selbst versorgen. Doch das Leben im Lager war hart und die Sorge um ein Kind stellte eine enorme zusätzliche Belastung dar, worauf die Lagerleitung selten Rücksicht nahm. War im Wohnlager keine Arbeit verfügbar und fanden sich keine Verwandten oder Kolleginnen, die sich während der Arbeitszeit um das Kind kümmern konnten, musste es nötigenfalls mit zum Arbeitsplatz genommen werden. In ihrem oben bereits zitierten Bericht schildert Nadeschda Be. die Strapazen, die sie und ihr Ende September 1944 geborenes Kind in einem Lager der Döhrener Wolle durchstehen mussten:

Regenwetter, Schnee und ich gehe jeden Tag mit dem kranken Kind zur Arbeit. [...] In der letzten Zeit fing ich wieder an, in der Küche zu arbeiten. Wie schwer fiel mir das. Vor sechs Uhr früh bis vier Uhr nachmittags. Genauso lange, wie auch die anderen Leute arbeiteten, und mit dem Kind muss ich genauso viel arbeiten. Ich hatte nur eine halbe Stunde Pause, zum Frühstück, Mittag wie auch jeder andere Arbeiter. Wann soll ich mein Kind stillen und es wickeln? »Während der Pause«, sagt man mir. Aber ein kleines Kind ist doch kein Er-

---

[154] Bericht von Genowefa No., zitiert nach Anschütz; Fischer; Heike; Wächtler, Gräber ohne Namen, S. 68.

wachsener, welches nur zweimal gewickelt und zweimal gestillt werden muss am Tage. Es ist ein kleines Kind. Renken sagte: »Na, wenn es dir unbequem ist, dann werden wir dir das Kind wegnehmen und geben es ins Lager.« »Lieber esse und trinke ich nicht, aber das Kind bleibt bei mir!«[155]

Eine solche Beharrlichkeit konnte lebensrettend sein, denn die besten Überlebenschancen hatten jene Kinder, die von ihren Müttern versorgt wurden. Neben der Unterbringung des Kindes auf dem Bauernhof oder im Barackenlager gab es noch eine weitere Möglichkeit, wie eine Mutter versuchen konnte, nicht von ihrem Nachwuchs getrennt zu werden. Einigen Frauen gelang es, ihre Kinder in die »Ausländerkinder-Pflegestätten« zu begleiten, indem sie sich vom Arbeitsamt oder der Heimleitung als Aushilfen anstellen ließen. Die ehemalige polnische Zwangsarbeiterin Kazimiera Wronska erinnert sich:

> Meine Tochter Maria kam noch im Krankenhaus zur Welt. Als sie sechs Wochen alt war, mußte auch sie ins Heim nach Sallach. Ich wußte, die Kinder sterben alle und habe um Genehmigung gebeten, mit meiner Tochter ins Heim zu gehen, als Hilfskraft. Ich durfte gehen und habe das Kind vier Monate gesäugt. Außer mir arbeiteten da noch zwei Frauen: Eine Russin mit den zwei Kindern Michal und Kati, ihr Mann war verschollen und sie war sehr traurig. Dazu Vera, eine Ukrainerin, die auch schon älter war. Sie war die wichtigste von uns. Sie konnte z. B. den Eltern erlauben, das Kind auf einen Tag nach Hause mitzunehmen. Eine deutsche Köchin lebte auch noch im Heim. Und nachdem notdürftig ein Kreißsaal eingerichtet wurde, [kam] ab und zu eine Hebamme.[156]

Eine weitere Möglichkeit zur Rettung des eigenen Kindes, die jedoch nur wenigen Elternpaaren offenstand, war die »Eindeutschung«. Diese kam am ehesten in Frage, wenn der Vater des Kindes ein Deutscher war. Die Polin Eugenie Wirl, die 1940 mit 17 Jahren als Zwangsarbeiterin in die »Stadt des KdF-Wagens« gebracht worden war, erwartete drei Jahre später ein Kind von einem deutschen Angestellten des Volkswagenwerks. Noch vor der Geburt bemühte sie sich erfolgreich um eine Anstellung im »Ausländerkinderpflegeheim«. Der Vater wiederum bat den leitenden Betriebsarzt des Volkswagenwerks, der bei der SS den Rang eines Hauptsturmführers bekleidete, sich für die »Eindeutschung« von Wirl einzusetzen. Im Jahr 1944 wurde ihr Status als »Volksdeutsche« anerkannt, und das Paar konnte heiraten.[157] Da ihr Sohn nun ebenfalls als »volksdeutsch« galt, durfte

---

155 Bericht von Nadeschda Be., zitiert nach Anschütz; Fischer; Heike; Wächtler, Gräber ohne Namen, S. 71.
156 Interview mit Kazimiera Wronska, zitiert nach Rosmus, Wintergrün, S. 34.
157 Befragung der Zeugin Wirl, TNA, WO 235/264, Tag 7 (27. Mai 1946).

er das Kinderheim verlassen.[158] Ob die Familie zuvor einer Rassenuntersuchung unterzogen wurde, ist nicht bekannt.

Zwar konnten Eltern verschiedene Strategien anwenden, um das Überleben ihrer Kinder zu sichern, doch standen diese Handlungsoptionen nur den wenigsten Zwangsarbeiter:innen offen und waren zudem nur selten von Erfolg gekrönt. In den meisten Fällen ließ sich die Einweisung in eine »Ausländerkinder-Pflegestätte« nicht abwenden, das Schicksal der Kinder war dann abhängig von den dort herrschenden Lebensbedingungen.

5.3 Leben und Sterben in den »Ausländerkinder-Pflegestätten«

Im Folgenden sollen die Lebensbedingungen in den »Ausländerkinder-Pflegestätten« näher beleuchtet werden, wobei zunächst die Ausstattung, das Personal und die Ernährung in den Blick geraten. Besonderer Fokus liegt auf den dokumentierten Todesursachen und Zahlen zur Säuglingssterblichkeit einzelner Einrichtungen, verbunden mit der Frage, ob Kinder in den Heimen nicht nur sterbengelassen, sondern auch aktiv getötet wurden. Nach einer Übersicht über die Bestattungspraxis für ausländische Kinder wird abschließend eine grobe Schätzung über die Zahl der »Ausländerkinder-Pflegestätten« und der dort gestorbenen Kinder vorgenommen.

5.3.1 Ausstattung

Die Einrichtungen zur Unterbringung der Kinder von Polinnen und »Ostarbeiterinnen« unterschieden sich je nach Betreiber und Lage in Größe und Einzugsgebiet, in der Ausstattung sowie dem eingesetzten Personal. Eines der größten Probleme bei der Planung einer »Ausländerkinder-Pflegestätte« war der infolge des Bombenkriegs durch die Zerstörung von Wohnraum, die Evakuierung zahlreicher Großstädte und die Verlagerung von Industriebetrieben und Dienststellen immer gravierendere Raummangel. In den verschiedenen Lagern ließen die Lagerleitungen je nach Kinderzahl eine oder mehrere Baracken oder lediglich einzelne Räume bereitstellen. Außerhalb der Lager wurden alte landwirtschaftliche Gebäude wie Maschinenschuppen oder Ställe umgenutzt, leerstehende Räumlichkeiten stillgelegter Betriebe hergerichtet oder baufällige Wohngebäude notdürf-

---

158 Anfang 1945 vermerkte die Heimleiterin, ein Kind sei »[a]usgeschieden wegen Adoption (eingedeutscht)«; Monatsbericht für Januar 1945, Ausländerkinderpflegeheim, TNA, WO 235/272, Exhibit 25.

tig instandgesetzt.[159] Auch Räume in Klöstern,[160] Waisenhäusern,[161] Gasthöfen,[162] Altenheimen,[163] Schlössern[164] oder leerstehende Baracken[165] dienten zur Unterbringung ausländischer Kinder.

Wegen der begrenzten Verfügbarkeit an Räumlichkeiten wurden mitunter Gebäude zu Kinderheimen umfunktioniert, die kaum für diesen Zweck geeignet waren. Bezüglich der Ausstattung mit Strom und Wasser, Sanitäranlagen sowie Heiz- und Kochmöglichkeiten gab es zwischen den verschiedenen Einrichtungen große Unterschiede, teilweise verfügten sie nur über eine rudimentäre Grundausstattung. Schwierigkeiten bei der Materialbeschaffung und fehlende Hilfsbereitschaft für die »fremdvölkischen« Kinder führten dazu, dass selbst auf dem Papier sorgfältig geplante »Pflegestätten« unvollständig in Betrieb genommen wurden. Das demonstrierte der Werksarzt der Anorgana GmbH in Gendorf, Burgkirchen an der Alz, den amerikanischen Ermittlungsbehörden nach dem Krieg anhand eines Bauplans:

> Das ist ein Plan der Pflegestätte, die aber nicht genauso gebaut wurde, weil im Bereich, der mit einem A markiert ist, auf Befehl Schmids [Kreisobmann der Deutschen Arbeitsfront] eine ungenügende und unhygienische Latrine eingerichtet wurde. Zweitens wurde die geplante Innentoilette, die mit B markiert ist, nie gebaut. Drittens wurde der Waschraum, der mit C markiert ist, nie fertiggestellt. Viertens blieb der Raum, der mit D markiert ist und der ein kombinierter Wasch- und Toilettenraum für das Personal sein sollte, unvollendet. [...] Die wenigen primitiven Toiletten, die die Pflegestätte hatte, waren in einem schlechten Zustand und lagen unmittelbar in den Aufenthaltsräumen der Babies.[166]

---

159 Zahlreiche Beispiele finden sich in den Listen beim Regierungspräsidenten in Lüneburg über die »Unterbringung heranwachsender Kinder (von Geburt bis zum vollendeten 10. Lebensjahr) von Polinnen und Ostarbeiterinnen«, 15. Mai 1944, NLA HA, Hann. 180 Lüneburg Acc. 3/005 Nr. 120 I.
160 Czichy, Tötung der Kinder von Zwangsarbeitenden; Race, Die »Kinderpflegestätte« Brunshausen 1944–1945.
161 Römer, Die grauen Busse in Schwaben, S. 170–174.
162 Hauch, Ostarbeiterinnen, S. 1292 f.
163 Witkowski; Kubica, Dzieci w zakładzie w Herrnstadt; Reiter, Tötungsstätten für ausländische Kinder im Zweiten Weltkrieg, S. 103.
164 Meldung des Polizeipräsidenten in Karlsruhe, Abt. II Ausländersuchdienst, über ein Entbindungsheim im Schloss Karlsruhe-Durlach, 25. Mai 1946, 2.2.0.1/82410003/ITS Digital Archive, Bad Arolsen; Kranzl-Greinecker, Die Kinder von Etzelsdorf.
165 Hauch, Ostarbeiterinnen, S. 1305.
166 Aussage von Dr. med. Arthur H., abgedruckt in Jungblut, Tod in der Wiege, S. 30 f.

Darüber hinaus sei das Wasser ungenießbar gewesen, der zuständige Kreisobmann der DAF habe jedoch sämtliche Verbesserungsvorschläge abgelehnt.[167] Teilweise verfügten »Pflegestätten«, insbesondere auf dem Land, weder über einen Wasseranschluss noch eine Pumpe.[168] Zu den Wellblechhütten in Velpke beispielsweise musste Trinkwasser von einem zwei Kilometer entfernten Bauernhof geholt werden, Wasser zum Waschen musste einen halben Kilometer transportiert werden.[169] Gerade bei einer größeren Kinderzahl gestaltete es sich in solchen Fällen schwierig, basale Hygieneregeln einzuhalten. Auch gab es in Velpke kein elektrisches Licht, so dass die Kinder bei Dunkelheit im Schein der Öfen gefüttert werden mussten, wie eine polnische Pflegerin vor Gericht aussagte.[170] In vielen Heimen konnte lediglich mit einfachen kleinen Kanonenöfen geheizt werden, die im Winter kaum die nötige Heizleistung für die oftmals schlecht isolierten Räume aufbrachten.[171] Selbst wenn die Heizmöglichkeiten ausreichten, fehlte es infolge der Materialknappheit häufig an Holz und Kohlen.[172]

Die angespannte Versorgungslage erschwerte es insbesondere kleineren Betrieben, die nötige Ausstattung für die Heime zu beschaffen. So machte der Reichsbauernführer unter anderem den »Mangel an den notwendigsten Spinnstoffen, Möbeln und Hausrat« im Sommer 1944 dafür verantwortlich, dass die Einrichtung der »Kinderpflegestätten für Fremdvölkische in der Landwirtschaft« nur schleppend vorangin.[173] In machen Heimen mangelte es an Betten, so dass mehrere Kinder zusammen in einem Bett oder in einfachen Holzkisten[174] oder sogar Futtertrögen[175] liegen mussten.[176] Vor allem bereitete die unzureichende Versorgung mit Kinderwäsche (Windeln, Wickeltücher, Kleidung, Bettwäsche etc.)

---

167 Aussage von Dr. med. Arthur H., abgedruckt in Jungblut, Tod in der Wiege, S. 31.
168 Reiter, Tötungsstätten für ausländische Kinder im Zweiten Weltkrieg, S. 105; Anschütz; Heike, »Unerwünschte Elemente«, S. 43. Der Landrat im Kreis Sonthofen plante noch im Frühjahr 1945, ein Kinderheim zu eröffnen, in dem weder Bademöglichkeiten noch eine Abortanlage für die Kinder vorhanden waren, was jedoch am Einspruch des zuständigen Gesundheitsamts scheiterte; Römer, Die grauen Busse in Schwaben, S. 146.
169 Brand, The Velpke Baby Home Trial, S. 115.
170 Brand, The Velpke Baby Home Trial, S. 115.
171 Brand, The Velpke Baby Home Trial, S. 88; Reiter, Tötungsstätten für ausländische Kinder im Zweiten Weltkrieg, S. 134.
172 Jungblut, Tod in der Wiege, S. 38; Vögel, »Entbindungsheim für Ostarbeiterinnen«, S. 123.
173 Schreiben des Reichsbauernführers an den Reichsminister für Volksaufklärung und Propaganda betr. »Entbindungsheime und Kinderpflegestätten für Fremdvölkische in der Landwirtschaft«, i. A. Hatesaul, 22. Juni 1944, BArch, R 55/1229.
174 Woock, Zwangsarbeit ausländischer Arbeitskräfte im Regionalbereich Verden/Aller (1939–1945), S. 187.
175 Woock, Zwangsarbeit ausländischer Arbeitskräfte im Regionalbereich Verden/Aller (1939–1945), S. 192 f.; Reiter, Tötungsstätten für ausländische Kinder im Zweiten Weltkrieg, S. 179.
176 Brüntrup, Verbrechen und Erinnerung, S. 83.

vielerorts Probleme. Laut Erlass des Reichswirtschaftsministeriums vom 22. Januar 1943, wiedergegeben im GBA-Erlass vom 20. März, sollten die ausländischen Säuglinge über Bezugsscheine versorgt werden. Den werdenden Müttern konnten

> bei dringender Notwendigkeit nach Erreichung des 8. Monats der Schwangerschaft Bezugsscheine über Bekleidungsgegenstände für Säuglinge bis zur Hälfte derjenigen Bezugsrechte ausgestellt werden, die einer deutschen Mutter [...] zustehen.[177]

Die Versorgung der schwangeren »Ostarbeiterinnen« mit Bettwaren und Bettwäsche kam allerdings nicht in Frage, »da die Säuglinge in Heimen oder Sanitätsstuben der Werke untergebracht werden dürften, die dann die notwendigen Ausstattungen erhalten«.

Doch der Vorrat an Textilwaren, den viele Heime zur Ersteinrichtung erhalten hatten, schrumpfte innerhalb weniger Monate zusammen. Im Kinderheim in Spital am Pyhrn war nach etwa fünf Monaten die Hälfte der anfangs 600 vorrätigen Windeln aufgebraucht.[178] Um die eigene Verantwortung herunterzuspielen, machten die Betreiber der Einrichtungen für den hohen Verbrauch mitunter die Mütter der Kinder sowie die ausländischen Pflegerinnen verantwortlich, wie etwa der Leiter der AOK Braunschweig im Frühjahr 1946 in einem Schreiben an das Staatsministerium: »Auch ausreichende Säuglings- und Bettwäsche war vorhanden; nur wurde beides von den Ausländern nicht geschont, zerrissen und gestohlen (Diebstahlsvorgänge sind bei den Akten).«[179] Ersatz war immer schwieriger zu beschaffen, denn gerade Säuglings- und Kleinkinderwäsche wurde im Verlauf des Kriegs zur Mangelware und stand selbst für deutsche Kinder nicht ausreichend zur Verfügung.[180] Mancherorts verpflichteten die Heimbetreiber die Mütter beziehungsweise deren Arbeitgeber:innen, sämtliche Gebrauchsgegenstände und vor allem Textilien bei der Aufnahme der Kinder im Heim abzuliefern. In den Aufnahmebedingungen für die »Ausländerkinder-Pflegestätten« im Kreis Dannenberg hieß es:

---

177 Runderlass des GBA an die Präsidenten der Landesarbeitsämter betr. »Behandlung schwangerer ausländischer Arbeitskräfte«, 20. März 1943, BArch, NS 5-I/271.
178 Hauch, Ostarbeiterinnen, S. 1298.
179 Schreiben des Leiters der AOK an das Staatsministerium, 15. April 1946, zitiert nach Vögel, »Entbindungsheim für Ostarbeiterinnen«, S. 36. Vgl. Brüntrup, Verbrechen und Erinnerung, S. 83.
180 Schon im Frühjahr 1940 berichtete der SD über einen großen Mangel an Kinderwäsche, Kindermöbeln und sonstigen »Gebrauchsgegenstände[n] für die Kinderwartung und -pflege«; Meldungen aus dem Reich, 17. April 1940, BArch, R 58/3543, Bl. 21–23.

Bei der Aufnahme muß für das unterzubringende Kind das Mitbringen von Wäschestücken u. Ausstattungsgegenständen wie Strohsack, Decke, Kissen, Bettlaken, Waschschale, Handtücher, Waschlappen, Flaschen, Sauger, Trinkbecher, Teller u. Löffel gefordert werden. [...] Die Kindeseltern haben für die Bereitstellung der erforderlichen Körperwäsche u. Kleidung einschl. Schuhe selbst zu sorgen. Die beschafften Sachen sind in der Pflegestätte abzugeben.[181]

Konnten die Eltern die notwendige Ausstattung nicht selbst besorgen und bekamen diese auch nicht von ihren Arbeitgeber:innen gestellt, führte das in den Heimen unmittelbar zur Verknappung der begrenzten Vorräte.[182] In zahlreichen »Pflegestätten« mussten die ausländischen Kinder daher abgetragene, schmutzige und zerschlissene Kleidung tragen. So lagen etwa die Kinder im Heim Cluvenhagen laut einer Zeitzeugin »in Lumpen in einem Futtertrog im ehemaligen Schweinestall«.[183] Ein Bericht aus der Säuglingsbaracke in Godshorn dokumentiert ähnliche Zustände: »Da die Mütter ihren Kindern nicht das Nötigste geben konnten, nahmen sie das, was ihnen zur Verfügung stand. Ich sah Kinder, die nur in Lappen eingewickelt waren. Die Lappen dienten gleichzeitig als Windel und Kleidung.«[184] Vielen Eltern blieb nur der Weg der Selbsthilfe. So berichtet eine Polin, die als Kind im Rennplatzlager in Oldenburg lebte, dass Eltern alte Kleider zerrissen, um ihre Säuglinge wickeln zu können.[185]

Die in vielen Heimen gehäuft auftretenden Durchfallerkrankungen verschärften diese Situation zusätzlich. Das ständige Waschen der immerzu verschmutzten Windeln, Bettwäsche und Kleidungsstücke führte zu starkem Verschleiß. Zum Ende des Jahres 1944 spitzte sich die Versorgungslage dramatisch zu, die Lebensbedingungen der Kinder in den Heimen wurden katastrophal. Über die »Ausländerkinder-Pflegestätte« Alfter berichtete das Staatliche Gesundheitsamt im November 1944:

Es besteht nach wie vor keinerlei Aussicht für die Pflegestätte, auch nur ein Mindestmaß der erforderlichen Windeln und die notwendige Leib- und Bettwäsche nebst Handtüchern zu beschaffen. Von den aufgestellten Öfen verbrei-

---

181 Merkblatt der Kreisbauernschaft Dannenberg über »Bedingungen für die Aufnahme von Ausländerkindern in den Ausländerkinder-Pflegestätten des Kreises Dannenberg«, 19. Juli 1944, TNA, WO 235/447.
182 Vgl. Reiter, Tötungsstätten für ausländische Kinder im Zweiten Weltkrieg, S. 120.
183 Zitiert nach Reiter, Tötungsstätten für ausländische Kinder im Zweiten Weltkrieg, S. 179. Vgl. Woock, Zwangsarbeit ausländischer Arbeitskräfte im Regionalbereich Verden/Aller (1939–1945), S. 192.
184 Zitiert nach Anschütz; Heike, »Unerwünschte Elemente«, S. 35.
185 Hoffmann, Ausländische ZwangsarbeiterInnen in Oldenburg während des Zweiten Weltkrieges, S. 481.

tet der eine seine Rauchgase innerhalb des Aufstellungsraums im ersten Stockwerk. Ein Bedarf an zehn Strohsäcken für die Betten liegt außerdem vor.[186]

In den meisten anderen Heimen wird es zu dieser Zeit nicht besser ausgesehen haben,[187] denn die ausländischen Kinder befanden sich unter den Letzten, denen die immer knapper werdenden Versorgungsgüter zugestanden wurden. Anfang des Jahres 1945 beschwerte sich der Kreisobmann der DAF mit deutlichen Worten über die Situation im »Ausländer-Wöchnerinnenheim« Godshorn:

> Inzwischen sind allerdings die Kinder immer mehr herangewachsen, so daß ein großer Mangel an Schuhen, Strümpfen, Höschen und dergl. in erheblicher Menge vorliegt [...]. Da die Bekleidungsfrage, wie oben angeführt, nun langsam zu einer Katastrophe wird, bitte ich doch diesem Zustand abzuhelfen und entsprechende Zuweisung zu machen, evtl. bitte ich Sie, sich die Notlage an Ort und Stelle zu besehen.[188]

Beim adressierten Wirtschafts- und Ernährungsamt hielt man solche Versorgungsschwierigkeiten im sechsten Kriegsjahr für »selbstverständlich« und wies darauf hin, die ausländischen Säuglinge und Kleinkinder dürften keinesfalls bessergestellt werden als deutsche Kinder. Trotz einer weiteren Besichtigung durch die DAF blieben die Zustände im Lager bis Kriegsende unverändert.

Fehlende Wäsche, unzureichende Waschmöglichkeiten, alte Strohsäcke als Matratzen und Überbelegung erschwerten zudem den Kampf gegen Parasiten, die ebenso wie in den Massenunterkünften der Zwangsarbeiter:innen in vielen »Ausländerkinder-Pflegestätten« zur ständigen Plage wurden. In von Bettwanzen befallenen Heimen litten die Säuglinge nachts unablässig unter den schmerzhaften Stichen der Insekten, wie die Ukrainerin Tatiana Markovna Ma., die im »Ausländer-Wöchnerinnenheim« in Godshorn gearbeitet hatte, berichtete:

> In den Holzbaracken gab es viele Insekten bzw. Wanzen. Sie stachen ständig die Kinder, besonders in der Nacht. Die Kleinen verteidigten sich, schlugen mit den Füßchen um sich und verletzten sich die Fersen, bis die Knochen zu sehen waren. Die neu angekommenen Kinder waren am stärksten betroffen. Eines Tages brachte man mir einen ›Neuling‹. Für die kommende Nacht wickelte ich seinen Körper komplett ein, damit er nicht mit den nackten, sondern mit den

---

186 Zitiert nach Vogt, Die Beueler Jutespinnerei und ihre Arbeiter 1868–1961, S. 169.
187 Siehe beispielsweise Reiter, Tötungsstätten für ausländische Kinder im Zweiten Weltkrieg, S. 163; Haida; Koziol; Schmidt, Gantenwald, S. 214.
188 Schreiben des DAF-Kreisobmanns an das Wirtschafts- und Ernährungsamt, 2. Januar 1945, zitiert nach Anschütz; Heike, »Unerwünschte Elemente«, S. 53.

gewickelten Füßchen um sich schlägt. Morgens bei der Fütterung kam unsere junge deutsche Aufsichtsperson, sah das und schlug mich dafür ins Gesicht.[189]

Neben Bettwanzen konnten sich in den unsauberen und überbelegten Räumen zudem Läuse, Flöhe und Krätzmilben unter den Kindern ausbreiten, im Sommer kam es mitunter zu Fliegenplagen.[190] In Brunshausen beispielsweise befand sich unmittelbar neben der »Kinderpflegestätte« der Misthaufen der Klosteranlage, auf dem von Oktober 1944 bis Anfang 1945 zudem die Exkremente der in der Kirche untergebrachten KZ-Häftlinge ausgeleert wurden. »Die Münder der Kinder«, so der Eindruck einer Zeitzeugin, »waren voller Fliegen.«[191] Ein solcher Befall stellte nicht nur eine Qual für die betroffenen Kinder, sondern auch eine enorme gesundheitliche Gefahr dar. Die Tiere fungierten als Krankheitsüberträger und waren für Sekundärinfektionen, etwa durch häufiges Kratzen, verantwortlich.

Unter diesen Umständen kam es in vielen »Pflegestätten« zu schrecklichen Szenen, wie der nach dem Krieg zu Protokoll gegebene Bericht von Karl Möse erahnen lässt, der Anfang Juli 1944 die Leitung des Entbindungsheims in Braunschweig übernommen hatte:

Ich fand die Zustände dort einfach fürchterlich. Ich kann sie gar nicht beschreiben. In den Toiletten lagen die Monatsbinden haufenweise und wenn eine Frau auf der Toilette saß, da hatte sie die Monatsbinden gerade vor der Nase. In einer Ecke des Waschraumes lag ein Berg Decken, die beschmutzt waren mit Exkrementen von Säuglingen. Die Exkremente waren voll dicker Maden. In dem Baderaum waren – wie es mir von Frau Becker berichtet wurde – drei Leichen von Kindern. Wie ich mich aus der Unterredung mit Frau Becker erinnere, lagen die Leichen da schon so lange, daß ich sie gar nicht ansehen wollte.[192]

5.3.2 Personal

Das meist ausschließlich weibliche Personal der »Ausländerkinder-Pflegestätten« setzte sich aus einer Heimleiterin sowie mehreren Pflegerinnen und Helferinnen zusammen, für kleinere Arbeiten wurden zudem die vor Ort unter-

---

189 Anschütz; Fischer; Heike; Wächtler, Gräber ohne Namen, S. 66.
190 Lehmann, »... stärkste Befürchtungen, dass das Kind doch der Allgemeinheit zur Last fällt«, S. 208; Brüntrup, Verbrechen und Erinnerung, S. 97; Vögel, »Entbindungsheim für Ostarbeiterinnen«, S. 92.
191 Race, Die »Kinderpflegestätte« Brunshausen 1944–1945, S. 15.
192 Protokoll zur Vernehmung des Kriegsverbrechers Karl Möse, 7. Februar 1946, zitiert nach Vögel, »Entbindungsheim für Ostarbeiterinnen«, S. 89.

gebrachten Wöchnerinnen herangezogen. Einrichtungen mit angeschlossener Entbindungsstation verfügten oftmals über eine Hebamme und gegebenenfalls über weiteres medizinisches Personal. Die Entbindungs- und Säuglingsbaracken in den Zwangsarbeiter:innenlagern fielen in den Zuständigkeitsbereich der Betriebs- beziehungsweise Lagerärzt:innen, für eine dauerhafte medizinische Aufsicht kamen allenfalls »Ostärzt:innen« in Frage.[193] Für kleinere »Pflegestätten« ohne Entbindungsmöglichkeiten in der Landwirtschaft war meist kein festes medizinisches Personal verfügbar und auch nicht vorgesehen.

Die Heimleiterinnen hatten vor Ort den größten Einfluss auf die Behandlung der Wöchnerinnen und ihrer Kinder. Sie waren verantwortlich für die Versorgung mit Nahrung, Wäsche und Heizmaterial, führten Buch über die Finanzen sowie die Aufnahmen und Abgänge, beaufsichtigten das Personal und achteten auf die Einhaltung der Heimregeln und Besuchszeiten. Einheitliche Richtlinien, wer für diesen Posten in Frage kam, gab es allerdings nicht. Der Einsatz von NSV-Schwestern war, mit Ausnahme der NSV-Heime für ausländische Kinder im Gau Oberdonau, nicht erwünscht. In den Zwangsarbeiter:innenlagern, die über eigene Krankenreviere verfügten, konnte auf das dortige Personal zurückgegriffen werden. Schwieriger gestaltete sich die Suche in ländlichen Regionen. Mitte des Jahres 1944 suchte der Reichsbauernführer daher über das Reichspropagandaministerium den Kontakt zur NS-Frauenschaft, um deutsche Frauen als Leiterinnen für die in den Landesbauernschaften vom Reichsnährstand geschaffenen »Pflegestätten« zu gewinnen:

> Es werden vor allem umsichtige energische Frauen benötigt, die in den Heimen die Oberaufsicht führen und für Ordnung, Sauberkeit usw. sorgen. Die Pflegearbeiten an den fremdvölkischen Wöchnerinnen und Säuglingen sowie die einfachen Haushaltsarbeiten werden grundsätzlich ausschliesslich von fremdvölkischen Kräften sowie den vorübergehend in den Heimen anwesenden Wöchnerinnen verrichtet.[194]

Aus einer handschriftlichen Notiz von Rudolf Semler, persönlicher Pressereferent des Propagandaministers, geht jedoch hervor, dass der Einsatz deutscher Frauen in den Heimen für »fremdvölkische« Kinder weder vom Propagandaministerium noch von der Reichsfrauenschaft selbst gewünscht war:

---

193 Wie beispielsweise im »Ausländerkinderpflegeheim« des Volkswagenwerks, siehe Brüntrup, Verbrechen und Erinnerung, S. 83 f.
194 Schreiben des Reichsbauernführers an den Reichsminister für Volksaufklärung und Propaganda betr. »Entbindungsheime und Kinderpflegestätten für Fremdvölkische in der Landwirtschaft«, i. A. Hatesaul, 22. Juni 1944, BArch, R 55/1229.

Da anzunehmen ist, daß die erwähnten Säuglingsheime verhältnismäßig primitiver Natur sein müssen, da das vorhandene Material an Kleinkinderwäsche u. s. w. in erster Linie deutschen Kindern zugute kommen muß u. hier schon nicht ausreicht, würde eine deutsche Leiterin der Heime vor unliebsame Aufgaben gestellt, weshalb ihr Einsatz propagandistisch unerwünscht erscheint. Ich schlage vor, dem Reichsnährstand zu antworten, wie unsere Meinung sei, im übrigen könnten sie sich noch selbst mit der R.Frauenführung in Verbindung setzen. (Dort habe ich von mehreren in Frage kommenden Stellen unsere Ansicht bestätigt bekommen.)[195]

Offensichtlich war auch in denjenigen Behörden, die nicht direkt an Planung und Betrieb der »Pflegestätten« beteiligt waren, bekannt, was von der Pflege und Versorgung der »fremdvölkischen« Kinder in diesen Einrichtungen zu erwarten war. »Propagandistisch« war es sicherlich eher erwünscht, den als Pflegerinnen eingesetzten Polinnen und »Ostarbeiterinnen« die mangelhafte Versorgung der Kinder anzulasten, da dies ohnehin mit dem rassistischen Bild der vermeintlich primitiven »Ostvölker« einherging.

Während die NS-Frauenschaft nicht dazu bereit war, Heimleiterinnen zu stellen, lassen sich für den Großteil der bekannten »Pflegestätten« deutsche Leiterinnen nachweisen.[196] Vorerfahrungen oder Qualifikationen wurden zur Leitung eines derartigen Entbindungs- oder Kinderheims nicht verlangt. Als beispielsweise die AOK in Braunschweig ein »Entbindungsheim für Ostarbeiterinnen« einrichtete, meldet sich Gertrud Becker freiwillig für diese Position, weil sie davon ausging, ihren fünfjährigen Sohn mit zur Arbeit nehmen zu können. Zuvor hatte die ledige Frau mehrere Jahre als Sekretärin beziehungsweise Büroaushilfskraft bei der AOK gearbeitet, Erfahrung in der Kinder- oder Säuglingspflege hatte sie nicht.[197] Dementsprechend konnten die Fähigkeiten und das Engagement der Heimleiterinnen sehr unterschiedlich ausfallen. Nach dem Krieg sahen sich einige dieser Frauen mit dem Vorwurf konfrontiert, die ausländischen Kinder in ihrer Obhut grob vernachlässigt, misshandelt oder gar ermordet zu haben.[198] Auch bei der Behandlung der Schwangeren und Wöchnerinnen sowie des ausländischen Personals sollen einige Heimleiterinnen übermäßig streng gewesen und mitunter sogar handgreiflich geworden sein.[199] Daneben finden sich einzelne Beispiele per-

---

195 Handschriftliche Notiz von Dr. Semler, 5. Juli 1944, BArch, R 55/1229.
196 Vgl. Woock, Zwangsarbeit ausländischer Arbeitskräfte im Regionalbereich Verden/Aller (1939–1945), S. 161–201; Reiter, Tötungsstätten für ausländische Kinder im Zweiten Weltkrieg.
197 Vögel, »Entbindungsheim für Ostarbeiterinnen«, S. 17.
198 Siehe die Fallbeispiele in Kapitel 6.3 in diesem Buch.
199 Brüntrup, Verbrechen und Erinnerung, S. 110; Vögel, »Entbindungsheim für Ostarbeiterinnen«, S. 129; Anschütz; Fischer; Heike; Wächtler, Gräber ohne Namen, S. 66.

Leben und Sterben in den »Ausländerkinder-Pflegestätten«

sönlichen Einsatzes im Angesicht überaus widriger Umstände. Gisela Schwarze etwa berichtet von der »Ostarbeiterkinderpflegestätte« der Firma Gebr. Laurenz in Ochtrup, deren Leiterin Margund F., eine gelernte Säuglingsschwester, sich nach besten Kräften um die dort untergebrachten Kinder und ihre Mütter gekümmert haben soll.[200] In jedem Fall waren die Möglichkeiten der Heimleiterinnen begrenzt. Zwangsläufig mussten sie mit desolaten Räumen, Überbelegung, fehlender Ausstattung sowie unzureichenden Zuteilungen an Nahrungsmitteln, Spinnstoff und Heizmaterial auskommen. Zudem stand ihnen für die Betreuung der Kinder oftmals nur wenig und darüber hinaus ungelerntes und mit der Arbeitslast überfordertes Personal zur Verfügung.

Das übrige Personal der »Ausländerkinder-Pflegestätten« sollte sich laut Erlass des GBA aus »weiblichen Angehörigen des entsprechenden Volkstums« rekrutieren.[201] Dementsprechend arbeiteten in diesen Einrichtungen fast ausschließlich Polinnen, Russinnen und Ukrainerinnen, nur vereinzelt wiesen die Arbeitsämter oder Betriebe den Heimen auch deutsche Arbeitskräfte zu. Im »Ausländerkinderpflegeheim« des Volkswagenwerks, in dem zeitweise bis zu 160 Kinder lebten, arbeiteten neben der Heimleiterin vier deutsche Frauen zusammen mit 15 bis 18 »Ostarbeiterinnen«.[202] Bei der Zuweisung des Pflegepersonals durch das Arbeitsamt spielte die Qualifikation der Arbeitskräfte ebenfalls eine untergeordnete Rolle, viele der als Pflegerinnen eingestellten Frauen hatten kaum oder gar keine Erfahrung in der Säuglings- und Kinderpflege. Neben den Pflegerinnen verfügten einige Heime über festangestellte Helferinnen für bestimmte Aufgaben wie Kochen, Waschen und Putzen. Zusätzlich zum festen Personal halfen die Mütter der Kinder für einige Zeit in den Heimen aus, indem sie beispielsweise Näharbeiten und sonstige anfallende Aufgaben verrichteten. Die Ukrainerin Tatiana Markovna Ma., die im Godshorner »Wöchnerinnenheim« als Pflegerin angestellt war, schildert die Zusammensetzung des dortigen Personals und ihren Arbeitsalltag:

> Das Lagerpersonal setzte sich aus einer Lagerleiterin, eine junge Deutsche, und einem Dolmetscher, ein Tscheche, der uns auch in das Lager gebracht hatte, zusammen. Später wechselte das Personal. Lagerleiterin wurde eine ältere Deutsche und Dolmetscherin eine Wolgadeutsche aus Russland. Weiterhin waren da eine Hebamme aus der Ukraine, eine Krankenschwester, eine Küchenhilfe und drei Kinderfrauen aus der Ukraine sowie eine Wäscherin. [...] Wir standen

---

200 Schwarze, Kinder, die nicht zählten, S. 182–188. Als einzige Quellen liegen dafür allerdings nur ein Fotoalbum sowie die Erinnerungen der Leiterin selbst vor, die möglicherweise ein geschöntes Bild ihrer damaligen Tätigkeit zeichnen.
201 Runderlass des GBA an die Präsidenten der Landesarbeitsämter betr. »Behandlung schwangerer ausländischer Arbeitskräfte«, 20. März 1943, BArch, NS 5-I/271.
202 Brüntrup, Verbrechen und Erinnerung, S. 84.

immer um fünf Uhr morgens auf. Wir holten Brennholz, heizten den Ofen an, bereiteten Windeln vor, machten sauber und fütterten die Kinder. Um 8 Uhr frühstückten wir – Brot und Tee, um 14 Uhr gab es Mittagessen: Graupensuppe mit Steckrüben. Um 20 Uhr aßen wir zu Abend. Wir waren nie außerhalb des Lagers. Wir hatten keine Zeit und keine Transportmöglichkeiten.[203]

Die unausgebildeten und teilweise noch sehr jungen Pflegerinnen waren mit der Betreuung der Kinder oftmals überfordert, zumal in vielen »Ausländerkinder-Pflegestätten« wie oben geschildert verheerende Zustände herrschten. Wenn sich darüber hinaus Infektionskrankheiten ausbreiteten, besonders häufig waren hochansteckende Durchfallerkrankungen, nahm manches Heim eher die Gestalt eines provisorischen Kinderkrankenhauses an. Die Situation ließ sich in solchen Fällen ohne ausreichend medizinisch geschultes Personal kaum in den Griff bekommen.[204] Die mangelhafte Versorgung mit allem Notwendigen, der erbärmliche Gesundheitszustand vieler Kinder und die hohe Sterberate stellten zusätzlich zur ohnehin hohen Arbeitslast eine enorme fachliche und psychische Belastung dar.

Einen seltenen Einblick in das Leben und Arbeiten in einer solchen Einrichtung ermöglicht das Tagebuch von Maria H., die im Mai 1944 der NSV als Haushaltshilfe zugewiesen worden war. Im Sommer 1944 arbeitete Frau H., die selbst ein Kind erwartete, für mehrere Monate als Aushilfe im von der NSV betriebenen »Fremdvölkischen Kinderheim« im Schloss Etzelsdorf im Gau Oberdonau.[205] Wie eine düstere Vorahnung wirken die im Tagebuch der Frau H. festgehaltenen Worte einer nicht näher bezeichneten »Frau vom Gau«, die das Heim im August besichtigte und sich mit dem Satz verabschiedete: »Sparen Sie sich Ihre Kraft für Ihren neuen Einsatz!« Zunächst beschwert sich Frau H. in ihrem Tagebuch vor allem über das schwer zu ertragende »Geschrei und Gestinke«, über das Windeln der schmutzigen Kinder sowie die anfallende Wäsche. Positiv äußert sie sich über die Leiterin und die Köchin, mit denen sie sich gut verstehe und die sich sehr um die schwangeren Frauen kümmern würden. Der Gesundheitszustand der Kinder indes verschlechterte sich im Herbst zusehends, die Einträge klingen immer hoffnungsloser. Nachdem im Oktober in kurzer Folge mehrere Kinder erkrankten und starben, vertraut Frau H. am 3. November ihrem Tagebuch an: »Franz-Ernst gestorben. Ich sehe schon lauter tote Kinder vor mir. Mein Gemüt ist ein trauriger Trümmerhaufen. Ich könnte weinen, weinen, weinen.« Zwei Tage darauf kommt es zum neunten Todesfall: »Stefan gestorben, bei uns ist ein Massensterben.« Im Dezember 1944 verließ Maria H. aufgrund ihrer bevorstehenden Entbindung das Heim in Etzelsdorf. Als sie im März 1945 ihren Dienst in einem

---

203 Anschütz; Fischer; Heike; Wächtler, Gräber ohne Namen, S. 64.
204 Siehe Brüntrup, Verbrechen und Erinnerung, S. 99.
205 Im Folgenden nach Kranzl-Greinecker, Die Kinder von Etzelsdorf, S. 27 f.

anderen NSV-Kinderheim bei Mauerkirchen[206] beginnen soll, beklagt sie sich: »Jetzt soll ich in dieses Heim, das ja gar kein Heim ist. Lauter kranke Kinder und dieser primitive Betrieb!«[207]

Zeitzeuginnenberichte dokumentieren, dass in einzelnen Fällen Anwohnerinnen bei der Versorgung der ausländischen Kinder aushalfen. So berichtet Margarete G., die in unmittelbarer Nähe der Wäscherei Schneeweiß wohnte und guten Kontakt zur Familie des Firmeninhabers hatte, sie habe regelmäßig die Säuglings- und Kleinkinderbaracke des Betriebs besucht:

> Ich bin oft in den Baracken gewesen und habe was hingebracht, vor allen Dingen für die Kinder und z. B. Salben. Ich war mal Säuglingsschwester und hatte da mal Gelegenheit Penatencreme zu kriegen oder noch was anderes und von meinen Sachen Windeln. Mein Sohn war 1942 geboren und der war ja nun aus den Windeln raus.[208]

In Spital am Pyhrn soll die örtliche NSV-Leiterin, die im dortigen »Fremdvölkischen Säuglingsheim« die Oberaufsicht innehatte, junge Frauen aus dem Dorf um Unterstützung gebeten haben.[209] Das aus einer »NSV Säuglingsschwester«, einer »Wochenpflegerin«, einer »Säuglingsküchenschwester« sowie neun »Ostarbeiterinnen« bestehende Personal war mit der Betreuung der Säuglinge offenbar überfordert. Frau E., eine Anwohnerin, die nach eigenen Angaben öfters im Heim war, erinnert sich:

> Da sind sie halt nach der Reihe gewickelt worden und so oft werden sie nicht gewickelt worden sein. Ich glaube, wenn sie einmal, höchstens zweimal gewickelt worden sind [...] darum sind sie ja auch oft nicht appetitlich drinnengelegen [...] in primitiven Betterln.[210]

Unterbesetztes, unqualifiziertes oder desinteressiertes Personal stand einer fachgerechten Pflege der Säuglinge und Kleinkinder entgegen und führte darüber hinaus zu einem Mangel an liebevoller Umsorgung und sozialer Interaktion. In »Pflegestätten«, in denen die Eltern nie oder nur selten zu Besuch kommen konnten, hatten die Kinder keine festen Bezugspersonen, die ihnen emotionale und körperliche Nähe zukommen ließen. Ihre verzweifelte Suche nach menschlichem Kon-

---

206 Wahrscheinlich ist ein »Fremdvölkisches Kinderheim« in Burgkirchen bei Mauerkirchen gemeint; siehe Hauch, Ostarbeiterinnen, S. 1306.
207 Zitiert nach Kranzl-Greinecker, Die Kinder von Etzelsdorf, S. 28.
208 Tollmien, Slawko, Stanislaw und France-Marie, S. 384.
209 Hauch, Ostarbeiterinnen, S. 1298.
210 Zitiert nach Hauch, Ostarbeiterinnen, S. 1298.

takt blieb oft unbeantwortet. Die ehemalige ukrainische Zwangsarbeiterin Tatjana B. berichtet von der Säuglingsbaracke der Firma Kolb & Co. in Wuppertal, in der ihr im Januar 1944 geborener Sohn untergebracht worden war:

> Mein Sohn lebte da 8 Monate, bis er starb. Ich konnte ihn jeden Tag sehen, aber nur durch die Glasscheibe der Tür. Man brachte ihn nie in die frische Luft heraus. Wieviele Kinder da waren kann ich nicht sagen, ich habe sie nicht gezählt. Das Alter war unterschiedlich, aber sie konnten alle noch nicht laufen. Den Mädchen oder Frauen[, die die Kinder betreuen sollten,] waren die Kinder gleichgültig. Die Kinder konnten schreien bis zum Platzen, ohne daß sich [die Betreuerinnen] regten.[211]

Die Polin Krystyna N., die im April 1945 im Alter von vier Jahren und acht Monaten als eines der ältesten Kinder aus dem St. Josefstift in Herrnstadt befreit wurde, erinnert sich dunkel an die herzlose Behandlung durch die dort zuständigen Ordensfrauen:

> Aus dieser Zeit erinnere ich mich an die Ordensschwestern, die sich um uns kümmerten. Ich erinnere mich, dass sie uns ständig anschrien und nur Deutsch sprachen. Jedenfalls sprach ich, als ich aus diesem Heim geholt wurde, nur deutsch. Ich erinnere mich aus dieser Zeit noch an die stummen oder weinenden Gesichter der Kinder, die sich irgendwo in den Ecken versteckten.[212]

Eine derartige emotionale Vernachlässigung konnte die Entwicklung der Säuglinge und Kleinkinder massiv beeinträchtigen. So berichteten Personen, die nach dem Krieg elternlose Kinder aus Herrnstadt bei sich aufgenommen hatten, die sprachliche und motorische Entwicklung ihrer Schützlinge sei deutlich verzögert gewesen.[213] Die ausgebildete Kindergärtnerin Adelheid G., die im Februar 1945 ihren Dienst im NSV-Heim in Etzelsdorf antrat, berichtet ebenfalls von starken Entwicklungsverzögerungen aufgrund fehlender »Ansprache und Förderung der Entwicklung durch Zuwendung«.[214] So seien die im Schloss untergebrachten Kinder nie mit Namen angesprochen worden, Namensschilder habe es keine gegeben. Die Kinder hätten nicht sprechen können, sondern »bellten und heulten wie Wölfe, ihre Laute klangen wie hohle Rufe aus der Wildnis«. Ansonsten hät-

---

211 Zeitzeuginnenbericht von Tatjana B., zitiert nach Speer, Ausländer im »Arbeitseinsatz« in Wuppertal, S. 444.
212 Aussageprotokoll Krystyna N., 31. Oktober 2001, IPN Po, S. 5/00/Zn, Bd. 2, Bl. 338–340 [aus dem Polnischen von M.B.].
213 Vgl. Witkowski; Kubica, Dzieci w zakładzie w Herrnstadt.
214 Zitiert nach Kranzl-Greinecker, Die Kinder von Etzelsdorf, S. 31.

ten sie reglos in den Betten gelegen und seien kaum ansprechbar gewesen: »Mich beunruhigte ihr teilnahmsloses Verhalten. Ich versuchte mit ihnen zu plaudern und sang Kinderlieder. Nur wenige Kinder reagierten, hoben ihr Köpfchen, sanken aber bald kraftlos zurück.«[215]

5.3.3 Ernährung

Während mit einer unzureichenden Ausstattung und ungenügend geschultem Personal denkbar schlechte Voraussetzungen für das Wohl der Kinder in den »Pflegestätten« geschaffen worden waren, zog insbesondere die mangelhafte Ernährung der ausländischen Säuglinge und Kleinkinder katastrophale Folgen nach sich. Nachdem das Ende der Abschiebung schwangerer Ausländerinnen und die Einrichtung der »Ausländerkinder-Pflegestätten« beschlossen worden waren, herrschte zunächst Unklarheit, wie lange nach der Geburt die Säuglinge der ausländischen Arbeiterinnen gestillt werden dürften und ob und wann sie von ihren Müttern zu trennen seien. Kaum eine Frage war so umstritten und hatte gleichzeitig so schwerwiegende Konsequenzen für die betroffenen Kinder. Die Diskussion bewegte sich wie so oft in erster Linie zwischen ökonomischen und rassenideologischen Überlegungen, während das Wohl der Mütter und ihrer Kinder nebensächlich blieb. Obwohl Nährpräparate für Säuglinge durch moderne Verfahren erheblich an Qualität gewonnen hatten, galt Muttermilch zur Zeit des Nationalsozialismus weiterhin als natürlichste, gesündeste und sicherste Nahrung für Säuglinge.[216] Als ein Kernproblem der Bevölkerungspolitik sollte die Säuglingssterblichkeit mit Hilfe einer aggressiven Stillpropaganda bekämpft werden, die somit »ein zentrales Element der nationalsozialistischen Säuglingsfürsorge«[217] darstellte. Im NS-Mutterkult galt die mythologisch aufgeladene Ernährung an der

---

215 Zitiert nach Kranzl-Greinecker, Die Kinder von Etzelsdorf, S. 31.
216 Ausführlich zur Entwicklung der Säuglingsernährung im 20. Jahrhundert siehe Verena Limper, Flaschenkinder. Säuglingsernährung und Familienbeziehungen in Deutschland und Schweden im 20. Jahrhundert, Köln 2021, S. 285–295.
217 Jörg Vögele, Säuglingsfürsorge, Säuglingsernährung und die Entwicklung der Säuglingssterblichkeit in Deutschland während des 20. Jahrhunderts, in: Medizin im Spiegel ihrer Geschichte, Theorie und Ethik. Schlüsselthemen für ein junges Querschnittsfach, hg. von Heiner Fangerau und Igor J. Polianski, Stuttgart 2012, S. 203–219, hier S. 210. Vgl. auch Gregor Dill, Nationalsozialistische Säuglingspflege. Eine frühe Erziehung zum Massenmenschen, Stuttgart 1999, S. 18–22. Die Stillpropaganda war indes keine Erfindung der Nationalsozialisten. Schon zu Beginn des 20. Jahrhunderts galt die Ernährungsweise als entscheidender Faktor für die Säuglingssterblichkeit, weshalb die Stillquote mit Hilfe großangelegter Aufklärungskampagnen angehoben werden sollte; siehe Jörg Vögele, Wenn das Leben mit dem Tod beginnt: Säuglingssterblichkeit und Gesellschaft in historischer Perspektive, in: Historical Social Research 34, 2009, S. 66–82; Silke Fehlemann, Stillpropaganda und Säuglingsfürsorge

Brust daher als »rassische Pflicht« der deutschen Mutter, ihre Stillfähigkeit als eine unbedingt zu erhaltende Erbanlage.[218] Die vermehrte Umstellung auf künstliche Ernährung infolge der zunehmenden Erwerbstätigkeit deutscher Frauen in der Kriegswirtschaft entsprach nicht diesen Idealvorstellungen. Das NS-Regime legte daher besonderen Wert auf Hilfestellungen für stillende Frauen, um negative gesundheitliche Auswirkungen auf die »Volksgemeinschaft« abzuwenden.

Einer Mitteilung der DAF zufolge würden stillende Mütter in Deutschland »besonders begünstigt, weil nach ärztlicher Ansicht, die Ernährung des Säuglings durch die Mutter für die spätere gesundheitliche Entwicklung von größter Bedeutung« sei.[219] Das Mutterschutzgesetz verpflichtete die Arbeitgeber:innen daher, Mütter für bezahlte Stillzeiten – zweimal 45 Minuten oder einmal 90 Minuten pro acht Stunden zusammenhängender Arbeitszeit – freizustellen.[220] Auch ausländischen Arbeiterinnen sollten die Betriebe Gelegenheit zum Stillen ihrer Kinder geben, wie der GBA im Erlass vom 20. März 1943 bestimmte.[221] Der für Polinnen und »Ostarbeiterinnen« geltende Mindestschutz sah zwar ebenfalls Stillpausen vor, diese fielen jedoch deutlich kürzer aus und blieben unbezahlt – am Tag zwei Mal eine halbe Stunde, bei großer Entfernung der Arbeitsstätte vom Unterbringungsort des Kindes einmal eine Stunde. Im Fall der »fremdvölkischen« Arbeitskräfte ging es dabei ausdrücklich nicht um die gesundheitliche Entwicklung der Kinder, sondern um ökonomische Zweckmäßigkeit:

> Ein vorzeitiges Abstillen ist nicht erforderlich. Im allgemeinen werden die Säuglinge durch das Stillen am schnellsten versorgt und beanspruchen weniger Pflege als künstlich ernährte Säuglinge.[222]

Aufgrund der angespannten Ernährungslage erschien es sinnvoller, die Säuglinge von ihren Müttern versorgen zu lassen, anstatt ihnen teure Nährmittel zur Verfügung zu stellen, die zudem noch aufwendig zubereitet werden mussten. Dementsprechend bestimmte auch Himmler in seinem Erlass vom 27. Juli 1943, dass »eine Trennung von der Mutter über den Ort hinaus im Interesse des Arbeitsein-

---

am Beginn des 20. Jahrhunderts, in: Sprachformen des Körpers in Kunst und Wissenschaft, hg. von Gabriele Genge, Tübingen 2000, S. 19–30.
218 So im auflagenstarken Ratgeber der Ärztin und Autorin Johanna Haarer, Die deutsche Mutter und ihr erstes Kind. Mit 47 Abbildungen, München 1934, S. 102.
219 Handreichung der DAF, Amt für Arbeitseinsatz, betr. »Die Behandlung schwangerer ausländischer Arbeitskräfte«, 8. April 1943, BArch, R 89/10888, S. 39.
220 Reichsgesetzblatt I 1942, S. 322.
221 Runderlass des GBA an die Präsidenten der Landesarbeitsämter betr. »Behandlung schwangerer ausländischer Arbeitskräfte«, 20. März 1943, BArch, NS 5-I/271.
222 Runderlass des GBA an die Präsidenten der Landesarbeitsämter betr. »Behandlung schwangerer ausländischer Arbeitskräfte«, 20. März 1943, BArch, NS 5-I/271.

satzes nicht durchführbar« sei.²²³ Ebenso wies der Reichsbauernführer im März 1944 darauf hin, den »fremdvölkischen« Müttern müsse Gelegenheit zum Stillen ihrer Säuglinge gegeben werden, sofern dies mit »den Erfordernissen des Arbeitseinsatzes vereinbar« sei.²²⁴

Doch ließen sich diese Vorgaben nicht immer mit dem Ziel vereinbaren, die Mütter möglichst schnell wieder an ihren Einsatzort zu schicken und ihre Arbeitsleistung vollständig abzuschöpfen. Die »Ausländerkinder-Pflegestätten« lagen nicht selten in einiger Entfernung von den Arbeitsstellen der Frauen, was regelmäßige Besuche unmöglich machte. Viele Kinder mussten daher nach ihrer Einweisung zwangsläufig abgestillt und künstlich ernährt werden. In Lübeck weigerte sich das Arbeitsamt Ende des Jahres 1943, die Kosten für eine solche »Pflegestätte« zu übernehmen, und verwies auf eine Stellungnahme des leitenden Arztes der Gauarbeitsämter Hamburg, Schleswig-Holstein und Mecklenburg, laut der die Säuglinge der ausländischen Arbeiterinnen möglichst lange zu stillen seien.²²⁵ Der Oberbürgermeister machte allerdings darauf aufmerksam, die eigentliche Absicht der ergangenen Weisungen sei eben nicht die Fürsorge für die ausländischen Kinder als vielmehr die Erhaltung der Arbeitsleistung ihrer Mütter:

> Auch der Rat, den Kindern lange die Muttermilch zu erhalten und Mutter und Kind nicht zu trennen, ist eine Forderung, die in der Säuglingsfürsorge für deutsche Wöchnerinnen und Säuglinge schon lange als zu erreichendes Ziel angesehen wird. Die Weisungen des G.B.A. vom 15.12.1942 und 20.3.1943 sind aber getroffen, um die Arbeitskraft der Ausländerinnen, insbesondere der Ostarbeiterinnen und Polinnen, den Betrieben, bei denen sie eingesetzt sind, zu erhalten und die Unterbrechung der Arbeit durch eine Schwangerschaft und Geburt eines Kindes auf eine kurze Zeit herabzumindern.²²⁶

---

223 Erlass des RFSS an die HSSPF, die Sicherheitspolizei und den SD betr. »Behandlung schwangerer ausländischer Arbeiterinnen und der im Reich von ausländischen Arbeiterinnen geborenen Kinder«, i.V. Kaltenbrunner, 27. Juli 1943, BArch, NS 47/61.
224 Im Gegensatz zu den größeren »Pflegestätten« hätten »dorfweise« eingerichtete »Pflegenester« den Vorteil, dass die Mütter ihre Kinder zum Stillen aufsuchen könnten; Erlass des Reichsbauernführers an die Landesbauernschaften betr. »Ausländische ldw. Arbeitskräfte; hier Entbindungsheime und Kinderpflegestätten für Fremdvölkische«, gez. Behrens, 21. März 1943, LASA, C 102, Nr. 246, Bl. 81–85.
225 Schreiben des Oberbürgermeisters der Hansestadt Lübeck an das Arbeitsamt Lübeck betr. »Ausländische schwangere Wöchnerinnen und deren Kinder«, 29. Dezember 1943, BArch, R 36/1444.
226 Schreiben des Oberbürgermeisters der Hansestadt Lübeck an das Arbeitsamt Lübeck betr. »Ausländische schwangere Wöchnerinnen und deren Kinder«, 29. Dezember 1943, BArch, R 36/1444.

Aus der Perspektive der Unternehmen erschien die frühzeitige Trennung der Frauen von ihren Kindern häufig als ökonomisch sinnvoll. Denn obwohl sie infolge der Neuregelung des GBA ausländische Schwangere und Mütter weiterhin beschäftigen konnten und die unbezahlten Stillzeiten für Polinnen und »Ostarbeiterinnen« deutlich kürzer waren als für deutsche Frauen, beschwerten sich die Betriebe über die eingeschränkte Einsetzbarkeit ihrer Arbeiterinnen. So verfügten die Reichswerke Hermann Göring zwar über eine »Kinderkrippe« in einem ihrer »Ostarbeiterinnenlager«, doch beklagte sich ihr Leiter über die Notwendigkeit, den Müttern Stillmöglichkeiten zu gewähren:

> Der einzige Vorteil der Reichswerke diese Ostarbeiterinnen auch nach der Entbindung zu behalten[,] wirkt sich nur bedingt aus, da bei mancher dieser Mütter die Arbeitsleistung stark nachgelassen hat und die frühere ungehemmte Dispositionsmöglichkeit dadurch, daß die Mütter ihre Kinder zweimal des Tages stillen müssen, nunmehr stark beeinflußt ist.[227]

Dabei konnten gerade größere Konzerne Unterbringungsmöglichkeiten für Säuglinge in der Nähe der Wohnlager beziehungsweise der Fabrikationsanlagen einrichten, was die Einhaltung regelmäßiger Stillzeiten erleichterte. Anders sah dies in der Landwirtschaft aus, wo die einzeln auf den Höfen eingesetzten Frauen unter Umständen viele Kilometer hätten zurücklegen müssen, um ihre Kinder zu besuchen. Als in Südbayern Anfang des Jahres 1944 die Einrichtung behelfsmäßiger Entbindungs- und Unterbringungsmöglichkeiten in der Landwirtschaft geplant wurde, sah das Gauarbeitsamt daher zunächst eine halbjährige Stillzeit an der Arbeitsstelle der Mutter vor, bevor das Kind abgestillt und in ein Heim eingewiesen werden sollte.[228] Während das Gauarbeitsamt die »vorübergehende Beherbergung« der Kinder auf den Bauernhöfen keineswegs für eine »untragbare Belastung« hielt, sprach sich Landesbauernführer Deininger gegen diesen Plan aus, da die Arbeitskraft der Mütter durch das Stillen und die Betreuung ihrer Säuglinge fast vollständig ausfalle. Darüber hinaus hätten »die Bauern das fremdrassige Kind dauernd in ihrer Stube«.[229]

Neben praktischen Überlegungen, ob das Stillen der ausländischen Kinder aus

---

227 Schreiben der Reichswerke Hermann Göring an die Ortskrankenkasse Linz betr. »Leistungen der Krankenkasse für Ostarbeiterinnen«, gez. Wolkerstorfer, 22. Dezember 1943, BArch, R 12-I/342.
228 Schreiben des Präsidenten des Gauarbeitsamts der Reichstreuhänder der Arbeit Südbayern an den GBA betr. »Behandlung schwangerer ausländischer Arbeitskräfte und Versorgung der Kinder; hier Ostarbeiterinnen und Polinnen«, gez. Mauder, 10. Januar 1944, BArch, R 16/174.
229 Schreiben des Präsidenten des Gauarbeitsamts der Reichstreuhänder der Arbeit Südbayern an den GBA betr. »Behandlung schwangerer ausländischer Arbeitskräfte und Versorgung

ökonomischer Sicht von Vor- oder Nachteil sei, wurden immer wieder auch rassistische Argumente angeführt. Exemplarisch verdeutlichen dies die oben bereits zitierten Ausführungen des VoMi-Mitarbeiters Karl Schöpke über volkstumspolitische Maßnahmen gegen das »Einnisten fremdvölkischer Menschen auf dem Lande«.[230] Schöpke forderte die frühzeitige Trennung der Kinder von ihren Müttern und ihre Einweisung in örtlich möglichst weit entfernte »Fremdvolk-Kinderheime«. Dabei baute er auf die abschreckende Wirkung dieses Vorgehens, wodurch den ausländischen Arbeitskräften die »Lust zu weiterer Kindererzeugung« genommen werden könne. Die Trennung müsse spätestens vier Wochen nach der Entbindung vorgenommen werden, um eine zu starke emotionale Bindung der Mütter und auch der Familien der Arbeitgeber:innen an die Kinder zu vermeiden.[231] Die Umsetzung dieser Vorschläge hätte in jedem Fall ein frühzeitiges Abstillen nach sich gezogen. Für Schöpke war es unabdingbar, volks- und rassenpolitischen Maßnahmen Vorrang vor praktischen Erwägungen des Arbeitseinsatzes zu gewähren:

> Selbst die schwersten wirtschaftlichen, beruflichen, erziehungs- und verwaltungsmäßigen Opfer sind zu tragen, wenn es noch irgendwo einen Weg gibt, der wertvolles <u>deutsches</u> Blut an die Stelle der Fremdvölkischen setzt![232]

Doch auch im Bereich der Landwirtschaft, wo die Gefahr einer vermeintlichen »fremdvölkischen Unterwanderung« als besonders hoch eingeschätzt wurde, konnten wirtschaftliche Faktoren nicht ausgeblendet werden. So machten sich Vertreter des Reichsnährstands und des Landesbauernführers von Sachsen-Anhalt, die Anfang 1944 in Quedlinburg über Unterbringungsmöglichkeiten für ausländische Kinder berieten, Gedanken über negative Auswirkungen auf die Arbeitsleistung der Mütter. Statt einzelner, zentraler »Ausländerkinder-Pflegestätten« müssten in jedem Dorf, höchstens aber für zwei bis drei benachbarte Dörfer zu-

---

der Kinder; hier Ostarbeiterinnen und Polinnen«, gez. Mauder, 10. Januar 1944, BArch, R 16/174.
230 Memorandum von Prof. Dr. Karl Schöpke, VoMi Amt IV, über »Sofortige Reichsmaßnahmen zur Verminderung der Unterwanderungsgefahren infolge der zahlreichen fremdvölkischen Geburten auf dem Lande«, 18. Mai 1944, BArch, R 59/48.
231 Ähnlich argumentierte noch Ende März 1945 der Amtsarzt des Gesundheitsamts Schärding (Gau Oberdonau) in einem Schreiben an den Gaugesundheitsführer. Die ausländischen Säuglinge müssten unmittelbar nach der Geburt in Heime eingewiesen werden, da sich ansonsten die Mütter wie auch die deutschen Pflegerinnen weigern würden, die Kinder herzugeben; Hauch, Ostarbeiterinnen, S. 1309.
232 Memorandum von Prof. Dr. Karl Schöpke, VoMi Amt IV, über »Sofortige Reichsmaßnahmen zur Verminderung der Unterwanderungsgefahren infolge der zahlreichen fremdvölkischen Geburten auf dem Lande«, 18. Mai 1944, BArch, R 59/48.

sammen, Unterbringungsmöglichkeiten geschaffen werden,« andernfalls durch das Verlangen nach ihren Kindern Unruhe unter den arbeitenden Müttern entsteht, ihre Leistungen nachlassen und Arbeitsflucht gefördert werden«.[233] Außerdem müssten die Säuglinge möglichst lange gestillt werden, »um die Ausgabe zusätzlicher Lebensmittel zu vermeiden«. Bei den anschließenden Beratungen im Reichsamt für das Landvolk in München machte man die Frage nach Stillzeiten von den örtlichen Gegebenheiten abhängig und unterschied zwischen »Pflegestätten« und »Pflegenestern«.[234] Die kleineren »Pflegenester« könnten dorfweise eingerichtet und ähnlich wie deutsche Kindertagesstätten betrieben werden, während im Falle der größeren »Pflegestätten« eine vollständige Trennung der Kinder von ihren Müttern und damit ein frühzeitiges Abstillen unvermeidbar seien.

Ob und wie lange die Säuglinge der Zwangsarbeitenden gestillt wurden, hatte maßgeblichen Einfluss auf ihre Überlebenschance. Die zuständigen Behörden waren sich dessen durchaus bewusst. Zum einen entsprach dies dem damaligen Kenntnisstand der Säuglingsfürsorge und Pädiatrie, zum anderen wurde dieses Fachwissen recht schnell durch praktische Erfahrungen während der Kriegsjahre bestätigt. Die DAF in Dresden etwa beließ die Mütter bewusst bis zu sechs Wochen bei ihren Kindern im »Entbindungslager«, da »bei frühzeitigem Abstillen durch Dyspepsie und Pädatrophie die Säuglingssterblichkeit in erhöhtem Maße auftrat«.[235] Im Fall des Volkswagenwerks zogen die Verlegung des »Ausländerkinderpflegeheims« aus dem »Ostlager« in den etwa 12 Kilometer entfernten Ort Rühen und die damit verbundene frühzeitige Trennung der Mütter von ihren Kindern schwerwiegende Ernährungsstörungen und Hunderte Todesfälle nach sich.[236] Durch die Beigabe schon weniger Muttermilchmahlzeiten, sofern verfügbar, konnte laut Bericht des verantwortlichen Betriebsarztes kurzfristig eine deutliche Verbesserung des Gesundheitszustands einzelner Säuglinge herbeigeführt

---

233 Aktenvermerk betr. »Schwangere ausländische Arbeitskräfte und ihre nicht einsatzfähigen Kinder«, gez. Schwarz, ohne Datum, BArch, R 16/174.
234 Aktenvermerk betr. »Besprechung im Reichsamt für das Landvolk über die Entfernung der fremdvölk. nichteinsatzfähigen Kinder aus landwirtschaftlichen Betrieben; am 27. Januar 1944«, gez. Schwarz, BArch, R 16/174. Vergleiche auch den Aktenvermerk betr. »Unterbringung fremdvölkischer schwangerer Arbeiterinnen und Entfernung der fremdvölkischen nichteinsatzfähigen Kinder aus landwirtschaftlichen Betrieben«, 2. Februar 1944, BArch, R 16/174 sowie das Schreiben des Reichsamts für das Landvolk an den Reichsbauernführer betr. »Betreuung schwangerer Ostarbeiterinnen und Polinnen und der im Reich geborenen Kinder von Ostarbeiterinnen und Polinnen«, 7. Februar 1944, 2.2.0.1/82388970–82388972/ ITS Digital Archive, Bad Arolsen.
235 Zitiert nach Vögel, »Entbindungsheim für Ostarbeiterinnen«, S. 59, FN 29.
236 Siehe Kapitel 6.3.2 in diesem Buch.

werden.[237] Im bereits zitierten Bericht des Staatlichen Gesundheitsamts Stadtroda vom 3. November 1944 über die hohe Säuglingssterblichkeit im Zwangsarbeiterlager der HESCHO machte der Amtsarzt das Stillen der Kinder dafür verantwortlich, dass überhaupt noch Kinder lebten:

> Die ganze Situation bestätigt hier vielmehr nur die alte pädiatrische Erkenntnis, dass auch das modernste Säuglingsheim kaum die Erfolge bei der Aufzucht eines gesunden Säuglings erreichen kann, wie die Familie, daß aber dort, wo Säuglinge in größerer Anzahl untergebracht sind, ohne daß den primitivsten Forderungen der Pädiatrie Rechnung getragen ist, ein Säuglingsfriedhof entstehen muss. Ich bin überzeugt, wenn diese Kinder nicht vorwiegend gestillt würden, würde keines derselben mehr leben.[238]

Am kritischsten waren die ersten Wochen nach der Geburt. Vielerorts ließen die Verantwortlichen in den Entbindungs- oder Kinderheimen daher Wöchnerinnenzimmer einrichten und setzten Polinnen oder »Ostarbeiterinnen«, die selbst Kinder bekommen hatten, als Ammen ein, um zumindest für einige Wochen die Ernährung der Kinder mit Muttermilch zu ermöglichen. Im Regierungsbezirk Lüneburg hielt man es Mitte des Jahres 1944 für begrüßenswert,

> wenn in den Kinderheimstätten, die jetzt für Kinder von Polinnen und Ostarbeiterinnen eingerichtet werden, Gelegenheit geschaffen würde, die Mütter noch nach der Entbindung bis zu höchstens 3 Wochen dort unterzubringen, damit die Kinder nicht sofort der natürlichen Kost (Muttermilch) entwöhnt werden.[239]

Auch andernorts war die Versorgung der Kinder mit Muttermilch meist allenfalls für einige Wochen vorgesehen, um einen zu dramatischen Anstieg der Säuglingssterblichkeit zu vermeiden. Dabei war man in den entscheidenden Behörden wohl weniger besorgt um die Gesundheit der Kinder als um mögliche negative Auswirkungen auf die Arbeitswilligkeit der Zwangsarbeiter:innen. So stellte der leitende Medizinalbeamte beim Oberpräsidium der Provinz Hannover auf einer DAF-Tagung im Dezember 1943 fest, die Säuglingssterblichkeit dürfe »nicht

---

237 Jahresbericht für das Jahr 1944, Ausländerkinderpflegeheim, 31. Dezember 1944, TNA, WO 235/272, Exhibit 24.
238 Bericht des Staatlichen Gesundheitsamts Stadtroda an den Reichsstatthalter in Thüringen betr. »Versorgung der Säuglinge der Ostarbeiterinnen«, 3. November 1944, abgedruckt in Moczarski; Post; Weiß, Zwangsarbeit in Thüringen 1940–1945, S. 135–137.
239 Überblick über Unterbringung und ärztliche Betreuung der bettlägerig erkrankten Polen und Ostarbeiter im Regierungsbezirk Lüneburg, 1. Juli 1944, NLA HA, Hann. 180 Lüneburg Acc. 3/005 Nr. 120 I.

so hoch sein, daß sie als politische Agitation ausgewertet werden kann«.[240] Obwohl die Gefahren hinreichend bekannt waren, rieten selbst Mediziner zugunsten des Arbeitseinsatzes zum frühzeitigen Abstillen. Während der Planungen zur Einrichtung eines Entbindungsheims im Kreis Donauwörth schrieb der Amtsarzt des Staatlichen Gesundheitsamts Anfang September 1944 an den Ärztlichen Dienst des Landesarbeitsamts und plädierte für die sofortige Trennung der Kinder von ihren Müttern, ohne ihnen überhaupt eine Möglichkeit zum Stillen zu geben. Die gesundheitlichen Folgen eines solchen Vorgehens spielte er dabei bewusst herunter:

> Gesundheitliche Gefahren für das Leben der Kinder sind wohl auch bei künstlicher Ernährung nicht so groß, daß sie ernstlich ins Gewicht fallen dürften; der Gefahr der Entstehung von Brustdrüsenentzündung bei den Müttern kann durch geeignete Maßnahmen (Abdrücken und Abpumpen der Milch in den ersten Tagen nach der Geburt) weitgehend vorgebeugt werden. Im Interesse einer möglichst raschen Eingliederung der Mütter in den Arbeitseinsatz halte ich daher die erwähnte Regelung, die Kinder sofort künstlich zu ernähren und den Müttern erst gar nicht mit nach Hause zu geben, für durchaus tragbar.[241]

Neben der frühzeitigen Trennung der Kinder von ihren Müttern zeitigte die rassistische Ungleichbehandlung in den Ernährungsrichtlinien für ausländische Kinder die schwerwiegendsten Konsequenzen. Da in vielen Zwangsarbeiter:innenlagern bereits vor dem Ende der Rückführungen Kinder unterschiedlichen Alters lebten, hatte das Reichsministerium für Ernährung und Landwirtschaft am 6. Oktober 1942 einen Erlass zur Regelung ihrer Versorgung ausgegeben. Während die übrigen ausländischen Kinder die gleichen Rationen wie deutsche Kinder erhalten sollten, konnte den Kindern der Polinnen und »Ostarbeiterinnen« wöchentlich anderthalb Kilogramm Brot sowie die Hälfte der für »Ostarbeiter:innen« üblichen Lebensmittelrationen zugestanden werden.[242] Darüber hinaus konnten Säuglinge und Kleinkinder bis zu drei Jahren täglich einen halben Liter Vollmilch, ältere Kinder bis zu 14 Jahren einen viertel Liter erhalten. Unter Verweis auf diese Richtlinien ordnete der GBA am 20. März 1943 an:

240 Zitiert nach Vögel, »Entbindungsheim für Ostarbeiterinnen«, S. 64.
241 Schreiben des Staatlichen Gesundheitsamts Donauwörth an das Landesarbeitsamt, 4. September 1944, zitiert nach Römer, Die grauen Busse in Schwaben, S. 170 f. Die Gefahr von Brustentzündungen sprach der Leiter des Amts für Volksgesundheit in Diepholz bereits Anfang März 1943 in einem Schreiben an den Gaugesundheitsführer Süd-Hannover-Braunschweig an, betr. »Betreuung der schwangeren Ostarbeiterinnen«, 3. März 1943, NLA HA, Hann. 122a Nr. 3346, Bl. 11.
242 Information des Haupternährungsamts an die Bezirksbürgermeister, Ernährungsamt, 21. Oktober 1942, BArch, R 36/2635.

Leben und Sterben in den »Ausländerkinder-Pflegestätten«

Die Säuglinge der ausländischen Arbeiterinnen erhalten die gleiche Ernährung wie deutsche Kleinstkinder. Die Säuglinge von Ostarbeiterinnen und Polinnen erhalten bis zu 3 Jahren ½ Liter Vollmilch (vgl. Runderlass 1305/42).[243]

Über die genaue Umsetzung dieser Weisungen herrschte im Verlauf des Jahres 1943 vielfach Unsicherheit, denn immerhin hatte sich die Situation über die Jahreswende durch das Ende der Rückführungen maßgeblich gewandelt. Der knappe Hinweis des GBA auf die Kann-Bestimmungen des RMEL aus dem Vorjahr wurde dem nicht gerecht – mit katastrophalen Folgen. Besonders deutlich wird dies anhand eines in der Forschung vielzitierten Schriftwechsels zwischen dem Oberbefehlsleiter der NSV, Erich Hilgenfeldt, Heinrich Himmler sowie dem Gauleiter von Oberdonau, August Eigruber. Nachdem Eigruber den Reichsführer SS im Juni 1942 um die Erlaubnis zur Schaffung zweier Heime für die Kinder ausländischer Arbeiterinnen gebeten hatte, richtete die NSV Ende März 1943 ein erstes »Fremdvölkisches Kinderheim« in Spital am Pyhrn ein.[244] Anfang August besichtigte Hilgenfeldt gemeinsam mit NSV-Gauamtsleiter Franz Langoth dieses Heim, woraufhin er einen erschütternden Bericht an Himmler sandte.[245] Da sie auf Anweisung des Landesernährungsamts Oberdonau täglich nur einen halben Liter Vollmilch und eineinhalb Stück Zucker erhalten würden, seien sämtliche Säuglinge in der Einrichtung massiv unterernährt. Während die Kinder auf diese Weise über Monate vor den Augen der Heimleitung langsam verhungerten, waren sich die Verantwortlichen offenbar nicht darüber einig, ob sie ermordet oder großgezogen werden sollten:

> Es wurde mir mitgeteilt, dass bezüglich der Aufzucht der Säuglinge Meinungsverschiedenheiten bestehen. Zum Teil ist man der Auffassung, die Kinder der Ostarbeiterinnen sollen sterben, zum anderen Teil der Auffassung, sie aufzuziehen. Da eine klare Stellungnahme bisher nicht zustande gekommen ist und, wie mir gesagt wurde, man »das Gesicht gegenüber den Ostarbeiterinnen wahren wolle«, gibt man den Säuglingen eine unzureichende Ernährung, bei der sie, wie schon gesagt, in einigen Monaten zugrunde gehen müssen.[246]

Zur Beseitigung dieser Ungewissheit bat Hilgenfeldt den Reichsführer SS um eine grundsätzliche Entscheidung, was mit den Kindern geschehen solle:

---

243 Runderlass des GBA an die Präsidenten der Landesarbeitsämter betr. »Behandlung schwangerer ausländischer Arbeitskräfte«, 20. März 1943, BArch, NS 5-I/271.
244 Siehe dazu Hauch, Ostarbeiterinnen, S. 1292–1301.
245 Schreiben des Oberbefehlsleiters Hilgenfeldt an den RFSS betr. »Versorgung der Kinder von ausländischen Arbeitskräften«, 11. August 1943, BArch, NS 19/3596.
246 Schreiben des Oberbefehlsleiters Hilgenfeldt an den RFSS betr. »Versorgung der Kinder von ausländischen Arbeitskräften«, 11. August 1943, BArch, NS 19/3596.

Die augenblickliche Behandlung der Frage ist m. E. unmöglich. Es gibt hier nur ein Entweder-Oder. Entweder man will nicht, dass die Kinder am Leben bleiben, dann soll man sie nicht langsam verhungern lassen und durch diese Methode noch viele Liter Milch der allgemeinen Ernährung entziehen; es gibt dann Formen, dies ohne Quälerei und schmerzlos zu machen. Oder aber man beabsichtigt, die Kinder aufzuziehen, um sie später als Arbeitskräfte verwenden zu können. Dann muss man sie aber auch so ernähren, dass sie einmal im Arbeitseinsatz vollwertig sind.[247]

Der Leiter der NSV ließ Gauleiter Eigruber über die Situation in Kenntnis setzen, dieser solle bis zur Stellungnahme Himmlers für eine ausreichende Ernährung der Säuglinge sorgen. Daneben befasste sich Hilgenfeldt weiterhin selbst mit der Angelegenheit. Am 25. August teilte er Langoth mit, er habe das Landesernährungsamt wissen lassen, dass ein Umtausch der im Erlass des RMEL festgelegten Verpflegungssätze in säuglingsgerechte Nährmittel zulässig sei.[248] Aufgrund der Annahme, die »Ostarbeiterinnen« würden ihre Säuglinge stillen, sei dies ursprünglich nicht bedacht worden. Der Reichsernährungsminister sei diesbezüglich bereits mit dem Reichsgesundheitsführer in Kontakt getreten, mit einer baldigen Neuregelung der Lebensmittelversorgung sei zu rechnen.

Am 14. September 1943 erging schließlich die Entscheidung Himmlers, der sich dagegen aussprach, die Säuglinge gezielt verhungern zu lassen. Eigruber solle sich des Problems annehmen,

> denn nach meiner Ansicht ist es nicht vertretbar, den Müttern dieser Kinder gegenüber lediglich »das Gesicht zu wahren«, so daß die Kinder durch die unzureichende Ernährung zugrunde gehen. Wenn wir schon durch die Errichtung eines solchen Heimes die Frage im positiven Sinne anfassen, müssen wir auch dafür Sorge tragen, daß die Kinder aufgezogen werden können.[249]

Abschriften des Berichts über die katastrophalen Zustände in Spital am Pyhrn und der Entscheidung Himmlers erhielten der HSSPF Donau, Rudolf Querner, der Leiter des RSHA, Ernst Kaltenbrunner, sowie der Reichsgesundheitsführer.[250]

---

247 Schreiben des Oberbefehlsleiters Hilgenfeldt an den RFSS betr. »Versorgung der Kinder von ausländischen Arbeitskräften«, 11. August 1943, BArch, NS 19/3596.
248 Schreiben des Oberbefehlsleiters Hilgenfeldt an die NSV-Gauleitung Oberdonau, Gauamtsleiter Langoth, 25. August 1943, BArch, NS 19/3596. Himmler und das RMdI erhielten eine Durchschrift dieses Schreibens.
249 Schreiben des RFSS an Gauleiter Eigruber, 14. September 1943, BArch, NS 19/3596.
250 Weiterleitung des Schriftwechsels durch den Persönlichen Stab des RFSS, SS-Obersturmbannführer Dr. Brandt, an Hilgenfeldt, Querner, Kaltenbrunner und Conti betr. »Versorgung der Kinder von ausländischen Arbeitskräften«, 18. September 1943, BArch, NS 19/3596.

Conti reagierte innerhalb weniger Tage und führte die Unterernährung der Kinder im Säuglingsheim auf das »Versagen der örtlichen Dienststellen« zurück, er selbst habe bereits für »rascheste Abhilfe dieses Übelstandes« gesorgt.[251] Am 23. September meldete Hilgenfeldt dem RFSS:

> Das Reichsernährungsministerium hat inzwischen dem Landesernährungsamt Oberdonau die notwendige Anweisung bezüglich des Umtausches der den Kindern der Ostarbeiterinnen zugeteilten Nahrungsmittel in Vollmilch und Kindernährmittel gegeben und der Reichsgesundheitsführer hat sich gleichfalls für eine Verbesserung und zweckmäßige Gestaltung der Ernährung der Säuglinge eingesetzt.[252]

Demnach sollten die Kinder in Spital am Pyhrn zukünftig 1.350 Gramm Brot oder 1.010 Gramm Mehl, 100 Gramm Fleisch, 165 Gramm Butter oder Margarine, 175 Gramm Nährmittel, 100 Gramm Kinderstärkemehl, 200 Gramm Zucker, 100 Gramm Marmelade und 1 kg Kartoffeln pro Kopf und Woche erhalten sowie ½ Liter Vollmilch und ¼ Liter Frischmilch pro Kopf und Tag. Laut Auskunft Hilgenfeldts hätten sich Gesundheitszustand und Gewicht der Säuglinge bereits verbessert und es sei »zu hoffen, daß sie die Folgen der vorübergehenden Unterernährung überwinden werden«.[253] Eigruber meldete dem RFSS, die Lebensmittelrationen glichen nun »bis auf einige Kleinigkeiten« den Rationen für deutsche Kinder.[254] Er selbst sei über die Meldung überrascht gewesen, »dass die Säuglinge der Ausländerinnen Hunger leiden und dadurch eine grössere Sterblichkeit eintrat, als dies sonst bei Säuglingen üblich ist«. Wie Conti machte er dafür das Versagen eines Beamten des Ernährungsamts verantwortlich, der angeblich »stur die Rationen der Ostarbeiter auch auf die Säuglinge in Anwendung« gebracht habe.

Doch handelte es sich keineswegs nur um den Fehler eines einzelnen Beamten oder einer einzelnen Dienststelle. Vielerorts wird es zu ähnlichen Zuständen gekommen sein, wie sie Hilgenfeldt in Spital am Pyhrn beobachtete. Es sei an den bereits zitierten Bericht Starkes vom Auswärtigen Amt über das Krankensammellager in Blankenfelde erinnert, wonach alle Neugeborenen in diesem Lager lediglich einen viertel Liter Milch für jeweils fünf Tage erhielten.[255] Auch aus anderen Berichten geht hervor, dass die offiziellen Ernährungsrichtlinien im gesam-

---

251 Schreiben des Reichsgesundheitsführers Conti an den RFSS betr. »Ernährung der Säuglinge von Ostarbeiterinnen«, 21. September 1943, BArch, NS 19/3596.
252 Schreiben des Oberbefehlsleiters Hilgenfeldt an den RFSS betr. »Ernährung der Säuglinge von Ostarbeiterinnen«, 23. September 1943, BArch, NS 19/3596.
253 Schreiben des Oberbefehlsleiters Hilgenfeldt an den RFSS betr. »Ernährung der Säuglinge von Ostarbeiterinnen«, 23. September 1943, BArch, NS 19/3596.
254 Schreiben des Gauleiters Eigruber an den RFSS, 27. September 1943, BArch, NS 19/3596.
255 Bericht des Gesandtschaftsrats Starke: »Ostarbeiter – Entscheidender Faktor des End-

ten Reich massiven Hunger zur Folge hatten, während sich die Ernährungsämter meist uneinsichtig zeigten. So beschwerte sich die Firma Moellen in Bopfingen, Gau Württemberg-Hohenzollern, Anfang Juni 1943 beim Landesernährungsamt:

> Wegen Regelung der Verpflegung für die Kleinkinder haben wir uns an das Ernährungsamt Aalen gewandt und erhielten die Auskunft, daß für ein Kleinkind dieselben Mengen gewährt werden wie für einen erwachsenen Ostarbeiter, als Zulage käme nur 1/2 Liter Milch in Frage. Wir können nicht annehmen, daß einem Kleinkind z. B. dieselben Fleischmengen wie einem erwachsenen Ostarbeiter zugeteilt werden, dagegen für das Kind andere wichtige Ernährungsmittel z. B. Kindermehl nicht zu erhalten sind. Wir nehmen an, daß die Auskunft des Ernährungsamtes Aalen auf Unkenntnis oder einem Irrtum beruht und bleiben Ihre Nachricht erwartend, welche Ernährungsmengen ein Kleinkind erhält.[256]

Laut Auskunft des Landesernährungsamts handele es sich jedoch keineswegs um ein Versehen, die geschilderte Verpflegung entspreche vielmehr den geltenden Richtlinien. Die Robert Bosch GmbH in Stuttgart verzeichnete bei den im Frauenlager »Schützenhaus« lebenden russischen Kindern mangelnde Gewichtszunahme und verlangte daher im August 1943 vom örtlichen Ernährungsamt die »sofortige Erhöhung der Säuglingsnahrungsmittel, da wir uns nicht denken können, daß es gewünscht wird, die Kinder langsam dahinsiechen zu lassen«.[257] Wie in Spital am Pyhrn waren die Säuglinge bei Bosch auf die Lebensmittelrationen angewiesen, da sie nicht gestillt, sondern ausschließlich künstlich ernährt wurden. Im September setzte das württembergische Landesernährungsamt die nachgeordneten Dienststellen über die vom RMEL geplante Neufassung der Ernährungsrichtlinien in Kenntnis und räumte für die Übergangszeit einen gewissen Spielraum ein.[258] Doch nicht nur für Säuglinge waren die Verpflegungssätze unzureichend. Auch ältere Kinder von Polinnen und »Ostarbeiterinnen«, die mit ihren Eltern zusammen in den Lagern lebten, litten an Hunger. Die Leitung des Degussa-Hiagwerks Kredenbach wandte sich im September 1943 mit der Bitte um zusätzliche Nahrungsmittelzuweisungen an den Bürgermeister der Stadt

---

sieges«, als Anlage eines Schreibens des Botschaftsrats Hilger an Starke, 16. August 1943, 2.2.0.1/82388682–82388702/ITS Digital Archive, Bad Arolsen.
256 Schreiben der Firma Moellen (Bopfingen) an das württembergische Landesernährungsamt betr. »Ostarbeiterlager Nr. 4942.01.26«, 1. Juni 1943, zitiert nach Schäfer, Zwangsarbeiter und NS-Rassenpolitik, S. 217.
257 Schreiben der Robert Bosch GmbH an das Ernährungsamt Stuttgart betr. »Gemeinschaftsverpflegung – Ostarbeiterinnen«, 19. und 26. August 1943, zitiert nach Schäfer, Zwangsarbeiter und NS-Rassenpolitik, S. 217.
258 Schäfer, Zwangsarbeiter und NS-Rassenpolitik, S. 217.

Kreuztal, nachdem das zuständige Ernährungsamt mehrere derartige Anfragen bereits abgewiesen hatte. Im Wohnlager des Werks lebten 15 »Ostarbeiter:innen« zusammen mit sechs Kindern im Alter von zwei bis zehn Jahren, die »nur die Hälfte der an sich schon knappen Lebensmittelrationen« bekämen.[259] Die Eltern würden ihre Rationen mit den Kindern teilen, wodurch sich Gesundheitszustand und Arbeitsleistung der Belegschaft erheblich verschlechterten.

Vor negativen Auswirkungen auf die Leistungswilligkeit der Arbeitskräfte warnte im November 1943 auch der Betriebsarzt der Gustloff-Werke Suhl in einem Schreiben an das thüringische Landesernährungsamt. Dort prangerte er eindrücklich den schlechten Gesundheitszustand der in Dietzhausen untergebrachten »Ostfamilien« und vor allem die unzureichende Ernährung der Kinder an:

> In unserem Lager Dietzhausen sind z. Zt. u. a. 55 Ostfamilien mit ihren 124 Kindern aller Lebensalter untergebracht. Diese Familien, die im Rahmen der Räumung aufgegebener Gebiete mit zurückgenommen wurden, kamen nach dreimonatiger Marsch- und Reisezeit in das genannte Lager. Der Gesundheits- und Kräftezustand dieser Menschen, insbesondere der Kinder ist geradezu erbärmlich. So erlagen in knapp vier Wochen sieben Kinder im Alter von 2–3 Jahren kleinen akuten Infekten. Als mittelbare Todesursache muss jedoch die hochgradige Widerstandslosigkeit und Anfälligkeit infolge des miserablen Ernährungs- und Kräftezustandes angesprochen werden. Mit der bisherigen Zuteilung von ½ Ltr. Milch pro Kind und Tag ist eine Hebung der Gesundheitslage der Kinder nicht möglich, zumal der größte Teil der Kinder die normale Lagerkost nicht verträgt. Bei Fortbestehen des momentanen Zustandes muss mit dem Ableben weiterer Kinder aber auch mit einer Beunruhigung der besorgten Eltern und übrigen Lagerbewohner gerechnet werden. Im Interesse der Erhaltung des Lebens der Kinder aber auch des Arbeitswillens der Eltern derselben müssen wir um Gewährung einer Sonderzuteilung an Milch und Nährmitteln für die 124 Kinder bitten. Als dringend benötigte Mindestmenge muss für die Dauer des nächsten Viertel-Jahres pro Kind und Woche 3 ½ Ltr. Milch, 250 gr. Nährmittel und 125 gr. Zucker bezeichnet werden.[260]

Vor dem Hintergrund der oben geschilderten Quellen ist die Darstellung, bei der verheerenden Unterversorgung der Kinder habe es sich schlicht um ein bürokra-

---

[259] Schreiben der Degussa, Hiagwerk Kredenbach, an den Amtsbürgermeister Kreuztal betr. »Ostarbeiterverpflegung«, 13. September 1943, BArch, R 36/2620; Schreiben des Amtsbürgermeisters Kreuztal an den DGT betr. »Ostarbeiterverpflegung«, 17. September 1943, BArch, R 36/2620.

[260] Bericht eines Betriebsarztes der Gustloff-Werke Suhl an das Landesernährungsamt, 22. November 1943, abgedruckt in Moczarski; Post; Weiß, Zwangsarbeit in Thüringen 1940–1945, S. 132 f.

tisches Versehen gehandelt, wenig überzeugend. Bereits Anfang April 1943 deutete das DAF-Amt für Arbeitseinsatz die Richtlinien im Erlass des Reichsernährungsministers vom 6. Oktober 1942 in Kombination mit dem Erlass des GBA vom 20. März 1943 laut einer internen Mitteilung dahingehend, dass »Kleinstkinder von Polinnen und Ostarbeiterinnen bis zu 3 Jahren ½ l Vollmilch« erhalten würden.[261] Dabei verwies das Amt »vertraulich« auf laufende »Besprechungen zur Verbesserung der Ernährung von Säuglingen von Ostarbeiterinnen«, was offenbar jedoch nicht ernsthaft in Angriff genommen wurde. In SS-Kreisen kalkulierte man die unzureichende Ernährung dieser Säuglinge zur gleichen Zeit bewusst ein. So fragte der Chef des SS-Wirtschafts- und Verwaltungshauptamts, SS-Obergruppenführer Oswald Pohl, am 9. April 1943 beim persönlichen Stab Himmlers bezüglich der »reinrassigen Zigeunerkinder« in Auschwitz an: »Sollen wir die Kinder entsprechend den Sätzen für deutsche versorgen oder auch hier einen Zwischenweg nach Art der Ostarbeiter-Regelung gehen?«[262] Die Unzulänglichkeit der Nahrungsmittelversorgung war demnach den entscheidenden Kreisen frühzeitig bekannt. Die Verantwortlichen vor Ort waren sich indes nicht sicher, ob die Kinder der Polinnen und »Ostarbeiterinnen« auf diese Weise absichtlich umgebracht werden sollten oder nicht. Während die Säuglinge langsam verhungerten, beriefen sich die Ernährungsämter auf geltende Richtlinien und verweigerten trotz zahlreicher Anfragen aus der Industrie die Ausgabe zusätzlicher Nahrungsmittel. Die Heimleitungen, die auf die Höhe der Rationen keinen Einfluss hatten, versuchten unterdessen, durch die Gabe unzureichender Rationen den Müttern der Kinder gegenüber »das Gesicht zu wahren« und eine etwaige Tötungsabsicht zu verschleiern.[263] Im Zuge dessen litten und starben im

261 Handreichung der DAF, Amt für Arbeitseinsatz, betr. »Die Behandlung schwangerer ausländischer Arbeitskräfte«, 8. April 1943, BArch, R 89/10888, S. 40 f.
262 Schreiben des SS-Obergruppenführers Oswald Pohl an den Persönlichen Stab des RFSS, SS-Obersturmbannführer Dr. Brandt, 9. April 1943, BArch, NS 19/180.
263 Der gezielte Nahrungsentzug durch zu niedrige Verpflegungssätze und unvollständige Ausgabe der Rationen war eine in der zweiten Phase der Euthanasie, dem »dezentralisierten Krankenmord« (Winfried Süß), gebräuchliche Tötungsmethode, mittels derer Verantwortlichkeiten leicht verborgen werden konnten. Siehe dazu Philipp Rauh, Der Krieg gegen die »nutzlosen Esser«. Psychiatriepatienten als Opfer der NS-»Euthanasie«, in: Kriegführung und Hunger 1939–1945. Zum Verhältnis von militärischen, wirtschaftlichen und politischen Interessen, hg. von Christoph Dieckmann und Babette Quinkert, Göttingen 2015, S. 33–58; Heinz Faulstich, Hungersterben in der Psychiatrie 1914–1949. Mit einer Topographie der NS-Psychiatrie, Freiburg im Breisgau 1998; Peter Sandner, Verwaltung des Krankenmordes. Der Bezirksverband Nassau im Nationalsozialismus, Gießen 2003, S. 567–606; Winfried Süß, Dezentralisierter Krankenmord. Zum Verhältnis von Zentralgewalt und Regionalgewalten in der »Euthanasie« seit 1942, in: Die NS-Gaue. Regionale Mittelinstanzen im zentralistischen »Führerstaat«, hg. von Jürgen John, Horst Möller und Thomas Schaarschmidt, München 2007, S. 123–135.

Laufe des Jahres 1943 unzählige Kinder im gesamten Reich infolge gravierender Fehl- und Mangelernährung.

Einen Wendepunkt stellte die Inspektion Hilgenfeldts in Spital am Pyhrn dar, in deren Anschluss er von Himmler eine eindeutige Entscheidung forderte, ob die Tötung der Kinder beabsichtigt sei. Ein Massensterben in einem von der NSV geleiteten Heim konnte er selbst bei »fremdvölkischen« Kindern wohl kaum gutheißen. Womöglich plagten ihn auch Skrupel, nachdem er das Leid der verhungernden Säuglinge mit eigenen Augen gesehen hatte. Kategorisch gegen ihre Ermordung sprach er sich indes nicht aus, wohl aber dafür, dies »ohne Quälerei und schmerzlos« zu tun – und ohne dabei Milch zu verschwenden. Einen eindeutigen Tötungsbefehl wollte und konnte Himmler allerdings nicht geben. Zu groß war das Risiko, sollte ein solcher Befehl an die Öffentlichkeit gelangen und sich in den Zwangsarbeiter:innenlagern und der deutschen Bevölkerung herumsprechen. Zudem bestand die Möglichkeit, dass auch vermeintlich »gutrassige« Kinder vor der rassischen Untersuchung ihrer Eltern für einige Zeit in den »Pflegestätten« bleiben mussten, wie Himmler in seinem Erlass vom 27. Juli 1943 angemerkt hatte.[264] Nicht zuletzt werden auch die Befürchtungen der Industriebetriebe über die sinkende Leistungsfähigkeit und -willigkeit ihrer Arbeitskräfte zu dieser Entscheidung beigetragen haben.[265]

Nach dem Schreiben Himmlers an Eigruber beeilten sich die Verantwortlichen in den höheren Dienststellen, allen voran Reichsgesundheitsführer Conti, die Schuld auf niedere Beamte abzuschieben und eine Neufassung der Ernährungsrichtlinien voranzutreiben, die das Ernährungsministerium schließlich Anfang des Jahres 1944 ausgab.[266] Demnach sei zuvor »davon ausgegangen worden, daß die Ostarbeiterkinder von ihren Müttern gestillt und betreut würden, sodaß die Rationen überwiegend als zusätzliche Nahrung für die stillenden Mütter Verwendung fänden«. Nun seien die »Ostarbeiterkinder« teilweise in »Säuglings- und Kleinkinderabteilungen« untergebracht worden, die geplanten Lebensmittelrationen seien zur »ordnungsmäßigen Versorgung« dieser Kinder aber nicht geeignet. Kindern bis zu einem Jahr wurden nunmehr 800 Gramm Weizenmehl, 100 Gramm Butter, 250 Gramm Nährmittel, 300 Gramm Zucker, 7 Gramm Tee-Ersatz, 3,5 Liter Vollmilch und 2.500 Gramm Kartoffeln pro Woche zuge-

---

264 Erlass des RFSS an die HSSPF, die Sicherheitspolizei und den SD betr. »Behandlung schwangerer ausländischer Arbeiterinnen und der im Reich von ausländischen Arbeiterinnen geborenen Kinder«, i. V. Kaltenbrunner, 27. Juli 1943, BArch, NS 47/61.
265 Vgl. hierzu die Bestrebungen der Rüstungsunternehmen im Laufe des Jahres 1942, die Richtlinien zur Ernährung und Behandlung der »Ostarbeiter:innen« den produktionstechnischen Anforderungen angleichen zu lassen; Herbert, Fremdarbeiter, S. 192–194.
266 Erlass des Reichsministers für Ernährung und Landwirtschaft an die Landesernährungsämter betr. »Verpflegung in Ostarbeiter-Kinder-Pflegestätten«, 6. Januar 1944, BArch, R 43-II/614.

standen, wobei die Rationen gegebenenfalls an die noch stillenden Mütter ausgegeben werden durften. Ältere Kinder bis zehn Jahre sollten 1.250 Gramm Roggen- und 250 Gramm Weizenbrot, 100 Gramm Fleisch, 100 Gramm Butter, 150 Gramm Nährmittel, 225 Gramm Zucker, 14 Gramm Tee-Ersatz, 3,5 Liter Milch und 3.500 Gramm Kartoffeln pro Woche erhalten. Der Erlass bezog sich explizit auf die »Verpflegung in Ostarbeiter-Kinder-Pflegestätten« und trug somit zumindest formal der seit dem Ende der Rückführungen vorliegenden Situation Rechnung. Damit mag gegen die schlimmsten Missstände, wie etwa in Spital am Pyhrn, vorerst Abhilfe geschaffen worden sein. Dafür, dass die Rationen tatsächlich vollständig bei den Kindern ankamen, gab es aufgrund der allgemein unzureichenden Ernährung in den Lagern, des daraus resultierenden Schwarzhandels sowie der Unterschlagung und des Diebstahls von Lebensmitteln keine Garantie.[267] Obwohl die Richtlinien des RMEL das Stillen der Säuglinge nicht länger als gegeben voraussetzten, litten im Laufe des Jahres 1944 zahlreiche Säuglinge unter unzureichender und unsachgemäßer Ernährung, insbesondere in größeren Heimen kam es aufgrund gravierender Ernährungsstörungen mitunter zum Massensterben. Die genauen Ursachen hierfür werden im folgenden Abschnitt untersucht.

5.3.4 Todesursachen

Im Folgenden soll betrachtet werden, welche Ursachen zum Tod dieser Kinder führten. Dazu werden zunächst die offiziell angegebenen Todesursachen ausgewertet, dokumentiert in überlieferten Sterbebüchern. Für das Entbindungslager Waltrop-Holthausen finden sich in den Sterbebüchern die Daten von 225 Kindern mitsamt Todesursachen.[268] Insgesamt verstarben über 40 Prozent dieser Kinder aufgrund von Ernährungs- und Verdauungsstörungen, Magen- und Darmkatarrh oder Brechdurchfall. Oftmals gab der verantwortliche Arzt zusätzlich »Säuglingsatrophie«, d. h. extreme Abmagerung, als Folge dieser Krankheiten an, in zwei Fällen findet sich »Unterernährung« als Todesursache. Daneben erhielten etwa 50 vor allem jüngere Säuglinge bis zu einem Monat die Diagnose »Lebensschwäche«. Infolge einer Lungenentzündung starben weitere 38 Kinder. Jeweils acht Säuglinge erlagen den Folgen einer Hautkrankheit oder eines Herzfehlers.

---

267 Hier lassen sich ebenfalls Parallelen zum Hungersterben in der Psychiatrie ziehen, wo selbst die niedrigen Lebensmittelrationen nicht oder unvollständig bei den Patienten ankamen, da sie teilweise gar nicht erst ausgegeben, an andere Anstalten abgegeben oder durch die Belegschaft gestohlen wurden; Sandner, Verwaltung des Krankenmordes, S. 700 f. Vereinzelt gab es nach dem Krieg Gerüchte, Heimleiterinnen hätten sich Milch für den eigenen Bedarf abgezweigt, die allerdings nicht bewiesen werden konnten; siehe beispielsweise Kranzl-Greinecker, Die Kinder von Etzelsdorf, S. 27.
268 Schwarze, Kinder, die nicht zählten, S. 226–230.

Die meisten der im Lager geborenen Kinder starben bereits nach wenigen Tagen oder Wochen, durchschnittlich erreichten sie ein Alter von knapp zwei Monaten. Im Sterbebuch der Gemeinde St. Hütting im Gau Bayreuth sind 90 Kinder aufgeführt, die zwischen Februar 1944 und Mai 1945 im »polnischen Kinderheim« Barhof Nr. 18 verstarben.[269] Die vom zuständigen Pfarrer dokumentierten Todesursachen deuten wie in Waltrop-Holthausen überwiegend auf ernährungsbedingte Krankheiten hin, namentlich »Brechdurchfall« (38) sowie »[Magen- und] Gedärmkatarrh« (25). Daneben finden sich auch hier häufig »angeborene Lebensschwäche« (16) sowie Bronchitis (15), wobei letztere häufig in Verbindung mit einer Magen-Darm-Erkrankung auftrat. Im Barhof fanden Entbindungen statt, es wurden dort aber auch Kinder von außerhalb untergebracht. So befinden sich unter den Opfern drei ältere Kinder aus den Jahrgängen 1940, 1941 und 1942. Der Sohn einer weißrussischen Landarbeiterin war sogar bereits 6 Jahre und 8 Monate alt, als er im April 1945 den Folgen einer Bronchitis erlag. Diejenigen Kinder, die vor Vollendung ihres ersten Lebensjahrs verstarben, wurden im Durchschnitt knapp zwei Monate alt.

Laut den Forschungen von Bernhild Vögel starben die meisten der 365 Säuglinge im »Entbindungsheim für Ostarbeiterinnen« in Braunschweig ebenfalls infolge von Ernährungsstörungen (mit den Diagnosen Enteritis, Darmkatarrh und Atrophie, später vornehmlich Dyspepsie), oftmals in Zusammenhang mit Hautkrankheiten (Furunkulosen und Phlegmonen).[270] Die meisten Kinder erreichten gerade einmal die dritte oder vierte Lebenswoche.

Eine Diagnose, die immer wieder in den Sterbelisten und in Forschungen zu »Ausländerkinder-Pflegestätten« auftaucht, ist die sogenannte Lebensschwäche, teilweise auch angeborene oder allgemeine Lebensschwäche genannt. Im Landkreis Verden war »allgemeine Lebensschwäche« mit 32 Fällen mit Abstand die häufigste Todesursache vor Ernährungsstörung (9), Brechdurchfall (7) sowie verschiedenen Atemwegsinfekten (26).[271] Für die »Ausländerkinderpflegestätte Wursterheide-Süd« sind im Sterberegister der ehemaligen Gemeinde Wursterheide 35 Todesfälle dokumentiert, wovon zehn auf Ernährungsstörungen, neun auf Lebensschwäche, sechs auf Lungenentzündung, fünf auf Herzschwäche, zwei auf Brechdurchfall sowie jeweils einer auf Rachitis und Hautkrankheit zurückgeführt wurden.[272] Von den vermeintlich »lebensschwachen« Säuglingen war die Mehrzahl über einen Monat alt, ein Kind hatte bereits knapp das erste Le-

269 Geburten- und Sterbebuch St. Hütting jetzt Ruhstorf, IPN Po, S. 1/10/Zn; vgl. Rosmus, Wintergrün, S. 42–48.
270 Vögel, »Entbindungsheim für Ostarbeiterinnen«, S. 120 f.
271 Woock, Zwangsarbeit ausländischer Arbeitskräfte im Regionalbereich Verden/Aller (1939–1945), S. 197.
272 Für ein Kind wurde keine Todesursache angegeben; Kahle, »Verschleppt nach Cuxhaven«, S. 96 f.

bensjahr überstanden. In der Kinderbaracke der Firma Krupp in Voerde starben 99 ausländische Kinder, für die zumeist »allgemeine Schwäche« oder »Kachexie« als Todesursache angegeben wurden, gefolgt von Lungenentzündung, Ernährungsstörung und Lungen-Tuberkulose.[273] In der »Kinderbaracke von Indersdorf« starben insgesamt 32 der 63 dort untergebrachten Kinder ausländischer Arbeiterinnen.[274] Während zunächst noch spezifische Erkrankungen – häufig Brechdurchfall – im Sterberegister auftauchen, lautete die Todesursache für alle 17 nach dem 11. Dezember 1944 gestorbenen Kinder stereotyp »angeborene Lebensschwäche«.

Der Begriff »Lebensschwäche« war zu dieser Zeit in der Pädiatrie zwar alles andere als unüblich, doch warnten Lehrbücher für Kinderheilkunde schon seit Jahrzehnten vor dem übermäßigen Gebrauch dieser Diagnose, wolle man sie »nicht als Sammeltopf aller diagnostisch unklaren oder schlecht beobachteten Säuglingstodesfälle mißbrauchen«.[275] Tatsächlich aber stellten Ärzt:innen diese Diagnose noch in den dreißiger Jahren sehr häufig. Laut Angaben des Reichsgesundheitsamts starben im Jahr 1932 etwa 77.000 Säuglinge, 40.000 von ihnen im ersten Lebensmonat.[276] In diesem Alter war die »angeborene Lebensschwäche« mit über 16.000 die häufigste Todesursache noch vor der Frühgeburt (12.464). Bei älteren Säuglingen bis zu einem Jahr taucht diese Diagnose immerhin noch über 2.000 Mal auf, stand damit aber hinter »Lungenentzündung« (8.612), »Darmkatarrh« (6.767) und »Krämpfe« (5.137) an vierter Stelle. Im ersten Lebensjahr entfiel somit fast ein Viertel aller Todesfälle auf »Lebensschwäche«. Woran genau die Säuglinge starben, blieb dabei allerdings unklar, weshalb der Begriff in der Kinderheilkunde höchst umstritten war. Dr. Walter Birk, Professor für Pädiatrie an der Universität Tübingen und von 1918 bis 1947 Leiter des Tübinger Kinderkrankenhauses, bezeichnete »Lebensschwäche« im Jahr 1936 als reine »Verlegenheitsdiagnose«:

> Zu ihr nimmt man seine Zuflucht, wenn man die wahre Ursache des Sterbens eines Neugeborenen nicht genau feststellen kann. Und gerade bei Neugeborenen greift man gefühlsmäßig gerne zu ihr, weil sie auf die seelische Verfassung der jungen Mütter, die ihre eben geborenen Kinder wieder dahingeben müssen, abgestimmt ist: sie verschiebt die Schuld von der Person der Mutter auf ein unbestimmtes, schicksalhaftes Walten.[277]

---

273 Frankenberger, Wir waren wie Vieh, S. 193 f.
274 Holzhaider, Die Kinderbaracke von Indersdorf.
275 Emil Feer, Lehrbuch der Kinderheilkunde, 6. Aufl., Jena 1920, S. 78 (Erstauflage 1911).
276 Wiedergegeben nach Walter Birk, Vermeidbare Kinderkrankheiten, Stuttgart 1936, S. 12.
277 Birk, Vermeidbare Kinderkrankheiten, S. 14.

Leben und Sterben in den »Ausländerkinder-Pflegestätten«

Im Fall des massenhaften Sterbens in den »Ausländerkinder-Pflegestätten« sollte indes weniger Rücksicht auf die Mütter der Kinder genommen werden. Vielmehr lenkte diese Diagnose von den Verantwortlichen dieser Einrichtungen sowie der ausbeuterischen und rassistischen Praxis des Arbeitseinsatzes ab und verlagerte die Schuld auf die angeblich schwächliche Konstitution der ausländischen Kinder. Ein besonders drastisches Beispiel dafür bietet das »Ausländerkinderpflegeheim« des Volkswagenwerks. Eine von den amerikanischen Ermittlungsbehörden nach dem Krieg angefertigte Liste über Todesfälle in diesem Heim enthält die Daten von insgesamt 365 Kindern. Von den 226 Einträgen mit bekannter Todesursache entfallen 201 auf die Diagnose »Lebensschwäche« bzw. »Allgemeine Lebensschwäche«, mit sehr weitem Abstand folgen Sepsis (9), Unterernährung (4), Furunkulose (4) sowie Ernährungs- bzw. Verdauungsstörung (4).[278]

Bei seiner Vernehmung vor einem britischen Militärgericht gab der zuständige Betriebsarzt Dr. Körbel zu, die Diagnose »Lebensschwäche« entbehre jedweder wissenschaftlichen Grundlage.[279] Er habe sie grundsätzlich in allen Fällen gestellt, in denen die Neugeborenen die seiner Ansicht nach korrekt verabreichte künstliche Säuglingsnahrung nicht vertragen hätten. Wie aus einem Bericht Körbels vom Ende des Jahres 1944 hervorgeht, sei nach der Umstellung auf Flaschennahrung immer wieder derselbe Verlauf beobachtet worden: Die Kinder hörten innerhalb kurzer Zeit auf zu trinken, erbrachen sich, bekamen Durchfall und geblähte Bäuche, dehydrierten, verloren rapide an Gewicht und starben schließlich.[280] Solange sie hingegen regelmäßig Muttermilch erhielten, blieb ihr Gesundheitszustand vergleichsweise stabil. Die allgemeine Versorgung der Kinder mit Frauenmilch sei aber nicht möglich, da bei manchen Müttern aufgrund schlechter Ernährung und harter Arbeit bis kurz vor der Entbindung die Milchbildung gehemmt sei. Andere hätten gleich nach der Geburt die Arbeit wieder aufnehmen müssen, ohne dass sie Gelegenheit zum Stillen bekamen. Offensichtlich waren die rücksichtslose Ausbeutung der Arbeiterinnen, die frühe Trennung der Neugeborenen von ihren Müttern sowie die fehlerhafte Ernährung der Säuglinge maßgeblich für die Todesfälle verantwortlich. Doch Körbel wies in seinem Bericht auch den Frauen selbst die Schuld zu, die oftmals ihre Neugeborenen aus mangelndem Interesse zurücklassen würden oder aus »disziplinären Gründen« aus dem Heim hätten entfernt werden müssen.

Warum aber die ausländischen Kinder die Säuglingsnahrung nicht vertrugen und daher »nicht auf diese in Deutschland millionenfach bewährte Weise«

---

278 TNA, WO 235/272, Exhibit 33.
279 Befragung des Angeklagten Körbel, TNA, WO 235/267, 19. Prozesstag (11. Juni 1946).
280 Bericht über das Ausländerkinderpflegeheim der Wirtschaftsbetriebe der Volkswagenwerk G.m.b.H., vermutlich Ende 1944, TNA, WO 235/272, Exhibit 29.

aufgezogen werden könnten, konnte Körbel sich angeblich nicht erklären.[281] Er stellte die Vermutung an, polnische und russische Kinder vertrügen künstliche Ernährung grundsätzlich schlechter als deutsche Kinder, da in diesen Ländern üblicherweise sehr lange gestillt würde und »die ganze Bevölkerung [...] noch vollkommen auf diese natürlichste Ernährung der Säuglinge eingestellt« sei. Diese rassistische und aus wissenschaftlicher Sicht absurde These trug dazu bei, dass der Arzt eine medizinische Intervention als hoffnungslos betrachtete und die Säuglinge als »lebensschwach« abstempelte.[282] Auf diese Weise verschleierte er die wahren Ursachen des Massensterbens und nahm weitere Todesopfer mutwillig in Kauf. Wie Birk schon in den dreißiger Jahren kritisiert hatte, verdeckte der Begriff die Folgen fehlerhafter künstlicher Ernährung und damit Tausende vermeidbarer Todesfälle:

> In Wirklichkeit aber stecken hinter der Diagnose »Lebensschwäche« andere Todesursachen. Ich bin überzeugt [...], daß mit ihr vor allem die Tatsache getarnt wird, daß Kinder deswegen sterben, weil sie nicht mit Frauenmilch, sondern mit Kuhmilch ernährt wurden.[283]

Der größte Teil dieser »Lebensschwächen« könne, so Birk weiter, ebenso wie die Gruppe der »Darmkatarrhe« unter der Diagnose »Ernährungsstörung« zusammengefasst werden. Betrachtet man vor diesem Hintergrund die Todesursachen ausländischer Kinder in den Entbindungsheimen und »Pflegestätten« im ganzen Reich, ergibt sich ein deutliches Bild: Die allermeisten Kinder in diesen Einrichtungen starben an den Folgen unzureichender oder fehlerhafter Ernährung, weil die Mütter sie infolge ihrer ökonomischen Ausbeutung nicht stillen konnten. Diese Einschätzung deckt sich mit den Erkenntnissen zahlreicher Forschungsarbeiten, laut denen die Kinder ausländischer Zwangsarbeiterinnen reale Überlebenschancen hatten, sofern sie bei oder zumindest in der Nähe von ihren Müttern bleiben konnten.[284]

Abgesehen von den Folgen akuter Unterernährung durch unzureichende Rationen, stellt sich die Frage, warum in nahezu sämtlichen »Pflegestätten« die ernährungsbedingte Säuglingssterblichkeit dermaßen hoch war. Obwohl industriell hergestellte Säuglingsnahrung zu dieser Zeit bereits von vergleichsweise

---

281 Bericht über das Ausländerkinderpflegeheim der Wirtschaftsbetriebe der Volkswagenwerk G.m.b.H., vermutlich Ende 1944, TNA, WO 235/272, Exhibit 29.
282 Vor Gericht gab Körbel zu, er habe sich nicht ausreichend um einen Kinderspezialisten für das Heim bemüht, da er nicht geglaubt habe, dass ein solcher etwas an der Situation hätte ändern können; Befragung des Angeklagten Körbel, TNA, WO 235/267, 19. Prozesstag (11. Juni 1946).
283 Birk, Vermeidbare Kinderkrankheiten, S. 14.
284 Vgl. Hauch, Zwangsarbeiterinnen und ihre Kinder, S. 445.

guter Qualität war, war ihre Abgabe streng rationiert und für ausländische Kinder wahrscheinlich nur selten verfügbar.[285] Als Flaschennahrung fand zu dieser Zeit daher meist Halb- oder Drittelmilch mit verschiedenen Zusätzen von Zucker sowie Schleimabkochungen aus Haferflocken oder Mehl Verwendung.[286] Zudem erhielten viele Säuglinge Milch, die mit Citretten, das sind Tabletten aus mit Vitaminen angereicherter Zitronensäure, gesäuert worden war. Ein großes Problem bei der Verwendung von Kuhmilch stellte nicht nur ihre suboptimale Nährstoffzusammensetzung, sondern vor allem auch ihre Keimbelastung dar, die insbesondere in heißen Monaten immer wieder zu gefürchteten Sommerbrechdurchfällen führte.[287]

Während des Kriegs nahm diese Gefahr noch zu, weil der im Vergleich zu Frauenmilch ohnehin zu geringe Mindestfettgehalt der Kuhmilch noch weiter herabgesetzt wurde. Schon im Frühjahr 1942 warnte der SD in den »Meldungen aus dem Reich« vor den »Auswirkungen der Herabsetzung des Fettgehaltes der Milch auf Säuglinge und Kleinkinder«.[288] Mit dem Wissen um das Schicksal der Kinder in den »Ausländerkinder-Pflegestätten« liest sich der Bericht wie eine düstere Vorahnung. Zahlreichen Meldungen zufolge hätten die zum Teil unzureichende Ernährung und die Überlastung berufstätiger Mütter zu einem deutlichen Rückgang der Stillfähigkeit geführt. Da außerdem zu wenig Nährpräparate verfügbar seien, müssten viele Säuglinge bereits sehr früh mit Kuhmilch ernährt werden. Vor diesem Hintergrund zog die angeordnete Verringerung des Fettgehalts der Vollmilch ernsthafte Probleme nach sich, wie etwa eine rapide Zunahme der Verdauungsstörungen bei Säuglingen. Aus Stuttgart beispielsweise wurde berichtet:

> Sogar im Winter treten gefährliche Brechdurchfälle auf, die sonst eine grosse Seltenheit sind. Falls die Milch im Sommer auch »gepanscht« ausgegeben werden sollte, ist mit Sicherheit eine erhöhte Säuglingssterblichkeit zu erwarten.[289]

Darüber hinaus führe der lange Transportweg zu den Molkereien zu erheblichen Qualitätseinbußen, und die entrahmte Milch werde sehr schnell sauer. In der Bevölkerung werde daher die Frage aufgeworfen, »wie erst im heissen Sommer eine

---

285 Erlass des RMEL betr. »Bewirtschaftung von Kindernährmitteln«, 8. März 1940, Reichs-Gesundheitsblatt Nr. 15 (1940), S. 410 f.; vgl. Limper, Flaschenkinder, S. 140.
286 Ausführlich zur damals üblichen Praxis der Säuglingsernährung siehe Limper, Flaschenkinder.
287 Birk, Vermeidbare Kinderkrankheiten, S. 25 f.
288 Meldungen aus dem Reich, Nr. 274, 9. April 1942, BArch, R 58/171, Bl. 67.
289 Meldungen aus dem Reich, Nr. 274, 9. April 1942, BArch, R 58/171, Bl. 67.

Versorgung mit guter Vollmilch für Säuglinge und Kleinkinder durchgeführt werden solle, wenn schon jetzt im zeitigen Frühjahr die Milch sauer werde«.[290]

All diese Risikofaktoren sollten in den folgenden Jahren in verstärktem Maße das Leben der Kinder in den »Ausländerkinder-Pflegestätten« bedrohen. Die Säuglingsnahrung musste mit großer Sorgfalt zubereitet werden, um die richtige Nährstoffzusammensetzung zu gewährleisten und Verunreinigungen zu vermeiden. In den oftmals äußerst primitiven, überfüllten und unhygienischen Einrichtungen, in denen teilweise selbst fließend Wasser fehlte, stellte dies eine große Herausforderung dar, mit der die Heimleitungen nicht selten in der Säuglingspflege unerfahrene Zwangsarbeiterinnen betrauten. Der für das Säuglingsheim in Sallach zuständige Arzt informierte Anfang des Jahres 1944 das Staatliche Gesundheitsamt Eggenfelden, die Umstellung auf künstliche Ernährung führe meist zu schweren Ernährungsstörungen, an denen bislang 16 Kinder gestorben seien. Der Amtsarzt sah die Ursache in der »mangelhaften Ausbildung« der polnischen Pflegerinnen und bat den Landrat, geeignetes polnisches Pflegepersonal ausfindig zu machen oder die vorhandenen Arbeitskräfte von einer NSV-Schwester schulen zu lassen.[291] Darüber hinaus kann vermutet werden, dass die festgelegten Rationen mitunter nicht oder nicht vollständig in den Heimen ankamen oder mindere Qualität aufwiesen. Der für die »Ausländerkinder-Pflegestätte« in Burgkirchen an der Alz zuständige Arzt sagte vor den amerikanischen Ermittlungsbehörden aus:

> Ja, ich sprach mit Ottmann [der Leiter der Einrichtung] wegen der Milch. Er sagte mir, es sei genug Milch da, aber meiner Meinung nach, als Arzt, bekamen die Kinder die Milch nicht, weil sie an Unterernährung litten. Ich weiß nicht, was mit der Milch passierte, wenn sie da war.[292]

Möglicherweise kam in den Lagern stellenweise ein speziell für »Ostarbeiter:innen« vorgesehenes, minderwertiges Mehl zur Herstellung der Mehlabkochungen zum Einsatz, die den Milchmischungen hinzugefügt wurden. Ein amerikanischer Sanitätsoffizier stellte nach der Untersuchung der Nahrung im »Ausländerkinderpflegeheim« des Volkswagenwerks fest:

> The type of formula prepared was not in my opinion, one to be given to infants under one month of age, being too coarse and indigestible resulting in

---

290 Meldungen aus dem Reich, Nr. 274, 9. April 1942, BArch, R 58/171, Bl. 67.
291 Schreiben des Staatlichen Gesundheitsamts Eggenfelden an den Landrat Eggenfelden betr. »Entbindungs- und Säuglingsheim für Ausländer in Sallach«, 16. Februar 1944, abgedruckt in Rosmus, Wintergrün, S. 36.
292 Vernehmungsprotokoll von Dr. med. Arthur H., auszugsweise abgedruckt in Jungblut, Tod in der Wiege, S. 30–35, Zitat auf S. 33.

regurgitation and vomiting and thus leading to a low state of nutrition and well being.²⁹³

Laut der Aussage einer polnischen Zwangsarbeiterin, die seit Mitte 1943 in diesem Kinderheim gearbeitet hatte, reichte die Milch manchmal nicht für alle Kinder aus und musste daher mit Wasser verdünnt werden.²⁹⁴ War die gesamte Milchlieferung sauer geworden und kein Ersatz vorhanden, sei notdürftig Fett in Wasser gemischt worden.

Durch den Mangel an Milch und den unsachgemäßen Zusatz von Mehlabkochungen konnte es infolge von Eiweißmangel zum sogenannten Mehlnährschaden kommen.²⁹⁵ Auf der anderen Seite führte die übermäßige Fütterung mit unverdünnter Milch ohne die notwendige Zugabe von Kohlenhydraten zum »Milchnährschaden«.²⁹⁶ Entsprach die Nahrung nicht den Bedürfnissen der Säuglinge, zog dies Fett-, Eiweiß- und Vitaminmangel nach sich, zumal die Ausgabe der damals üblichen Vitaminpräparate für ausländische Säuglinge nicht gestattet war. Selbst wenn dies nicht unmittelbar zum Tod führte, waren die geschwächten Säuglinge und Kleinkinder besonders anfällig für Infekte, wie der Betriebsarzt der Gustloff-Werke Suhl im November 1943 dem Landesernährungsamt mitteilte:

> Der Gesundheits- und Kräftezustand dieser Menschen, insbesondere der Kinder ist geradezu erbärmlich. So erlagen in knapp vier Wochen sieben Kinder im Alter von 2–3 Jahren kleinen akuten Infekten. Als mittelbare Todesursache muss jedoch die hochgradige Widerstandslosigkeit und Anfälligkeit infolge des miserablen Ernährungs- und Kräftezustandes angesprochen werden.²⁹⁷

Diese krankheitsanfälligen Kinder lebten mitunter auf engstem Raum zusammen mit Kindern, die bereits an hochansteckenden Magen-Darm-Erkrankungen litten. Die meist ungeschulten Pflegerinnen, die Kontakt mit den kranken Kindern hatten, werden die anderen Säuglinge nicht selten unwissentlich angesteckt haben. Gegenseitige Infektionen und Kreuzinfektionen waren unter diesen Bedingungen nahezu unausweichlich. Neben Magen-Darm-Infektionen gab es eine Reihe weiterer Krankheiten, die das Leben der Kinder in diesen Einrichtungen bedrohten.

---

293 Sworn statement of Dr. Frederick J. Dann, 8. Juni 1945, TNA, WO 235 /272, Exhibit 30.
294 Befragung der Zeugin Wirl, TNA, WO 235/264, Tag 7 (27. Mai 1946).
295 Eduard Glanzmann, Einführung in die Kinderheilkunde, Wien 1939, S. 165–168.
296 Glanzmann, Einführung in die Kinderheilkunde, S. 168–171.
297 Bericht eines Betriebsarztes der Gustloff-Werke Suhl an das Landesernährungsamt, 22. November 1943, abgedruckt in Moczarski; Post; Weiß, Zwangsarbeit in Thüringen 1940–1945, S. 132 f.

So verbreiteten sich infolge unhygienischer Zustände und geschwächter Abwehrkräfte oftmals Hautinfektionen, die schlimmstenfalls zu einer Sepsis ausarten konnten. Auch im Kinderheim des Volkswagenwerks traten immer wieder Ekzeme und Furunkel auf, an denen sehr viele vor allem jüngere Kinder starben.[298] Das »häufige Auftreten von Furunkulose« wurde in einem Bericht über die Gesundheitslage im Gau Süd-Hannover-Braunschwieg »als Folge des durch die Ernährung herabgesetzten Hautwiderstandes« beklagt.[299] Im Braunschweiger »Entbindungsheim für Ostarbeiterinnen« taucht demgemäß mehrfach die Kombination »Atrophie/Furunkulose« oder »Dyspepsia/Furunkulose« als Todesursache auf. Die Entwicklung von Ekzemen, Abszessen oder Phlegmonen war in der Pädiatrie auch als Begleiterscheinung des Mehl- bzw. Milchnährschadens bekannt.[300] Zudem konnte starker Befall mit Läusen, Bettwanzen, Flöhen oder Krätze mit Sekundärinfektionen der Haut einhergehen, ausgelöst durch häufiges Kratzen.

Infolge des allgemein schlechten Gesundheitszustands und der Unterbringung in kaum isolierten und wenig geheizten Räumen nahmen Erkältungskrankheiten, Grippeinfektionen und Lungenentzündungen oftmals einen schweren Verlauf und forderten zahlreiche Todesopfer. Auch diese Erkrankungen traten nicht selten in Kombination mit Ernährungsstörungen auf.[301] Des Weiteren drohten den Säuglingen, Kleinkindern und ihren Müttern je nach Unterbringungsort die typischen »Lagerkrankheiten« Fleckfieber und Tuberkulose. Teilweise nahmen die Verantwortlichen Infektionen billigend in Kauf, wie etwa die Leitung des »Gemeinschaftslagers Ricklingen-Wettberger Mühle« in Hannover, die unmittelbar neben der »Wöchnerinnenbaracke« eine »Tuberkulosebaracke« einrichten ließ. Der zuständige Stadtmedizinalrat Dr. Busse hatte dagegen keine hygienischen Bedenken, sofern »durch Errichtung einer Trennwand aus Brettern zwischen diesen beiden Baracken jeder Verkehr zwischen den Tuberkulösen und den Insassinnen der Wöchnerinnenbaracke ausgeschaltet wird«.[302]

Ein besonders hohes Ansteckungsrisiko herrschte in den Durchgangs- und Krankensammellagern, die zur Absonderung schwer erkrankter und infektiöser Arbeitskräfte dienten. Das Durchgangslager »Rennplatz« in Oldenburg-Ohmstede beispielsweise, welches die Arbeitseinsatzverwaltung seit 1943 als Sammelstätte für tuberkulöse »Ostarbeiter:innen« nutzte, starben bis Kriegsende min-

---

298 Bericht über das Ausländerkinderpflegeheim der Wirtschaftsbetriebe der Volkswagenwerk G.m.b.H., vermutlich Ende 1944, TNA, WO 235/272, Exhibit 29.
299 Vögel, »Entbindungsheim für Ostarbeiterinnen«, S. 120.
300 Glanzmann, Einführung in die Kinderheilkunde, S. 166–169.
301 Geburten- und Sterbebuch St. Hütting jetzt Ruhstorf, IPN Po, S. 1/10/Zn; Schwarze, Kinder, die nicht zählten, S. 126–130.
302 Anschütz; Heike, »Unerwünschte Elemente«, S. 43.

destens 120 Kinder im Alter von bis zu fünf Jahren.[303] Neben der allgegenwärtigen »Lebensschwäche« und Lungenentzündungen erlagen im Krankensammellager Großsachsenheim elf der 43 verstorbenen Kinder einer offenen Tuberkulose.[304] Weitere Todesursachen waren Fleckfieber, Herzmuskellähmung und Sepsis. Es ist zudem möglich, dass einige der Herzmuskel- und Lungenentzündungen als Sekundärinfektionen in Zusammenhang mit einer Fleckfiebererkrankung auftraten.

5.3.6 Sterblichkeit

Um das Ausmaß der Sterblichkeit der ausländischen Kinder in den »Pflegestätten« einschätzen zu können, muss sie zunächst mit der deutschen Säuglingssterblichkeit verglichen werden. Laut Statistischem Reichsamt starben im Deutschen Reich (ohne eingegliederte Ostgebiete) im Jahr 1943 durchschnittlich 7,2 von 100 Lebendgeborenen vor Vollendung des ersten Lebensjahrs (1942 betrug dieser Wert noch 6,8).[305] Die höchsten Werte verzeichnete die Statistik in den Monaten Januar (7,5), August (7,7) und Dezember (9,1), was auf die witterungsbedingte Häufung von Erkältungskrankheiten bzw. eine Hitzewelle im August zurückzuführen ist.[306] Neben diesen Daten liegen Statistiken über die »Bevölkerungsbewegung im Deutschen Reich« vor, die die Pressestelle des Reichsgesundheitsführers vor ihrer Veröffentlichung dem Reichspropagandaministerium mitteilte. Die hier angegebenen Werte zur Säuglingssterblichkeit sind höher als jene des Statistischen Reichsamts, vermutlich, weil die vorausgegangene Geburtenentwicklung nicht berücksichtigt oder anders einkalkuliert worden war. Diesen Zahlen zufolge kamen im Dezember 1943 sogar 9,5 Sterbefälle auf 100 Lebendgeborene, im Januar 1944 sank die Rate auf 8,8 (1943: 7,9), im Februar betrug sie noch 8,2 (1943: 6,9).[307] Im August 1944 gab es »infolge der hochsommerlichen Hitze« erneut einen deutlichen Anstieg der Säuglingssterblichkeit mit einem Wert von 8,9 je 100 Lebend-

---

303 Hoffmann, Ausländische ZwangsarbeiterInnen in Oldenburg während des Zweiten Weltkrieges, S. 138.
304 Sämann, Das Durchgangslager in Bietigheim, S. 211.
305 Eheschließungen, Geburten und Sterbefälle im Jahre 1943, in: Wirtschaft und Statistik 24, 1944, H. 5, S. 73–78, hier S. 78.
306 Eheschließungen, Geburten und Sterbefälle im Jahre 1943, in: Wirtschaft und Statistik 24, 1944, H. 5, S. 73–78, hier S. 78.
307 Schreiben der Pressestelle des Reichsgesundheitsführers an das Reichspropagandaministerium betr. »Die Bevölkerungsbewegung im Deutschen Reich im Januar 1944«, 9. Mai 1944, BArch, R 55/1220, Bl. 155–158; Schreiben der Pressestelle des Reichsgesundheitsführers an das Reichspropagandaministerium betr. »Die Bevölkerungsbewegung im Deutschen Reich im Februar 1944«, 2. Juni 1944, BArch, R 55/1220, Bl. 170–173.

geborenen.[308] Statistiken für das gesamte Jahr 1944 liegen für das Deutsche Reich nicht vor, allerdings kann aufgrund der sich zum Kriegsende verschlechternden Lebensbedingungen vor allem in den Städten von einem deutlichen Anstieg der Säuglingssterblichkeit ausgegangen werden. In München etwa erreichte die Mortalitätsrate im Jahr 1944 den Wert von 12,5, wobei allerdings der Einfluss des vergleichsweise geburtenstarken Jahrgangs 1943 nicht berücksichtigt worden war.[309]

Beim Vergleich dieser Statistiken mit Zahlen zur Sterblichkeit ausländischer Kinder von Zwangsarbeiterinnen kommt es zu einer Reihe von Schwierigkeiten. Viele Unterlagen gingen durch Kriegseinwirkungen verloren oder wurden kurz vor Kriegsende von den Behörden vernichtet. Selbst wenn Geburten- und Sterbebücher, Belegungslisten, Aufnahmebücher oder sonstige Angaben zu einzelnen Einrichtungen erhalten sind, gibt es keine Garantie auf deren Vollständigkeit. Die offiziellen Zahlen sind oftmals ungenau, so dass Belegungszahlen ebenso wie Geburten und Sterbefälle meist nur näherungsweise ermittelt werden können.[310] Da die Behörden Geburten und Todesfälle ausländischer Säuglinge und insbesondere der Kinder von Zwangsarbeiter:innen nicht immer vollständig erfassten, lässt sich nur schwer ihr Einfluss auf die allgemeine Statistik abschätzen. Eine deutlich erhöhte Sterberate ausländischer Säuglinge in einem Lager beispielsweise kann die Daten für einzelne Kreise oder Städte verzerren. Besonders fällt in diesem Zusammenhang die kaum einkalkulierbare regionale Fluktuation der Zwangsarbeiter:innen und ihrer Kinder ins Gewicht. Brachten schwangere Polinnen und »Ostarbeiterinnen« ihre Kinder in örtlich entfernten Entbindungsheimen oder -lagern zur Welt, wurden die Geburten dort registriert. Todesfälle ausländischer Kinder wiederum tauchen häufig nicht am Ort ihrer Geburt in den Sterbebüchern auf, da sie auf »Ausländerkinder-Pflegestätten« in der Region verteilt worden waren. Die Ermittlung genauer Mortalitätsraten sowie der direkte Vergleich mit den Geburten- und Sterberaten deutscher Kinder gestalten sich aus diesen Gründen äußerst schwierig. Die unten dargelegten Zahlen stellen lediglich vorsichtige Näherungen dar, vor deren Hintergrund bekannte Daten zur Sterblichkeit ausländischer Kinder in einzelnen Einrichtungen an Aussagekraft gewinnen.

Besonders wertvoll sind in dieser Hinsicht Forschungsarbeiten, in denen regional die Mortalität deutscher und ausländischer Kinder verglichen wird. Joa-

---

308 Schreiben der Pressestelle des Reichsgesundheitsführers an das Reichspropagandaministerium betr. »Die Bevölkerungsbewegung im Deutschen Reich im August 1944«, 8. Dezember 1944, BArch, R 55/1220, Bl. 196 f.
309 Die Säuglingssterblichkeit in München (Entwicklungs- und Vergleichsdaten), in: Münchner Statistik, 1967, S. 167–178, hier S. 169.
310 Vgl. hierzu beispielsweise Reiter, Tötungsstätten für ausländische Kinder im Zweiten Weltkrieg, S. 201; Woock, Zwangsarbeit ausländischer Arbeitskräfte im Regionalbereich Verden/Aller (1939–1945), S. 181; Schwarze, Kinder, die nicht zählten, S. 180; Vögel, »Entbindungsheim für Ostarbeiterinnen«, S. 45–48.

chim Woock etwa stellt in seiner Studie zur Zwangsarbeit im Regionalbereich Verden/Aller einen solchen Vergleich für den Landkreis Verden an.[311] Demnach lag die Sterblichkeit bei polnischen und sowjetischen Kindern in der Stadt Verden im Jahr 1944 bei etwa 16 Prozent, allerdings kamen viele der dort geborenen ausländischen Kinder in verschiedenen Heimen im Landkreis unter. Demgegenüber sind die Daten für Dörverden recht genau, da die Kinder der Zwangsarbeiterinnen in örtlichen Lagern untergebracht wurden. In der Gemeinde starben zwischen 1943 und dem Kriegsende sieben Prozent der deutschen Lebendgeborenen, die Sterblichkeit der ausländischen Säuglinge hingegen war mit 46 Prozent mehr als sechsmal so hoch. In den letzten Kriegsmonaten stiegen diese Werte auf 12,5 beziehungsweise 78 Prozent an. Insgesamt starb im Landkreis Verden fast jedes zweite der dort von Zwangsarbeiterinnen geborenen Kinder. Dabei diagnostiziert Woock ein erhebliches »Mortalitätsgefälle« von neun Prozent im sogenannten Wiebelager zu 62 Prozent im Dorf Cluvenhagen. Für ausländische Kinder, die bei ihren Eltern auf den Höfen lebten, blieb die Sterblichkeitsrate mit 13 Prozent vergleichsweise niedrig.

In seiner Forschungsarbeit zu »Ausländerkinder-Pflegestätten« in Niedersachsen arbeitete Raimond Reiter anhand der Sterberaten zwei »Haupttypen« derartiger Einrichtungen heraus:

Das große »Heim« in der Kriegswirtschaft oder der Landwirtschaft, in dem eine Sterberate von 90 % oder mehr der isolierten Kinder angenommen werden kann, und das kleine bzw. mittelgroße »Heim« in der Landwirtschaft und der Industrie, wo eine Sterberate von 30–40 % oder mehr unterstellt werden kann.[312]

Es ist zwar fraglich, ob bei der großen Bandbreite der verschiedenen Einrichtungen für Kinder ausländischer Zwangsarbeiterinnen eine klare Abgrenzung dieser Typen überhaupt möglich ist. Es steht allerdings fest, dass sich insbesondere in Heimen mit starker Belegung enorm hohe Sterblichkeitsraten nachweisen lassen. Für das »Ausländerkinderpflegeheim« des Volkswagenwerks beispielsweise liegen ein Jahresbericht für 1944 sowie Monatsberichte für Oktober 1944 bis März 1945 vor, in denen die Leiterin des Heims alle Zu- und Abgänge sowie Todesfälle dokumentierte.[313] Anfang des Jahres 1944 befanden sich demnach 65 Kinder im Heim, bis März 1945 verzeichnete die Heimleiterin 392 Neuaufnahmen aus dem

---

311 Woock, Zwangsarbeit ausländischer Arbeitskräfte im Regionalbereich Verden/Aller (1939–1945), S. 197–201.
312 Reiter, Tötungsstätten für ausländische Kinder im Zweiten Weltkrieg, S. 201.
313 Jahresbericht für das Jahr 1944 sowie Monatsberichte von Oktober 1944 bis März 1945, Ausländerkinderpflegeheim, TNA, WO 235/272, Exhibits 21–27.

gesamten Kreis Gifhorn. In diesem Zeitraum starben 326 Kinder, von denen laut einer Liste der amerikanischen Ermittlungsbehörden 21 bereits im Jahr 1943 geboren worden waren.[314] Rechnet man diese heraus, ergibt sich für den Zeitraum von Januar 1944 bis Ende März 1945 eine Mortalitätsrate von knapp 78 Prozent.

Für das »Entbindungsheim für Ostarbeiterinnen« in Braunschweig, in dem mindestens 365 Kinder starben, lässt sich für das Jahr 1944 eine Sterberate von 56 Prozent nachweisen.[315] Dabei muss beachtet werden, dass die Zahl der Todesfälle nicht vollständig ist, die tatsächliche Rate also vermutlich noch höher liegt. Die Sterblichkeitsrate deutscher Säuglinge in Braunschweig lag in diesem Zeitraum bei 15,2 Prozent. In Velpke starben laut Auskunft des Standesbeamten der Gemeinde in der Zeit von Mai bis Dezember 1944 insgesamt 84 Kinder ausländischer Arbeiterinnen in der dortigen »Ausländerkinder-Pflegestätte«.[316] Anschließend wurde das Heim geschlossen und neun überlebende Kinder in das Heim des Volkswagenwerks nach Rühen verlegt.[317] Das entspräche einer Sterberate von 90 Prozent, die genaue Belegung des Heims kann allerdings nicht mehr ermittelt werden.

Neben diesen extremen Beispielen konnte auch in anderen Studien eine deutlich erhöhte Mortalität ausländischer Kinder nachgewiesen werden. In Göttingen lag die Säuglingssterblichkeit im Jahr 1944 bei 7,7 Prozent (bereinigt von den in der Statistik enthaltenen Zwangsarbeiterkindern), die Sterblichkeit der Kinder von Zwangsarbeiter:innen hingegen bei etwas mehr als 18 Prozent. Von den in der Göttinger Großwäscherei Schneeweiß untergebrachten 28 Säuglingen starben elf, also fast 40 Prozent, vor Vollendung des ersten Lebensjahrs.[318] In Wiesbaden betrug die Mortalitätsrate der von sowjetischen und polnischen Müttern geborenen Kinder von Anfang 1942 bis zum Kriegsende knapp 27 Prozent.[319] In Friedrichshafen starben 29,8 Prozent der ausländischen Kinder, wobei ehelich geborene Kinder (26,1 Prozent) offenbar eine höhere Überlebenschance hatten als unehelich geborene (34,6 Prozent).[320] In Wuppertal starben 49 der 211 im Jahr 1944 gebo-

---

314 TNA, WO 235/272, Exhibit 33.
315 Vögel, »Entbindungsheim für Ostarbeiterinnen«, S. 122.
316 Auskunft des Standesamts Velpke, Kreis Helmstedt, betr. »Sterbefälle im Jahre 1944«, 20. August 1945, TNA, WO 309/100.
317 Monatsbericht für Dezember 1944, Ausländerkinderpflegeheim, TNA, WO 235/272, Exhibit 24.
318 Tollmien, Slawko, Stanislaw und France-Marie, S. 382.
319 Darin Kinder sind enthalten, die zwar in Wiesbaden geboren wurden, deren Mütter aber in den umliegenden Landkreisen arbeiteten. Nicht enthalten sind diejenigen Kinder, deren Mütter zwar in Wiesbaden arbeiteten, die aber in den Lagern Kelsterbach oder Pfaffenwald auf die Welt kamen. Kersandt, Polnische und sowjetische Zwangsarbeiterinnen und ihre Kinder, S. 236.
320 Tholander, Fremdarbeiter 1939 bis 1945, S. 393f.

renen russischen und polnischen Kinder, das entspricht 23 Prozent. Keiner dieser Säuglinge überlebte das erste Lebensjahr.[321]

Eine besonders aussagekräftige Vergleichsbasis bietet das Kruppsche Arnoldhaus für Wöchnerinnen in Essen, da hier von Januar bis Oktober 1944 sowohl deutsche Frauen als auch sowjetische Zwangsarbeiterinnen entbanden.[322] Von den 128 in dieser Zeit geborenen ausländischen Säuglingen starben 29, das sind über 22 Prozent. Demgegenüber starben im selben Zeitraum 31 der 629 dort geborenen deutschen Kinder, also knapp sechs Prozent. Neben dieser eklatanten Differenz liefern die diagnostizierten Todesursachen einen weiteren Hinweis auf die diskriminierende Behandlung der ausländischen Kinder. Von den deutschen Säuglingen starben 25 noch am Tag ihrer Geburt, als Ursache wurde Frühgeburt, Totgeburt oder »Lebensschwäche« angegeben. Die Mehrzahl der ausländischen Kinder hingegen war bereits älter als einen Monat, als sie offiziell zumeist einer »Lungenentzündung in Verbindung mit Herz-Kreislauf-Schwäche« erlagen. Demnach lebten die ausländischen Kinder im selben Gebäude – ein Bereich des Arnoldhauses war für »Ostarbeiterinnen« abgetrennt worden – offenbar unter deutlich schlechteren Bedingungen als die deutschen Kinder.

5.3.7 Töten und Sterbenlassen

Aufgrund der auffällig hohen Sterblichkeit in den »Ausländerkinder-Pflegestätten« vermuteten viele Zwangsarbeiter:innen, ihre Kinder seien dort aktiv ermordet worden. Die oftmals plötzlich einsetzende und rasch voranschreitende Erkrankung der Säuglinge schien diesen Verdacht zu bestätigen. So sagte die Polin Czesława Kwiatkowska, die sich über drei Tage im »Ausländerkinderpflegeheim« in Rühen aufgehalten hatte, nach dem Krieg vor Gericht aus: »Es war furchtbar in diesem Raum. Kinder starben während ich dort war und die einzige Erklärung, die ich dafür habe, ist, dass die Kinder vergiftet worden sein müssen.«[323] Schnell sprachen sich Gerüchte herum, die Deutschen würden den Säuglingen und Kleinkindern Gift verabreichen. Die Ukrainerin Tatjana B., deren Sohn kurz vor Kriegsende in der Säuglingsbaracke der Firma Kolb & Co. in Wuppertal erkrankte und wenig später im Krankenhaus verstarb, berichtet:

---

321 Speer, Ausländer im »Arbeitseinsatz« in Wuppertal, S. 440.
322 Frankenberger, Wir waren wie Vieh, S. 192 f.
323 Befragung der Zeugin Czesława Kwiatkowska, TNA, WO 235/266, 13. Prozesstag (3. Juni 1946) [aus dem Englischen von M. B.]. Auch die Zeugin Zofia M. äußerte diesen Verdacht, TNA, WO 235/266, 13. Prozesstag (3. Juni 1946).

Als ich damals nach meiner Arbeitsschicht mein Kind noch besucht hatte, hat mir ein Mädchen gesagt, daß Martha dem Kind etwas gegeben hätte. Das Kind war ganz gesund und plötzlich wurde es krank. Ich brachte es ins Krankenhaus. [...] Es gab niemanden, den ich fragen konnte, wer das gemacht hat. Nach ein paar Tagen ist es gestorben.[324]

Manche versuchten, diesem Verdacht auf den Grund zu gehen. Im Prozess um die »Ausländerkinder-Pflegestätte« in Velpke sagte die dort als Helferin angestellte Alexandra Misalszek aus, nach dem plötzlichen Tod ihres Kindes habe sie auf eigene Faust versucht herauszufinden, warum die Sterblichkeit im Heim so hoch sei. Sie war bald überzeugt, die Kinder würden vergiftet, und entwendete mehrere Fläschchen, Packungen und lose Tabletten aus dem Arzneimittelschrank, die sie nach Kriegsende der Polnischen Delegation übergab.[325] Bei einer oberflächlichen Untersuchung konnten anhand der Aufschriften lediglich Traubenzucker und Hustensaft identifiziert werden, im weiteren Prozessverlauf spielten die Medikamente keine Rolle mehr.[326] Immer wieder kam der Verdacht auf, die Kinder würden mittels tödlicher Injektionen ermordet. Der polnische Arbeiter Franciszek B. sagte im August 1945 vor der Polnischen Mission in Braunschweig aus, eine Arbeitskollegin habe ihr krankes Kind heimlich aus dem Entbindungsheim mitgenommen und ins Krankenhaus gebracht:

Als sich herausstellte, daß das Kind in der Erziehungsanstalt war, sagte der Arzt, jede Hilfe sei nutzlos, das Kind habe dort eine Spritze bekommen, infolge derer es in Kürze sterbe. Tatsächlich starb dieses Kind nach zwei oder drei Tagen.[327]

Sogar der deutsche Leiter der »Ausländerkinder-Pflegestätte« in Gendorf, Matthias Ottmann, hegte nach dem Krieg diesen Verdacht. Bei seiner Vernehmung durch die amerikanischen Untersuchungsbehörden behauptete er, womöglich um seine eigene Rolle herunterzuspielen, eine vom Landrat angestellte russische Ärztin habe den Kindern Spritzen verabreicht, »nach denen sie blau anliefen und bald darauf starben«.[328] Über das Entbindungslager der Arbeitseinsatzver-

---

324 Nach Kriegsende hätten ihr amerikanische Ärzte bestätigt, die ausländischen Kinder seien vergiftet worden; Zeitzeuginnenbericht von Tatjana B., zitiert nach Speer, Ausländer im »Arbeitseinsatz« in Wuppertal, S. 444.
325 Befragung der Zeugin Alexandra Misalszek, abgedruckt in Brand, The Velpke Baby Home Trial, S. 111–125.
326 »Besichtigungs-Protokoll«, gez. Protokollant Jerzy Gnatowski; Rechtsreferent Z. Kozanecki, 12. Juni 1945, TNA, WO 309/100.
327 Aussage von Franciszek B. vor der Polnischen Mission (aus dem Polnischen), 3. August 1945, zitiert nach Vögel, »Entbindungsheim für Ostarbeiterinnen«, S. 128.
328 Vernehmungsprotokoll Matthias Ottmann, auszugsweise abgedruckt in Jungblut, Tod in der Wiege, S. 37–42, Zitat auf S. 39.

waltung in Dittersdorf berichtet der ehemalige polnische Zwangsarbeiter Antoni Knapik:

> Sie bauten ein Lager und stellten dort einen angeblichen Arzt zusammen mit seiner Frau ein, die sich um die Wöchnerinnen »kümmern« sollten. Die Fürsorge gestaltete sich so, dass die Mütter nach der Geburt zur Arbeit zurückkehrten und die Säuglinge auf der Stelle mit Injektionen getötet wurden. Manchmal näherten wir uns sonntags, unter dem Vorwand, aufs Feld zu gehen, der Umzäunung des Lagers. [...] So konnten wir ungehindert beobachten, wie auf den Gräbern der Säuglinge ein Wald aus Kreuzen wuchs. Es waren hunderte.[329]

Im Jahr 1971 gaben mehrere ehemalige Zwangsarbeiterinnen vor tschechischen Ermittlungsbehörden ebenfalls zu Protokoll, der russische Lagerarzt in Dittersdorf habe Säuglinge mit Medikamenten und Spritzen getötet, sobald ihre Mütter das Lager verlassen hätten.[330] Für das Durchgangslager Kelsterbach liegen mehrere Zeug:innenaussagen vor, laut denen an Kindern polnischer Familien tödliche ärztliche Eingriffe vorgenommen worden seien.[331] Eine von ihnen, die Polin Kazimiera J., hatte einen solchen Eingriff selbst beobachtet. Sie war im Sommer 1944 gemeinsam mit ihrem Mann und ihren vier Kindern, das jüngste ein wenige Wochen altes Mädchen, nach Kelsterbach deportiert worden:

> In dem Lager befanden sich schon sehr viele polnische Familien, aber wie viele, bin ich nicht imstande anzugeben. Nach einigen Tagen des Aufenthaltes im Lager wurde ich von meinem Mann getrennt. Man brachte mich mit meinem jüngsten Kind in einem anderen Teil desselben Lagers unter, wobei diese Unterkunft von dem Teil, in dem sich mein Mann mit den drei Kindern befand, durch Stacheldraht abgegrenzt war. Gleich nach der Ankunft in dem Lager hörte ich von Leuten, daß kleine Kinder in dem Lager umgebracht werden. Ich versuchte, mich mit dem Kind zu verstecken, aber es gelang mir nicht und ich wurde mit Gewalt abgeführt. Ich wurde in einer Holzbaracke untergebracht, die aus kleinen Stuben bestand. Zusammen mit mir auf der Stube war noch eine mir unbekannte Frau, eine Polin, älter als ich, deren Vor- und Zunamen mir nicht erinnerlich ist, mit einer einjährigen Tochter und einem zwei Monate alten Sohn Zenon einquartiert. Wie lange ich von meinem Mann getrennt war, weiß ich nicht mehr. Es konnte eine Woche, bzw. länger gewesen

---

329 Antoni Knapik: Ludobójcy o błękitnej krwi, in: Staszyński, Przemoc, poniżenie, poniewierka, S. 394–400, hier S. 399 [aus dem Polnischen von M. B.].
330 Zur problematischen Bestimmung des Wahrheitsgehalts dieser Anschuldigungen siehe Adam, Porodnice Dětřichov u Moravské Třebové, S. 55.
331 Freiling, Ausländische Arbeiter und Kriegsgefangene in Kelsterbach 1933–1945, S. 72–77.

sein. Eines Tages vormittags kam zu uns in das Zimmer ein deutscher Arzt, dessen Namen ich nicht kenne, sowie zwei Pflegerinnen, ebenfalls Deutsche. Sie nahmen ein Kind der Bekannten, zogen es aus und legten es auf den Tisch, der in unserem Zimmer stand. Es war ein gewöhnlicher Tisch, ohne Tischdecke. Ich nehme an, daß jener Mann ein Arzt war, da er in Begleitung von zwei Pflegerinnen kam, ob er aber tatsächlich ein Arzt war, entzieht sich meiner Kenntnis. Sein Gesicht war wenig intelligent. Als das Kind auf dem Tisch lag, gab er dem Kind eine Injektion mit einer Spritze in den unteren Teil der Wirbelsäule und saugte danach eine weiße, durchsichtige Flüssigkeit heraus, die wie Wasser aussah. Diese Flüssigkeit wurde in ein Glas hineingespritzt; ich berichtige, daß als die Spritze in der Wirbelsäule steckte, floß aus der Einstichstelle langsam diese Flüssigkeit in ein untergestelltes Glas und füllte etwa die Hälfte dieses Glases aus. Dieser Eingriff dauerte nach meiner Ansicht etwa eine halbe Stunde. Während des Eingriffs schrie das Kind anfänglich, es wurde aber von den Pflegerinnen gehalten, so daß es bald still wurde und starb. Ich bemerke, daß vor diesem Eingriff das Töchterchen meiner Bekannten vollkommen gesund und lebendig war, sie sprach auch, so daß sie für ihr Alter sehr gut entwickelt war. Als das Kind starb, befahl man der Mutter, das Kind in eine benachbarte Wäscherei hinauszutragen. Als sie mit ihrem Kind hinausging, wollten sie mein Kind nehmen. Ich leistete jedoch Widerstand, weil ich sah, was mit dem anderen Kind geschah. Jener angebliche Arzt stieß mich jedoch brutal weg, warf mich aufs Bett und riß mir mein Kind aus den Händen. Ich selbst verlor damals das Bewußtsein. Als ich wieder zu mir kam; war ich außerhalb der Baracke und war naß; ich erriet, daß man mich mit Wasser begossen haben mußte. Ich kehrte in das Zimmer zurück. Mein Kind lag schon im Bettchen. Ich stellte fest, daß mein Kind Fieber hatte, sich krümmte und warf, als ob es starke Schmerzen hätte. Etwa um 22 Uhr starb mein Kind: Als sich das Kind in der Agonie befand, erschien niemand und als es starb, befahl man mir, es in die Wäscherei hineinzutragen. In der Wäscherei, die damals nicht in Betrieb war, weil sie während eines Fliegerangriffes beschädigt wurde, stand ein langer, mit Blech beschlagener Tisch, der früher wahrscheinlich zum Ablegen von nasser Wäsche diente. Auf diesem Tisch sah ich etwa 10 Kinderleichen, höchstens bis zu 1 1/2 Jahren. Danach wurde ich gleich zu meinem Mann gebracht, so daß ich nicht weiß, was mit der Leiche des Kindes weiter geschah. In dem Lager Kelsterbach blieb ich mit meinem Mann ca. 1 Woche, vielleicht sogar etwas länger. Bis zu dieser Zeit lagen die Kinder in der Wäscherei und waren noch nicht begraben. Man sagte, daß ein Arzt kommen werde und erst danach ein Begräbnis stattfinden sollte.[332]

---

332 Zitiert nach Hamann, Die Morde an polnischen und sowjetischen Zwangsarbeitern in deutschen Anstalten, S. 134 f.

Bei der Beurteilung dieser erschütternden Schilderung muss offenbleiben, ob die Kinder gezielt ermordet oder ob sie Opfer medizinischer Experimente wurden, bei denen man ihren Tod gleichgültig in Kauf nahm.[333] In allen großen Konzentrationslagern führten deutsche Ärzt:innen Medizinversuche an Menschen durch, wobei auch Kinder als Versuchsobjekte herhalten mussten.[334] Im Rahmen der »Kinder-Euthanasie« wurden zudem kranke und behinderte Kinder vor ihrer Tötung in den sogenannten Kinderfachabteilungen für Humanexperimente missbraucht.[335] Vor diesem Hintergrund erscheint es plausibel, dass die »unerwünschten« Kinder der Polinnen und »Ostarbeiterinnen« in einigen »Pflegestätten« ebenfalls Opfer derartiger Versuche wurden. Die Durchgangs- und Krankensammellager der Arbeitsverwaltung waren zu diesem Zweck besser geeignet als beispielsweise kleinere Heime auf dem Land, da sie sich den Augen der Zivilbevölkerung entzogen und in einiger Distanz zu den Einsatzorten der Mütter lagen. Möglicherweise führten Ärzt:innen aber auch in anderen »Ausländerkinder-Pflegestätten« medizinische Versuche durch. Bernhild Vögel zieht in Betracht, dass einige Heime zur Erprobung von Sulfonamiden und anderen Medikamenten, verschiedenen Zusammensetzungen von Säuglingsnahrung oder neuartigen Behandlungsmethoden dienten.[336] Eine Häufung von Diagnosen wie Atemlähmung,

---

333 Vgl. Freiling, Ausländische Arbeiter und Kriegsgefangene in Kelsterbach 1933–1945, S. 77.

334 Zu Kindern als Opfer von Humanexperimenten in den nationalsozialistischen Konzentrationslagern siehe Astrid Ley, Children as victims of medical experiments in concentration camps, in: From clinic to concentration camp. Reassessing Nazi medical and racial research 1933–1945, hg. von Paul Weindling, New York 2017, S. 209–220; Iris Groschek; Kristina Vagt, »... dass du weißt, was hier passiert ist«. Medizinische Experimente im KZ Neuengamme und die Morde am Bullenhuser Damm, Bremen 2012; Paul Weindling, Genetik und Menschenversuche in Deutschland, 1940–1950. Hans Nachtsheim, die Kaninchen von Dahlem und die Kinder vom Bullenhuser Damm, in: Rassenforschung an Kaiser-Wilhelm-Instituten vor und nach 1933, hg. von Hans-Walter Schmuhl, Göttingen 2003, S. 245–274; Benoît Massin, Mengele, die Zwillingsforschung und die »Auschwitz-Dahlem Connection«, in: Die Verbindung nach Auschwitz. Biowissenschaften und Menschenversuche an Kaiser-Wilhelm-Instituten, hg. von Carola Sachse, Göttingen 2003, S. 201–254; Brigitte Leyendecker; Burghard F. Klapp, Deutsche Hepatitisforschung im Zweiten Weltkrieg, in: Der Wert des Menschen. Medizin in Deutschland 1918–1945, hg. von Christian Pross und Götz Aly, Berlin (West) 1989, S. 261–293.

335 Zu medizinischen Experimenten an kranken und behinderten Kindern siehe Thomas Beddies; Heinz-Peter Schmiedebach, »Euthanasie«-Opfer und Versuchsobjekte. Kranke und behinderte Kinder in Berlin während des Zweiten Weltkriegs, in: Medizinhistorisches Journal 39, 2004, S. 165–196; Matthias Dahl, »... deren Lebenserhaltung für die Nation keinen Vorteil bedeutet«. Behinderte Kinder als Versuchsobjekte und die Entwicklung der Tuberkulose-Schutzimpfung, in: Medizinhistorisches Journal 37, 2002, S. 57–90; Matthias Dahl, Die Tötung behinderter Kinder in der Anstalt »Am Spiegelgrund« 1940 bis 1945, in: NS-Euthanasie in Wien, hg. von Eberhard Gabriel und Wolfgang Neugebauer, Wien 2000, S. 75–92.

336 Vögel, Säuglingslager – »ein Massenexperiment allergrößten Stiles«?

Kreislaufversagen oder Lungenentzündung könnte auf die Gabe von Medikamenten hindeuten, wie sie in den »Kinderfachabteilungen« zur Vortäuschung natürlicher Todesursachen verabreicht wurden (beispielsweise die Barbiturate Luminal oder Veronal).[337] Zweifelsfrei konnte dies bislang allerdings nicht nachgewiesen werden. In den allermeisten Fällen handelt es sich bei den Vorwürfen der gezielten Tötung von und medizinischen Experimenten an Säuglingen und Kleinkindern in den »Pflegestätten« um Berichte aus zweiter Hand, deren Wahrheitsgehalt sich nicht durch die historische Forschung bestätigen lässt.

Dahingegen steht unzweifelhaft fest, dass die Verantwortlichen zahlreicher »Ausländerkinder-Pflegestätten« das Sterben über Monate hinweg untätig hinnahmen. Während des Krupp-Prozesses erklärte Lorenz Schneider, Lagerführer jenes »Ostarbeiter:innenlagers« in Voerde, in dem Krupp im April 1944 eine Kinderbaracke eingerichtet hatte:

> Es ist mir bekannt, dass zwischen den Monaten Oktober 1944 und Januar 1945 ca. 50 Kinder, d. h. über 40 % der im Lager befindlichen Säuglinge im Alter von 1–8 Monaten, verstarben. Durch Todesanzeigen, welche wir dem Standesamt in Voerde machen mussten, war es mir bekannt, dass mehr als die Hälfte der in Voerde-West verstorbenen Kinder an Unterernährung, die im Todesschein als allgemeine Schwäche bezeichnet wurde, verstorben sind. Ich war einfach erschreckt über die hohe Anzahl der Kinder, die täglich starben; ich glaubte demnach, dass eine gewisse Absicht dabei vorlag, die Kinder sterben zu lassen.[338]

Ein einziges Mal habe sich ein Vertreter der DAF über die Ursachen der hohen Sterberate erkundigt, ohne dass dies Folgen gehabt hätte. Ansonsten habe sich niemand für das andauernde Sterben am »Buschmannshof« interessiert:

> Von der Firma Krupp ist niemals eine Untersuchung über die hohe Sterblichkeit der Kinder gemacht worden, obwohl Herr Kupke und auch Herr Ihn laufend darüber informiert waren. Ich hatte den Eindruck, dass man sich überhaupt nicht um die Kinder bekümmerte.[339]

Welche Möglichkeiten dem Lagerführer offenstanden, selbst Abhilfe zu schaffen, sei dahingestellt. Zaghafte Versuche, von höherer Stelle eine Verbesserung der Si-

---

337 Zur Praxis der Kinder-»Euthanasie« in Westfalen siehe Bernd Walter, Psychiatrie und Gesellschaft in der Moderne. Geisteskrankenfürsorge in der Provinz Westfalen zwischen Kaiserreich und NS-Regime, Paderborn 1996, S. 691–699.
338 Eidesstattliche Erklärung von Lorenz Schneider, auszugsweise abgedruckt in Sosnowski, The tragedy of children under Nazi rule, S. 434 f.
339 Eidesstattliche Erklärung von Lorenz Schneider, auszugsweise abgedruckt in Sosnowski, The tragedy of children under Nazi rule, S. 434 f.

tuation einzufordern, blieben vielerorts ergebnislos. Über die steigende Zahl der Todesfälle im »Entbindungsheim für Ostarbeiterinnen« beunruhigt, wandte sich beispielsweise Manfred Hertel, höherer Verwaltungsangestellter der AOK in Braunschweig, an den zuständigen Kreisobmann der DAF:

> In der Zeit August bis September [1943] trug Herr Hertel dem Kreisobmann Mauersberg seine Bedenken wegen der Sterblichkeit vor, deren Ursache er vor allem auch auf die viel zu kurze Stillzeit zurückführe. M. erwiderte: »Darüber, Herr Hertel, machen Sie sich mal keine Sorgen, diese Verantwortung übernehmen wir.«[340]

Antonia L., die als Übersetzerin und Bürokraft für die Deutsche Sprengchemie in Kraiburg am Inn arbeitete und für den Transport von Säuglingen zur »Pflegestätte« in Burgkirchen an der Alz mitverantwortlich war, versuchte sich laut eigener Aussage beim zuständigen DAF-Kreisobmann zu beschweren:

> Er war hier, um zu den Ukrainern zu sprechen und ich wurde als Übersetzerin gebraucht. Er fragte mich, was ich von dem Kinderlager hielt und ich sagte ihm, daß ich nicht damit einverstanden war, wie das Lager geführt wurde. Er fragte mich nach dem Grund und ich antwortete ihm, daß es sehr schmutzig war und daß man dort die Kinder nicht so behandelte, wie man mit Kindern umgehen sollte. Er gab keine Antwort, schüttelte den Kopf und ließ mich stehen.[341]

Ebenso seien ihre Beschwerden bei der Heimleitung und beim Lagerführer der Deutschen Sprengchemie ins Leere gelaufen. Auf ihre Bitte, in die »Pflegestätte« versetzt zu werden, um sich selbst um die Kinder kümmern zu können, sei ihr zynisch geantwortet worden: »wenn ich Kinder so sehr möge, könne ich meinen Urlaub dort verbringen, bis dahin müsse ich hier bleiben.«[342] Der Betriebsarzt in Gendorf bezichtigte den Kreisobmann sogar, über die seiner Ansicht nach zu niedrige Zahl der Todesfälle enttäuscht gewesen zu sein: »Schmid erklärte, die Pflegestätte würde zu gut geführt und daß nicht genug Kinder stürben. Er sagte, daß in anderen Pflegestätten die Todesrate weit über 25 % läge.«[343] Andernorts

---

340 Schreiben des Leiters der AOK an das Staatsministerium, 15. April 1946, zitiert nach Vögel, »Entbindungsheim für Ostarbeiterinnen«, S. 37 f.
341 Vernehmungsprotokoll von Antonia L., auszugsweise abgedruckt in Jungblut, Tod in der Wiege, S. 27–29, Zitat auf S. 29.
342 Vernehmungsprotokoll von Antonia L., auszugsweise abgedruckt in Jungblut, Tod in der Wiege, S. 27–29, Zitat auf S. 29.
343 Vernehmungsprotokoll von Dr. med. Arthur H., auszugsweise abgedruckt in Jungblut, Tod in der Wiege, S. 30–35, Zitat auf S. 32.

richteten sich die Vorwürfe in erster Linie gegen die zuständigen Ärzt:innen, die kranke Kinder in den »Ausländerkinder-Pflegestätten« vernachlässigt hätten.[344] Während die Verantwortlichen Beschwerden über die Zustände in den »Pflegestätten« und die hohe Sterberate oftmals abgewiegelten, musste immer auch mit ernsthafteren Konsequenzen gerechnet werden, sollten solche Klagen zu vehement vorgebracht werden. So versuchte eine der im »Ausländerkinderpflegeheim« des Volkswagenwerks beschäftigte deutsche Krankenschwester, sich über die Köpfe der Heimleiterin und des zuständigen Betriebsarztes hinweg beim Personalchef des Betriebs zu beschweren. Dessen Sekretärin habe sie jedoch gewarnt, sie würde in Schwierigkeiten geraten, wenn sie sich in Dinge einmische, die sie nichts angingen.[345] Derartig diffuse Warnungen konnten ausreichen, um den unerwünschten Einsatz für »fremdvölkische« Kinder im Keim zu ersticken. Denn auch ohne explizite Drohungen wird vielen das Risiko bewusst gewesen sein, das sie mit einer solchen Beschwerde eingingen. Die permanent wahrgenommene Gefahr einer Denunziation, ob sie nun real war oder nicht, schuf ein Klima, in dem die persönliche Sicherheit schwerer wog als das Schicksal der ausländischen Kinder.[346]

5.3.8 Bestattungspraxis

Die rassistische Behandlung der Säuglinge und Kleinkinder in den »Ausländerkinder-Pflegestätten« schlug sich, ebenso wie bei den osteuropäischen Zwangsarbeiter:innen, auch in der Bestattungspraxis nieder. Die vorgeschriebene Trennung der ausländischen Arbeitskräfte von der deutschen Zivilbevölkerung sollte auch nach dem Tod aufrechterhalten werden. Polnische Arbeitskräfte durften nicht zwischen den Gräbern »deutscher Volksgenossen«, sondern nur an gesonderten Stellen auf den Friedhöfen beigesetzt werden.[347] Gleiches galt für »Ostarbeiter:innen«. Die Friedhofsverwaltungen waren daher angehalten, Begräbnisstätten zur Verfügung stellen, »die hinreichend getrennt von den für die Bestattung von Deutschen vorgesehenen Grabstellen liegen«.[348] Wie das Innenministerium

---

344 Woock, Zwangsarbeit ausländischer Arbeitskräfte im Regionalbereich Verden/Aller (1939–1945), S. 349; Brüntrup, Verbrechen und Erinnerung; Reiter, Tötungsstätten für ausländische Kinder im Zweiten Weltkrieg, S. 179.
345 Befragung der Zeugin Lammer, TNA, WO 235/265, Tag 10 (30. Mai 1946). Vgl. Befragung der Zeugin Meyer, laut der Lammer mit einer Einweisung ins Konzentrationslager bedroht worden sein soll, TNA, WO 235/264, Tag 9 (29. Mai 1946).
346 Siehe Kapitel 6.4 dieses Buches.
347 Erlass des RFSS betr. »Behandlung der im Reichsgebiet befindlichen Arbeitskräfte polnischen Volkstums«, 10. September 1943, BArch, R 4701/14152/2.
348 Runderlass des RMdI betr. »Friedhöfe, hier: Bestattung in Deutschland verstorbener Ostarbeiter«, 21. April 1943, zitiert nach Sämann, Das Durchgangslager in Bietigheim, S. 158.

und der GBA in einem gemeinsamen Erlass im Februar 1944 bestimmten, sollten die Grabstätten der polnischen und sowjetischen Zivilarbeiter:innen ebenso wie die Gräber sowjetischer Kriegsgefangener »in allereinfachster Weise« hergerichtet werden und bestanden daher meist nur aus aufgeworfenen Erdhügeln ohne Kreuz.[349]

Auf ähnliche Weise wurde mit Kindern verfahren, die in den »Ausländerkinder-Pflegestätten« verstorben waren.[350] Ihre Leichen lagerten üblicherweise mehrere Tage in Packpapier gewickelt in einem Nebenraum, bis ein Totengräber sie abholte und zur vorgesehenen Begräbnisstätte brachte. Dies waren entweder die Grabstellen, die auch für erwachsene Zwangsarbeiter:innen vorgesehen waren, oder ein eigens für ausländische Kinder ausgewiesener Bereich auf dem örtlichen Friedhof. Auch hier lagerten die Leichen unter Umständen noch einige Zeit, bis mehrere gleichzeitig beigesetzt werden konnten, denn in ein einzelnes Grab kamen bis zu sieben Kinderleichen. Teilweise bekamen die Kinder Särge oder genagelte Kisten, für Säuglinge fanden häufig leere Pappkartons Verwendung, in der drei bis fünf unbekleidete Leichen gleichzeitig lagen. Für den Rühener Friedhof sind auch Begräbnisse in der bloßen Erde dokumentiert.[351] Die Gräber wurden anschließend lediglich durch einen kleinen Erdhügel als solche gekennzeichnet. In Braunschweig wurden die Leichen russischer Kinder im Krematorium verbrannt und die Asche zunächst auf dem städtischen Urnenfriedhof, später wie die Leichen polnischer Kinder auf dem »Ausländerfriedhof« beigesetzt. Ab Januar 1945 wurden die Aschenreste laut Einäscherungsverzeichnis »verstreut«.[352] Die Bestattungskosten mussten die Eltern übernehmen, nicht selten erfuhren sie erst auf diesem Weg vom Tod ihrer Kinder. Manchen Kindern wurde eine Beisetzung gänzlich verwehrt: Das Anatomische Institut der Universität Göttingen erhielt im Jahr 1944 drei Kinderleichen von der Wäscherei Schneeweiß, bei denen

---

349 Runderlass des RMdI und des GBA an die höheren Verwaltungsbehörden, Landräte und Oberbürgermeister betr. »Vereinfachung der Verwaltung; hier: Pflege der Gräber ausländischer Zivilarbeiter«, 18. Februar 1944, abgedruckt in Łuczak, Położenie polskich robotników przymusowych w Rzeszy 1939–1945, S. 275 f.
350 Zum Folgenden vgl. Brüntrup, Verbrechen und Erinnerung, S. 100 f.; Vögel, »Entbindungsheim für Ostarbeiterinnen«, S. 65, 95–96; Haida; Koziol; Schmidt, Gantenwald, S. 228; Stephanus Fischer; Cordula Wächter, Die Begräbnisstätte auf dem Stadtfriedhof Seelhorst, in: Gräber ohne Namen. Die toten Kinder Hannoverscher Zwangsarbeiterinnen, hg. von Janet Anschütz, Stephanus Fischer, Irmtraud Heike und Cordula Wächter, Hamburg 2006, S. 15–20.
351 Im Juni 1945 exhumierten amerikanische Sanitätsoffiziere einige der Kinderleichen auf dem Rühener Friedhof und dokumentierten ihren Zustand sowie die Art ihrer Bestattung. Siehe dazu die Aussage von Dr. Clifford C. Byrum, 8. Juni 1945, TNA, WO 235/272, Exhibit 30; Aussage von Capt. Frederick J. Dann, TNA, WO 235/272, Exhibit 30; Fotografien des Friedhofs und der Exhumierungen, TNA, CN 4/2.
352 Vögel, »Entbindungsheim für Ostarbeiterinnen«, S. 96.

es sich nur um tote Säuglinge aus der Säuglingsbaracke des Betriebs gehandelt haben kann.[353]

Im Juni 1943 informierte der Reichskirchenminister den Vorsitzenden der Fuldaer Bischofskonferenzen, er hege keine »grundsätzlichen Bedenken« gegen die Mitwirkung deutscher Geistlicher an der Bestattung verstorbener Polen und Polinnen.[354] Bei der Bestattung verstorbener »Ostarbeiter:innen« war die Beteiligung Deutscher hingegen nicht erwünscht. Die Zeremonien sollten in jedem Fall schlicht gehalten werden und nur im Beisein der engsten Angehörigen stattfinden. Die Eltern erfuhren allerdings nicht selten zu spät vom Tod ihrer Kinder und waren überrascht, wenn diese bereits beigesetzt waren, mitunter ohne jedwede Identifikationsmöglichkeit.[355] In vielen Fällen fand die Beisetzung der Kinder trotz grundsätzlicher Erlaubnis ohne kirchliche Zeremonie statt. In einigen Kirchenbüchern findet sich der Hinweis, die Kinder seien »in aller Stille« beigesetzt worden, die genaue Grablage war dem zuständigen Pfarrer teilweise unbekannt.[356] Die Beerdigung zweier im Februar und April 1945 verstorbener Kinder auf dem Friedhof in Otterstedt, Landkreis Verden, trug der Pfarrer erst im Juni desselben Jahres in das Geburten- und Sterbebuch ein, versehen mit dem Zusatz: »Da Ausländer, ohne kirchliche Beteiligung (nach Vorschrift der Regierung) beerdigt.«[357]

Andernorts kümmerten sich die örtlich zuständigen Geistlichen um die Bestattungen, hielten Trauergottesdienste ab und dokumentierten die Namen und Sterbedaten der ausländischen Kinder in den Kirchenbüchern. Der Pfarrer von Burgkirchen beispielsweise sagte nach dem Krieg vor amerikanischen Ermittlungsbehörden aus, er habe stets darauf bestanden, dass die Kinder Särge erhielten und die Eltern bei der Bestattung anwesend waren:

> Die ersten Leichen wurden mir in einer rohen Holzkiste übergeben. Ich sagte dem Mann, der mir die Leichen brachte, daß das falsch sei und daß ein ordentlicher Sarg für diese Leichen vorbereitet werden sollte, um eine würdige katholische Bestattung abzuhalten. Anfangs waren die Eltern der Kinder beim

---

353 Tollmien, Slawko, Stanislaw und France-Marie, S. 364.
354 Schreiben des Reichsministers für die kirchlichen Angelegenheiten an den Vorsitzenden der Fuldaer Bischofskonferenzen, Kardinal Bertram, betr. »kirchl. Betreuung poln. Zivilarbeiter«, 5. Juni 1943, abgedruckt in Konieczny; Szurgacz, Praca przymusowa Polaków pod panowaniem hitlerowskim 1939–1945, S. 91 f.
355 Vögel, »Entbindungsheim für Ostarbeiterinnen«, S. 96; Brüntrup, Verbrechen und Erinnerung, S. 101.
356 Woock, Zwangsarbeit ausländischer Arbeitskräfte im Regionalbereich Verden/Aller (1939–1945), S. 193 f.; Vögel, »Entbindungsheim für Ostarbeiterinnen«, S. 96.
357 Zitiert nach Woock, Zwangsarbeit ausländischer Arbeitskräfte im Regionalbereich Verden/Aller (1939–1945), S. 195.

Begräbnis nicht anwesend. Ich verlangte, die Eltern für die Bestattung herbeizuholen, sonst würde ich das Begräbnis nicht begleiten.[358]

Die Leichen setzte der Pfarrer manchmal zu zweit oder zu dritt in einem Grab bei, dennoch musste er bald einen neuen Grabplatz anlegen, weil der erste überfüllt war.[359] Der Pfarrer von Spital am Pyhrn notierte in der Pfarrchronik für 1943 den Tod von elf meist polnischen Kindern durch Unterernährung, im Totenbuch dokumentierte er die Bestattung von 15 ausländischen Kindern.[360] Dabei war er offenbar nur für die katholischen Kinder zuständig, denn im Sterbebuch der Gemeinde finden sich für das Jahr 1943 insgesamt 20 Säuglinge aus dem »Fremdvölkischen Kinderheim«. Der Pfarrer der bayrischen Gemeinde St. Hütting hingegen bestattete alle 90 Kinder, die im »polnischen Kinderheim« gestorben waren, und notierte im Sterbebuch ungeachtet der Konfession die Aussegnung eines jeden Kindes.[361] Kinder, die in der »Ausländerkinder-Pflegestätte« Brunshausen verstorben waren, wurden wie deutsche Kinder in weißen Särgen beigesetzt, zumindest für den Spätsommer 1944 sind auch kirchliche Trauerfeiern belegt.[362]

Beim Einzeleinsatz in der Landwirtschaft kümmerten sich bisweilen die deutschen Arbeitgeber:innen selbst um die Organisation von Bestattungszeremonien für die Kinder ihrer ausländischen Arbeitskräfte. Im Kreis Verden beispielsweise ließ eine Bäuerin den Leichnam eines drei Monate alten polnischen Jungen, der im Kinderheim Cluvenhagen gestorben war, in der Diele aufbahren, um den Eltern einen würdigen Abschied zu ermöglichen. Daraufhin wurde das Kind auf dem Friedhof der Kirchengemeinde Lunsen beigesetzt.[363] Eine Bäuerin bei Friedrichshafen wollte das zweimonatige Kleinkind der auf ihrem Hof arbeitenden 17-jährigen Russin kirchlich bestatten lassen, erhielt jedoch die Auskunft, dies sei grundsätzlich verboten. Das Kind musste stattdessen, wie für verstorbene polnische Arbeitskräfte und »Ostarbeiter:innen« vorgeschrieben, auf einer Wiese neben dem örtlichen Friedhof beerdigt werden.[364]

---

358 Vernehmungsprotokoll des Burgkirchener Pfarrers Karl Fürstberger, 19. Juni 1945, auszugsweise abgedruckt in Jungblut, Tod in der Wiege, S. 23–25, Zitat auf S. 23.
359 Vernehmungsprotokoll des Burgkirchener Pfarrers Karl Fürstberger, 19. Juni 1945, auszugsweise abgedruckt in Jungblut, Tod in der Wiege, S. 23–25, Zitat auf S. 24.
360 Hauch, Ostarbeiterinnen, S. 1299.
361 Geburten- und Sterbebuch St. Hütting jetzt Ruhstorf, IPN Po, S. 1/10/Zn; vgl. Rosmus, Wintergrün, S. 42–48.
362 Race, Die »Kinderpflegestätte« Brunshausen 1944–1945, S. 26.
363 Die mit einem Stein ausgestattete Grabstätte ist mit insgesamt zwei polnischen Kindern und einem russischen Kind belegt und wird bis heute als Kriegsgrab gepflegt; Woock, Zwangsarbeit ausländischer Arbeitskräfte im Regionalbereich Verden/Aller (1939–1945), S. 358 f.
364 Tholander, Fremdarbeiter 1939 bis 1945, S. 383.

In einigen Fällen kümmerten sich die Zwangsarbeiter:innen selbst um die Bestattung ihrer Angehörigen und Kinder. Die Ukrainerin Lydia T. erinnert sich:

> Mein Sohn Vitya starb im April 1945 in Wuppertal, als die Amerikaner schon da waren. Eine Sterbeurkunde konnte nicht ausgestellt werden. Ich habe das Kind hinter der Baracke begraben. Es gab dort schon andere Gräber von Ostarbeitern, die vorher gestorben waren. Bei den Bombardierungen waren sehr viele Menschen ums Leben gekommen. Wir haben einen kleinen Friedhof dort angelegt, weil wir auf deutsche Friedhöfe nicht durften.[365]

Die Einrichtung einer »Ausländerkinder-Pflegestätte« zog in vielen Fällen einen drastischen Anstieg der örtlichen Sterblichkeit nach sich, insbesondere in kleinen Gemeinden machten die verstorbenen ausländischen Säuglinge einen großen Teil der Todesfälle aus.[366] Nachdem im Säuglingsheim der Ortschaft Sallach in Niederbayern im November 1943 das erste Kind gestorben war, ging man im zuständigen Pfarramt Reicheneibach davon aus, »daß Todesfälle von Kindern oder Müttern öfters vorkommen« würden.[367] Da Sallach über keinen eigenen Friedhof verfügte, fanden Bestattungen üblicherweise auf dem Friedhof der Nachbargemeinde statt, doch der Pfarrer war der Ansicht, dort sei für eine »größere Zahl fremdstämmiger Verstorbener« kein Platz mehr. Eine Erweiterung des Friedhofs lehnte die örtliche Kirchenverwaltung Anfang des Jahres 1944 ab, stattdessen solle die Kreisbauernschaft einen »provisorischen« Friedhof neben dem Säuglingsheim anlegen: »Es braucht nur ein Stück nutzlosen Rasens umzäunt und mit einem einfachen Kreuz versehen werden. In späterer Zeit kann dieser Friedhof wieder aufgelassen und wirtschaftlich benützt werden.«[368] Bei den Kirchenverwaltungen rechnete man mit mindestens einem Todesfall wöchentlich, war aber weniger über die hohe Sterberate erschüttert als über die Nutzung des Friedhofs für ausländische Kinder:

> Wenn erst das Heim voll besetzt ist, dürfte sich diese Zahl noch erhöhen. Auch die Bevölkerung ist darüber ungehalten, daß man die Leichen dieser Polen- und

---

365 Zeitzeuginnenbericht von Lydia T. im Rahmen des LVR-Projekts »Riss durchs Leben«, online einsehbar unter: https://riss-durchs-leben.lvr.de/de/zeitzeuginnen/lydiat/lydiat.html [Stand: 12. Juli 2022].
366 In Spital am Pyhrn war im Jahr 1943 ein Drittel aller Todesfälle auf das »fremdvölkische Kinderheim« zurückzuführen; Hauch, Ostarbeiterinnen, S. 1299.
367 Schreiben des katholischen Pfarramts Reicheneibach an den Landrat betr. »Begräbnis für Ausländer«, 22. November 1943, zitiert nach Rosmus, Wintergrün, S. 32.
368 Schreiben der Kirchenverwaltungen Reicheneibach und Sallach an den Landrat, 8. Januar 1944, zitiert nach Rosmus, Wintergrün, S. 37.

Russenkinder [...] auf unserem Friedhof beisetzt, und verlangt nach Beseitigung dieses unmöglichen Zustandes.[369]

Allein im Februar 1944 wurden elf Kinder und eine Wöchnerin in Reicheneibach beigesetzt, so viele Bestattungen fielen sonst im ganzen Jahr nicht an. Nachdem der Pfarrer die Kinder zunächst noch einzeln in Särgen bestattete, ließ er im Frühjahr Massengräber für bis zu 15 Säuglingsleichen ausheben. Im Juni 1944 wurde schließlich ein Grundstück in Sallach ausgewählt und der verlangte »Behelfsfriedhof« fertiggestellt. In den Sterbematrikeln des Pfarramts sind 114 ausländische Kinder registriert, etwa 30 von ihnen wurden auf dem neuen Friedhof beigesetzt, jedes Grab mit einem einfachen Holzkreuz markiert.[370]

Die zuständigen Pfarrer und Totengräber wussten aus erster Hand von der hohen Sterblichkeit ausländischer Kinder, thematisierten dies nach jetzigem Kenntnisstand aber kaum.[371] Im Prozess um das Kinderheim in Velpke erklärte der zuständige Totengräber Peter B., der zwischen Mai und September 1944 insgesamt 52 Kinder begraben hatte, er habe ab September die Bestattung von Kindern aus Velpke aufgrund des »zweifelhaften Charakters der Todesursachen« verweigert.[372] Vielfach scheint das Sterben indes zu einer traurigen Routine geworden zu sein, die schlicht hingenommen wurde.

5.3.9 Die Zahl der »Ausländerkinder-Pflegestätten« und ihrer Opfer

Wie viele Kinder von Polinnen und »Ostarbeiterinnen« im Deutschen Reich geboren oder mit ihren Familien dorthin deportiert wurden, wie viele »Ausländerkinder-Pflegestätten« existierten und wie groß die Zahl derjenigen ist, die in diesen Einrichtungen aufgrund der rassistischen Anordnungen des NS-Regimes ihr Leben verloren, ist wegen der unzureichenden Quellenlage nur schwer abzuschätzen.[373] Über die Zahl betroffener Kinder liegen einige Daten und Schätzungen aus den Kriegsjahren vor, die einen groben Eindruck der Größenordnung vermitteln können. So meldete das Gauarbeitsamt Südbayern Anfang des Jahres 1944 insgesamt 708 »Ostarbeiter- und Polenkinder« im Alter von bis zu 10 Jah-

---

369 Schreiben der Kirchenverwaltungen Reicheneibach und Sallach an den Landrat, 7. Februar 1944, zitiert nach Rosmus, Wintergrün, S. 37.
370 Rosmus, Wintergrün, S. 37–40.
371 Ein Dechant aus Emsdetten im Bistum Münster nahm, wie oben bereits beschrieben, eine Umfrage zu Taufen ausländischer Kinder zum Anlass, um auf die außerordentlich hohe Sterblichkeit dieser Kinder hinzuweisen; Schwarze, Kinder, die nicht zählten, S. 178 f.
372 Zeugenaussage von Peter B., 15. Juni 1945, TNA, WO 309/100.
373 Die vom Reichsausschuß für Volksgesundheitsdienst erhobenen Statistiken sind leider nur bis 1942 überliefert.

ren, 229 von ihnen hatten das erste Lebensjahr noch nicht vollendet. Zudem erwarteten zu diesem Zeitpunkt 383 Polinnen und »Ostarbeiterinnen« in Südbayern ein Kind.[374] Dem Volksbund für das Deutschtum im Ausland lag für das Jahr 1943 die »authentische« Zahl von 899 Geburten »fremdvölkischer« Kinder im Regierungsbezirk Lüneburg vor. Davon ausgehend rechnete man dort mit etwa 1.500 Geburten im Gau Ost-Hannover.[375] Die Gauleitung Baden ging Anfang März 1944 nach »vorsichtiger Schätzung« von etwa 1.000 Kindern mit »fremdvölkischen Müttern« aus.[376] In landwirtschaftlichen Betrieben in Sachsen lebten im Jahr 1943 laut einem Mitarbeiter der VoMi insgesamt 631 »fremdvölkische« Kinder und Schwangere.[377]

Das Reichsamt für das Landvolk rechnete Anfang des Jahres 1944 mit jährlich »100–150.000 neugeborenen Kindern slawischer fremdvölkischer Arbeitskräfte« im gesamten Reich.[378] Diese Zahl geht zurück auf eine grobe Hochrechnung des Reichsnährstands, basierend auf den Geburtenzahlen eines einzigen Landkreises.[379] Im Gegensatz zur gewerblichen Wirtschaft existierten in der Landwirtschaft zu dieser Zeit noch vergleichsweise wenige Entbindungsheime und »Pflegestätten«, die Kinder lebten zumeist auf den Höfen der Arbeitgeber:innen. Aufgrund der befürchteten »Unterwanderungsgefahren« hatte der Reichsnährstand ein volkstumspolitisches Interesse daran, die Dringlichkeit des Problems besonders hervorzuheben. So dienten die Zahlen bei der zentralen Besprechung im Reichs-

---

374 Schreiben des Präsidenten des Gauarbeitsamts der Reichstreuhänder der Arbeit Südbayern an den GBA betr. »Behandlung schwangerer ausländischer Arbeitskräfte und Versorgung der Kinder; hier Ostarbeiterinnen und Polinnen«, gez. Mauder, 10. Januar 1944, BArch, R 16/174.

375 Schreiben des Volksbunds für das Deutschtum im Ausland, Gauverband Ost-Hannover, an die VoMi betr. »Kinder und Kleinstkinder der Fremdvölkischen, vor allem der Ostarbeiterinnen und Polinnen (Ausländer-Kleinkinderpflegestätten)«, ohne Datum (Frühjahr 1944), BArch, R 59/48.

376 Besprechungsnotiz der NSDAP-Gaustabsamtsleitung Baden, 8. März 1944, 2.2.0.1/82388973-82388975/ITS Digital Archive, Bad Arolsen. Laut Tholander meldete die Gauleitung ohne Angabe des Zeitraums 653 Geburten, 314 Schwangerschaften und 42 Abtreibungen, allerdings ohne die Städte Mannheim, Offenburg und Freiburg im Breisgau; Tholander, Fremdarbeiter 1939 bis 1945, S. 405.

377 Memorandum von Prof. Dr. Karl Schöpke, VoMi Amt IV, über »Sofortige Reichsmaßnahmen zur Verminderung der Unterwanderungsgefahren infolge der zahlreichen fremdvölkischen Geburten auf dem Lande«, 18. Mai 1944, BArch, R 59/48.

378 Schreiben des Reichsamts für das Landvolk an den Reichsbauernführer betr. »Betreuung schwangerer Ostarbeiterinnen und Polinnen und der im Reich geborenen Kinder von Ostarbeiterinnen und Polinnen«, 7. Februar 1944, 2.2.0.1/82388970-82388972/ITS Digital Archive, Bad Arolsen.

379 Bericht über die Reise nach Quedlinburg am 6. und 7.1.1944 betr. »Unterbringung von fremdvölkischen schwangeren Arbeiterinnen und Kleinstkindern«, 14. Januar 1944, BArch, R 16/174.

Leben und Sterben in den »Ausländerkinder-Pflegestätten«

amt als Argument für reichsweite Richtlinien zur »Entfernung der fremdvölk. nichteinsatzfähigen Kinder aus landwirtschaftlichen Betrieben«.[380]

Vor dem Hintergrund der anvisierten Übernahme der Betreuung dauerhaft nicht einsatzfähiger Ausländer:innen durch die Innere Verwaltung versprach Sauckel im Frühjahr 1944 dem Reichsinnenministerium, die Zahl der aktuell im Reichsgebiet befindlichen ausländischen Kinder durch die ihm nachgeordneten Dienststellen ermitteln zu lassen.[381] Im Juni lagen dem RMdI Daten vor, laut denen sich »75.000 Ostarbeiterkinder, 58.000 Polenkinder und um 8.300 sonstige Kinder«, also insgesamt 141.300 ausländische Kinder, im Reich befänden.[382] Weitere Daten erhoben die Arbeitseinsatzbehörden im Herbst 1944. Im Zuge der nun beschlossenen Übergabe der Betreuung arbeitsunfähiger ausländischer Arbeitskräfte an die Fürsorgeverbände zählten die Gauarbeitsämter in ihren Bezirken auch ausländische Schwangere, Wöchnerinnen und Kinder. Demzufolge befanden sich am Stichtag, dem 20. Oktober 1944, 20.828 Kinder unter 10 Jahren im Reich.[383] Mit Abstand die meisten von ihnen lebten in Unterkünften bei landwirtschaftlichen Betrieben (12.981), gefolgt von »Ausländerkinderpflegestätten in fremder Betreuung« (2.751) und Unterkünften bei gewerblichen Betrieben (2.704). In den unmittelbar von den Arbeitseinsatzbehörden betriebenen Entbindungsheimen, »Pflegestätten« und Lagern lebten insgesamt 1.374 Kinder, die meisten von ihnen in einem der Durchgangslager (991). Die übrigen befanden sich entweder in »sonstigen Gemeinschaftsunterkünften« (599) oder in Krankenanstalten inklusive »Ausländer-Krankenbaracken« (419).

Warum aber betrugen die von den Gauarbeitsämtern gemeldeten Zahlen lediglich knapp 15 Prozent der Gesamtzahl, die vier Monate zuvor dem RMdI vorlag? Die Aufstellungen der Gauarbeitsämter liefern offenbar nur ein unvollständiges Bild. Davon abgesehen, dass die Daten der Gaue Köln-Aachen, Essen und Württemberg fehlten, waren auch die Angaben der übrigen Gauarbeitsämter lückenhaft. Für den Gau Westfalen-Nord beispielsweise, in dem sich das Entbindungslager Waltrop befand, ist kein einziges Kind ausgewiesen. Zum Teil ging die auffällig geringe Anzahl der erfassten Kinder auf eine verzerrende Zählweise zurück. So sollten Kinder, die in den Unterkünften der Betriebe und in den Gemeinschaftslagern im Familienverband lebten, in der Statistik nicht berücksichtigt werden.

---

380 Aktenvermerk betr. »Besprechung im Reichsamt für das Landvolk über die Entfernung der fremdvölk. nichteinsatzfähigen Kinder aus landwirtschaftlichen Betrieben; am 27. Januar 1944«, gez. Schwarz, BArch, R 16/174.
381 Schreiben des GBA an den Reichsinnenminister betr. »Versorgung und Betreuung der nicht einsatzfähigen Ausländer«, i. V. Dr. Timm, 10. Mai 1944, BArch, R 1501/1479.
382 Besprechungsvermerk von Ministerialdirigent Dr. Loschelder, 20. Juni 1944, BArch, NS 1501/1479, Bl. 17 f.
383 Aufstellungen der Gauarbeitsämter betr. »Ausländische Arbeitskräfte, die dauernd nicht arbeitseinsatzfähig sind«, Oktober 1944, BArch, R 1501/3109.

Der Grund dafür war, dass ausländische Kinder ebenso wie arbeitsunfähige Ausländer:innen möglichst durch Familienangehöre versorgt werden sollten, bevor die Fürsorgeverbände einspringen mussten. Dabei galt in der gewerblichen Wirtschaft bereits ein einzelner Elternteil als »Familienverband«, in der Landwirtschaft hingegen sollte jedes uneheliche Kind mitgezählt werden. Dies erklärt die vergleichsweise große Zahl der Kinder, die laut den Arbeitsämtern in landwirtschaftlichen Betrieben lebten. Gleichzeitig wurden auf diese Weise zahlreiche Kinder, die in betrieblichen »Pflegestätten« untergebracht waren, aus der Statistik ausgeklammert. Darüber hinaus muss berücksichtigt werden, dass die Kriegseinwirkungen im Herbst 1944 die Ermittlung genauer Zahlen enorm erschwerten.

Die verlässlichsten Zahlen in Bezug auf die aufgeworfene Frage scheinen diejenigen zu sein, die dem RMdI im Juni 1944 vorlagen. Weil die Arbeitseinsatzbehörden lediglich die Anzahl der aktuell im Reichgebiet befindlichen ausländischen Kinder zu ermitteln versuchten, stellen diese Daten lediglich eine Momentaufnahme dar. Wie oben gezeigt, erreichte die Mortalitätsrate in den »Pflegestätten« stellenweise extrem hohe Werte, so dass eine beträchtliche Zahl ausländischer Kinder während der Datenerhebung bereits nicht mehr lebte. Zudem ist die genaue Datengrundlage nicht bekannt. Zwar notierte ein RMdI-Mitarbeiter, die Zahlen bezögen sich auf »Kleinkinder und Kinder bis zu 10 Jahren, die in Deutschland geboren sind«.[384] Es lässt sich aber nicht ausschließen, dass auch Kinder erfasst wurden, die zusammen mit ihren Familien ins Altreich deportiert worden waren.

Genauere Zahlen könnten mit Hilfe von Standesamtsunterlagen ermittelt werden, doch die standesamtliche Erfassung von Geburten ausländischer Kinder war während des Kriegs sehr lückenhaft.[385] Zudem gingen kurz vor Kriegsende zahlreiche Akten zu ausländischen Arbeitskräften durch Kriegseinwirkung verloren oder wurden von den Behörden gezielt vernichtet. Die amerikanischen und britischen Besatzungsbehörden veranlassten einige Monate nach Kriegsende die deutsche Verwaltung, sämtliche Geburtsurkunden ausländischer Kinder, die während des Kriegs geboren worden waren, auszuhändigen. Laut Roman Hrabar, Generalbevollmächtigter für die Suche nach polnischen Kindern, legten die Standesämter in der britischen und der amerikanischen Besatzungszone zusammen etwa 40.000 Geburtsurkunden vor.[386] Für die übrigen Zonen und Österreich müsse von mindestens ebenso vielen Geburten ausgegangen werden. Aufgrund der bruchstückhaften Überlieferung ist die Zahl von 80.000 Geburten, in der die vormaligen

384 Besprechungsvermerk von Ministerialdirigent Dr. Loschelder, 20. Juni 1944, BArch, NS 1501/1479, Bl. 17 f.
385 Vögel, »Entbindungsheim für Ostarbeiterinnen«, S. 20; Hoffmann, Ausländische ZwangsarbeiterInnen in Oldenburg während des Zweiten Weltkrieges, S. 129.
386 Roman Zbigniew Hrabar, Skazane na zagładę. Praca niewolnicza kobiet polskich w III Rzeszy i los ich dzieci, Katowice 1989, S. 80–85.

Leben und Sterben in den »Ausländerkinder-Pflegestätten«

Ostgebiete des Deutschen Reichs noch nicht mit einkalkuliert sind, deutlich zu niedrig angesetzt. Auf Grundlage der vorhandenen Daten erscheint eine konservative Schätzung von mindestens 100.000 ausländischen Geburten im Deutschen Reich als realistisch, wobei die tatsächliche Zahl wahrscheinlich deutlich darüber liegt. Völlig unbekannt ist zudem die Zahl derjenigen Kinder, die mit ihren Familien ins Altreich deportiert wurden. Während insbesondere die älteren von ihnen meist nicht unmittelbar von den Richtlinien zur Behandlung schwangerer Zwangsarbeiter:innen und ihrer im Reich geborenen Kinder betroffen waren, wird ein gewisser Teil der Säuglinge und Kleinkinder ebenfalls in »Ausländerkinder-Pflegestätten« untergebracht worden sein.

Ebenso schwierig ist es, die Zahl der Entbindungsheime und »Ausländerkinder-Pflegestätten« einzuschätzen. Die Gauarbeitsämter sollten im Oktober 1944 zwar die Anzahl der vorhandenen Einrichtungen melden, doch auch hier sind die Daten offensichtlich unvollständig. Demnach sollen sich reichsweit lediglich sechs Entbindungsheime und drei »Ausländerkinder-Pflegestätten« in Betreuung der Arbeitseinsatzbehörden befunden haben.[387] In die Spalte zu »Ausländerkinder-Pflegestätten in fremder Betreuung« trugen die wenigsten Gauarbeitsämter Zahlen in das Formular ein: Halle-Merseburg (7), Sachsen (12), Steiermark (3), Oberdonau (7), Pommern (9) und Rhein-Main (14). Andere Gauarbeitsämter meldeten zwar eine recht große Zahl von Kindern »in fremder Betreuung«, wie etwa Süd-Hannover-Braunschweig (457), Niederschlesien (166) oder München-Oberbayern (516), nannten aber nicht die Zahl der vorhandenen Einrichtungen. Laut einer etwas detaillierteren Aufstellung des Gauarbeitsamts Ost-Hannover existierten dort 29 »Ausländerkinder-Pflegestätten«, von denen sieben zum Zeitpunkt der Erhebung noch leer standen. Zudem meldete das Gauarbeitsamt fünf belegte und zwei unbelegte Heime der »Kreiswaltung« sowie das »Pflegeheim« des Volkswagenwerks. Insgesamt seien in diesen Einrichtungen 544 Kinder untergebracht.

In der Forschung liegen bislang nur wenige gesicherte Zahlen vor. So konnte Raimond Reiter für Niedersachsen 58 »Ausländerkinder-Pflegestätten« nachweisen, 31 weitere befanden sich in Planung.[388] Im Gau Oberdonau betrieb die NSV laut den Forschungen von Gabriella Hauch mindestens zwölf Heime für »fremdvölkische« Kinder.[389] Die Zahl der betrieblichen Kinderheime ist jedoch nicht bekannt. Neben zahlreichen kleinen »Pflegestätten« in der Landwirtschaft gab es insbesondere in städtisch-industriellen Ballungsräumen unzählige derartiger Einrichtungen unterschiedlicher Größe, deren Existenz sich wahrscheinlich

---

387 Aufstellungen der Gauarbeitsämter betr. »Ausländische Arbeitskräfte, die dauernd nicht arbeitseinsatzfähig sind«, Oktober 1944, BArch, R 1501/3109.
388 Reiter, Tötungsstätten für ausländische Kinder im Zweiten Weltkrieg, S. 201 f.
389 Hauch, Ostarbeiterinnen, S. 1304.

kaum mehr nachweisen lassen wird. Erinnert sei an dieser Stelle an die bereits zitierte Auskunft des Arbeitsamts Bielefeld aus dem Oktober 1948, laut der sämtliche Zwangsarbeiterinnenlager »mit mehr als 50 Ostarbeiterinnen« mit »Kinderkrippen« ausgestattet gewesen seien.[390] Vergegenwärtigt man sich die enorme Zahl der im Deutschen Reich verstreuten Zwangsarbeiter:innenlager – mindestens 30.000[391] –, wird deutlich, dass es Einrichtungen zur Entbindung und Unterbringung der Kinder ausländischer Zwangsarbeiter:innen nahezu überall gab. Über mehrere Jahrzehnte betrieb Bernhild Vögel ein engagiertes Projekt, um das vorhandene Wissen über Geburts- und Sterbeorte der Säuglinge polnischer, ukrainischer und russischer Zwangsarbeiter:innen zu sammeln und der interessierten Öffentlichkeit zur Verfügung zu stellen. In einer Datenbank trug sie Informationen über mehr als 400 Orte zusammen, an denen Entbindungs- oder Säuglingsbracken nachgewiesen werden konnten oder Hinweise wie Zeitzeug:innenberichte oder Säuglingsgräber auf die Existenz derartiger Einrichtungen hindeuten.[392] Die tatsächliche Zahl wird auch in diesem Fall deutlich höher liegen.

Schließlich stellt sich die Frage nach der Zahl der Kinder, die in diesen Einrichtungen lebten und starben. Den Forschungen Gisela Schwarzes zufolge verloren in Westfalen mindestens 1.347 polnische und sowjetische Kinder ihr Leben – allerdings konnten nicht alle Orte erfasst werden.[393] Reiter geht für die drei NSDAP-Gaue Weser-Ems, Ost-Hannover und Süd-Hannover-Braunschweig von 3.500 in »Ausländerkinder-Pflegestätten« untergebrachten Kleinkindern und Säuglingen aus, von denen 2.330 starben.[394] Mittels einer groben Hochrechnung über die Anzahl der Gaue auf das gesamte Deutsche Reich bei einer veranschlagten Sterberate von 50–90 Prozent kommt Reiter auf eine Gesamtopferzahl von 30.000 bis 50.000.[395] Zudem gibt er zu bedenken, dass eine unbekannte Anzahl Kinder noch nach Kriegsende an den Folgeschäden ihrer unzureichenden Versorgung starb.[396] Wie oben gezeigt, bestand zwischen verschiedenen Einrichtungen ein enormes

---

390 Schreiben des Arbeitsamts Bielefeld an 922 Area Team, I.R.O. betr. »Fremdarbeiterlager und sanitäre Betreuung von Fremdarbeitern während des Krieges«, 12. Oktober 1948, 2.2.0.1/82395073/ITS Digital Archive, Bad Arolsen.
391 Baganz, Lager für ausländische zivile Zwangsarbeiter, S. 254. Neuere Forschungen gehen von mindestens 35.000 Lagern aus, siehe den im Erscheinen befindlichen siebten Band der United States Holocaust Memorial Museum Encyclopedia of Camps and Ghettos, 1933–1945. Camps for Foreign Forced Laborers, hg. von Alexandra Lohse und Henning Borggräfe.
392 www.krieggegenkinder.de [Stand: 12. Juli 2022].
393 Schwarze, Kinder, die nicht zählten, S. 180.
394 Reiter, Tötungsstätten für ausländische Kinder im Zweiten Weltkrieg, S. 201 f.
395 Reiter, Tötungsstätten für ausländische Kinder im Zweiten Weltkrieg, S. 246.
396 In Rastede bei Oldenburg beispielsweise stieg die registrierte Kinder- und Säuglingssterblichkeit bei polnischen Zwangsarbeiter:innen im Jahr 1946 rapide an, bevor sie sich langsam wieder normalisierte. Die Ursachen dafür sind bislang allerdings nicht erforscht; Hoffmann, Ausländische ZwangsarbeiterInnen in Oldenburg während des Zweiten Weltkrieges, S. 128.

Mortalitätsgefälle, was die Schätzung einer reichsweit gültigen Sterberate sehr ungenau macht. Wie Joachim Woock ermittelte, starb im Landkreis Verden fast die Hälfte der dort von Zwangsarbeiterinnen geborenen Kinder.[397] Dabei zählte er allerdings auch diejenigen, die nicht in einem der Heime, sondern auf den Bauernhöfen verstarben. Legt man die vorsichtige Schätzung von 100.000 Geburten zugrunde und geht von einer durchschnittlichen Sterberate von mindestens 50 Prozent aus, ergibt sich bereits eine Opferzahl von 50.000. Die tatsächliche Zahl lag wahrscheinlich aber deutlich höher.

Zwischenfazit

Das Leben ausländischer Zivilarbeiter:innen und Kriegsgefangener im Deutschen Reich war gekennzeichnet von zahlreichen Sondervorschriften, die unerwünschte Kontakte zwischen Deutschen und Nichtdeutschen so weit wie möglich eindämmen sollten. Insbesondere sexuelle Kontakte bedrohten die angestrebte rassische Homogenität der »Volksgemeinschaft« und unterlagen daher strengen Reglementierungsmechanismen, festgeschrieben in den sogenannten Polen- und Ostarbeitererlassen. Gleichzeitig wurden weibliche Zwangsarbeiterinnen gezielt eingesetzt, um als »Ventil« für den Sexualtrieb männlicher Arbeitskräfte des jeweiligen »Volkstums« zu dienen. Ein extremer Ausdruck dieser Politik war die Einrichtung von Lagerbordellen zur sexuellen Ausbeutung ausländischer Frauen.

Trotz der Versuche, die Lebensführung und das Sexualverhalten ausländischer Zwangsarbeiter:innen streng zu reglementieren, waren Kontakte zwischen Deutschen und »Fremdvölkischen« sowie Kontakte ausländischer Arbeitskräfte untereinander keine Seltenheit. Während einvernehmliche Liebesbeziehungen auf der einen Seite eine wichtige Bewältigungsstrategie darstellten, waren weibliche Zwangsarbeiterinnen auf der anderen Seite in besonderem Maße der Gefahr sexueller Übergriffe ausgeliefert. Nachdem die Rückführung schwangerer Zwangsarbeiterinnen beendet worden war, stellte eine Schwangerschaft in jedem Fall eine gravierende Verschärfung der widrigen Lebensumstände dar. Die rassistische und geschlechterspezifische Ungleichbehandlung schwangerer Polinnen und »Ostarbeiterinnen« war nicht nur von oben vorgeschrieben, wie etwa in den diskriminierenden Richtlinien des Mutterschutzgesetzes, sondern äußerte sich auch in der alltäglichen Schikanierung durch deutsche Arbeitgeber:innen. Waren schon Entbindungen unter primitiven und unhygienischen Bedingungen eine äußerst traumatische Erfahrung, galt dies umso mehr für (Zwangs-)Abtreibungen.

---

397 Woock, Zwangsarbeit ausländischer Arbeitskräfte im Regionalbereich Verden/Aller (1939–1945), S. 200.

Trotz vielschichtiger indirekter und direkter Zwänge stand betroffenen Frauen eine Reihe von Handlungsoptionen offen, mit deren Hilfe sie sich den Maßnahmen des Regimes widersetzen konnten. Im Falle einer ungewollten Abtreibung etwa konnten sie das zeitempfindliche Verfahren durch passiven Widerstand sabotieren, bis es für einen Eingriff zu spät war. In begrenztem Rahmen konnten Zwangsarbeiter:innen versuchen, ihre neugeborenen Kinder in Schutz zu nehmen. Manchen Elternpaaren gelang es, ihre Kinder vor der Einweisung in eine »Ausländerkinder-Pflegestätte« zu bewahren, indem sie auf eigene Faust eine alternative Unterbringungsmöglichkeit organisierten. Ansonsten bot sich manchen Müttern die Gelegenheit, eine Stelle als Helferin anzunehmen und ihre Kinder selbst zu versorgen oder ihre Kinder heimlich aus dem Heim zu retten. Allerdings standen diese Optionen nur wenigen Frauen offen und waren mitunter äußerst riskant.

Die Unterbringung in einer »Ausländerkinder-Pflegestätte« stellte eine enorme Gefahr für Gesundheit und Leben der Säuglinge und Kleinkinder dar. Die oftmals sehr frühe Trennung von der Mutter führte zusammen mit einer primitiven Ausstattung, ungeschultem Personal und unzureichender Ernährung im gesamten Reich zu einer deutlich gesteigerten Mortalität gegenüber deutschen Säuglingen. Zwar gab es keinen direkten Tötungsbefehl, doch resultierte diese sowohl aus rassistischen wie ökonomischen Gründen gewollte Situation im Tod Zehntausender Kinder. Der einzige begrenzende Faktor war die Sorge der Betriebe vor negativen Auswirkungen auf Arbeitswillen und -leistung der Zwangsarbeiter:innen, welche die Behörden (wenn überhaupt) mit geringfügigen Verbesserungen beantworteten. Auf diese Weise führten die Maßnahmen des Regimes indirekt und einigermaßen subtil den Tod der »rassisch unerwünschten« Kinder durch systematische Vernachlässigung und Unterversorgung herbei, während die verwirrten und hilflosen Eltern über die wahren Todesursachen im Dunkeln blieben. Die aus diesem Grund vielerorts aufkommenden Gerüchte über gezielte Ermordungen und medizinische Experimente lassen sich nicht zweifelsfrei belegen, doch ist nicht auszuschließen, im Gegenteil sogar wahrscheinlich, dass an einigen Orten derartige Verbrechen begangen wurden.

6 Kindersuche und Nachkriegsjustiz

Im folgenden Kapitel werden zunächst die Auflösung der »Ausländerkinder-Pflegestätten« und die Suche der United Nations Relief and Rehabilitation Administration nach unbegleiteten Kindern in den ersten Nachkriegsjahren behandelt. Dabei sollen nicht nur die Folgen der erzwungenen Familientrennungen und die Versuche zur Zusammenführung der Angehörigen in den Blick genommen werden, sondern auch die Frage, welche Bedeutung den »Ausländerkinder-Pflegestätten« im Rahmen der Kindersuche zukam. Anhand einer »Ausländerkinder-Pflegestätte« in den ehemaligen deutschen Ostgebieten, dem St. Josefstift in Herrnstadt, wird exemplarisch der Umgang der örtlichen polnischen Behörden mit den überlebenden Kindern untersucht. Darüber hinaus liefern Berichte der betroffenen Kinder und ihrer Adoptiveltern einen Einblick in die physischen wie psychischen Langzeitfolgen für die Überlebenden einer solchen Einrichtung. Anschließend werden, nach einem allgemeinen Überblick über Ermittlungen und Prozesse zu »Ausländerkinder-Pflegestätten« in der Nachkriegszeit, im Einzelnen drei britische Kriegsverbrecherprozesse zu den Kinderheimen in Velpke, Rühen und Lefitz analysiert. Neben der Betrachtung der juristischen Aufarbeitung der dortigen Verbrechen soll dies vor allem einen genaueren Einblick in Einrichtung, Organisation und Betrieb einzelner »Ausländerkinder-Pflegestätten« ermöglichen und die Funktion lokaler Behörden und Akteur:innen bei der Umsetzung der reichsweiten Maßnahmen zur Behandlung schwangerer ausländischer Arbeiterinnen und ihrer Kinder verdeutlichen.

6.1 »Displaced Children«

6.1.1 Auflösung der »Ausländerkinder-Pflegestätten«

Das Leiden in den »Ausländerkinder-Pflegestätten« fand in den meisten Fällen erst mit der Ankunft der alliierten Truppen und der Wiedervereinigung der Eltern mit ihren Kindern ein Ende. Bereits das Herannahen der Front nutzten viele als Gelegenheit zur Abholung ihrer Kinder, die lokalen Polizeibehörden hielten sich in dieser Zeit nicht selten vorsichtshalber zurück.[1] Mancherorts, wie etwa im Kreis Gifhorn, stellten die Alliierten den befreiten Zwangsarbeiter:innen Passier-

---

1 So ließ sich die Polin Czesława Kwiatkowska kurz vor Kriegsende ihr Kind von den im »Ausländerkinderpflegeheim« in Rühen angestellten Ukrainerinnen aus dem Fenster reichen und nahm es mit auf den Hof, auf dem sie arbeitete. Zwar erschien einen Tag darauf ein von einer deutschen Pflegerin herbeigerufener Polizist, der das Kind wegen der Nähe der Amerikaner

scheine aus, so dass viele ihre Kinder unbehelligt mitnehmen konnten. Von 102 Kindern, die sich Anfang April 1945 im »Ausländerkinderpflegeheim« in Rühen befanden, waren beim Eintreffen der Amerikaner knapp zwei Wochen später nur 30 noch nicht abgeholt worden.[2] Das Personal und insbesondere die deutschen Heimleiterinnen verließen die »Pflegestätten« oft unmittelbar nach Ankunft der Alliierten, denn während das Kriegsende für die einen Befreiung verhieß, sahen andere ihr Leben in Gefahr. So beendete die Heimleiterin in Rühen nach wenigen Tagen ihren Dienst und floh zu Verwandten, da sie von verschiedenen Personen gewarnt worden war, einige Russen oder Polen würden sich an ihr rächen wollen.[3] Ihre Furcht war nicht unbegründet, wie der Zeitzeugenbericht des im niedersächsischen Landkreis Stade eingesetzten Polen Władysław Koper verdeutlicht. Er warf einer deutschen Hebamme aus Drochtersen vor, als Leiterin eines Entbindungs- und Kinderheims nahe der Ortschaft Neuland über 30 polnische Kinder getötet zu haben. Vor ihrer Rückkehr in die Heimat sannen er und einige seiner Landsleute auf Rache:

> Wir wollten noch die Ermordung unserer polnischen Kinder rächen, die in der Ziegelei Niendorf geboren worden waren. Um jeden Preis versuchten wir Frau Schmidt zu finden, die nach dem Tod des Gendarmen Stock verschwunden war. Wir fanden die Adresse ihrer Familie heraus, durchsuchten alle Ortschaften, wo sie sich verstecken könnte, aber unsere Suche war vergeblich. Weil die Engländer uns auf den Fersen waren und den Deutschen helfen wollten, waren wir gezwungen, das Lager in Stade zu verlassen. Am 23. August 1945 entschieden wir, das Haus von Frau Schmidt niederzubrennen, was uns gelang, und am nächsten Morgen schlossen wir uns einem sowjetischen Gefangenentransport an. Wir kehrten ins Vaterland zurück.[4]

Die Angst vor Vergeltungsmaßnahmen veranlasste auch die Leiterin der »Ausländerkinder-Pflegestätte« in Gantenwald nach Kriegsende zur Flucht, wobei sie 45 Kinder sowie einige Wöchnerinnen ohne Versorgung zurückließ.[5] Erst nach zwei Wochen meldete sie sich beim von den Amerikanern neu eingesetzten Bürgermeister zurück und nahm ihren Dienst wieder auf. Die Einrichtung wurde noch ein halbes Jahr offenbar ohne jedwede behördliche Kontrolle weiterbetrieben, bis im Oktober 1945 alle Kinder entweder verstorben oder von ihren Eltern

jedoch bei seiner Mutter beließ; Befragung der Zeugin Czesława Kwiatkowska, TNA, WO 235/266, 13. Prozesstag (3. Juni 1946).
2 Brüntrup, Verbrechen und Erinnerung, S. 115.
3 Befragung Schmidt, TNA, WO 235/268, 25. Prozesstag (17. Juni 1946).
4 Władysław Koper: U grafa von Allwörden, in: Staszyński, Przemoc, poniżenie, poniewierka, S. 283–299, hier S. 299 [aus dem Polnischen von M. B.].
5 Haida; Koziol; Schmidt, Gantenwald, S. 227 f.

abgeholt worden waren. Den letzten dort verbliebenen Jungen im Alter von 16 Monaten nahm eine deutsche Familie bei sich auf. Gut drei Jahre später holte ein russischer Offizier das Kind ab, sehr wahrscheinlich mit dem Ziel der Repatriierung. Ob seine Eltern noch gefunden werden konnten oder er in einem Waisenhaus in der Sowjetunion untergebracht wurde, ist nicht bekannt.

Dieses Beispiel wirft die Frage auf, was mit denjenigen Kindern geschah, die nach Kriegsende nicht von ihren Eltern abgeholt wurden. Aus einigen Orten ist bekannt, dass die Besatzungsbehörden zunächst versuchten, die Eltern oder sonstige Verwandte in der Umgebung ausfindig zu machen, um ihnen ihre Kinder zu übergeben.[6] Für die Fälle, in denen keine Angehörigen aufgefunden werden konnten – sie waren möglicherweise von den Deutschen an weit entfernte Einsatzorte verschleppt worden, hatten ihre Kinder bewusst zurückgelassen oder lebten nicht mehr –, gab es zunächst kein einheitliches Vorgehen. Nach Auflösung der »Ausländerkinder-Pflegestätten« kamen die verbleibenden Kinder oftmals in deutschen Waisenhäusern oder Kinderheimen unter oder wurden von deutschen Pflegefamilien aufgenommen. Stellenweise betrieben örtliche Behörden die »Pflegestätten« in Ermangelung alternativer Unterbringungsmöglichkeiten noch einige Zeit weiter. Das vormalige »Fremdvölkische Kinderheim« der NSV im Schloss Etzelsdorf beispielsweise blieb – unter Trägerschaft der Bezirkshauptmannschaft Wels und ausgestattet mit neuem Personal – sogar bis in den Herbst 1946 in Betrieb.[7] Diejenigen Kinder, die bis dahin nicht anderweitig untergebracht oder von ihren Eltern abgeholt worden waren, brachte ein Lkw der Bezirkshauptmannschaft an die tschechoslowakische Grenze. Von dort sollten sie, wie für sogenannte »Displaced Children« üblich, in ihre jeweiligen Heimatländer repatriiert werden.

6.1.2 Die Kindersuche der UNRRA

Unbegleitete Kinder aus UN-Mitgliedsstaaten, die sich nach dem Zweiten Weltkrieg in Deutschland und anderen europäischen Ländern aufhielten, fielen in den Aufgabenbereich der United Nations Relief and Rehabilitation Administration (UNRRA). Die Hauptaufgabe dieser bereits im November 1943 gegründeten Hilfsorganisation war die Erfassung und Repatriierung der Millionen von Displaced Persons, die sich nach dem Krieg im befreiten Europa aufhielten, sowie ihre Betreuung in den DP-Lagern. Während der Schwerpunkt zunächst auf der massenhaften Repatriierung erwachsener DPs lag, begann die Organisation aufgrund der enormen Zahl unbegleiteter und vermisster Kinder ab September 1945 mit der

---

6 Römer, Die grauen Busse in Schwaben, S. 174; Brüntrup, Verbrechen und Erinnerung, S. 115 f.
7 Kranzl-Greinecker, Die Kinder von Etzelsdorf, S. 35.

systematischen Suche nach sogenannten »unaccompanied children«.[8] Anfang des Jahres 1946 rief die UNRRA zu diesem Zweck eine Child Tracing Division ins Leben, die in der britischen und der amerikanischen Besatzungszone aktiv wurde.[9] In der französischen Zone arbeitete die UNRRA eng mit der Militärverwaltung zusammen, deren Personal die eigentliche Suche übernahm. Die Zusammenarbeit mit der Sowjetischen Militäradministration hingegen blieb sehr begrenzt, insbesondere nachdem im Jahr 1947 gegen den Willen der Sowjetunion die neu gegründete International Refugee Organization (IRO) die Nachfolge der UNRRA antrat.[10] Ab 1948 führte der Child Search Branch (Kindersuchdienst) des International Tracing Service (ITS) die Arbeit der Vorgängerorganisationen fort.

Die alliierten Kontrollbehörden versuchten ab 1946 systematisch alle ausländischen Kinder zu erfassen, die während des Kriegs in Deutschland geboren oder nach Deutschland gebracht worden waren. Zu diesem Zweck wiesen sie im Januar und März 1946 die deutschen Verwaltungsbehörden an, Listen über bislang nicht registrierte DPs anzufertigen und sämtliche Dokumente über Ausländer:innen, die sich zur Zeit des Kriegs in Deutschland befunden hatten, auszuhändigen. Dazu zählten die Geburts- und Sterbeurkunden der Kinder ausländischer Zwangsarbeiter:innen. Der Erfolg dieser Aktion hielt sich allerdings in Grenzen, da viele der Dokumente wegen Kriegseinwirkung oder gezielter Vernichtungsaktionen nicht mehr vorhanden waren und manche Behörden nur äußerst widerwillig kooperierten.[11] Den Mitarbeiter:innen der UNRRA war in den ersten Nachkriegsmonaten das Ausmaß der nationalsozialistischen Germanisierungspolitik noch nicht bewusst, weshalb sie sich vor allem mit der Suche nach unbegleiteten jüdischen Kindern, Roma- und Sinti-Kindern sowie minderjährigen Zwangsarbeiter:innen befassten. Im Laufe des Jahres 1946 verschob sich der Fokus dann immer weiter auf Kinder, die mit dem Ziel der Germanisierung aus ihrer Heimat verschleppt und in deutschen Kinderheimen und Pflegefamilien untergebracht

---

8 Zum Schicksal der Displaced Children nach dem Zweiten Weltkrieg siehe Kohen, Starting anew; Borggräfe; Jah; Ritz; Jost, Freilegungen; Helbing, Polens verlorene Kinder; Taylor, In the children's best interests; Urban, Unaccompanied Children and the Allied Child Search; Zahra, The Lost Children.

9 Für einen Überblick über die Arbeit der Child Tracing Division der UNRRA sowie deren Nachfolgeorganisationen siehe Julia Reus, »Everywhere where human beings are, we can find our children«. On the Organization of the ITS Child Search Branch and its Predecessor, in: Freilegungen. Rebuilding Lives – Child Survivors and DP Children in the Aftermath of the Holocaust and Forced Labor, hg. von Henning Borggräfe, Akim Jah, Nina Ritz und Steffen Jost, Göttingen 2017, S. 41–92; Verena Buser, Displaced Children 1945 and the Child Tracing Division of the United Nations Relief and Rehabilitation Administration, in: 70 years after the liberation of the camps, hg. von Rainer Schulze, Colchester 2015, S. 109–123.

10 Reus, »Everywhere where human beings are, we can find our children«, S. 44.

11 Reus, »Everywhere where human beings are, we can find our children«, S. 48 f.

worden waren.[12] Sogenannte Child Search Teams durchkämmten in der britischen und der amerikanischen Zone Waisenhäuser, Krankenhäuser, Pflegeheime, kirchliche Einrichtungen und deutsche Pflegefamilien, um die dort lebenden Kinder zu befragen und Hinweise auf ihre tatsächliche Nationalität zu erhalten. Kinder, die zuvor in »Ausländerkinder-Pflegestätten« untergebracht gewesen waren, spielten bei der Suche keine besondere Rolle. Offenbar war sich die UNRRA zunächst nicht über die Funktion dieser Einrichtungen und den bedeutenden Unterschied zu anderen Kinderheimen und Waisenhäusern im Klaren, der Begriff »Ausländerkinder-Pflegestätte« taucht in den Dokumenten nicht auf.[13]

Erst in späteren Jahren wurden im Rahmen der Suchaktion nach vermissten Angehörigen der Vereinten Nationen Auskünfte über Entbindungs- und Kinderheime eingeholt. So ist in den Arolsen Archives eine Reihe von Meldungen niedersächsischer und nordrhein-westfälischer Arbeitsämter aus dem Jahr 1948 überliefert, die den ITS über »Fremdarbeiterlager und sanitäre Betreuung von Fremdarbeitern während des Krieges« in den jeweiligen Arbeitsamtsbezirken informierten.[14] Darin enthalten sind Angaben zu Entbindungsanstalten für Polinnen und »Ostarbeiterinnen«, Krankenhäuser, in denen Entbindungen durchgeführt wurden, sowie Unterbringungseinrichtungen für Säuglinge. Der Informationsgehalt dieser Meldungen ist leider recht begrenzt, die meisten Ämter verwiesen auf fehlende Unterlagen und konnten bestenfalls einzelne Betriebe und grobe Belegungszahlen nennen. Bei der Suche nach Standesamtsunterlagen und Grabstätten fielen gelegentlich einzelne Einrichtungen auf, in denen außergewöhnlich viele Kinder ihr Leben verloren hatten. So informierte der Oberkreisdirektor Hannover im April 1950 die IRO, für das »Ausländer-Wöchnerinnenheim« in Godshorn seien die Namen von etwa 400 verstorbenen Kindern standesamtlich erfasst worden.[15]

Die UNRRA betreute unbegleitete Kinder unmittelbar nach Kriegsende zunächst innerhalb der oftmals überfüllten DP-Lager, in denen die Lebensbedingungen meist sehr schlecht waren und aufgrund von Versorgungsproblemen nur langsam verbessert werden konnten. So starben in einem vormaligen Lager für

12 Buser, Displaced Children 1945 and the Child Tracing Division of the United Nations Relief and Rehabilitation Administration, S. 110–112. Dazu auch Helbing, Polens verlorene Kinder.
13 Helbing, Polens verlorene Kinder, S. 46 f., 268.
14 Die Meldungen aus Niedersachsen sind zusammengefasst worden in der Anlage eines Schreibens an den International Tracing Service, 922 Area Team, IRO in Göttingen, Juni 1948, 2.2.0.1/82392269–82392280/ITS Digital Archive, Bad Arolsen. Die Meldungen aus Nordrhein-Westfalen, beruhend auf einer Verfügung des nordrhein-westfälischen Arbeitsministers vom 17. September 1948, befinden sich verstreut in 2.2.0.1/82391709–82433202/ITS Digital Archive, Bad Arolsen.
15 Schreiben des Oberkreisdirektors Hannover an die IRO in Göttingen, 28. April 1950, 2.2.0.1/82406146/ITS Digital Archive, Bad Arolsen.

osteuropäische Zwangsarbeiter:innen im niedersächsischen Rastede bis 1947/48 noch über 100 ausländische, überwiegend polnische Kinder.[16] Der Lagerkomplex »Schulenburger Mühle«, in dem sich das Godshorner Wöchnerinnenheim befunden hatte, diente nach dem Krieg ebenfalls als DP-Lager.[17] Was genau mit diesem Heim geschah und wann dort das letzte Kind zur Welt kam, ist nicht bekannt. Nachweislich wurden im Juni 1945 einige polnische Kinder im Alter von bis zu zwei Jahren aus dem Lager abgemeldet und nach Hannover in ein katholisches Waisenhaus gebracht, anschließend verliert sich ihre Spur.

Ab Mitte 1945 begann die UNRRA mit der Einrichtung sogenannter Children's Center, in denen sämtliche unbegleiteten Kinder gesammelt und versorgt werden sollten. Das erste Kinderzentrum wurde im Juni 1945 im Kloster Indersdorf eingerichtet.[18] In der US-Zone entstanden mindestens neunzehn derartige Einrichtungen für jüdische Kinder und Jugendliche sowie zehn für Kinder und Jugendliche anderer Nationen.[19] Im März 1946 lebten in den westlichen Besatzungszonen mindestens 6.000 unbegleitete Kinder in den Children's Center oder sonstigen Sammelunterkünften, die tatsächliche Zahl lag vermutlich deutlich höher. Neben der Erstversorgung stellte die »Renationalisierung« eine der Hauptaufgaben der Children's Center dar. Die Kinder erhielten Unterricht in Sprache, Geschichte und Kultur ihrer Ursprungsländer und wurden auf ihre bevorstehende Repatriierung oder die Auswanderung nach Israel, Großbritannien oder in die USA vorbereitet. Die Child Tracing Division sammelte derweil wei-

---

16 Reiter, Tötungsstätten für ausländische Kinder im Zweiten Weltkrieg, S. 123. Vgl. auch Hoffmann, Ausländische ZwangsarbeiterInnen in Oldenburg während des Zweiten Weltkrieges, S. 128; Schwarze, Kinder, die nicht zählten, S. 212 f.

17 Anschütz; Heike, »Unerwünschte Elemente«, S. 54–56.

18 Anna Andlauer, Zurück ins Leben. Das internationale Kinderzentrum Kloster Indersdorf 1945–46, Nürnberg 2011. Zu anderen Kinderzentren siehe Jim G. Tobias, »Die Kinder haben beachtliches Vertrauen entwickelt«. Das Internationale Kinderzentrum Aglasterhausen 1945–48, in: Nurist: Beiträge zur deutschen und jüdischen Geschichte. Schwerpunktthema: Flucht, Vertreibung, neue Heimat, hg. von Jim G. Tobias und Nicola Schlichting, Nürnberg 2018, S. 119–134; Christian Höschler, Home(less). The IRO Children's Village Bad Aibling, 1948–1951, Berlin 2017; Nicola Schlichting, »... wenn sie nach einigen Wochen zurückkehren, sehen sie viel besser aus«. Ein Heim für jüdische Kinder in Lüneburg 1945 bis 1948, in: Nurist: Beiträge zur deutschen und jüdischen Geschichte. Schwerpunktthema: Kinder, hg. von Jim G. Tobias und Nicola Schlichting, Nürnberg 2016, S. 27–42; Jim G. Tobias, »Wajt hert zich noch di zise kinderise Gezangen«. Die jüdischen Kinderheime Lindenfels und Schwebda Castle, in: Nurist: Beiträge zur deutschen und jüdischen Geschichte. Schwerpunktthema: Kinder, hg. von Jim G. Tobias und Nicola Schlichting, Nürnberg 2016, S. 43–57; Jim G. Tobias; Nicola Schlichting, Heimat auf Zeit. Jüdische Kinder in Rosenheim 1946–47, Nürnberg 2006.

19 Buser, Displaced Children 1945 and the Child Tracing Division of the United Nations Relief and Rehabilitation Administration, S. 109, 112.

tere Informationen, um die Identität der Kinder bestimmen und ihre Eltern oder sonstige Verwandte aufspüren zu können.[20] Stand die Nationalität eines Kindes fest, entschied ein Verbindungsbeamter der jeweiligen Nation über das weitere Vorgehen hinsichtlich Adoption, Repatriierung oder Umsiedlung. Vor dem Hintergrund des wachsenden Ost-West-Konflikts nahmen politische Interessen diverser staatlicher und nicht-staatlicher Akteure sowie divergierende Konzepte von Kindeswohl und Familie zunehmend Einfluss auf das Schicksal der unbegleiteten Kinder.[21] Ein besonderes Problem stellten osteuropäische Kinder dar, die in deutschen Pflegefamilien lebten, weil ihre Eltern entweder tot waren, vermisst wurden oder ihren Nachwuchs in Deutschland zurückgelassen hatten.[22] Entsprechend den Gesetzen ihrer Heimatländer – Polen, Jugoslawien, Tschechoslowakei und die Sowjetunion – durften sie nicht von Pflegeeltern einer anderen Nation adoptiert werden. Konnten ihre Angehörigen nicht ausfindig gemacht werden, wurden sie daher üblicherweise aus den Pflegefamilien herausgenommen, in die Herkunftsländer ihrer Eltern geschickt und dort in Waisenhäusern untergebracht.[23] Henryk Kowalczyk beispielsweise kam 1940 als Kind eines polnischen Zwangsarbeiterpaares in Dachau zur Welt und wuchs bei einer deutschen Familie als »deutsches Kind« auf. Da seine Eltern während des Krieges verstorben waren und keine Verwandten aufgespürt werden konnten, kam er nach seiner Repatriierung in ein polnisches Kinderheim. Während seines ganzen Lebens habe er sich gefühlt, »als wäre ich allein auf der Welt«.[24] In einigen Fällen jedoch, insbesondere bei westukrainischen Kindern, argumentierten westliche Militärbehörden und Sozialarbeiter:innen, die Repatriierung in die Sowjetunion liege nicht im Interesse des Kindeswohls.[25] Für diese Kinder standen dann zwei Optionen zur Verfügung: Ansiedlung in Deutschland oder Emigration in einen Drittstaat.

20 Buser, Displaced Children 1945 and the Child Tracing Division of the United Nations Relief and Rehabilitation Administration, S. 111–114.
21 Ausführlich dazu Zahra, The Lost Children.
22 Über die Arbeit von Sozialarbeiter:innen der IRO mit ukrainischen Kindern in deutschen Familien siehe Olga Gnydiuk, »The advantages of repatriation do not offset the trauma of a removal«. IRO Welfare Workers and the Problem of Ukrainian Unaccompanied Children in German Foster Families, in: Freilegungen. Rebuilding Lives – Child Survivors and DP Children in the Aftermath of the Holocaust and Forced Labor, hg. von Henning Borggräfe, Akim Jah, Nina Ritz und Steffen Jost, Göttingen 2017, S. 160–178, hier S. 167.
23 Reus, »Everywhere where human beings are, we can find our children«, S. 55; Zahra, The Lost Children, S. 128.
24 Karpinska-Morek; Was-Turecka; Sieradzka; Wróblewski; Majta; Drzonek, Als wäre ich allein auf der Welt, S. 297.
25 Gnydiuk, »The advantages of repatriation do not offset the trauma of a removal«, S. 175 f.

6.1.3 Die Kinder aus Herrnstadt

Genaueres ist über das Schicksal der polnischen Kinder bekannt, die im St. Josefstift in Herrnstadt (pl. Wąsosz) untergebracht waren. Nachdem die Rote Armee die Stadt im April 1945 eingenommen hatte, fand sie in dem Säuglingsheim 39 Kinder im Alter zwischen sechs Monaten und fünf Jahren vor, die sich in einem äußerst schlechten gesundheitlichen Zustand befanden. Der sowjetische Kommandeur ließ die Jungen und Mädchen dem Sozialamt der nahegelegenen Stadt Rawicz (dt. Rawitsch) übergeben. Aus Mangel an städtischen Unterkünften kamen sie übergangsweise im Pfarrhaus eines katholischen Frauenordens unter, bis polnische Pflegefamilien sie zur Betreuung aufnahmen.[26] Sämtliche Kinder waren stark abgemagert, hatten Geschwüre am ganzen Körper und wiesen Verletzungen auf, die auf schwere Misshandlungen hindeuteten. Zudem war ihre körperliche sowie geistige Entwicklung deutlich verzögert.[27] Ein einjähriges Mädchen starb noch am 18. Mai 1945 an den Folgen der Unterbringung im St. Josefstift.[28] Der Bericht einer Adoptivmutter, die im April einen 15 Monate alten Jungen bei sich aufgenommen und später adoptiert hatte, gibt Auskunft über den erschreckenden Gesundheitszustand dieser Kinder. Im Rahmen der Ermittlungen der Bezirkskommission zur Untersuchung der Verbrechen gegen das Polnische Volk in Poznań sagte sie Jahr 1993 aus:

> Ich war beim Anblick des Kindes entsetzt. Das Kind war sehr erschöpft, geschwürig, hatte keine Haare, aber eine riesige Schorfwunde auf dem Kopf. Der Junge war völlig abgemagert, Haut und Knochen. Er fürchtete sich vor allem: vor Licht, lauten Gesprächen und Geräuschen. Unaufhörlich saugte er an den Fingerchen seiner Hand, die dürr war und Wunden bis zum Knochen aufwies. Nachts schrak er schweißgebadet und verängstigt aus dem Schlaf auf. Mit fünfzehn Monaten bekam er unten seine ersten beiden Zähne. Nicht nur, dass er nicht laufen konnte, auch sitzen konnte er fast bis zum zweiten Lebensjahr nicht. Er hatte schwere Rachitis. Wir waren voller Angst um sein Leben. Er war kränklich, geschwächt und nahm nur flüssige Nahrung in sehr geringen Mengen zu sich. Wir taten alles, um ihn am Leben zu halten. Er benötigte außerordentliche Fürsorge und Pflege, viel Herz und Liebe. Bis zum vierzehnten Lebensjahr stand er unter ständiger ärztlicher Obhut.[29]

---

26   Schreiben des provisorischen Bürgermeisters Rawicz an den Landrat in Rawicz, 18. April 1945, IPN Po, S. 5/oo/Zn, Bd. 2, Bl. 274 f.
27   Witkowski; Kubica, Dzieci w zakładzie w Herrnstadt.
28   Aussageprotokoll Donat N., 19. Mai 1945, IPN Po, S. 5/oo/Zn, Bd. 1, Bl. 12.
29   Aussageprotokoll Maria S., 1. Juni 1993, IPN Po, S. 5/oo/Zn, Tom I, Bl. 22 [aus dem Polnischen von M. B.].

In den Monaten nach Kriegsende wurden einige Mütter bei der Stadtverwaltung vorstellig und ließen sich ihre Kinder aushändigen. Insgesamt konnten allerdings nur zehn Kinder wieder mit ihren Eltern vereint werden, die übrigen wurden von polnischen Familien adoptiert.[30] Während einige Mütter sich bei Kriegsende noch in der Region befanden und ihre Kinder selbst in Rawicz abholen konnten, waren viele vor der Ankunft der Roten Armee von den Deutschen weiter nach Westen verschleppt worden. Die Suche nach ihren Kindern erwies sich in diesen Fällen häufig als äußerst langwierig.

Letztendlich erfolgreich war die langjährige Suche von Helena O., die ihre Odyssee im November 1993 der Bezirkskommission in Poznań schilderte.[31] Demnach brachten sie die Deutschen im Jahr 1940 im Alter von 19 Jahren aus Częstochowa (damals Tschenstochau im Generalgouvernement) nach Niederschlesien und setzten sie in der Nähe von Trebnitz (pl. Trzebnica) zur Zwangsarbeit ein. Dort lernte sie ihren späteren Mann kennen und brachte im Februar 1942 ein Mädchen auf die Welt. Nach zehn Tagen nahmen ihr die Deutschen das Kind ab. Nur mit Hilfe einer deutschen Ordensschwester, die sich im Krankenhaus um sie gekümmert hatte, konnte sie den Aufenthaltsort ihrer Tochter in Erfahrung bringen. Sie war in einem konfessionellen Waisenhaus in Trebnitz untergebracht worden, wo Frau O. das Kind taufen ließ und einmal im Monat besuchen durfte. Im August 1942 wurde das Mädchen in eine andere Einrichtung im 70 Kilometer entfernten Reichenbach im Eulengebirge (pl. Dzierżoniów) überführt, wovon ihre Mutter erneut durch die hilfsbereite Ordensschwester erfuhr. Nach einer nächtlichen Zugfahrt im Jahr 1943 verbat ihr der dortige Heimleiter weitere Besuche, zudem erhielt sie nach ihrer Rückkehr für das unerlaubte Verlassen ihres Einsatzorts eine Strafe. Anfang des Jahres 1944 kam das Mädchen schließlich nach Herrnstadt. Ihre Mutter musste dorthin zwar noch immer gut 30 Kilometer zurücklegen, konnte ihre Tochter in den folgenden Monaten aber immerhin viermal besuchen. Im Januar 1945 nahmen die Deutschen Frau O. wenige Tage vor Einmarsch der Roten Armee mit nach Tschechien. Nach Kriegsende versuchte sie ihre Tochter erfolglos über das Tschechoslowakische Rote Kreuz ausfindig zu machen, bevor sie im Herbst 1945 nach Polen zurückkehren konnte. Auch mehrere Anfragen beim Polnischen Roten Kreuz blieben in den folgenden Jahren zunächst ergebnislos. Erst nach wiederholten Reisen nach Rawicz konnte sie im Jahr 1952 den Aufenthaltsort ihrer Tochter in Erfahrung bringen. Infolge

---

30 Sierocinska, Eksterminacja »niewartościowych rasowo« dzieci polskich robotników przymusowych pracujących na terenie III Rzeszy w świetle postępowań prowadzonych przez Oddziałową komisję Ścigania Zbrodni przeciw Narodowi Polskiemu w Poznaniu.
31 Aussageprotokoll Helena O., 13. November 1993, IPN Po, S. 5/00/Zn, Bd. 1, Bl. 46–49. Vgl. auch die Aussage ihrer Tochter: Aussageprotokoll Dorota P., 8. September 1993, IPN Po, S. 5/00/Zn, Bd. 1, Bl. 37 f.

mehrerer Gerichtsverfahren fiel nach zwei Jahren schließlich die Entscheidung, ihre Tochter solle nicht bei den Pflegeeltern verbleiben, sondern ihren leiblichen Eltern zurückgegeben werden.

Ein anderes Mädchen, das während des Kriegs im Josefstift untergebracht und im Jahr 1947 von seinen Pflegeeltern adoptiert worden war, wurde im Jahr 1949 von seinen leiblichen Eltern ausfindig gemacht.[32] Diese waren zwischenzeitlich allerdings nach Australien ausgewandert und die Mutter konnte erst zehn Jahre später nach Polen kommen, um ihre Tochter zu besuchen. Ein Gericht in Poznań entschied dann gemäß dem Willen der Tochter, die Adoption nicht aufzuheben und das Mädchen bei seinen Pflegeeltern zu belassen. Maria S., die ebenfalls als Säugling ihrer Mutter abgenommen und nach Herrnstadt gebracht worden war, erhielt noch im Jahr 1985 über das Polnische Rote Kreuz eine Anfrage ihrer Schwester, die nach ihr suchte.[33] Ein Jahr darauf trafen sich die beiden, ihre leibliche Mutter lebte zu diesem Zeitpunkt allerdings nicht mehr.

Die wenigsten Kinder aus Herrnstadt sahen ihre leiblichen Eltern oder sonstige Verwandte jemals wieder. Viele von ihnen gaben an, sie seien daran auch überhaupt nicht interessiert gewesen und hätten daher niemals gesucht. Als sie von ihrer eigentlichen Herkunft erfuhren, hatten sie den Großteil ihres Lebens bei ihren Adoptiveltern verbracht und konnten sich nicht oder kaum an ihren Aufenthalt im St. Josefstift erinnern. Was ihnen von ihrer Zeit in Herrenstadt blieb, so berichten viele von ihnen übereinstimmend, waren über viele Jahre immer wiederkehrende gesundheitliche Probleme:

> Ich glaube, mein Aufenthalt im Heim hat sich sehr nachteilig auf meine Gesundheit ausgewirkt. Die ersten paar Jahre traten regelmäßig Geschwüre an meinem Körper auf. Ich glaube auch, dass ich in Wąsosz Leber- und Nervenbeschwerden bekam. Im Jahr 1987 wurde mir aufgrund meines allgemein schlechten Gesundheitszustandes Invalidengruppe III zugewiesen.[34]

6.2 Nachkriegsermittlungen und Kriegsverbrecherprozesse

Nach dem Krieg leiteten die alliierten Behörden eine Reihe von Untersuchungen bezüglich einzelner »Ausländerkinder-Pflegestätten« ein. Für Kriegsverbrechen zuständige Ermittler stellten Beweismittel sicher, verhörten Zeug:innen und ließen sich von den Standesämtern Listen über verstorbene ausländische Kinder aushändigen. Doch die meisten Ermittlungen verliefen im Sande, da die gesam-

---

32 Aussageprotokoll Janina K., 3. April 2003, IPN Po, S. 5/00/Zn, Bd. 2, Bl. 392–394.
33 Aussageprotokoll Maria S., 21. Juli 1997, IPN Po, S. 5/00/Zn, Bd. 1, Bl. 148 f.
34 Aussageprotokoll Jan B., 30. Juli 1997, IPN Po, S. 5/00/Zn, Bd. 1, Bl. 158–161.

melten Aussagen und Beweise nicht ausreichten, um die Verantwortlichen zweifelsfrei bestimmen und erfolgsversprechend Anklage erheben zu können. So kam es trotz hoher Sterberaten in zahlreichen, im ganzen Reich verteilten »Pflegestätten« nur selten zum Prozess. Bezüglich der »Ausländerkinder-Pflegestätte« in Burgkirchen an der Alz, in der 151 Kinder ihr Leben verloren hatten, ließen die amerikanischen Besatzungsbehörden zwar zahlreiche Zeug:innen und Tatverdächtige verhören, Anklage erhoben sie jedoch nicht.[35] In der britischen Besatzungszone hingegen führten Ermittlungen bezüglich der »Pflegestätten« in Velpke und Rühen im Jahr 1946 jeweils zum Prozess. Andere Untersuchungen, wie die bezüglich des »Entbindungsheims für Ostarbeiterinnen« in Braunschweig, zogen sich über Jahre hin und wurden schließlich eingestellt, obwohl bereits im Jahr 1946 zwei Verdächtige inhaftiert worden waren.[36] Im Mai 1948 informierte der Director of Prosecution in Herford die Polish War Crimes Mission, die vorhandenen Beweismittel und Aussagen würden für eine Anklageerhebung nicht ausreichen, zumal die beiden Inhaftierten lediglich eine untergeordnete Rolle gespielt und ihre maximal zu erwartende Haftstrafe daher bereits abgesessen hätten. Im Frühjahr 1947 versuchten die britischen Behörden im Kreis Celle Informationen über mehrere »Pflegestätten« in Bergen, Nienhagen, Unterlüß und Wietze-Steinförde einzuholen, größtenteils ohne Ergebnis.[37] Erfolgreicher waren die 1947 aufgenommenen Ermittlungen bezüglich eines Heims in Lefitz, Kreis Dannenberg, die im folgenden Jahr zu einer Anklageerhebung führten. In einigen Fällen gingen deutsche Dienststellen gemeinsam mit den alliierten Behörden vor. Nach Vorermittlungen der War Crimes Group bereitete der Oberstaatsanwalt in Lüneburg im Jahr 1948 eine Anklage gegen zwei Männer vor, denen die unmenschliche Behandlung von ausländischen Kindern in der »Ausländerkinder-Pflegestätte« Nienhof vorgeworfen wurde.[38] Systematische Ermittlungen nach weiteren derartigen Einrichtungen scheint es indes weder von deutscher noch von britischer Seite gegeben zu haben.[39]

35 Jungblut, Tod in der Wiege; Kamp; Neumann, Verantwortung leben, S. 18–21.
36 Ausführlich zu dem Ermittlungsverfahren siehe Vögel, »Entbindungsheim für Ostarbeiterinnen«, S. 129–135.
37 Reiter, Tötungsstätten für ausländische Kinder im Zweiten Weltkrieg, S. 14.
38 Schreiben des Zonal Office of the Legal Adviser an die War Crimes Group (North West Europe), 17. November 1948, TNA, WO 309/326. Ob es tatsächlich zum Prozess kam, ist nicht bekannt.
39 Zur inkonsequenten Verfolgung sogenannter »medical war crimes« in der britischen Zone siehe Nina Stähle, British War Crimes Policy and Nazi Medicine – An Overview, in: Historische Dimensionen von Kriegsverbrecherprozessen nach dem Zweiten Weltkrieg, hg. von Henning Radtke, Dieter Rössner, Theo Schiller und Wolfgang Form, Baden-Baden 2007, S. 123–135, hier S. 126 f.

Im achten Nürnberger Nachfolgeprozess, dem sogenannten »RuSHA Case«, stellte »Taking Away Infants of Eastern Workers« einen eigenständigen Anklagepunkt neben »Forced Abortions« sowie »Kidnapping of Children of Foreign Nationality« dar. Unter anderen sagten dort Zeug:innen aus, die zuvor im britischen Velpke-Prozess, der später in diesem Kapitel ausführlich behandelt wird, vernommen worden waren.[40] In anderen Nachkriegsprozessen wurde die Behandlung der Kinder von Zwangsarbeiterinnen unter anderen Vorwürfen subsumiert. So hieß es im dritten Anklagepunkt des Nürnberger Krupp-Prozesses, der die Deportation, Ausbeutung und Misshandlung von Zwangsarbeiter:innen behandelte:

> Children were separated from parents as a part of the policy to require the parents to labor and for other purposes, and many children of foreign workers died of neglect and illtreatment by Krupp officials, doctors, and nurses. In a 4-month period at the end of 1943 and early in 1944, in a group of approximately 130 children at a camp maintained by Krupp near Essen for the children of foreign workers, approximately one-third of the children died. About one-half of the deaths were due to causes denominated on the death certificates as general weakness.[41]

Unter den Beweismitteln befand sich ein ausführliches Register der Kinder, die im Krupp-Lager in Voerde gestorben waren. Eine der deutschen Aufseherinnen des Heims trat als Zeugin für die Verteidigung auf.[42] Im Rastatter Röchling-Prozess in der französischen Besatzungszone fand der Tod von über 30 Kindern im sogenannten Russenlager der Völklinger Hütte zwar Erwähnung, stellte aber keinen eigenen Anklagepunkt dar.[43] In der neu gegründeten DDR wurde der DAF-Gauobmann Sachsen, Hellmut Peitsch, im Rahmen der Waldheimverfahren im Jahr 1950 zum Tode verurteilt. In der Urteilsbegründung finden zwar verschiedene von ihm erlassene Anordnungen zur Behandlung schwangerer Zwangsarbeiterinnen und ihrer Kinder Erwähnung, werden ansonsten aber nicht näher thematisiert.[44]

---

40 Trials of War Criminals before the Nuernberg Military Tribunals under Control Council Law No. 10, Bd. IV, S. 1105 f.
41 Trials of War Criminals before the Nuernberg Military Tribunals under Control Council Law No. 10, Bd. IX, S. 33.
42 Trials of War Criminals before the Nuernberg Military Tribunals under Control Council Law No. 10, Bd. IX, S. 1109–1131.
43 Hans-Henning Krämer; Inge Plettenberg, Feind schafft mit. Ausländische Arbeitskräfte im Saarland während des Zweiten Weltkrieges, Ottweiler 1992, S. 105 f.
44 Christiaan F. Rüter (Hg.), DDR-Justiz und NS-Verbrechen. Die Verfahren Nr. 2001–2088, Waldheimverfahren, Amsterdam; München 2009, S. 460 f.; Dube-Wnęk, Strukturelle Gewalt im nationalsozialistischen Gesellschaftssystem am Beispiel der Ausländerkinder-Pflegestätten und der Forschungsergebnisse für das »Entbindungslager Kiesgrube« in Dresden, S. 54.

In den folgenden Jahrzehnten kam es vereinzelt zu weiteren Ermittlungen, meist angestoßen durch polnische oder tschechoslowakische Behörden, die sich mit der Aufklärung nationalsozialistischer Verbrechen befassten. Im Rahmen der sogenannten »Mosaik«-Aktion trug der tschechoslowakische Sicherheitsdienst ab den 1960er Jahren entsprechende Beweismittel zusammen, wobei auch das Entbindungslager in Dětřichov in den Fokus geriet.[45] Obwohl der vormalige Lagerführer bereits im April 1946 zugegeben hatte, dass unter seiner Leitung innerhalb weniger Monate 40 bis 50 Säuglinge an Durchfallerkrankungen gestorben waren, waren die damaligen Ermittlungen nach kurzer Zeit eingestellt worden. In den 1970er Jahren befragte der Sicherheitsdienst weitere Zeug:innen und stellte die Ermittlungsergebnisse schließlich den westdeutschen Behörden zur Verfügung, die jedoch keine Anklage erhoben.

Auch die Hauptkommission zur Untersuchung nationalsozialistischer Verbrechen in Polen übergab im Oktober 1970 der Zentralen Stelle der Landesjustizverwaltungen in Ludwigsburg vier polnische Zeug:innenaussagen, laut denen im Durchgangslager Kelsterbach tödliche medizinische Eingriffe an Kindern polnischer Familien vorgenommen worden seien. Die Staatsanwaltschaft Darmstadt stellte das Ermittlungsverfahren Ende des Jahres 1977 mit der Begründung ein, auf Grundlage der vorliegenden Beweise und Aussagen erscheine die Täterermittlung wenig erfolgversprechend.[46] Im April 1993 leitete die Bezirkskommission zur Untersuchung der Verbrechen gegen das Polnische Volk in Poznań (pol. Oddziałowa Komisja Ścigania Zbrodni przeciwko Narodowi Polskiemu w Poznaniu, seit 1999 Instytut Pamięci Narodowej, IPN) ein Ermittlungsverfahren gegen das deutsche Personal des St. Josefstifts in Herrnstadt ein und befragte in den folgenden Jahren zahlreiche polnische Zeug:innen, darunter auch überlebende Insass:innen der Einrichtung. Im Herbst 2006 stellte der zuständige Staatsanwalt das Verfahren ein, da die Verantwortlichen nicht identifiziert werden konnten.[47] Die letzten beiden Ermittlungen bezüglich der »Ausländerkinder-Pflegestätten« im Landkreis Verden und in St. Hütting stellte das IPN in den Jahren 2007 respektive 2011 ebenfalls ohne Ergebnis ein.[48]

Im Frühjahr 1999 reichten US-amerikanische Anwälte eine Sammelklage gegen die Volkswagen AG ein. Die Hauptklägerin Anna Snopczyk hatte ihren im Februar 1945 geborenen Sohn Jozef im »Ausländerkinderpflegeheim« des Volkswagenwerks abgeben müssen, wo er im Alter von zwei Monaten gestorben war.[49]

---

45 Adam, Porodnice Dětřichov u Moravské Třebové, S. 53.
46 Freiling, Ausländische Arbeiter und Kriegsgefangene in Kelsterbach 1933–1945, S. 68, 78.
47 Beschluss zur Einstellung der Untersuchung am 2. Oktober 2006, IPN Po, S. 5/00/Zn, Bd. 3, Bl. 431–438.
48 IPN Po, S. 58/03/Zn; S. 1/10/Zn.
49 Die Anklageschrift ist einsehbar unter: https://www.angelfire.com/nj/odszkodowania/snopczyk.html [Stand: 12. Juli 2022]. Der Fall rief im Vorfeld ein großes Medienecho hervor: »The

Zum Prozess kam es jedoch nicht, da nach langwierigen Verhandlungen am 2. August 2000 die Stiftung Erinnerung, Verantwortung und Zukunft zur Entschädigung ehemaliger Zwangsarbeiter:innen des NS-Regimes gegründet wurde, ausgestattet mit je fünf Milliarden D-Mark von der deutschen Bundesregierung und der Stiftungsinitiative der deutschen Wirtschaft.[50] Auch Zwangsarbeiterinnen, die ihr Kind in einer »Ausländerkinder-Pflegestätte« verloren hatten, erhielten damit Anspruch auf Entschädigungszahlungen aus dem Stiftungsfonds.

6.3 Britische Nachkriegsprozesse zu »Ausländerkinder-Pflegestätten«

Im Folgenden sollen drei britische Militärgerichtsprozesse untersucht werden, die den Tod von Säuglingen und Kleinkindern in den »Ausländerkinder-Pflegestätten« Velpke, Rühen und Lefitz zum Gegenstand hatten. Die Verhandlungen zu den Heimen in Velpke und Rühen fanden im Jahr 1946 in Braunschweig und Helmstedt statt, der Prozess um das Heim in Lefitz im Jahr 1948 im Hamburger Curiohaus. Die juristische Grundlage dieser Prozesse, wie auch aller anderen britischen Nachkriegsprozesse, bildete ein Royal Warrant (königlicher Erlass) vom 14. Juni 1945.[51] Dieser ermöglichte die schnelle Abwicklung der Gerichtsverfahren unter anderem durch die Lockerung der Beweisführungsregeln. So durften eidesstattliche Aussagen vor Gericht als Beweismittel verwendet werden, wenn die aussagende Person nicht vorgeladen werden konnte, etwa weil sie mittlerweile in ihr Heimatland zurückgekehrt war. Zudem waren unter gewissen Umständen mittelbare Aussagen, also Hörensagen, als Beweismittel zulässig.

Nach den Richtlinien des Royal Warrant setzten sich die britischen Militärgerichte aus drei bis fünf Offizieren zusammen, von denen einer als Präsident den Vorsitz übernahm. Bei den meisten Kriegsverbrecherprozessen war ein Judge Advocate, der selbst über kein Stimmrecht verfügte, für die juristische Beratung der Mitglie-

---

shame of VW's baby farm«, in: Daily Mail vom 30. August 1997; Fernsehbericht des CBS »Volkswagen's Wartime Travesty«, 23. November 1998, Transkript online einsehbar unter: https://www.cbsnews.com/news/volkswagens-wartime-travesty-23-11-1998 [Stand: 12. Juli 2022]; »VW in Furcht vor US-Medienkampagne?«, in: Wolfsburger Nachrichten vom 28. November 1998.

50 Constantin Goschler, Schuld und Schulden. Die Politik der Wiedergutmachung für NS-Verfolgte seit 1945, Göttingen 2005, S. 450–471.

51 Royal Warrant 0160/2498, Army Order 81/1945, Regulations for the Trial of War Criminals, abgedruckt in Brand, The Velpke Baby Home Trial, S. 344–351. Siehe auch Wolfgang Form, Die Ahndung von Kriegs- und NS-Verbrechen in den westlichen Besatzungszonen Deutschlands nach dem Zweiten Weltkrieg, in: Alliierte Prozesse und NS-Verbrechen, hg. von der KZ-Gedenkstätte Neuengamme, Bremen 2020, S. 12–27.

der des Militärgerichts während der laufenden Verhandlung zuständig. Wurde kein Judge Advocate ernannt, wie es im Prozess um das Heim in Velpke der Fall war, musste in der Regel zumindest ein Mitglied des Gerichts, das sogenannte Legal Member, über eine juristische Ausbildung verfügen.[52] Vor der Urteilsberatung fasste der Judge Advocate die Argumentation sowohl der Anklage als auch der Verteidigung in den wichtigsten Punkten zusammen und erläuterte die Rechtsgrundlage der Anklage. In allen drei Fällen, die sich mit »Ausländerkinder-Pflegestätten« befassten, beruhte die Anklage auf Artikel 46 der Haager Landkriegsordnung von 1907. Dort heißt es in Bezug auf die Zivilbevölkerung militärisch besetzter Länder: »Die Ehre und die Rechte der Familie, das Leben der Bürger und das Privateigentum sowie die religiösen Überzeugungen und gottesdienstlichen Handlungen sollen geachtet werden.«[53] Ursprünglich bezog sich dies zwar auf das Verhalten einer Besatzungsmacht innerhalb des okkupierten Gebiets, doch wie der Judge Advocate im Rühen-Prozess argumentierte, könne man sich dieser Verpflichtung nicht einfach entziehen, indem man die Einwohner:innen deportiert und im eigenen Land misshandelt.[54]

Die Prozesse um die Heime in Velpke und Rühen, die im Frühjahr und Sommer 1946 verhandelt wurden, glichen sich sowohl in Bezug auf die Faktenlage als auch auf die juristischen Aspekte in vielerlei Hinsicht.[55] Auf diese soll im Folgenden genauer eingegangen werden, bevor die einzelnen Prozesse betrachtet werden. In beiden Heimen war eine sehr große Zahl ausländischer Kinder gestorben, die zwar im Prozessverlauf, nicht aber in der Anklageschrift genauer spezifiziert wurde. Im Velpke-Prozess mussten die Angeklagten sich dem Vorwurf stellen, ein Kriegsverbrechen begangen zu haben, »in that they [...] were concerned in the killing by wilful neglect of a number of children, Polish nationals«.[56] Gleichermaßen lautete die Anklage bezüglich des Heims in Rühen auf »concerned in killing by wilful neglect«, allerdings wurden in diesem Fall auch russische Staatsangehörige zu den Opfern gezählt. In beiden Fällen zitierte der Anklagevertreter Colonel G. I. D. Draper (im zweiten Prozess bekleidete er den Rang eines Majors) in seinen Schlussplädoyers Analogien aus der juristischen Fachliteratur, um das englische Strafrecht in Bezug auf Mord und »criminal negligence« zu verdeutlichen.[57] Demnach könnten zwei Schweregrade unterschieden werden: Wenn eine Person

---

52 Brand, The Velpke Baby Home Trial, S. xxvii.
53 »Abkommen, betreffend die Gesetze und Gebräuche des Landkriegs«, 18. Oktober 1907, abgedruckt in Franz von Liszt; Max Fleischmann (Hg.), Das Völkerrecht, 12. Aufl., Berlin 1925, S. 586–594, hier S. 593.
54 Zusammenfassung durch den Judge Advocate, TNA, WO 235/270, 31. Prozesstag (24. Juni 1946); vgl. Brand, The Velpke Baby Home Trial, S. xxxvf.
55 Vgl. Brand, The Velpke Baby Home Trial, xliv.
56 Zitiert nach Brand, The Velpke Baby Home Trial, S. xxii.
57 Schlussplädoyer der Anklage, abgedruckt in Brand, The Velpke Baby Home Trial, S. 318–338; Schlussplädoyer der Anklage, TNA, WO 235/270, 31. Prozesstag (24. Juni 1946).

die Aufsicht über einen hilflosen Menschen übernimmt und dieser infolge grober Fahrlässigkeit stirbt, mache sich diese Person des Totschlags schuldig. Schwerer wiege die vorsätzliche Vernachlässigung bzw. Misshandlung eines hilflosen Menschen, der schließlich stirbt, weil ihm absichtlich die lebensnotwendige Versorgung vorenthalten wurde. In derartigen Fällen könne das Urteil auf Mord lauten. Da für eine Verurteilung in britischen Kriegsverbrecherprozessen nicht zwischen Mord und Totschlag unterschieden werden musste, stellten die von Draper zitierten Analogien lediglich ein Hilfsmittel für die Mitglieder des Militärgerichts dar, um sich über den Schweregrad der Taten einzelner Angeklagter und das angemessene Strafmaß eine Meinung bilden zu können. Darauf wies der Judge Advocate im Rühen-Prozess ausdrücklich hin:

> Either of those standards would include the wording of the charge in this case, namely »concerned in killing by wilful neglect« and the final question of which of those two standards any one of those accused neglected to observe, if any of them did, can only affect, in my opinion, your sentence at a later stage and not your verdict.[58]

In den Prozessen wurde acht bzw. zehn Angeklagten, die mehr oder weniger direkt mit den Heimen in Verbindung standen, die Beteiligung an der vorsätzlichen Vernachlässigung der dort untergebrachten Kinder vorgeworfen. Im Rühen-Prozess wies Major Draper in dieser Hinsicht auf eine Verordnung des Royal Warrant hin, die die Verurteilung eines Angeklagten aufgrund seiner Zugehörigkeit zu einer Einheit oder Gruppe, welche eine bestimmte Tat gemeinsam begangen hatte, ermöglichte:

> Where there is evidence that a war crime has been the result of concerted action upon the part of a unit or group of men, then evidence given upon any charge relating to that crime against any member of such unit or group may be received as prima facie evidence of the responsibility of each member of that unit or group for that crime.[59]

---

58 Zusammenfassung durch den Judge Advocate, TNA, WO 235/270, 31. Prozesstag (24. Juni 1946).
59 TNA, WO 235/267, 17. Prozesstag (7. Juni 1946). Es handelt sich dabei um Punkt 8 (ii) des Royal Warrant, siehe Royal Warrant 0160/2498, Army Order 81/1945, Regulations for the Trial of War Criminals, abgedruckt in Brand, The Velpke Baby Home Trial, S. 344–351. Vgl. auch Ludwig Eiber, Nach Nürnberg. Alliierte Prozesse in den Besatzungszonen, in: Vom Recht zur Geschichte. Akten aus NS-Prozessen als Quellen der Zeitgeschichte, hg. von Jürgen Finger, Sven Keller und Andreas Wirsching, Göttingen 2009, S. 38–51, hier S. 44 f.

Demnach konnten grundsätzlich alle Angeklagten auch ohne spezifischen Nachweis der eigenen Tatbeteiligung mit einer Verurteilung rechnen. Gleichwohl legten sowohl der Anklagevertreter als auch die Mitglieder des Gerichts während der Befragungen offensichtlich großen Wert darauf, den jeweiligen Grad der Beteiligung einzelner Angeklagter zu eruieren. So wurden in beiden Fällen Angeklagte teils noch während des Verfahrens freigesprochen, da ihre individuelle Verantwortlichkeit nicht zweifelsfrei nachgewiesen werden konnte.

Ebenso wie die Prozesse bezüglich der Heime in Velpke und Rühen beruhte der zwei Jahre später im Hamburger Curiohaus verhandelte Prozess zur »Ausländerkinder-Pflegestätte« in Lefitz auf dem Royal Warrant sowie der Haager Landkriegsordnung. Die Anklage lautete in diesem Fall allerdings nicht auf »killing by wilful neglect«, sondern lediglich auf »concerned in the ill-treatment of Russian and Polish child inmates of Lefitz Children's Hostel, in consequence of which nine children [...] died«.[60] Die Vorwürfe gegen die beiden Angeklagten, die Heimleiterin sowie die für die Einrichtung des Heims mitverantwortliche Kreisbauernschaftsführerin, waren somit bei Weitem nicht so schwerwiegend wie in den beiden vorangegangenen Prozessen. Weitere Personen, die in verschiedener Weise mit der Pflegestätte zu tun gehabt hatten, wurden nicht angeklagt, sondern traten lediglich als Zeug:innen auf.

Die Unterlagen der drei Verfahren stellen mit den enthaltenen Verhörprotokollen, eidesstattlichen Aussagen, Beweismitteln und Verhandlungsprotokollen wertvolle Quellen dar, mit Hilfe derer die Geschehnisse in diesen »Ausländerkinder-Pflegestätten« detailliert rekonstruiert werden können. Dabei muss allerdings berücksichtigt werden, dass der Wahrheitsgehalt der Aussagen insbesondere der Angeklagten, denen im Falle einer Verurteilung die Todesstrafe drohte, nur schwer zu beurteilen ist.[61] Ebenso sind die Zeug:innenaussagen mit Vorsicht zu behandeln, da beispielsweise eine nicht angeklagte deutsche Pflegerin darauf achten musste, sich nicht selbst zu belasten. Darüber hinaus bestanden möglicherweise Skrupel, gegen ehemalige Arbeitskolleg:innen auszusagen. Die im Laufe erster Ermittlungen gesammelten Verhörprotokolle und Aussagen liegen zwar zeitlich vergleichsweise nahe am Geschehen, sind oftmals jedoch nur in Form einer Zusammenfassung der jeweiligen Vernehmung überliefert. Vor Gericht relativierten einige der Vernommenen ihre zuvor getätigten Aussagen wieder. In den Prozessprotokollen zu den »Pflegestätten« in Velpke und Rühen hingegen ist das

---

60 Schreiben des Judge Advocate General's Office an den General Officer Commanding-in-Chief, B.A.O.R., 10. Februar 1948, TNA, WO 235/477.
61 Zu diesem Problem der Quellenkritik siehe Jürgen Finger; Sven Keller, Täter und Opfer. Gedanken zu Quellenkritik und Aussagekontext, in: Vom Recht zur Geschichte. Akten aus NS-Prozessen als Quellen der Zeitgeschichte, hg. von Jürgen Finger, Sven Keller und Andreas Wirsching, Göttingen 2009, S. 114–131.

detaillierte Wechselspiel von Frage und Antwort festgehalten.[62] Im Protokoll zum Kinderheim in Lefitz sind die den Angeklagten und Zeug:innen gestellten Fragen nicht dokumentiert, wohl aber ihre Antworten in direkter Rede wiedergegeben. Zwar gehen durch die englischen Übersetzungen der Dolmetscher:innen sowie die Niederschrift durch den Schriftführer atmosphärische Details verloren, insgesamt liefern die Protokolle jedoch einen authentischen Eindruck des Verhandlungsverlaufs.

6.3.1 »Velpke Childrens' Home Case« – 20. März 1946 bis 3. April 1946

In der Gemeinde Velpke im Landkreis Helmstedt, Gau Süd-Hannover-Braunschweig, war von Anfang Mai bis Mitte Dezember 1944 eine »Ausländerkinder-Pflegestätte« in Betrieb, in der etwa 90 Kinder ihr Leben verloren. Das Heim war auf Geheiß des NSDAP-Kreisleiters Heinrich Gerike in den Velpker Steinbrüchen, den sogenannten »Wetzsteinkuhlen«, in einer ungenutzten Wellblechbaracke eingerichtet worden. Die Auflösung des Heims im Dezember 1944 erfolgte nicht wegen der anhaltenden Todesfälle, sondern weil die Volkswagenwerk G. m.b.H. die Baracken des Steinbruchs zur Unterbringung von Arbeitskräften benötigte. Neun verbleibende Kinder wurden daher in das vom Volkswagenwerk betriebene »Ausländerkinderpflegeheim« nach Rühen verlegt.

Im Juni 1945 berichteten mehrere vormalige Zwangsarbeiter:innen der polnischen Delegation von den schrecklichen Bedingungen, unter denen ihre Kinder in Velpke gestorben waren.[63] Wenig später wurde die britische Militärregierung auf den Fall aufmerksam. Die Special Investigation Section der Militärpolizei stellte erste Nachforschungen an, befragte Zeug:innen, sicherte Unterlagen und fand in der Nähe des Velpker Friedhofs insgesamt 90 vernachlässigte Kindergräber vor, von denen sie zwei öffnen ließ.[64] Die meisten der betroffenen Zwangsarbeiter:innen waren zu diesem Zeitpunkt bereits in ihre Heimat zurückgekehrt, doch konnten die Ermittler in verschiedenen DP-Lagern sechs polnische Mütter und drei polnische Väter aufspüren, deren Kinder im Heim ihr Leben verloren hatten. Auf Grundlage dieser Vorermittlungen leitete das War Crimes Investigation Team der britischen Rheinarmee im September 1945 ein förmliches Ermittlungsverfahren wegen Kriegsverbrechen ein.[65] Da allerdings nur Aussagen polnischer

---

62 Der Velpker Prozess wurde im Jahr 1950 in der Reihe »War crimes trials« von George Brand veröffentlicht, siehe Brand, The Velpke Baby Home Trial.
63 TNA, WO 309/100.
64 Untersuchungsbericht von CSM Smith, 70 Special Investigation Section, Corps of Military Police, 1. September 1945, TNA, WO 309/100.
65 Ermittlungsauftrag an No. 3 War Crimes Investigation Team betr. »Illegitimate Children of Eastern Slave Workers«, 22. September 1945, TNA, WO 309/100.

Staatsangehöriger aufgenommen werden konnten, blieb im Herbst 1945 zunächst noch unklar, ob der Fall an die polnischen Behörden abgegeben werden solle. In der Dienststelle des Judge Advocate General (JAG) vertrat man die Ansicht, die Verantwortlichen müssten vor britischen Gerichten unter dem Royal Warrant angeklagt werden, da die als »Baby Farms« bezeichneten Einrichtungen in Velpke wie auch in Rühen mit Vernichtungslagern vergleichbar seien:

> In my view these 2 camps were just as much extermination camps as Auschwitz and Belsen, and I take the view, therefore, that the Commander in Chief, British Zone, should try the accused under the Royal Warrant, since the matter goes to the root of the Nazi system, and is not one of individual cruelty by an employer against his employees.[66]

Zudem könne nicht ausgeschlossen werden, dass sich auch Kinder anderer Nationalitäten, deren Eltern in der Region zur Zwangsarbeit eingesetzt waren, unter den Opfern befänden. Nach Rücksprache mit dem Foreign Office und dem Treasury Solicitor, die der Einschätzung des JAG zustimmten, wies das War Office in London Anfang Februar 1946 das Hauptquartier der Rheinarmee an, den Fall vor einem britischen Militärgericht verhandeln zu lassen.[67] Der sogenannte »Velpke Baby Home Trial« wurde am 20. März 1946 in Braunschweig eröffnet und dauerte bis zum 3. April an. Auf der Anklagebank saßen Heinrich Gerike, Kreisleiter der NSDAP Helmstedt, Georg Hessling, Kreisberufswalter der DAF, Werner Nöth, Bürgermeister von Velpke, Hermann Müller und Gustav Claus, NSDAP-Ortsgruppenleiter von Velpke und Papenrode, Richard Demmerich, in Velpke niedergelassener Arzt, Fritz Flint, Mitarbeiter der Braunschweiger Gestapo, sowie die Heimleiterin Valentina Bilien.

Die »Ausländerkinder-Pflegestätte« in Velpke

Die Einrichtung der »Ausländerkinder-Pflegestätte« in Velpke war vom NSDAP-Kreisleiter, dem Angeklagten Heinrich Gerike, initiiert worden. Vor Gericht sagte er aus, der Kreisbauernführer habe sich Anfang des Jahres 1944 wiederholt bei ihm über die zunehmende Zahl von Schwangerschaften unter den in der Landwirtschaft eingesetzten unverheirateten Ausländerinnen beklagt.[68] Es sei befürch-

---

66 Stellungnahme des Military Department, JAG'S Office betr. »War Crimes. WELPKE [sic!] Baby Farm, RUEHEN Baby Farm«, 17. Dezember 1945, TNA, WO 311/420.
67 Schreiben des War Office an H. Q., B. A. O. R. betr. »VELPKE ›Baby Farm‹ case«, 2. Februar 1946, TNA, WO 309/585.
68 Hier und im Folgenden Befragung des Angeklagten Heinrich Gerike, abgedruckt in Brand, The Velpke Baby Home Trial, S. 126–159.

tet worden, der daraus resultierende Arbeitskräftemangel auf den Höfen werde die Nahrungsmittelproduktion des Kreises beeinträchtigen. Ein Gesuch beim Arbeitsamt, die Schwangeren in ihre Heimat zurückzuschicken und dafür Ersatz zu erhalten, sei abgelehnt worden. Gerike habe dann bei verschiedenen Industriebetrieben in der Region, die Polinnen und »Ostarbeiterinnen« beschäftigten, um einen Arbeitskräfteaustausch gebeten, da die Kinder in den Lagern leichter untergebracht und versorgt werden könnten. Die Betriebe seien an dieser Lösung jedoch nicht interessiert gewesen.[69] Bei einem Kreisleitertreffen in Hannover habe Gerike das Problem daher dem Gauleiter von Süd-Hannover-Braunschweig, Hartmann Lauterbacher, geschildert.[70] Dieser habe ihm zugesichert, sich in Berlin um eine einheitliche Regelung für das gesamte Reich oder zumindest für den Gau zu bemühen. In der Zwischenzeit solle Gerike dafür sorgen, alle unehelichen Kinder in einem Lager oder Heim unterzubringen, weil die Arbeitskraft der Mütter auf den Höfen unter keinen Umständen ausfallen dürfe. Der Kreisleiter habe dann in Velpke mit der Suche nach geeigneten Räumlichkeiten für ein Kinderheim begonnen, da die Kreisbauernschaft in dieser Umgebung mit den meisten Geburten gerechnet habe.

Ende April sei er schließlich auf die ungenutzten Baracken im Velpker Steinbruch aufmerksam geworden und habe sie gemeinsam mit dem ebenfalls angeklagten Bürgermeister von Velpke, Werner Nöth, sowie dem Steinbruchbesitzer, Kurt Velke, besichtigt. Es handelte sich um zwei heruntergekommene Wellblechbaracken, die über keinen Strom-, Wasser- oder Telefonanschluss verfügten, dazwischen stand ein kleiner Kohleschuppen. Sowohl Nöth als auch Velke sagten vor Gericht aus, sie hätten Gerike gegenüber wiederholt deutlich gemacht, dass der Ort zur Unterbringung kleiner Kinder ungeeignet sei.[71] Vor allem werde es in den ungedämmten Räumen im Sommer zu heiß und im Winter zu kalt werden. Mit dem Hinweis, es handle sich ohnehin nur um eine temporäre Maßnahme, mietete der Kreisleiter ungeachtet dieser Einwände eine der Baracken an. Vor Inbetriebnahme wurde diese instandgesetzt und mittels einfacher Holzabtrennun-

---

69 Im Nachbargau Ost-Hannover war zuvor mit dem Volkswagenwerk ein derartiger Austausch erfolglos erprobt worden; siehe Schreiben des Volksbunds für das Deutschtum im Ausland, Gauverband Ost-Hannover, an die VoMi betr. »Kinder und Kleinstkinder der Fremdvölkischen, vor allem der Ostarbeiterinnen und Polinnen (Ausländer-Kleinkinderpflegestätten)«, ohne Datum (Frühjahr 1944), BArch, R 59/48.
70 Hier und im Folgenden Befragung des Angeklagten Heinrich Gerike, abgedruckt in Brand, The Velpke Baby Home Trial, S. 126–159.
71 Befragung des Angeklagten Werner Nöth, abgedruckt in Brand, The Velpke Baby Home Trial, S. 274–287; Befragung des Zeugen Kurt Velke, abgedruckt in ebd., S. 25–29. Auch Gerike selbst bestätigte, dass Nöth und Velke Zweifel an der Eignung der Baracke geäußert hatten; Befragung des Angeklagten Heinrich Gerike, abgedruckt in ebd., S. 126–159.

gen in mehrere Räume aufgeteilt.[72] Im vorderen Bereich befanden sich auf etwa 24 m² die Küche sowie ein kleiner Schlafraum für das Personal, der hintere, für die Kinder vorgesehene Teil war etwa doppelt so groß und mit 40 Kinderbetten ausgestattet. Die Betten fertigte der örtliche Schreiner an, die sonstige Ausstattung stellte die NSV zur Verfügung.

Das für die Personalzuweisung zuständige Arbeitsamt wählte als Heimleiterin Valentina Bilien, eine aus Russland stammende »Volksdeutsche«, aus. Die zweifache Mutter hatte zuvor in Lemberg als Lehrerin gearbeitet und war im Februar 1944 zu ihren Eltern nach Helmstedt gekommen. Wie die Angeklagte vor Gericht aussagte, habe sie den Kreisleiter vor ihrer Einstellung darauf hingewiesen, dass sie keinerlei Erfahrung in der Kinderpflege habe und die Stelle nicht antreten wolle.[73] Dieser habe jedoch abgewiegelt mit der Behauptung, sie müsse lediglich Buch führen und Lebensmittel beschaffen. Bei ihrer ersten Besichtigung der Baracke habe Bilien diese ebenfalls für unzureichend gehalten und sich anschließend mit Hilfe einer befreundeten Hebamme vergeblich bemüht, an eine andere Arbeitsstelle versetzt zu werden. Neben der Heimleiterin arbeiteten anfangs lediglich zwei Russinnen, eine ältere Frau und ihre Tochter, im Heim. Später kamen zwei polnische Helferinnen hinzu, so dass zusammen mit Bilien insgesamt fünf Frauen dort beschäftigt waren.[74]

Mit der Verwaltung des Heims beauftragte Gerike den Kreisberufswalter der DAF, Georg Hessling, der ebenfalls auf der Anklagebank saß. Vor Gericht versuchte Hessling seine eigene Rolle herunterzuspielen und versicherte wiederholt, lediglich für die Finanzen zuständig gewesen zu sein.[75] Als »Beauftragter der NSDAP« forderte er von den Arbeitgeber:innen der Eltern die zu leistenden Verpflegungsbeiträge von täglich einer Reichsmark ein,[76] zahlte dem Personal monatlich das Gehalt aus und beglich die Rechnungen für die von Bilien getätigten Einkäufe. Zwar war Hessling nicht mit der Pflege der Kinder betraut worden, doch stellte sich während des Prozesses heraus, dass er als Vertreter des Kreisleiters vor Ort fungierte, sich regelmäßig im Heim aufhielt und über die dortigen Zustände stets bestens im Bilde war.

Am 6. Juni 1944, das Heim befand sich zu diesem Zeitpunkt bereits über einen

---

72 Befragung des Angeklagten Werner Nöth, abgedruckt in Brand, The Velpke Baby Home Trial, S. 274–287; Befragung des Angeklagten Georg Hessling, abgedruckt in ebd., S. 196–218.
73 Befragung der Angeklagten Valentina Bilien, abgedruckt in Brand, The Velpke Baby Home Trial, S. 230–262.
74 Befragung der Angeklagten Valentina Bilien, abgedruckt in Brand, The Velpke Baby Home Trial, S. 230–262; Befragung des Angeklagten Georg Hessling, abgedruckt in ebd., S. 196–218.
75 Befragung des Angeklagten Georg Hessling, abgedruckt in Brand, The Velpke Baby Home Trial, S. 196–218.
76 Schreiben der NSDAP-Kreisleitung an den Betriebsführer Bauer Hugo Voges, gez. Hessling, 1. August 1944, TNA, WO 235/159.

Monat in Betrieb, informierte Hessling die Ortsgruppenleiter, Bürgermeister und Ortsbauernführer des Kreises über die Aufnahmebedingungen und Besuchszeiten.[77] Demnach wurden Neuzugänge dienstags und freitags zwischen acht und zwölf Uhr aufgenommen, wobei eine Bescheinigung der Polizei über den Adresswechsel, die Lebensmittelkarte und die Geburtsurkunde des Kindes sowie alle verfügbaren Kleidungs- und Wäschestücke mitgebracht werden mussten. Die Mütter durften ihre Kinder jeweils am ersten und dritten Sonntag eines Monats von neun bis elf Uhr sowie von 14 bis 16 Uhr besuchen, ansonsten war ihnen der Zutritt streng verboten. Den Müttern solle zudem stets versichert werden, dass sie ihre Kinder bei der Rückkehr in die Heimat wieder mitnehmen dürften. Fünfzehn Kinder waren zum Zeitpunkt dieses Schreibens bereits verstorben.

Eines von ihnen war der knapp drei Monate alte Sławomir, der am 9. März 1944 in der Gemeinde Rühen zur Welt gekommen war.[78] Seine Mutter Wanda Kapecka war im Mai 1941 mit 16 Jahren aus der Nähe von Litzmannstadt nach Deutschland deportiert worden und arbeitete gemeinsam mit dem polnischen Vater ihres Kindes auf einem Bauernhof in Rühen.[79] Wie Kapecka nach dem Krieg aussagte, habe ihre Arbeitgeberin ihr Ende April 1944 mitgeteilt, sie müsse das Kind auf Befehl des Bürgermeisters nach Velpke bringen. Am 1. Mai habe sie ihren Sohn im Heim abgegeben und ihn im Laufe des Monats zweimal sonntags besucht. Mit jedem der Besuche, bei denen sie Sławomir jeweils nur für wenige Minuten zu Gesicht bekam, habe das Kind dünner und kränklicher gewirkt. Eine Woche nach dem letzten Besuch habe sie ein polnischer Junge über den Tod ihres Sohnes informiert. Obwohl den Eltern im Heim mitgeteilt worden sei, der Leichnam sei bereits beerdigt, hätten sie ihn in einem anderen Teil der Einrichtung in einem Bettchen vorgefunden, eingewickelt in ein schmutziges Windeltuch. Der Säugling sei sehr dünn gewesen und habe blaue Beine, eingefallene Augen und hohle Wangen gehabt. Der Beerdigung am nächsten Tag hätten die Eltern nicht beiwohnen können, da beide wieder arbeiten mussten. Eine offizielle Mitteilung über den Tod ihres Kindes und den Ort der Bestattung hätten sie nie erhalten.

Das erste Kind war bereits zehn Tage nach Eröffnung der »Pflegestätte« verstorben, bis Ende Mai kamen sieben weitere ums Leben. Anfang Juni stieg die Todesrate rasant an, allein in der ersten Woche starben sieben Kinder, fünf davon an einem einzigen Tag, dem 5. Juni.[80] Zwei Tage später setzte der NSDAP-Kreisorga-

---

77 Schreiben der NSDAP-Kreisleitung an die Ortsgruppenleiter, Bürgermeister und Ortsbauernführer, gez. Hessling, 6. Juni 1944, TNA, WO 309/100.
78 Auszug aus dem Sterbebuch von Velpke, 20. August 1945, TNA, WO 309/100.
79 Hier und im Folgenden Aussage von Wanda Kapecka, 21. August 1945, TNA, WO 309/100. Vgl. ebd. die Aussage von Stanisława Świtalska, die gemeinsam mit Wanda Kapecka nach Deutschland deportiert worden war und ebenfalls im März 1944 einen Sohn zur Welt gebracht hatte. Auch dieser Junge kam am 1. Mai ins Heim und starb wenige Wochen später.
80 Auszug aus dem Sterbebuch von Velpke, 20. August 1945, TNA, WO 309/100.

nisationsleiter den Leiter der Kreispolizei nachträglich über die Einrichtung des Kinderheims in Kenntnis. Augenscheinlich sollte die Polizei angesichts der sich häufenden Todesfälle vorgewarnt und gleichzeitig jegliche Verantwortung dafür vorsorglich bestritten werden:

Die dort aufzunehmenden Kinder sind mit der gesetzlich festgelegten Ernährung für polnische und Ostarbeiter-Kinder zu versorgen und anständig zu pflegen. Zwei polnische und zwei Ostarbeiterfrauen stehen für die Pflege zur Verfügung. Die Aufsicht des Heimes ist in den Händen der Volksdeutschen Frau Bilien aus Sowietrussland [sic!]. Die Einrichtung des Heimes ist einfach und zureichend und ich kann selber bezeugen, daß die Räume höchst sauber gehalten werden. Es ist leider eine Tatsache, daß die sofort nach der Geburt (die meist im Braunschweiger Lazarett für Ostarbeiter stattfand) von der Mutter eingelieferten Kinder oft alle möglichen Krankheiten haben und ihr Lebenswiderstand gering ist.[81]

Nach dieser fadenscheinigen Erklärung legte der Parteifunktionär im Einzelnen die Gründe für die Einrichtung der »Ausländerkinder-Pflegestätte« in Velpke dar und bat den Kreispolizeileiter um Unterstützung, insbesondere mit Hinblick auf den zu erwartenden Widerstand der ausländischen Mütter gegen die Wegnahme ihrer Kinder:

Ich bitte Sie, Herr Hauptmann, das Heim in Velpke zu besuchen und ihren Beamten die Gelegenheit zu geben und den Befehl zu erteilen, diese notwendigen Maßnahmen auszuführen. Natürlich werden die Mütter die Trennung von ihren Kindern nicht gern sehen und werden gegen diese Maßnahme bei allen möglichen Amtsstellen Einspruch erheben, sobald sie den Befehl zur Übergabe der Kinder nach Velpke erhalten.[82]

Tatsächlich war nur wenige Tage zuvor die »Ostarbeiterin« Nastia Piperesna bei der NSDAP-Kreisleitung in Helmstedt vorstellig geworden und hatte die Rückgabe ihres Kindes verlangt. Ihr Fall liefert ein beeindruckendes Beispiel für die, wenn auch beschränkten, Handlungsmöglichkeiten der betroffenen Mütter und die damit verbundenen Gefahren. Nastia Piperesna war im Mai 1942 im Alter von

---

81 Schreiben des NSDAP-Kreisorganisationsleiters an den Leiter der Kreispolizei betr. »Kinderheim für uneheliche Kinder von Trägern des ›P‹ und ›Ost‹ Zeichens«, 7. Juni 1944, TNA, WO 235/159.

82 Schreiben des NSDAP-Kreisorganisationsleiters an den Leiter der Kreispolizei betr. »Kinderheim für uneheliche Kinder von Trägern des ›P‹ und ›Ost‹ Zeichens«, 7. Juni 1944, TNA, WO 235/159.

25 Jahren aus der Ukraine als landwirtschaftliche Arbeiterin nach Süpplingen bei Helmstedt deportiert worden.[83] Anfang des Jahres 1944 brachte sie im »Entbindungsheim für Ostarbeiterinnen« in Braunschweig ein Mädchen namens Valentina zur Welt, das sie zunächst auf dem Hof ihres Arbeitgebers, des Bauern Fritz Kirchhoff, selbst versorgen durfte.[84] Am 9. Mai musste sie Valentina jedoch auf Anordnung des zuständigen NSDAP-Ortsgruppenleiters in das Kinderheim nach Velpke bringen.[85] Mit Erlaubnis ihres Arbeitgebers begab sich Piperesna Anfang Juni nach Helmstedt und versuchte bei der NSDAP-Kreisleitung die Rückgabe ihrer Tochter zu erwirken.[86] Die Parteidienststelle wies dieses Anliegen erwartungsgemäß ab, doch hinterließ der Besuch der »Ostarbeiterin« offenbar einen bleibenden Eindruck. Der Kreisorganisationsleiter schrieb am nächsten Tag dem Ortsgruppenleiter in Süpplingen:

[...] was uns in dieser Angelegenheit am meisten beeindruckt hat, ist erstens, dass die Ostarbeiterin kein OST-Abzeichen trug, und zweitens, dass der Bauer so wenig zu tun hat und der Ostarbeiterin erlaubt, über einen halben Tag hierher zu kommen. Dass die Reise mit Einverständnis des Bauern oder seiner Frau unternommen wurde, zeigte uns die Tatsache, dass ihr ein gut eingepacktes Frühstück mitgegeben wurde.[87]

Für Kirchhoff zog die Angelegenheit eine Befragung und Ermahnung durch den Ortsgruppenleiter nach sich. Piperesna indes ließ sich nicht beirren und holte ihre Tochter am 10. Juni heimlich aus dem knapp 20 Kilometer entfernten Kinderheim ab. Einen Monat später erschien der Polizist Friedrich Ohse in Begleitung von zwei deutschen Frauen auf dem Hof, um das Kind wieder nach Velpke zu bringen.[88] Wie aus den Aussagen Ohses und Kirchhoffs hervorgeht, verteidigte sich die Mutter energisch gegen die Wegnahme ihres Kindes, bis es dem Polizisten gelang, sie zu überwältigen und in einen Stall einzusperren. Die Ukrainerin brach aus diesem nach kurzer Zeit wieder aus und rannte den Frauen hinterher, die Valentina in der Zwischenzeit zu Fuß mitgenommen hatten. Der Poli-

---

83 Arbeitsbuch Nastia Piperesna, TNA, WO 309/100.
84 Aussage von Fritz Kirchhoff, 24. August 1945, TNA, WO 309/100; Vögel, »Entbindungsheim für Ostarbeiterinnen«, S. 60.
85 Unterhaltsbescheid der NSDAP-Kreisleitung an den Betriebsführer Fritz Kirchhoff, 19. Mai 1944, gez. Hessling, TNA, WO 309/100; Aussage von Fritz Kirchhoff, 24. August 1945, TNA, WO 309/100.
86 Aussage von Fritz Kirchhoff, 24. August 1945, TNA, WO 309/100.
87 Schreiben der NSDAP-Kreisleitung an den Ortsgruppenleiter Süpplingen, 2. Juni 1944, TNA, WO 309/100 [aus dem Englischen rückübersetzt von M. B.].
88 Vgl. dazu die Aussagen von Fritz Kirchhoff und Friedrich Ohse, 24. und 25. August 1945, TNA, WO 309/100.

zist holte sie jedoch auf seinem Motorrad ein und brachte sie gewaltsam zurück zum Hof. Zwei Wochen später verhaftete Ohse die Frau und übergab sie der Gestapo Braunschweig, die sie für 35 Tage in ein Arbeitserziehungslager einweisen ließ.[89] Nach ihrer Internierung kehrte Piperesna an ihre Arbeitsstelle zurück und besuchte Valentina regelmäßig im Heim. Sowohl die Mutter als auch ihre Tochter, die nach der Auflösung des Velpker Heims im Dezember nach Rühen verlegt worden war, überlebten den Krieg.[90] Piperesnas Mut rettete ihrer Tochter wahrscheinlich das Leben, denn während Valentina einen Monat lang von ihrer Mutter versorgt wurde und so wieder zu Kräften kommen konnte, stieg die Zahl der Todesfälle in Velpke beständig an. Insbesondere im Juni war die Sterberate sehr hoch, 22 Kinder verloren ihr Leben.

Unter den in der Region eingesetzten Ausländerinnen sprach sich schnell herum, dass ihre Kinder in Velpke der Tod erwartete. So sagte die Polin Stefania Sosulska aus: »I know that if I took my son to the home he would very soon die, because other Polish girls who had taken their babies there had also lost them, and I knew about this.«[91] Die meisten Versuche, die Kinder vor diesem Schicksal zu bewahren, blieben jedoch erfolglos. Wie die Polin Susanna Chudzik nach dem Krieg aussagte, sollte sie ihre Mitte Juni 1944 im Braunschweiger Entbindungsheim geborene Tochter Irena Janina bereits nach zehn Tagen nach Velpke bringen.[92] Da sie gewusst habe, dass ihr Kind dort sterben würde, habe sie eine Betreuungsmöglichkeit bei einer deutschen Frau arrangiert. Der Vater von Irena sagte zudem vor Gericht aus, er habe seiner Arbeitgeberin angeboten, auf seinen Lohn zu verzichten, wenn Irena auf dem Hof bleiben dürfe.[93] Doch keine dieser Strategien ging auf. Die Eltern gaben ihre Tochter nach eigener Angabe gesund im Heim ab, wenige Tage später war sie bereits tot:

> I saw my baby and examined her, she was lying on two pillows on a large iron bedstead and was wrapped in a dirty napkin and a rubber sheet. She was very dirty, and I saw that her face was black, her stomach was blue and she was very thin.[94]

---

89 Schreiben der Gestapo Braunschweig an Fritz Kirchhoff, gez. Flint, 22. August 1944, TNA, WO 235/159.
90 Aussage von Fritz Kirchhoff, 24. August 1945, TNA, WO 309/100.
91 Allen Protesten zum Trotz musste Sosulska ihren Sohn Anfang August abgeben. Als sie eine Woche später zu Besuch kam, erfuhr sie, dass ihr Sohn schon begraben worden war. Aussage von Stefania Sosulska, 22. August 1945, TNA, WO 309/100.
92 Aussage von Susanna Chudzik, 22. August 1945, TNA, WO 309/100.
93 Befragung des Zeugen Wacław Maziarz, abgedruckt in Brand, The Velpke Baby Home Trial, S. 51–54.
94 Aussage von Susanna Chudzik, 22. August 1945, TNA, WO 309/100.

Zudem sei sämtliche Kleidung, die sie Irena mitgegeben hatten, völlig verschmutzt gewesen. Die Eltern besorgten einen Sarg, wuschen und bekleideten ihr Kind und begruben es beim Velpker Friedhof, wo auch die anderen ausländischen Kinder lagen. Zu diesem Zeitpunkt, am 30. Juni 1944, war es das dreißigste Grab – bis Dezember sollten es 90 werden. Für den gesamten Zeitraum von Mai bis Dezember 1944 sind im Sterberegister von Velpke 81 Geburten und 84 Todesfälle ausländischer Kinder registriert.[95] Von den Briten sichergestellte Unterlagen aus dem Bürgermeisteramt ließen demgegenüber auf den Tod von 96 Kindern schließen.[96] Als häufigste Todesursachen finden sich in den Sterbeurkunden Lebensschwäche, Dysenterie und Darmkatarrh. Die meisten Säuglinge überlebten nur wenige Wochen, über die Hälfte von ihnen war zum Todeszeitpunkt keine zwei Monate alt.

Allen Beteiligten schien von Beginn an klar gewesen zu sein, dass die ausgewählte Baracke aufgrund ihres baulichen Zustands und der unzureichenden sanitären Anlagen als Kinderheim ungeeignet war. Neben Bilien, Nöth und Velke gaben dies auch Gerike und Hessling zu, behaupteten vor Gericht jedoch, etwas Besseres sei zu jener Zeit nicht verfügbar gewesen.[97] Wie bei der Erstbesichtigung im April schon vermutet worden war, wurde es im Sommer unter dem Wellblechdach sehr heiß, was mehrere Zeuginnen bestätigten.[98] In der Nacht hingegen kühlten die Räume laut Aussage einer der polnischen Helferinnen sehr schnell aus, so dass der einfache Kanonenofen, für den oftmals Heizmaterial fehlte, nicht ausreichte.[99] Auch die sonstige Ausstattung des Heims ließ zu wünschen übrig. So gab es keine Waage und nur ein einziges Thermometer, welches die Heimleiterin selbst von zuhause mitbringen musste.[100] Zwar bestätigten mehrere Zeug:innen, dass die Räume generell sauber gehalten wurden.[101] Als jedoch vermehrt hochinfektiöse Durchfallerkrankungen auftraten, war das ungeschulte Personal mit der

---

95 Auszug aus dem Sterbebuch von Velpke, 20. August 1945, TNA, WO 309/100. Ein Todesfall ereignete sich allerdings erst Ende Dezember, nachdem das Heim bereits geschlossen war.
96 Untersuchungsbericht von CSM Smith, 70 Special Investigation Section, Corps of Military Police, 1. September 1945, TNA, WO 309/100. Die genaue Todeszahl konnte vor Gericht nicht eindeutig geklärt werden.
97 Befragung des Angeklagten Heinrich Gerike, abgedruckt in Brand, The Velpke Baby Home Trial, S. 126–159; Befragung des Angeklagten Georg Hessling, abgedruckt in ebd., S. 196–218.
98 Befragung der Zeugin Stanislawa Slomian, abgedruckt in Brand, The Velpke Baby Home Trial, S. 9–17; Befragung der Zeugin Emma Hoppe, abgedruckt in ebd., S. 32–38; Befragung der Zeugin Martha Golatta, abgedruckt in ebd., S. 38–43; Befragung der Zeugin Alexandra Misialszek, abgedruckt in ebd., S. 111–125.
99 Befragung der Zeugin Alexandra Misialszek, abgedruckt in Brand, The Velpke Baby Home Trial, S. 111–125.
100 Befragung der Angeklagten Valentina Bilien, abgedruckt in Brand, The Velpke Baby Home Trial, S. 230–262.
101 Befragung der Zeugin Emma Hoppe, abgedruckt in Brand, The Velpke Baby Home Trial,

Pflege der erkrankten Kinder offenbar völlig überfordert. Die Kinder wurden nicht häufig genug gewaschen und ihre Windeln zu selten gewechselt, so dass sie vom Durchfall wunde Stellen bekamen.[102] Die Heimleiterin sah sich vor Gericht dem Vorwurf ausgesetzt, sie sei trotz dieser Situation nachts nie im Heim geblieben und mehrmals die Woche nach Helmstedt gefahren. Bilien begründete dies zum einen mit dem begrenzten Raum in der Baracke, zum anderen mit der Notwendigkeit, Nahrungsmittel und Medizin einkaufen zu müssen.[103]

Die ersten Kinder erkrankten bereits kurze Zeit nach Eröffnung des Heims im Mai. Der Großteil schien die verabreichte Nahrung, die aus verschiedenen Milchmischungen bestand, nicht zu vertragen. Nach einigen Mahlzeiten begannen sie sich zu erbrechen, bekamen Durchfall, verloren rapide Gewicht und starben innerhalb weniger Tage.[104] Manche Kinder bekamen Hautkrankheiten und entwickelten teilweise derartige Geschwüre, dass eine mit Bilien befreundete Hebamme, Maria Barkemeier, diese für syphilitische Schanker hielt.[105] Wie Bilien vor Gericht aussagte, sei die Einweisung der erkrankten Kinder in ein Krankenhaus verboten gewesen.[106] Sie habe jedoch mindestens 20 Kinder ihren Eltern zurückzugeben, obwohl ihr das von Hessling ebenfalls untersagt worden sei. Innerhalb der Baracke trennte sie die kranken Kinder notdürftig von den gesunden, als Raumteiler dienten lediglich eine einfache Bretterwand sowie ein Vorhang im Durchgang. Wie eine vor Gericht als Zeugin geladene Kinderärztin aussagte, war dies in Anbetracht der hochansteckenden Brechdurchfallerkrankungen als Isoliermaßnahme vollkommen unzureichend.[107]

Bei der Einrichtung der »Ausländerkinder-Pflegestätte« waren für eine derartige Situation offenbar keinerlei medizinische Vorkehrungen getroffen worden. Einen für die Überwachung des Heims verantwortlichen Arzt gab es nicht. Die

S. 32–38; Befragung der Zeugin Martha Justus, abgedruckt in ebd., S. 184–191; Befragung der Zeugin Maria Barkemeier, abgedruckt in ebd., S. 270–274.

102 Befragung der Zeugin Stanislawa Slomian, abgedruckt in Brand, The Velpke Baby Home Trial, S. 9–17; Befragung der Zeugin Emma Hoppe, abgedruckt in ebd., S. 32–38; Befragung der Zeugin Martha Golatta, abgedruckt in ebd., S. 38–43.

103 Befragung der Angeklagten Valentina Bilien, abgedruckt in Brand, The Velpke Baby Home Trial, S. 230–262.

104 Befragung der Zeugin Alexandra Misialszek, abgedruckt in Brand, The Velpke Baby Home Trial, S. 111–125.

105 Wahrscheinlich spielten dabei auch rassistische Vorureile über die vermeintlich promiskuitiven und unsauberen Frauen aus dem Osten eine Rolle; Befragung der Zeugin Maria Barkemeier, abgedruckt in Brand, The Velpke Baby Home Trial, S. 270–274. Vgl. Vögel, »Entbindungsheim für Ostarbeiterinnen«, S. 123.

106 Befragung der Angeklagten Valentina Bilien, abgedruckt in Brand, The Velpke Baby Home Trial, S. 230–262.

107 Befragung der Zeugin Dr. Anna Rodehuth, abgedruckt in Brand, The Velpke Baby Home Trial, S. 264–270.

Heimleiterin war lediglich angewiesen worden, sich bei Problemen an den für Velpke zuständigen Kassenarzt Dr. Kurt Schliemann zu wenden, der in der »Stadt des KdF-Wagens« wohnte und sich nur wenige Tage die Woche in Velpke aufhielt.[108] Laut eigener Aussage rief Bilien den Arzt erstmals an, nachdem das erste Kind bereits gestorben war, da sie seine Unterschrift für die Sterbeurkunde benötigte.[109] Bilien beschwerte sich vor Gericht über das Verhalten Schliemanns, der sich wenig hilfsbereit gezeigt und die Kinder anfänglich zwar untersucht, nicht aber behandelt habe. Dabei soll er zum Ausdruck gebracht haben, dass er angesichts der hygienischen Mängel im Heim nichts ausrichten könne und jede Hilfe zwecklos sei. Schliemann selbst hatte bei seinem ersten Verhör im Oktober 1945 ausgesagt, er habe jedwede medizinische Verantwortung für das Heim von Beginn an abgelehnt, solange es nicht anständig geführt werde.[110] Offenbar war ihm nach seinem ersten Besuch bereits klar, dass die Behandlung der Kinder unter den herrschenden Umständen ein schwieriges Unterfangen werden würde:

The place looked scandalous. The food was left open for flies to settle on. The barracks were dirty. There was no hygiene in the place. The children were mostly lying there without nappies. There was not enough linen. The baby's teats were dirty.[111]

Neben den hygienischen Zuständen kritisierte er die unzureichende Ernährung der Kinder und bezweifelte, dass sie die gleichen Rationen wie deutsche Kinder bekommen hätten. Seiner Einschätzung nach habe es sich um vorsätzliche Vernachlässigung gehandelt. Für die zahlreichen Todesfälle machte er vor allem die frühe Trennung der Neugeborenen von ihren Müttern – die meisten kamen direkt nach Entlassung aus dem Entbindungsheim im Alter von acht bis zehn Tagen nach Velpke – und damit einhergehend das frühzeitige Abstillen verantwortlich. Zwar scheint er von Anfang an Kritik an der »Pflegestätte« geübt und der Heimleiterin auf Nachfrage allgemeine Ratschläge gegeben zu haben.[112] Ansonsten blieb der Arzt jedoch tatenlos, da er keinerlei Verantwortung für die seiner

---

108 Schliemann sollte ursprünglich ebenfalls angeklagt werden, konnte aufgrund seines schlechten gesundheitlichen Zustands jedoch nicht am Prozess teilnehmen; Brand, The Velpke Baby Home Trial, S. 107–109.
109 Befragung der Angeklagten Valentina Bilien, abgedruckt in Brand, The Velpke Baby Home Trial, S. 230–262.
110 Verhör von Kurt Schliemann, 19. Oktober 1945, TNA, WO 235/159.
111 Verhör von Kurt Schliemann, 19. Oktober 1945, TNA, WO 235/159. Mehrere Zeuginnen bestätigten, dass im Sommer eine Fliegenplage im Heim herrschte. Befragung der Zeugin Maria Barkemeier, abgedruckt in Brand, The Velpke Baby Home Trial, S. 270–274; Befragung der Zeugin Alexandra Misialszek, abgedruckt in Brand, The Velpke Baby Home Trial, S. 111–125.
112 Befragung des Angeklagten Hermann Müller, abgedruckt in Brand, The Velpke Baby Home

Ansicht nach hoffnungslose Situation übernehmen wollte. So habe er sich nach eigenen Angaben zwar regelmäßig im Heim aufgehalten, um Totenscheine auszustellen, in medizinischer Hinsicht habe er jedoch nichts unternommen.[113] Von der mangelnden Hilfsbereitschaft des Arztes enttäuscht, suchte Bilien Rat bei der Hebamme Barkemeier, die ebenfalls die Bedeutung der Muttermilchernährung für Neugeborene hervorgehoben habe.[114] Als bester Ersatz seien der Heimleiterin sowohl von Barkemeier als auch von Schliemann Citretten, Tabletten aus mit Vitaminen angereicherter Zitronensäure, empfohlen worden. Diese habe sie auf eigene Kosten aus Apotheken in Velpke und Helmstedt besorgt und wie im Beipackzettel beschrieben den Milchmischungen hinzugefügt. Die Aussage der polnischen Zeugin Alexandra Misialszek, die nach dem Tod ihres Kindes angefangen hatte, im Heim zu arbeiten, sorgte in dieser Hinsicht vor Gericht für Verwirrung.[115] Aufgrund ihrer Beobachtungen war sie davon überzeugt, die Kinder seien wegen der Citrettenmilch erkrankt und gestorben. Da Citretten jedoch ein bewährtes Präparat zur Ansäuerung von Säuglingsnahrung waren, erschien die Aussage der Zeugin als unglaubwürdig. Die Frage, ob die Säuglingsnahrung tatsächlich richtig zubereitet wurde, konnte im weiteren Verhandlungsverlauf nicht geklärt werden.

Anfang September 1944 löste Dr. Richard Demmerich, der nach seiner Entlassung aus der Wehrmacht seine Praxis in Velpke wiedereröffnete, Schliemann als örtlich zuständigen Arzt ab.[116] Vor Gericht sagte der ebenfalls angeklagte Arzt aus, er habe von offizieller Seite keinerlei Anweisungen bezüglich des Kinderheims erhalten und erst von Bilien von der Einrichtung erfahren. Im Gegensatz zu Schliemann sei Demmerich laut Aussage der Heimleiterin sehr hilfsbereit gewesen und anfangs mehrfach ins Heim gekommen, um die kranken Kinder zu behandeln.[117] Wie sein Vorgänger habe Demmerich vor allem die frühe Trennung der Neugeborenen von ihren Müttern für die Todesfälle verantwortlich gemacht und wiederholt empfohlen, ausschließlich Säuglinge im Alter von mindestens vier oder sechs Wochen aufzunehmen. Diese Empfehlung sei von Hessling an den Kreisleiter weitergeleitet worden, der eine entsprechende Anweisung gegeben habe.[118]

Trial, S. 218–227; Befragung der Angeklagten Valentina Bilien, abgedruckt in Brand, The Velpke Baby Home Trial, S. 230–262.
113 Verhör von Kurt Schliemann, 19. Oktober 1945, TNA, WO 235/159.
114 Befragung der Angeklagten Valentina Bilien, abgedruckt in Brand, The Velpke Baby Home Trial, S. 230–262.
115 Befragung der Zeugin Alexandra Misialszek, abgedruckt in Brand, The Velpke Baby Home Trial, S. 111–125.
116 Befragung des Angeklagten Richard Demmerich, abgedruckt in Brand, The Velpke Baby Home Trial, S. 159–180.
117 Befragung der Angeklagten Valentina Bilien, abgedruckt in Brand, The Velpke Baby Home Trial, S. 230–262.
118 Vgl. Befragung des Angeklagten Heinrich Gerike, abgedruckt in Brand, The Velpke Baby

Weil Demmerich für mehrere umliegende Gemeinden zuständig und daher sehr beschäftigt gewesen sei, habe Bilien ihn später nicht mehr herbeigerufen, sondern stattdessen kranke Kinder mit einem Kinderwagen in seine Praxis gebracht.[119] Laut Aussage des Arztes litten diese in erster Linie an äußeren Beschwerden wie Furunkeln und Ekzemen.[120] Er selbst habe das Heim in dieser Zeit nur noch aufgesucht, um Totenscheine auszustellen. Die an schweren Ernährungsstörungen leidenden Kinder bekam er daher meist erst zu Gesicht, als es bereits zu spät war. Sie waren bereits völlig ausgezehrt und hatten das für mangelernährte Säuglinge typische »Greisengesicht« entwickelt:

> The children I saw, even those in the last hours of their life, showed almost senile expressions. Most of the children I only saw after they were dead, and had mainly to rely on what I was told by the matron. Dissection was forbidden to G. Ps., and was usually done on the Kreis doctor's order by a pathologist. The children were emaciated, had partly swollen bellies and senile expressions, and were partly suffering from catarrh of the intestines, sometimes of a nature similar to dysentery.[121]

Die Anklage befragte den Arzt, warum er sich angesichts dieser Zustände nicht an die zuständigen Behörden gewandt habe. Demmerich behauptete, er habe nicht gewusst, dass es sich um eine Einrichtung der Partei gehandelt habe. Zudem habe er angenommen, die Situation sei im Landrats- und Gesundheitsamt bereits bekannt, da die Sterbeurkunden üblicherweise dorthin geschickt würden. Der Amtsarzt Dr. Dibbelt habe die »Pflegestätte« in Velpke auch tatsächlich einmal inspiziert, anschließend seien ihm weitere Besuche jedoch untersagt worden.[122] Eine unklare Rolle spielte die NSV-Dorfschwester Martha Justus, die laut eigener Aussage das Heim besucht und sich mit Demmerich über die Todesursa-

---

Home Trial, S. 126–159; Befragung des Angeklagten Georg Hessling, abgedruckt in Brand, The Velpke Baby Home Trial, S. 196–218. Bilien hingegen sagte aus, Schliemann habe sich im August bei Hessling beschwert und damit die Änderung der Aufnahmebedingungen erwirkt; Befragung der Angeklagten Valentina Bilien, abgedruckt in Brand, The Velpke Baby Home Trial, S. 230–262.

119 Befragung der Angeklagten Valentina Bilien, abgedruckt in Brand, The Velpke Baby Home Trial, S. 230–262.
120 Befragung des Angeklagten Richard Demmerich, abgedruckt in Brand, The Velpke Baby Home Trial, S. 159–180.
121 Befragung des Angeklagten Richard Demmerich, abgedruckt in Brand, The Velpke Baby Home Trial, S. 159–180.
122 Befragung des Angeklagten Richard Demmerich, abgedruckt in Brand, The Velpke Baby Home Trial, S. 159–180; vgl. das Verhör von Richard Demmerich, 4. Oktober 1945, WO 309/585.

chen der Kinder beraten hatte.[123] Angeblich hätte sie der Heimleiterin jederzeit ausgeholfen und sie bei Abwesenheit vertreten, wenn Bilien sie nur darum gebeten hätte. Bilien hingegen behauptete, Justus habe sich geweigert, erneut ins Heim zu kommen.[124] Vor Gericht konnte nicht geklärt werden, was genau zwischen Bilien und Justus vorgefallen war. Jedenfalls suchte die geschulte Krankenschwester das Heim in Velpke nicht erneut auf.

Nicht nur unter den in der Gegend eingesetzten Zwangsarbeiter:innen sprach sich herum, was in der »Ausländerkinder-Pflegestätte« vor sich ging. Mehrere Zeug:innen bestätigten, in Velpke sei allgemein bekannt gewesen, dass die Kinder in dieser Einrichtung sterben würden.[125] Auf die Frage, ob im Dorf jemals über das Heim geredet wurde, sagte die Zeugin Emma Hoppe aus:

> Yes, there was a lot of whispering about it, but we had to keep quiet, of course. We lived in the main street, and when these women came past with children then the people started whispering and saying, »Good God, bringing more children into that Home.« [...] At first we thought that there was some kind of epidemic – bubonic plague. [...] No one was allowed to say anything; people shrugged their shoulders and that was all.[126]

Obwohl viele Anwohner:innen das Heim offenbar für eine Schande hielten,[127] blieb es meist beim Schulterzucken. Der Velpker Standesbeamte beispielsweise gab sich vor Gericht betont indifferent. Trotz der hohen Zahl der von ihm registrierten Todesfälle und der immer gleichen Todesursachen habe er keinen Verdacht geschöpft, sondern sich gesagt, das sei eine Angelegenheit des Gesundheitsamts oder des Gesundheitsministeriums in Hannover.[128] Wenn nicht Gleichgültigkeit jedwede Einmischung verhinderte, dann die Angst vor der Gestapo, die in Velpke offenbar einen Informanten oder eine Informantin besaß, der/die jeden noch so kleinen Verdacht nach Braunschweig meldete.[129] Die Zeugin Anna Siede bei-

---

123 Befragung der Zeugin Martha Justus, abgedruckt in Brand, The Velpke Baby Home Trial, S. 184–191.
124 Befragung der Angeklagten Valentina Bilien, abgedruckt in Brand, The Velpke Baby Home Trial, S. 230–262.
125 So etwa die Befragung des Zeugen Roman Koschinski, abgedruckt in Brand, The Velpke Baby Home Trial, S. 228.
126 Befragung der Zeugin Emma Hoppe, abgedruckt in Brand, The Velpke Baby Home Trial, S. 32–38.
127 Siehe auch die Befragung der Zeugin Gertrud Demmerich, abgedruckt in Brand, The Velpke Baby Home Trial, S. 180–184.
128 Befragung des Zeugen Rudolf Meyer, abgedruckt in Brand, The Velpke Baby Home Trial, S. 17–20.
129 In dieser Angelegenheit wurde im Oktober 1945 der bei der Gestapo in Braunschweig täti-

spielsweise sagte aus, sie sei im Juli 1944 von einer Russin mit einem Säugling im Arm nach dem Weg zum Kinderheim gefragt worden.[130] Während des Gesprächs habe die Frau angefangen zu weinen und geklagt, sie würde ihr Kind nie wiedersehen. Wenige Tage später sei Siede zur Gestapo nach Braunschweig bestellt worden, da sie der Russin angeblich von den Todesfällen im Heim berichtet habe. Eine weitere Zeugin, Valeria Nowak, berichtete, sie habe Anfang Mai 1944 für einige Tage in der »Pflegestätte« ausgeholfen, bis sie und andere Anwohnerinnen eine schriftliche Verwarnung vom Gemeinderat bekommen hätten, die ihnen weitere Besuche im Heim untersagte.[131] Später sei sie ebenfalls bei der Gestapo vorgeladen worden, da sie den örtlichen Bauern angeblich davon abgeraten habe, die ausländischen Kinder nach Velpke zu bringen. Nachdem man ihr mit einer Einweisung ins Konzentrationslager gedroht habe, sei sie nach Hause entlassen worden. Den anderen Frauen im Dorf habe sie ausrichten sollen, sich nicht um die polnischen Kinder zu kümmern, da sie ansonsten alle verhaftet würden.

Unter diesen Umständen stellte jedwede Kritik an den Vorgängen, geschweige denn Hilfe für die ausländischen Frauen und ihre Kinder, eine Gefahr für das eigene Leben dar. Laut den Aussagen der Zeuginnen Emma Hoppe und Martha Golatta kamen im Juni 1944 zwei polnische Arbeiterinnen nach Velpke, um ihre Kinder im Heim abzugeben.[132] Verzweifelt hätten die Polinnen sich an die beiden deutschen Frauen gewandt und sie unter Tränen angefleht, die Kinder zu sich zu nehmen, da sie ansonsten mit Sicherheit sterben würden. Hoppe und Golatta seien einverstanden gewesen und hätten den achtmonatigen Jungen und das dreijährige Mädchen bei sich aufgenommen. Wenige Tage später seien sie jedoch vom NSDAP-Ortsgruppenleiter und dem Bürgermeister unter Androhung von Strafe aufgefordert worden, die Kinder sofort im Heim auszuhändigen. Dort seien beide Kinder innerhalb weniger Wochen gestorben.

Nach ihrem Tod lagerten die Leichen der Kinder zunächst in der Nachbarbaracke, bevor sie auf einem Acker hinter dem Velpker Friedhof bestattet wurden. Zunächst wurden dafür Pappkartons verwendet, später fertigte ein Schreiner einfache Holzkisten an. Einen richtigen Kindersarg gab es nur, wenn die Eltern sich

ge SS-Obersturmführer Fritz Flint verhört; Verhör von Fritz Flint, 7. Oktober 1945, TNA, WO 235/159. Flint wurde ebenfalls angeklagt, verstarb allerdings am fünften Prozesstag überraschend an Meningitis. Auf die Rolle der Braunschweiger Gestapo konnte daher im Prozess nicht näher eingegangen werden; Brand, The Velpke Baby Home Trial, S. 111, 180.
130 Befragung der Zeugin Anna Siede, abgedruckt in Brand, The Velpke Baby Home Trial, S. 31 f.
131 Befragung der Zeugin Valeria Nowak, abgedruckt in Brand, The Velpke Baby Home Trial, S. 20–25.
132 Befragung der Zeugin Emma Hoppe, abgedruckt in Brand, The Velpke Baby Home Trial, S. 32–38; Befragung der Zeugin Martha Golatta, abgedruckt in Brand, The Velpke Baby Home Trial, S. 38–43.

selbst darum kümmerten.¹³³ In vielen Fällen erhielten sie jedoch keine offizielle Mitteilung und erfuhren erst über Dritte, spätestens aber durch die Zahlungsaufforderung für die Bestattungskosten, vom Tod ihrer Kinder.¹³⁴ Ein grausiges Detail, welches vor Gericht thematisiert wurde, war die Entdeckung eines Kinderschädels in der Nähe des Heims durch zwei Anwohnerinnen.¹³⁵ Die Heimleiterin erinnerte sich, zuvor sei eine Kinderleiche aus der nur schlecht verschließbaren zweiten Baracke verschwunden.¹³⁶ Sie habe vermutet, die Eltern hätten ihr Kind mitgenommen, um es selbstständig in der Nähe ihrer Arbeitsstelle zu bestatten. Nach der Entdeckung des Schädels sei die Polizei verständigt und in der Umgebung erfolglos nach der Leiche gesucht worden. Wie Hessling aussagte, sei auch in Betracht gezogen worden, dass ein Hund in die Baracke eingedrungen sei.¹³⁷ Auch wenn die Details dieses Vorfalls vor Gericht nicht geklärt werden konnten, hielt es Colonel Draper für vielsagend, dass offensichtlich nicht einmal die Leichen der Kinder sicher aufbewahrt werden konnten.¹³⁸

Anklage und Urteil

Zu Beginn seines Schlussplädoyers betonte Colonel Draper den für ihn aus juristischer Sicht in diesem Fall entscheidenden Punkt: Von dem Moment an, ab dem die Kinder der polnischen Arbeiterinnen zwangsweise in die »Ausländerkinder-Pflegestätte« in Velpke, einer Einrichtung der Partei, eingewiesen wurden, habe die NSDAP-Kreisleitung die elterliche Verantwortung über diese Kinder übernommen:

> As long as the children of these workers remained in the custody of their mothers, albeit they were working on the farms, then if harm or hap should come to them it may well have been the fault of the Polish mother; but once you have

---

133 Befragung der Zeugin Stanislawa Slomian, abgedruckt in Brand, The Velpke Baby Home Trial, S. 9–17; Befragung des Zeugen Stanislaus Modrzejewski, abgedruckt in Brand, The Velpke Baby Home Trial, S. 30 f.; Befragung der Angeklagten Valentina Bilien, abgedruckt in Brand, The Velpke Baby Home Trial, S. 230–262.
134 Aussage von Wanda K., 21. August 1945, TNA, WO 309/100; Aussage von Stanislawa Slomian, 3. Oktober 1945, TNA, WO 309/100; Befragung der Zeugin Emma Hoppe, abgedruckt in Brand, The Velpke Baby Home Trial, S. 32–38.
135 Befragung der Zeugin Stanislawa Slomian, abgedruckt in Brand, The Velpke Baby Home Trial, S. 9–17; Befragung der Zeugin Valeria Nowak, abgedruckt in Brand, The Velpke Baby Home Trial, S. 20–25.
136 Befragung der Angeklagten Valentina Bilien, abgedruckt in Brand, The Velpke Baby Home Trial, S. 230–262.
137 Befragung des Angeklagten Georg Hessling, abgedruckt in Brand, The Velpke Baby Home Trial, S. 196–218.
138 Schlussplädoyer der Anklage, abgedruckt in Brand, The Velpke Baby Home Trial, S. 318–338.

removed those children by force and against the will of the mother into that Home which is run by the Party from the Kreis downwards, then and there the Party at the Kreisleitung takes over the parental responsibility, and they take over naturally a whole burden of complicated duties relating to every branch of ordinary child welfare.[139]

Draper argumentierte weiter, aus Sicht der Anklage sei zweifelsfrei nachgewiesen worden, dass die Auswahl der Baracke und des Personals, die fehlenden medizinischen Vorkehrungen sowie die Verwaltung und der allgemeine Betrieb des Heims derart grob und kriminell fahrlässig gewesen seien, dass daraus der Tod von über 80 Kindern in sechs Monaten resultierte. Demnach sei der Straftatbestand »killing by wilful neglect« erfüllt, es stelle sich lediglich die Frage, welche der Angeklagten inwieweit daran beteiligt gewesen seien. Obwohl Draper im Laufe des Prozesses mehrmals auf die nationalsozialistische Rassenpolitik verwies und diese augenscheinlich für ausschlaggebender hielt als die von der Verteidigung angeführten wirtschaftlichen Erwägungen, bildete die rassistisch motivierte Trennung polnischer Kinder von ihren Müttern keinen Teil der Anklage.[140] Um die Erfüllung des Straftatbestands im Einzelnen nachzuweisen, legte Draper in seinem Schlussplädoyer die Handlungen und Unterlassungen der jeweiligen Angeklagten dar und stellte abschließend fest:

[A]ll these accused have each of them according to his function, been guilty of such a gross and criminal disregard of their duties towards these defenceless Polish infants as to show a total disregard of whether they lived or whether they died and as such they are guilty in the words of the charge.[141]

Mehrere Angeklagte versuchten sich im Laufe des Prozesses zu entlasten, indem sie auf Befehle von oben verwiesen. Wie der Rechtsexperte des Tribunals aber schon während der Befragung des Kreisleiters angemerkt hatte, spielte der ursprüngliche Befehl des Gauleiters zur Einrichtung des Kinderheims für die Erfüllung des Straftatbestands keine Rolle:

[W]hether or not he was forced to open the Home is not a matter of primary importance, but the real matter in dispute is whether in the preparation and

---

139 Schlussplädoyer der Anklage, abgedruckt in Brand, The Velpke Baby Home Trial, S. 318–338, hier S. 319.
140 Vgl. Brand, The Velpke Baby Home Trial, S. xli.
141 Schlussplädoyer der Anklage, abgedruckt in Brand, The Velpke Baby Home Trial, S. 318–338, hier S. 338.

the carrying on of that Home he did all that he possibly could in order to ensure that the children were properly looked after.[142]

Generell konnte sich Befehlsnotstand in Kriegsverbrecherprozessen lediglich strafmildernd auswirken, vorausgesetzt einer durchschnittlichen Person konnte nicht von vornherein klar gewesen sein, dass die befohlene Handlung gegen internationales Recht verstößt.[143] Der an die Heimleiterin gerichtete Befehl, kranke Kinder nicht ins Krankenhaus zu bringen, konnte Bilien somit nicht von ihrer Mitverantwortung für die daraus resultierenden Todesfälle entbinden. Ebenso wenig erkannte das Gericht das Argument an, unter den in Deutschland im fünften Kriegsjahr herrschenden Bedingungen sei keine bessere Versorgung möglich gewesen. Wie Draper in seinem Schlussplädoyer feststellte, waren es offensichtlich nur die Kinder der illegal nach Deutschland verschleppten Polinnen, die darunter zu leiden hatten, nicht aber deutsche Kinder. Die Darstellung einiger Angeklagter, sie hätten sich im Rahmen des damals Möglichen ernsthaft um Hilfe für die Kinder bemüht, akzeptierte die Anklage zwar ebenfalls nicht, wirkte sich bei Bilien und Demmerich wahrscheinlich aber mildernd auf das Strafmaß aus.[144] So wies Colonel Draper die vorgebrachten Rechtfertigungen der Beschuldigten zum Ende seines Plädoyers ausnahmslos zurück:

> The answers of these men and women are that they had to do their best, that they had no time, that it was a superior order, that it was difficult in the fifth year of the war. The Prosecution submit that not one of those conflicting answers justified the grossly criminal nature of their neglect, which neglect did lead to the deaths of about 84 children over six months in those shameful barracks at Velpke, and that all these accused are guilty of a peculiarly obnoxious and inhuman war crime as charged and as laid before the Court.[145]

Das Gericht war offenbar jedoch nicht davon überzeugt, dass sich alle Angeklagten gleichermaßen schuldig gemacht hatten. So wurde Ortsgruppenleiter Müller, dem nach Ansicht Drapers zwar nie die Betreuung der Kinder aufgetragen worden war, der als »chief Nazi in the village«[146] aber mehr zur Verbesserung der Zustände hätte beitragen können, freigesprochen.[147] Ebenso wurde Bürgermeis-

---

142 Brand, The Velpke Baby Home Trial, S. 159.
143 Brand, The Velpke Baby Home Trial, S. xlvii.
144 Vgl. Brand, The Velpke Baby Home Trial, S. xlvii.
145 Schlussplädoyer der Anklage, abgedruckt in Brand, The Velpke Baby Home Trial, S. 318–338, hier S. 338.
146 Schlussplädoyer der Anklage, abgedruckt in Brand, The Velpke Baby Home Trial, S. 318–338, hier S. 336.
147 Gustav Claus, der Ortsgruppenleiter von Papenrode, war bereits nach seiner Befragung frei-

ter Nöth vom Vorwurf der Anklage befreit, obwohl er, wie Draper argumentierte, das Heim in Velpke zwar für eine Schande gehalten, aber bewusst weggesehen hatte.[148] Auf der anderen Seite befand das Gericht den Arzt Demmerich für schuldig, wenngleich er wie Nöth und Müller nie offiziell mit der Betreuung der Kinder beauftragt worden war. Durch seine Handlungen habe er jedoch, so Draper, anstelle der Mütter die Sorge für ihre Kinder übernommen und daher die Pflicht gehabt, alles für ihr Überleben zu tun:

> Once Dr. Demmerich had treated in the Home and seen the conditions, it was for him then and there to have done his utmost at all times to fight for the life of every child in that Home, even to the detriment maybe of some of his other patients who were not so near to death's door as an infant child is when its diet is wrong, when it has got vomiting, when it has got diarrhoea.[149]

Obgleich Draper damit lediglich eine moralische, nicht aber eine gesetzliche Verpflichtung nachweisen konnte,[150] schien das Gericht der Argumentation des Anklagevertreters zumindest in Teilen zu folgen und verurteilte Demmerich zu einer Haftstrafe von zehn Jahren. Strafmildernd mag sich ausgewirkt haben, dass Demmerich anfangs viel im Heim ausgeholfen und zumindest die von der Heimleiterin zu ihm gebrachten Kinder angemessen versorgt hatte. Valentina Bilien, die sich nach Ansicht der Anklage ebenfalls nicht ausreichend für die Kinder eingesetzt hatte, erhielt eine Haftstrafe von fünfzehn Jahren. Wahrscheinlich milderte ihr untergeordneter Status als »volksdeutsche« Heimleiterin das Strafmaß, zudem gestand selbst Draper ihr zu, sich wiederholt bei Hessling beschwert und entgegen dessen Anordnung mehrere Kinder ihren Eltern zurückgegeben zu haben. Die Höchststrafe, Tod durch den Strang, verhängte das Gericht gegen Hessling und Gerike. Beide waren direkt verantwortlich für Einrichtung und Betrieb des Heims und hätten als NSDAP-Mitglieder weitreichende Einflussmöglichkeiten zur Verbesserung der Situation gehabt. Stattdessen hatten sie durch ihre Anweisungen, wonach die Kinder nicht ihren Eltern zurückgegeben oder ins Krankenhaus eingewiesen werden durften, aktiv zur Erhöhung der Todesrate beigetragen.[151]

---

gesprochen worden, da die Anklage nicht zweifelsfrei nachweisen konnte, dass Claus von der Vernachlässigung der Kinder im Heim wusste; Brand, The Velpke Baby Home Trial, S. 294.
148 Vgl. Brand, The Velpke Baby Home Trial, S. xliii.
149 Schlussplädoyer der Anklage, abgedruckt in Brand, The Velpke Baby Home Trial, S. 318–338, hier S. 338.
150 Brand, The Velpke Baby Home Trial, S. xliiif.
151 Brand, The Velpke Baby Home Trial, S. xxv.

6.3.2 »Rühen Baby Farm Case« – 20. Mai 1946 bis 24. Juni 1946[152]

Die Leitung des Volkswagenwerks ließ im März 1943 ein sogenanntes Ausländerkinderpflegeheim in der »Stadt des KdF-Wagens« (heute Wolfsburg) einrichten und im Juni 1944 in den nahegelegenen Ort Rühen verlegen. Aufgrund von unzureichender Ernährung, Überbelegung, mangelhafter Hygiene und einer hochansteckenden Brechdurchfallepidemie starben in dieser Einrichtung bis Kriegsende mindestens 326 Kinder, deren Mütter als Zwangsarbeiterinnen im Volkswagenwerk oder in landwirtschaftlichen Betrieben des Kreises Gifhorn eingesetzt waren.

Nach dem Einmarsch der alliierten Truppen im April 1945 lösten diese das Heim auf, versorgten die verbleibenden Kinder und übergaben sie, sofern auffindbar, ihren Eltern. Ein Ermittler der War Crimes Branch der 9. US-Armee stellte Beweismittel sicher, vernahm Zeug:innen und ließ auf dem Rühener Friedhof mehrere Säuglingsleichen exhumieren.[153] Zudem ließ er auf Grundlage der Unterlagen des Standesamts Rühen und der Landkrankenkasse Gifhorn eine Liste der im Heim aufgenommenen und verstorbenen Kinder erstellen, die insgesamt 365 Einträge umfasst.[154] Nachdem die Briten im Juni 1945 die US-Truppen in der Region abgelöst und eigene Ermittlungen zum Kinderheim aufgenommen hatten, stellten die Amerikaner ihre Ermittlungsergebnisse der britischen War Crimes Group zur Verfügung.[155] Die amerikanische War Crimes Branch hatte auch bezüglich der Abtreibungen bei Zwangsarbeiterinnen im Krankenhaus der »Stadt des KdF-Wagens« ermittelt. Weil die Frauen jedoch Einverständniserklärungen hatten unterschreiben müssen, hielt man es in der zuständigen Dienststelle des Judge Advocate General rein juristisch für schwierig, ein Kriegsverbrechen zu

---

152 Dieser Abschnitt basiert in Teilen auf Brüntrup, Verbrechen und Erinnerung. Siehe auch Marcel Brüntrup, Rühen Baby Case. Der Prozess um das »Ausländerkinderpflegeheim« des Volkswagenwerks, in: Alliierte Prozesse und NS-Verbrechen, hg. von der KZ-Gedenkstätte Neuengamme, Bremen 2020, S. 131–141.
153 Die Ermittlungsunterlagen des US Army Criminal Investigation Command (CIC) werden in The National Archives in Washington, DC, aufbewahrt (National Archives at College Park, College Park, MD (NACP), Records of United States Army, Europe (Record Group, RG, 549), War Crimes Investigations Case Files (Cases Not Tried), 1947–1948, Box 486, Case No. 000-12-396, Deaths of 350-400 Russian and Polish Infants in the Towns of KdF Stadt and Rühen, Germany). Fotos der Exhumierungen befinden sich in London (TNA, CN 4/2). Kopien sind im Stadtarchiv Wolfsburg einsehbar (StadtA WOB, S 21 (6) Nr. 1267–1275).
154 TNA, WO 235/272, Exhibit 8. Ein Mitarbeiter der Landkrankenkasse hatte den Ermittlern unmittelbar nach Kriegsende Unterlagen übergeben, die seiner Ansicht nach den »organisierte[n] Kindermord am laufenden Band« bewiesen, siehe Bericht von Gustav Grünhage vom 8. Mai 1945, NACP, RG 549, Box 486, Case No. 000-12-396.
155 Schreiben des Judge Advocate General's Branch, HQ B.A.O.R., an das Office of the Judge Advocate General, London, betr. »War Crimes. Babies' Home at Ruehen and Wolfsburg«, 10. Januar 1946, TNA, WO 311/430, Bl. 34–36.

Fotografie des »Ausländerkinderpflegeheims« in Rühen nach Ankunft der Alliierten; 1945, TNA, CN 4/2 (1).

unterstellen.[156] Ende November 1945 erklärten sich die Amerikaner bereit, den Fall den britischen Gerichten zu überlassen und sieben bereits inhaftierte Verdächtige in die britische Zone zu überführen. Im Laufe ihrer eigenen Ermittlungen nahmen die Briten drei weitere Verdächtige fest, so dass im Rühen-Prozess, der vom 20. Mai 1946 bis zum 24 Juni 1946 in Helmstedt stattfand, insgesamt zehn Personen auf der Anklagebank saßen: der »Gefolgschaftsleiter« des Volkswagenwerks, Georg Tyrolt, die Betriebsärzte Hans Körbel und Willi Ohl, die Heimleiterin Ella Schmidt, die Pflegerinnen Käthe Pisters und Elisabeth Bachor, der Generaldirektor des Volkswagenwerks, Hans Mayr, die (Haupt-)Lagerführer Ewald Kuhlmann und Georg Severin sowie der Totengräber Hermann Effe.

---

156 Den Briten war indes klar, dass viele Frauen diese Erklärungen vermutlich nur unterzeichnet hatten, da ihre Kinder später im »Pflegeheim« ohnehin gestorben wären. Siehe Schreiben des Judge Advocate General's Branch, HQ B. A.O.R., an das Office of the Judge Advocate General, London, betr. »War Crimes. Babies' Home at Ruehen and Wolfsburg«, 10. Januar 1946, TNA, WO 311/430, Bl. 34–36.

Britische Nachkriegsprozesse zu »Ausländerkinder-Pflegestätten«

Fotografie der Kindergräber auf dem Friedhof in Rühen; 1945, TNA, CN 4/2 (2).

Das »Ausländerkinderpflegeheim« des Volkswagenwerks

Wie die Angeklagten Tyrolt und Kuhlmann aussagten, standen im Frühjahr 1943 die ersten Entbindungen schwangerer »Ostarbeiterinnen« im sogenannten Ostlager des Volkswagenwerks bevor.[157] Aus diesem Grund habe Lagerführer Kuhlmann zusammen mit »Gefolgschaftsleiter« Tyrolt eine zum Krankenrevier des Lagers gehörende Baracke als Kinderheim herrichten lassen. Zur gleichen Zeit wurde im etwa einen Kilometer entfernten »Gemeinschaftslager« eine Entbindungsstation eingerichtet, geleitet vom ebenfalls angeklagten Betriebsarzt Dr. Willi Ohl.[158] Organisatorisch waren beide Einrichtungen dem Sanitätswesen der

---

157 Befragung des Angeklagten Tyrolt, TNA, WO 235/266, 14. –15. Prozesstag (4.–5. Juni 1946); Befragung des Angeklagten Kuhlmann, TNA, WO 235/269, 28. Prozesstag (10. Juni 1946).
158 Aussage von Dr. Ohl, 12. Juni 1945, TNA, WO 235/272, Exhibit 44; Befragung des Zeugen Bär, TNA, WO 235/263, 3. Prozesstag (22. Mai 1946). Siehe auch Liste über Unterbringung und ärztliche Betreuung der bettlägerig erkrankten Polen und Ostarbeiter im Regierungsbezirk Lüneburg, 1. Juli 1944, NLA HA, Hann. 180 Lüneburg Acc. 3/005 Nr. 120 I. Zum Gemeinschaftslager siehe Marcel Glaser, Das »Vorbildlager ganz Deutschlands«. Das Gemein-

»Sozial-Betriebe« (später »Wirtschaftsbetriebe«) des Werks zugeordnet, die bis Mitte des Jahres 1944 der sogenannten Gefo(lgschafts)-Betreuung und damit dem Personalchef Tyrolt unterstanden.[159] Wie dieser vor Gericht weiter aussagte, seien die Entbindungsstation und das Kinderheim ursprünglich nur für im Volkswagenwerk eingesetzte Zwangsarbeiterinnen und ihre Kinder vorgesehen gewesen. Kurz nach der Fertigstellung habe sich jedoch der Gifhorner NSDAP-Kreisleiter, Ernst Lütge, mit der Bitte an die Werksleitung gewandt, das Kinderheim für den gesamten Kreis zu öffnen.[160] Anton Piëch, Leiter des Volkswagen-Stammwerks und einer der drei Hauptgeschäftsführer der Volkswagenwerk GmbH, entsprach diesem Wunsch, wobei wahrscheinlich wirtschaftspolitische Erwägungen eine entscheidende Rolle spielten.[161] Anders als Gerike im Kreis Helmstedt konnte sich Lütge auf diese Weise der Verantwortung für die Schaffung eigener Entbindungs- und Unterbringungsmöglichkeiten entziehen.

Schwangere Polinnen und »Ostarbeiterinnen«, die im Kreis Gifhorn in der Landwirtschaft oder kleineren Betrieben eingesetzt waren, mussten von nun an im Volkswagenwerk entbinden und ihre Kinder bei der Rückkehr an ihren Arbeitsplatz in der Baracke im »Ostlager« zurücklassen. Wie der Zeuge Christoph Bär, Abteilungsleiter im Personalwesen des Volkswagenwerks, aussagte, durften die Frauen zunächst für drei bis vier Wochen bei ihren Neugeborenen im Entbindungsheim bleiben, später wurde diese Zeit auf Anweisung des Arbeitsamts auf acht bis zehn Tage reduziert.[162] Grund dafür war wahrscheinlich die Richtlinie des GBA vom 20. März 1943, wonach die Krankenversicherung die Kosten der Arbeitsunfähigkeit nach der Entbindung für bis zu zehn Tage übernahm.[163] Wie Bär weiter ausführte, durften werksangehörige Mütter trotz dieser Anweisung für einige Zeit gemeinsam mit ihren Säuglingen im Kinderheim bleiben, während die anderen Arbeiterinnen unmittelbar nach der Entlassung aus dem Entbindungsheim an ihre Arbeitsstellen zurückkehren mussten.[164] Dies betraf die meisten Frauen, da der Anteil der werksangehörigen Wöchnerinnen laut Aussage des zuständigen Arztes Dr. Körbel nur etwa 15 bis 20 Prozent betrug.[165]

---

schaftslager des Volkswagenwerks in der »Stadt des KdF-Wagens«, in: Das Archiv. Zeitung für Wolfsburger Stadtgeschichte 2, 2017, S. 12–13.
159 Organisationspläne des Volkswagen-Stammwerks sowie der Sozial- bzw. Wirtschaftsbetriebe in TNA, WO 235/271.
160 Befragung des Angeklagten Tyrolt, TNA, WO 235/266, 14.-15. Prozesstag (4. –5. Juni 1946); vgl. Aussage Tyrolt, 19. Oktober 1945, TNA, WO 235/272, Exhibit 40.
161 Vgl. Siegfried, Das Leben der Zwangsarbeiter im Volkswagenwerk 1939–1945, S. 237.
162 Befragung des Zeugen Bär, TNA, WO 235/263, 3. Prozesstag (22. Mai 1946).
163 Runderlass des GBA an die Präsidenten der Landesarbeitsämter betr. »Behandlung schwangerer ausländischer Arbeitskräfte«, 20. März 1943, BArch, NS 5-I/271.
164 Befragung des Zeugen Bär, TNA, WO 235/263, 3. Prozesstag (22. Mai 1946).
165 Befragung des Angeklagten Körbel, TNA, WO 235/267, 18.-20. Prozesstag (10.–12. Juni 1946);

Fotografie des »Ausländerkinderpflegeheims« in Rühen. Im Vordergrund ist das Kind einer deutschen Pflegerin zu sehen; 1945, TNA, WO 235/273.

Während Tyrolt als »Gefolgschaftsleiter« vornehmlich für Unterbringungs- und Versorgungsangelegenheiten zuständig war und das Kinderheim im »Ostlager« anfangs organisatorisch betreute,[166] war der leitende Betriebsarzt Körbel laut eigener Aussage von Piëch persönlich mit der medizinischen Aufsicht betraut worden.[167] Zunächst habe Körbel den Betrieb des »Pflegeheims« jedoch vollständig einem russischen Arzt und dessen Ehefrau, einer gelernten Kinderkrankenschwester, überlassen. Doch weil sich die Mütter zunehmend über den schlechten Gesundheitszustand ihrer Kinder beklagten hätten, wofür Körbel vor Gericht das russische Ehepaar verantwortlich machte, habe er schließlich selbst

vgl. Befragung der Angeklagten Schmidt, TNA, WO 235/268, 22.-25. Prozesstag (14.–17. Juni 1946).
166 Vgl. Befragung der Zeugin Wiechers, TNA, WO 235/266, 16. Prozesstag (6. Juni 1946). Hilde Wiechers war im Volkswagenwerk als »Wohlfahrtsleiterin« angestellt.
167 Befragung des Angeklagten Körbel, TNA, WO 235/267, 18.–20. Prozesstag (10.–12. Juni 1946); vgl. Befragung der Angeklagten Schmidt, TNA, WO 235/268, 22.-25. Prozesstag (14.–17. Juni 1946); Befragung des Angeklagten Tyrolt, TNA, WO 235/266, 14.-15. Prozesstag (4.–5. Juni 1946).

die medizinische Betreuung übernommen und die deutsche Krankenschwester Ella Schmidt im August 1943 als Heimleiterin eingesetzt.[168] Wie Schmidt bei ihrer Befragung aussagte, habe sich die Einrichtung zu diesem Zeitpunkt in desolatem Zustand befunden.[169] Das aus sechs »Ostarbeiterinnen« bestehende Personal sei bis auf eine Ausnahme nicht entsprechend ausgebildet und mit der Pflege der Kinder völlig überfordert gewesen. Die Heimleiterin habe daher erwirkt, dass einige der ihrer Ansicht nach ungeeigneten Arbeiterinnen ausgetauscht und ihr umgehend eine deutsche Assistentin zur Seite gestellt wurde. Nach einer Inspektion durch Tyrolt habe sie zudem große Mengen an Bettwäsche, Windeln und Kleidung für die Kleinkinder erhalten, da die vorhandene Wäsche bereits zerschlissen gewesen sei. Wie Tyrolt in seiner Aussage vor britischen Ermittlern im Jahr 1945 zugegeben hatte, war es im Gegensatz zur russischen Heimleitung für eine deutsche Krankenschwester wesentlich leichter, die für den Heimbetrieb benötigten Materialien zu beschaffen.[170] Das größte Problem stellte allerdings die unzureichende Lebensmittelversorgung dar: Von den 45 zu diesem Zeitpunkt im Heim untergebrachten Kindern sei laut Schmidt etwa die Hälfte stark unterernährt gewesen.[171] Noch im August und September 1943 seien mehrere Kinder an den Folgen der Unterernährung oder schwerwiegenden Ernährungsstörungen gestorben. Die reichsweit offiziell festgelegten Hungerrationen seien anfangs zwar umgangen worden, indem der Leiter des »Ostlagers« Nahrungsmittel aus der Gemeinschaftsküche besorgt habe. Angesichts des hohen Anteils an Kindern nicht werksangehöriger Arbeiterinnen wollte die Werksleitung bald allerdings nicht mehr auf diese Rationen zurückgreifen, wie Tyrolt vor Gericht ausführte:

> [H]aving a labour force of 18,000 it did not matter whether there were 6 to 10 infants to be fed in addition, but things looked very different when we received those children from all the Kreis because then we had to take the rations for the labour force in order to feed them, and we could not see the point in taking away food from our own labour for people who did not work for us.[172]

Da die auswärtigen Frauen meist schon nach wenigen Tagen an ihre Arbeitsstellen zurückbeordert wurden, mussten ihre Säuglinge frühzeitig abgestillt werden.

168 Befragung des Angeklagten Körbel, TNA, WO 235/267, 18.–20. Prozesstag (10.–12. Juni 1946); vgl. Befragung der Zeugin Wiechers, TNA, WO 235/266, 16. Prozesstag (6. Juni 1946).
169 Befragung der Angeklagten Schmidt, TNA, WO 235/268, 22.–25. Prozesstag (14.–17. Juni 1946).
170 Aussage Tyrolt, 19. Oktober 1945, TNA, WO 235/272, Exhibit 40.
171 Befragung der Angeklagten Schmidt, TNA, WO 235/268, 22.–25. Prozesstag (14.–17. Juni 1946).
172 Befragung des Angeklagten Tyrolt, TNA, WO 235/266, 14.–15. Prozesstag (4.–5. Juni 1946).

Körbel habe, wie Schmidt berichtete, anfangs häufig die Baracke besucht und gemeinsam mit ihr die Nahrungszusammensetzung für die künstlich ernährten Säuglinge angepasst.[173] Demnach hätten sie verschiedene Halb- oder Drittelmilchmischungen mit Haferflocken oder Mondamin erhalten, in schwierigen Fällen seien Citretten zur Herstellung der Säuglingsnahrung verwendet worden. Dennoch habe es immer wieder Probleme mit Durchfall und Erbrechen gegeben, wofür die Heimleiterin die Mütter verantwortlich machte, die offenbar verzweifelt versuchten, ihren hungernden Kindern Nahrungsmittel zu beschaffen:

[I]t had been noticed that the mothers, when they had visited these children, had given one of these very small infants a prechewed sausage sandwich and the other one had received ordinary full milk.[174]

Laut Aussage der Polin Eugenie Wirl, die seit Mitte des Jahres 1943 im Kinderheim gearbeitet hatte, sei manchmal zu wenig Milch vorhanden gewesen, die daraufhin mit Wasser verdünnt worden sei. Wenn die Milch sauer war und kein Ersatz geliefert wurde, sei in einigen Fällen notdürftig Fett in Wasser gelöst worden.[175] Wie viele Kinder in der Baracke im »Ostlager« ihr Leben verloren, bevor die Einrichtung im Oktober 1943 verlegt wurde, lässt sich nicht genau rekonstruieren. Schmidt sprach vor Gericht von etwa fünf Todesfällen, nachdem sie die Leitung übernommen hatte.[176] Die vorherige Heimleiterin habe ihr zwar von weiteren Todesfällen berichtet, jedoch keine konkrete Zahl genannt. Körbel ging von etwa acht bis zehn Todesfällen aus.[177]

Die ursprünglich für etwa 30 Kinder ausgelegte Baracke im »Ostlager« war im Oktober 1943 mit etwa 65 Kindern völlig überfüllt, weshalb das Heim in das »Gemeinschaftslager« an den Schachtweg verlegt und dort auf zwei Baracken aufgeteilt wurde.[178] Zudem erhielt die Einrichtung zusätzliches Pflegepersonal,

173 Befragung der Angeklagten Schmidt, TNA, WO 235/268, 22.–25. Prozesstag (14.–17. Juni 1946).
174 Befragung der Angeklagten Schmidt, TNA, WO 235/268, 22.–25. Prozesstag (14.–17. Juni 1946).
175 Befragung der Zeugin Wirl, TNA, WO 235/264, 5.–7. Prozesstag (25.–27. Mai 1946). Eugenie Wirl war im Jahr 1940 mit 17 Jahren ins Volkswagenwerk gekommen und brachte drei Jahre später ein Kind zur Welt. Als ihr Sohn ins Kinderheim musste, begann Wirl dort als Helferin zu arbeiten. Mitte des Jahres 1944 erhielt sie die Erlaubnis, den deutschen Kindsvater zu heiraten, sie und ihr Kind wurden somit »Volksdeutsche«.
176 Befragung der Angeklagten Schmidt, TNA, WO 235/268, 22.–25. Prozesstag (14.–17. Juni 1946).
177 Befragung des Angeklagten Körbel, TNA, WO 235/267, 18.–20. Prozesstag (10.–12. Juni 1946).
178 Befragung der Angeklagten Schmidt, TNA, WO 235/268, 22.–25. Prozesstag (14.–17. Juni

sodass 15 bis 18 russische und vier deutsche Frauen dort arbeiteten, die allerdings nur teilweise entsprechend ausgebildet waren.[179] Wie Körbel und die ebenfalls angeklagte Pflegerin Käthe Pisters aussagten, seien Personalanforderungen des Werks stets bevorzugt behandelt worden, weshalb geeignetes Personal nur schwer zu bekommen gewesen sei.[180] Zur ständigen medizinischen Aufsicht wurde die »Ostärztin« Taissija Litwinowa eingesetzt, deren medizinische Qualifikation allerdings fraglich ist.[181] Da insbesondere aus dem Kreis Gifhorn immer mehr Kinder ins Heim kamen, waren auch die neuen Räumlichkeiten bereits im Dezember mit knapp 100 Kindern maßlos überbelegt.[182] Teilweise mussten mehrere Säuglinge gleichzeitig in den Kinderbetten auf Strohmatratzen liegen, die laut Aussage Wirls nicht ein einziges Mal gewechselt wurden.[183] Obwohl die sanitäre Versorgung am Schachtweg deutlich besser gewesen sei als im »Ostlager«, habe es nicht ausreichend warmes Wasser und lediglich zwei Wannen zum Baden der Kinder gegeben, wie die Heimleiterin aussagte.[184] Darüber hinaus habe es immer wieder an Handtüchern, Bettwäsche und Windeln gemangelt. Auch die Kleidung der Kinder sei stets knapp und zerschlissen gewesen, obwohl sie von den Müttern, die vorübergehend im Heim lebten, notdürftig genäht worden sei. Schmidt machte dafür zum einen starken Verschleiß, zum anderen Diebstahl durch die Mütter verantwortlich.[185]

Im Winter 1943/44 forderte eine schwere Grippewelle mehrere Todesopfer, einige Kinder wurden mit Lungenentzündungen ins Stadtkrankenhaus eingeliefert.[186] Ab Februar 1944 traten zudem immer wieder Fälle verschiedener Haut-

---

1946); Befragung des Angeklagten Körbel, TNA, WO 235/267, 18.–20. Prozesstag (10.–12. Juni 1946).

179 Befragung der Angeklagten Schmidt, TNA, WO 235/268, 22.–25. Prozesstag (14.–17. Juni 1946); Befragung der Zeugin Wirl, TNA, WO 235/264, 5.–7. Prozesstag (25.–27. Mai 1946).

180 Befragung des Angeklagten Körbel, TNA, WO 235/267, 18.–20. Prozesstag (10.–12. Juni 1946); Befragung der Angeklagten Pisters, TNA, WO 235/268, 25.–26. Prozesstag (17.–18. Juni 1946).

181 Siegfried, Das Leben der Zwangsarbeiter im Volkswagenwerk 1939–1945, S. 248 f. Laut einer Übersicht über die Krankenanstalten im Kreis Gifhorn vom 1. Oktober 1944 verfügte sie über keine fachärztliche Ausbildung, NLA HA, Hann. 180 Lüneburg Acc. 3/005 Nr. 120 II.

182 Befragung der Angeklagten Schmidt, TNA, WO 235/268, 22.–25. Prozesstag (14.–17. Juni 1946); Befragung der Zeugin Wirl, TNA, WO 235/264, 5.–7. Prozesstag (25.–27. Mai 1946).

183 Befragung der Zeugin Wirl, TNA, WO 235/264, 5.–7. Prozesstag (25.–27. Mai 1946).

184 Befragung der Angeklagten Schmidt, TNA, WO 235/268, 22.–25. Prozesstag (14.–17. Juni 1946).

185 Die Zeugin Wirl bestätigte, dass die Frauen öfters Wäsche gestohlen hätten, um daraus notdürftig Kleidung für sich oder ihre Kinder anzufertigen; Befragung der Zeugin Wirl, TNA, WO 235/264, 5.–7. Prozesstag (25.–27. Mai 1946).

186 Auszug aus dem Krankenbuch des Stadtkrankenhauses Wolfsburg betr. Aufnahme der Kinder aus Ostlager bzw. Rühen, TNA, WO 235/271, Exhibit 18; Befragung der Angeklagten

krankheiten auf, die sich ab April zu einer regelrechten Epidemie ausweiteten.[187] Wirl und die deutsche Pflegerin Hildegard Lammer sagten vor Gericht aus, Körbel habe das Heim zu dieser Zeit mehrmals die Woche kurz besucht und dem Personal zwar Anweisungen zur medizinischen Versorgung der erkrankten Kinder gegeben, diese jedoch nur selten gründlich untersucht.[188] Infektionen der Haut seien mit Antiseptika, Ichthyolsalbe und in einigen Fällen mit Sulfonamid-Injektionen behandelt worden, Furunkel habe die »Ostärztin« Litwinowa aufgeschnitten und bandagiert. Unzureichende Hygienemaßnahmen und fehlende Isolationsmöglichkeiten in den überfüllten Baracken konterkarierten diese Behandlung. Wie mehrere Zeuginnen aussagten, sei für mehrere Kinder dasselbe Badewasser verwendet, kranke und gesunde Kinder seien in derselben Wanne gebadet und mit einem einzigen Handtuch abgetrocknet worden.[189] Obwohl eine wiederholte gegenseitige Infektion der Kinder somit vorprogrammiert war, verzeichnete das Heim fortlaufend Neuzugänge. Ende April 1944 befanden sich etwa 140 Kinder im Heim, zwei Monate später waren es bereits 160.[190] Wie Schmidt und Wirl aussagten, habe sich über Nacht meist nur eine einzelne »Ostarbeiterin« um die Kinder gekümmert, die deutschen Pflegerinnen hätten zu keinem Zeitpunkt Nachtdienst verrichtet.[191] Auch der zuständige Arzt Körbel habe trotz des hohen Krankenstands und der stetig anwachsenden Todesrate dem »Pflegeheim« nicht ein einziges Mal einen nächtlichen Notfallbesuch abgestattet.

In der ersten Jahreshälfte 1944 verschlechterten sich die Zustände dramatisch, wie die polnische Zeugin Charlotte Bass, die im Stadtkrankenhaus gearbeitet und die Baracken am Schachtweg mehrmals besucht hatte, während des Prozes-

Schmidt, TNA, WO 235/268, 22.–25. Prozesstag (14.–17. Juni 1946); Befragung des Angeklagten Körbel, TNA, WO 235/267, 18.–20. Prozesstag (10.–12. Juni 1946).

187 Befragung der Angeklagten Schmidt, TNA, WO 235/268, 22.–25. Prozesstag (14.–17. Juni 1946); Befragung des Angeklagten Körbel, TNA, WO 235/267, 18.–20. Prozesstag (10.–12. Juni 1946); Befragung der Zeugin Wirl, TNA, WO 235/264, 5.–7. Prozesstag (25.–27. Mai 1946).

188 Befragung der Zeugin Lammer, TNA, WO 235/264, 10.–11. Prozesstag (30.–31. Mai 1946); Befragung der Zeugin Wirl, TNA, WO 235/264, 5.–7. Prozesstag (25.–27. Mai 1946); Befragung des Angeklagten Körbel, TNA, WO 235/267, 18.–20. Prozesstag (10.–12. Juni 1946).

189 Befragung der Zeugin Lammer, TNA, WO 235/264, 10.–11. Prozesstag (30.–31. Mai 1946); Befragung der Zeugin Wirl, TNA, WO 235/264, 5.–7. Prozesstag (25.–27. Mai 1946); Befragung der Zeugin Bass, TNA, WO 235/265, 8.–9. Prozesstag (28.–29. Mai 1946).

190 Zunächst standen nur knapp 100, später etwa 130 Betten zur Verfügung, so dass sich oftmals zwei Säuglinge ein Bett teilen mussten. Befragung der Angeklagten Schmidt, TNA, WO 235/268, 22.–25. Prozesstag (14.–17. Juni 1946); Befragung der Angeklagten Pisters, TNA, WO 235/268, 25.–26. Prozesstag (17.–18. Juni 1946); Befragung der Zeugin Wirl, TNA, WO 235/264, 5.–7. Prozesstag (25.–27. Mai 1946).

191 Befragung der Angeklagten Schmidt, TNA, WO 235/268, 22.–25. Prozesstag (14.–17. Juni 1946); Befragung der Zeugin Wirl, TNA, WO 235/264, 5.–7. Prozesstag (25.–27. Mai 1946).

ses schilderte.[192] Demnach seien die Kinder völlig abgemagert, verschmutzt und mit eitrigen Geschwüren übersät gewesen. In den beengten und aufgrund des Gestanks kaum betretbaren Räumen hätten überall schmutzige Windeln und sonstige Wäsche gelegen. Zudem habe sie in den Wandritzen Bettwanzen gesehen. Die Zeugin Lammer, die Anfang Juni 1944 ihre Arbeit im Kinderheim aufgenommen hatte, wusste Ähnliches zu berichten:

> It was very bad; it was not very clean, the beds were not covered and as practically all the children were suffering from boils there was great difficulty with the children: they were not clean. [...] In the morning when the children were bathed, eight to 10 children were bathed in the same water. There were insects there, there were many flies, the beds were made of straw and some of the sacks were already broken so that the straw was sticking out. The vests that the children were wearing were in rags; there were very few diapers so that the children could not be wrapped enough and that by itself did not look very clean.[193]

Trotz zahlreicher Krankheitsfälle wurden nur wenige Kinder ins Stadtkrankenhaus eingeliefert,[194] so dass sich die Baracken in eine Art provisorisches Kinderkrankenhaus verwandelten, in dem ungeachtet des hohen Infektionsrisikos gesunde Neugeborene leben mussten. Unter diesen Umständen stieg die Todesrate kontinuierlich an. Die Heimleiterin schätzte, dass von November 1943 bis Februar 1944 etwa acht Kinder pro Monat verstarben, im März zehn und im April etwa zwölf bis siebzehn.[195] Ein Mitarbeiter der Landkrankenkasse Gifhorn sagte aus, allein von den nicht werksangehörigen Landarbeiterinnen seien bis zum 12. Juni 1944 insgesamt 46 Kinder in der »Stadt des KdF-Wagens« gestorben.[196] Körbel selbst schätzte die Gesamtzahl der Todesfälle am Schachtweg sogar auf 75.[197]

Sowohl der Leitung der Volkswagenwerk GmbH als auch den zuständigen Behörden des Kreises Gifhorn waren diese Zustände offenbar bekannt. So soll Lütge, der laut Tyrolt der Werksleitung die volle Unterstützung der NSDAP-Kreisleitung und aller beteiligten Behörden zugesichert hatte,[198] im Sommer 1943 gemeinsam mit dem Landrat das Heim im »Ostlager« inspiziert haben, wie die Heim-

---

192 Befragung der Zeugin Bass, TNA, WO 235/265, 8.–9. Prozesstag (28.–29. Mai 1946).
193 Befragung der Zeugin Lammer, TNA, WO 235/264, 10.–11. Prozesstag (30.–31. Mai 1946).
194 Auszug aus dem Krankenbuch des Stadtkrankenhauses Wolfsburg betr. »Aufnahme der Kinder aus Ostlager bzw. Rühen«, TNA, WO 235/271, Exhibit 18.
195 Befragung der Angeklagten Schmidt, TNA, WO 235/268, 22.–25. Prozesstag (14.–17. Juni 1946).
196 Befragung des Zeugen Grünhage, TNA, WO 235/263, 3. Prozesstag (22. Mai 1946).
197 Befragung der Angeklagten Körbel, TNA, WO 235/267, 18.–20. Prozesstag (10.–12. Juni 1946).
198 Befragung des Angeklagten Tyrolt, TNA, WO 235/266, 14.–15. Prozesstag (4.–5. Juni 1946).

leiterin berichtete.[199] Bei dieser Gelegenheit habe sie sich über den eklatanten Mangel an Wäsche beschwert, doch statt der erhofften Unterstützung habe sich der Kreisleiter verärgert gezeigt, dass sich eine deutsche Schwester um die ausländischen Kinder kümmere. Im Februar 1944 seien zudem die drei Hauptgeschäftsführer Ferdinand Porsche, Anton Piëch und Bodo Lafferentz sowie Produktionsleiter Hans Mayr und Tyrolt ins Heim gekommen und hätten von Schmidt die überfüllten Räume und erkrankten Kinder gezeigt bekommen. Dennoch ergriff niemand Maßnahmen, um die Situation zu verbessern. Vielmehr berichtete der Landrat dem Gauleiter von Ost-Hannover im März 1944, das Volkswagenwerk erkläre sich weiterhin bereit, die ausländischen Kinder des Kreises Gifhorn aufzunehmen. Diese Zusage sei nur aus dem Grund nicht schriftlich fixiert worden, da bezüglich der Kostenübernahme für Errichtung und Betrieb des Kinderheims noch ein Antrag beim Arbeitsamt liefe. Über die fehlende Ausstattung, den Platzmangel, das überforderte Personal, die hygienischen Mängel und den Gesundheitszustand der Kinder verlor der Landrat kein Wort. Im Gegenteil:

> Auf Grund dieses Zustandes haben sich bisher Mißstände irgendwelcher Art nicht ergeben. Die Kinder sind anstandslos aufgenommen worden und werden in dem Kinderheim gut betreut, das von einer deutschen Schwester, der einige Ausländerinnen zur Seite stehen, geleitet und von dem Werkarzt ärztlich betreut wird. Zur Zeit sind dort aus dem ganzen Kreisgebiet 147 Kinder im Alter von 2 Tagen bis 1 Jahr 3 Monate untergebracht. Das Kinderheim ist noch aufnahmefähig. Vorsorglich hat das Volkswagenwerk aber bereits die Errichtung einer weiteren Baracke vom GB-Bau genehmigt bekommen. Auf Grund dieser Sachlage halte ich es im Einvernehmen mit dem Kreisleiter der NSDAP. und dem Kreisbauernführer nicht für notwendig, im Kreisgebiet noch weitere Kinderheime zu errichten. Wenn die Zusicherung zur weiteren Aufnahme der Kinder aus dem Kreisgebiet vom Volkswagenwerk ohne Übernahme einer <u>rechtlichen</u> Verpflichtung auch noch nicht schriftlich gegeben wurde, so ist auf Grund der von Herrn Dr. Tyrolt im Namen des Volkswagenwerks dem Kreisleiter und mir gegenüber gegebenen mündlichen Erklärungen die Unterbringung in absehbarer Zeit gesichert.[200]

---

199 Befragung der Angeklagten Schmidt, TNA, WO 235/268, 22.–25. Prozesstag (14.–17. Juni 1946).
200 Schreiben des Landrats Gifhorn an den Reichsverteidigungskommissar Ost-Hannover betr. »Unterbringung heranwachsender Kinder von Geburt bis zum vollendeten 10. Lebensjahre von Polinnen und Ostarbeiterinnen«, 21. März 1944, NLA HA, Hann. 180 Lüneburg Acc. 3/005 Nr. 120 I [Hervorhebung im Original].

Ob Tyrolt, der aufgrund mehrfacher Besuche im Heim über die dortigen Zustände bestens informiert war, bei der Unterredung mit dem Landrat und dem Kreisleiter die auftretenden Schwierigkeiten verschwiegen oder heruntergespielt hatte, muss unbeantwortet bleiben.[201] Eine Änderung der Situation nahm Tyrolt erst Mitte Juni 1944 in Angriff, nachdem aus verschiedenen Richtungen Beschwerden über die Missstände an den Personalchef herangetragen worden waren. Unter anderem hatte sich eine werksangehörige »Ostarbeiterin« geweigert, ihr Kind in den Baracken abzugeben. Wie Tyrolt aussagte, habe er das Heim aus diesem Grund inspiziert und sei von den dort herrschenden Zuständen geschockt gewesen.[202] Er habe Körbel daher unmittelbar in das Büro des Leiters der »Sozial-Betriebe«, Heinz Behrs, bestellt und ihm schwere Vorwürfe gemacht.[203] Körbel gab zwar zu, von den Krankheitsfällen gewusst zu haben, die hygienischen Mängel seien ihm angeblich aber nicht bekannt gewesen.[204] Die Anwesenden arbeiteten anschließend einen Maßnahmenkatalog aus, »um die Unterbringung im Ausländer-Kinderheim wieder zu normalisieren«.[205] Zu diesem Zweck sollten die gesunden Kinder von den kranken getrennt und in einer leerstehenden Baracke im etwa zwölf Kilometer entfernten Rühen untergebracht werden. Die Räume am Schachtweg sollten entwest, mehrere »Isolierstuben« eingerichtet und neue Wäsche, Kinderbadewannen und Kinderbetten bereitgestellt werden. Obwohl Tyrolt den Betriebsarzt für die Situation verantwortlich gemacht hatte, verschwieg der Bericht die hygienischen und pflegerischen Missstände im Heim. Stattdessen führte er die angebliche »Nicht-Lebensfähigkeit« der Kinder allein auf den Arbeitseinsatz der schwangeren Mütter zurück:

> Es ist festgestellt, daß die Nicht-Lebensfähigkeit der Säuglinge darauf zurückzuführen ist, daß die Mütter während ihrer Schwangerschaft Schwer-Arbeit verrichten müssen. Der leitende Betriebsarzt Dr. Körbel und die soziale Betriebsarbeiterin Frl. Wiechers werden laufend schwangere Frauen überwachen und diesbezügl. Mitteilung machen.[206]

201 Vgl. Siegfried, Das Leben der Zwangsarbeiter im Volkswagenwerk 1939–1945, S. 239.
202 Befragung des Angeklagten Tyrolt, TNA, WO 235/266, 14.–15. Prozesstag (4.–5. Juni 1946); vgl. Befragung des Zeugen Bär, TNA, WO 235/263, 3. Prozesstag (22. Mai 1946).
203 Sowohl Körbel als auch Bär bestätigten Tyrolts Aussagen; Befragung des Angeklagten Körbel, TNA, WO 235/267, 18.–20. Prozesstag (10.–12. Juni 1946); Befragung des Zeugen Bär, TNA, WO 235/263, 3. Prozesstag (22. Mai 1946).
204 Befragung des Angeklagten Körbel, TNA, WO 235/267, 18.–20. Prozesstag (10.–12. Juni 1946).
205 Aktenvermerk betr. »Besprechung über Maßnahmen die ergriffen werden, um die Unterbringung im Ausländer-Kinderheim wieder zu normalisieren«, 13. Juni 1944, TNA, WO 235/272, Exhibit 47.
206 Aktenvermerk betr. »Besprechung über Maßnahmen die ergriffen werden, um die Unter-

Bereits am Tag darauf brachte ein Krankenwagen der Werksfeuerwehr die gesunden Kinder nach Rühen. Ein anderer Arzt behandelte die etwa 60 am Schachtweg verbleibenden Kinder, die sich laut der Pflegerin Lammer zügig erholten.[207] Genesene Kinder kamen sukzessive nach Rühen, bis im August 1944 die letzten 15 Kinder dort in einer Krankenstube untergebracht wurden.

Während die Verlegung nach Rühen offenbar in erster Linie der Eindämmung der Epidemie diente, behaupteten sowohl Tyrolt als auch Körbel nach dem Krieg, der Schutz des Heims vor Bombenangriffen habe im Vordergrund gestanden – offensichtlich eine Schutzbehauptung.[208] Ein maßgebliches Motiv für die Verlegung des Heims war hingegen, dass sich die Arbeiter:innen im »Ostlager« wegen der Todesfälle vermehrt beunruhigt gezeigt hatten, wie Ohl im Juni 1945 zu Protokoll gab.[209] Bei der Besprechung mit Körbel und Behrs hatte Tyrolt dieses Problem ebenfalls angesprochen:

I know that I said in the course of that conference, what was the use of expending all this effort and money if it was said in the Eastern workers camp »The children are dying in the children's home«.[210]

Die räumliche Entfernung des nach Rühen verlegten Kinderheims erschwerte regelmäßige Besuche durch Werksangehörige, was nicht nur die dort herrschenden Zustände zu kaschieren half, sondern auch die Infektionsgefahr für die Belegschaft reduzierte.[211]

In Rühen befand sich ein ehemaliges Lager des Reichsarbeitsdienstes, von dem vier Baracken ab August 1944 vom »Ausländerkinderpflegeheim« genutzt wurden: Je eine Baracke diente der Unterbringung der Säuglinge und der älteren Kinder, eine weitere als Küche und die vierte als Lager- und Personalraum.[212] Das Lager bot damit zwar mehr Platz, doch wie der dortige Lagerführer, der Angeklagte

bringung im Ausländer-Kinderheim wieder zu normalisieren«, 13. Juni 1944, TNA, WO 235/272, Exhibit 47.
207 Befragung der Zeugin Lammer, TNA, WO 235/264, 10.–11. Prozesstag (30.–31. Mai 1946).
208 Aussage von Körbel, 22. Juni 1945, TNA, WO 235/273, Exhibit 52; Befragung des Angeklagten Tyrolt, TNA, WO 235/266, 14.–15. Prozesstag (4.–5. Juni 1946).
209 Aussage von Dr. Ohl, 12. Juni 1945, TNA, WO 235/272, Exhibit 44.
210 Befragung des Angeklagten Tyrolt, TNA, WO 235/266, 14.–15. Prozesstag (4.–5. Juni 1946).
211 Pläne für alternative Unterbringungsmöglichkeiten außerhalb der »Stadt des KdF-Wagens« gab es offenbar seit längerem. So hatte das Baubüro am 8. Februar 1944 einen Entwurf für ein Kinder- und Entbindungsheim mit Platz für 200 ausländische Kinder vorgelegt; Bauplan Entbindungsbaracke mit Kinderheim, 8. Februar 1944, TNA, WO 235/272, Exhibit 48. Wie Tyrolt vor Gericht aussagte, hätten die Pläne aufgrund der Bombenangriffe nicht umgesetzt werden können; Befragung des Angeklagten Tyrolt, TNA, WO 235/266, 14.–15. Prozesstag (4.–5. Juni 1946).
212 Befragung der Zeugin Wirl, TNA, WO 235/264, 5.–7. Prozesstag (25.–27. Mai 1946).

Georg Severin, vor Gericht zugab, waren die über 20 Jahre alten, baufälligen und mit Ungeziefer befallenen Baracken als Kinderheim völlig ungeeignet.[213] Trotz der Erfahrungen im »Ostlager« und am Schachtweg trafen die Verantwortlichen in Rühen keine Vorkehrungen wie etwa die Einrichtung steriler »Isolierstuben«, so dass erneute hygienische und medizinische Missstände vorprogrammiert waren. Die Entfernung zur »Stadt des KdF-Wagens« erschwerte darüber hinaus nicht nur Besuche der Eltern, sondern auch eine geregelte medizinische Überwachung und Betreuung. Offiziell blieb das Heim zwar Teil des Sanitätswesens und der »Sozial-Betriebe«, realiter wurde es durch die räumliche Trennung jedoch aus diesem organisatorischen Zusammenhang in gewissem Maße herausgelöst.[214] Zudem untersagte Behrs der Heimleiterin, Tyrolt zu kontaktieren, da dieser infolge einer organisatorischen Umstrukturierung nicht mehr den »Sozial-Betrieben« vorstand.[215] Weitere Einmischungen von außen sollten auf diese Weise offenbar vermieden werden.

Wie sowohl drei polnische Mütter, die ihre Kinder in Rühen verloren hatten, als auch deutsche Pflegerinnen vor Gericht aussagten, verschlechterten sich die Zustände auch am neuen Standort rapide.[216] Bereits im Sommer sei es zu einer schweren Fliegenplage gekommen, ab Ende August hätten sich zudem Bettwanzen in den Baracken ausgebreitet. Die Kinder hätten die ganze Nacht geschrien und seien morgens mit Wanzenbissen übersät gewesen. Darüber hinaus mangelte es wie schon am Schachtweg erneut an Wäsche. Die vorhandene Kinderbekleidung und Bettwäsche seien schmutzig und zerschlissen gewesen, die Räume hätten aufgrund selten gewechselter Windeln gestunken. Die Matratzen seien mit der Zeit löchrig geworden, und die Kinder hätten das Füllmaterial herausgezogen. Die wiederholten Bedarfsmeldungen der Heimleiterin lehnte das Wirtschaftsamt »mit Rücksicht auf die gerade auf dem Gebiet der Säuglingskleidung z. Zt. herrschende äußerst angespannte Lage« ab, »irgendwelche Zusätze für Ausländer« seien »nicht zu verantworten«.[217]

---

213 Wenn es nach ihm gegangen wäre, so sagte Severin vor Gericht weiter aus, hätte er die Baracken abgerissen; Befragung des Angeklagten Severin, TNA, WO 235/269, 28. Prozesstag (20. Juni 1946).
214 Vgl. Fedewa, Between Extermination and Child-Rearing, S. 84–102.
215 Aussage von Ella Schmidt, 12. Juni 1945, TNA, WO 235/273.
216 Befragung der Zeuginnen Szczepaniak, Musiał und Kwiatkowska, TNA, WO 235/266, 13. Prozesstag (3. Juni 1946); Aussage von Bachor, 8. Juni 1945, TNA, WO 235/272, Exhibit 46; Befragung der Angeklagten Pisters, TNA, WO 235/268, 25.–26. Prozesstag (17.–18. Juni 1946); Befragung der Zeugin Lammer, TNA, WO 235/264, 10.–11. Prozesstag (30.–31. Mai 1946); Befragung der Zeugin Mayer, TNA, WO 235/265, 9. Prozesstag (29. Mai 1946).
217 Schreiben des Bürgermeisters der »Stadt des KdF-Wagens« an die Wirtschaftsbetriebe der Volkswagenwerk GmbH betr. »Bezugsscheine für Säuglingsausstattung«, 16. Dezember 1944, TNA, WO 235/273, Exhibit 76.

Unter diesen Umständen traten wie schon zuvor am Schachtweg immer wieder Hautkrankheiten auf.[218] Wesentlich verheerender war eine kurz nach dem Umzug ausbrechende Brechdurchfall-Epidemie, die insbesondere die jüngeren Säuglinge befiel.[219] Im August 1944 erreichte die Krankheit ihren Höhepunkt und forderte jeden Tag mindestens ein Todesopfer, die Anklage ging allein für diesen Monat von über 60 Todesfällen aus.[220] Dessen ungeachtet kamen fortlaufend wenige Tage alte Neugeborene aus dem Entbindungsheim des Volkswagenwerks nach Rühen, ebenso wie die restlichen Kinder vom Schachtweg.[221] Das Lager in Rühen verwandelte sich somit ebenfalls in ein behelfsmäßiges Kinderkrankenhaus, das etwa alle zwei Wochen gesunde Säuglinge aufnahm, die nach kurzer Zeit fast ausnahmslos erkrankten und innerhalb weniger Wochen starben.[222]

Laut Körbel wurden während der Hochphase der Epidemie im August bakteriologische Untersuchungen von Stuhl-, Wasser- und Milchproben durchgeführt, die allerdings ergebnislos geblieben seien.[223] Anschließend scheinen kaum Versuche unternommen worden zu sein, die Situation in den Griff zu bekommen. Der Leiter der »Sozial-Betriebe« etwa habe laut Aussage der Heimleiterin deren Aufforderung zurückgewiesen, sich persönlich ein Bild der Lage zu machen.[224] Körbel kam spätestens ab Mitte September 1944 laut Aussage mehrerer Zeuginnen nur noch einmal die Woche samstags für eine halbe Stunde nach Rühen.[225] Eine gründliche Untersuchung oder Behandlung einzelner Kinder habe er zu diesen Gelegenheiten nicht vorgenommen. Vor Gericht versuchte Körbel dies mit seiner begrenzten Zeit und knappen Benzinration zu entschuldigen.[226] Das Angebot des Arztes Ohl, für einige Monate die Leitung des Kinderheims zu übernehmen, schlug Körbel dennoch aus.[227] Die medizinische Behandlung[228] der Kinder

---

218 Befragung der Angeklagten Bachor, TNA, WO 235/268, 26.–27. Prozesstag (18.–19. Juni 1946); Befragung der Zeugin Lammer, TNA, WO 235/264, 10.–11. Prozesstag (30.–31. Mai 1946); Befragung der Zeugin Mayer, TNA, WO 235/265, 9. Prozesstag (29. Mai 1946).
219 Befragung der Angeklagten Pisters, TNA, WO 235/268, 25.–26. Prozesstag (17.–18. Juni 1946).
220 Schlussplädoyer der Anklage, TNA, WO 235/270, 31. Prozesstag (24. Juni 1946).
221 Befragung der Zeugin Lammer, TNA, WO 235/264, 10.–11. Prozesstag (30.–31. Mai 1946).
222 Befragung der Angeklagten Schmidt, TNA, WO 235/268, 22.–25. Prozesstag (14.–17. Juni 1946); Befragung der Zeugin Wirl, TNA, WO 235/264, 5.–7. Prozesstag (25.–27. Mai 1946).
223 Befragung des Angeklagten Körbel, TNA, WO 235/267, 18.–20. Prozesstag (10.–12. Juni 1946).
224 Aussage von Ella Schmidt, 12. Juni 1945, TNA, WO 235/273.
225 Befragung der Angeklagten Schmidt, TNA, WO 235/268, 22.–25. Prozesstag (14.–17. Juni 1946); Aussage von Bachor, 8. Juni 1945, TNA, WO 235/272, Exhibit 46.
226 Befragung des Angeklagten Körbel, TNA, WO 235/267, 18.–20. Prozesstag (10.–12. Juni 1946).
227 Aussage von Dr. Ohl, 12. Juni 1945, TNA, WO 235/272, Exhibit 44; vgl. Befragung des Angeklagten Körbel, TNA, WO 235/267, 18.–20. Prozesstag (10.–12. Juni 1946).
228 Den Kindern, die unter Ernährungsstörungen litten, seien zur symptomatischen Behandlung Kreislaufstimulanzien, Nährklistiere und Infusionen verabreicht worden. Infektionen der

überließ er stattdessen den Pflegerinnen sowie der »Ostärztin« Lydia Stowbun.[229] Stowbun konnte allerdings nur sehr beschränkt im Heim aushelfen, da sie sich laut Körbel in Rühen von einer Tuberkuloseerkrankung erholte. Spätestens Anfang Dezember 1944 musste sie aufgrund einer erneuten Erkrankung das Heim verlassen, so dass es dort keine unmittelbare ärztliche Betreuung mehr gab.[230]

Laut Aussage von Lammer habe Körbel im Herbst 1944 gemeinsam mit der Heimleiterin beschlossen, Daten über die Ernährung der Säuglinge und den Krankheitsverlauf zusammenzustellen.[231] Die neuankommenden Kinder seien in Gruppen eingeteilt und unterschiedlich ernährt, ihre gesundheitliche Entwicklung von der Heimleiterin detailliert dokumentiert worden. Die gesammelten Daten verwendete Körbel, um Ende November oder Anfang Dezember einen Bericht über das »Ausländerkinderpflegeheim« zu verfassen.[232] Einleitend schilderte er die Einrichtung des Heims sowie die ersten Probleme mit Ernährungsstörungen, Grippeinfektionen und Hautkrankheiten. Als Grund für die Verlegung des Heims nach Rühen führte Körbel indes ausschließlich die alliierten Bombenangriffe an, während er die desaströsen Zustände, für die Tyrolt ihn verantwortlich gemacht hatte, vollständig ausklammerte. Da die Mütter nicht nach Rühen mitgenommen werden »sollten und konnten«, habe das Fehlen der Muttermilch schnell zu Problemen geführt. Trotz der »sorgfältigsten Anwendung« von »bewährten künstlichen Säuglingsernährungsmitteln« hätten die Kinder nach wenigen Tagen die Nahrung verweigert, sich nach fast jeder Mahlzeit erbrochen, harte Bäuche sowie Durchfall bekommen und rapide an Gewicht verloren. Körbels abwegiger Erklärungsversuch offenbart die rassistischen Denkmuster des Betriebsarztes:

> Die russ. u. poln. Kinder, die von verheirateten, vor allem aber von unverheirateten Arbeiterinnen zur Welt gebracht werden, machen in der Aufzucht erhebliche Schwierigkeiten, da sie künstliche Ernährung fast nie vertragen und sehr schnell Gewichtsstürze aufweisen und jede Widerstandskraft verlieren. Dieser

---

Haut seien mit Antiseptika, Ichthyolsalbe und in einigen Fällen mit Sulfonamid-Injektionen behandelt worden. Befragung des Angeklagten Körbel, TNA, WO 235/267, 18.–20. Prozesstag (10.–12. Juni 1946).

229 Wie auch Litwinowa verfügte sie offenbar über keine fachärztliche Ausbildung; Übersicht über die Krankenanstalten im Kreis Gifhorn, 1. Oktober 1944, NLA HA, Hann. 180 Lüneburg Acc. 3/005 Nr. 120 II.

230 Befragung des Angeklagten Körbel, TNA, WO 235/267, 18.–20. Prozesstag (10.–12. Juni 1946); Befragung der Angeklagten Schmidt, TNA, WO 235/268, 22.–25. Prozesstag (14.–17. Juni 1946).

231 Befragung der Zeugin Lammer, TNA, WO 235/264, 10.–11. Prozesstag (30.–31. Mai 1946).

232 Bericht über das Ausländerkinderpflegeheim der Wirtschaftsbetriebe der Volkswagenwerk G.m.b.H., o. D. (Ende 1944), TNA, WO 235/272, Exhibit 29.

Britische Nachkriegsprozesse zu »Ausländerkinder-Pflegestätten«

Umstand ist vielleicht darin begründet, dass in Polen, vor allem aber in Russland, nahezu jedes Kind z. T. jahrelang gestillt wird, und dass die ganze Bevölkerung in dieser Richtung noch vollkommen auf diese natürlichste Ernährung der Säuglinge eingestellt ist.²³³

Da sich der Gesundheitszustand erkrankter Kinder durch die Gabe mehrerer Muttermilchmahlzeiten wesentlich verbessert habe, sei versucht worden, möglichst viele Mütter als Ammen im Heim zu behalten. Dies sei jedoch zum einen an der mangelnden Stillfähigkeit der Frauen gescheitert, die bis kurz vor der Entbindung ohne Zusatzrationen harte Arbeit hätten verrichten müssen. Zum anderen hätten »Fragen des Arbeitseinsatzes und der Notwendigkeit der Wiederaufnahme der Arbeit« einen längeren Aufenthalt stillender Mütter im Heim verhindert. Daneben machte Körbel die Mütter selbst verantwortlich, die das Heim oftmals heimlich verlassen oder durch Hochbinden der Brust ihre Milchproduktion unterdrückt hätten. Andere seien »aus disziplinären Gründen aus dem Heim entfernt« worden.

Wie Körbel vor Gericht aussagte, habe er den Bericht der Werksleitung, dem Kreisleiter sowie dem Landrat des Kreises Gifhorn mit der Absicht übergeben, eine Verkleinerung oder Schließung des Heims und die Rückgabe der Kinder an ihre Mütter zu erwirken.²³⁴ Diese offensichtliche Lösung des Problems erwähnte er in dem Bericht allerdings ebenso wenig wie die hygienischen Mängel und die unzureichende Ausstattung des Heims. Stattdessen hob Körbel zusammenfassend die vermeintlich ethnisch bedingten Ernährungsstörungen sowie die angeblich schlechte »Einstellung der poln. und russ. Mütter zum Kind« hervor. Abschließend bemerkte er:

> Die Lösung der Frage durch Schwangerschaftsunterbrechung bei den poln. u. russ. Arbeiterinnen erscheint mir nach dem ungeheuren Aufwand der letzten 2 Jahre, der oft in keinem Verhältnis zum Erfolg stand, als die richtige.²³⁵

---

233 Bericht über das Ausländerkinderpflegeheim der Wirtschaftsbetriebe der Volkswagenwerk G.m.b.H., o. D. (Ende 1944), TNA, WO 235/272, Exhibit 29. Schon zuvor waren die am Schachtweg auftretenden Hautkrankheiten rassentheoretisch gedeutet worden, wie die Heimleiterin vor Gericht aussagte: »[...] we came to the conclusion that these were children whose mothers had been Poles and fathers Frenchmen, and that the cause must be found in the mixture of these two races, because these abscesses had not been started by any sore or any place which had been scratched or any eczema.« Befragung der Angeklagten Schmidt, TNA, WO 235/268, 22.–25. Prozesstag (14.–17. Juni 1946).

234 Befragung des Angeklagten Körbel, TNA, WO 235/267, 18.–20. Prozesstag (10.–12. Juni 1946).

235 Bericht über das Ausländerkinderpflegeheim der Wirtschaftsbetriebe der Volkswagenwerk G.m.b.H., o. D. (Ende 1944), TNA, WO 235/272, Exhibit 29.

Körbel, der im März 1944 selbst zum Gutachter für »Schwangerschaftsunterbrechungen« ernannt worden war,[236] strebte eine ernsthafte Verbesserung der Situation in Rühen offenbar nicht mehr an. Stattdessen riet er den übergeordneten Stellen zu einer vermehrten Durchführung von Abtreibungen. Währenddessen setzte sich das Sterben im »Ausländerkinderpflegeheim« über Monate hinweg fort. Typisch ist die Schilderung der polnischen Zwangsarbeiterin Helena R.:

Am 1.1.1945 wurde mein Kind, ein Mädchen namens Wiesława Stachowiak, in einem deutschen Krankenhaus in Wolfsburg, Kreis Gifhorn, geboren. Nach 18 Tagen verließ ich das Krankenhaus und das Kind wurde zum Ausländerkinderpflegeheim in Rühen, Kreis Gifhorn, geschickt, da der Bauer Adolf Müller, bei dem ich arbeitete, wohnhaft in Brome, Kreis Gifhorn, sich weigerte, das Kind in sein Haus bringen zu lassen. Das Kind war gesund und entwickelte sich normal. Nach 10 Tagen, d. h. am 28.1.1945 starb das Kind. Die Leiche wurde auf dem Kinderfriedhof in Rühen beigesetzt. Über die Todesursache wurde ich nicht informiert.[237]

Sofern sie eine Erlaubnis ihrer Arbeitgeber:innen hatten, durften die Eltern ihre Kinder sonntags zu festgelegten Zeiten besuchen. Aufgrund der kurzen Lebensdauer bot sich dazu allerdings meist kaum eine Gelegenheit, wie die Polin Czesława Szczepaniak aussagte: »The children were dying so often there were not many mothers to see their children.«[238] Sie selbst habe ihr Kind zunächst jede Woche besucht, sei später jedoch von den deutschen Pflegerinnen weggeschickt worden, wenn sie öfter als einmal im Monat kam. Laut der Zeugin Wirl achtete insbesondere die Heimleiterin strengstens auf die Einhaltung der Besuchszeiten, bei Verstößen habe sie die Mütter manchmal geschlagen und des Heims verwiesen.[239]

Wie im Fall der »Ausländerkinder-Pflegestätte« in Velpke sprach sich unter den Zwangsarbeiter:innen schnell herum, welches Schicksal die Kinder in Rühen erwartete.[240] Kritische Fragen nach den Vorgängen im Heim konnten allerdings gefährlich werden, wie die Zeugin Musiał berichtete:

---

236 Schreiben des Leiters der Ärztekammer Ost-Hannover an den Reichsverteidigungskommissar Ost-Hannover, 27. März 1944, NLA HA, Hann. 180 Lüneburg Acc. 3 /005 Nr. 120 I.
237 Aussage von Helena R. vor dem Kaplan Tadeusz Etter von der römisch-katholischen Seelsorge für Polen in Ehra-Lessien 16. Januar 1946, I. Z.Dok.III/78 [übersetzt aus dem Polnischen, M. B.].
238 Befragung der Zeugin Szczepaniak, TNA, WO 235/266, 13. Prozesstag (3. Juni 1946).
239 Befragung der Zeugin Wirl, TNA, WO 235/264, 5.–7. Prozesstag (25.–27. Mai 1946).
240 Befragung des Zeugen Grünhage, TNA, WO 235/263, 3. Prozesstag (22. Mai 1946); Befragung des Zeugen Holling, TNA, WO 235/267, 20. Prozesstag (12. Juni 1946).

I have already been speaking before to my landlady, the farmer's wife, who was then Frauenschaftsleiterin and I said to her: »Why are so many children dying lately – fifteen children dying daily?«, and she called in another Kreisbauernschaftsleiterin to whom she repeated my statement and this Kreisbauernschaftsleiterin told me if I every [sic!] say that to anyone else I will be handed over to the Gestapo.[241]

Einige Mütter versuchten daher das Leben ihrer Kinder zu retten, indem sie sie heimlich aus dem Heim abholten.[242] Die Zeugin Kwiatkowska beispielsweise ließ sich ihren Sohn nach drei Tagen im Heim von einer ukrainischen Pflegerin aus dem Fenster reichen, da er die dort verabreichte Flaschennahrung jedes Mal erbrach und augenscheinlich im Sterben lag.[243] Eine der deutschen Pflegerinnen habe sie zwar auf dem Heimweg gesehen und die Polizei alarmiert, diese habe aufgrund der herannahenden Front jedoch nichts mehr unternommen. Doch die Rettung kam zu spät: Der knapp zwei Monate alte Junge war bereits zu geschwächt und starb nach wenigen Tagen.

Nach ihrem Tod wurden die Leichen der Kinder in Papier eingewickelt und in einem Waschraum gelagert, bis der Totengräber der Gemeinde Rühen sie abholte und mehrere zusammen entweder in einem Pappkarton oder in der bloßen Erde auf dem Rühener Friedhof beisetzte.[244] Ohne jede Zeremonie schüttete er über jedem Grab einen einfachen Erdhaufen auf, eine Identifikation der dort bestatteten Kinder war nicht möglich. Das Geld für den Transport und die Bestattung der Leichen wurde den Müttern vom Lohn abgezogen.[245] Laut Aussage des Totengrä-

---

241 Befragung der Zeugin Musiał, TNA, WO 235/266, 13. Prozesstag (3. Juni 1946).
242 Befragung der Zeuginnen Szczepaniak und Kwiatkowska, TNA, WO 235/266, 13. Prozesstag (3. Juni 1946); Aussage von Schmidt, 12. Juni 1945, TNA, WO 235/273, Exhibit 53; Befragung der Zeugin Wirl, TNA, WO 235/264, 5.–7. Prozesstag (25.–27. Mai 1946). Nach Schätzung Lammers versuchten 20 bis 30 Frauen, ihre Kinder auf diese Weise zu retten. Befragung der Zeugin Lammer, TNA, WO 235/264, 10.–11. Prozesstag (30.–31. Mai 1946). Für Werksangehörige gab es die Hoffnung, ihre Kinder ins »Ostlager« zu schmuggeln, wo sie laut Aussage des Lagerführers geduldet wurden. Befragung des Zeugen Müller, TNA, WO 235/264, 7. Prozesstag (27. Mai 1946).
243 Befragung der Zeugin Kwiatkowska, TNA, WO 235/266, 13. Prozesstag (3. Juni 1946).
244 Befragung des Angeklagten Effe, TNA, WO 235/269, 27.-28. Prozesstag (19.-20. Juni 1946). Über den Zustand der Leichen und die Art der Bestattung siehe die Berichte der amerikanischen Sanitätsoffiziere, die im Juni 1945 einige der Leichen exhumierten: Aussagen von Dr. Clifford C. Byrum und Capt. Frederick J. Dann, 8. Juni 1945, TNA, WO 235/272; Fotografien des Friedhofs und der Exhumierungen befinden sich in TNA, CN 4/2.
245 Transport- und Bestattungsrechnungen, 31. Januar 1945, TNA, WO 235/272, Exhibit 45; Liste über Bestattungskosten, 2. November 1944, TNA, WO 235/271, Exhibit 3.

bers hatten die meisten Eltern offenbar erst spät vom Tod ihrer Kinder erfahren und waren überrascht, dass die Bestattung bereits vollzogen war.[246]

Anklage und Urteil

Anhand des Jahresberichts für 1944 sowie der Monatsberichte für Oktober 1944 bis März 1945 lässt sich der Tod von mindestens 326 Kindern im »Ausländerkinderpflegeheim« des Volkswagenwerks nachweisen.[247] Hinzu kommt eine unbekannte Anzahl von Kindern, die im Jahr 1943 im »Ostlager« und am Schachtweg verstorben sind. Der Judge Advocate, R. G. Dow, ging von insgesamt 350 bis 400 Todesfällen aus und hob in seiner abschließenden Zusammenfassung des Prozesses vor allem die kurze Lebensdauer der Neugeborenen sowie die enorme Todesrate hervor, die in Rühen phasenweise nahezu 100 Prozent erreicht hatte.[248] In Anbetracht dieser Zahlen handele es sich beinahe um einen Fall von »res ipsa loquitur« (lat. »die Sache spricht für sich selbst«):

> Until that 100 per cent mortality and that high death rate is explained for you you may think, […] that it almost follows inevitably that there must have been something in the nature of wilful neglect to allow that position to occur.[249]

Weil dieser Zustand nicht etwa über einen kurzen Zeitraum, sondern von August 1944 bis April 1945 angedauert habe, erscheine es auf den ersten Blick naheliegend, dass die Kinder durch absichtliche Vernachlässigung getötet worden seien. Dow hielt zwei von Major Draper in seinem Plädoyer vorgebrachte Punkte für besonders erwähnenswert, da sie die grundlegende Einstellung der Verantwortlichen zum »Ausländerkinderpflegeheim« verdeutlichen würden.[250] Zum einen war das »the happy-go-lucky way« (dt. »die sorglose Art«), mit das Heim im Frühjar 1943 eingerichtet worden sei. Nachdem der Kreisleiter um die Aufnahme der Kinder aus dem Kreis Gifhorn gebeten hatte, seien weder Erkundigungen eingeholt worden, mit wie vielen Kindern zu rechnen sei und wie lange sie bleiben sol-

---

246 Befragung des Angeklagten Effe, TNA, WO 235/269, 27.–28. Prozesstag (19.–20. Juni 1946).
247 Jahresbericht für das Jahr 1944 sowie Monatsberichte von Oktober 1944 bis März 1945, »Ausländerkinderpflegeheim«, TNA, WO 235/272, Exhibits 21–27. Für eine ausführlichere Analyse siehe Brüntrup, Verbrechen und Erinnerung, S. 116–126.
248 Zusammenfassung durch den Judge Advocate, TNA, WO 235/270, 31. Prozesstag (24. Juni 1946).
249 Zusammenfassung durch den Judge Advocate, TNA, WO 235/270, 31. Prozesstag (24. Juni 1946).
250 Zum Folgenden vgl. Zusammenfassung durch den Judge Advocate, TNA, WO 235/270, 31. Prozesstag (24. Juni 1946); Schlussplädoyer der Anklage, TNA, WO 235/270, 31. Prozesstag (24. Juni 1946).

len, noch seien die notwendigen Vorkehrungen zur Aufnahme dieser Kinder getroffen worden. Zum anderen habe es sich bei der Aufnahme der Kreiskinder um einen Gefallen gehandelt, den das Volkswagenwerk jederzeit hätte zurückziehen können. Trotz des großen politischen Einflusses des Volkswagenwerks, den die Angeklagten während des Prozesses wiederholt betont hatten, wenn es um vermeintliche Verbesserungen für die »Ostarbeiter:innen« ging, blieb das Heim trotz der katastrophalen Situation bis Kriegsende für den gesamten Kreis geöffnet.

Für die Beurteilung der einzelnen Angeklagten riet der Judge Advocate dem Gericht, es müsse zunächst geklärt werden, ob sie die Kinder in irgendeiner Form, entweder durch direkten Befehl oder durch ihre Handlungen, in ihre Obhut genommen hätten.[251] Sei dies der Fall, müsse in einem zweiten Schritt entschieden werden, ob sie alles ihnen Mögliche getan hätten, um den Kindern zu helfen. Zur Vereinfachung teilte Dow die Angeklagten in zwei Gruppen auf: Die erste umfasste Tyrolt, Kuhlmann und Severin, die zwar in ihrer jeweiligen Funktion mehr oder weniger am Betrieb des »Pflegeheims« mitgewirkt hätten, aber nicht direkt mit der Pflege der Kinder betraut gewesen seien.[252] Aus Sicht der Anklage habe Tyrolt, obwohl er seit Mitte 1944 offiziell nichts mehr mit dem Heim zu tun hatte, durch seine Mitwirkung an der Einrichtung des Heims sowie später durch sein wiederholtes Eingreifen in dessen Betrieb zweifelsfrei Mitverantwortung für die Kinder übernommen. Dieses Engagement, mit dem er den Kindern habe helfen wollen, stellte auf der anderen Seite das stärkste Argument der Verteidigung dar. Obwohl die Anklage argumentierte, Tyrolt hätte beispielsweise durch persönliche Interventionen bei der Werks- und Kreisleitung mehr erreichen können und müssen, sprach ihn das Gericht von sämtlichen Anschuldigungen frei. Ebenso wurden Kuhlmann und Severin vom Vorwurf der Anklage befreit, wahrscheinlich weil sie nach Ansicht des Gerichts kaum in den eigentlichen Betrieb des Heims involviert gewesen waren.

Die zweite Gruppe umfasste die direkt für die Pflege und Versorgung der Kinder verantwortlichen Schwestern Schmidt, Pisters und Bachor sowie den Betriebsarzt Körbel. Unter diesen nahm Körbel eine Sonderrolle ein, was auch der Judge Advocate betonte: »[H]owever one looks at the case from almost any angle the figure of Korbel [sic!] appears to me – and again this is my opinion and you must have your own – as the central figure in this tragedy.«[253] Die Vorwürfe gegen den

---

251 Zusammenfassung durch den Judge Advocate, TNA, WO 235/270, 31. Prozesstag (24. Juni 1946).

252 In Bezug auf den Totengräber Effe waren sich Major Draper und der Judge Advocate einig, dass er selbst mit dem Kinderheim nichts zu tun hatte und freigesprochen werden solle. Vgl. Zusammenfassung durch den Judge Advocate, TNA, WO 235/270, 31. Prozesstag (24. Juni 1946); Schlussplädoyer der Anklage, TNA, WO 235/270, 31. Prozesstag (24. Juni 1946).

253 Zusammenfassung durch den Judge Advocate, TNA, WO 235/270, 31. Prozesstag (24. Juni 1946).

Arzt wogen schwer: Obwohl in Rühen durchschnittlich fast jeden Tag ein Kind starb, habe er das Kinderheim nur einmal die Woche für etwa 30 bis 45 Minuten besucht, wobei er nie eine gründliche Untersuchung einzelner Kinder durchgeführt habe. Zudem habe er trotz der andauernden Epidemie zu keinem Zeitpunkt einen Kinderspezialisten konsultiert, der ihn bei der Behandlung der Kinder hätte beraten können. Schließlich habe er sich trotz seiner wichtigen Stellung als leitender Betriebsarzt und SS-Hauptsturmführer weder bei der Werksleitung noch bei den Kreisbehörden dafür eingesetzt, das überbelegte Heim verkleinern oder schließen zu lassen. Aus Sicht der Anklage war damit der Straftatbestand der vorsätzlichen Vernachlässigung zweifelsfrei erfüllt.

Körbels Verteidiger versuchte den Angeklagten vor Gericht als unwissenden, aber wohlmeinenden Arzt darzustellen, der hilflos einer mysteriösen Epidemie gegenübergestanden habe. Diese These versuchte er mit Hilfe des Zeugen Dr. Thilo Brehme, Leiter der Braunschweiger Kinderheilanstalt, zu untermauern.[254] Demnach seien die Überbelegung des Heims und daraus resultierende Kreuzinfektionen der Hauptgrund für die zahlreichen Krankheitsfälle gewesen.[255] Diese Gefahr habe Körbel jedoch nicht voraussehen können, da sie nur älteren, erfahrenen Kinderspezialisten bekannt gewesen sei. In Rühen sei zudem eine neuartige, besonders schwere Erscheinungsform der Krankenhausinfektion mit bislang unbekanntem Erreger aufgetreten.[256] Körbels These der ethnisch bedingten Unverträglichkeit künstlicher Säuglingsnahrung und die häufig gestellte Diagnose der »angeborenen Lebensschwäche« seien Belege für die mangelhafte Sachkenntnis des Arztes, nicht aber für die vorsätzliche Vernachlässigung der Kinder.

Ausgerechnet die weitere Befragung des Kinderspezialisten lieferte der Anklage jedoch reichlich Munition, Körbels Verteidigungsstrategie zu torpedieren. Demnach hätte Brehme den Betriebsarzt bereitwillig über Maßnahmen zur Eindämmung der Epidemie aufgeklärt und einige Kinder im Braunschweiger Kinderkrankenhaus aufgenommen, wenn Körbel ihn wegen der Probleme im »Pfle-

---

254 Während des Kriegs war Brehme Gaureferent für Gesundheitspflege des Säuglings- und Kleinkindalters sowie Gaubeauftragter der Arbeitsgemeinschaft »Mutter und Kind« im Gau Süd-Hannover-Braunschweig und somit selbst über die Erlasse zur Behandlung der ausländischen Kleinkinder informiert, was er vor Gericht freilich verschwieg. Darüber hinaus gibt es starke Indizien, dass er in der Kinderheilanstalt Braunschweig an der Tötung von Säuglingen durch das Arzneimittel Luminal beteiligt war; Vögel, »Entbindungsheim für Ostarbeiterinnen«, S. 127 f.
255 Befragung des Zeugen Brehme, TNA, WO 235/268, 21.-22. Prozesstag (13.–14. Juni 1946).
256 Diese These führte Brehme weiter aus in Thilo Brehme, Über epidemisches Massensterben von Säuglingen, bes. von Neugeborenen. Ein Beitrag zum Problem des Hospitalismus, in: Archiv für Kinderheilkunde 134 (1947), S. 92–105; siehe auch Thilo Brehme, Künstliche Ernährung und Ernährungsstörungen im Säuglingsalter. Ein Leitfaden für die Praxis, Stuttgart 1949.

geheim« konsultiert hätte. Zudem hätte Körbel mehr Zeit im Heim verbringen und gründliche Untersuchungen der Kinder durchführen müssen, um die offenbar unzureichenden Pflegemaßnahmen korrigieren und die genaue Infektionsursache ermitteln zu können. Durch eine Reihe simpler hygienischer Maßnahmen, die jedem Arzt bekannt seien, hätte die Sterberate trotz andauernder Epidemie auf etwa dreißig Prozent reduziert werden können. Die Aussagen Brehmes machten somit deutlich, dass Körbel die Kinder im Heim über Monate hinweg grob vernachlässigt hatte. Eine Verbesserung der Situation hatte er offenbar, im Einklang mit der NS-Rassenpolitik, zu keinem Zeitpunkt ernsthaft angestrebt. Gegen diese schweren Vorwürfe halfen auch nicht die zahlreichen Charakterzeugnisse, die Körbel eine christliche Überzeugung, die anständige Behandlung ausländischer Zwangsarbeiter:innen sowie seine innere Abkehr von der nationalsozialistischen Ideologie (trotz langjähriger SS-Mitgliedschaft) attestierten. Das Militärgericht befand ihn am 24. Juni 1946 für schuldig und verurteilte ihn zum Tod durch den Strang.[257]

Auch die Heimleiterin Ella Schmidt erhielt die Todesstrafe.[258] Wie der Judge Advocate zusammenfasste, hätte sie aus Sicht der Anklage wesentlich mehr für das Wohl der Kinder unternehmen können, als sich bloß auf Körbel zu verlassen: »The fact that the doctor does not prescribe that these things should be done – is that to allow her to do nothing herself?«[259] Unter anderem führte er ein Experiment der Heimleiterin an, welches sowohl für als auch gegen Schmidt sprechen könne. So hatte sie persönlich einen einzelnen Säugling ausgewählt und getrennt von den anderen in ihrem eigenen Büro gefüttert. Das Kind blieb gesund und konnte im April 1945 von seinen Eltern abgeholt werden. Die Lösung des Problems sei somit nicht unbedingt zusätzliche Muttermilch, sondern die Nutzung einer leerstehenden Baracke des Rühener Lagers zur Isolation der Neugeborenen gewesen. Für Schmidt sprachen verschiedene Bemühungen zur Verbesserung der Situation, beispielsweise ihre hartnäckigen Anfragen nach weiteren Wäschezuteilungen, welche ihr auch der Judge Advocate zugutehielt. Diese Bemühungen waren vermutlich ein Grund für die spätere Umwandlung ihrer Todesstrafe in eine lebenslängliche Haftstrafe, aus der sie bereits 1954 entlassen wurde. Neben Körbel und Schmidt wurde auch die Pflegerin Elisabeth Bachor, die in Rühen für die Säuglingsbaracke zuständig gewesen war, für schuldig befunden und zu fünf Jahren Haft verurteilt.[260] Pisters, die sich um die älteren Kinder gekümmert hatte, unter denen es deutlich weniger Todesfälle gab, sprach das Gericht wie die übri-

---

257 Urteilsverkündung, TNA, WO 235/270, 31. Prozesstag (24. Juni 1946).
258 Urteilsverkündung, TNA, WO 235/270, 31. Prozesstag (24. Juni 1946).
259 Zusammenfassung durch den Judge Advocate, TNA, WO 235/270, 31. Prozesstag (24. Juni 1946).
260 Urteilsverkündung, TNA, WO 235/270, 31. Prozesstag (24. Juni 1946).

gen Angeklagten frei. Den Leiter des Entbindungsheims, Willi Ohl, hatte Major Draper bereits am 22. Prozesstag von allen Vorwürfen befreit.[261]

6.3.3 »Lefitz Childrens' Home Case« – 18. März 1948 bis 1. April 1948

Die Kreisbauernschaft Dannenberg richtete im Sommer 1944 insgesamt vier »Ausländerkinder-Pflegestätten« mit einer Belegstärke von bis zu 20 Kindern ein. Die Belegung des Heims in Lefitz (damals Ortsteil der Gemeinde Corvin, heute Clenze) bewegte sich zwischen acht und zwanzig Kindern. Zwischen Oktober 1944 und Januar 1945 starben neun der dort untergebrachten Säuglinge an Ernährungsstörungen und Lungenentzündungen. Nur Kinder, die ihr erstes Lebensjahr bereits vollendet hatten, überlebten bis zur Auflösung der »Pflegestätte« im Mai 1945.

Im Gegensatz zu den Einrichtungen in Rühen und Velpke mit ihren enormen Todeszahlen schenkten die Besatzungsbehörden dem Heim in Lefitz zunächst wenig Beachtung. Der kommissarische Bürgermeister von Clenze, Franz Pöpel, erhielt im Mai 1945 zwar Hinweise aus der Bevölkerung über die Vorgänge im Kinderheim, die mit schweren Anschuldigungen gegen die Heimleiterin Minna Grönitz, den vormaligen Bürgermeister Walter Schulz und die Kreisbäuerin Wilhelmine Machel einhergingen.[262] Eine Befragung der Beschuldigten durch den Polizeimeister Wilhelm Hienen, der sich während des Kriegs offenbar selbst öfters im Heim aufgehalten hatte, schien die Vorwürfe jedoch zu entkräften.[263] Pöpel war überzeugt, die Anschuldigungen würden auf Vorurteilen und persönlichen Feindschaften beruhen, und unternahm keine weiteren Schritte. Im Juli 1945 ließ sich Stanisław Kowal, der das Heim in Lefitz aus eigener Anschauung kannte und nach dem Krieg zeitweise Kommandant des polnischen Lagers Rosche im Kreis Uelzen war, die Verhörprotokolle aushändigen und erstattete dem polnischen Gerichtsoffizier in Uelzen Bericht.[264] Doch obwohl noch ein weiterer polnischer Zeuge, Bolesław Miażdżyk, sowohl die amerikanischen als auch

---

261 Erklärung von Major Draper in Bezug auf den Angeklagten Ohl, TNA, WO 235/268, 22. Prozesstag (14. Juni 1946).
262 Diese Angaben machte Pöpel gegenüber dem Ermittlungsbeamten Thomann, der sich im Jahr 1947 im Auftrag der Militärregierung über die ersten Ermittlungen bezüglich des Kinderheims erkundigte; Schreiben von Franz Pöpel an den Ermittlungsbeamten Thomann, 22. Juli 1947, TNA, WO 235/447.
263 Wie Pöpel dem Ermittler mitteilte, sei Hienen öfters zur »Aufrechterhaltung der Ordnung« im Heim gewesen und habe daher selbst eine Stellungnahme verfasst. Schreiben von Franz Pöpel an den Ermittlungsbeamten Thomann, 22. Juli 1947, TNA, WO 235/447.
264 Befragung des Zeugen Stanisław Kowal, TNA, WO 235/477, S. 22–24.

die polnischen Behörden über das Heim in Lefitz unterrichtete, blieben diese zunächst untätig.²⁶⁵ Einige Bewohner aus Lefitz und Umgebung ließen die Angelegenheit jedoch nicht ruhen und bezichtigten Grönitz und Schulz weiterhin, für das Kinderheim bestimmte Nahrungsmittel und Brennmaterial veruntreut zu haben. Schulz erstattete daher Anzeige wegen Verleumdung und bat im Januar 1947 die vormals bei ihm als Zwangsarbeiterin beschäftigte Wera Miażdżyk, eine entlastende Stellungnahme zu unterzeichnen.²⁶⁶ Stattdessen sagte die Polin gemeinsam mit ihrem Mann und einem weiteren polnischen Zeugen im April 1947 vor dem polnischen Gerichtsoffizier Jozef Piątek in Fallingbostel aus und erhob gegen die Beteiligten erneut schwere Vorwürfe.²⁶⁷ Da Piątek kurze Zeit später nach Polen zurückkehrte, sandte der Leiter des Ortsverbands der Deutschen Kriegsgräberfürsorge die beglaubigten Protokolle zusammen mit den Aussagen einiger deutscher Anwohner:innen an die britischen Behörden.²⁶⁸ Nachdem diese zunächst den deutschen Ermittlungsbeamten Thomann mit Vorermittlungen beauftragt hatten,²⁶⁹ wurde im Oktober 1947 die War Crimes Group aktiv, ließ zahlreiche Zeug:innen vorladen und Grönitz, Schulz sowie Machel schließlich in Haft nehmen.²⁷⁰ Am 18. März 1948 begann der »Lefitz Childrens' Home Case« im Hamburger Curio-

---

265 Befragung des Zeugen Bolesław Miażdżyk, TNA, WO 235/477, S. 19–22.
266 Befragung des Zeugen Walter Schulz, TNA, WO 235/477, S. 2–5.
267 Aussagen von Bolesław Miażdżyk, Wera Miażdżyk und Florian Grupa vor dem polnischen Gerichtsoffizier Jozef Piątek, 16. April 1947, TNA, WO 235/447.
268 Schreiben des Vorsitzenden des Volksbunds Deutsche Kriegsgräberfürsorge, 30. Juni 1947, TNA, WO 235/447.
269 Thomann indes scheint darauf bedacht gewesen zu sein, die Rolle der Beteiligten herunterzuspielen. Zudem beschaffte er den Strafverteidigern zu Prozessbeginn Unterlagen und trat im Prozess selbst als Entlastungszeuge auf; Befragung des Zeugen Thomann, TNA, WO 235/477, Bl. 42–45.
270 Nach der Verhaftung des SPD-Mitglieds Grönitz witterte das Zentralkomitee der Partei eine politische Intrige und versuchte bei den britischen Besatzungsbehörden Näheres in Erfahrung zu bringen. Wie die War Crimes Group dem Regional Intelligence Staff mitteilte, lag gegen Grönitz eine Denunziation vor, in der auch die versuchte Vertuschung des Falls beklagt wurde; Schreiben des 13 Regional Intelligence Staff an die War Crimes Group (North West Europe), 4. November 1947, TNA, WO 235/477; Schreiben der War Crimes Group (North West Europe) an das 13 Regional Intelligence Staff, 11. November 1947, TNA, WO 235/477. Nach dem Prozess zeigten Grönitz und Schulz einige der beteiligten Zeugen wegen Verleumdung an. Die War Crimes Group ging von einem Racheakt aus und setzte sich bei der Staatsanwaltschaft Lüneburg für die Beschuldigten ein; Schreiben der War Crimes Group (North West Europe) an die Legal Division, betr. »Proceedings against Witnesses of War Crimes Trials«, 17. August 1948, TNA, WO 235/477; Schreiben der War Crimes Group (North West Europe) an das Prosecution Department, HQ RB Lüneburg, 18. November 1948, TNA, WO 235/477.

haus. Auf der Anklagebank saßen Grönitz und Machel, Walter Schulz hingegen trat als Zeuge der Anklage auf.

Das Kinderheim in Lefitz

Laut Aussage des Dannenberger Landrats, Karl Lampe, seien im Frühjahr des Jahres 1944 die Kreisbauernführer und Landräte des Regierungsbezirks Lüneburg mit Vertretern der Arbeitsverwaltung, der Partei und anderer Behörden zusammengekommen, um über die Einrichtung von »Ausländerkinder-Pflegestätten« im gesamten Bezirk zu beraten.[271] Als Vorbild habe ein von der Kreisbauernschaft Lüneburg betriebenes Heim für Kinder ausländischer Zwangsarbeiterinnen gedient. Der Regierungspräsident habe schließlich angewiesen, jeder Landkreis müsse je nach Bedarf derartige Heime einrichten. Der Landrat habe daraufhin gemeinsam mit dem Dannenberger Kreisbauernführer und einem Vertreter des Arbeitsamts Gebäude in Lefitz, Seerau, Liepehöfen und Nienhof besichtigt, die als »Ausländerkinder-Pflegestätten« dienen sollten. Als Landrat sei er zwar verantwortlich gewesen, die eigentliche Organisation, den Betrieb sowie die Aufsicht über die Heime habe aber die Kreisbauernschaft übernommen. Für die Leitung der einzelnen »Pflegestätten« waren deutsche Frauen vorgesehen, die insbesondere in wirtschaftlichen Angelegenheiten von den jeweiligen Bürgermeistern unterstützt werden sollten. Zuständig für die gesundheitliche Oberaufsicht und monatliche Inspektionen war der Leiter des Gesundheitsamts Dannenberg, Edmund Zimmermann, zugleich kommissarischer Kreisamtsleiter für Volksgesundheit.[272] Am 19. Juli 1944 informierte die Kreisbauernschaft Dannenberg schließlich die Ortsbauernführer von Lefitz, Seerau, Liepehöfen und Nienhof offiziell über die Öffnung der »Pflegestätten« ab dem 24. Juli und die geltenden Aufnahmebedingungen.[273] Die Arbeitgeber:innen meldeten ausländische Kinder, die auf ihren Höfen lebten, über die Ortsbauernführer der Kreisbauernschaft, die wiederum die jeweiligen Bürgermeister als Verwalter der Heime über die bevorstehenden Aufnahmen in Kenntnis setzte.[274] Die Unterbringungskosten, monatlich 15

---

271 Befragung des Zeugen Lampe, TNA, WO 235/447, Bl. 1 f.; Aussage von Lampe, 6. November 1947, TNA, WO 309/1222, Bl. 23.
272 Befragung des Zeugen Zimmermann, TNA, WO 235/447, Bl. 33–36, Aussage von Zimmermann, 18. November 1947, TNA, WO 309/1222, Bl. 43 f.
273 Schreiben der Kreisbauernschaft Dannenberg an »die Herrn Ortsbauernführer in den Ortschaften in denen Polenkinder an die Kinderheime abgegeben werden«, 19. Juli 1944, TNA, WO 235/477; »Bedingungen für die Aufnahme von Ausländerkindern in den Ausländerkinder-Pflegestätten des Kreises Dannenberg«, Kreisbauernschaft Dannenberg, 19. Juli 1944, TNA, WO 235/447.
274 Schreiben der Kreisbauernschaft Dannenberg/Elbe an Bürgermeister Walter Schulz betr. »Unterbringung von fremdvölkischen Kindern«, 7. August 1944, TNA, WO 235/477.

RM für die Väter und 12 RM für die Mütter, zogen die Arbeigeber:innen den Eltern vom Lohn ab.[275] Wilhelmine Machel, Kreisbäuerin, Kreisfrauenschaftsführerin und Abteilungsleiterin im Reichsnährstand, gab im Oktober 1947 zu Protokoll, sie selbst habe die Einrichtung der »Pflegestätten« angeregt, da sich die Bäuerinnen des Kreises bei ihr über die unehelichen Kinder der »Ostarbeiterinnen« beschwert hätten.[276] Später habe sie der Kreisbauernführer beauftragt, zunächst eine Leiterin für das Heim in Lefitz zu suchen und dann »öfters im Heim nachzusehen, damit alles ordentlich zugehe«.[277] Als Heimleiterin habe ihr der Bürgermeister Minna Grönitz empfohlen.[278] Die ausgebombte Hamburgerin, die laut eigener Aussage seit Ende des Jahres 1943 bei einer befreundeten Hebamme im Nachbarort Clenze lebte und für diese als Fahrerin arbeitete, verfügte über keinerlei Vorerfahrung in der Kinderpflege.[279] Als Leiterin habe sie lediglich die Aufgabe gehabt, Lebensmitteleinkäufe zu tätigen und die zwei im Heim angestellten ausländischen Frauen zu überwachen. Da sie nebenbei weiterhin als Fahrerin gearbeitet habe, sei sie nicht jeden Tag und dann jeweils nur für einige Stunden im Heim gewesen. Auf Bitten der Kreisbauernschaft übernahm der Clenzer Bürgermeister Walter Schulz die finanzielle Verwaltung des Heims. Wie er vor Gericht aussagte, habe er vor allem Rechnungen bezahlt, sich um Anmeldungen bei der Krankenkasse gekümmert und die Unterbringungskosten von den Arbeitgeber:innen eingezogen.[280]

In Lefitz diente ein altes, notdürftig instand gesetztes Wohngebäude als Kinderheim, welches laut Polizeimeister Hienen für diesen Zweck ungeeignet war:

> Die Zustände im Kinderlager waren sehr primitiv, soweit ich dies beurteilen kann. Das Wohnhaus war alt und baufällig. Es war wohl repariert worden, aber doch nicht so, dass man von einem richtigen Heim sprechen kann.[281]

---

275 »Bedingungen für die Aufnahme von Ausländerkindern in den Ausländerkinder-Pflegestätten des Kreises Dannenberg«, Kreisbauernschaft Dannenberg, 19. Juli 1944, TNA, WO 235/447.
276 Aussage von Machel, 23. Oktober 1947, TNA, WO 309/1222, Bl. 89–91. Vor Gericht sagte sie hingegen, es habe zuvor eine Anweisung aus Lüneburg gegeben; Befragung der Angeklagten Machel, TNA, WO 235/447, Bl. 27–30.
277 Aussage von Machel, 23. Oktober 1947, TNA, WO 309/1222, Bl. 89–91.
278 Aussage von Machel, 23. Oktober 1947, TNA, WO 309/1222, Bl. 89–91; Befragung der Angeklagten Machel, TNA, WO 235/447, Bl. 27–30.
279 Befragung der Angeklagten Grönitz, TNA, WO 235/447, Bl. 36–42.
280 Aussage von Walter Schulz, 23. Oktober 1947, TNA, WO 309/1222, Bl. 30 f.
281 Aussage von Hienen, 31. Oktober 1947, TNA, WO 309/1222, Bl. 63 f.

Das Haus verfügte über einen Schlafraum für die Kinder, einen Aufenthaltsraum, eine kleine Küche, einen Lagerraum und ein Zimmer für das Personal.[282] Im Tagesraum befand sich ein Kachelofen, der laut Aussage des Landwachtmanns Koopmann jedoch nicht zum Beheizen der Räume ausgereicht habe.[283] Zum Zeitpunkt der Eröffnung war die »Pflegestätte« offenbar noch nicht vollständig ausgestattet. So sagte Grönitz aus, sie habe den ersten Monat zu Hause kochen und das Essen mit dem Rad nach Lefitz bringen müssen, weil der Herd nicht funktioniert habe.[284] Ebenso seien die Betten ungeeignet gewesen und daher später von der Kreisbauernschaft ersetzt worden. Auch habe die Wäsche nicht ausgereicht, da die Arbeitgeber:innen den Kindern entgegen den Aufnahmebedingungen nicht genug mitgegeben hätten. Erst durch eine von Machel organisierte Kleidersammlung habe genügend Wäsche aufgebracht werden können.[285]

Über die im Heim herrschenden Zustände liegen widersprüchliche Aussagen vor. Auf der einen Seite sagten mehrere deutsche Zeug:innen aus, es sei in den Räumen stets sauber und ordentlich gewesen.[286] Die Aussagen der polnischen Zeug:innen auf der anderen Seite zeichneten ein anderes Bild.[287] Demnach hätten die ausgezehrten, schmutzigen und verlausten Kinder Wundstellen an ihren Beinen und Rücken aufgewiesen, da sie oftmals mit den Füßen an die verunreinigten Betten festgebunden worden seien. Außerdem seien im Heim zu wenig Nahrungsmittel und Heizmaterial vorhanden gewesen, wofür sie Grönitz und Schulz verantwortlich machten. Einige Zeug:innen berichteten, sie hätten den ukrainischen Pflegerinnen aus diesem Grund heimlich Essen und Holz gebracht.

Wie die Polin Pietrowska aussagte, habe sie im Herbst 1944 nach wiederholter schriftlicher Aufforderung ihr elfmonatiges Kind nach Lefitz bringen müssen. Aufgrund der schlechten Pflege – das Kind sei erkältet und hungrig gewesen und habe auf einer Holzbank ohne Matratze gelegen – habe sie es einige Wochen später wieder abgeholt. Wie ihre Arbeitgeberin Emma Schulz zu Protokoll gab, sei Grönitz wenig später sehr aufgebracht zu ihrem Haus gekommen, um das Kind

---

282 Befragung des Zeugen Koopmann, TNA, WO 235/447, Bl. 6–9; Befragung des Zeugen Zimmermann, TNA, WO 235/447, Bl. 33–36.
283 Befragung des Zeugen Koopmann, TNA, WO 235/447, Bl. 6–9.
284 Befragung der Angeklagten Grönitz, TNA, WO 235/447, Bl. 36–42.
285 Befragung der Angeklagten Grönitz, TNA, WO 235/447, Bl. 36–42; vgl. Befragung der Angeklagten Machel, TNA, WO 235/447, Bl. 27–30; Befragung des Zeugen Walter Schulz, TNA, WO 235/447, Bl. 2–5.
286 Befragung des Zeugen Walter Schulz, TNA, WO 235/447, Bl. 2–5; Befragung des Zeugen Hienen, TNA, WO 235/447, Bl. 9–11; Befragung der Zeugin Niebel, TNA, WO 235/447, Bl. 32 f.
287 Zum Folgenden Befragung der Zeugin Pietrowska, TNA, WO 235/447, Bl. 17–19; Befragung des Zeugen Kowal, TNA, WO 235/447, Bl. 22–24; Befragung des Zeugen Bolesław Miażdżyk, TNA, WO 235/447, Bl. 19–22.

zurückzuholen.²⁸⁸ Die Heimleiterin habe ihr Vorwürfe gemacht und gesagt, sie könne Schulz noch am selben Tag nach Lüneburg bringen, was diese als Drohung mit dem Konzentrationslager verstand. Schließlich erschien Polizeimeister Hienen, der laut eigener Aussage vom Landrat beauftragt worden war, Kinder nötigenfalls zwangsweise in die »Pflegestätten« einzuweisen und Bußgelder gegen die Eltern zu verhängen.²⁸⁹ Pietrowska musste 100 RM zahlen und das Kind nach Lefitz zurückbringen, wo sie es regelmäßig bis zum Kriegsende besuchte:

> I went to the home as often as I could to see my child. I found that the children were hungry, dirty and covered with lice. I reported this to the Burgomaster [sic!] who sent me to the police, who sent me to GROENITZ, who said she had had enough of me. This was in November and Dezember. I also saw that the children's beds were very dirty and the children had their feet tied to the beds. The feet were very swollen. I once saw the children being fed. Only one dish and one spoon were used.²⁹⁰

Laut den von der Kreisbauernschaft festgelegten Aufnahmebedingungen mussten die Eltern beim Besuch ihrer Kinder eine Bescheinigung zur Dokumentation der Besuchsdauer mitführen.²⁹¹ Zudem benötigten sie eine polizeiliche Genehmigung zum Verlassen ihres Einsatzorts, um die sie sich selbst kümmern mussten. Die Besuchszeiten legte die jeweilige Heimleitung fest, in Lefitz war dafür wie in vielen anderen »Ausländerkinder-Pflegestätten« der Sonntagnachmittag vorgesehen. Laut den Aussagen eines Nachbarn und einer Nachbarin, die beide gegenüber dem Kinderheim wohnten, kam es sonntags jedoch immer wieder zu Konflikten zwischen Eltern, die ihre Kinder besuchen wollten, und der Heimleiterin, die ihnen keinen Einlass gewährt habe.²⁹² Polizeimeister Hienen sollte daher zusammen mit zwei Landwachtmännern für Ruhe sorgen.²⁹³ An einem Sonntag Ende November kam es zum Eklat: Die Heimleiterin verweigerte einer Mutter den Zutritt, woraufhin es zu einem heftigen Streit kam, in dessen Verlauf eine Scheibe zu Bruch ging. Wie Grönitz den Hergang vor Gericht darstellte, habe ihr die Frau, obwohl sie nur kurz warten sollte, durch die Scheibe einen Stein an den Kopf geworfen.²⁹⁴ Ein deutscher

---

288 Aussage von Emma Schulz, 19. November 1947, TNA, WO 309/1222, Bl. 73.
289 Aussage von Hienen, 31. Oktober 1947, TNA, WO 309/1222, Bl. 63 f.
290 Befragung der Zeugin Pietrowska, TNA, WO 235/447, Bl. 17–19.
291 »Bedingungen für die Aufnahme von Ausländerkindern in den Ausländerkinder-Pflegestätten des Kreises Dannenberg«, Kreisbauernschaft Dannenberg, 19. Juli 1944, TNA, WO 235/447.
292 Aussage von Fick, 1. November 1947, TNA, WO 309/1222, Bl. 66–68; Aussage von Winse, 1. November 1947, TNA, WO 309/1222, Bl. 70.
293 Aussage von Hienen, 31. Oktober 1947, TNA, WO 309/1222, Bl. 63 f.
294 Befragung der Angeklagten Grönitz, TNA, WO 235/447, Bl. 36–42.

Anwohner bezeugte hingegen, die Scheibe sei zerbrochen, als die Frau dagegen geklopft habe.[295] Daraufhin sei Grönitz aus dem Heim gestürmt und habe die Mutter mit beiden Händen geschlagen, was eine weitere Zeugin ebenfalls beobachtet hatte.[296] Als der herbeigerufene Landwachtmann Koopmann das Heim betrat, so seine Aussage vor Gericht, habe er dort etwa ein Dutzend krank und unterernährt aussehende Kinder vorgefunden, die von einer Pflegerin mit einem einzigen Löffel gefüttert wurden.[297] Zudem sei der Raum, in dem Wäsche zum Trocknen hing, zu kalt und für Kinder ungeeignet gewesen. Koopmann machte der Heimleiterin schwere Vorhaltungen, und es kam zum Streit. Nach Darstellung der Heimleiterin habe der Landwachtmann sie gepackt und gegen die Wand gedrückt, was ihre Autorität bei den ausländischen Arbeiterinnen untergraben habe.[298] Grönitz meldete den Vorfall dem Polizeimeister Hienen, der Koopmann zu sich bestellte und ihn warnte:

> Ich sagte ihm, er solle in diesen Dingen vorsichtig sein, denn er wüsste doch wohl, dass Anzeigen dieser Art zur GESTAPO gingen und er könne sich dann die Folgen ausdenken. Ich habe keinerlei Meldung gemacht.[299]

Grönitz, offenbar schwer gekränkt, stellte ihre Arbeit im Heim nach diesem Vorfall ein. Wie sie vor Gericht aussagte, habe sie Schulz, Machel und die Kreisbauernschaft über ihre Entscheidung in Kenntnis gesetzt und lediglich noch drei- oder viermal Essen nach Lefitz gebracht, ohne jedoch das Heim zu betreten.[300] In dieser Zeit waren die beiden ausländischen Pflegerinnen offenbar vollkommen auf sich allein gestellt. Wie der Bürgermeister Walter Schulz aussagte, sei kurz nach Weihnachten eine der Frauen zu ihm gekommen und habe geklagt, Grönitz sei nicht mehr da, die Lebensmittelvorräte aufgebraucht und einige der Kinder schwer erkrankt. Daraufhin habe er Machel und Grönitz angerufen, wobei letztere behauptet habe, sie sei krank und könne nicht zum Heim kommen. Daher habe seine Frau übergangsweise die Lebensmitteleinkäufe übernommen.[301] Zudem habe Schulz den Arzt Dr. Dannholz gerufen, um nach den kranken Kindern zu sehen.

---

295 Aussage von Fick, 1. November 1947, TNA, WO 309/1222, Bl. 66–68.
296 Aussage von Fick, 1. November 1947, TNA, WO 309/1222, Bl. 66–68; Aussage von Winse, 1. November 1947, TNA, WO 309/1222, Bl. 70.
297 Befragung des Zeugen Koopmann, TNA, WO 235/447, Bl. 6–9.
298 Befragung der Angeklagten Grönitz, TNA, WO 235/447, Bl. 36–42.
299 Aussage von Hienen, 31. Oktober 1947, TNA, WO 309/1222, Bl. 63 f.; vgl. Befragung des Zeugen Koopmann, TNA, WO 235/447, Bl. 6–9.
300 Befragung der Angeklagten Grönitz, TNA, WO 235/447, Bl. 36–42.
301 Vgl. Aussage von Alwine Schulz, 8. Dezember 1947, TNA, WO 309/1222, Bl. 37.

Dem Arzt, der bei Kampfhandlungen gegen Ende des Kriegs erschossen worden war, wurden im Laufe des Prozesses widersprüchliche Aussagen zugeschrieben. Auf der einen Seite sei er sauer über die Zustände gewesen und habe gesagt, die Kinder würden aufgrund von Hunger und Kälte sterben.[302] Demgegenüber steht die Aussage des Amtsarztes Zimmermann: Dannholz habe ihn angerufen und vom Tod mehrerer »Polenkinder«, von Durchfallerkrankungen und Lungenentzündungen berichtet.[303] An der Pflege und Ernährung der Kinder habe Dannholz jedoch nichts auszusetzen gehabt, angeblich aber erwähnt, dass die Mütter den Kindern »heimlich unsachgemässe Nahrung zugeführt hätten«.[304] Wie Zimmermann weiter berichtete, habe er später das Heim persönlich aufgesucht, einzelne Kinder behandelt und dabei keine »besonderen abstellungsbedürftigen Mängel« gefunden.[305] Laut Sterbebuch war am 3. Oktober 1944 ein sechs Monate alter Junge an einem »Zahnkrampf«, am 23. November ein ebenso altes Mädchen an einer Lungenentzündung gestorben. Nachdem Grönitz das Heim verlassen hatte, starben zwischen dem 20. Dezember 1944 und dem 14. Januar 1945 sieben weitere Kinder.[306] Das älteste Kind war knapp ein Jahr alt, das jüngste erst zehn Tage, die übrigen zwischen 3 Monaten und einem halben Jahr. Damit waren alle Kinder, die das erste Lebensjahr noch nicht vollendet hatten, gestorben.

Ab Mitte Januar 1945 übernahm Johanna Kliem (geb. Zündt) die Leitung der »Pflegestätte«. Laut ihrer Aussage habe sie sich im Dezember bei Machel beworben und sei, anders als Grönitz, in Vollzeit angestellt worden.[307] Im Gegensatz zu Zimmermann fand Kliem im Heim gravierende Mängel vor:

> Wie ich das Heim übernahm, fand ich es in einem sehr schmutzigen Zustand an. Die Bettstellen waren total mit Kot verunreinigt, die Strohsäcke waren absolut verschmutzt, ich musste sie sofort erneuern. Die Küche war ebenfalls in schmutzigem Zustand, Wäsche war genügend vorhanden. [...] Die Kinder waren im Alter von ungefähr 1–3 Jahren mit Ausnahme von zwei 6-jährigen. Sie waren alle sehr schwach durch Unterernährung und mangelhafte Pflege, einige

---

302 Befragung des Zeugen Hermann Schulz, TNA, WO 235/477, Bl. 11 f.; Befragung des Zeugen Bolesław Miażdżyk, TNA, WO 235/447, Bl. 19–22.
303 Aussage von Zimmermann, 18. November 1947, TNA, WO 309/1222, Bl. 43 f.
304 Aussage von Zimmermann, 18. November 1947, TNA, WO 309/1222, Bl. 43 f.
305 Als Leiter des Dannenberger Gesundheitsamts war Zimmermann für die gesundheitliche Oberaufsicht über die »Ausländerkinder-Pflegestätten« verantwortlich gewesen und versuchte daher wahrscheinlich, sich durch seine Aussage zu entlasten.
306 Beglaubigte Abschriften aus dem Sterbebuch, 7. Dezember 1947, TNA, WO 235/477.
307 Befragung der Zeugin Kliem, TNA, WO 235/477, Bl. 24–25; Aussage von Kliem, 28. November 1947, TNA, WO 309/1222, Bl. 76 f.

Kinder hatten Hautausschläge und Läuse, ansteckende Krankheiten ware[n] nicht vorhanden.[308]

Walter Schulz habe ihr reichlich Vorräte übergeben, die noch vorhanden gewesen seien, weil Grönitz die Einkäufe nicht regelmäßig erledigt habe. Während ihrer Zeit im Heim hätten sich die Kinder erholt, weitere Todesfälle gab es nicht. Beim Einmarsch der amerikanischen Truppen im Mai 1945 wurde das Heim aufgelöst, Grönitz soll zu diesem Zeitpunkt »spurlos verschwunden« sein.

Anklage und Urteil

Anders als in den vorausgegangenen Prozessen sind für den »Lefitz Childrens' Home Case« weder Plädoyers der Verteidigung noch solche der Anklage überliefert, doch fasste der Judge Advocate, J. H. L. Aubrey Fletcher, die von beiden Seiten vorgebrachten Argumente vor der Urteilsberatung zusammen.[309] Im Fall Lefitz lautete die Anklage, wie oben bereits erläutert, nicht auf Tötung durch absichtliche Vernachlässigung, sondern auf Misshandlung mit Todesfolge. Nach Ansicht der Anklage habe in der »Pflegestätte« ein System der Misshandlung und kriminellen Vernachlässigung geherrscht, welches zum Tod von neun Kindern geführt habe. Machel und Grönitz hätten dieses System durch ihre bewusste Beteiligung unterstützt und aufrechterhalten, obwohl ihnen die Konsequenzen für die im Heim untergebrachten Kinder offensichtlich gewesen sein mussten.

Fletcher riet den Gerichtsmitgliedern als erstes zu beurteilen, ob die Kinder in der »Pflegestätte« tatsächlich systematisch misshandelt und vernachlässigt worden seien.[310] Die Strategie der Verteidigung bestand darin, dies zu bestreiten oder zumindest das Ausmaß der Misshandlung herunterzuspielen. Um den Wortlaut der Anklage vollständig zu erfüllen, müsse zweitens zweifelsfrei feststehen, dass die schlechte Behandlung der Kinder ursächlich für ihren Tod gewesen sei. An dieser Stelle hielt der Judge Advocate die Argumentation der Anklage für zu dünn, da während des Prozesses keine entsprechenden medizinischen Beweise vorgebracht worden seien. Sollte die Misshandlung und Vernachlässigung den Tod der Kinder nicht verursacht, sondern lediglich beschleunigt haben, etwa durch Herabsetzung ihrer Widerstandskraft gegen Krankheiten, sei die Anklage nur zum Teil erfüllt. Den Mitgliedern des Gerichts stehe es daher frei, den in der Anklageschrift enthaltenen Teilsatz »in consequence of which nine children died« aus ihrem Urteilsspruch zu streichen. Die dritte und aus Sicht des Judge Advocate wichtigste Frage sei die nach der strafrechtlichen Verantwortlichkeit der Ange-

---

308 Aussage von Kliem, 28. November 1947, TNA, WO 309/1222, Bl. 76 f.
309 Zusammenfassung durch den Judge Advocate, TNA, WO 235/477.
310 Zusammenfassung durch den Judge Advocate, TNA, WO 235/477.

klagten. Laut Argumentation der Verteidigung hätten Grönitz und Machel lediglich Anordnungen befolgt und unter den gegebenen Umständen ihr Bestes getan, um negative Auswirkungen von den Kindern abzuwenden. Sollte dies zutreffen, so Fletcher, hätten die Frauen das Recht auf Freispruch. Seien die Mitglieder des Gerichts hingegen der Meinung, die Angeklagten hätten das im »Pflegeheim« herrschende System bereitwillig und ohne Rücksicht auf seine Opfer umgesetzt, müssten Grönitz und Machel verurteilt werden. Fletchers juristischer Einschätzung zufolge könne den Angeklagten nicht vorgeworfen werden, durch ihre Handlungen oder Unterlassungen den Tod der neun Kinder verursacht zu haben:

> But I do not think it could be said that anything which Groenitz did or did not do caused their death nor do I think that the responsibility of Machel is sufficiently approximated to these deaths to allow that part of the charge to stand against either of them.[311]

Damit übereinstimmend war auch das Gericht der Ansicht, es gebe keine Beweise, dass die Angeklagten für den Tod der Kinder verantwortlich seien. Von diesem Teil der Anklage abgesehen, wurde Grönitz für schuldig befunden und erhielt eine Haftstrafe von sechs Monaten. Machel wurde von den gegen sie erhobenen Schuldvorwürfen vollständig freigesprochen.

6.4 Die »Ausländerkinder-Pflegestätten« in Velpke, Rühen und Lefitz

Die vergleichende Analyse der drei britischen Kriegsverbrecherprozesse gewährt einen genaueren Einblick in Einrichtung, Organisation und Betrieb einzelner »Ausländerkinder-Pflegestätten« und erhellt damit die Funktion lokaler Behörden und Akteur:innen bei der Umsetzung der reichsweiten Maßnahmen zur Behandlung schwangerer ausländischer Arbeiterinnen und ihrer Kinder. Da sich die in den Prozessen behandelten Heime insbesondere in Hinsicht auf die federführenden Dienststellen, Behörden und Betriebe voneinander unterscheiden, lohnt es sich zu vergleichen, von welchen Stellen jeweils die Initiative zur Einrichtung der »Pflegestätten« ausging, welche Zielvorstellungen damit verbunden waren und wie Verantwortlichkeiten delegiert wurden. Weitergehend lässt sich betrachten, wie die verschiedenen Akteur:innen vor Ort sowie übergeordnete Stellen auf die hohe Sterblichkeit unter den Kindern reagierten. Ergriffen sie Maßnahmen zur Verbesserung der Situation oder blieben sie indifferent, nahmen sie den Tod der Kinder mutwillig in Kauf oder führten ihn absichtlich herbei? Dies erlaubt

---

[311] Zusammenfassung durch den Judge Advocate, TNA, WO 235/477.

Rückschlüsse darauf, warum trotz der Vielfalt beteiligter Instanzen und Personen in zahlreichen derartigen Einrichtungen im Reich Zehntausende Kinder auf ähnliche Art und Weise systematisch vernachlässigt wurden und ihr Leben verloren.

Das »Ausländerkinderpflegeheim« des Volkswagenwerks liefert ein typisches Beispiel für die Kinderbaracken, die industrielle Großbetriebe vornehmlich aus ökonomischen Gründen ab der ersten Hälfte des Jahres 1943 für die Neugeborenen lagermäßig untergebrachter Zwangsarbeiterinnen schufen. Die Leitung des Werks beabsichtigte durch Bereitstellung einer Unterbringungs- und Betreuungsmöglichkeit für die Kinder werksangehöriger »Ostarbeiterinnen«, die Einsatzfähigkeit der Mütter möglichst schnell wiederherzustellen. Mit der Aufnahme der Kinder landwirtschaftlicher Arbeiterinnen aus dem Kreis Gifhorn entsprach Piëch zudem der Bitte des NSDAP-Kreisleiters Lütge. Die im »Ostlager« eingerichtete Kinderbaracke wurde dem Sanitätswesen des Werks angegliedert und vom leitenden Betriebsarzt in medizinischer, von den »Sozial-Betrieben« in organisatorischer Hinsicht betreut. Zwar war das Heim formal in die hierarchische Organisationsstruktur des Konzerns eingebunden, die eigentliche Leitung wurde zunächst jedoch vollständig einem russischen Ärzteehepaar überlassen.

Der Fall Lefitz illustriert das typische Zusammenspiel staatlicher und »halbstaatlicher« Institutionen der mittleren Verwaltungsebene, namentlich dem Landratsamt und der Kreisbauernschaft, bei der improvisierten Organisation ländlicher »Ausländerkinder-Pflegestätten«. Diese Stellen reagierten zum einen auf Klagen der im Reichsnährstand organisierten Arbeitgeber:innen, aus deren Perspektive ausländische Kinder auf den Höfen eine unzumutbare Belastung darstellten und die Arbeitskraft der Zwangsarbeiterinnen zu beeinträchtigen drohten. Zum anderen waren Anfang des Jahres 1944 die Landräte vom Regierungspräsidenten angewiesen worden, sicherlich in Kenntnis entsprechender reichsweiter Planungen, je nach Bedarf Unterbringungsmöglichkeiten für diese Kinder zu schaffen. Der Landrat in Dannenberg war zwar an der ursprünglichen Planung sowie der Standortauswahl für die Heime im Kreis beteiligt, federführend bei der Organisation und dem Betrieb dieser Einrichtungen war jedoch die Kreisbauernschaft. Die Leitung der Heime vor Ort delegierte diese an deutsche Frauen, zugewiesen vom Arbeitsamt, sowie an die jeweiligen Bürgermeister, die mit der finanziellen Verwaltung betraut wurden. Machel war für die Überwachung der »Pflegestätte« in Lefitz verantwortlich und sowohl für Heimleiterin Grönitz als auch Bürgermeister Schulz die Verbindungsfrau zur Kreisbauernschaft Dannenberg. Obwohl sie auf Kreisebene leitende Positionen in der NS-Frauenschaft und dem Reichsnährstand innehatte, trat sie nicht als deren Vorgesetzte auf. Die informelle Organisationsstruktur verwischte Verantwortlichkeiten und ermöglichte es dem Kreisbauernführer, obwohl es sich bei den »Ausländerkinder-Pflegestätten« zweifelsohne um Einrichtungen der Kreisbauernschaft handelte, nach dem Krieg jedwede direkte Beteiligung abzustreiten: »Die Lager waren vollstaendig selbststaendig und wurden auch von der Lagerleiterin selbststaendig gefuehrt. [...] Mit der Fuehrung und Leitung des Heims hatte ich nichts zu tun.«[312]

Die »Ausländerkinder-Pflegestätte« in Velpke wurde ebenfalls auf Kreisebene eingerichtet, doch handelte es sich hierbei weniger typisch um eine Einrichtung der NSDAP. Wie in Lefitz wurde das Heim auf der einen Seite aufgrund von Forderungen aus der Bauernschaft, auf der anderen Seite infolge einer pauschalen Weisung von oben, in diesem Fall des Gauleiters, geschaffen. Dieser wies den Kreisleiter an, das Problem der ausländischen Kinder auf den Höfen zu lösen, ließ ihm ansonsten aber freie Hand. Nach Einrichtung der Baracke beauftragte Kreisleiter Gerike den DAF-Kreisberufswalter Hessling mit den anfallenden Verwaltungsarbeiten. Als Vertreter Gerikes vor Ort unterrichtete Hessling den Kreisleiter in unregelmäßigen Abständen über die Situation in der »Pflegestätte« und leitete dessen Befehle an die Heimleiterin weiter. Die Befehlskette war in diesem Fall eindeutig, die Velpker Kinderbaracke lag bis zu ihrer Schließung im Dezember 1944 in der Verantwortung der Kreisleitung. Die eigentliche Leitung des Heims delegierte diese allerdings an die »Volksdeutsche« Bilien und nicht etwa an den Velpker Ortsgruppenleiter, womit die Distanz zur Parteihierarchie gewahrt werden sollte.

In allen drei Fällen handelte es sich um einfache, improvisierte Einrichtungen, deren eigentliche Leitung an organisationsfremde Personen delegiert wurde. Im Volkswagenwerk scheinen die Voraussetzungen durch Anbindung der Kinderbaracke an die medizinische Abteilung und die finanziell gut ausgestatteten »Sozial-Betriebe« noch am besten gewesen zu sein. Im Zuge der stetig steigenden Belegung bei unzureichender Nahrungsmittel- und Wäscheversorgung verschlechterten sich die Zustände allerdings rapide. Nach den ersten Beschwerden aus der Belegschaft hatte die Werksleitung offenbar zumindest ein gewisses Interesse an einer Verbesserung der Situation. So betraute Piëch den leitenden Betriebsarzt Körbel persönlich mit der medizinischen Aufsicht über das Heim. Körbel ließ die deutsche Krankenschwester Schmidt als Heimleiterin einstellen und das Personal durch ausgebildete deutsche Schwestern verstärken. Zudem wurde das Heim aufgrund starker Überbelegung und gesundheitlicher Probleme zweimal an einen anderen Standort verlegt. Im Juni 1944 scheint es innerhalb der »Sozial-Betriebe« sogar zum Streit über die Zustände im Kinderheim gekommen zu sein, für die inoffiziell Körbel verantwortlich gemacht wurde. Die anschließende Verlegung in das Lager Rühen ging allerdings nicht nur mit einer räumlichen, sondern auch mit einer organisatorischen Absonderung des »Pflegeheims« einher. Trotz monatlicher Berichte der Heimleiterin, welche die grassierende Epidemie dokumentierten, unternahm der Leiter der »Sozial-Betriebe« keine weiteren Schritte, um die Situation in den Griff zu bekommen. Mit tödlicher Routine kamen we-

---

312 Aussage von Riebock, 3. November 1947, TNA, WO 309/1222, Bl. 25 f.

nige Tage alte Säuglinge von der Entbindungsstation des »Gemeinschaftslagers« nach Rühen, wo das Sterben mehr als acht Monate ungehemmt weiterging. So etablierte sich auf mittlerer Führungsebene ein Modus zwischen Indifferenz und mutwilliger Vernachlässigung, mit dem das unangenehme Problem »Ausländerkinder-Pflegeheim« beiseitegeschoben und lediglich den am täglichen Betrieb beteiligten Personen überlassen werden konnte – so wie es auch in Velpke und Lefitz von Beginn an organisiert worden war.

In diesem System waren Körbel ebenso wie Hessling und Machel die entscheidenden Verbindungspersonen zwischen den Heimleiterinnen und den Betreiberinnen, also der Werksleitung, Kreisleitung beziehungsweise Kreisbauernschaft. Doch anstatt sich mit Hilfe ihrer Kontakte entschieden für Verbesserungen einzusetzen, wahrten sie ihrerseits stets Distanz. Dies ermöglichte ihnen wie auch den übergeordneten Stellen, jedwede persönliche Verantwortung abzustreiten. Ella Schmidt schien sich dennoch völlig auf Körbel zu verlassen, womit sie ihre eigene Untätigkeit im Juni 1945 vor den amerikanischen Ermittlern zu rechtfertigen versuchte: »Da Herr Dr. Körbel keine weiteren Einwände gegen alle Vorkommnisse hatte, sah ich mich nicht genötigt andere Wege und Stellen zu beschreiten.«[313] Diese Verantwortungsdiffusion ist charakteristisch für die Organisation der »Ausländerkinder-Pflegestätten«. Auf keiner organisatorischen Ebene fühlten sich die in Frage kommenden Akteur:innen dafür verantwortlich, eigene Schritte in Angriff zu nehmen. Stattdessen verwiesen sie auf äußere Umstände, Befehle von oben und die Untätigkeit ihrer jeweiligen Vorgesetzten. So sagte auch der NSDAP-Kreisleiter Gerike nach dem Krieg aus: »What was I to do about it? I could not do anything about it. My authorities would not do anything, and I had to establish the home.«[314]

Die Heimleiterinnen, die täglich mit den Zuständen im Heim, mit leidenden und sterbenden Kindern konfrontiert waren, scheinen sich zur Bewältigung ihrer Hilflosigkeit und Überforderung innerlich distanziert zu haben. Aus diesem Grund weigerte sich Grönitz vehement, das Heim erneut zu betreten, nachdem Koopmann sie für die dortigen Zustände persönlich verantwortlich gemacht hatte. Während die Heimleiterinnen die hoffnungslose Situation größtenteils ausblendeten, fokussierten sie ihre Aufmerksamkeit auf einzelne, gesunde Kinder. So kümmerte sich Schmidt in ihrem Büro persönlich um einen Säugling und rettete auf diese Weise sein Leben, ohne daraus jedoch Konsequenzen für eine bessere Versorgung der übrigen Kinder zu ziehen. Vor diesem Hintergrund lässt sich auch die befremdliche Aussage von Bilien im Oktober 1945 verstehen, die sich stolz über den Gesundheitszustand »ihrer« überlebenden Kinder zeigte, nachdem in ihrer Obhut innerhalb weniger Monate 90 Kinder gestorben waren: »I sent all

---

313 Aussage von Ella Schmidt, 12. Juni 1945, TNA, WO 235/273.
314 Verhör von Gerike, 18. Oktober 1945, TNA, WO 235/159.

my children to Ruhen [sic!] and they would not believe that they came from a home. Q. All? You mean nine. A. They were the healthy ones.«³¹⁵ Und wenn nur die Gesunden überlebt haben, so impliziert Biliens Aussage, müssen die anderen von vornherein krank – womöglich »lebensschwach« – gewesen sein. Damit wäre die Schuld nicht bei der Heimleitung zu suchen, sondern bei der vermeintlich angeborenen »schwächlichen Konstitution« der Kinder.³¹⁶ Dabei schwangen immer auch rassistische Vorannahmen mit, die insbesondere Körbels These über die ethnisch bedingte Unverträglichkeit künstlicher Säuglingsnahrung innewohnten.³¹⁷ Versuche, die Schuld auf das Personal zu schieben, waren häufig ebenfalls rassistisch konnotiert:

> Dazu kommt, dass die ausländischen Hilfskräfte in ihrer Arbeit so primitiv, unsauber im Umgang mit den Kindern waren, und nicht sehr auf Erhaltung der vorhandenen Sachen achteten, und so ein Teil zu den vorhandenen Missständen beitrugen.³¹⁸

Und nicht zuletzt sahen sich die Mütter, die laut Körbel »nicht die geringste innere Einstellung« zu ihren Kindern gehabt hätten,³¹⁹ Vorwürfen ausgesetzt, die sie selbst für den Tod ihrer Kinder mitverantwortlich machten.³²⁰ Zu den rassistischen Vorurteilen gesellten sich in diesem Fall Ressentiments gegenüber unverheirateten Müttern. Die Frage, ob er sein eigenes Kind in das Velpker Kinderheim gegeben hätte, verneinte Gerike mit der zynischen Begründung: »Because my child would have been born at home and not illegitimate.«³²¹ Dabei gab er unverhohlen zu, dass diese Kinder unehelich zur Welt gekommen waren, weil man ihren Eltern in Deutschland verboten hatte zu heiraten. Die rassenideologische Motivation hinter der Einrichtung der »Ausländerkinder-Pflegestätten« wurde während der Nachkriegsermittlungen und -prozesse weitgehend von ökonomischen Motiven verdeckt, doch findet sich im Verhör Gerikes eine bemerkenswert offene Passage:

---

315 Verhör von Valentina Bilien, 3. Oktober 1945, TNA, WO 235/159.
316 Vgl. Vögel, »Entbindungsheim für Ostarbeiterinnen«, S. 122.
317 Bericht über das Ausländerkinderpflegeheim der Wirtschaftsbetriebe der Volkswagenwerk G.m.b.H., vermutlich Ende 1944, TNA, WO 235/272, Exhibit 29.
318 Aussage von Ella Schmidt, 12. Juni 1945, TNA, WO 235/273. Sehr ähnlich äußerte sich der Leiter der »Pflegestätte« in Gendorf in seiner Befragung nach dem Krieg, abgedruckt in Jungblut, Tod in der Wiege, S. 37–42.
319 Bericht über das Ausländerkinderpflegeheim der Wirtschaftsbetriebe der Volkswagenwerk G.m.b.H., vermutlich Ende 1944, TNA, WO 235/272, Exhibit 29.
320 Die AOK in Braunschweig beispielsweise sprach nach dem Krieg von der »oft krankhaften Veranlagung der Eltern«, die häufig geschlechtskrank gewesen seien; Vögel, »Entbindungsheim für Ostarbeiterinnen«, S. 123.
321 Verhör von Gerike, 23. September 1945, TNA, WO 309/100.

> I did swear an oath to be loyal to the Führer and to respect and obey him. I knew what my Führer thought of the Poles and Russians. I was a Nazi and a good Nazi. »Mein Kampf« by Adolf Hitler was and is my bible. We both know what my bible says about the Poles and Russians. [...] It was, however, unnecessary to kill the Poles to enable Germany to expand in the East. There were other ways.³²²

Dies beweist zwar keine Tötungsabsicht, unterstreicht jedoch die Bedeutung der nationalsozialistischen Weltanschauung für das Agieren des Kreisleiters, dem die Folgen für die ausländischen Kinder der Zwangsarbeiterinnen von Anfang an bewusst waren:

> During this session I may have said, but I am not sure, that the mortality was likely to be rather higher than in ordinary circumstances. I knew that already at the time. [...] Because it was clear that if the children were not to be allowed to stay with their mothers the mortality would be higher.³²³

Dennoch ließ er das Heim trotz aller Warnungen in einer verfallenen Wellblechbaracke einrichten und die unerfahrene Bilien gegen ihren Willen als Heimleiterin einstellen. Nach Fertigstellung des Heims sorgte er dann durch verschiedene Anweisungen dafür, die Überlebenschancen der Kinder weiter zu verringern und seine Prophezeiung selbst zu erfüllen. Dabei handelte er, wie auch die für die anderen »Pflegestätten« Verantwortlichen, im Einklang mit den Zielen der NS-Rassenideologie.

Wie auch die Zwangsarbeiter:innen hegten sicherlich viele Deutsche den Verdacht, dass der Tod der ausländischen Kinder beabsichtigt sei. So beispielsweise der Velpker Ortsgruppenführer Hermann Müller, der laut Aussage des örtlichen Milchmanns von Anfang an versuchte, sich vom Kinderheim zu distanzieren:

> I remember quite clearly that shortly before the Children's Home in VELPKE was opened, Ortsgruppenleiter MÜLLER [...] said that the children would be given milk, but that it was going to be arranged by higher authority that the children would die. MÜLLER said that he did not want to bother much about the matter, as he wished to act as though he had nothing to do with it. He added that the affair would not turn out well, but would be avenged.³²⁴

---

322 Verhör von Gerike, 18. Oktober 1945, TNA, WO 235/159.
323 Verhör von Gerike, 18. Oktober 1945, TNA, WO 235/159.
324 Aussage von Wilhelm Münnig, 8. Oktober 1945, TNA, WO 309/585. Vgl. Befragung des Angeklagten Hermann Müller, abgedruckt in Brand, The Velpke Baby Home Trial, S. 218–227.

Diese Strategie zahlte sich für Müller aus, erhielt er doch nach dem Krieg einen Freispruch, eben weil er nicht mit der Aufsicht über die Kinder betraut worden war. Ebenso war der Arzt Schliemann offenbar von Anfang an davon überzeugt, dass die Kinder vorsätzlich vernachlässigt würden, und verweigerte aus diesem Grund jedwede Beteiligung, die über das Unterzeichnen der Totenscheine hinausging. Auch sein Nachfolger Demmerich scheint sich nach seinem anfänglichen Einsatz im Heim so weit wie möglich zurückgezogen zu haben. Eine offizielle Meldung über die dortigen Zustände verfasste er nie, angeblich weil Landratsamt und Gesundheitsamt ohnehin im Bilde gewesen seien.

Auf diese Weise wurde in vielen »Ausländerkinder-Pflegestätten« eine scheinbar ausweglose Situation geschaffen, in der weder von den Vorgesetzten noch von außen mit Hilfe zu rechnen war. Das größtenteils aus Zwangsarbeiterinnen bestehende Personal hatte kaum Möglichkeiten, den Kindern zu helfen. Die Pflegerinnen konnten sich zwar bemühen, ihre Schützlinge so gut wie möglich zu versorgen, Essen und Heizmaterial zu beschaffen und einzelnen Müttern heimlich ihre Kinder mitzugeben.[325] Doch waren sie fast vollständig von den Heimleiterinnen abhängig, wie sich in Lefitz nach dem Weggang von Grönitz zeigen sollte. Die nur in wenigen Einrichtungen beschäftigten deutschen Pflegerinnen waren gegenüber ihren ausländischen Kolleginnen zwar privilegiert, doch verfügten auch sie nur über begrenzte Einflussmöglichkeiten. Zudem gingen direkte Beschwerden über den Kopf der Heimleitung hinweg mit dem Risiko einher, kritisiert, bedroht und denunziert zu werden.[326] Gleiches galt für deutsche Anwohner:innen, die oftmals über die hohe Sterblichkeit in den Heimen Bescheid wussten, doch aus Indifferenz oder Furcht vor möglichen Konsequenzen einer Einmischung untätig blieben. Das wird insbesondere am Beispiel Velpke deutlich, wo ein beiläufiges Gespräch mit einer russischen Zwangsarbeiterin bereits eine Vorladung bei der Gestapo nach sich ziehen konnte. Dass der übermäßige Einsatz für »Fremdvölkische« und ihre Kinder von vornherein als verdächtig galt, ließ jede persönliche Einmischung als gefährlich erscheinen, verringerte das Gefühl der eigenen Verantwortlichkeit und damit die Wahrscheinlichkeit zur Hilfeleistung. Dennoch gab es immer wieder einzelne hilfsbereite Menschen, die sich im Rahmen ihrer Möglichkeiten für die Mütter und die Kinder einsetzten, auch wenn sie deutlich in der Unterzahl blieben.

---

325 Zudem konnten sie wie Alexandra Misialszek versuchen, den Grund für die Säuglingssterblichkeit herauszufinden und mögliche Beweismittel für die Nachkriegszeit zu sichern.
326 Befragung der Zeugin Lammer, TNA, WO 235/265, Tag 10 (30. Mai 1946). Vgl. Befragung der Zeugin Meyer, laut der Lammer mit einer Einweisung ins Konzentrationslager bedroht worden sein soll; TNA, WO 235/264, Tag 9 (29. Mai 1946).

Zwischenfazit

Die meisten »Ausländerkinder-Pflegestätten« wurden unmittelbar nach Ankunft der alliierten Truppen aufgelöst, die dort untergebrachten Kinder entweder von ihren Eltern abgeholt oder diesen übergeben. Kinder, deren Eltern nicht auffindbar waren, kamen mitunter in deutschen Waisenhäusern, Kinderheimen oder Pflegefamilien unter. In einigen Fällen betrieben örtliche Behörden die »Pflegestätten« eine Zeit lang weiter, wenn keine anderen Unterbringungsmöglichkeiten verfügbar waren. Die UNRRA begann im Herbst 1945 mit der systematischen Suche nach »displaced children« und rief zu diesem Zweck die Child Tracing Division ins Leben. Im Vordergrund standen zunächst jüdische Kinder, Roma- und Sinti-Kinder sowie minderjährige Zwangsarbeitende, später verlagerte sich die Kindersuche zunehmend auf zwangsgermanisierte Kinder. Weil die UNRRA das Ausmaß und die Funktion des Systems der »Ausländerkinder-Pflegestätten« offenbar nicht erkannte, spielten diese Einrichtungen erst ab 1948 und dann nur eine untergeordnete Rolle bei der Suche nach vermissten ausländischen Kindern. Unmittelbar nach Kriegsende brachte die UNRRA unbegleitete Kinder in den oftmals überfüllten allgemeinen DP-Lagern unter. Ab Mitte 1945 begann sie mit der Einrichtung der ersten Children's Center, in denen alle aufgefundenen Kinder versorgt und auf die Rückkehr in ihre Heimatländer bzw. die Emigration in Drittstaaten vorbereitet werden sollten. Die Child Tracing Division versuchte unterdessen die Identität der Kinder zu bestimmen, um sie mit ihren Familien vereinen zu können. Die UNRRA nahm damit eine zentrale Position bei der Zusammenführung von Familien ein, die infolge des Kriegs und der Zwangsmaßnahmen des NS-Regimes getrennt worden waren. In Zeiten des wachsenden Ost-West-Konflikts überschatteten politische Interessen häufig die vor dem Hintergrund des nationalsozialistischen Kindesraubs und der Zwangsgermanisierungen ohnehin heikle Frage des Kindeswohls. So strebten die Verbindungsbeamten insbesondere der osteuropäischen Nationen grundsätzlich eine Repatriierung an, selbst wenn die Eltern nicht mehr lebten, keine Angehörigen aufgespürt werden konnten und die Kinder schon mehrere Jahre in deutschen Pflegefamilien lebten. Eine Repatriierung zog in diesen Fällen eine erneute Trennung nach sich und bedeutete oftmals eine Kindheit im Waisenhaus.

Das St. Josefstift in Herrnstadt liefert ein Beispiel für den Umgang mit unbegleiteten Kindern aus einer »Ausländerkinder-Pflegestätte« in den ehemaligen deutschen Ostgebieten. Nach Ankunft der Roten Armee brachten die örtlichen polnischen Behörden die überlebenden Kinder zunächst in einem katholischen Frauenorden unter und vermittelten sie anschließend an polnische Pflegefamilien. Von den 39 Kindern konnten lediglich zehn wieder mit ihren Eltern vereint werden, teilweise erst nach langjähriger Suche. In einzelnen Fällen entschied dann ein Gericht, ob das Kind bei den Adoptiveltern verbleiben oder den leiblichen El-

Zwischenfazit

tern übergeben werden solle. Berichte der Pflegeeltern und Kinder gewähren Einblick in die negativen Langzeitfolgen der Vernachlässigung und Misshandlung in einer solchen »Pflegestätte«. Nicht nur war der Gesundheitszustand der Kinder nach ihrer Befreiung katastrophal, einige litten zudem lange Zeit unter schweren Angstzuständen und Entwicklungsverzögerungen. Auch Jahrzehnte später hatten die Überlebenden noch mit den physischen und psychischen Spätfolgen ihrer Unterbringung im St. Josefstift und nicht zuletzt mit der Ungewissheit über ihre Herkunft und dem Schicksal ihrer leiblichen Eltern zu kämpfen.

Nach dem Krieg leiteten die Alliierten, teilweise in Kooperation mit den deutschen Behörden, eine Reihe von Ermittlungen zu »Ausländerkinder-Pflegestätten« ein, die in den meisten Fällen aufgrund fehlender Beweismittel und wenig aussichtsreicher Täter:innenermittlung eingestellt werden mussten. Mit Untersuchungen, die sich stets nur auf einzelne Einrichtungen bezogen, ließ sich der systematische Charakter der kriminellen Misshandlung und Vernachlässigung juristisch offenbar nicht fassen. Auch spätere Ermittlungen, die tschechoslowakische, polnische und deutsche Behörden teils bis in die 2000er Jahre betrieben, blieben größtenteils ergebnislos. Ein letztes Gerichtsverfahren bezüglich einer »Ausländerkinder-Pflegestätte«, welches US-amerikanische Anwälte gegen die Volkswagen AG anstrengten, wurde mit der Gründung der Stiftung Erinnerung, Verantwortung und Zukunft im Jahr 2000 eingestellt. Anspruch auf Entschädigungszahlungen erhielten damit auch Zwangsarbeiterinnen, die ihr Kind in einer solchen Einrichtung verloren hatten.

Unter den wenigen Nachkriegsprozessen, die sich direkt mit »Ausländerkinder-Pflegestätten« befassten, befinden sich die drei britischen Kriegsverbrecherprozesse bezüglich der Heime in Velpke, Rühen und Lefitz. Unmittelbar nach Kriegsende wurden die britischen Behörden aufgrund der enormen Opferzahlen zunächst auf die »Pflegestätten« in Velpke und Rühen aufmerksam. Nach anfänglichen Überlegungen, die Fälle der polnischen Justiz zu übergeben, erhoben die Briten schließlich Anklage auf Grundlage des Royal Warrant vom 18. Juni 1945. Dafür sprach aus Sicht des Judge Advocate General die Ähnlichkeit dieser Einrichtungen mit den nationalsozialistischen Vernichtungslagern. Dennoch sind keine konzertierten Bestrebungen britischer Ermittler erkennbar, großflächig nach weiteren »Ausländerkinder-Pflegestätten« zu suchen. Im Fall der kleineren »Pflegestätte« in Lefitz, in der die Sterbezahlen deutlich niedriger waren, schalteten sich erst nach mehreren Zeug:innenberichten bei amerikanischen, polnischen und britischen Behörden im Jahr 1947 Ermittler der britischen War Crimes Group ein und erhoben schließlich Anklage.

In den Prozessen spielten die rassenideologischen Grundlagen der systematischen Vernachlässigung im Gegensatz zu den ökonomischen Motiven eine untergeordnete Rolle, lediglich der Anklagevertreter Draper versuchte den rassistischen Ursprung der Maßnahmen hervorzuheben. Das hatte vor allem auch juristische

Gründe, weil die diskriminierende Behandlung der Kinder an sich nicht Teil der Anklage war. Im Vordergrund stand vielmehr die Frage, ob die einzelnen Angeklagten Verantwortung für die Kinder übernommen hatten, inwiefern daraus eine Pflicht zur Hilfeleistung erwuchs und ob die Vernachlässigung dieser Pflicht ursächlich für den Tod der Kinder war. Damit lag der Fokus in erster Linie auf der individuellen Tatbeteiligung und weniger auf der Rolle der Vorgesetzten, übergeordneter Behörden oder gar der zugrunde liegenden Ideologie. Dementsprechend wurden fast ausschließlich Angeklagte für schuldig befunden, die direkt in den Betrieb der »Pflegestätten« involviert waren. Der NSDAP-Kreisleiter Gerike als ranghöchster Angeklagter war der Einzige, der aufgrund seiner diskriminierenden Anweisungen verurteilt wurde, ohne jemals selbst das Heim in Velpke betreten zu haben.

Den Ausgangspunkt für die Einrichtung der »Ausländerkinder-Pflegestätten« in Velpke und Lefitz bildeten Forderungen zur Entfernung der unerwünschten Kinder von den Höfen der Arbeitgeber:innen und dementsprechende, pauschal gehaltene Anweisungen des Gauleiters bzw. des Regierungspräsidenten. Das Volkswagenwerk verfolgte mit der Einrichtung einer Kinderbaracke primär ökonomische, mit der Aufnahme der Kinder aus dem Kreis Gifhorn zudem wirtschaftspolitische Interessen. Die »Pflegestätten« nahmen nach kurzer, unausgegorener Planung und Vorbereitung jeweils ihren Betrieb auf. Charakteristisch war die organisatorische Isolation der vorgeblich selbstständig von den Heimleiterinnen geführten Einrichtungen, obgleich das Heim des Volkswagenwerks zunächst in vorhandene Organisationsstrukturen eingebunden worden war. Die frühzeitige Trennung der Säuglinge von ihren Müttern, unzureichende Ernährung und Ausstattung, mangelnde Hygiene, zu wenig und ungeschultes Personal sowie schlechte pflegerische und medizinische Versorgung führten innerhalb kurzer Zeit zu den ersten Krankheiten und Todesfällen. Die Verantwortlichen reagierten darauf, wenn überhaupt, mit inkonsequenten Maßnahmen, die an den grundsätzlichen Zuständen nichts änderten oder diese sogar noch verschärften. In den größeren »Pflegestätten« in Velpke und Rühen war ein über Monate andauerndes Massensterben die Folge, in Lefitz genügte eine kurzfristige Verschlechterung der Versorgung durch den Weggang der Heimleiterin für einen sprunghaften Anstieg der Säuglingssterblichkeit.

Bei der Betrachtung der Prozessprotokolle, Beweismittel, Verhöre und Befragungen wird deutlich, dass eine Vielzahl von Personen und Behörden auf verschiedenen Ebenen an der systematischen, zum Tod führenden Vernachlässigung der ausländischen Kinder beteiligt war. Dabei offenbart sich eine strukturelle Verantwortungsdiffusion, die trotz gewisser Unterschiede zwischen den einzelnen »Pflegestätten« dieses grausame System in allen drei Einrichtungen aufrechterhielt. Die individuellen Reaktionen auf die schrecklichen Zustände und das andauernde Sterben bewegten sich je nach Funktion und Charakter der Akteur:innen

Zwischenfazit

zwischen Hilflosigkeit, Resignation, Indifferenz, mutwilliger Ignoranz, innerer und äußerer Abgrenzung sowie skrupelloser Vernachlässigung. Rechtfertigungen für die eigene Zurückhaltung fanden sich viele, wie etwa Befehle von oben, die Kriegsbedingungen, die vermeintliche Unfähigkeit der Untergebenen und die Untätigkeit der Vorgesetzten. Außenstehende schritten nicht ein, weil sie sich nicht für zuständig hielten und eine persönliche Verwicklung scheuten. Zudem bremsten diffuse Warnungen und eindeutige Drohungen unerwünschte Einmischungen aus, indem sie jede persönliche Initiative als zwecklos und gefährlich erscheinen ließen. Nicht zuletzt spielten ökonomische Eigeninteressen, Rassismus und Ressentiments gegen außereheliche Schwangerschaften eine entscheidende Rolle bei der Behandlung der ausländischen Frauen und Kinder. So vielschichtig die Motivationen und Handlungsmöglichkeiten der einzelnen Beteiligten auch waren, letztendlich waren sie Teil eines Systems, dessen Strukturen und Dynamiken reichsweit zum Tod Zehntausender Säuglinge und Kleinkinder führten, ohne dies einzelnen Verantwortlichen zuordnen zu können.

Schlussbetrachtungen

Die verschiedenen Praktiken im Umgang mit schwangeren ausländischen Arbeiterinnen und ihren im Altreich geborenen Kindern bildeten sich im Spannungsfeld zwischen der NS-Rassenpolitik und dem millionenfachen Arbeitseinsatz von Ausländer:innen im nationalsozialistischen Deutschland heraus. Auf der einen Seite stand das Ziel der maximalen Ausbeutung ausländischer Zwangsarbeiterinnen zugunsten der deutschen Kriegswirtschaft, auf der anderen die Verhütung der imaginierten Gefahr, die von der Reproduktionsfähigkeit »fremdvölkischer« Frauen auf die bevölkerungspolitischen Pläne des Regimes ausging. Die Gewichtung dieser zwar nicht diametral entgegengesetzten, in vielen Fällen jedoch widersprüchlichen Zielsetzungen verschob sich im Laufe des Kriegs in Abhängigkeit von zahlreichen Faktoren, darunter tatsächliche oder vermeintliche kriegswirtschaftliche Sachzwänge, militärische Entwicklungen, die Zahl und Einsatzbereiche der (weiblichen) ausländischen Arbeitskräfte sowie deren als »Rasse« konstruierte Herkunft, Ethnie und Nationalität.

Einen dramatischen Ausdruck davon, wie die obengenannten Pole ausgelotet wurden, stellten das tief in der nationalsozialistischen Ideologie, Politik und Kriegswirtschaft verwurzelte Projekt der »Ausländerkinder-Pflegestätten« sowie die eng damit verbundenen Praktiken der (Zwangs-)Abtreibungen und der rassischen Selektion und Germanisierung der Kinder ausländischer Zwangsarbeiterinnen dar. Diesen Maßnahmen lag kein stringent verfolgter Plan zugrunde, sie bildeten sich vielmehr nach und nach infolge zögerlicher Kompromisse und kurzfristiger Übergangslösungen heraus. Entscheidend für das Schicksal der betroffenen Frauen und ihrer Kinder waren dabei nicht nur die großen, innerhalb der Regimeführung ausgehandelten Weichenstellungen, sondern vor allem auch komplexe Interaktionsprozesse zwischen zahlreichen Instanzen und Akteur:innen auf unterschiedlichen Ebenen: Mitarbeiter:innen der Arbeitsverwaltung und Rasseexperten der SS, mittlere und kleine NS-Funktionäre und Kommunalverwaltungsbeamte, Verantwortliche im nationalsozialistischen Fürsorge- und Gesundheitswesen sowie Funktionsträger:innen in Industriekonzernen und landwirtschaftlichen Einzelbetrieben, an den Arbeitsstellen und in den unzähligen, im Reich verstreuten Zwangsarbeiter:innenlagern.

Der »Volkstumskampf« im Osten als Vorlage
für bevölkerungspolitische Praktiken im Altreich

In den ersten Jahren des Ausländereinsatzes stellten Schwangerschaften und Geburten ausländischer Arbeiterinnen im Reich zunächst ein vergleichsweise geringes Problem dar. Mit der generellen Vorgehensweise, schwangere Ausländerinnen

Schlussbetrachtungen

zur Entbindung in ihre Herkunftsgebiete zurückzuschicken, griff die Arbeitsverwaltung auf ein bewährtes Mittel zurück, das auch bei anderen nicht einsatzfähigen ausländischen Arbeitskräften gemeinhin Anwendung fand. Gleichzeitig beruhigte es die Befürchtungen der NS-Rassenideologen, die im Ausländereinsatz ohnehin schon eine volkstumspolitische Gefahr sahen und »fremdvölkische« Familiengründungen im Altreich mit allen Mitteln zu verhindern suchten. Ein weiteres Mittel waren Heiratsbeschränkungen und -verbote insbesondere für polnische und sowjetische Zivilarbeitskräfte. Diejenigen Kinder, die trotz der Rückführungspraxis im Altreich zur Welt kamen, waren daher meist außerhalb der Ehe gezeugt worden. Obwohl die Zahl dieser Geburten laut statistischen Erhebungen des Reichsausschusses für Volksgesundheitsdienst weit hinter den Befürchtungen des SD zurückblieb, rief sie bei verschiedenen staatlichen und parteiamtlichen Stellen Empörung hervor. Insbesondere aus dem Bereich der kommunalen Fürsorge, die sich laut Reichsjugendwohlfahrtsgesetz mit den unehelichen ausländischen Kindern befassen musste, kam es zu scharfer Kritik. Mit Blick auf die begrenzte Zahl der Pflegestellen und Kinderheimplätze sowie der Ansicht, deutsche Behörden hätten sich grundsätzlich nicht um polnischen Nachwuchs zu kümmern, forderten kommunale Jugend- und Gesundheitsämter neben der verschärften Rückführung schwangerer Ausländerinnen eine fürsorge- und vormundschaftsrechtliche Sonderbehandlung »fremdvölkischer« Kinder gemäß einer rassenhygienisch ausgerichteten, »differenzierten Fürsorge«.

Die Vorlage dafür bildeten Bestrebungen in den eingegliederten Ostgebieten, ein vom Reichsjugendwohlfahrtsgesetz abgelöstes Sonderrecht für die polnische Jugendfürsorge einzuführen. Der Mitte des Jahres 1941 von Reichsstatthalter Greiser im Warthegau eingeführte Erlass zur Rechtsstellung schutzangehöriger unehelicher Kinder galt als richtungsweisend für die künftige »Ostraumpolitik« und fand auch im Altreich schnell Zuspruch. Erklärtes Ziel war die Absenkung der Geburtenrate der autochthonen Bevölkerung durch die systematische Schlechterstellung unehelicher polnischer Kinder, einhergehend mit erheblichen finanziellen Belastungen und rechtlichen Nachteilen für die Eltern. Der Reichskommissar für die Festigung deutschen Volkstums beabsichtigte gemeinsam mit dem Reichsgesundheitsführer und der Partei-Kanzlei, die bevölkerungspolitischen Maßnahmen auf dem Gebiet der Jugendwohlfahrt und des Unehelichenrechts mit der Erleichterung von Schwangerschaftsabbrüchen bei Polinnen zu verknüpfen. Zu diesem Zweck wiesen Himmler und Heydrich die Polizeibehörden im Frühjahr 1942 an, Abtreibungsfälle nur dann zu bearbeiten und der Justiz zu übergeben, wenn ein volkstumspolitisches Interesse an der Strafverfolgung bestehe. So gelang es Himmler unter Umgehung der Justiz, die faktische Straffreiheit für bevölkerungspolitisch erwünschte Schwangerschaftsabbrüche bei Polinnen durchzusetzen und einen weiteren Schritt in Richtung eines polizeilichen Sonderstrafrechts für »Fremdvölkische« im Deutschen Reich zurückzulegen.

Schlussbetrachtungen

Das Gegenstück dieser antinatalistischen Maßnahmen bildete die Jagd nach polnischen Kindern mit angeblich deutscher Abstammung, um sie ins Altreich verschleppen und dort als Deutsche erziehen zu können. Die Suche nach »wiedereindeutschungsfähigen« Kindern nahm ihren Ausgang in polnischen Waisenhäusern, Kinderheimen und Pflegefamilien und war zunächst von Mitarbeiter:innen des deutschen Gesundheits- und Fürsorgewesens vorangetrieben worden. Greisers Erlass sah Mitte 1941 bereits die ausnahmeweise Anwendung des Reichsjugendwohlfahrtsgesetzes auf einzelne polnische Kinder und deren Unterbringung in deutschen Pflegefamilien vor, sofern das Gesundheitsamt die »rassisch biologische Zweckmässigkeit« der fürsorgerischen Maßnahmen attestierte. Schließlich setzte Himmler seinen Weisungsanspruch als Reichskommissar für die Festigung deutschen Volkstums durch, gab im Februar 1942 den grundlegenden Erlass zur Germanisierung ausländischer Kinder heraus und beauftragte die Rasseexperten des RuSHA mit den notwendigen rassischen Untersuchungen. Unter seiner Federführung ließ der RKF das Verfahren systematisieren und auf die besetzten Gebiete der Sowjetunion, Südosteuropas und, wenn auch in geringerem Umfang, auf Nord- und Westeuropa ausdehnen.

Vor dem Hintergrund des »Volkstumskampfes« in den eingegliederten Ostgebieten und insbesondere im Warthegau, den Reichsstatthalter Greiser zum »Exerzierplatz des Reiches« machen wollte, wurden somit rassen- und bevölkerungspolitische Instrumente entwickelt und erprobt, die in abgewandelter Form die Behandlung schwangerer ausländischer Arbeiterinnen und ihrer im Altreich geborenen Kinder in den letzten Kriegsjahren maßgeblich beeinflussten sollten: (Zwangs-)Abtreibungen, systematische Schlechterbehandlung »rassisch unerwünschter« Kinder und »Eindeutschung« der als »gutrassig« eingestuften Kinder. Diese Entwicklung ging sowohl im Osten als auch später im Altreich mit einer schrittweisen Kompetenzerweiterung Himmlers, des Reichssicherheitshauptamts und des Rasse- und Siedlungshauptamts der SS einher.

Bei diesem Transfer wurden die bevölkerungspolitischen Praktiken an die Situation im Altreich und den Kontext des Arbeitseinsatzes angepasst und erweitert. Obwohl die mit Blick auf die Ostgebiete eingeführte Straffreiheit für Abtreibungen bei Polinnen im gesamten Reich galt, reichte dies allein nicht aus, um Schwangerschaftsabbrüche bei Zwangsarbeiterinnen in großem Stil zu forcieren. Contis kurzfristig per Anordnung erteilte Erlaubnis der Abtreibung bei Polinnen und »Ostarbeiterinnen« ermöglichte es Arbeitgeber:innen und Ärzt:innen, mittels eines einfachen Antrags an die zuständige Ärztekammer das offizielle Genehmigungsverfahren einzuleiten – nötig war nur eine Unterschrift der betroffenen Arbeiterin. Auf diese Weise konnte zudem sichergestellt werden, dass sämtliche in Frage kommenden Fälle, etwa wenn der Erzeuger ein Deutscher war, erfasst und vor dem Eingriff einer rassischen Untersuchung unterzogen wurden. Ausländische Kinder, die dennoch im Altreich zur Welt kamen, wurden von den

Schlussbetrachtungen

deutschen Behörden flächendeckend erfasst, um gegebenenfalls eine rassische Überprüfung und »Eindeutschung« durchführen zu können. »Rassisch unerwünschte« Kinder waren nicht nur rechtlich benachteiligt, sondern wurden gezielt in »Ausländerkinder-Pflegestätten« abgesondert, damit sich die deutschen Behörden möglichst wenig mit ihnen befassen mussten. Gleichzeitig ermöglichte dies die fortgesetzte wirtschaftliche Ausbeutung ihrer Mütter – Rassenideologie und Arbeitseinsatz gingen auf diese Weise eine fruchtbare Verbindung ein.

Der Arbeitseinsatz als Katalysator für die Verwirklichung des Rassenstaats

Obwohl die Abschiebepraxis der Arbeitsverwaltung in den eingegliederten Ostgebieten zunehmend auf Kritik stieß, kam selbst ein auf schwangere Polinnen begrenzter Stopp der Rückführungen für den Reichsführer SS, das Reichssicherheitshauptamt, das Reichsinnenministerium und die Partei-Kanzlei im Sommer 1942 noch nicht in Frage. Stattdessen sprachen sich diese Stellen für die Einrichtung primitiver Entbindungslager im Generalgouvernement aus, um das Problem der volkstumspolitisch unerwünschten Geburten weiterhin vom Altreich fernhalten zu können. Erst der massenhafte Einsatz von Zivilarbeitskräften aus den besetzten sowjetischen Gebieten in der kriegswichtigen Rüstungsindustrie sorgte Ende des Jahres 1942 für einen Kurswechsel. Nach zähen Verhandlungen ließ der Generalbevollmächtigte für den Arbeitseinsatz die Rückführungen schwangerer Zwangsarbeiterinnen mit Verweis auf die angespannte »Arbeitseinsatzlage« und witterungsbedingte Transportschwierigkeiten vorerst bis März 1943 aussetzen. Die entsprechenden Anordnungen an die Arbeitsverwaltung galten grundsätzlich zwar für alle ausländischen Arbeiterinnen, waren vor allem aber auf die in der NS-Rassenhierarchie weit unten angesiedelten »Ostarbeiterinnen« und Polinnen zugeschnitten. Die diskriminierenden Richtlinien des GBA-Erlasses und insbesondere der Hinweis, die Unterbringung der Kinder in Sammeleinrichtungen würde deren geplante rassische Untersuchung nicht beeinträchtigen, im Gegenteil die Erfassung der Kinder sogar noch erleichtern, verweisen auf die angestrebte Synthese kriegswirtschaftlicher und rassenpolitischer Zielsetzungen.

Die Einrichtung von Entbindungsmöglichkeiten und »Kleinkinderbetreuungseinrichtungen einfachster Art« war zunächst zwar als befristete Übergangslösung gedacht, doch war eine Verlängerung des Rückführungsstopps auf unbestimmte Zeit bereits vor der Niederlage in Stalingrad absehbar. Obwohl Himmler noch im Sommer 1943 darauf hinwies, die Mütter und ihre Kinder müssten zeitnah wieder abgeschoben werden, mussten sich die NS-Rassenideologen notgedrungen mit der Situation arrangieren und Wege finden, die befürchteten »Unterwanderungsgefahren« einzudämmen. So waren kriegswirtschaftliche Sachzwänge ursächlich für den frühzeitigen Import bevölkerungspolitischer Instrumente aus dem Warthegau und den anderen eingeglieder-

Schlussbetrachtungen

ten Ostgebieten – der »Volkstumskampf« war auf dem Gebiet des »Altreichs« angekommen.

Das Ende der Rückführungen schwangerer Ausländerinnen führte in der Folge auch hier zu einer Kompetenzerweiterung des RFSS, des RSHA und des RuSHA. Ein erster Schritt war das von Himmler festgelegte Genehmigungsverfahren zu Schwangerschaftsabbrüchen bei Polinnen und »Ostarbeiterinnen«. Das Urteil der SS-Rasseexperten entschied über den zu erwartenden »rassischen Wert« der ungeborenen Kinder und damit über Genehmigung oder Ablehnung des Eingriffs.

Anschließend legte der Reichsführer SS im Juli 1943 das Verfahren zur flächendeckenden Erfassung und rassischen Überprüfung derjenigen ausländischen Kinder fest, die seinen rassistischen Maßstäben zufolge potenziell »wertvolles Blut« in sich trugen. Damit diese Kinder nicht dem deutschen »Volkstum« verloren gingen, sollten sie nicht in »Ausländerkinder-Pflegestätten« eingewiesen, sondern in NSV-Heimen und Pflegefamilien zu Deutschen erzogen werden. Während Himmler die Jugendämter zur Geburtenerfassung und Vaterschaftsermittlung einspannte, bezog er die Gesundheitsämter auf Verlangen des Innenministeriums bei der »rassischen, erbgesundheitlichen und gesundheitlichen« Untersuchung der Eltern mit ein. Die abschließende Entscheidung über den vermeintlichen »rassischen Wert« der Kinder oblag jedoch ebenfalls den Rasseexperten des RuSHA.

Wie der Chef des RuSHA im August 1943 hervorhob, waren die RuS-Führer dafür verantwortlich, vermeintlich »wertvolles Blut« zu fördern und dessen Träger von »rassisch Minderwertigem« zu trennen. Dabei verfügten die RuS-Führer in ihren Bezirken über ein hohes Maß an Gestaltungsfreiheit und nutzten dies, um die Suche nach »gutem Blut« über den von Himmler vorgegebenen Rahmen auszudehnen. Offensichtlich besaß diese Aufgabe in den Augen der Rasseexperten einen besonderen Stellenwert, was sich auch an den Dienstplänen der Eignungsprüfer ablesen lässt. Obgleich die Kriegsbedingungen ihre Arbeit zunehmend erschwerten, reisten sie noch in den letzten Monaten des Kriegs – falls nötig mit dem Dienstfahrrad – von Ort zu Ort, um Termine für die Überprüfungsakte »Ausländerkind« und »Schwangerschaftsunterbrechung« wahrnehmen zu können. Für die betroffenen Frauen und ihre Kinder hatte die Kategorisierung in »rassisch erwünschten« und »rassisch unerwünschten« Bevölkerungszuwachs einschneidende Konsequenzen. Auf der einen Seite machte eine positive Bewertung eine Abtreibung unmöglich und führte zur zwangsweisen »Eindeutschung« des betroffenen Kindes. Auf der anderen Seite zog eine negative Einstufung entweder eine (Zwangs-)Abtreibung oder die Einweisung in eine »Ausländerkinder-Pflegestätte« nach sich. Das Urteil der SS-Rasseprüfer entschied somit immer auch über die (Über-)Lebenschancen der betroffenen Kinder und ihrer Mütter.

Im Juni 1944 erging schließlich der von der Innenverwaltung lang erwartete Erlass des Reichsinnenministeriums bezüglich der fürsorgerechtlichen Behand-

Schlussbetrachtungen

lung unehelicher Kinder ausländischer Arbeiterinnen. Entgegen vorheriger Planungen beruhte dieser nicht auf dem Erlass Greisers, sondern auf den Weisungen Himmlers, der knapp ein Jahr zuvor Frick als Innenminister ersetzt hatte. Der Erlass machte sämtliche Fürsorgemaßnahmen für uneheliche ausländische Kinder abhängig von ihrem »rassischen Wert«, ermittelt durch das von Himmler bereits festgelegte Verfahren. Der Reichsführer SS hatte sich somit die Verfügungsgewalt über sämtliche ausländischen Kinder im Zugriffsbereich der deutschen Behörden gesichert und sein Rassenparadigma als grundlegendes Prinzip des deutschen Fürsorgewesens etabliert.

Während die Maßnahmen des Regimes erklärterweise darauf abzielten, unerwünschte Familiengründungen im Reichsgebiet möglichst zu verhindern, machte die »Arbeitseinsatzlage« immer weitere Lockerungen in Bezug auf den Einsatz ausländischer Familien im Altreich notwendig. Mit Rücksicht auf den Arbeitswillen der Angehörigen sollten diese Familien so weit wie möglich nicht getrennt, sondern geschlossen eingesetzt und untergebracht werden. Im Zuge massenhafter Deportationen aus den Rückzugsgebieten im Osten verschleppten Wehrmacht und Arbeitseinsatzbehörden immer mehr Familien ins Reich, oftmals zusammen mit wegen Krankheit oder aufgrund ihres Alters arbeitsunfähigen Angehörigen. Die Versorgung und Betreuung dieser Menschen konnte und wollte die Arbeitsverwaltung nicht bewältigen, so dass sich das Reichsinnenministerium nach längeren Verhandlungen mit dem GBA bereiterklärte, diese Aufgabe zu übernehmen.

Polnische und sowjetische Kinder unter zehn Jahren galten in diesem Sinne als »nicht einsatzfähig« und wurden in die Planungen des Innenministeriums einbezogen. Diese sahen vor, zunächst sämtliche Lager – soweit noch nicht geschehen – mit Einrichtungen für arbeitsunfähig Erkrankte, Alte und Kinder ausstatten zu lassen. Wenn möglich sollten arbeitsunfähige Ausländer:innen vorerst bei ihren Angehörigen bleiben und von diesen betreut werden. Ehe und Familie stellten für die betroffenen Menschen somit wichtige Schutzräume dar, die von den NS-Behörden stets einkalkuliert werden mussten. Vor allem in der Kriegsendphase kam der Leistungssteigerung und -erhaltung besondere Bedeutung zu, weshalb familiäre Hilfsstrukturen unangetastet blieben und einen gewissen Schutz vor den immer radikaleren Zwangsmaßnahmen des Regimes bieten konnten. Arbeitsunfähige Alte, Kranke und Kinder jedoch, die sich ohne Angehörige im Reich aufhielten, sollten in »Sonderpflegestätten« abgesondert und dort ermordet oder dem Tod überlassen werden.

Aushandlungsprozesse an der Schnittstelle zwischen bevölkerungs- und rassenpolitischen Zielen sowie ökonomischen Anforderungen, laufend angepasst an den Kriegsverlauf, entschieden somit über das Schicksal schwangerer ausländischer Zwangsarbeiterinnen und ihrer Kinder. Kriegswirtschaftliche Sachzwänge machten zunehmend Zugeständnisse erforderlich, denen der NS-Sicherheitsapparat mit strengen Richtlinien zur Eindämmung der befürchteten bevölkerungspolitischen Gefahren des Arbeitseinsatzes begegnete. Doch stellten diese Maßnahmen keineswegs nur Reaktionen auf durch den Arbeitseinsatz verursachte Probleme, der »Ausländereinsatz« und die Rassenpolitik nicht zwei entgegengesetzte Pole dar. Vielmehr wurden ökonomische und rassenideologische Prämissen stets zusammengedacht. Die provisorischen Übergangslösungen, mit denen kriegswirtschaftliche Erfordernisse kurzfristig bedient wurden, sollten möglichst mit den langfristigen rassen- und bevölkerungspolitischen Zielen des Regimes in Einklang gebracht werden. Ohne dass diese Ziele aufgegeben wurden, verschob sich der Schwerpunkt gegen Ende des Kriegs notgedrungen zugunsten der Kriegswirtschaft. Gleichzeitig radikalisierte sich der Umgang mit sowohl aus rassistischen wie ökonomischen Gründen unerwünschten Menschen. Das Problematisieren der schwangeren ausländischen Arbeiterinnen und ihrer Kinder beschleunigte die Einführung und Weiterentwicklung bevölkerungs- und rassenpolitischer Instrumente im Altreich und fungierte damit als Katalysator für die Realisierung der langfristig anvisierten ethnisch-rassischen Hierarchisierung der Gesellschaft sowie der Verrechtlichung einer auf rassistischen und biologistischen Prinzipien beruhenden Ungleichheit – kurz: den Aufbau des nationalsozialistischen Rassenstaats.

»Ausländerkinder-Pflegestätten« als dynamisch gewachsenes Instrument der Rassenpolitik

Im Laufe komplexer Entscheidungsprozesse versuchten die beteiligten Akteure auf Reichsebene eine Synthese aus rassenideologischen und arbeitseinsatzpolitischen Zielvorstellungen herzustellen und optierten mit der dezentralen Einrichtung der »Ausländerkinder-Pflegestätten« schließlich für eine Lösung, welche den Tod Zehntausender Kleinkinder und Säuglinge durch Vernachlässigung, Mangelversorgung und Krankheit nicht nur in Kauf nahm, sondern bewusst herbeiführte. Zwar existiert, wie für den Nationalsozialismus charakteristisch, kein eindeutiger Tötungsbefehl, doch waren den Beteiligten die Stoßrichtung und erwartbaren Folgen der beschlossenen Maßnahmen bekannt. Die diversen Erlasse der Arbeitsverwaltung, des Reichsführers SS, des Reichsinnenministeriums und schließlich des Reichsbauernführers schrieben gemeinsam einen Diskriminierungs- und Handlungsrahmen fest, in welchem sich die nachgeordneten Behörden verorteten. Auf der anderen Seite gestalteten Kritik, Anregungen und Eigeninitiativen aus der regionalen Praxis die Entscheidungen auf Reichsebene maßgeblich mit, indem sie bestehende Probleme und Lösungsmöglichkeiten im Rahmen rassen- und wirtschaftspolitischer Ziele aufzeigten. Aus diesem Zusammenspiel allgemein gehaltener Vorgaben von oben und konkreter Initiativen von unten erwuchsen die »Ausländerkinder-Pflegestätten« als dynamisches Instrument der NS-Rassen- und Vernichtungspolitik.

Schlussbetrachtungen

Die Entstehung der »Ausländerkinder-Pflegestätten« lässt sich grob in zwei Phasen einteilen. Als erstes setzten vor allem größere Industriebetriebe in städtisch-industriell geprägten Regionen im Laufe des Jahres 1943 die Vorgaben des GBA um, indem sie ihren Lagern Entbindungs- und Kinderbaracken angliederten. Die Betriebe verfolgten dabei in erster Linie wirtschaftliche Ziele. Die Einrichtung von Entbindungsstationen und Kinderbetreuungseinrichtungen ermöglichte es in Zeiten akuten Arbeitskräftemangels, angelernte Arbeiterinnen im Fall der Schwangerschaft weiterhin zu beschäftigen und kurz nach der Entbindung wieder einzusetzen. Zudem bekamen Betriebe mit entsprechenden Einrichtungen von den Arbeitsämtern Frauen mit Kindern zugewiesen, die andernorts nicht untergebracht werden konnten. Die rassistische Diskriminierung der ausländischen Arbeitskräfte und ihrer Kinder setzten die Arbeitgeber:innen zum eigenen ökonomischen Nutzen bereitwillig um, sofern sie keine gravierenden Auswirkungen auf die Arbeitsleistung der ausländischen Belegschaft befürchteten.

In dieser Phase basierte die Lebensmittelversorgung auf den Richtlinien Sauckels, die für Kinder von Polinnen und »Ostarbeiterinnen« lediglich einen halben Liter Milch täglich vorsahen – mit knappem Hinweis auf die Kann-Bestimmungen des Reichsernährungsministeriums für Kinder, die bei ihren Müttern im Lager lebten. Insbesondere in Einrichtungen, in denen die Kinder getrennt von ihren Müttern untergebracht waren, führten diese Richtlinien zur starken Unterernährung, wie der Leiter der NSV, Erich Hilgenfeldt, es in einem drastischen Schreiben an Himmler schilderte. Dabei handelte es sich nicht um bloßes Behördenversagen, die geplante Mangelversorgung der Kinder war sowohl bei der DAF, den Ernährungsämtern wie auch in SS-Kreisen als bewusst gewählter »Zwischenweg« bekannt. Der schleichende Hungertod der Säuglinge stieß in der Industrie jedoch schnell auf Kritik – nicht aus purem Mitleid, sondern vor allem wegen befürchteter negativer Rückwirkungen auf den Arbeitswillen der Eltern. Anfang des Jahres 1944 gab das RMEL schließlich auf die »Ausländerkinder-Pflegestätten« angepasste Ernährungsrichtlinien heraus.

Insbesondere im Bereich der Landwirtschaft traten die Verschränkungen zwischen wirtschaftlichen und rassenideologischen Anforderungen deutlich zutage, galt doch das Bauerntum in der nationalsozialistischen Blut-und-Boden-Ideologie als »Blutsquell der Nation«. »Fremdvölkische« Kinder, die auf den Höfen zur Welt kamen, mit deutschen Kindern zusammen aufwuchsen und die deutsche Sprache lernten, stellten aus dieser Perspektive eine kaum zu unterschätzende »Unterwanderungsgefahr« dar. Gleichzeitig beklagten viele Arbeitgeber:innen einen Rückgang der Arbeitsleistung ihrer Arbeiterinnen, die sich auf den Höfen um ihren Nachwuchs kümmerten. Die frühzeitige Trennung der Kinder von ihren Müttern und ihre Absonderung in improvisierten »Ausländerkinder-Pflegestätten« schienen für beide Probleme eine Lösung zu bieten. Etwa ab Frühjahr 1944 lief in vielen landwirtschaftlich geprägten Regionen die vom Reichsbauernführer

Schlussbetrachtungen

angeordnete Einrichtung von »Pflegestätten« und »Pflegenestern« durch den Reichsnährstand an. Diese zweite Phase ist, mehr noch als die vorherige, von Improvisation und Behördenchaos gekennzeichnet. Infolge finanzieller und organisatorischer Schwierigkeiten verzögerte sich die Bereitstellung derartiger Einrichtungen in der Landwirtschaft vielerorts bis weit ins Jahr 1944 hinein.

Aufgrund dieser Probleme stellten die »Ausländerkinder-Pflegestätten« zwar eine geeignete Übergangslösung dar, die aber von anderen Maßnahmen flankiert werden sollte. So sprachen sich sowohl Rasseexperten der SS, diverse Parteidienststellen als auch die Arbeitseinsatzbehörden gleichermaßen für eine vermehrte Durchführung von Schwangerschaftsabbrüchen bei schwangeren Polinnen und »Ostarbeiterinnen« aus. In Anbetracht der aufwendigen und oftmals nur schleppend voranschreitenden Einrichtung von Entbindungsheimen und »Ausländerkinder-Pflegestätten« erschien dies als einfachste und ökonomischste Lösung, um die Frauen nach kurzer Zeit wieder als Arbeitskräfte einsetzen zu können und gleichzeitig der wachsenden Zahl »fremdvölkischer« Geburten entgegenzuwirken. Für Abtreibungen bei schwangeren Ausländerinnen griffen die Behörden wie auch bei Entbindungen zunächst auf die vorhandene Infrastruktur – Lagerreviere, öffentliche Krankenanstalten und »Ausländer-Krankenbaracken« – zurück. Ab 1944 sollten die Eingriffe möglichst in den Revieren der zentralen Durchgangs- und Krankensammellager von ausländischen Ärzt:innen vorgenommen werden. Ebenso sollten Entbindungen so weit wie möglich in separaten Entbindungsheimen für Ausländerinnen und nicht mehr in den Krankenhäusern oder auf den Höfen der Arbeitgeber:innen stattfinden. Kriegsbedingt konnte die gewünschte Separation der Entbindungen und Abtreibungen jedoch nicht überall umgesetzt werden, so dass sich je nach Region verschiedene Zwischenlösungen herausbildeten.

Neben den Betrieben, die Zwangsarbeiterinnen beschäftigten, beteiligte sich eine Vielzahl verschiedener Behörden, Dienststellen und Funktionäre auf regionaler und lokaler Ebene in unterschiedlichem Maße an der Umsetzung der in Berlin beschlossenen Maßnahmen. Dies betraf insbesondere die Bereiche der Arbeitsverwaltung, der Wohlfahrtspflege, der kommunalen Verwaltung und des Gesundheitswesens. Das für den NS-Staat charakteristische Nebeneinander staatlicher und parteiamtlicher Stellen verstärkte das ohnehin bestehende Zuständigkeitschaos, welches sich durch die uneinheitlichen Erlasse für die jeweiligen Arbeitsbereiche ergab. Vor Ort befassten sich Landräte, Bürgermeister, Stadtverwaltungen, NSDAP-Kreis- und Ortsgruppenleiter, Arbeitsämter, DAF-Funktionäre, Kreis- und Ortsbauernführer, Ernährungs- und Wirtschaftsämter, Polizeibehörden und Gendarmerieposten, die Nationalsozialistische Volkswohlfahrt, Ärzt:innen und Fürsorger:innen der Jugend- und Gesundheitsämter, genossenschaftliche Kooperationen und Einzelbetriebe mit der Behandlung schwangerer ausländischer Arbeiterinnen und ihrer Kinder.

Schlussbetrachtungen

Trotz der Vielfalt der beteiligten Behörden, Dienststellen und Akteur:innen, die sich in der Industrie und Landwirtschaft, in den Städten, Kreisen und Gemeinden, in den Betriebs-, Gemeinschafts-, Durchgangs- und Krankensammellagern mit der Einrichtung und dem Betrieb der »Ausländerkinder-Pflegestätten« befassten, waren die Folgen in den meisten Fällen ähnlich. Die frühzeitige Trennung der Säuglinge von ihren Müttern, Mangelernährung, Überbelegung, unzureichende Hygiene und schlechte pflegerische und medizinische Versorgung resultierten in einer erhöhten Säuglingssterblichkeit, nicht selten aber auch in einem über Monate andauernden Massensterben der dort untergebrachten Kinder. Aufgrund der dezentralen Organisation der »Pflegestätten« lässt sich dies nicht mit einer konsequent umgesetzten Mordpolitik erklären, sondern nur durch das spezifische Zusammenwirken aller beteiligten Stellen und Personen, geformt durch Vorgaben von oben, ökonomische Eigeninteressen und rassenideologische Überzeugungen, radikalisiert durch die Bedingungen der letzten Kriegsjahre.

Auf lokaler Ebene wurde die systematische, zum Tod führende Vernachlässigung der ausländischen Kinder durch eine strukturell angelegte Verantwortungsdiffusion aufrechterhalten, basierend auf undurchsichtigen Organisationsstrukturen, unklaren Verantwortlichkeiten und sich überschneidenden Kompetenzen. Die zahlreichen Behörden und Personen, die sich in verschiedenen Funktionen daran beteiligten, agierten trotz vielschichtiger Motivationen, Handlungsoptionen und Entscheidungen jeweils innerhalb der ihnen vorgegebenen Handlungsrahmen. Die Verantwortlichen reagierten auf das Sterben in diesen Einrichtungen, wenn überhaupt, mit inkonsequenten Maßnahmen, welche die grundsätzlichen Probleme nicht zu lösen vermochten oder die Situation sogar noch verschlimmerten. Für andere ermöglichte es der Rückzug auf den eigenen Zuständigkeitsbereich, Verantwortung abzuschieben und sich persönlich zu distanzieren. Diese Strategie erwies sich, wie die Fallbeispiele juristischer Aufarbeitung in der Nachkriegszeit demonstrieren, als sehr erfolgreich. Hilfsbereite Menschen hingegen konnten sich kaum wirkungsvoll für das Wohl der Kinder einsetzen, ohne Repressalien fürchten zu müssen. Mit den »Ausländerkinder-Pflegestätten« hatte sich ein dezentral organisiertes und eigendynamisches rassen- und bevölkerungspolitisches Instrument etabliert, welches den Tod zehntausender »rassisch unerwünschter« Säuglinge und Kleinkinder in unzähligen, im gesamten Reich verteilten Einrichtungen herbeiführte.

Ausländische Zwangsarbeiterinnen als Opfer intersektionaler Diskriminierungen

Die Reproduktionsfähigkeit ausländischer Arbeiterinnen diente den Nationalsozialisten als bevorzugter Angriffspunkt für eine Reihe antinatalistischer Maßnahmen, mit denen »fremdvölkische« Familiengründungen und Geburten »rassisch unerwünschter« Kinder im Altreich verhindert werden sollten. Gleichzeitig war der Frauenanteil bei denjenigen Arbeitskräften, die auf der NS-Rassenhierar-

Schlussbetrachtungen

chie weit unten rangierten und deren Nachwuchs damit die vermeintlich größte »Gefahr« für das deutsche Volkstum darstellte, bei Weitem am höchsten. Polinnen und »Ostarbeiterinnen« sahen sich daher sowohl aufgrund der ihnen zugeschriebenen »Rasse« als auch aufgrund ihres Geschlechts spezifischen, intersektionalen Diskriminierungen ausgesetzt.

Eine weitere Diskriminierungskategorie betonten vor allem die Fürsorger:innen der Gesundheits- und Jugendämter, die rassistische Argumentationsmuster frühzeitig mit gesellschaftlich tradierten Ressentiments gegenüber jungen, ledigen Müttern verbanden. Die angebliche »sittliche Gefährdung« und »Verwahrlosung« der ausländischen Frauen und Mädchen, also Kategorien, die ausschließlich auf dem Gebiet der weiblichen Sexualität zur Anwendung kamen, galten als ursächlich für die Verbreitung von Geschlechtskrankheiten und somit als Gefahr für die deutsche »Volksgesundheit«. Schwangere ausländische Frauen und Mütter sahen sich mit von der NS-Propaganda befeuerten Vorurteilen über ihren angeblich unsauberen und promiskuitiven Lebenswandel konfrontiert und waren an ihren Arbeitsplätzen, in den Lagern und als Patientinnen in deutschen Krankenhäusern alltäglichen Schikanen ausgesetzt. Bei ledigen Müttern diente die Unehelichkeit neben der »Rasse« als zusätzliche, wenn auch nicht unbedingt notwendige Rechtfertigung für die erzwungene Wegnahme ihrer Kinder und deren Unterbringung in den »Ausländerkinder-Pflegestätten«.

Da NS-Rassenideologen unerwünschte sexuelle Kontakte zwischen Deutschen und Ausländer:innen als besondere Gefahr für die angestrebte rassische Homogenität der »Volksgemeinschaft« fürchteten, sollten diese mittels strenger Reglementierungen und drakonischer Strafen verhindert werden. Zudem setzten die Arbeitseinsatzbehörden weibliche Zwangsarbeiterinnen gezielt zur Lenkung des Sexualverhaltens männlicher Arbeitskräfte des jeweiligen »Volkstums« ein. Während Polinnen und »Ostarbeiterinnen« aufgrund angeblicher Verstöße gegen die gesellschaftliche sexuelle Moral als »minderwertig« und als Gefahr für die »Volksgesundheit« galten, erschien der männliche Sexualtrieb als natürliches Bedürfnis, dem eine Möglichkeit zur Auslebung gegeben werden müsse. Mit großem Eifer trieben die Behörden auf Reichsebene, allen voran der Reichsführer SS, die Schaffung von Bordellen zur sexuellen Ausbeutung ausländischer Frauen voran, die als »Ventil« und Leistungsanreiz für männliche Arbeitskräfte missbraucht wurden. Auch abseits der Lagerbordelle waren weibliche Zwangsarbeiterinnen in besonderem Maße der Gefahr sexuellen Missbrauchs durch ihre Arbeitgeber, Wachmänner und andere Zwangsarbeiter ausgesetzt, sei es durch Gewalt, Zwang oder unter Ausnutzung des Machtgefälles.

Während die Gebärfähigkeit »gutrassiger« und »erbgesunder« deutscher Frauen für die Nationalsozialisten ein schützenswertes Gut darstellte, galt sie bei »fremdvölkischen« Frauen als inhärente Gefahr für das deutsche Volkstum. Schwangerschaften polnischer Frauen in den besetzten Ostgebieten deute-

Schlussbetrachtungen

ten NS-Rassenideologen als bewusst im »Volkstumskampf« gegen das deutsche Volk eingesetzte Waffe, womit sie ihre Opfer zu Tätern stilisierten. Dies galt insbesondere auch für ausländische Zwangsarbeiterinnen, bei denen eine Schwangerschaft zudem nicht mit dem Zweck ihres Einsatzes im Reich, der Ausbeutung ihrer Arbeitsleistung für die deutsche Kriegswirtschaft, vereinbar war. Aus diesen Gründen wurde den betroffenen Frauen das Recht auf Familie, Schwangeren und Müttern der Anspruch auf besonderen Schutz abgesprochen.

Das Ende der Rückführungen schwangerer ausländischer Arbeiterinnen markiert den Beginn einer spezifischen Zwangssituation für diese Frauen, in der sich das Regime die Verfügungsgewalt über ihre Reproduktionsfähigkeit mit immer radikaleren Mitteln zu sichern versuchte. Mit diversen Maßnahmen sollten »unerwünschter Bevölkerungszuwachs« verhindert und die fortlaufende ökonomische Ausbeutung der Frauen sichergestellt werden. Dazu zählten die diskriminierenden Richtlinien zur Anwendung des Mutterschutzgesetzes auf Ausländerinnen, die Freigabe der Abtreibung bei Polinnen und »Ostarbeiterinnen«, die auf einer nur scheinbaren Freiwilligkeit beruhte, bewusst abschreckende Entbindungsstationen, in denen schwangere Frauen unter unhygienischen Bedingungen ihre Kinder zur Welt bringen mussten, sowie die erzwungene Trennung der Säuglinge von ihren Müttern und deren Absonderung und Vernachlässigung in primitiven Notunterkünften, den »Ausländerkinder-Pflegestätten«. Eine besondere Rolle spielte zudem die NS-Medizin beim Missbrauch schwangerer Ausländerinnen als Untersuchungsobjekte zu Ausbildungszwecken sowie bei der Erprobung neuer Abtreibungsmethoden unter Anwendung unnötig schmerzhafter medizinischer Eingriffe.

Aufgrund ihrer besonderen Zwangslage verfügten ausländische Arbeiterinnen nur über wenige Handlungsoptionen, um sich den Maßnahmen des Regimes zu entziehen oder deren Folgen für ihren Nachwuchs abzumildern. Eine ungewollte Abtreibung beispielsweise konnte durch passiven Widerstand hinausgezögert werden, bis es für einen Eingriff zu spät war. Zudem hatten Mütter verschiedene Möglichkeiten, ihre Kinder vor einer Einweisung in eine »Ausländerkinder-Pflegestätte« zu bewahren, sich in der Einrichtung selbst um ihre Kinder zu kümmern oder diese daraus zu befreien. Diese Optionen standen nur wenigen Frauen offen, waren stark von der örtlichen Situation abhängig, nicht immer erfolgversprechend und mitunter mit hohen Risiken verbunden.

Die »Ausländerkinder-Pflegestätten« markieren somit nicht nur einen neuralgischen Punkt im Spannungsfeld zwischen kriegswirtschaftlichem Arbeitseinsatz und der NS-Rassenideologie, sondern verweisen darüber hinaus auf die antinatalistische und sexistische Geburten- und Geschlechterpolitik des Regimes, die nur mit Hilfe zahlreicher Instanzen und Funktionsträger:innen auf verschiedenen Ebenen und aus verschiedenen Bereichen realisiert werden konnte. Diese verhandelten konstant über den schmalen Grat zwischen »Eindeutschung« und Ausgrenzung, zwischen Pflege und Vernachlässigung, der über das Leben betroffener Arbeiterinnen und ihrer Kinder aufgrund rassistischer sowie ökonomischer Kriterien entschied. Wirtschaftliche Ausbeutung und Rassismus bildeten gemeinsam mit tradierten gesellschaftlichen Ressentiments die Grundlage für sich im Kriegsverlauf radikalisierende Praktiken, die im Tod Zehntausender Säuglinge und Kleinkinder resultierten.

Im Hinblick auf die maßgebliche Rolle des nationalsozialistischen Fürsorgewesens, das zum Ende des Krieges mit der Einrichtung sogenannter Sonderpflegestätten für alle als »unproduktiv« geltenden ausländischen Arbeitskräfte und Kinder beauftragt wurde, wäre eine weiterführende Studie gewinnbringend, die Verbindungslinien zwischen den NS-Krankenmorden, der Ermordung ausländischer Zwangsarbeiterinnen in den Euthanasiemordstätten und dem Hungersterben in den »Ausländerkinder-Pflegestätten« genauer in den Blick nimmt.[1] Auch (Zwangs-)Abtreibungen und medizinische Versuche an schwangeren Ausländerinnen im Nationalsozialismus sind aufgrund der begrenzten Quellenlage noch immer ein kritisch untererforschter Bereich. Hier könnte ein wissens- und wissenschaftsgeschichtlicher Ansatz Abhilfe schaffen, der die Erlangung und Verbreitung verbrecherischen Wissens unter Ausnutzung schwangerer Zwangsarbeiterinnen in den Krankensammellagern, Krankenhäusern, Lehranstalten und Universitätskliniken untersucht.[2] Dabei sollten auch etwaige Verbindungen, Netzwerke und Kontinuitäten sowohl in den Vor- als auch den Nachkriegsjahren einbezogen werden. Ein weiterer und vielversprechender Forschungsansatz könnte über die im Reichsgebiet vorherrschenden Strukturen hinausgehen und die Behandlung schwangerer Zwangsarbeiterinnen und ihrer Kinder in den besetzten Gebieten Europas und insbesondere Osteuropas in den Blick nehmen.[3] Dabei ließen sich möglicherweise parallele oder – je nach Region – wahrscheinlich sogar wesentlich enthemmtere Maßnahmen zur Reproduktionsbeschränkung, Kindswegnahme, Eindeutschung und Tötung finden. Dies könnte einen äußerst gewinnbringenden Zugang zur noch immer untererforschten Zwangsarbeit in den besetzten Gebieten eröffnen und einen wertvollen Beitrag zur Erfahrungsgeschichte des Alltags unter deutscher Besatzung leisten.

---

1   Zur vergleichenden Betrachtung einzelner Tatkomplexe, die zum Kriegsende zu einem Verbrechenskomplex zusammenwuchsen, siehe die Studien in Jörg Osterloh; Jan Erik Schulte; Sybille Steinbacher (Hg.), »Euthanasie«-Verbrechen im besetzten Europa. Zur Dimension des nationalsozialistischen Massenmords, Göttingen 2022; Jörg Osterloh; Jan Erik Schulte (Hg.), »Euthanasie« und Holocaust. Kontinuitäten, Kausalitäten, Parallelitäten, Paderborn 2021.
2   Siehe beispielsweise das Forschungsprojekt »Medizin und Biowissenschaften im Nationalsozialismus« von Paul Weindling und dem Zentrum für Wissenschaftsforschung an der Leopoldina.
3   Siehe dazu das Forschungsprojekt »Besatzungsgesellschaften im Zweiten Weltkrieg« von Tatjana Tönsmeyer und Peter Haslinger.

Abkürzungen

ABS	Archiv Bezpečnostních Složek
AOK	Allgemeine Ortskrankenkasse
APP	Archiwum Państwowe w Poznaniu
BArch	Bundesarchiv Berlin
DAF	Deutsche Arbeitsfront
DGT	Deutscher Gemeindetag
GBA	Generalbevollmächtigter für den Arbeitseinsatz
HHStAW	Hessisches Hauptstaatsarchiv Wiesbaden
HSSPF	Höherer SS- und Polizeiführer
IPN Po	Instytut Pamięci Narodowej w Poznaniu
I. Z.	Instytut Zachodni w Poznaniu
LASA	Landesarchiv Sachsen-Anhalt
NACP	National Archives at College Park
NLA HA	Niedersächsisches Landesarchiv, Abteilung Hannover
NSDAP	Nationalsozialistische Deutsche Arbeiterpartei
NSV	Nationalsozialistische Volkswohlfahrt
RBF	Reichsbauernführer
RFSS	Reichsführer SS
RJM	Reichsjustizministerium
RKF	Reichskommissar für die Festigung deutschen Volkstums
RMdI	Reichsministerium des Inneren
RMEL	Reichsministerium für Ernährung und Landwirtschaft
RMO	Reichsministerium für die besetzten Ostgebiete
RNSt	Reichsnährstand
RPA	Rassenpolitisches Amt der NSDAP
RSHA	Reichssicherheitshauptamt
RuS-Führer	SS-Führer im Rasse- und Siedlungswesen
RuSHA	Rasse- und Siedlungshauptamt-SS
SD	Sicherheitsdienst
Sipo	Sicherheitspolizei
SS	Schutzstaffel
StA Nü	Staatsarchiv Nürnberg
TNA	The National Archives
UNRRA	United Nations Relief and Rehabilitation Administration
USHMM	United States Holocaust Memorial Museum
USK	Unabhängiger Staat Kroatien
VDA	Volksbund für das Deutschtum im Ausland
VoMi	Volksdeutsche Mittelstelle
o. D.	ohne Datum
o. V.	ohne Verlag

Quellen und Literatur

Gedruckte Quellen

Quelleneditionen

Akten der Partei-Kanzlei der NSDAP. Rekonstruktion eines verloren gegangenen Bestandes. Sammlung der in anderen Provenienzen überlieferten Korrespondenzen, Niederschriften von Besprechungen usw. mit dem Stellvertreter des Führers und seinem Stab bzw. der Partei-Kanzlei, ihren Ämtern, Referaten und Unterabteilun-gen sowie mit Heß und Bormann persönlich, hg. vom Institut für Zeitgeschichte, Teil 1: Regesten-Bde. 1–2, bearb. von Helmut Heiber unter Mitw. von Hildegard von Kotze, Gerhard Weiher, Ino Arndt und Carla Mojto, sowie das Register zu den Bänden 1–2, bearb. von Helmut Heiber unter Mitwirkung von Volker Dahm, Hildegard von Kotze, Gerhard Weiher und Reinhilde Staude, München, Wien 1983–1985 (mit 2 Bänden Microfiches); Teil 2: Regesten-Bde. 3–4, bearb. von Peter Longerich, sowie das Register zu den Bänden 3–4, bearb. von Peter Longerich, München, London, New York, Paris 1992 (mit 2 Bänden Microfiches).

Brand, George (Hg.), Trial of Heinrich Gerike, Gustav Claus, Georg Hessling, Richard Demmerich, Werner Noth, Fritz Flint, Hermann Müller, Valentina Bilien. The Velpke Baby Home Trial, London; Edinburgh; Glasgow 1950.

Fleischmann, Max; Liszt, Franz von (Hg.), Das Völkerrecht, Berlin 1925.

Grabrucker, Marianne, Vom Abenteuer der Geburt. Die letzten Landhebammen erzählen, Frankfurt a. M. 1998.

Heiber, Helmut, Der Generalplan Ost, in: Vierteljahrshefte für Zeitgeschichte 6, 1958, S. 281–325.

Jungblut, Peter, Tod in der Wiege. Die Geschichte des Fabrikstandortes Gendorf von 1939 bis 1945, o. V. Altötting 1989, S. 24.

Karpinska-Morek, Ewelina; Was-Turecka, Agnieszka; Sieradzka, Monika; Wróblewski, Artur; Majta, Tomasz; Drzonek, Michał, Als wäre ich allein auf der Welt. Der nationalsozialistische Kinderraub in Polen, München 2020.

Konieczny, Alfred; Szurgacz, Herbert (Hg.), Praca przymusowa Polaków pod panowaniem hitlerowskim 1939–1945, Poznań 1976.

Łuczak, Czesław (Hg.), Położenie polskich robotników przymusowych w Rzeszy 1939–1945, Poznań 1975.

Madajczyk, Czesław (Hg.), Vom Generalplan Ost zum Generalsiedlungsplan. Dokumente, München 1994.

Madajczyk, Czesław (Hg.), Zamojszczyzna, Sonderlaboratorium SS. Zbiór dokumentów polskich i niemieckich z okresu okupacji hitlerowskiej, Warszawa 1977.

Moczarski, Norbert; Post, Bernhard; Weiß, Katrin (Hg.), Zwangsarbeit in Thüringen 1940–1945. Quellen aus den Staatsarchiven des Freistaates Thüringen, Erfurt 2002.

Müller, Rolf-Dieter, Die deutsche Wirtschaftspolitik in den besetzten sowjetischen Gebieten 1941–1943. Der Abschlußbericht des Wirtschaftsstabes Ost und Aufzeichnungen eines Angehörigen des Wirtschaftskommandos Kiew, Boppard am Rhein 1991.

Picker, Henry, Hitlers Tischgespräche im Führerhauptquartier, Stuttgart 1976.
Rüter, Christiaan F. (Hg.), DDR-Justiz und NS-Verbrechen. Die Verfahren Nr. 2001–2088, Waldheimverfahren, Amsterdam; München 2009.
Schubert, Werner, Das Familien- und Erbrecht unter dem Nationalsozialismus. Ausgewählte Quellen zu den wichtigsten Gesetzen und Projekten aus den Ministerialakten, München; Paderborn 1993.
Sosnowski, Kiryl, The tragedy of children under Nazi rule, New York 1983.
Staszyński, Ludwik (Hg.), Przemoc, poniżenie, poniewierka. Wspomnienia z przymusowych robót rolnych 1939–1945, Warszawa 1967.
Trials of War Criminals before the Nuernberg Military Tribunals under Control Council Law No. 10, Bd. IV, Washington 1950.
Trials of War Criminals before the Nuernberg Military Tribunals under Control Council Law No. 10, Bd. IX, Washington 1950.
Witte, Peter; Wildt, Michael; Voigt, Martina; Pohl, Dieter; Klein, Peter; Gerlach, Christian; Dieckmann, Christoph; Angrick, Andrej (Hg.), Der Dienstkalender Heinrich Himmlers. 1941/42, Hamburg 1999.

Quellen im Internet

Anklageschrift Anna Snopczyck v. Volkswagen AG, online einsehbar unter: https://www.angelfire.com/nj/odszkodowania/snopczyk.html [Stand: 12. Juli 2022].
Die Säuglingssterblichkeit in München (Entwicklungs- und Vergleichsdaten), in: Münchner Statistik, 1967, S. 167–178, online einsehbar unter: https://www.mstatistik-muenchen.de/archivierung_historische_berichte/MuenchenerStatistik/1967/ms670302.pdf [Stand: 12. Juli 2022].
Eheschließungen, Geburten und Sterbefälle im Jahre 1943, in: Wirtschaft und Statistik 24, 1944, H. 5, S. 73–78, online einsehbar unter: https://www.statistischebibliothek.de/mir/servlets/MCRFileNodeServlet/DEAusgabe_derivate_00001105/Wirtschaft_und_Statistik-1944-05.pdf [Stand: 12. Juli 2022].
Zeitzeuginnenberichte von Ljubov Z., Lydia T., Alina M, Magdalina H., Jelisaveta G. und Oleksandra L. im Rahmen des LVR-Projekts »Riss durchs Leben«, online einsehbar unter: https://riss-durchs-leben.lvr.de/de/zeitzeuginnen/uebersicht.html [Stand: 12. Juli 2022].

Zeitgenössische Literatur

Birk, Walter, Vermeidbare Kinderkrankheiten, Stuttgart 1936.
Brehme, Thilo, Künstliche Ernährung und Ernährungsstörungen im Säuglingsalter. Ein Leitfaden für die Praxis, Stuttgart 1949.
Brehme, Thilo, Über epidemisches Massensterben von Säuglingen, bes. von Neugeborenen. Ein Beitrag zum Problem des Hospitalismus, in: Archiv für Kinderheilkunde 134, 1947, S. 92–105.
Feer, Emil, Lehrbuch der Kinderheilkunde, 6. Aufl. Jena 1920.

Genzmer, Werner, Hundert Jahre Augsburger Kammgarn-Spinnerei 1836/1936. Ein Beitrag zur Geschichte des deutschen Wollgewerbes, Augsburg 1936.
Glanzmann, Eduard, Einführung in die Kinderheilkunde, Wien 1939.
Haarer, Johanna, Die deutsche Mutter und ihr erstes Kind. Mit 47 Abbildungen, München 1934.
Schulze, Fritz; Jäckel, Hermann Ernst, Umfang der Frauenarbeit in der deutschen Textilindustrie. Erwerbsarbeit, Schwangerschaft, Frauenleid, Berlin 1923.
Schranner, Therese, Ärztliche Erfahrungen beim Einsatz fremdländischer Arbeitskräfte, Wien 1943.

Ungedruckte Quellen

Archiv Bezpečnostních Složek (ABS)

325–25–1.

Archiwum Państwowe w Poznaniu (APP)

53/299/0/1.28/1137.
53/299/0/2.1/1888.
53/299/0/2.5/2198.
53/299/0/2.6/2236; 2239.

Arolsen Archives

1.1.0.6; 2.2.0.1; 2.2.0.2; 4.1.0; 5.1, ITS Digital Archive.

Bundesarchiv Berlin (BArch)

NS 2/56; 58; 154; 161; 191; 295.
NS 5-I/262; 264; 265; 270; 271.
NS 6/334; 335.
NS 18/527; 653; 1137.
NS 19/180; 940; 1886; 2621; 3438; 3596.
NS 37/1025.
NS 47/34; 61.
NS 48/29.
R 2/60765.
R 6/97; 103; 398.
R 11/1243.
R 12-I/342.
R 16/174.
R 36/1444; 2620; 2635.
R 42-I/19; 23.

Quellen und Literatur

R 43-II/614.
R 49/2769; 3433.
R 55/1220; 1229.
R 58/152; 168; 171; 176; 177; 181; 190; 192; 208; 3519; 3543.
R 59/48; 487.
R 75/20.
R 89/10888.
R 91/461.
R 187/216.
R 1501/1479; 3068; 3109; 3382; 3806; 212827.
R 3001/20485; 20849.
R 3901/20467; 20469.
R 4701/14152/2.
R 5101/23166.

Hessisches Hauptstaatsarchiv Wiesbaden (HHStAW)

483 Nr. 7359a; 7359b; 7360.

Instytut Zachodni w Poznaniu (I. Z.)

Dok. III.

Instytut Pamięci Narodowej w Poznaniu (IPN Po)

S. 1/10/Zn.
S. 5/00/Zn.
S. 58/03/Zn.

Landesarchiv Sachsen-Anhalt Magdeburg (LASA)

C 102, Nr. 246.

National Archives at College Park (NACP)

RG 549, Box 486, Case No. 000-12-396.

Niedersächsisches Landesarchiv, Abteilung Hannover (NLA HA)

Hann. 122a Nr. 3346.
Hann. 180 Lüneburg Acc. 3/005 Nr. 120 I.
Hann. 180 Lüneburg Acc. 3/005 Nr. 120 II.

Staatsarchiv Nürnberg (StA Nü)

KV-Anklage, Dok. Fotokop., Nr. NO-4141.

The National Archives in Kew (TNA)

WO 235/159–161; 271–277; 447.
WO 309/100; 326; 585; 1222.
WO 311/420; 430.

Literatur

Adam, Alfons, Porodnice Dětřichov u Moravské Třebové, Mezi pomocí těhotným dělnicím, rasovým výběrem a masovou vraždou, in: Paměť a dějiny 14, 2020, S. 47–55.

Aders, Gebhard, Die Ausräumung des Krankenlagers am Gremberger Wäldchen im April 1945, in: Rechtsrheinisches Köln: Jahrbuch für Geschichte und Landeskunde 1999, S. 149–182.

Andlauer, Anna, Zurück ins Leben. Das internationale Kinderzentrum Kloster Indersdorf 1945–46, Nürnberg 2011.

Anschütz, Janet; Fischer, Stephanus; Heike, Irmtraud; Wächtler, Cordula (Hg.), Gräber ohne Namen. Die toten Kinder Hannoverscher Zwangsarbeiterinnen, Hamburg 2006.

Anschütz, Janet; Heike, Irmtraud,»Unerwünschte Elemente«. Die Toten Kinder Hannoverscher Zwangsarbeiterinnen – Opfer der nationalsozialistischen Rassenpolitik, in: Gräber ohne Namen. Die toten Kinder Hannoverscher Zwangsarbeiterinnen, hg. von Janet Anschütz, Stephanus Fischer, Irmtraud Heike und Cordula Wächtler, Hamburg 2006, S. 27–63.

Baganz, Carina, Lager für ausländische zivile Zwangsarbeiter, in: Arbeitserziehungslager, Ghettos, Jugendschutzlager, Polizeihaftlager, Sonderlager, Zigeunerlager, Zwangsarbeiterlager, hg. von Wolfgang Benz, Barbara Distel und Angelika Königseder, München 2009, S. 248–270.

Bayer, Barbara, Es ist nun die Frage, wohin mit ihr. Zwangsarbeiterinnen und ihre Kinder als Patientinnen und Patienten in der Universitätsfrauenklinik Tübingen 1939–1945, Tübingen 2008.

—, Ausländerinnen als gynäkologische und geburtshilfliche Patientinnen in der Universitätsfrauenklinik Tübingen 1939–1945, in: Der »Ausländereinsatz« im Gesundheitswesen (1939–1945). Historische und ethische Probleme der NS-Medizin, hg. von Andreas Frewer, Bernhard Bremberger und Günther Siedbürger, Stuttgart 2009, S. 117–145.

Beddies, Thomas; Schmiedebach, Heinz-Peter,»Euthanasie«-Opfer und Versuchsobjekte. Kranke und behinderte Kinder in Berlin während des Zweiten Weltkriegs, in: Medizinhistorisches Journal 39, 2004, S. 165–196.

Benz, Wolfgang; Distel, Barbara (Hg.), Medizin im NS-Staat. Täter, Opfer, Handlanger, München 1993.

Benzenhöfer, Udo, Zur Genese des Gesetzes zur Verhütung erbkranken Nachwuchses, Münster 2006.

Quellen und Literatur

Berger, Ernst (Hg.), Verfolgte Kindheit. Kinder und Jugendliche als Opfer der NS-Sozialverwaltung, Köln; Wien 2007.

Blaschke, Olaf; Großbölting, Thomas (Hg.), Was glaubten die Deutschen zwischen 1933 und 1945? Religion und Politik im Nationalsozialismus, Frankfurt a. M.; New York 2020.

Bock, Gisela, Zwangssterilisation im Nationalsozialismus. Studien zur Rassenpolitik und Geschlechterpolitik, Opladen 1986 (Neudruck Münster 2010).

Borggräfe, Henning; Jah, Akim; Ritz, Nina; Jost, Steffen (Hg.), Freilegungen. Rebuilding lives – child survivors and DP children in the aftermath of the Holocaust and forced labor, Göttingen 2017.

Brandes, Detlef, »Umvolkung, Umsiedlung, rassische Bestandsaufnahme«. NS-»Volkstumspolitik« in den böhmischen Ländern, München 2012.

Breiding, Birgit, Die braunen Schwestern. Ideologie, Struktur, Funktion einer nationalsozialistischen Elite, Stuttgart 1998.

Bremberger, Bernhard; Hummeltenberg, Frank; Stürzbecher, Manfred, Das »Ausländerkrankenhaus der Reichshauptstadt Berlin« in Mahlow, in: Der »Ausländereinsatz« im Gesundheitswesen (1939–1945). Historische und ethische Probleme der NS-Medizin, hg. von Andreas Frewer, Bernhard Bremberger und Günther Siedbürger, Stuttgart 2009, S. 219–270.

Brüntrup, Marcel, Verbrechen und Erinnerung. Das »Ausländerkinderpflegeheim« des Volkswagenwerks, Göttingen 2019.

—, Rühen Baby Case. Der Prozess um das »Ausländerkinderpflegeheim« des Volkswagenwerks, in: Alliierte Prozesse und NS-Verbrechen, hg. von der KZ-Gedenkstätte Neuengamme, Bremen 2020, S. 131–141.

—, Osteuropäische Zwangsarbeiterinnen und ihre Kinder zwischen Zwangstrennung und Familienzusammenführung, 1940–45, in: Familientrennungen im nationalsozialistischen Krieg. Erfahrungen und Praktiken in Deutschland und im besetzten Europa 1939–1945, hg. von Wiebke Lisner, Johannes Hürter, Cornelia Rauh und Lu Seegers, Göttingen 2022, S. 257–279.

Buchheim, Hans, Die Höheren SS- und Polizeiführer, in: Vierteljahrshefte für Zeitgeschichte 11, 1963, S. 362–391.

Buddrus, Michael, Totale Erziehung für den totalen Krieg. Hitlerjugend und nationalsozialistische Jugendpolitik, München 2003.

Buser, Verena, Überleben von Kindern und Jugendlichen in den Konzentrationslagern Sachsenhausen, Auschwitz und Bergen-Belsen, Berlin 2011.

—, Displaced Children 1945 and the Child Tracing Division of the United Nations Relief and Rehabilitation Administration, in: 70 years after the liberation of the camps, hg. von Rainer Schulze, Colchester 2015, S. 109–123.

Buske, Sybille, Fräulein Mutter und ihr Bastard. Eine Geschichte der Unehelichkeit in Deutschland 1900 bis 1970, Göttingen 2004.

Cieślawski, Marian, Z przeżyć dzieci i matek robotnic przymusowych na Pomorzu Zachodnim, in: Przegląd Lekarski 38, 1981, S. 121–124.

Cohen, Boaz, The Children's Voice: Postwar Collection of Testimonies from Child Survivors of the Holocaust, in: Holocaust and Genocide Studies 21, 2007, S. 73–95.

Corni, Gustavo; Gies, Horst, »Blut und Boden«. Rassenideologie und Agrarpolitik im Staat Hitlers, Idstein 1994.

—, Brot – Butter – Kanonen, Berlin 1997.

Czarnowski, Gabriele, Das kontrollierte Paar. Ehe- und Sexualpolitik im Nationalsozialismus, Weinheim 1991.

—, »Der Wert der Ehe für die Volksgemeinschaft«. Frauen und Männer in der nationalsozialistischen Ehepolitik, in: Zwischen Karriere und Verfolgung. Handlungsräume von Frauen im nationalsozialistischen Deutschland, hg. von Kirsten Heinsohn, Barbara Vogel und Ulrike Weckel, Frankfurt a. M. 1997, S. 78–95.

—, Vom »reichen Material ... einer wissenschaftlichen Arbeitsstätte«. Zum Problem missbräuchlicher medizinischer Praktiken an der Grazer Universitäts-Fauenklinik in der Zeit des Nationalsozialismus, in: NS-Wissenschaft als Vernichtungsinstrument. Rassenhygiene, Zwangssterilisation, Menschenversuche und NS-Euthanasie in der Steiermark, hg. von Wolfgang Freidl und Werner Sauer, Wien 2004, S. 225–273.

—, Russenfeten. Abtreibung und Forschung an schwangeren Zwangsarbeiterinnen in der Universitätsfrauenklinik Graz 1943–1945, in: Virus: Beiträge zur Sozialgeschichte der Medizin, 2008, S. 53–67.

—, Involuntary Abortion and Coercive Research on Pregnant Forced Laborers in National Socialism, in: Human subjects research after the Holocaust, hg. von Sheldon Rubenfeld, Susan Benedict und Arthur L. Caplan, Cham 2014, S. 99–108.

Czarnowski, Gabriele; Hildebrandt, Sabine, Research on the boundary between life and death. Coercive experiments on pregnant women and their foetuses during National Socialism, in: From clinic to concentration camp. Reassessing Nazi medical and racial research 1933–1945, hg. von Paul Weindling, New York 2017, S. 73–99.

Czech, Herwig, Zwangsarbeit, Medizin und »Rassenpolitik« in Wien:. Ausländische Arbeitskräfte zwischen Ausbeutung und rassistischer Verfolgung, in: Medizin und Zwangsarbeit im Nationalsozialismus. Einsatz und Behandlung von »Ausländern« im Gesundheitswesen, hg. von Andreas Frewer und Günther Siedbürger, Frankfurt a. M. 2004, S. 253–280.

Czichy, Marc, Tötung der Kinder von Zwangsarbeitenden. Die »Ausländerkinderpflegestätten« in Brunshausen und Einbeck, in: Zwangsarbeit und Gesundheitswesen im Zweiten Weltkrieg. Einsatz und Versorgung in Norddeutschland, hg. von Günther Siedbürger und Andreas Frewer, Hildesheim 2006, S. 161–178.

Dahl, Matthias, Die Tötung behinderter Kinder in der Anstalt »Am Spiegelgrund« 1940 bis 1945, in: NS-Euthanasie in Wien, hg. von Eberhard Gabriel und Wolfgang Neugebauer, Wien 2000, S. 75–92.

—, »... deren Lebenserhaltung für die Nation keinen Vorteil bedeutet.«. Behinderte Kinder als Versuchsobjekte und die Entwicklung der Tuberkulose-Schutzimpfung, in: Medizinhistorisches Journal 37, 2002, S. 57–90.

Diederichs, Monika, »Moffenkinder«: Kinder der Besatzung in den Niederlanden, in: Historical Social Research / Historische Sozialforschung 34, 2009, S. 304–320.

Dill, Gregor, Nationalsozialistische Säuglingspflege. Eine frühe Erziehung zum Massenmenschen, Stuttgart 1999.

Distel, Barbara, Kinder und Jugendliche im nationalsozialistischen Verfolgungssystem, in: Kinder und Jugendliche als Opfer des Holocaust. Dokumentation einer internationalen Tagung in der Gedenkstätte Haus der Wannseekonferenz, 12. bis 14. Dezember 1994, hg. von Edgar Bamberger und Annegret Ehmann, Heidelberg 1995, S. 53–67.

— (Hg.), »Wir konnten die Kinder doch nicht im Stich lassen!« Frauen im Holocaust, Köln 2004.

Dohle, Oskar; Slupetzky, Nicole, Arbeiter für den Endsieg. Zwangsarbeit im Reichsgau Salzburg 1939–1945, Wien; Köln; Weimar 2004.

Dube-Wnęk, Annika, Strukturelle Gewalt im nationalsozialistischen Gesellschaftssystem am Beispiel der Ausländerkinder-Pflegestätten und der Forschungsergebnisse für das »Entbindungslager Kiesgrube« in Dresden, Dresden 2011.

Dublon-Knebel, Irith (Hg.), A Holocaust crossroads. Jewish women and children in Ravensbrück, London 2010.

Eiber, Ludwig, Nach Nürnberg. Alliierte Prozesse in den Besatzungszonen, in: Vom Recht zur Geschichte. Akten aus NS-Prozessen als Quellen der Zeitgeschichte, hg. von Jürgen Finger, Sven Keller und Andreas Wirsching, Göttingen 2009, S. 38–51.

Elsner, Gine, Arbeitsmedizin im Nationalsozialismus. Einige Aspekte und ihre Kontinuität, in: Muß Arbeit krank machen? Für eine andere Arbeitsmedizin, hg. von Gine Elsner, Wilfried Karmaus und Lothar Lißner, Hamburg 1986, S. 56–76.

—, Als Betriebsarzt bei Adler, Opel oder Hoechst. Arbeitsmediziner während der NS-Zeit in Hessen, Hamburg 2016.

Engelbrecht, Peter, »Rassisch minderwertiger Nachwuchs«. Abtreibungen an Zwangsarbeiterinnen in Oberfranken 1943–1945, in: Geschichte Quer 11, 2003, S. 36–38.

Faulstich, Heinz, Hungersterben in der Psychiatrie 1914–1949. Mit einer Topographie der NS-Psychiatrie, Freiburg im Breisgau 1998.

Fedewa, Lauren Elizabeth, Between Extermination and Child-Rearing. The Foreign Child-Care Facilities of Volkswagen and Velpke, University of Vermont 2018.

Fehlemann, Silke, Stillpropaganda und Säuglingsfürsorge am Beginn des 20. Jahrhunderts, in: Sprachformen des Körpers in Kunst und Wissenschaft, hg. von Gabriele Genge, Tübingen 2000, S. 19–30.

Finger, Jürgen; Keller, Sven, Täter und Opfer. Gedanken zu Quellenkritik und Aussagekontext, in: Vom Recht zur Geschichte. Akten aus NS-Prozessen als Quellen der Zeitgeschichte, hg. von Jürgen Finger, Sven Keller und Andreas Wirsching, Göttingen 2009, S. 114–131.

Fings, Karola, Kommunen und Zwangsarbeit, in: Stiften gehen. NS-Zwangsarbeit und Entschädigungsdebatte, hg. von Ulrike Winkler, Köln 2000, S. 108–129.

Fischer, Stephanus; Wächtler, Cordula, Die Begräbnisstätte auf dem Stadtfriedhof Seelhorst, in: Gräber ohne Namen. Die toten Kinder Hannoverscher Zwangsarbeiterinnen, hg. von Janet Anschütz, Stephanus Fischer, Irmtraud Heike und Cordula Wächtler, Hamburg 2006, S. 15–20.

Fleiter, Rüdiger, Das Städtische Gesundheitsamt Hannover und die Umsetzung der nationalsozialistischen Erb- und Rassengesetzgebung, in: Stadtverwaltung im Nationalsozialismus. Systemstabilisierende Dimensionen kommunaler Herrschaft, hg. von Sabine Mecking und Andreas Wirsching, Paderborn 2005, S. 325–339.

—, Stadtverwaltung im Dritten Reich. Verfolgungspolitik auf kommunaler Ebene am Beispiel Hannovers, Hannover 2007.

Flemnitz, Gaby, »Verschleppt, entrechtet, ausgebeutet«. Zwangsarbeit und Kriegsgefangenschaft im Kreis Warendorf im Zweiten Weltkrieg, Warendorf 2009.

Form, Wolfgang, Die Ahndung von Kriegs- und NS-Verbrechen in den westlichen Besatzungszonen Deutschlands nach dem Zweiten Weltkrieg, in: Alliierte Prozesse und NS-Verbrechen, hg. von der KZ-Gedenkstätte Neuengamme, Bremen 2020, S. 12–27.

Frankenberger, Tamara, Wir waren wie Vieh. Lebensgeschichtliche Erinnerungen ehemaliger sowjetischer Zwangsarbeiterinnen, Münster 1997.

Frei, Norbert (Hg.), Medizin und Gesundheitspolitik in der NS-Zeit, München 1991.

Freiling, Harald (Hg.), Ausländische Arbeiter und Kriegsgefangene in Kelsterbach 1933–1945. Ergebnisse einer Schülerarbeit zum Wettbewerb Deutsche Geschichte um den Preis des Bundespräsidenten, Kelsterbach 1987.

Freitag, Gabriele, Zwangsarbeiter im Lipper Land. Der Einsatz von Arbeitskräften aus Osteuropa in der Landwirtschaft Lippes 1939–1945, Bochum 1996.

Frewer, Andreas; Bremberger, Bernhard; Siedbürger, Günther (Hg.), Der »Ausländereinsatz« im Gesundheitswesen (1939–1945). Historische und ethische Probleme der NS-Medizin, Stuttgart 2009.

Frewer, Andreas; Schmidt, Ulf; Wolters, Christine, Hilfskräfte, Hausschwangere, Untersuchungsobjekte. Der Umgang mit Zwangsarbeitenden in der Universitätsfrauenklinik Göttingen, in: Medizin und Zwangsarbeit im Nationalsozialismus. Einsatz und Behandlung von »Ausländern« im Gesundheitswesen, hg. von Andreas Frewer und Günther Siedbürger, Frankfurt a. M. 2004, S. 341–362.

Frewer, Andreas; Siedbürger, Günther (Hg.), Medizin und Zwangsarbeit im Nationalsozialismus. Einsatz und Behandlung von »Ausländern« im Gesundheitswesen, Frankfurt a. M. 2004.

Frobenius, Wolfgang, Abtreibungen bei »Ostarbeiterinnen« in Erlangen. Hochschulmediziner als Helfershelfer des NS-Regimes, in: Zwangsarbeit und Gesundheitswesen im Zweiten Weltkrieg. Einsatz und Versorgung in Norddeutschland, hg. von Günther Siedbürger und Andreas Frewer, Hildesheim 2006, S. 283–307.

Garn, Michaela, Zwangsabtreibung und Abtreibungsverbot. Zur Gutachterstelle der Hamburger Ärztekammer, in: Heilen und Vernichten im Mustergau Hamburg. Bevölkerungs- und Gesundheitspolitik im Dritten Reich, hg. von Angelika Ebbinghaus, Heidrun Kaupen-Haas und Karl Heinz Roth, Hamburg 1984, S. 37–40.

George, Uta, Polnische und sowjetische Zwangsarbeitende als Opfer der NS-»Euthanasie«-Verbrechen. Das Beispiel Hadamar, in: Medizin und Zwangsarbeit im Nationalsozialismus. Einsatz und Behandlung von »Ausländern« im Gesundheitswesen, hg. von Andreas Frewer und Günther Siedbürger, Frankfurt a. M. 2004, S. 389–406.

Gerlach, Christian, Kalkulierte Morde. Die deutsche Wirtschafts- und Vernichtungspolitik in Weißrußland 1941 bis 1944, Hamburg 1999.

Gies, Horst, Die Rolle des Reichsnährstandes im nationalsozialistischen Herrschaftssystem, in: Der »Führerstaat«: Mythos und Realität. Studien zur Struktur und Politik des Dritten Reiches, hg. von Gerhard Hirschfeld, Lothar Kettenacker und Wolfgang J. Mommsen, Stuttgart 1981, S. 270–303.

—, Richard Walther Darré, Köln 2019.

Ginsborg, Paul, Family politics. Domestic life, devastation and survival, 1900–1950, New Haven, Conn. 2014.

Glaser, Marcel, Das »Vorbildlager ganz Deutschlands«. Das Gemeinschaftslager des Volkswagenwerks in der »Stadt des KdF-Wagens«, in: Das Archiv. Zeitung für Wolfsburger Stadtgeschichte 2, 2017, S. 12–13.

Gnydiuk, Olga, »The advantages of repatriation do not offset the trauma of a removal«.

IRO Welfare Workers and the Problem of Ukrainian Unaccompanied Children in German Foster Families, in: Freilegungen. Rebuilding lives – child survivors and DP children in the aftermath of the Holocaust and forced labor, hg. von Henning Borggräfe, Akim Jah, Nina Ritz und Steffen Jost, Göttingen 2017, S. 160–178.

Goschler, Constantin, Schuld und Schulden. Die Politik der Wiedergutmachung für NS-Verfolgte seit 1945, Göttingen 2005.

Gotto, Bernhard, Nationalsozialistische Kommunalpolitik. Administrative Normalität und Systemstabilisierung durch die Augsburger Stadtverwaltung 1933–1945, München 2006.

Groschek, Iris; Vagt, Kristina, »... dass du weißt, was hier passiert ist«. Medizinische Experimente im KZ Neuengamme und die Morde am Bullenhuser Damm, Bremen 2012.

Gruner, Wolf, Öffentliche Wohlfahrt und Judenverfolgung. Wechselwirkungen lokaler und zentraler Politik im NS-Staat (1933–1942), München 2009.

Haar, Ingo, Bevölkerungspolitik im Generalgouvernement. Nationalitäten-, Juden- und Siedlungspolitik im Spannungsfeld regionaler und zentraler Initiativen, in: Polen unter deutscher und sowjetischer Besatzung 1939–1945, hg. von Jacek Andrzej Młynarczyk, Osnabrück 2009, S. 281–306.

Haida, Gerd E.; Koziol, Michael S.; Schmidt, Alfred, Gantenwald. Eine »Ausländerkinder-Pflegestätte«, in: Faschismus in Deutschland. Ursachen und Folgen, Verfolgung und Widerstand, Ausländerfeindlichkeit und neonazistische Gefahren, hg. von Helga Zoller, Köln 1985, S. 194–229.

Hamann, Matthias, Die Morde an polnischen und sowjetischen Zwangsarbeitern in deutschen Anstalten, in: Aussonderung und Tod. Die klinische Hinrichtung der Unbrauchbaren, hg. von Götz Aly, Angelika Ebbinghaus, Matthias Hamann, Friedemann Pfäfflin und Gerd Preissler, Berlin (West) 1985, S. 121–187.

—, »Erwünscht und unerwünscht«. Die rassenpsychologische Selektion der Ausländer, in: Herrenmensch und Arbeitsvölker. Ausländische Arbeiter und Deutsche 1939–1945, hg. von Jochen August, Berlin (West) 1989, 143–180.

Hammermann, Gabriele, Zwangsarbeit für den »Verbündeten«. Die Arbeits- und Lebensbedingungen der italienischen Militärinternierten in Deutschland 1943–1945, Tübingen 2002.

Hammerschmidt, Peter, Die Wohlfahrtsverbände im NS-Staat. Die NSV und die konfessionellen Verbände Caritas und Innere Mission im Gefüge der Wohlfahrtspflege des Nationalsozialismus, Wiesbaden 1999.

Hansch-Singh, Annegret, Rassismus und Fremdarbeitereinsatz im Zweiten Weltkrieg, Berlin 1991.

Hansen, Eckhard, Wohlfahrtspolitik im NS-Staat. Motivationen, Konflikte und Machtstrukturen im »Sozialismus der Tat« des Dritten Reiches, Augsburg 1991.

Hauch, Gabriella, Ostarbeiterinnen. Vergessene Frauen und ihre Kinder, in: Nationalsozialismus in Linz, hg. von Fritz Mayrhofer und Walter Schuster, Linz 2001, S. 1271–1310.

—, Zwangsarbeiterinnen und ihre Kinder. Zum Geschlecht der Zwangsarbeit, in: NS-Zwangsarbeit. Der Standort Linz der Reichswerke Hermann-Göring-AG Berlin, 1938–1945, hg. von Oliver Rathkolb, Wien 2001, S. 355–448.

Heberer, Patricia, Children during the Holocaust, Lanham, Md. 2011.

Heinemann, Isabel, »Rasse, Siedlung, deutsches Blut«. Das Rasse- und Siedlungshauptamt der SS und die rassenpolitische Neuordnung Europas, Göttingen 2003.

—, »Until the Last Drop of Good Blood«. The Kidnapping of »Racially Valuable« children and Nazi Racial Policy in the Occupied Eastern Europe, in: Genocide and settler society. Frontier violence and stolen indigenous children in Australian history, hg. von Anthony Dirk Moses, New York, Oxford 2004, S. 244–266.

—, »Germanisierung«, Umsiedlung, Massenmord. Der »Generalplan Ost« und die Konzepte zur ethnischen Neuordnung Osteuropas im Zweiten Weltkrieg, in: Social Engineering. Zwischen totalitärer Utopie und »Peacemeal-Pragmatismus«, hg. von Piotr Madajczyk und Pawel Popeliński, Warschau 2014, S. 161–176.

—, Ökonomie der Ungleichheit. Unfreie Arbeit und Rassenideologie in der ethnischen Neuordnung Europas, 1939–1945, in: Geschichte in Wissenschaft und Unterricht 66, 2015, S. 302–322.

—, »Keimzelle des Rassenstaates«. Die Familie als Relais der nationalsozialistischen Umsiedlungspolitik im Osten, in: Geschlechterbeziehungen und »Volksgemeinschaft«, hg. von Klaus Latzel, Elissa Mailänder und Franka Maubach, Göttingen 2018, S. 133–153.

—, »Rassische Bestandsaufnahme, Umsiedlung, Eindeutschung«. Grundlinien der NS-Germanisierungspolitik für Südosteuopa, in: Krieg und Zwangsmigration in Südosteuropa 1940–1950. Pläne, Umsetzung, Folgen, hg. von Mathias Beer, Stuttgart 2019, S. 21–36.

Helbing, Iris, Polens verlorene Kinder. Die Suche und Repatriierung verschleppter polnischer Kinder nach 1945, Frankfurt (Oder) 2017.

Herbert, Ulrich, Geschichte der Ausländerbeschäftigung in Deutschland 1880 bis 1980. Saisonarbeiter, Zwangsarbeiter, Gastarbeiter, Berlin; Bonn 1986.

—, Arbeit und Vernichtung. Ökonomisches Interesse und Primat der »Weltanschauung« im Nationalsozialismus, in: Europa und der »Reichseinsatz«. Ausländische Zivilarbeiter, Kriegsgefangene und KZ-Häftlinge in Deutschland 1938–1945, hg. von Ulrich Herbert, Essen 1991, S. 384–426.

—, Fremdarbeiter. Politik und Praxis des »Ausländer-Einsatzes« in der Kriegswirtschaft des Dritten Reiches, Bonn 1999.

—, Zwangsarbeit im 20. Jahrhundert. Begriffe, Entwicklung, Definitionen, in: Zwangsarbeit in Hitlers Europa. Besatzung, Arbeit, Folgen, hg. von Dieter Pohl und Tanja Sebta, Berlin 2013, S. 23–36.

Heusler, Andreas, Ausländereinsatz. Zwangsarbeit für die Münchner Kriegswirtschaft 1939–1945, München 1996.

—, Die Eskalation des Terrors. Gewalt gegen ausländische Zwangsarbeiter in der Endphase des Zweiten Weltkrieges, in: Terror nach innen. Verbrechen am Ende des Zweiten Weltkrieges, hg. von Cord Arendes, Göttingen 2006, S. 172–182.

—, Zwangsarbeit in der NS-Kriegswirtschaft. Zur Genese eines Forschungsgenres, in: Zwangsarbeit im Nationalsozialismus. Begleitband zur Ausstellung, hg. von Stefan Hördler, Volkhard Knigge, Rikola-Gunnar Lüttgenau und Jens-Christian Wagner, Göttingen 2016, S. 204–211.

Hildt, Julia, Zwangsarbeiterinnen, Zwangsarbeiter und Kriegsgefangene aus der Sowjetunion in Bonn, in: Zwangsarbeiterforschung in Deutschland. Das Beispiel Bonn im Vergleich und im Kontext neuerer Untersuchungen, hg. von Dittmar Dahlmann, Essen 2010, S. 193–214.

Hoffmann, Alfred; Hoffmann, Dagmar, Drei Schritt vom Leib. Ausländische Kriegsgefangene in Heidenheim 1939–1945, Heidenheim 1995.

Hoffmann, Katharina, Ausländische ZwangsarbeiterInnen in Oldenburg während des Zweiten Weltkrieges. Eine Rekonstruktion der Lebensverhältnisse und Analyse von Erinnerungen deutscher und polnischer ZeitzeugInnen 1999.

Hohlmann, Susanne, Pfaffenwald. Sterbe- und Geburtenlager 1942–1945, Kassel 1988.

Holzhaider, Hans, Die Kinderbaracke von Indersdorf, in: Frauen. Verfolgung und Widerstand, hg. von Wolfgang Benz und Barbara Distel, München 1993, S. 116–124.

Hopfer, Ines, Geraubte Identität. Die gewaltsame »Eindeutschung« von polnischen Kindern in der NS-Zeit, Wien 2010.

Hopmann, Barbara; Spoerer, Mark; Weitz, Birgit; Brüninghaus, Beate, Zwangsarbeit bei Daimler-Benz, Stuttgart 2017.

Hördler, Stefan; Rachbauer, Markus; Schwanninger, Florian, Die Ermordung der »Unproduktiven«. Zwangsarbeiter als Opfer der NS-Euthanasie, in: Zwangsarbeit im Nationalsozialismus. Begleitband zur Ausstellung, hg. von Stefan Hördler, Volkhard Knigge, Rikola-Gunnar Lüttgenau und Jens-Christian Wagner, Göttingen 2016, S. 232–243.

Höschler, Christian, Home(less). The IRO Children's Village Bad Aibling, 1948–1951, Berlin 2017.

Hrabar, Roman; Tokarz, Zofia; Wilczur, Jacek E., Kinder im Krieg – Krieg gegen Kinder. Die Geschichte der polnischen Kinder 1939–1945, Reinbek bei Hamburg 1981.

Hrabar, Roman Zbigniew, Skazane na zagładę. Praca niewolnicza kobiet polskich w III Rzeszy i los ich dzieci, Katowice 1989.

Jäckle, Renate, »Pflicht zur Gesundheit« und »Ausmerze«. Medizin im Dienst des Regimes, in: Medizin im NS-Staat. Täter, Opfer, Handlanger, hg. von Wolfgang Benz und Barbara Distel, München 1993, S. 59–77.

Jaczyńska, Agnieszka (Hg.), Sonderlaboratorium SS. Zamojszczyzna »pierwszy obszar osiedleńczy w Generalnym Gubernatorstwie«, Lublin 2012.

Jütte, Robert; Eckart, Wolfgang U.; Schmuhl, Hans-Walter; Süß, Winfried, Medizin und Nationalsozialismus. Bilanz und Perspektiven der Forschung, Göttingen 2011.

Kahle, Hans-Jürgen, »Verschleppt nach Cuxhaven«. Eine Dokumentation über das Schicksal der ausländischen Arbeiter und Kriegsgefangenen in Cuxhaven, im Kreis Land Hadeln und dem Landkreis Wesermünde während der Zeit des Nationalsozialismus, Cuxhaven 1995.

Kamp, Michael; Neumann, Florian, Verantwortung leben. Vom Gendorfer Werk zum Industriepark München 2014.

Karbe, Karl-Heinz, Entstehung und Ausbau des faschistischen Betriebsarztsystems und dessen Funktion bei der Ausbeutung der deutschen Arbeiter und ausländischen Zwangsarbeiter, in: Medizin unterm Hakenkreuz, hg. von Achim Thom und Genadij Ivanovic Caregorodcev, Berlin (DDR) 1989, S. 205–250.

—, Das nationalsozialistische Betriebsarztsystem während des Zweiten Weltkrieges – ein Instrument arbeitsmedizinischer Praxis?, in: Medizin für den Staat – Medizin für den Krieg. Aspekte zwischen 1914 und 1945, hg. von Rolf Winau, Husum 1994, S. 66–81.

Kersandt, Kerstin, Polnische und sowjetische Zwangsarbeiterinnen und ihre Kinder, in: Zwangsarbeit in Wiesbaden. Der Einsatz von Zwangsarbeitskräften in der Wiesbadener Kriegswirtschaft 1939–1945, hg. von Hedwig Brüchert, Wiesbaden 2003, S. 187–236.

Kienesberger, Klaus, Geraubte Kindheit. Kinder und Jugendliche im Nationalsozialismus, Wien 2010.

Klarsfeld, Beate; Klarsfeld, Serge, Endstation Auschwitz. Die Deportation deutscher und österreichischer jüdischer Kinder aus Frankreich; ein Erinnerungsbuch, Köln 2008.

Klee, Ernst, Das Personenlexikon zum Dritten Reich. Wer war was vor und nach 1945, Frankfurt a. M. 2003.

Kohen, Sharon Ḳangiser (Hg.), Starting anew. The rehabilitation of child survivors of the Holocaust in the early postwar years, Jerusalem 2019.

Köhler, Nils, Zwangsarbeit in der Lüneburger Heide. Organisation und Alltag des »Ausländereinsatzes« 1939–1945, Bielefeld 2004.

Kolwes, Ann-Kristin, Die Frauen und Kinder deutscher Kriegsgefangener. Integriert, ignoriert und instrumentalisiert, 1941–1956, Bielefeld 2021.

Koop, Volker, »Dem Führer ein Kind schenken«. Die SS-Organisation Lebensborn e.V., Köln 2007.

Kosmala, Beate, Das Polenjugendverwahrlager der Sicherheitspolizei in Litzmannstadt/Łódź, in: Arbeitserziehungslager, Ghettos, Jugendschutzlager, Polizeihaftlager, Sonderlager, Zigeunerlager, Zwangsarbeiterlager, hg. von Wolfgang Benz, Barbara Distel und Angelika Königseder, München 2009, S. 115–124.

Köster, Markus, Die Fürsorgeerziehung, in: Zwischen Disziplinierung und Integration. Das Landesjugendamt als Träger öffentlicher Jugendhilfe in Westfalen und Lippe (1924–1999), hg. von Markus Köster, Paderborn 1999, S. 155–169.

—, Zwischen Anpassung, Ausschaltung und Selbstbehauptung. Die provinzial-westfälische Jugendhilfeverwaltung im »Dritten Reich«, in: Zwischen Disziplinierung und Integration. Das Landesjugendamt als Träger öffentlicher Jugendhilfe in Westfalen und Lippe (1924–1999), hg. von Markus Köster, Paderborn 1999, S. 17–29.

Krämer, Hans-Henning; Plettenberg, Inge, Feind schafft mit. Ausländische Arbeitskräfte im Saarland während des Zweiten Weltkrieges, Ottweiler 1992.

Kranzl-Greinecker, Martin, Die Kinder von Etzelsdorf. Notizen über das »Fremdvölkische Kinderheim« im Schloss Etzelsdorf, Pichl bei Wels (1944–1946), Linz 2005.

Kučera, Wolfgang, Fremdarbeiter und KZ-Häftlinge in der Augsburger Rüstungsindustrie, Augsburg 1996.

Kundrus, Birthe, Kriegerfrauen. Familienpolitik und Geschlechterverhältnisse im Ersten und Zweiten Weltkrieg, Göttingen 1995.

—, Forbidden Company. Romantic Relationships between Germans and Foreigners, 1939 to 1945, in: Sexuality and German fascism, hg. von Dagmar Herzog, New York, Oxford 2005, S. 201–222.

Labisch, Alfons; Tennstedt, Florian, Der Weg zum »Gesetz über die Vereinheitlichung des Gesundheitswesens« vom 3. Juli 1934. Entwicklungslinien und -momente des staatlichen und kommunalen Gesundheitswesens in Deutschland, Düsseldorf 1985.

—, Gesundheitsamt oder Amt für Volksgesundheit? Zur Entwicklung des öffentlichen Gesundheitsdienstes seit 1933, in: Medizin und Gesundheitspolitik in der NS-Zeit, hg. von Norbert Frei, München 1991, S. 35–66.

Lee, Sabine; Glaesmer, Heide; Stelzl-Marx, Barbara (Hg.), Children born of war. Past, present and future, London; New York 2021.

Lehmann, Sebastian, »... stärkste Befürchtungen, dass das Kind doch der Allgemeinheit zur Last fällt«. Schwangerschaft und Zwangsarbeit in Schleswig-Holstein, in: »Wir empfehlen Rückverschickung, da sich der Arbeitseinsatz nicht lohnt«. Zwangsarbeit und Krankheit in Schleswig-Holstein 1939–1945, hg. von Uwe Danker, Anette Grewe, Nils Köhler und Sebastian Lehmann, Bielefeld 2001, S. 193–221.

Lehnert, Esther, Die Beteiligung von Fürsorgerinnen an der Bildung und Umsetzung der Kategorie »minderwertig« im Nationalsozialismus, Frankfurt a. M. 2003.

Lehnstaedt, Stephan, Der Kern des Holocaust. Bełżec, Sobibór, Treblinka und die Aktion Reinhardt, München 2017.

—, Das Reichsministerium des Innern unter Heinrich Himmler 1943–1945, in: Vierteljahrshefte für Zeitgeschichte 54, 2006, S. 639–672.

Ley, Astrid, Children as victims of medical experiments in concentration camps, in: From clinic to concentration camp. Reassessing Nazi medical and racial research 1933–1945, hg. von Paul Weindling, New York 2017, S. 209–220.

Leyendecker, Brigitte; Klapp, Burghard F., Deutsche Hepatitisforschung im Zweiten Weltkrieg, in: Der Wert des Menschen. Medizin in Deutschland 1918–1945, hg. von Christian Pross und Götz Aly, Berlin (West) 1989, S. 261–293.

Lilienthal, Georg, Der »Lebensborn e. V.«. Ein Instrument nationalsozialistischer Rassenpolitik, Stuttgart 1985.

—, The illegitimacy question in Germany, 1900–1945: Areas of tension in social and population policy, in: Continuity and Change 5, 1990, S. 249–281.

—, Von der »zentralen« zur »kooperativen Euthanasie«. Die Tötungsanstalt Hadamar und die »T4« (1942–45), in: Die nationalsozialistische »Euthanasie«-Aktion »T4« und ihre Opfer. Geschichte und ethische Konsequenzen für die Gegenwart, hg. von Maike Rotzoll, Gerrit Hohendorf, Petra Fuchs, Paul Richter, Christoph Mundt und Wolfgang U. Eckart, Paderborn 2010, S. 100–110.

Limper, Verena, Flaschenkinder. Säuglingsernährung und Familienbeziehungen in Deutschland und Schweden im 20. Jahrhundert, Köln 2021.

Link, Gunther, Eugenische Zwangssterilisationen und Schwangerschaftsabbrüche im Nationalsozialismus. Dargestellt am Beispiel der Universitätsfrauenklinik Freiburg, Frankfurt a. M. 1999.

—, Schwangerschaftsabbrüche im Dritten Reich. Legale Grundlagen und gesetzliche Regelungen, in: Zentralblatt für Gynäkologie 122, 2000, S. 457–471.

Linne, Karsten (Hg.), Arbeitskräfte als Kriegsbeute. Der Fall Ost- und Südosteuropa 1939–1945, Berlin 2011.

Lisner, Wiebke, »Hüterinnen der Nation«. Hebammen im Nationalsozialismus, Frankfurt a. M. 2006.

—, Geburtshilfe und Abtreibungen bei Zwangsarbeiterinnen. Hebammen im Spannungsfeld von Diskriminierung und Hilfe am Beispiel des Landes Lippe, in: Der »Ausländereinsatz« im Gesundheitswesen (1939–1945). Historische und ethische Probleme der NS-Medizin, hg. von Andreas Frewer, Bernhard Bremberger und Günther Siedbürger, Stuttgart 2009, S. 97–116.

Lissner, Babette, Das Kind entspricht nicht den Auslesebestimmungen. Das besondere Leid der Zwangsarbeiterinnen, in: Deckname Genofa. Zwangsarbeit im Raum Herford 1939 bis 1945, hg. von Helga Kohne, Bielefeld 1992, S. 146–153.

Löhr, Margot, Die vergessenen Kinder von Zwangsarbeiterinnen in Hamburg. Ermordet durch Vernachlässigung und Unterernährung, Hamburg 2020.

Longerich, Peter, Hitlers Stellvertreter. Führung der Partei und Kontrolle des Staatsapparates durch den Stab Heß und die Partei-Kanzlei Bormann, Berlin 1992.

Lord Russell of Liverpool, The Scourge of the Swastika. A Short History of Nazi War Crimes, London 1954.

Maier, Dieter G., Arbeitsverwaltung und NS-Zwangsarbeit, in: Stiften gehen. NS-Zwangsarbeit und Entschädigungsdebatte, hg. von Ulrike Winkler, Köln 2000, S. 67–84.

Majer, Diemut, »Fremdvölkische« im Dritten Reich. Ein Beitrag zur nationalsozialistischen Rechtssetzung und Rechtspraxis in Verwaltung und Justiz unter besonderer Berücksichtigung der eingegliederten Ostgebiete und des Generalgouvernements, Boppard am Rhein 1981.

Majewski, Piotr, Nationalsozialistische Unterdrückungsmassnahmen im Generalgouvernement während der Besatzung, in: Polen unter deutscher und sowjetischer Besatzung 1939–1945, hg. von Jacek Andrzej Młynarczyk, Osnabrück 2009, S. 173–195.

Massin, Benoît, Mengele, die Zwillingsforschung und die »Auschwitz-Dahlem Connection«, in: Die Verbindung nach Auschwitz. Biowissenschaften und Menschenversuche an Kaiser-Wilhelm-Instituten, hg. von Carola Sachse, Göttingen 2003, S. 201–254.

Mecking, Sabine; Wirsching, Andreas (Hg.), Stadtverwaltung im Nationalsozialismus. Systemstabilisierende Dimensionen kommunaler Herrschaft, Paderborn 2005.

Meinen, Insa, Wehrmacht und Prostitution während des Zweiten Weltkriegs im besetzten Frankreich, Bremen 2002.

Mochmann, Ingvill C.; Lee, Sabine; Stelzl-Marx, Barbara, The Children of the Occupations Born During the Second World War and Beyond. An Overview, in: Historical Social Research 34, 2009, S. 263–282.

Mouton, Michelle, From nurturing the nation to purifying the Volk. Weimar and Nazi family policy, 1918–1945, Cambridge 2007.

Mühlhäuser, Regina, Between Extermination and Germanization. Children of German Men in the »Occupied Eastern Territories«, 1942–1945, in: Children of World War II. The hidden enemy legacy, hg. von Kjersti Ericsson und Eva Simonsen, Oxford, New York 2005, S. 167–189.

—, Eroberungen. Sexuelle Gewalttaten und intime Beziehungen deutscher Soldaten in der Sowjetunion, 1941–1945, Hamburg 2010.

Müller, Rolf-Dieter, Menschenjagd. Die Rekrutierung von Zwangsarbeitern in der besetzten Sowjetunion, in: Vernichtungskrieg. Verbrechen der Wehrmacht 1941–1944, hg. von Hannes Heer und Klaus Naumann, Hamburg 1995, S. 92–103.

Musiał, Bogdan (Hg.), »Aktion Reinhardt«. Der Völkermord an den Juden im Generalgouvernement 1941–1944, Osnabrück 2004.

Nitschke, Asmus, Die »Erbpolizei« im Nationalsozialismus. Zur Alltagsgeschichte der Gesundheitsämter im Dritten Reich; das Beispiel Bremen, Opladen 1999.

Nolzen, Armin, »Verbrannte Erde«. Die Rückzüge der Wehrmacht in den besetzten sowjetischen Gebieten 1941–1945, in: Besatzung. Funktion und Gestalt militärischer Fremdherrschaft von der Antike bis zum 20. Jahrhundert, hg. von Günther Kronenbitter, Markus Pöhlmann und Dierk Walter, Paderborn 2006, S. 161–176.

Olsen, Kåre, Vater: Deutscher. Das Schicksal der norwegischen Lebensbornkinder und ihrer Mütter von 1940 bis heute, Frankfurt a. M.; New York 2002.

Osterloh, Jörg; Schulte, Jan Erik (Hg.), »Euthanasie« und Holocaust. Kontinuitäten, Kausalitäten, Parallelitäten, Paderborn 2021.

Osterloh, Jörg; Schulte, Jan Erik; Steinbacher, Sybille (Hg.), »Euthanasie«-Verbrechen im besetzten Europa. Zur Dimension des nationalsozialistischen Massenmords, Göttingen 2022.

Pagenstecher, Cord, Lagerlisten und Erinnerungsberichte. Neue Quellen zur Topografie und ärztlichen Betreuung der Berliner Zwangsarbeiterlager, in: Medizin und Zwangsarbeit im Nationalsozialismus. Einsatz und Behandlung von »Ausländern« im Gesundheitswesen, hg. von Andreas Frewer und Günther Siedbürger, Frankfurt a. M. 2004, S. 91–108.

—, Arbeitserziehungslager, in: Arbeitserziehungslager, Ghettos, Jugendschutzlager, Polizeihaftlager, Sonderlager, Zigeunerlager, Zwangsarbeiterlager, hg. von Wolfgang Benz, Barbara Distel und Angelika Königseder, München 2009, S. 75–99.

Paul, Christa, Zwangsprostitution. Staatlich errichtete Bordelle im Nationalsozialismus, Berlin 1994.

Paulus, Julia, Kommunale Wohlfahrtspolitik in Leipzig 1930 bis 1945. Autoritäres Krisenmanagement zwischen Selbstbehauptung und Vereinnahmung, Köln 1998.

Pine, Lisa, Nazi family policy. 1933–1945, Oxford 1997.

Pohl, Dieter, Die Herrschaft der Wehrmacht. Deutsche Militärbesatzung und einheimische Bevölkerung in der Sowjetunion 1941–1944, München 2008.

Pohl, Dieter; Sebta, Tanja (Hg.), Zwangsarbeit in Hitlers Europa. Besatzung, Arbeit, Folgen, Berlin 2013.

Race, Anne-Kathrin, Die »Kinderpflegestätte« Brunshausen 1944–1945. Ein Beitrag zur Gandersheimer Regionalgeschichte, Bad Gandersheim 1990.

Rass, Christoph, Ozarichi 1944. Entscheidungs- und Handlungsebenen eines Kriegsverbrechens, in: Krieg und Verbrechen. Situation und Intention: Fallbeispiele, hg. von Timm C. Richter, München 2006, S. 197–206.

Rathmer, Christian; Muth, Wolfgang (Hg.), »Ich erinnere mich nur an Tränen und Trauer ...«. Zwangsarbeit in Lübeck 1939 bis 1945, Essen 1999.

Rauh, Philipp, Der Krieg gegen die »nutzlosen Esser«. Psychiatriepatienten als Opfer der NS-»Euthanasie«, in: Kriegführung und Hunger 1939–1945. Zum Verhältnis von militärischen, wirtschaftlichen und politischen Interessen, hg. von Christoph Dieckmann und Babette Quinkert, Göttingen 2015, S. 33–58.

Reiter, Raimond, Tötungsstätten für ausländische Kinder im Zweiten Weltkrieg. Zum Spannungsverhältnis von kriegswirtschaftlichem Arbeitseinsatz und nationalsozialistischer Rassenpolitik in Niedersachsen, Hannover 1993.

—, Unerwünschter Nachwuchs. Schwangerschaftsabbrüche bei »fremdvölkischen« Frauen im NSDAP-Gau Ost-Hannover, in: Medizin im NS-Staat. Täter, Opfer, Handlanger, hg. von Wolfgang Benz und Barbara Distel, München 1993, S. 225–236.

Reus, Julia, »Everywhere where human beings are, we can find our children«. On the Organization of the ITS Child Search Branch and its Predecessor, in: Freilegungen. Rebuilding lives – child survivors and DP children in the aftermath of the Holocaust and forced labor, hg. von Henning Borggräfe, Akim Jah, Nina Ritz und Steffen Jost, Göttingen 2017, S. 41–92.

Rickmann, Anahid S., »Rassenpflege im völkischen Staat«. Vom Verhältnis der Rassenhygiene zur nationalsozialistischen Politik, Bonn 2002.

Röger, Maren, Besatzungskinder in Polen. Nationalsozialistische Politik und Erfahrungen in der Volksrepublik, in: Vierteljahrshefte für Zeitgeschichte 65, 2017, S. 26–51.

Römer, Gernot, Die grauen Busse in Schwaben. Wie das Dritte Reich mit Geisteskranken und Schwangeren umging, Augsburg 2009.

Rosenbaum, Heidi, »Und trotzdem war's 'ne schöne Zeit«. Kinderalltag im Nationalsozialismus, Frankfurt a. M. 2014.

Rosmus, Anna Elisabeth, Wintergrün. Verdrängte Morde, Konstanz 1994.

Rössler, Mechtild; Schleiermacher, Sabine (Hg.), Der »Generalplan Ost«. Hauptlinien der nationalsozialistischen Planungs- und Vernichtungspolitik, Berlin 1993.

Ruchniewicz, Krzysztof; Zinnecker, Jürgen (Hg.), Zwischen Zwangsarbeit, Holocaust und Vertreibung. Polnische, jüdische und deutsche Kindheiten im besetzten Polen, Weinheim 2007.

Sachse, Carola, Das nationalsozialistische Mutterschutzgesetz. Eine Strategie zur Rationalisierung des weiblichen Arbeitsvermögens im Zweiten Weltkrieg, in: Rationale Beziehungen? Geschlechterverhältnisse im Rationalisierungsprozeß, hg. von Dagmar Reese, Frankfurt a. M. 1993, S. 270–294.

Sämann, Christine, Das Durchgangslager in Bietigheim. Zwangsarbeit im Nationalsozialismus – Bedeutung und Funktionen des Durchgangslagers für »ausländische Arbeitskräfte« in Bietigheim mit seinen Krankensammellagern in Pleidelsheim und Großsachsenheim, Bietigheim-Bissingen 2018.

Sandner, Peter, Verwaltung des Krankenmordes. Der Bezirksverband Nassau im Nationalsozialismus, Gießen 2003.

Schädler, Sarah, »Justizkrise« und »Justizreform« im Nationalsozialismus. Das Reichsjustizministerium unter Reichsjustizminister Thierack (1942–1945), Tübingen 2009.

Schäfer, Annette, Zwangsarbeiter und NS-Rassenpolitik. Russische und polnische Arbeitskräfte in Württemberg, 1939–1945, Stuttgart 2000.

—, Zwangsarbeit in den Kommunen. »Ausländereinsatz« in Württemberg 1939–1945, in: Vierteljahrshefte für Zeitgeschichte 49, 2001, S. 53–76.

—, Durchgangs- und Krankensammellager im Zweiten Weltkrieg. Schnittstellen zwischen »Arbeit« und »Vernichtung« beim Zwangsarbeitereinsatz, in: Medizin und Zwangsarbeit im Nationalsozialismus. Einsatz und Behandlung von »Ausländern« im Gesundheitswesen, hg. von Andreas Frewer und Günther Siedbürger, Frankfurt a. M. 2004, S. 203–230.

Schlesinger-Kipp, Gertraud, Kindheit im Krieg und Nationalsozialismus. PsychoanalytikerInnen erinnern sich, Gießen 2012.

Schlichting, Nicola, »... wenn sie nach einigen Wochen zurückkehren, sehen sie viel besser aus«. Ein Heim für jüdische Kinder in Lüneburg 1945 bis 1948, in: Nurinst: Beiträge zur deutschen und jüdischen Geschichte. Schwerpunktthema: Kinder, hg. von Jim G. Tobias und Nicola Schlichting, Nürnberg 2016, S. 27–42.

Schmid, Sanela, Deutsche und italienische Besatzung im Unabhängigen Staat Kroatien, Berlin; Boston 2020.

Schmid, Sanela; Schölzel, Christian, Zwangsarbeit und der Unabhängige Staat Kroatien. 1941–1945, Berlin; Münster 2013.

Schmiechen-Ackermann, Detlef, Stadtgeschichte in der NS-Zeit. Fallstudien aus Sachsen-Anhalt und vergleichende Perspektiven, Münster 2005.

Schneider, Silke, Verbotener Umgang. Ausländer und Deutsche im Nationalsozialismus. Diskurse um Sexualität, Moral, Wissen und Strafe, Baden-Baden 2010.

Quellen und Literatur

Schoen, Paul, Armenfürsorge im Nationalsozialismus. Die Wohlfahrtspflege in Preußen zwischen 1933 und 1939 am Beispiel der Wirtschaftsfürsorge, Weinheim 1985.

Schröder, Joachim, Stadtverwaltung und NS-Zwangsarbeit. Das Beispiel Düsseldorf, in: Zwangsarbeiterforschung in Deutschland. Das Beispiel Bonn im Vergleich und im Kontext neuerer Untersuchungen, hg. von Dittmar Dahlmann, Essen 2010, S. 117–134.

Schwaneberg, Sonja, Die wirtschaftliche Ausbeutung des Generalgouvernements durch das Deutsche Reich 1939–1945, in: Polen unter deutscher und sowjetischer Besatzung 1939–1945, hg. von Jacek Andrzej Młynarczyk, Osnabrück 2009, S. 103–130.

Schwarze, Gisela, Kinder, die nicht zählten. Ostarbeiterinnen und ihre Kinder im Zweiten Weltkrieg, Essen 1997.

Schwers, Vera, Kindheit im Nationalsozialismus aus biographischer Sicht, Münster 2002.

Siedbürger, Günther; Frewer, Andreas (Hg.), Zwangsarbeit und Gesundheitswesen im Zweiten Weltkrieg. Einsatz und Versorgung in Norddeutschland, Hildesheim 2006.

Siegfried, Klaus-Jörg, Das Leben der Zwangsarbeiter im Volkswagenwerk 1939–1945, Frankfurt a. M. 1988.

Sierocinska, Magdalena, Eksterminacja »niewartościowych rasowo« dzieci polskich robotników przymusowych pracujących na terenie III Rzeszy w świetle postępowań prowadzonych przez Oddziałową komisję Ścigania Zbrodni przeciw Narodowi Polskiemu w Poznaniu, in: Praca przymusowa Polaków w Trzeciej Rzeszy w latach 1939–1945. Polsko-niemieckie spotkanie w Jankowicach koło Poznania w dniach 12–19 czerwca 1993 roku., hg. von Stanisław Nawrocki, Poznań 1993.

Šimůnek, Michal, Race, Heredity and Nationality: Children in Bohemia and Moravia, 1939–1945, in: Children of World War II. The hidden enemy legacy, hg. von Kjersti Ericsson und Eva Simonsen, Oxford, New York 2005, S. 190–209.

Sommer, Robert, Das KZ-Bordell. Sexuelle Zwangsarbeit in nationalsozialistischen Konzentrationslagern, Paderborn 2009.

Speck, Dieter, Universitätskliniken und Zwangsarbeit. Das Beispiel Freiburg, in: Medizin und Zwangsarbeit im Nationalsozialismus. Einsatz und Behandlung von »Ausländern« im Gesundheitswesen, hg. von Andreas Frewer und Günther Siedbürger, Frankfurt a. M. 2004, S. 231–252.

Speer, Florian, Ausländer im »Arbeitseinsatz« in Wuppertal. Zivile Arbeitskräfte, Zwangsarbeiter und Kriegsgefangene im Zweiten Weltkrieg, Wuppertal 2003.

Spoerer, Mark, Zwangsarbeit im Dritten Reich. Verantwortung und Entschädigung, in: Geschichte in Wissenschaft und Unterricht 51, 2000, S. 508–527.

—, Zwangsarbeit im Dritten Reich und Entschädigung: ein Überblick, in: Zwangsarbeit in der Kirche. Entschädigung, Versöhnung und historische Aufarbeitung, hg. von Klaus Barwig, Stuttgart 2001, S. 15–46.

—, Zwangsarbeit unter dem Hakenkreuz. Ausländische Zivilarbeiter, Kriegsgefangene und Häftlinge im Deutschen Reich und im besetzten Europa 1939–1945, Stuttgart 2001.

Spoerer, Mark; Fleischhacker, Jochen, Forced Laborers in Nazi Germany. Categories, Numbers, and Survivors, in: Journal of Interdisciplinary History 33, 2002, S. 169–204.

Stähle, Nina, British War Crimes Policy and Nazi Medicine – An Overview, in: Historische Dimensionen von Kriegsverbrecherprozessen nach dem Zweiten Weltkrieg, hg. von Henning Radtke, Dieter Rössner, Theo Schiller und Wolfgang Form, Baden-Baden 2007, S. 123–135.

Stargardt, Nicholas, Witnesses of war. Children's lives under the Nazis, London 2005.

Stefanski, Valentina-Maria, Zwangsarbeit in Leverkusen. Polnische Jugendliche im I.G. Farbenwerk, Osnabrück 2000.

Steinert, Johannes-Dieter, Deportation und Zwangsarbeit. Polnische und sowjetische Kinder im nationalsozialistischen Deutschland und im besetzten Osteuropa 1939–1945, Essen 2013.

—, Die Heeresgruppe Mitte. Ihre Rolle bei der Deportation weißrussischer Kinder nach Deutschland im Frühjahr 1944, in: S: I.M.O.N. – Shoah: Intervention. Methods. Documentation 1, 2016, S. 54–63.

—, Holocaust und Zwangsarbeit. Erinnerungen jüdischer Kinder 1938–1945, Essen 2018.

Stelzl-Marx, Barbara, »B-Baracke«. Das Lagerbordell für NS-Zwangsarbeiter in Graz, in: GeschlechterGeschichten, hg. von Friedrich Bouvier, Wolfram Dornik, Otto Hochreiter, Nikolaus Reisinger und Karin M. Schmidlechner, Graz 2017, S. 247–262.

Streit, Christian, Keine Kameraden. Die Wehrmacht und die sowjetischen Kriegsgefangenen 1941–1945, Bonn 1991.

Sundhaussen, Holm, Wirtschaftsgeschichte Kroatiens im nationalsozialistischen Großraum 1941–1945. Das Scheitern einer Ausbeutungsstrategie, Stuttgart 1983.

Süß, Winfried, Dezentralisierter Krankenmord. Zum Verhältnis von Zentralgewalt und Regionalgewalten in der »Euthanasie« seit 1942, in: Die NS-Gaue. Regionale Mittelinstanzen im zentralistischen »Führerstaat«, hg. von Jürgen John, Horst Möller und Thomas Schaarschmidt, München 2007, S. 123–135.

—, Der »Volkskörper« im Krieg. Gesundheitspolitik, Gesundheitsverhältnisse und Krankenmord im nationalsozialistischen Deutschland 1939–1945, München 2009.

Taylor, Lynne, In the children's best interests. Unaccompanied children in American-occupied Germany 1945–1952, Toronto 2017.

Tenfelde, Klaus (Hg.), Arbeitseinsatz und Zwangsarbeit im besetzten Europa, Göttingen 2005.

Tholander, Christa, Fremdarbeiter 1939 bis 1945. Ausländische Arbeitskräfte in der Zeppelin-Stadt Friedrichshafen, Essen 2001.

Tobias, Jim G., »Wajt hert zich noch di zise kinderisze Gezangen.« Die jüdischen Kinderheime Lindenfels und Schwebda Castle, in: Nurinst: Beiträge zur deutschen und jüdischen Geschichte. Schwerpunktthema: Kinder, hg. von Jim G. Tobias und Nicola Schlichting, Nürnberg 2016, S. 43–57.

—, »Die Kinder haben beachtliches Vertrauen entwickelt«. Das Internationale Kinderzentrum Aglasterhausen 1945–48, in: Nurist: Beiträge zur deutschen und jüdischen Geschichte. Schwerpunktthema: Flucht, Vertreibung, neue Heimat, hg. von Jim G. Tobias und Nicola Schlichting, Nürnberg 2018, S. 119–134.

Tobias, Jim G.; Schlichting, Nicola, Heimat auf Zeit. Jüdische Kinder in Rosenheim 1946–47, Nürnberg 2006.

Tollmien, Cordula, Slawko, Stanislaw und France-Marie. Das Mütter- und Kinderlager bei der Großwäscherei Schneeweiß in Göttingen 1944/45, in: Medizin und Zwangsarbeit im Nationalsozialismus. Einsatz und Behandlung von »Ausländern« im Gesundheitswesen, hg. von Andreas Frewer und Günther Siedbürger, Frankfurt a. M. 2004, S. 363–388.

Urban, Susanne, Unaccompanied Children and the Allied Child Search. »The Right ... a Child Has to His Own Heritage«, in: The Young Victims of the Nazi Regime. Migration, the Holocaust, and Postwar Displacement, hg. von Simone Gigliotti und Monica Tempian, London 2016, S. 128–131.

Urban, Thomas, Zwangsarbeit bei Thyssen. »Stahlverein« und »Baron-Konzern« im Zweiten Weltkrieg, Paderborn 2014.

Vaizey, Hester, Surviving Hitler's war. Family life in Germany, 1939–48, Basingstoke 2010.

Vergin, Ute, Die nationalsozialistische Arbeitseinsatzverwaltung und ihre Funktionen beim Fremdarbeiter(innen)einsatz während des Zweiten Weltkriegs, Osnabrück 2008.

Vögel, Bernhild, »Entbindungsheim für Ostarbeiterinnen«. Braunschweig, Broitzemer Straße 200, Hamburg 1989.

—, Säuglingslager – »ein Massenexperiment allergrößten Stiles«?, in: Medizin und Zwangsarbeit im Nationalsozialismus. Einsatz und Behandlung von »Ausländern« im Gesundheitswesen, hg. von Andreas Frewer und Günther Siedbürger, Frankfurt a. M. 2004, S. 309–337.

Vögele, Jörg, Wenn das Leben mit dem Tod beginnt: Säuglingssterblichkeit und Gesellschaft in historischer Perspektive, in: Historical Social Research 34, 2009, S. 66–82.

—, Säuglingsfürsorge, Säuglingsernährung und die Entwicklung der Säuglingssterblichkeit in Deutschland während des 20. Jahrhunderts, in: Medizin im Spiegel ihrer Geschichte, Theorie und Ethik. Schlüsselthemen für ein junges Querschnittsfach, hg. von Heiner Fangerau und Igor J. Polianski, Stuttgart 2012, S. 203–219.

Vogt, Helmut, Die Beueler Jutespinnerei und ihre Arbeiter 1868–1961. Ein Beitrag zur Industriegeschichte des Bonner Raumes, Bonn 1990.

Vossen, Johannes, Gesundheitsämter im Nationalsozialismus. Rassenhygiene und offene Gesundheitsfürsorge in Westfalen 1900–1950, Essen 2001.

Wagner, Jens-Christian, Arbeit und Vernichtung im Nationalsozialismus. Ökonomische Sachzwänge und das ideologische Projekt des Massenmords, in: Einsicht 12, 2014, S. 20–27.

Walter, Bernd, Psychiatrie und Gesellschaft in der Moderne. Geisteskrankenfürsorge in der Provinz Westfalen zwischen Kaiserreich und NS-Regime, Paderborn 1996.

Weil, Francesca; Postert, André; Kenkmann, Alfons (Hg.), Kindheiten im Zweiten Weltkrieg, Halle (Saale) 2018.

Weindling, Paul, Genetik und Menschenversuche in Deutschland, 1940–1950. Hans Nachtsheim, die Kaninchen von Dahlem und die Kinder vom Bullenhuser Damm, in: Rassenforschung an Kaiser-Wilhelm-Instituten vor und nach 1933, hg. von Hans-Walter Schmuhl, Göttingen 2003, S. 245–274.

Werner, Constanze, Kriegswirtschaft und Zwangsarbeit bei BMW. Im Auftrag von MTU Aero Engines und BMW Group, München 2006.

Witkowski, Józef, Hitlerowski obóz koncentracyjny dla małoletnich w Łodzi, Wrocław u. a. 1975.

Witkowski, Józef; Kubica, Helena, Dzieci w zakładzie w Herrnstadt, in: Przegląd Lekarski 45, 1988, S. 63–69.

Woniak, Katarzyna, Zwangswelten. Alltags- und Emotionsgeschichte polnischer »Zivilarbeiter« in Berlin 1939–1945, Paderborn 2020.

Woock, Joachim, Zwangsarbeit ausländischer Arbeitskräfte im Regionalbereich Verden/Aller (1939–1945). Arbeits- und Lebenssituationen im Spiegel von Archivalien und Erinnerungsberichten ausländischer Zeitzeugen, Hannover 2004.

Zahra, Tara, The Lost Children. Reconstructing Europe's Families after World War II, Cambridge 2011.

Zegenhagen, Evelyn, Facilities for Pregnant Forced Laborers and Their Infants in Germany (1943-1945), in: Children and the Holocaust: symposium presentations, hg. vom Center for Advanced Holocaust Studies, USHMM, Washington, D. C. 2004, S. 65-76.

Ziegler, Dieter (Hg.), Zwangsarbeit im Nationalsozialismus in den besetzten Gebieten, Berlin 2004.

Zientarski, Andrzej, Dzieci polskich robotnic przymusowych urodzone na Pomorzu Zachodnim i ich losy na tle »polityki wschodniej« Trzeciej Rzeszy, in: Rocznik Koszaliński 21, 1986/87, S. 5-15.

Dank

Eine Dissertation ist weit mehr als ein individuelles Unterfangen – sie ist das Resultat der großzügigen Unterstützung und Zusammenarbeit vieler engagierter Personen.

Mein aufrichtiger Dank gilt zuallererst meiner Betreuerin Isabel Heinemann, die mich mit fachlicher Expertise, steter Hilfsbereitschaft und viel Geduld durch dieses Forschungsprojekt geleitet hat. Ihre Unterstützung war von unschätzbarem Wert für meine akademische und persönliche Entwicklung. Ebenso möchte ich Malte Thießen für seine außerordentlich wertschätzende Betreuung danken.

Ein besonderer Dank gilt meinen Münsteraner Kolleginnen und Kollegen, insbesondere Verena Limper, Daniel Bonenkamp, Leonie Figge, Lea Müseler, Kerstin Dembsky und nicht zuletzt Lukas Alex, der das gesamte Manuskript Korrektur gelesen hat. Die freundschaftliche Arbeitsatmosphäre, inspirierenden Flurgespräche, fachlichen Diskussionen und der gemeinsame Kaffee haben mein Projekt ungemein bereichert. Für wertvolle Hinweise zu meiner Forschung danke ich außerdem Marc Buggeln, Elizabeth Harvey, Gabriella Hauch, Wiebke Lisner, Christoph Lorke, Piotr Madajczyk, Johannes-Dieter Steinert und Katarzyna Woniak. Ein ausdrücklicher Dank gebührt auch Alexander Kraus, der mich ursprünglich auf das Thema aufmerksam gemacht hat. Seine Vorschläge und Hilfestellungen legten den Grundstein für meine Forschungsarbeit. Ebenso danke ich Alexia Ibrahim, die mir bei administrativen Aufgaben stets eine große Hilfe war. Ein weiterer Dank geht an die Mitarbeiter und Mitarbeiterinnen der Archive im In- und Ausland, die mir mit ihrer Fachkenntnis Zugang zu den notwendigen Materialien ermöglicht haben. Ebenfalls möchte ich der Deutschen Forschungsgemeinschaft (DFG) meinen Dank aussprechen für die finanzielle Förderung, welche die Voraussetzung für die Durchführung dieses Projektes geschaffen hat.

Lucinda Jäger danke ich für die langjährige Freundschaft und den Beistand seit Beginn des Studiums mit all seinen Höhen und Tiefen. Meine tiefe Dankbarkeit gilt darüber hinaus meinen Eltern Ulla und Wolfgang sowie meinem Bruder René, die mich bedingungslos unterstützt haben und mir stets Rückhalt gaben. Zu guter Letzt möchte ich mich bei meiner wundervollen Frau Katharina Wenczl von Herzen für ihre unermüdliche Unterstützung und Ermutigung bedanken.

Ohne diese Menschen wäre diese Dissertation nicht möglich gewesen. Ich bin zutiefst dankbar für alles, was sie für mich getan haben.